■ 刘纲纪 著

传统文化、哲学与美学

新版

名家学术

WUHAN UNIVERSITY PRESS
武汉大学出版社

图书在版编目(CIP)数据

传统文化、哲学与美学:新版/刘纲纪著.—武汉:武汉大学出版社,2006.10
名家学术
ISBN 7-307-05036-6

Ⅰ.传… Ⅱ.刘… Ⅲ.①传统文化—研究—中国 ②哲学—研究—中国 ③美学—研究—中国 Ⅳ.①G12 ②B2 ③B83

中国版本图书馆CIP数据核字(2006)第035057号

责任编辑:王雅红 陶洪蕴　　责任校对:黄添生　　版式设计:支 笛

出版发行:**武汉大学出版社** (430072 武昌 珞珈山)
(电子邮件:wdp4@whu.edu.cn 网址:www.wdp.com.cn)
印刷:湖北省通山县九宫印务有限公司
开本:730×1000 1/16 印张:40.875 字数:588千字 插页:2
版次:2006年10月第1版 2006年10月第1次印刷
ISBN 7-307-05036-6/G·818 定价:62.00元

目　录

新版序

1996年，广西师范大学出版社决定要出一套“中国当代美学流派名家论丛”，约我自编或写一本。当时我感到最能代表我的美学思想的文章基本上已收入我的《美学与哲学》一书，编选旧作为一书出版意义不大，重写一本又不可能，因此我就想到1995年《哲学动态》记者对我进行的一次专访，题目就叫“传统文化、哲学与美学”。这正是我自上世纪80年代末以来最为关注的三个相互密切联系的问题，而且曾写了不少文章。于是，我就把我在上述三个方面所写的，自以为有若干参考价值的文章集为一书，交广西师范大学出版社出版。此书于1997年8月问世，看来受到不少读者的关注，产生了一定的影响。现在的这个新版，保留了原来收入的全部文章，但又加上了当时未收入和原书出版后所写的一些文章。除文字加工外，有些文章我在个别地作了一些修改，但论点统统保持不变。

第一部分，我加入了两篇文章。其中一篇是对台湾著名哲学家、法家思想研究专家王晓波先生所著《先秦法家思想史论》一书的评介，曾发表在台湾《书目季刊》1992年第1期。我感到法家思想也是中国传统思想文化不能忽视的一个重要方面，我们不能因为“文革”时搞了“评法批儒”，就对法家思想弃置不顾或讳言法家思想。这篇文章结合对王著的评介讲了我对法家思想的看法，因此趁本书新版的机会，将它收入。另一篇《关于中国哲学的创造性转化的思考》，是为武汉大学哲学学院主办的纪念傅伟勋先生的学术讨论会而写的，比较详细地讲了我所主张的“打通中、西、马”的观点。

第二部分，我加入了三篇文章。这样，除写于1987年的《感性、理性与非理性》一文之外，我自1988年到1997年所写的关于马克思主义哲学的文章都集中在这里了。我于1988年1月发表《实践本体论》一文,直接的动因是我难以同意李泽厚提出的"人类学本体论"。这推动我去思考马克思主义哲学的本体论问题,提出了自己的观点。此外,80年代后期,西方现代的思想流派大量涌入中国,并受到许多人的推崇。我觉得,这种势头发展下去,马克思主义在中国学术界的地位将大大地边缘化,甚至成为被攻击与否定的对象。因此,我深深感到必须依据马克思本人对他的哲学观点的论述来重新思考我们过去所讲的马克思主义哲学,彻底去除前苏联哲学对它的种种简单化的、错误的解释,并赋予它以新的理论形态,和西方诸流派决一雌雄。所以,从1989年到1991年,我又写了好几篇关于马克思主义哲学的文章。其中,《马克思主义哲学中唯物主义问题的重新考察》一文,曾由日本的山口勇先生译出,登在日本出版的《唯物论研究季报》1992年第43、44号合刊上,引起了很强烈的反响。1994年,山口勇先生特地到武汉大学对我进行了一次专访,并在同年《唯物论研究季报》第49、50号合刊上,发表了他对我的《访问录》。此后,山口勇先生又写信给中国许多著名的马克思主义哲学家,征求他们对我的观点的看法,并把这些哲学家给他的回信寄给我看,希望我作出回答。这样,我就写了《批评与答复——再谈我对马克思主义哲学的理解》这篇长文,并由他译出,登在《唯物论研究季报》1997年第59、61号合刊上。此文在收入本书旧版之前,没有在国内发表过,收入时也略有改动,这次完全恢复原貌。这篇文章,可以看作是我从1988年至1997年对马克思主义哲学思考研究的一个总结。我的看法,归结起来不外两点:第一是认为由马克思提出的"实践"的观点是马克思主义哲学的根基,也是马克思在哲学发展史上所实现了的伟大革命的根本;第二是认为人的问题是马克思主义哲学最后所要解决的根本问题,并且只有在实现马克思所说的社会主义、共产主义的历史进程中才能真正解决。这两个观点看来很一般,甚至很平凡,但又很重要。至今我仍然坚持这两个我作了相当多的论证的根本观点,并且认为这两个根本观点是任何思想流派都不可能将它真正驳倒或予以消解的。但这里有一个前提,那就是马克思主义能与时俱进,科学地认识社会主义的发展所处的现实的、具体的历史条件,并且不回避从任何思想流派所发出的批评，坚持与之进行真正理论意义上的、科学的、彻底的论争。

在第三部分中，我加入了五篇文章。其中，《儒家美学思想》是应辛冠洁同志之约，为《中国儒学百科全书》(中国大百科全书出版社 1997 年版)写的条目，比较全面翔实地论述了儒家的美学思想。《刘勰》是应已故老友傅伟勋先生之约而写的，是他主编的“世界哲学家丛书”中的一本，1989 年 9 月由台北东大图书公司出版，在大陆从未出版过。这次按台湾版收入本书，谨以此纪念伟勋去世十周年。《中国哲学与中国艺术文化中的境界》一文，是穆纪光同志据 1981 年我在敦煌的美学讲习班所作的一次讲演的纪录整理而成，曾发表在同年《国内哲学动态》第 7 期上。这次收入本书，略有修改。《境界说》是 1997 年为《美学与艺术学研究》而写的，当时想从境界的观点来讲讲中国美学对美的看法，但只写了上篇。《宗白华对道家美学的阐发》是应陈鼓应先生之约而写的。我至今常常感到歉疚的是，我还没有对曾经极为亲切和细心地教导过我的白华先生的美学思想作出系统的研究与阐明。《德国美学在中国的传播与影响》，原是我于 1994 年在德国特里尔大学汉学系讲学的讲稿，后由汉学系主任、老友卜松山(K. H. Pohl)先生主持译为德语并写序，1996 年 7 月由特里尔大学出版。在收入本书旧版时，编辑作了某些字句上的改变，并略去了其中的一节。现依我当时带去德国的打印稿重排，恢复原貌。

以上是我对本书新版的一些说明。是为序。

刘纲纪

2006 年 3 月 31 日于武大珞珈山下

略论炎黄文化与现代文明

炎黄文化研究,是一个复杂的学术问题,又是一个很有现实意义的问题。

说它是一个复杂的学术问题,不仅因为这牵涉到大量史料(包括地下发掘的考古材料)的搜集、整理、鉴定、考证,而且还牵涉到对这些史料的意义的解释、论断,从而又会牵涉到和中国古代社会的认识以及西方一般所说人类学(特别是文化人类学)相关的许多重大问题。炎黄文化的深入研究,将会推动对中国古代社会的研究,并对世界文化人类学的研究作出贡献。

说它是一个很有现实意义的问题,是因为炎黄文化的研究十分有助于弘扬中华文化的优秀传统,增强中华民族的凝聚力,提高民族的自尊心、自信心,团结世界各地的炎黄子孙,促进两岸统一大业的完成。

本文的主旨是试图从思想文化史的角度简要说明一下炎黄文化的优秀传统及其现代的意义、作用和与此相关的某些问题。

一、炎黄文化的含义

对"炎黄文化"一词,可以有狭义与广义两种理解。

狭义的理解,指的是炎帝与黄帝时代的中国文化,而且还应把其后裔所创造的文化也包含进去。我所理解的炎黄文化,包含了从炎帝之前到夏禹这一历史时期的文化。如果把炎黄文化仅仅看作是炎、黄二帝活动时期的文化,而把其后裔创造的文化排除在外,就会缩小炎黄文化包含的丰富内容,不能全面地了解炎黄文化,不利于炎黄文化研究的深入开展。如果把炎黄文化这一概念扩大到连商周文化也包含进去,就会混淆炎黄文化与商周文化的性质区别,同样不利于炎黄文化的研究。

从广义的理解来看,由于炎黄文化是中华文化的源头、始基,因此我们也可用“炎黄文化”一词泛指、代称中华文化。本文所说的炎黄文化研究,是指从狭义上理解的炎黄文化。

二、研究炎黄文化的方法问题

炎黄文化产生的时代属于尚未有文字记载的传说时代。因此,要对当时和每一历史事件相关的人物、地点、时间、过程作出确切无疑的考证,是很困难的,绝大多数情况下是做不到的。如果硬要这样做,就会陷于穿凿、武断。

但是,如马克思所指出,不是古代神话传说产生了古代的氏族,而是古代的氏族产生了古代的神话传说。已经成为遥远的过去的氏族的历史,“是反映在神话的幻想中”的。① 因此,这些神话传说并不都是后人任意地编造出来的,它包含着对远古社会状态的反映,是研究远古社会的极重要的史料。我们也可以说它是古人记忆中的远古历史。只要我们对远古社会的结构、特征有了一个基本的了解,我们就能看出这些神话传说中,哪些是远古社会历史的反映,哪些是后人的附会和夸大之词。

怎样去认识远古社会的结构、特征呢？这需要有两个条件:一个是对现代资本主义社会的了解;另一个是对世界各地现仍停留在原始状态的社会进行实地考察。自 19 世纪以来,这两个条件基本具备,对人类原始社会的研究取得了迅速的发展,其划时代的成就就是 1877 年摩尔根《古代社会》一书的问世。之后,恩格斯又据此书及马克思所作的摘要写成了《家庭、私有制和国家的起源》一书,于 1884 年出版。

自摩尔根和恩格斯的书先后出版以来,西方关于古代社会的研究(即所谓人类学的研究),在材料的更加丰富和个别问题的更加深入细

① 《马克思恩格斯全集》第 45 卷,人民出版社 1985 年版,第 504 页。

致上有其不应否认的成就。但恩格斯对古代社会的根本性看法,至今对研究中国古代社会仍有其重大指导意义。我们要研究炎黄文化,就必须研究炎黄文化产生时期的中国古代社会。不对人类古代社会的一般特征有一个较深入的了解,就无法深入了解中国的古代社会,也无法深入了解炎黄文化,包含某些关键性问题的考证,也难以获得正确的解决。笔者主张以恩格斯关于古代社会的分析为指导来研究炎黄文化,但并不排斥参照西方现代人类学中其他关于古代社会的理论来研究炎黄文化。不论应用何种理论,当然都应充分注意到中国古代的特点。

三、炎黄文化是中国原始氏族社会的文化

在中国史学界,应用上述恩格斯著作的思想来研究中国古代社会,始于郭沫若,继之者有吕振羽、范文澜等。研究的结果认为夏代及其以前的社会属于尚未产生私有财产、阶级和国家的原始氏族社会,在长时期内存在过群婚和母权制(即母系社会),有大量文献足资证明,并得到了史学界绝大多数人的承认。我想指出,炎黄文化就是中国原始氏族社会的文化。

摩尔根在《古代社会》一书中把人类社会的发展划分为蒙昧、野蛮、文明三大时期,这一说法后来受到了西方不少人类学家的质疑、反对,认为用词不当。我认为主张不用"原始"一词形容远古社会没有太多理由,因为这里"原始"和"文明"是就整个社会发展的高度和复杂程度而言的,并不排斥在某些方面原始社会的情况比文明社会的情况还要复杂。但"野蛮"一词是否须用,确有值得考虑之处。因为"野蛮"人既有比"文明"人落后的地方,也有比"文明"人高尚的地方。在中国,歌颂原始氏族社会,批判奴隶制文明社会的道家很早就指出原始氏族社会的人是真正高尚的,文明带来的不过是虚伪与罪恶(参见拙著《中国美学史》第一卷老、庄章及《老子思想论纲》一文)。就文化的发展而论,中国原始氏族社会的文化已有相当高的发展,所以孔子歌颂尧说:"焕乎,其有文章!"(《论语·泰伯》)我认为恰当的说法,也许是把摩尔根所说"蒙昧时期"称为早期原始社会,"野蛮时期"称为后期原始社

会。本文对每一时期的称谓仍依摩尔根和恩格斯的研究，划分为低、中、高三阶段。

早期原始社会初级阶段的特征是，人类至少部分是居住于树上（或洞穴中），主要以采掘果实、根茎作为食物。中国古史传说中所谓“有巢氏”时代，大致上与此一阶段相当。此时，尚未发现和使用火。中级阶段的特征是，开始以鱼类（包括虾类、贝壳类及其他水栖动物）为食物并使用火。这大致与“伏牺氏”时代（《易系辞传》）和“钻燧取火，以化腥臊”的“燧人氏”，以及“以火纪”的炎帝时代（见《韩非子·五蠹》、《左传·昭公十七年》注）相当。

早期原始社会的高级阶段是以弓箭的发明和学会打猎、用猎物作日常的食物为特征的。此时已有定居而成村落的某些萌芽，出现了木制的容器和用具，用木质纤维作成的手工织物，磨制石器，独木舟，用木材建筑房屋，但还不知道制陶术。早期原始社会转入晚期，是从学会制陶术开始的。但此一时期特有的重要标志，是动物的驯养、繁殖和植物的种植。这是在晚期原始社会的中级阶段发展起来的。到了高级阶段，则出现了铁矿的冶炼，发明了文字，由此而过渡到文明社会。在中国古史传说中，从早期原始社会的高级阶段到整个晚期原始社会相当于神农、黄帝、尧、舜、禹时期，但其发展阶段的划分尚待考证、研究。

《易系辞下传》对古史传说时代先后的划分是：包牺氏——神农氏——黄帝、尧、舜氏。这里有几点应注意的地方：第一，包牺氏之后应有炎帝。《易系辞下传》忽略了火的发现与使用这一重大问题（但《周易》全书常言及火，八卦中即有代表火的离卦）。第二，《易系辞下传》将黄帝与尧、舜并提，作为神农氏之后的又一时代，不只言黄帝，这是很有道理的。第三，《易系辞传》讲到了黄帝、尧、舜时代的九大发明，其中包含了弓箭的发明（“弦木为弧，剡木为矢”）。在中国古代，农业比打猎更重要，所以《易系辞传》把发明农业的“神农氏”置于发明弓箭的“黄帝、尧、舜氏”之前。此外，恩格斯所说早期原始社会高级阶段的种种重要发明，在《易系辞下传》所讲九大发明中均可找到。而动物的驯养、繁殖及植物的种植（农业）又正是晚期原始社会中级阶段最重要的特征。当时驯化、饲养、放牧动物已达到了很高水平，这在神话传说中有所反映。但《易系辞下传》所言九大发明中，没有讲到制陶术、金属冶炼加工，却讲到了文字（“书契”）的发明。后者是从原始社会转入文明社会的重要标志，我推想或当在夏至商这一时期。

总起来说，依恩格斯的说法来观察中国原始社会，“有巢氏”时代属于早期原始社会的初级阶段，“包牺氏”、炎帝时代属于中级阶段，神农、黄帝、尧、舜、禹的时代则属于从早期原始社会的高级阶段到晚期原始社会的高级阶段这一漫长时期。

四、炎帝文化与黄帝文化的联系与区别

如上所说，炎黄文化同属中国原始社会的文化，两者当然是密切联系的，但又有其不应忽视的区别，这与后来中国文化的发展有重要关系。

古史传说认为炎帝与黄帝同出一族，且黄帝为炎帝之兄（参见吕思勉《先秦史》）。此说待考。就原始社会发展的一般规律来看，火的发现与使用在农耕之前。原始的刀（石刀）耕火种，《孟子·滕文公上》所言“烈山泽而焚之”，显然需以火的发现为前提。所以，炎帝或应在包牺氏之后，神农之前，而神农又在黄帝之前，其间隔着漫长的时代。

据有关的古史传说来推想，我认为炎帝族是包牺氏之后一个以鱼类为主要食物的部族。《孟子·告子章句上》中曾讲到“鱼”与“熊掌”二者可否“得兼”，实际上食鱼与食熊掌在原始社会的发展上是两个不同的大的历史阶段。人类开始是食植物的果、根茎，后来才食鱼类，然后才是食猎获的各种动物。因为鱼类的获取，比其他动物的捕获要容易得多。而鱼类的腥味极大，生食又极易“伤害腹胃，民多疾病”，所以“钻燧取火，以化腥臊”就成为极重要的问题了。（《韩非子·五蠹》）炎帝族在发明“网罟”、“以佃以渔”的包牺氏之后，其重大贡献就是发现了“以化腥臊”的火。由于炎帝族仍以鱼类为主要食物，因此它当是一个沿着江河而生活、流动、迁徙的部族。它繁盛聚居之所，应是在鱼类丰富又易于取得的地方。这当然要首推河泊纵横的南方。古史传说称炎帝“起于厉山（或作列山）”，厉山在今湖北随县境，且历代相传，至

今有其纪念地。自传为炎帝之子的神农发明农耕之后，南方也有了农业，逐渐脱出主要以鱼类为主要食物的时代。古史传说称神农死后葬于荼陵（今湖南长沙），湖北历代相传有“神农架”之地，亦可见炎帝一族最后是以南方为其活动基地的。在古代南方各氏族、部落中，后来最发达强大的是楚。被认为是楚之先祖的祝融，据《山海经·海内经》，又恰好是炎帝的后代。所以，古史传说中所说炎黄之争，实是北方黄帝一族与最后居于南方的炎帝一族之争。

依据以上分析，我认为炎帝族文化是以南方为基地而发展起来的，其最高成就是后来的楚文化；黄帝族文化是以北方为基地而发展起来的，其最高成就是后来的周文化。炎黄之争使南北文化开始融合，经历了很长的历史过程，直至汉代才基本形成由炎、黄文化融合而生的汉文化。由于汉文化本是由古代最具代表性的炎、黄二族及其他较小部族的文化融合而成的，因此它不是一种单线发展而生的文化，而是一体多元的文化。它既有区别于世界上其他各民族文化的统一性、持续性，同时又是十分丰富多样的。

从春秋以来产生的诸子百家的思想看，它们都受着炎、黄文化的深刻影响。其中，在中国文化史上影响最大的儒道两家，分别是对在它们之前的炎、黄两族文化的承传者。道家主要是炎帝族文化的承传者，儒家则主要是黄帝族文化的承传者，特别是属于黄帝族的尧、舜、禹的文化的承传者。前者推崇神农，对黄帝也仍有好感，但对尧、舜、禹时的文化，特别是对直接由尧、舜、禹文化发展而来的周文化持批判态度，唯独与炎帝族文化及由之而来的楚文化有亲近感、共通感。这是由于道家是古代氏族社会的肯定者、歌颂者，直接继承尧、舜、禹而来的商、周阶级文明社会的否定者、批判者。儒家则不同，它推崇的是黄帝，特别是尧、舜、禹和后来的周文王。在历史传说的炎黄之争中，儒家是站在黄帝一边贬斥炎帝的，也不像道家那样把神农之世推崇为最符合理想的时代。这是因为儒家既不否定原始氏族社会的仁爱，但又不像道家那样主张回到原始氏族社会去。它肯定以西周为代表的阶级社会文明的成就，同时又竭力提倡以原始氏族社会的仁爱精神来实行阶级的统治。这是儒家思想的深刻矛盾所在。

五、炎黄文化的优秀传统

从古代文献来看，对于炎黄文化，讲得最多的是儒道两家。我想综合儒道两家之说，把炎黄文化中至今仍应予以肯定的优秀传统归纳为如下几点：

第一，大公无私。《老子》明确提出了“无私”、“公”的观念，并予以极大的推崇，主张“生而弗有，为而弗恃，功成而弗居”，“损有余以补不足”，“既以为人己愈有，既以与人己愈多”。《庄子》主张“顺物自然而无私焉，则天下治矣”（《应帝王》），又以人人“耕而食，织而衣，无有相害之心”的“神农之世”为“至德之隆”（《盗跖》）。这都是尚未产生私有财产和阶级对立的原始氏族社会下才会有的思想，它正是出于炎黄时代，是炎黄文化的重要思想。《礼记·礼运》提出的著名的“天下为公”的理想，都出自原始氏族社会，与炎黄文化分不开。自炎黄时期以来，中国人即形成了大公无私这一优秀传统。

第二，仁爱。这是儒家思想中最重要的思想。但其历史的渊源仍出自炎黄时代，在中国还与母系社会的长期存在密切相关。如《论语》中曾讲到四海皆兄弟的思想，并非仅出于儒家高尚的空想，因为在母系社会下，每一氏族的女性所生的子女均互为兄弟姊妹，应当相亲相爱。

第三，智慧。《史记》中《五帝本纪》在讲到五帝时说他们都是一些极有智慧的人。如黄帝“生而神灵，弱而能言，幼而徇齐，长而敦敏，成而聪明”；颛项“静渊以有谋，疏通而知事”；帝喾“生而神灵，自言其名”，“聪以知远，明以察微”；尧“其知如神”；舜“谋事至而言可绩”，被尧视之为“圣”；禹“为人敏给”。这些在远古有过重大贡献的人物是十分富于智慧的，它说明炎黄文化思想不仅赞美无私、仁爱，而且重视、推崇智慧。事实上，在世界各大民族中，中华民族是一个很有智慧的民族。

第四，勤劳。《五帝本纪》说，黄帝“披山通道，未尝宁居”，“劳勤心力耳目”；帝喾“取天地之财而节用之”；尧“贵而不舒”；舜“耕历山，渔雷泽，陶河滨，作什器于寿丘”；禹“克勤其德”，“劳身焦思，居外三十年，过家门而不敢入”，“薄衣食”，“卑宫室”。由此可见，勤劳是炎黄文化思想的又一个重要方面。中华民族也历来以勤劳著称于世。

第五，顺应自然，发展生产。《五帝本纪》说黄帝“治正气，艺五种，抚万民，度四方”，“披山通道”，“时播百谷草木，淳化鸟兽虫蛾，旁罗日月星辰水波”；颛顼“养材以任地，载时以象天”；帝喾“抚教万民而利诲之，历日月而迎送之”；尧“敬授民时”，制定天文历法；舜“耕历山，渔雷泽，陶河滨，作什器于寿丘”；禹“令益予众庶稻可种卑湿，命后稷予众庶难得之食”，“行相地宜所有以贡及山川之便利”（即对国土资源进行实际考察）。所有这些说法都表明炎黄时代的古帝十分重视生产的发展，这是当时人民求取生存的第一要务，因此“五帝”在生产上的贡献为后人传颂，是“五帝”之德的一个极为重要的方面。中国后来在物质生产上的繁荣、发展，当然也是由炎黄时代奠定基础的。

第六，爱民利民。《五帝本纪》说，黄帝“抚万民”；帝喾“顺天之义，知民之急”；尧“敬授民时”；舜、禹勤事生产，倡言仁爱，以至“内平外成”、“天下于是太平”，当然也是能爱民利民的表现。这种思想，也明显同原始氏族社会尚不存在阶级的压迫密切相关。它在后来发展为儒家的“民本”思想，对中华民族产生了深远的影响。道家虽未像儒家这样明确提出“民本”思想，但它的大公无私的思想很明显地包含了对统治者奴役、剥削人民的强烈抗议与批判，并且比儒家大胆很多。从本质上看，道家也是爱民的，而且显得比儒家更为激进。

第七，合和万国。《五帝本纪》讲到黄帝“抚万民，度四方”，“万国和”；帝喾时“天下日月所照，风雨所至，莫不从服”；尧“亲九族”，“章百姓”，“合和万国”；舜“布五教于四方”，“内平外成”；禹“声教讫于四海”，“天下于是太平”。这当然也都有夸大的地方，但它很清楚地表明炎黄文化中有一种“天下一家”的观念，并以实现此种观念为古帝王治绩的最高理想。这种观念深刻地影响到后世，形成中华民族极强烈的统一观念，反对国家的分裂，并使中华民族以爱好和平而著称于世。虽然氏族之间也有冲突，甚至发生战争，但只要氏族制度尚未解体，“天下一家”、“合和万国”就仍是最高理想，能做到这一点的氏族首领就会得到歌颂。

六、炎黄文化与古希腊文化的比较

古希腊文化是整个西方文化的源头。由于古希腊氏族社会及其后奴隶社会的情况与中国古代有相当大的差异，由此而产生了中西文化的差异。

恩格斯在论到“希腊人的氏族”时指出：“希腊人，在他们出现在历史舞台上的时候，已经站在文明时代的门槛上了……群婚的痕迹正开始显著地消失。母权制已让位给父权制。”①中国人则不同，他经历了“三皇五帝”的漫长时期，原始氏族社会有高度的发展，并留下了丰富的古史传说。

恩格斯在论到古希腊国家奴隶制的产生和完全实现时，指出因奴隶的大量使用、农业与手工业的分工、海上贸易、商业大为发展，财富迅速集中在少数人手中。“由此而日益发达的货币经济……渗入了农村公社的以自然经济为基础的传统的生活方式。”②货币经济的迅速发展，又使氏族社会原始的民主制转变为奴隶制的民主制，除奴隶之外的自由民都变成了国家的“公民”，打破了氏族血缘关系的束缚。中国则不同。虽然商代已进入奴隶社会，氏族社会以血缘关系为基础的制度、思想仍很为牢固地保持着，古代“耕而食，织而衣”（《庄子·盗跖》）、农业与家庭手工业紧密结合的生产方式（此即马克思、恩格斯所说“亚细亚生产方式”）长期延续下来，货币经济很不发达，因此也始终产生不出古希腊那种典型的奴隶制民主制。基于氏族血缘的尊卑上下、亲疏远近的关系占有极为重要的地位，伦理道德的作用远高于法律（对此，黑格尔在《哲学史讲演录》中曾作过很好的说明），“德治”为本，“法治”为辅。

由于上述两个方面的不同，产生了中西文化的种种不同。要而言之，中国文化大量保存了产生于原始氏族社会的文化，“三皇五帝”的

---

① 《马克思恩格斯选集》第4卷，人民出版社1972年版，第95页。

② 《马克思恩格斯选集》第4卷，人民出版社会1972年版，第107页。

文化、炎黄文化始终受到推崇。古希腊文化则很为彻底地改造了氏族社会的文化,产生了典型的奴隶制民主制的文化,氏族社会的文化已消失在远古的历史背景中,仅仅留存着对荷马时代的回忆,而且也只是作为回忆而存在,并非如中国人向往“三皇五帝”时代那样去向往它,这是中西文化的一个根本性差异。

七、炎黄文化的现代意义

中国的炎黄文化,历代不断受到推崇,至今仍需要很好地加以研究、继承和发展,这是因为在全世界文化中,炎黄文化是发展得最充分的、光辉灿烂的原始氏族社会文化。炎黄文化优秀传统的几个主要方面,看起来很简单、很易于理解,但却是后来的阶级社会,包含资本主义社会很难真正做到的。这就是炎黄文化至今对我们仍有强大吸引力的根本原因。

有一个现象很值得注意,中国近代以来资本主义的发展是以批判古代文化,特别是“打倒孔家店”作号召的。这是因为大量保存了原始氏族社会文化的中国古文化很难通向资本主义,甚至与之格格不入。但是,它又很容易通向社会主义。我曾指出过,中国进步的知识分子之所以在五四运动后的两三年间很快接受了社会主义,接着就成立了中国共产党,这不仅是出于中华民族解放斗争的迫切需要,而且与中国思想文化的传统密切相关。没有中国思想文化传统的背景,这是不可能的。从历史发展的长河来看,我们的祖先在炎黄文化中所提出的崇高思想,只有在社会主义、共产主义社会才能真正得到充分的实现和更高的发展。正如西方资本主义必然肯定、继承古希腊奴隶制民主制的文化一样,有中国特色的社会主义必然要肯定、继承炎黄文化及其在后世的曲折发展中取得的成果。我们今天需要批判地学习西方资本主义文化中一切合理的东西来为我所用,否则就会落后。但与此同时,我们又不可忘记我们民族的炎黄文化的传统。这不仅因为它是我们民族的骄傲,而且还因为除马克思主义之外,中国人还可从炎黄文化中获得精神上的启示、支持,以抵制、克服资本主义思想的腐朽没落方面。实际上,在东方与中国思想文化传统有密切关系的资本主义国家中,如日本、新加坡,也已经注意到这一点了。港台海外新儒家思想的产生传播,也明显含有抵制资本主义的极端个人主义、利己主义的意图。它说明了炎黄文化在20世纪的现代社会中也仍有其作用。

展望未来,资本主义社会越是暴露出其内在固有的种种无法克服或难以克服的弊病,中国炎黄文化的优秀思想传统就越会引起更多人的注意。特别是随着有中国特色社会主义的日益发展和强盛,炎黄文化对世界可能发生的影响将是巨大的。

(原载湖北省炎黄文化研究会编《炎黄文化与现代文明》,武汉出版社1993年版)

中华人文精神的基本特征

中华人文精神博大精深,难以尽言。要而言之,我认为主张人与自然、个体与社会必须统一、应当统一和能够统一,是中华人文精神历来所追求的最高理想和终极价值,也是中华人文精神的神魂和伟大之所在。

人的存在,一不能脱离自然界,二不能脱离群体、社会。因此,人与自然的关系和个体与社会的关系这两个问题,是一切人文哲学或人文精神不能不回答的根本问题。对这两个问题的不同回答,从根本上决定着不同人文精神的特色、优点与弱点。

在人与自然的关系问题上,中国古代哲人认为人为天地所生、所养,因此人的存在不能脱离自然。但人又是与自然并存的独立的主体,人应当而且能够通过"效法"自然,像自然一样地永恒、伟大,和天地并立而三。这就是儒家所谓"赞天地之化育",道家所谓"与天地并生,与万物为一","得天地之大美"。中国人既不因为人的生存不能脱离自然而认为人是完全由自然所决定的东西,也不因为人区别和独立于自然,优于其他自然物,而认为人可以脱离或凌驾于自然之上。这就是中华人文精神在解决人与自然的关系问题上的重大优越性所在。

在个体与社会的关系问题上,中国古代哲人认为个体不能脱离他人、群体而存在,反对"离群",并且把个体对他人、群体的爱亦即"仁"看作是每一个体最高的、终极价值的实现,是每一个体应当不惜一切去孜孜以求的。而这种爱,又不是出自西方所说上帝的意旨或命令,而是每一个体的人性内在具有的情感心理要求,能够通过后天的教育去唤起、培育与发展。道家看来对儒家的仁义之道给予了猛烈的抨击,但它所反对的只是儒者所说仁义道德的虚伪性及其对人性的自然发展的束缚。在本质上,道家也是主张爱人的。老子说"既以为人已愈有,既以与人已愈多",特别推崇"无私",尊之为"玄德"。庄子赞美一个虽不言仁义而人人自然而然相亲相爱的社会,这就是他所谓的"大仁不仁"(《庄子·齐物论》)。庄子又说:"与天和者,谓之天乐。与人和者,谓之人乐。"(《天道》)总之,强烈、鲜明、充分地肯定人与人之间相互依存的社会性,要求个体与社会和谐发展,这就是中华人文精神对个体与社会的关系问题的基本回答,也是中华人文精神的重大优越性所在。

当然,中华人文精神不倦追求的人与自然、个体与社会的统一,有它的不可避免的历史局限性。要而言之,第一,这种统一的思想源出于中国古代原始氏族社会,后来又是长期建立在小农自然经济基础之上的,因此具有狭隘性与封闭性;第二,这种统一,在很长时期内是与维护封建主义的上下尊卑的等级制度密切联系在一起的;第三,这种统一强调人与自然、个体与社会的协调一致,但在不少情况下忽视、回避、淡化了人与自然、个体与社会的矛盾冲突。上述三个方面,明显地束缚、压抑了中国人的个性、进取心、竞争心的发展。近代西方资本主义工业文明的迅速发展,又对中华人文精神所追求的人与自然、个体与社会的统一造成了巨大的冲击,以致使一些人认为中华人文精神的理想不过是一种无从实现的过时的幻想,并且是导致中国落后的重要原因。于是,自"五四"以来,产生了各种否定中华人文精神的"西化派"思想。

但是,不论一些人对中华人文精神的理想如何感到厌恶,表示不满,甚至愤怒,人不能脱离自然与社会而存在,人类真正合理、幸福的生活只能存在于人与自然、个体与社会的协调统一之中,这终究是一个无法推翻的真理。尽管这种协调统一永远是相对的、具体历史的、没有止境的,但人类终将不断朝着这种协调统一的实现前行,打破前进道路上的一切障碍。因为人与自然、个体与社会的统一如果不再存在,而陷入无法解决的矛盾冲突之中,那就意味着人类文明的灭亡,返回到动物状态。也正因为这样,中华人文精神所追求的人与自然、个体与社会的统一,有着永恒的意义与价值。今天,我们所要做的工作,不仅是要从理论上研究、阐明中华人文精神的合理性与深刻性,而且还要努力把它所追求的人与自然、个体与社会的统一建立在扫除了小生产和封建主义思想影响的现代化大生产基础之上。我们要使中国社会成为一个高度富裕的社会,同时又是一个"富而好礼",深明"义利之辨",反对"为富不仁"的社会。中国物质生产的高度发展应当和中华人文精神优秀传统的继承与发扬相辅而行。在去除了小生产和封建主义思想的影响之后,中华人文精神优秀传统的继承与发扬,不但不与现代化大生产的发展相抵触,而且会有力地推动它健全发展。

反观西方的人文精神,虽然它也并不在根本上否定人与自然、个体与社会的统一,但更强调、更重视的是两者的矛盾冲突。特别是到了现代,不少思想流派更是竭力要在两者之间掘下一条无法超越的鸿沟。西方人文精神对这种矛盾冲突的强调,一方面极大地强化了个体的独立性、竞争心、冒险精神;另一方面又常常陷入极端个人主义、利己主义、非理性主义、神秘主义(对超自然事物的崇拜)、悲观主义。人与人之间的关系是由相互间的实际利益及与之相应的法律来规定的,不是如中国古代那样认为应由人性内在具有的互爱的情感要求("仁")来规定。虽然西方人文精神并非不讲爱,但爱基本上是出自上帝的意旨,并且是从属于利益与法律的,不能超乎利益与法律之上。这较之中国古代的人文精神,有其不应否认的合理的地方,这就是打破了基于血缘伦理的情感关系对个体的独立性的束缚;但另一方面又常常使人与人的关系变成了冷漠的利害关系,人的存在的群体性被孤立化、原子化了。此外,在中国古代,除法家思想之外,历来主张德治为本,法治为辅,伦理的地位高于法律。今天,中国正在走向法治社会,这是历史的一个重大进步。但我们又不可忽视中国历来所强调的德治的作用,而应在法治的同时辅之以德治。德不应凌驾于法之上,但法的公正实行本身又与德直接相关。而且,一个重视德治的社会,即一个人民相亲相爱、安居乐业的社会,必然是一个犯罪率很低的社会。

我们知道,西方古希腊有强调感性冲动的"酒神精神"与强调理性秩序的"日神精神"的对立,并深刻影响到后来西方文化的发展。这并不是一种偶然现象,而是西方自古以来未能充分明确和完全地解决人与自然、个体与社会的统一问题的表现。两者的矛盾与冲突始终是困扰着西方文化的一个根本性问题。至 19 世纪后半期以来,更由于两者的分裂与对抗不断加剧而陷入了精神危机。反观中国,由于自古以来即明朗地肯定着人与自然、个体与社会必须统一和能够统一,因此中华人文精神没有古希腊那种“酒神精神”与“日神精神”的区分与对立。中华民族的人文精神既不是酒神型的,也不是日神型的。不错,中华人文精神很重视、强调理性。但这种理性既不是西方那种以科学、法律为根基的理性,也难以视之为“实用理性”,而是一种基于氏族血缘关系的伦理理性。因此,这种理性即使对上下尊卑的等级名分关系予以极严格的规定,也始终没有走向对个体感性的生命欲望的完全否定,更没有否定个体之间基于血缘、发自自然的爱,而只是要求个体感性生命欲望的满足需符合于伦理理性,并认为爱有等差。此外,这种伦理理性并非与西方人文精神所尊崇的科学理性完全不能相容。因为除“正德”之外,“利用、厚生”也是中国伦理理性的重要内容,这就要求认识自然,发展生产。与此同时,中华人文精神认为天地亦即自然界的变化具有高度的合规律性,伦理理性又与天地的合规律性完全相通、一致(这在《周易》中表现得最为清楚)。因此,对于中国人来说,哲学的知、伦理的知与科学的知,三者不是相互分裂,而是融为一体的。这无疑阻碍了中国古代科学充分独立的发展,但又使中国科学自古以来具有一种伟大的哲学精神与伦理精神,而避免了西方的唯科学主义或科学至上主义。中国古代科学的辉煌成就与弱点均与此有关。

如上所说,古希腊用“酒神精神”和“日神精神”来指称西方的人文精神,两者均与中华人文精神有重大的不同。究竟要用怎样的称谓来标志中华民族的人文精神才比较适合呢?这是一个值得研究的问题。目前,我认为用《周易》提出的“大和”(“大”读为“太”)来称谓中华人文精神或许比较适合,但又不可将它与西方古希腊所讲的“和谐”混同。① 这种“大和”精神的根本,就是以人与自然、个体与社会的协调统一为人类生存所应达到的最高境界。我认为当代中国的人文精神应珍视、保持、继承这一伟大传统,同时又充分吸取西方人文精神不回避、淡化,而直面人与自然、个体与社会的矛盾冲突的合理思想,并使之与

① 参见拙作《〈周易〉美学》,湖南教育出版社 1992 年版。

中华人文精神本有的自强不息的“刚健”精神结合起来。古老的中华人文精神，一旦去除其在历史上不可避免的局限性，并与西方人文精神的优点结合起来，就会大放光芒，对世界产生重大影响。

（原载《中华人文》1994 年第 1 辑）

老子思想论纲

一、老子思想的历史根基

1. 西方古希腊进入奴隶社会之后,彻底地清除了原始氏族社会的制度、观念、风习。而在中国古代,原始氏族公社制度、观念、风习却大量地保存了下来。这是了解东西方思想文化差异产生的一大关键。

2. 中国的原始氏族社会大约经历了很长的时间,获得了高度的发展。中国古代思想的产生同原始氏族社会的观念有着最为直接而密切的联系,深受它的影响。中国古代思想的精华首先是源出于原始氏族社会。研究中国原始氏族社会的状况对于了解中国古代思想有着极大的重要性。

3. 从原始氏族社会到奴隶制文明社会,是中国古代一个巨大的历史转折。它在中国古代思想家的头脑中留下了极为强烈的印象,引起了很大的反响,产生了原始氏族社会与新起的奴隶制文明社会何者更为优越的争论。以孔子为代表的儒家是奴隶制文明社会的肯定者、赞美者,虽然它也力图要用由原始氏族社会而来的博爱观念去改良这个社会。以老子为代表的道家则是原始氏族社会热烈的肯定者、赞美者,新起的奴隶制文明社会的揭发者和批判者。这是儒道两家的根本区别所在。

4. 老子的思想与原始氏族社会所形成的种种观念直接相联,起源很古,因此呈现出某种难以理解的神秘色彩。为了深入理解老子的思想,需要对老子的思想作一种人类学的考察。在马克思主义的著作中,恩格斯系统探讨古代氏族社会的《家庭、私有制和国家的起源》一书,对于老子思想研究有十分重要的指导意义。马克思有关古代氏族社会和亚细亚生产方式的论述,同样具有十分重要的指导意义。对于老子思想的研究,如果脱离中国古代氏族社会这一具体历史的根基,仅作一种抽象的理论分析,很难把握老子思想的真义。

二、老子对文明社会的批判

1. 在老子的思想中,包含着对恩格斯所说"古代氏族社会的纯朴道德"的高度赞美,对伴随着文明社会而来的堕落、罪恶的尖锐揭露、强烈谴责和无情批判。老子极其敏锐而深刻地看到了文明的进步本身所包含的矛盾,它所带来的种种恶果(见《老子》第二、三、十二、十八、十九、二十、三十八、五十三、五十七、八十一等章,兹不详论)。老子堪称是文明社会的伟大的批判家,这在世界古代思想史上是极其罕见的,可以说绝无仅有。令人惊异的是,被马克思、恩格斯作了充分肯定的,法国空想社会主义者傅立叶等人对文明社会的那种尖锐、机智、深刻的批判,在老子的思想中已经可以看到很多与之类似的地方。

2. 老子和孔子都亲眼见到周代奴隶制社会的衰落,乃著书立说,找寻救世的道路。孔子的根本方针是"克己复礼",而老子却认为"夫礼者,忠信之薄而乱之首也"。老子的理想是要回到原始氏族社会的状态中去,这当然是历史的倒退。但老子对文明社会的批判,以及他对原始氏族社会下人类所具有的那种大公无私的精神的热烈赞美和推崇,都以其不灭的光辉,留在了中国古代思想史上。

三、老子的"道"的含义

1. 老子的思想甚为复杂,但最根本的是他所提出的"道"这一观念。弄清了老子所说的"道"是什么,基本上也就弄清了老子的思想。然而,对于"道"的解释恰好是老子研究中最为困难的问题,历来充满了各种神秘的,或使人不知所云的说法。但我以为只要紧紧抓住老子的整个思想是直接与原始氏族社会的观念相联系的这个根本点,就有可能对老子的“道”作出比较接近于历史实际的解释。

2. 如恩格斯所指出，原始氏族社会是一个“自然发生的共同体”①。在这个社会里，没有高踞于社会之上，用强制的方法来解决各种问题的国家和统治者，一切问题都由全体社会成员自然而然地求得解决。恩格斯说：“……这种十分单纯质朴的氏族制度是一种多么美妙的制度呵！没有军队、宪兵和警察，没有贵族、国王、总督、地方官和法官，没有监狱，没有诉讼，而一切都是有条有理的。一切争端和纠纷，都由当事人的全体即氏族或部落来解决，或者由各个氏族互相解决；血族复仇仅仅当做一种极端的、很少应用的手段……虽然当时的公共事务比今日更多……可是，丝毫没有今日这样臃肿复杂的管理机关。一切问题，都由当事人自己解决，在大多数情况下，历来的习俗就把一切调整好了。”②恩格斯又说：“这些社会条件所特有的、自然长成的结构；它能够处理在这样组织起来的社会内部一切可能发生的冲突。”③恩格斯所描绘的这种氏族社会，用老子的说法正是一个自然、无为而治的社会，即没有统治者和国家政权机构对人民的种种强制的干预，但却治理得很好的社会。老子对他的理想社会的种种描述、说明，充分表明他理想中的社会正是原始氏族社会，或至少是一个保存了原始氏族基本特征的社会。

3. 老子对这个自然、无为而治的社会是无比推崇和赞美的，并以回到这个社会作为他解决新起的奴隶制文明社会所碰到的一切问题和矛盾的根本方法。因此，老子的整个思想所要解决的首要问题，就是要论证这个原始氏族社会是绝对合理的。而这种论证的根本之点，就是要把原始氏族社会所具有的最重要的特征——自然无为提高成为宇宙万物所不能违背的根本原则。我认为在老子那里，这正是“道”的观念提出的现实的历史的动因，尽管这一观念的提出还与前人的思想有着密切的关系。

---

① 《马克思恩格斯选集》第4卷，人民出版社1972年版，第94页。

② 《马克思恩格斯选集》第4卷，人民出版社1972年版，第92～93页。

③ 《马克思恩格斯选集》第4卷，人民出版社1972年版，第154页。

4. 在中国古代思想史上，为了确立某一社会政治原则，经常把这一原则说成就是天地的根本原则。如子产讲“礼”，就宣称“夫礼，天之经也，地之义也，民之行也。天地之经，而民实则之”①。老子也同样遵循着这一逻辑。为了论证他理想中的自然无为的社会是绝对合理的，他提出天地万物最终是由“道”产生的，而自然无为正是“道”的根本特性，从而也是天地万物和人类社会所必须遵循、不能违背的根本原则。由于老子所说的“道”直接和天地万物的生成问题相关，因此人们常常从宇宙发生的观点去研究老子的“道”。实际上，老子提出“道”的观念，主要并不是为了解决宇宙的发生问题，而是为了把自然无为或“无为而无不为”确立为天地万物和人类社会的根本原则，从而论证他所主张的自然、无为而治的社会是绝对合理的。这是了解老子的“道”的一大关键。

5. 老子认为“道”是天地之始，万物之母。“天下有始，以为天下母。”这种看来颇为神秘的说法，实际上仍来自原始氏族社会的观念。恩格斯说：“氏族起源于共同祖先。”②老子显然是应用这种观念来说明天地万物的产生。正如氏族所有的人都有一个共同的祖先，最初是由这个祖先所生出来的一样，天地万物也起源于一个共同的祖先，由这个祖先所产生。这个祖先就是老子所说的“道”。

6. 老子以“道”为天地之母，而“道”在他看来即是“无”。“无，名天地之始；有，名万物之母。”“天下万物生于有，有生于无。”历来难解之处，在于“无”是什么。这一点可以肯定，“无”不是空无，而是无形无象，不可视、听、触的意思。“道”是无形而又实存的东西，因此它不是柏拉图式或黑格尔式的绝对精神，不是观念的东西，问题在于这个无形无状、不可视听触摸的东西何以能够产生出天地万物呢？《老子》对此作了十分值得注意的说明：“道生之，德畜之，物形之，势成之。是以万物莫不尊道而贵德。道之尊，德之贵，夫莫之命而常自然。”又说：“道常无为而无不为。”“道”的这种功能、作用是无形无状的，不可视听感

---

① 《左传·昭公二十五年》。

② 《马克思恩格斯选集》第4卷，人民出版社1972年版，第98页。

知的,因而也是不可言说的。这也就是《论语·阳货》所说“天何言哉,四时行焉,百物生焉”,《荀子·天论》所说“不为而成,不求而得”,“不见其事而见其功”,“皆知其所以成,莫知其无形”。不论老子或是孔子、荀子都有天地万物是自然而然地生成的思想,但在古代的条件下这种生成的过程、原因被看作是无法加以说明的,因而被看作是一种无形地在起作用的功能、力量。不过,儒家并不特别重视这个问题,只有力图要把自然无为提升为宇宙根本原则的老子才特别重视它,并由于上述原因而把产生天地万物的“道”规定为“无”。如上所说,这个“无”不只是指作为实体的“道”是无形的,更重要的是指“道”的自然无为、“无为而无不为”的作用、功能。

四、老子思想的基本性质

1. 在我们对老子思想的研究中,长期以来有一个老子思想是唯心主义还是唯物主义的争论。这种争论常常脱离老子思想的本来面目和本有的含义,把从西方哲学而来的概念加在老子身上。老子哲学的根本问题是“道”与天地万物(自然界)的产生的关系,不是西方哲学经常讨论的自然与精神、思维与存在的关系。当然,它最终又与这个问题有关,但却不能简单地归结和等同于这个问题。

2.“道”与天地万物的关系是“母”与“子”的关系,产生与被产生的关系。这个产生天地万物的“道”究竟是精神性的还是物质性的东西,老子并未作出明确的说明。但从这个“道”是无形而实存的东西,其功能、作用又是没有意识的来看,我们大致可以判断“道”并不是一种精神性的东西。不过,这个“道”又并不是自然界,而是产生出自然界的东西,因此不能说老子的思想是西方哲学中那种以物质的自然界为世界本原的唯物主义,而只能说被老子视为产生天地万物的东西是一种无形而实存的、非观念的东西。在这个意义上,可以说它是一种物质性的力量、功能。但与其因此而说老子的思想是唯物主义的,不如说它是泛神论的。因为那产生天地万物的“道”既是无形而实存、没有意识的,不是上帝、人格神,但又有着类似于上帝创生万物的力量。这种泛神论源于中国古代对使天地万物得以产生形成的神奇力量的崇拜。它对这种力量作一种拟人化的解释，视之为一种完全合规律而又合目的地发生作用的力量，但却又不赋予它以上帝、人格神的属性。这种在中国古代历史条件下产生的泛神论不能简单等同于西方斯宾诺莎的泛神论。

3. 老子思想中的“道”不是西方哲学中由古希腊而来的存在论意义上的本体，也不是产生、构成万物的质料（如水、火、气等），而是一种无形而实存的，具有产生天地万物的功能、作用的实体，其根本特性是自然无为、“无为而无不为”。当然，就这种特性普遍地表现于天地万物之中而论，我们也可以说“道”具有本体的意义，但不应把它等同于西方存在论意义上的本体。

4. 老子思想在不少地方讲到了“知”或“智慧”的问题，与一般所说的认识论问题有关。但老子是立足于对文明社会的批判来讲“知”的，这是了解老子关于“知”的思想的关键。老子认为“智慧出，有大伪”，即“智慧”产生了各种极其虚伪的东西，因此老子又说：“明白四达，能无知乎？”这不是不要“知”，而是不要那种产生“大伪”的“智慧”、巧智。老子所要求的是一种真实的不欺人的“知”，而这样的一种“知”即是对“道”的自然无为的认识。能得自然无为之“道”，就可“明白四达”，“不行而知，不见而明，不为而成”。但“道”是不可视听感触的，因此这种“知”是一种哲理性的直观感悟。老子思想极有哲理，但他又不是黑格尔式的沉溺于纯抽象思辨的哲学家，他认为“见小曰明”，十分重视敏锐地观察事物的细微变化。在对事物的认识上，老子既重哲理性的直观感悟，又十分谨慎求实。他既非纯抽象思辨的哲学家（虽然老子确有很高的思辨能力，为儒家所不及），也非西方唯物主义的感觉论者。对于老子来说，哲理性的直观领悟与对事物的明察秋毫的观察是紧紧结合在一起的。这也是中国古代思维的一个重要特点。

5. 自然无为是老子的根本思想，保持自然无为的状态是老子最高的社会理想和人生理想。因此，我认为老子的思想可以看作是中国古代的自然主义。但这种自然主义当然不能等同于西方现代哲学中的自然主义。而且老子思想中的“自然”这个词并不是指自然界，而是指与人为相对的自然而然的意思。但是,从另一方面看,老子所说的自然无为又正是他所说的“天”即自然界的根本特性,因之老子用自然无为来解释人类社会,也包含着人类社会及其生活应当像“天”亦即自然界那样自然无为的意思。“天法道,道法自然。”“天”的根本法则是“道”,而“道”的根本法则是自然无为,因之人类的生存也应像“天”亦即自然界那样自然无为。在这个意义上,老子的自然主义可以说既是用“道”的自然无为,同时也即是用自然界的自然无为来解释世界,两者是一致的。与老子不同,以孔子为代表的儒家最为重视的是人类社会群体所产生的文明,特别是伦理道德精神。自然无为不是儒家的理想;相反,儒家的种种努力正在于要用伦理道德去规范人的自然本性。在这意义上,我认为可以说儒家思想是与道家思想不同的人文主义,但又不能等同于西方文艺复兴时期及其后所说的人文主义。这里,道家的自然主义和儒家的人文主义的区分,在于道家最重视人的本性的自然而然的发展,以文明为祸害,而儒家则最重视人类群体所产生的文明,赞美“郁郁乎文哉”,不取自然无为的、素朴的状态。道家的自然主义和儒家的人文主义共同构成中国古代思想文化的两大潮流,各自都对后世产生了广泛深远的影响。当然,儒家中也有为文明社会的绝对合理性作论证的自然主义,如《易传》的自然主义就是如此。

6. 老子是中国古代最伟大的辩证法家,他在这方面作出了无人能与之比拟的贡献。老子的辩证法主要不是来自对自然现象的观察,也不是来自古代的兵书,而是来自对文明社会所包含的深刻矛盾的观察,带有强烈的批判性。通观《老子》一书,提出了四种类型的辩证命题:第一种是揭示看来是肯定的东西却包含着否定的结果(举例略,下同);第二种是揭示看来是否定的东西却能达到肯定的结果;第三种是揭示看来是一致的东西却刚好是相反的东西;第四种是揭示看来是相反的东西却刚好是一致的东西。通过这些辩证的命题,老子极为机智而深刻地动摇和瓦解了人们在日常生活中经常把肯定与否定、一致与相反互不相容地对立起来的成见或认为是无可怀疑的看法。正因为老子看到了肯定与否定、一致与相反是完全辩证地相互渗透和转化的,老子在处理和对待事物上提出了尚柔的思想。这种尚柔的思想,实质是反对各种直线式的、僵硬的看法和做法，让人懂得事物的辩证的曲折性、复杂性，从而有效地去对待和处理事物，以立于不败之地。老子这种辩证的思想曾被认为包含有讲求阴谋权术的表现。它确实也可以被用去搞阴谋权术，但从老子的整个思想看，主张大公无私，“利而不害”，“为而不争”，热烈赞美婴儿的纯真自然的老子不可能是一个着意讲求阴谋权术的人。他的某些看来好像是讲阴谋权术的话，实际是为了揭穿文明社会的虚伪、欺诈现象，并使人找到战胜它而保存自己的方法，所以他说：“道者，万物之奥，善人之宝，不善人之所保。”

7. 老子对文明社会的批判包含着对统治者奴役、压迫人民的批判，并且明显地表现了老子对统治者强烈的不满和抗议。这和孔子虽然大讲仁爱，但又处处竭力维护奴隶制的等级制很不相同。老子既然热烈地肯定和赞美没有阶级统治的原始氏族社会，这样他就站到了各种维护阶级统治的思想的对立面，因此，他的思想是代表人民的。老子是中国古代人民的伟大思想家，他的思想中包含着许多来自原始氏族社会的珍贵的东西。由道家演变而来的道教之所以多次成为中国农民起义的旗帜，并不是偶然的。

五、老子思想与中国文化

1. 中国传统的思想、文化基本上由儒、道、释（其中主要是禅宗）三家组成。无疑，儒家处在主导地位，但如果没有道家就没有如此之丰富多彩的中国文化。而且，没有道家也不会有在中国后期封建社会文化的发展中起了重要作用的思想——禅宗，亦即中国式的佛学。道家与儒家是中国传统文化发展的两大源头。从社会历史的观点来看，前者主要总结了中国原始氏族社会文化的历史成果，后者则主要总结了中国的文明社会即阶级社会（奴隶社会和封建社会）文化发展的历史成果。因此，儒道两家合起来涵盖了中国整个的历史文化，而禅宗则是由道家与佛学结合发展而来的旁支，在明代后期已开始具有了同封建的思想文化不同的近代色彩。

2. 作为春秋之前中国古代道家思想的集大成者和道家学派的创始

人，老子思想的杰出之处在于它保存了和发展了中国古代原始氏族社会所产生的思想精华。老子对文明社会的深刻批判给中国传统文化注入了一种大无畏的批判精神，有力地打破了儒家思想的偏狭性和保守性。

3. 老子对原始氏族社会的肯定与赞美，极大地弘扬了原始氏族社会所产生的“生而不有，为而不恃，长而不宰”的“玄德”，即一种把为人与为己看作是完全一致的大公无私的精神，反映了恩格斯所指出的原始氏族社会特有的那种“把一切公共的事情看做是自己的事情的民主本能”①。这种精神在今天仍然是我们应当继承和发扬的中华民族的伟大精神。中国人民自近代以来很快地接受了社会主义思想，在民族文化的深层心理上是同这种精神分不开的。老子所提倡的“慈”（老子所说的“三宝”之一）比孔子所说的仁爱更博大，更真诚，更无私。

4. 老子对原始氏族社会的肯定和赞美还反映了恩格斯所指出的原始氏族社会下的“爱好自由”的精神②。老子主张无私，但决不否定个体的生命。相反，他高度重视个体生命，认为它比一切名利的追求都更宝贵。老子并不否定伦理道德使人异于动物，但他认为伦理道德的实现不应成为对个体生命的残害。老子主张人的最理想的存在状态是纯任自然无为，要求消除一切外在的、强制的东西。老子的这些思想在庄子那里得到了极大的发展，充分显示了道家是中国古代最能体现原始氏族社会“爱好自由”的精神的思想家。这种精神经常成为冲破儒家全力维护的森严的礼法束缚的有力武器。

5. 老子的辩证法，他的“曲则全”、“柔弱胜刚强”的思想给中国传统文化注入了一种宏大的、超越的精神，使中华民族具有一种不为强大的力量和各种艰难曲折所吓倒的伟大气魄。中华民族所具有的豁达恢宏的精神很大一部分来自道家。

6. 由于儒家在中国传统文化中处于主导的、统治的地位，使人们对道家思想中各种珍贵的东西在长时期内未能充分地认识和发扬。较之

① 《马克思恩格斯选集》第4卷，人民出版社1972年版，第152页。

② 《马克思恩格斯选集》第4卷，人民出版社1972年版，第152页。

于儒家，道家具有更多、更容易通向现代的思想因素。道家思想是中国最古老的思想（本文认为道在儒之前，兹不详论），同时又是具有不可忽视的现代意义的思想。因为道家思想源出于原始氏族社会，而这个社会在后来的阶级社会中所丧失了的一切宝贵的思想，如摩尔根、恩格斯所已指出过的，将会在一个更高的阶段上重现出来。

7. 道家思想的种种局限性来源于原始氏族社会本身所具有的狭隘性、封闭性。由此产生了老子的退守、不争、不敢为天下先，轻视以致否定文明的进步等思想。如马克思所指出过的，在原始氏族社会的条件下，“在一定范围内可能有很大的发展。个人可能表现为伟大的人物。但是，在这里，无论个人还是社会，都不能想象会有自由而充分的发展，因为这样的发展是同（个人和社会之间的）原始关系相矛盾的”①。

（原载《江西社会科学》1989 年第 6 期）

① 《马克思恩格斯全集》第 46 卷上，人民出版社 1979 年版，第 485 页。

孔子思想的世界意义

不论人们对孔子采取怎样的态度,孔子是人类历史上少数产生了世界性影响的思想家之一,这个事实是无法加以否认的。

为什么孔子的思想能够产生世界性的影响?为什么在两千多年后的今天,仍有许多人关注着孔子的思想?这是一个复杂的问题,本文拟对此作一些粗略的说明。

一

一个思想家的思想如果产生了世界性的影响,那一定是因为他的思想提出了具有世界性意义的问题,并对之作出了深刻的、具有某种重大价值的解决。

我曾经在一些论及中国哲学和美学的文章、著作中指出过,包括儒家在内的中国哲学,始终鲜明地抓住了两个重大的问题:一个是人与自然的关系问题,这在中国哲学中表现为“天道”与“人道”的关系问题,即一般所谓天人关系问题;另一个是人与人的关系问题,即与“天道”不能分离的“人道”问题。中国的儒、道、禅三家都对这两个问题提出了重要的、深刻的见解,其中又以儒家的影响为最大。中国古代哲学的一大特点和一大优点,我以为就在于它认为在人与自然、人与社会之间并不存在一条不可超越的鸿沟,两者是能够统一、应该统一和必须统一的。中国古代哲学的种种探讨,归结到一点,就是要找寻实现此种统一的根据、道路和方法。较之于常常把人与自然、人与社会对立起来的西方哲学,中国哲学在肯定这种统一和寻求这种统一上所作的贡献是巨大的,在今天仍然具有不可忽视的重大意义,需要进行深入细致的研究,因为人只能存在于与自然和社会的统一之中。不论在人与自然和社会之间存在着多么巨大、深刻、尖锐的矛盾,如果人不能克服这种矛盾,完全陷入与自然和社会的分裂、对抗之中,那么人类就会灭亡。当西方社会的发展日益显出人与自然、个体与社会的分裂和对抗的时候,中国古代哲学孜孜不倦地寻求人与自然、个体与社会统一的思想将会越来越受到重视。

老子和孔子是中国古代哲学的两个最重要的奠基人。就孔子而论,他的思想中最具重要性的东西,就是极其鲜明地提出了人的社会性问题,即个体的存在与社会的统一问题,以及和它相关的、个体存在的意义与价值的实现问题。

人从何而来,向何而去?人的存在的意义与价值在什么地方?这些问题的解决一刻也不能脱离这样一个基本的事实:人不只是自然的存在物,他同时是社会的存在物。或者说,他是社会的自然存在物。自19世纪以来,在西方思想家中,对这一点作出了最深刻的阐明的,不是别人,就是经常遭到种种曲解和攻击的马克思。马克思说:"人并不是抽象的栖息在世界以外的东西。人就是人的世界,就是国家、社会。"①他又说:"如果在考察家庭、市民社会、国家等等时把人的存在的这些社会形式看做人的本质的实现,看做人的本质的客体化,那末家庭等等就是主体内部所固有的质。人永远是这一切社会组织的本质,但是这些组织也表现为人的现实普遍性,因而也就是一切人所共有的。"②只要我们愿意面对事实,我们就会看到人只能在与他人的社会关系中,在通过这种关系而实现的相互依存和合作中去求取生存,创造历史,并取得自己作为人的终极的意义与价值。人总是存在于民族(在最初是氏族)、家庭、社会、国家之中,而不可能存在于其他某个虚无缥缈的地方。民族(氏族)、家庭、国家等都是人的存在的社会形式,是人的本质

① 《黑格尔法哲学批判导言》,《马克思恩格斯全集》第1卷,人民出版社1956年版,第452页。

② 《黑格尔法哲学批判》,《马克思恩格斯全集》第1卷,人民出版社1956年版,第293页。

得以实现的客观必然的形式。脱离这些社会形式，就不会有人的存在和人的本质。当然，我们知道，在不少情况下，这些社会形式成了人的存在和本质的否定，同人的存在和本质处于不能相容的矛盾、冲突之中。但决不能由此得出结论说，人的存在和本质可以脱离民族（氏族）、家庭、国家，而只能说，那与人的存在和本质相冲突的民族（氏族）、家庭、国家应当在实践上加以改造，使之适应人的存在和本质的发展。20世纪以来存在主义哲学的一大谬误，就在于它鼓吹脱离社会去追求一种个体的绝对自由。虽然它对个体与社会的分裂和矛盾的揭露经常是机智、深刻的，它对个体感性存在的意义、价值的高扬也是深刻的，但它企图去追求一种超社会的个人自由，却只能说是十足的幻想。不论存在主义者的理论如何玄妙，也不论他们如何痛恶和诅咒社会，人的存在和本质只能在社会中求得实现，这终究是一个不以他们的幻想为转移的事实。也正因为这样，存在主义种种神秘的思辨与幻想在风行一时之后，很快就遭到了人们的厌弃。每一个生活在现实的社会中的人都有足够的经验，能够对存在主义的幻想所具有的真正价值作出合理的判断。

人的存在和本质的实现是一个具有永恒的世界性意义的问题。两千多年前产生的孔子的思想之所以在今天仍然吸引着许多人，就因为在古代的思想家之中，孔子最为鲜明地把人的存在和本质的实现放置在人的社会性的基础之上。他紧紧地把握住人的存在和本质的这个最重要的根基，把它提到了最高的地位，并给以了至今仍有深刻意义和重大价值的解决。当然，孔子的思想是丰富的、多方面的，不能只局限于人的社会性问题。但这个问题的提出和解决是孔子全部思想的根基，其他思想是由此生发出来的。如果孔子没有鲜明地提出人的社会性这个根本问题并给以具有重大价值的解决，那么孔子的思想就不可能产生至今仍然存在的世界性影响。黑格尔在他的《哲学史讲演录》中曾认为孔子不过零碎地讲了一些关于人生的经验、格言，因而对孔子思想作了很低的评价。黑格尔没有认识到，在孔子的那些看来是零碎的言论中，包含了对人的社会性这个具有长远的世界性意义的问题的深刻解决。在中国历史上，儒家的影响之所以超过了道家，也在于儒家始终现实地面对人的社会性这个无法回避的根本问题,并提出了一套有其无法否认的重要意义的理论。从世界范围来看,古希腊、印度的思想家也曾注意到了人的社会性问题。但是,唯有孔子才把这个问题提到了最高的位置,并给予了一种为古希腊、印度的思想家难以相比的独特而深刻的解决。

二

我们知道,在孔子的思想中,有两个重要的东西,一个是"礼",另一个是"仁"。"礼"包含了自远古以来对人的行为的各种社会性的规范。就其本质而言,"礼"不是别的东西,它就是人的存在和活动的社会性的形式。人的不同于动物的社会本质,正是通过"礼"而获得实现和客观化的。因此,"礼"成为"主体内部所固有的质",没有"礼"就不成其为人。这是孔子在《论语》中一再强调地指出了的。孔子对"礼"的极大的重视和强调,首先应从充分肯定和确立人的社会性这一点上去理解,方能深刻把握其历史的真谛。如果我们对"礼"的起源和发展作一番文化人类学的考察,那就更可以清楚看出它与人的社会性的密切联系。这样一种对"礼"的考察,是一个尚待去努力完成的课题。它对于了解孔子及整个儒家的思想,都是十分重要的。

孔子不但讲"礼",他还极为重视"仁"。在他看来,"礼"是人的社会性的外部形式,"仁"则是人的社会性的内在根基。他在《论语·八佾》中说:"人而不仁如礼何?"失去了"仁"的"礼"是没有意义、价值的,它会成为一种空洞的,甚至是虚伪的形式。孔子最大的贡献不在对"礼"的形式、规范的具体研究和说明,而在对"礼"的内在生命——"仁"的阐扬。通过"仁",孔子极为明快、直截而又深刻地抓住了人的社会性的内在根基。

关于"仁"的含义,孔子研究者有不同的看法。通观《论语》中关于"仁"的全部言论,它的核心是"爱人"①。这是大多数人承认的看法,

① 《论语·颜渊》。

本文同意此种看法。但孔子所说的“爱人”,决不只是对人表示某种怜悯、同情而已。它是基于对“人”与“我”的统一的肯定而产生的一种对他人生存与发展的真诚关切与帮助,也就是《雍也》中所说的“己欲立而立人,己欲达而达人”。“仁”不只是表现在对待父母、兄弟、朋友上,还要由此而推及于国家、天下,做到“泛爱众而亲仁”①,“博施于民而能济众”②。在孔子看来,这是比表现在“孝弟”之中的“仁”更高的境界。如能真正达到此种境界,就不仅仅是“仁”,而且达于“圣”了③。

孔子的“仁”的思想,表面看来不过是主张人应当“爱人”而已。在古今中外的伦理道德学说中,鼓吹人与人应当相爱的理论不是已有了许许多多么?孔子的“仁”的思想又有何特殊之处和世界性的影响可言呢?这里,需要深入分析孔子“仁”的思想的历史根基及其所包含的长远深刻的意义。

我在一些文章和著作中已经反复地讲到过,中西文化区别产生的一个重要的、有决定性意义的历史根源,在于西方古希腊社会进入奴隶制文明社会之后,彻底地清除了原始氏族社会的制度、风习、思想。中国则相反,原始氏族社会的制度、风习、思想被大量地保存了下来。从原始氏族社会到奴隶制的文明社会这一巨大的历史转变,给中国古代的思想家留下了极深的印象,对中国古代思想的发展产生了十分深刻的影响。究竟是原始氏族社会,还是新起的奴隶制文明社会更合理、更优越?这成为当时许多思想家所关注的重大问题。老子是原始氏族社会的赞美者,奴隶制文明社会的批判者,他认为文明的产生带来了种种罪恶和黑暗的现象。相反,孔子是奴隶制文明社会的肯定者、赞美者。在《八佾》中,孔子说:“周监于二代,郁郁乎文哉!吾从周。”这鲜明地表现了他对上述巨大历史转折所持的态度。但是,孔子虽然不像老子那样肯定、赞美原始氏族社会,他的思想仍然深受原始氏族社会的影响。孔子的仁爱思想不可能是突然产生出来的,追溯其历史的渊源,它

---

① 《论语·学而》。
② 《论语·雍也》。
③ 《论语·雍也》。

植根于原始氏族社会所特有的那种纯真质朴的博爱观念之中。孔子的理想是：既要坚决维护奴隶制的君君、臣臣、父父、子子的等级关系，同时又要使这种统治与服从的关系仍然充分地保持着原始氏族社会所特有的那种博爱精神。在这一点上，孔子和老子一样地反对伴随文明社会而来的各种虚伪、丑恶、残忍、黑暗的现象，只不过他是站在肯定文明社会的合理性这一前提下来反对的，与老子由此而否定文明社会，主张回到氏族社会或以氏族社会的方式来治理文明社会的看法不同。

孔子提出了“仁”的思想，他是从什么地方出发，以什么为根据而提出这个思想的呢？我以为不是基于某种抽象的对人的生命的关怀，而是基于远古氏族社会即已存在的博爱观念。这种观念是同人与人之间的氏族血缘关系紧密相联的，而孔子也正是由此出发提出了他的“仁”的思想。《学而》篇中说：“其为人也孝弟，而好犯上者鲜矣；不好犯上，而好作乱者未之有也。君子务本，本立而道生。孝弟也者，其为仁之本与！”这里，和亲子之间的血缘关系相联系的爱被看作是“仁”的根本，充分说明了孔子的“仁”的思想同原始氏族社会的联系，同时也说明孔子的“仁”的思想是有其久远深厚的历史根基的。孔子又认为这种爱可以而且必须推而及于整个国家、天下，把“博施于民而能济众”看作是以血缘关系为基础的亲子之爱、兄弟之爱的扩大，这同样是来自氏族社会的观念。正因为孔子的“仁”的思想有其久远深厚的历史根基，因此它完全不同于那种基于某种个人幻想或浅薄的善良愿望的爱的说教，而带有极为感人的真诚性、质朴性（这充分表现在《论语》全书中）。和种种浅薄的，甚而是虚伪的爱的说教相比，孔子的“仁”的思想始终闪烁着早期人类社会那种真诚质朴的精神，胜过后世一切徒有其表的、关于爱的花言巧语。孔子早就说过：“巧言令色，鲜矣仁。”①这和老子所说的“美言不信”一样②，表现了对一切虚伪的极大憎恶。

孔子把仁爱建立在亲子血缘关系的基础之上，但如果把这种关系

① 《论语·学而》。

② 《老子》第八十一章。

仅仅看作一种自然生理的关系，是不会产生仁爱的观念的。对此，《论语》提出了十分深刻的思想。《为政》篇中说："今之孝者是谓能养，至于犬马皆能有养。不敬，何以别乎？"人类的亲子血缘关系虽然无疑同人类自然生命和种的延续、繁衍分不开，但它又超出了自然生命、种的延续和繁衍，而产生出一种社会性的感情，并由之而形成人类行为的道德规范。这正是人"养"父母不同于"养"犬马的社会性情感的表现。《论语》虽然未对此作出理论上的充分论证，但它深刻地揭示了这一事实。在《阳货》篇中，孔子又激烈地批评了宰我反对三年之丧的礼制，指出："予（宰我）之不仁也！子生三年然后免于父母之怀。夫三年之丧，天下之通丧也。予也有三年之爱于其父母乎？"这里问题的关键不在三年之丧时间的长短，而在孔子主张三年之丧所表现出来的那种对于父母的真挚的悼念之情，并且认为是否有此种感情，正是"仁"与"不仁"的重要表现。这和主张孝不只在"能养"一样，它所强调的也正是人类所特有的、超生物的社会性感情。作为生活在人类社会早期的思想家，孔子的伟大之处就在于他从这种感情中看出了人不同于动物的社会性。因此，孔子的仁爱思想也就不同于各种肤浅的爱的说教，而具有超出了孔子时代的、永恒的、世界性的意义。不论过去、现在和未来，人类只要还作为与动物不同的人而存在着，就不能没有基于人的社会性的互爱。虽然这种爱在过去、现在以至未来，都曾经遭到，并且将会继续遭到种种的践踏、凌辱与摧残，但人类只要还想作为人而生存下去，他就不可能完全没有这种爱。这正是孔子思想的强大的生命力所在。

现代新儒家的一些学者常说，儒家的心性之学是儒家思想的最重要的精华所在。① 然而，它何以是精华呢？在我看来，最重要的就是它从人类的情感心理这一层面上深刻地触及和阐明了人的社会性。人的社会性可以而且必然表现在种种方面，但就主体而论，这种社会性的实现是与人区别于动物的情感心理不能分离的。只有当人的社会性在每一感性个体的情感心理上获得了充分的或较充分的确认，这种社会性

① 见牟宗三等人的著作。

的实现才会有充分的或较充分的保证,并且才能将人类的存在提升到一个较高的、接近于理想的、完美的境界。这一点,又恰恰是西方自古希腊以来的思想所常常忽视的。

如前所说,古希腊社会在进入奴隶制文明社会之后,彻底地清除了原始氏族社会的制度、风习、思想。它斩断了人与人之间的氏族血缘的纽带,把人与人之间的关系变为基于个人的财产、利益,由政治、法律所规定的公民之间的关系。因此,在古希腊的观念中,直接与政治、法律相联的"公正"的观念占有最重要的地位,而人与人之间的互爱则只具有从属于"公正"的次要的意义。在亚里士多德看来,人是政治的动物。中国古代则不同,在这里原始氏族社会的制度、风习、思想还大量保存着,由氏族社会延续下来的血缘关系仍是联系着人们的重要纽带。因之,基于这种关系的人与人之间的互爱就具有了无比重要的意义,并且成了政治、法律不能违反的根基。在中国古代哲人的眼里,人不是亚里士多德所说的政治的动物,而是天然具有互爱之心的伦理的动物。一切政治、法律的设施如果脱离了这一点,都将是无意义的、错误的,所以孔子及其后的儒家总是把政治与"仁"联系起来,以实行"仁政"为自己的理想。我们可以说,西方是从政治、法律的层面去看人的社会性,这种社会性表现为各个独立的个人的利益通过政治、法律而得到被认为是"公正"的满足。个人之间的互爱,他们作为社会性的存在所必然具有的情感心理方面被放在政治、法律之下,不可能超越政治、法律,更不可能被视为政治、法律必须与之相适应的根基。这是西方思想与中国古代思想的一个重大区别。当然,我们也知道,西方自中世纪以来,基督教也大力提倡对人的爱。但这种爱,不是孔子所说的基于亲子血缘关系,并由之产生出来的一种现实的社会性情感,而是基于对创造了人和世界的上帝的爱,基于对死后能得上帝的宽恕和进入天堂的向往。因之,这种爱虽然在许多情况下也能表现出不应否定的真诚性,甚至是伟大与崇高的,但它同时又常常伴随着人的自我屈辱和为上帝而牺牲。这在孔子的思想中是没有的,因为对于孔子来说,爱是建立在由氏族血缘关系产生的社会性情感的基础之上,并且是以对"人"与"我"的统一的现实的肯定为前提的。这一点下面还要再谈。现在需要说明的是,即使在大力提倡爱的基督教之中，作为人的存在的情感心理根基的东西并不是孔子所说现实的人都必然和应当具有的社会性情感，而是人对自身行为的罪恶感(所谓“原罪”)和对上帝的敬畏、向往和崇拜。而且自西方脱出中世纪之后，这种爱在政治、法律的面前仍只具有从属的意义，而不是比政治、法律更根本、更重要的东西。

究竟应当如何来估价中国与西方对人的社会性的认识的差别呢？这里，我认为下述几点是值得加以考虑的。其中也牵涉到孔子及整个儒家思想在现代可能具有的意义问题。

第一，政治、法律当然是人的社会性的表现的十分重要的方面，但政治、法律归根到底是与国家相联的，因而与民族(氏族)、家庭一样，是人的存在的社会形式，不能脱离、违背、否定人的存在与本质，而必须与之一致、符合、统一。只要我们承认政治、法律在根本上是人的存在的社会形式，那么较之于政治、法律，孔子所说的仁爱，亦即人的社会性情感就是更重要、更根本的东西。一种理想的政治、法律应当是符合“仁”的，而不是“不仁”的。如果某种政治、法律与人的社会性情感相敌对，践踏、破坏、毁灭人的社会性情感，那么这种政治、法律终究是要垮台、灭亡的。历史上各种专制暴政以及希特勒法西斯主义的灭亡就是明证。

第二，西方自古希腊以来，把政治、法律看作是人的社会性的最重要的表现，但它所说的人，实际上是以私人利益、私人权利和利己主义需要为基础的人。可是，国家却又要把这种基于私人利益、利己主义的权利提升为超越私人利益、利己主义的绝对“公正”的政治、法律。这样，人就被二重化为公人和私人，抽象的公民、法人和现实的利己主义的个人。这种二重化，始终是西方世界至今仍无法加以解决的一个巨大深刻的矛盾。国家本应是人的存在的社会形式，但在西方自古希腊开始发展起来的政治国家中，人的社会性的实现却成了与真实的个人的社会性相矛盾的、虚幻的东西。虽然在这种政治国家中，个人看来是很自由的，但这种自由是作为孤立的、封闭在自身单子里的人的自由。它不是建立在人与人结合起来的基础之上，而是建立在人与人分离的基础之上的。人的孤立化，人与人之间的真实的社会性联系的沦丧，利己主义的泛滥，在今天的西方资本主义社会中，是一个随处可见的、无法否认的事实。由此带来了人的社会性情感的严重失落，存在主义哲学的出现及风行一时，就是这种严重的失落在哲学上的一种抽象思辨的反映。在一定意义上，可以说存在主义是人的社会性情感失落的一曲哀歌。在这种情况下，把人的社会性情感提到首要地位，视之为人的存在的根本的孔子思想及整个儒家思想，就有了不可忽视的重要意义。儒家的心性之学之所以十分值得注意，就因为它包含着对人的社会性情感的相当细致深入的探讨和研究。而社会性情感心理的找寻、建构和塑造，正是当代社会所面临的一个十分重要的问题。因此，孔子及整个儒家思想在现代仍有其用武之地，它完全可能在当代人类解决社会性情感心理的建构和塑造中发挥自己的重要作用。这种作用的存在不能看作是单纯由主张弘扬儒学的人们一厢情愿地决定的，而是儒学本身的特点及当代社会的现实情况所决定的。所以，不论人们对儒学取何种态度，要根本否认和取消儒学在现代仍能具有的作用，这是做不到的。当然，儒学要真正发挥这种作用，只有当它把儒学关于人的社会性情感心理建构的理论同当代人的发展所面临的问题，以及当代有关人的情感心理的理论结合起来，这才有实际的可能。因此，对当代西方的理论采取拒斥态度，单纯强调儒学自身的独特性，这是不利于儒学的发展的。

第三，在探求人的社会性情感心理方面，孔子及整个儒家思想确乎卓有贡献，但孔子及整个儒家思想认为只要确立了人的社会性情感心理，人的存在以至国家天下的一切问题均可得到根本的解决，这种看法是需要重新加以检讨的。就其历史的渊源来看，它实际上是由中国古代氏族社会而来的一种观念。在古代氏族社会中，人与人之间尚不存在任何利益上的分裂和对抗，凌驾于个人和社会之上的政治实体——国家尚未产生，当然也没有什么强制性的法律存在。对于这样一个社会来说，基于氏族血缘关系的人与人之间的真诚互爱，的确是使社会团结为一个共同体，保持自身存在的最重要的东西，其作用远超过后世的政治、法律。然而，在人类进入奴隶制文明社会之后，由于人与人之间产生了利益上的分裂和对抗，这种人与人之间的真诚互爱也就随之遭到破坏(道家对此有着十分深刻的理解)。正因为这样,孔子的仁道在孔子生活的时代就已无法实行,这是孔子一再深深地发出浩叹的。尽管如此,由于中国在长时期内是一个以宗族血缘关系为基础的社会,在这个基础之上的自然经济占着绝对统治的地位,商品的生产和交换极不发达,因此人与人之间的利益虽然已发生了分裂和对抗,仍远远不能打破以宗族血缘关系为基础的情感纽带。大力维护和发展这种天然的情感关系,仍然是中国社会保持其自身存在的根本。这就是孔子及整个儒家思想在中国历史上始终保持其强大影响和居于主导地位的根本原因,也是孔子及其后的儒家始终把建构仁爱这一情感心理视为治国平天下的根基的重要原因。时至今日,资本主义商品经济的发展已彻底打破一切宗族血缘关系及与之相联的自然经济,人已经成为脱离一切血缘的和狭隘封闭的地方性联系,具有独立的个人利益和个人权利的人。在这基础上,又产生了近现代的民主与法治,同时科学也已成为整个社会一刻也不能缺少的东西。在这种情况下,以为孔子及儒家所主张的建构仁爱这一情感心理仍然可以用来从根本上解决现代社会的问题,无疑是脱离时代的一种错误想法。但这又决不是如西方的一些学者所说的,儒家思想早已寿终正寝了。不,它仍然可以发挥它的作用。这是因为不论资本主义社会如何把人变成了相互分离的利己主义的个人,人类社会要存在和发展下去,仍然不能不肯定人的社会性,不能没有人与人之间的互爱,不能抛弃孔子及儒家所一再申说,并且作了深刻探讨的仁爱这一社会性情感根基。在我看来,孔子及整个儒家思想中包含着可以有助于现代科学、民主、法治的某些思想,但要直接从儒家思想中生发出现代的科学、民主、法治的思想,这是不可能的。因为儒家对君主制和等级制的坚决维护以及把一切知识最终归结为从属于伦理道德感情的东西,从根本上阻塞了它通向现代科学、民主、法治的道路。但是,在充分地肯定人的社会性,建构人的社会性情感这个方面,孔子及儒家的思想仍大有可为。因为在这个方面,孔子及儒家思想所涉及的不只是维护等级制度的问题,同时还深刻地触及了具有普遍永恒意义的,人的社会性如何在个体的情感和行为中获得实现的问题。我们固然不能主观幻想地认为这个问题的解决即是现代社会问题的根本解决，但这个问题的重新提出和解决，可以对现代社会中人欲横流的利己主义起一种缓解的作用，可以唤起人对自身的社会性的深刻思考和肯定，可以借助于对一种崇高的道德理想的弘扬来对抗那泯灭了人的社会性的种种残暴黑暗的思想行为。在具有儒学传统的东方国家中，上述这种作用能够产生，我想是一个不能否认的事实。问题只在于不要使儒学的消极方面成为对现代化的阻力。就超出东方的世界范围而论，我们不必设想西方人会积极地认同和赞美儒家思想，但儒家思想对人的社会性的充分肯定和对建构人的社会性情感心理的深刻探讨，是西方的任何思想也无从加以否定的。作为人类的一种重要的思想理论遗产，它的意义是不可磨灭的。正是在这一点上，我认为孔子的思想具有世界性的意义，这种意义是由孔子的思想本身所具有的意义来决定的，不取决于孔子的思想在西方是否流行和得到多少人的赞同。更何况儒学的现代研究者们还可以深入地探讨儒学与现代社会的联系及其可能产生的作用。在这方面有大量的工作等待我们去做。不论看起来西方思想和儒学之间存在着多么大的距离，由于西方思想也不能逃脱人的社会性及其情感心理的建构这个关系到人类存在的根本问题，这就从根本上保证了现代儒学同西方思想进行对话的地位，并且保证了现代儒学具有对人类思想作出自身的贡献的可能性。那作为今天西方社会存在的根基的科学、民主、法治，难道能够脱离人的社会性及其情感心理的建构这个根本问题吗？如果它的存在和发展导致了对人的社会性及其情感心理的否定和毁灭，它还能存在和发展下去吗？就它本身而言，难道它就没有需要深入检讨的种种问题，而已经达于人类至善之境了吗？

三

孔子关于“仁”的思想的又一方面的重大意义，在于孔子对个体存在的终极的意义与价值问题作出了与世界上其他思想体系不同的深刻解决。这也是孔子的思想能产生世界性影响的一个重要原因。

自古及今，各种不同的哲学和宗教不断在讯问：个体存在的终极的意义与价值究竟在哪里？问题的回答不能离开人是什么的问题。只有基于对人是什么这一问题的符合历史实际的认识，我们才能找到对个体存在的终极的意义与价值的回答，这种回答也才不会是虚幻的，而是现实的。在这个问题上，孔子思想的巨大意义，在于它始终立足于现实的人的社会性去找寻个体存在的终极的意义与价值。

在孔子看来，"仁"是人之所以为人的本质。这也就是说，基于亲子血缘关系而又超越这种关系的人与人之间的真诚互爱和求得人与我相统一的共同发展，是人之所以为人的本质所在。如前所说，这一切正是人的超生物的社会性的表现。孔子当然不可能使用"社会性"这样的概念，但他关于"仁"的种种论述，从我们今天看来，不是别的东西，正是人的社会性的表现。而且孔子还曾多次使用了"群"这个概念，并对"群"的问题给以了极大的重视。在孔子看来，人是一个不同于动物的群体，人只能生活于人的群体之中，所以他说"鸟兽不可与同群"①。孔子又认为这个由人结成的群体应当真诚地互爱和求取人与我相统一的共同发展，所以他说"君子矜而不争，群而不党"②。在论到诗的时候，孔子又认为诗"可以群"，赋予了诗以唤起人们以"仁"为本质特征的"群"的情感，从而团结群体，促进个人与群体协调发展的作用③。孔子的"群"的观念素朴地表现了在中国古代条件下，孔子对人的社会性的认识。而"仁"则是这种社会性在人的情感心理上的集中表现。

既然人只能生存于社会、群体之中，他作为个体的发展不可能脱离社会、群体的发展，那么个体应当从何处去寻求他的存在的终极的意义与价值呢？孔子的回答是很明白的，那就是从人的社会性的实现中去寻求，亦即从个体对"仁"的履行、实践中去寻求。在孔子看来，"不仁"即非人，只有行"仁"才是人，因此个体存在的终极的意义与价值就在于行"仁"。孔子又在"仁"之外提出了"圣"的境界，但这个"圣"，如前已指出，是"博施于民而能济众"的意思，它是"仁"的最高表现和发展。

---

① 《论语·微子》。
② 《论语·卫灵公》。
③ 《论语·阳货》。

孔子从“仁”的实现中去找寻个体存在的意义与价值，这种意义与价值究竟意味着什么东西呢？通观《论语》，我们可以看到，它决非个人的功利欲望、权势地位的满足，而是因行“仁”而产生出来的一种情感上的欢乐和满足。“乐”(音 lè)在孔子的思想中是一个十分重要的概念。孔子以行“仁”为个体所能有的最大的快乐，因行“仁”而体验到这种快乐，获得这种快乐，这也就达到了人生最高的境界，同时也就是个体存在的终极的意义与价值的实现。所以，从本质上看，在孔子的思想中，个体存在的终极的意义与价值的实现，就是个体因自觉到自己完满地实现了人的社会性(“仁”)而达到的一种精神上的自我肯定，一种没有什么东西再能与之相比的最大的欢乐。这是了解孔子对个体存在的终极意义与价值的实现的看法时必须予以充分注意的。

前面我们已经讲到，孔子批评宰我反对三年之丧的礼制是“不仁”的表现。而孔子的这种批评，始终是立足于人的社会性的情感的。孔子一再诘问宰我对他自己的思想行为是否感到“安”，并说“女安则为之”。在孔子看来，人只有实行“仁”才能使自己的心灵得到平静、愉悦和满足，也才能使自己作为个体存在的终极的意义与价值得到肯定。当然，孔子是十分重视治国平天下的，所以他决不否认君子出仕为官，不否认治国平天下所必需的事功。但孔子又很为明确地指出，一个在治国平天下的事功上有所表现的人不见得就可以称之为“仁”。《公冶长》篇中说：“孟武伯问：‘子路仁乎？’曰：‘不知也。’又问。子曰：‘由也，千乘之国，可使治其赋也，不知其仁也。’‘求也何如？’子曰：‘求也，千室之邑，百乘之家，可使为之宰也，不知其仁也。’”至于违背仁义而获取富贵，更是孔子所深恶的。它决不是个体存在的终极的意义与价值的实现，不会带来孔子所说的“乐”。相反，在这种情况下，只有安于贫贱，视富贵如浮云，才有真正的“乐”。即使“饭疏食，饮水，曲肱而枕之，乐亦在其中矣”①。更进一步，孔子又提出“志士仁人，无求生以害仁，有杀身以成仁”②。“仁”高于个体生命的存在。当“仁”的实现需

① 《论语·述而》。
② 《论语·卫灵公》。

要牺牲个体生命的时候,那么这种牺牲同时也就是个体对其自身存在的终极意义与价值的肯定。在《里仁》篇中,孔子说:“君子去仁,恶乎成名?君子无终食之间违仁,造次必于是,颠沛必于是。”这是孔子对“仁”与个体存在的意义与价值的实现的关系最为明确的说明。君子“恶乎成名”之“名”,并不是一般的名声,当然更不是欺世盗名之“名”,而是君子作为人对自身存在的意义与价值的最高肯定。

如前所说,孔子的这些思想曾被黑格尔认为不过是一些人生的经验之谈,属于常识范围的东西。在现代的一些功利主义者看来,它无疑又是一种无意义的、十分可笑的幻想。然而,从古至今,有谁能否认人的存在的社会性?又有谁能否认由这种社会性而产生出来的人与人之间的互爱?如果这一点是不能否认的,如果人类不论经历了或将经历多少黑暗丑恶的现象,终不会使其社会性完全泯灭而进入动物状态,那么孔子思想的合理性与深刻性就是否认不了的。孔子把“仁”的实现看作是个体存在的意义与价值的最高肯定,十分鲜明地表现了源于氏族社会的、人类早期道德精神的伟大与崇高,至今仍然令人赞叹!反观今天的西方社会,如前已指出,人的社会性情感心理本体的失落已发展到了很严重的程度。而这种失落,必然会带来人的精神的空虚,使人在最好的物质生活条件下仍然感到自己是一个孤独的生物。前面我们讲到过《论语》认为“孝”不只是“能养”,还要有对于父母的敬爱。如果只有“能养”而失去了敬爱,那么不论是怎样优厚的“养”,都弥补不了精神上的孤独与空虚。

孔子从“仁”的实现去追求个体存在的意义与价值的实现,因此他把这种实现看作是每一个人都能具有的社会性的情感要求,在每天的日常生活中就能得以实现,而不是出于对上帝的敬畏崇拜,不需要上帝的存在来作出保证,也不是只有在超世间的彼岸世界才能获得实现。孔子所说的行“仁”是基于人的社会性的完全现实的活动,是每一个人只要愿意努力去做就能做到的。《述而》篇中说:“仁远乎哉,我欲仁,斯仁至矣。”孔子不在“仁”的实现,亦即人的社会性的实现之外去追求个体存在的意义与价值的实现,因此他把这种实现看作是人生日常的努力,而去除了在这个问题上的一切神秘的、宗教的东西。这是有着重要的理论意义的。因为人既然是社会的存在物,个体的发展既然不能脱离社会,那么人怎么能够超越他的社会性去追求个体存在的意义与价值呢？个体存在的终极的意义与价值难道不正是表现在他作为个体对社会、对人这个族类的生存和发展所具有的意义与价值么？这里并不是要否定个体之为个体有他自身的种种需要,他必须满足这些需要,并使自身得到发展。但是,如果个体对于社会,对于不会因他的死去而停止存在的人这个族类的生存和发展无所贡献,那么个体即使最好地满足了他自身的需求,他的存在在人类历史发展的长河中又有何意义可言呢？这里所说的贡献并不意味着必须建立某种丰功伟绩,而只是说个体应在其存在中实现其作为人的社会性。当孔子与他的弟子各言其志,他的弟子问到他的志向是什么时,孔子回答说:“老者安之,朋友信之,少者怀之。”①显然,这样一个人并不是什么了不得的建立了丰功伟绩的人。但在孔子看来,他正是一个“仁人”,一个实现了他作为个体存在的意义与价值的人。在事实上,我们在生活中可以看到不少这样的人,他们虽然没有建立什么丰功伟绩,但在同他人的相处中却表现了人的社会性的真纯与崇高,因而是永远值得我们怀念赞美的人。就事功说,他们并不伟大;就人格说,他们却是伟大的。相反,如前已指出,孔子认为那些在事功上有重要表现的人,不一定就是可以称之为“仁”的。

在个体存在的意义与价值从何实现的问题上,孔子所提出的思想至今仍有重大的价值。但是,它也存在着为孔子及其后的儒家所无法解决的重大问题。人是社会的存在物,但人作为个体又是具有感性生命与欲求的存在物。他不仅要在人的社会性的实现中去肯定自身,而且还要求他作为个体的感性生命也同时得到肯定。孔子虽然也十分重视个体的感性生命(这表现在他的不少言论中,兹从略),但他最终仍认为个体生命的全部意义与价值就在于为“仁”的实现而献出自己的一切。因此,不仅身处贫贱是不足为虑而可以安然忍受的;就是献出生命也在所不惜。孔子一方面认为“仁”是每一个愿意努力实行的人都可以做到的;另一方面他又一再指出“仁”的实现十分艰难。这不仅因为要使每一个人时时都做到不违“仁”是很不容易的,而且还因为志士

① 《论语·公冶长》。

仁人常常会受到种种不公正的待遇以致打击、迫害。孔子看到了这一点，而他的最终解决办法是“无求生以害仁，有杀身以成仁”，主张以生命为殉而毫无怨言，也就是他所说的“求仁而得仁又何怨”①。孔子的上述看法，使“仁”的实现成为凌驾于个体的感性生命之上，要求个体必须随时为之作出牺牲的东西，从而会导致对作为感性存在的个体生命的轻视以致否定。道家对此进行了猛烈的批判，指出儒家所说的仁义成了个体生命的桎梏。它使个体为之而牺牲一切，失去了人生的欢乐，直至以生命去殉它（见《庄子》一书的有关篇章）。道家的这种批判是深刻的，因为在孔子的思想中确实包含着难以解决的矛盾。一方面，个体为行“仁”而牺牲自己的一切表现了人类道德的伟大崇高，并且在不少情况下确有其历史的必然性与合理性（为了人类历史的前进，若干个体的牺牲不可避免）；另一方面，个体为行“仁”而否定自身作为感性生命所应有的一切欢乐，或视之为完全不足轻重的东西，这又是很不合理的。显然，问题的解决就在于要使“仁”的实现与个体对其感性生命的肯定两者一致起来。但是，这种一致，在迄今的整个世界历史中尚不可能真正达到。一致经常是有限的，并且显得是一种难得的幸运和例外，更多的、大量的情况是不一致。正因为这样，道家只能用“和光同尘”、遁世逍遥来解决这种不一致，佛教、基督教则诉之于涅槃、上帝。究竟人类何时才能真正达到这两者的一致呢？我认为马克思所提出的社会主义、共产主义的理论为达到这种一致，即人的社会性的实现和人作为个体感性存在的肯定两者的一致指出了道路，尽管这是一条艰巨、漫长的道路。② 因此，展望历史，孔子思想中所包含的矛盾只有在社会主义、共产主义下才能得到解决，从而孔子思想中一切合理的、有永恒的世界意义的东西也只有在这个社会中才能得到充分的发扬光大。有中国特色的社会主义无疑将批判地继承发扬孔子思想中一切合

---

① 《论语·述而》。

② 马克思的社会主义、共产主义理论长期以来遭到各种误解、曲解和攻击并常常被断言为永远不可能实现的乌托邦。实际上，这一理论最终所要解决的问题，就是要在社会生产力大发展的基础上，使人作为个体感性存在的发展与人的社会性的实现统一起来，亦即使人获得现实的非空想的，全面自由的发展。在今天，这正是人类所面临的，需要在物质生产的不断发展中去求得解决的最根本的问题。

理的东西，而为建立一个比资本主义社会更合理、更优越的社会作出自己的贡献。此外，我想在此附带指出，包含孔子思想在内的中国古代思想中优秀的东西都渊源于尚未产生阶级、等级分裂对抗的中国原始氏族社会，中国古代思想家常常把这个远古的社会视为人类应有的理想社会。因此，在中国古代思想传统中，包含着有利于中国人接受马克思的社会主义的思想因素，这是一个值得深入研究的问题。

（原载《孔子诞辰2540周年纪念与学术讨论会论文集》，上海三联书店1992年版）

孔、孟、荀思想比较

一、孔子创立了儒家思想，一方面充分肯定上下尊卑的阶级、等级统治关系的合理性；另一方面又竭力主张必须把这种关系建立在实际是源出于原始氏族社会的博爱思想基础之上。这是孔子思想的实质、特征、贡献和矛盾所在。孔子思想“大而能博”，在简练的言词中包含了有永恒历史意义的丰富深刻的思想，使后世儒家可以从不同的侧面、角度去加以阐发。

二、孟子主要从社会政治（“外王”）和道德修养（“内圣”）两个层面阐发了孔子的思想。在第一个层面上，孟子高扬了儒家博爱、民本的思想，极为鲜明、强烈地体现了中国古代诚挚崇高的人道主义精神，这在世界古代思想史上是罕见而弥足珍贵的。在第一个层面上，孟子使儒家哲学得到了重大的发展，极大地强调了具有社会性的人与动物的根本区别，人作为道德主体的自律性与能动性，并将道德修养的完成提到了“上下与天地同流”的高度，同时提出了“尽心”、“知性”与“知天”三者的关系问题。较之孔子，孟子显得更重视人的主体性和个性，并且具有一种大无畏的批判精神。这是孟子思想的一大特色。

三、荀子一反孟子的性善论，提出性恶论。性恶论本质上是中国古代的一种自然人性论，其深刻合理之处，在于不加掩饰地承认人首先是具有血肉之躯和各种欲望冲动的自然存在物。这是荀子观察各种问题的根本出发点，也是他的思想的贡献和优越性所在。荀子也讲人与动物的区别，讲通过后天的教育、学习完全能够使人性向善，实现儒家的仁义之道，但在根本上都是从如何使人的欲望获得合理的满足来讲的。基于自然人性论，荀子把征服外部自然，创造物质财富，充分满足人的欲望需要提到了重要地位，并从哲学上确立了他所特有的自然唯物主义。但与此同时，孟子思想中那种人作为道德主体所具有的超越功利欲求的伟大精神，源出于氏族社会的“与民同乐”的民本思想和古代人道主义精神又大为减色了。

四、先秦儒家思想发展到荀子，出现了一个很值得注意的、深刻的矛盾。孔子、孟子都从不否认人的自然生命欲望的满足，但伦理道德始终被放在最高的位置。荀子也不否认伦理道德的极大重要性，但伦理道德最终又只被看成是为了求得生命欲望满足绝对不可缺少的、唯一合理的形式。后世儒家，特别是宋代所谓新儒家，大都从孟子思想出发来阐述儒家思想，对荀子思想采取了基本否定的态度。但新儒家中不少人对孟子推尊个性的思想和勇敢的批判精神颇多微词，认为不合儒家理想。在继续发展孟子思想，建构儒家的道德形而上学方面，宋儒有其特殊贡献，但他们又忽视或否定了孟、荀思想中许多合理的、宝贵的东西。今天的儒学研究，既要重视宋儒的成就，又不应当再被它所局限，而要历史地、全面地考察儒学的发展，继承几千年来儒学中一切有价值的思想，并予以新的阐发与整合。

（本文是提交1993年8月召开的中、日、韩、越“93孔孟荀学术思想国际研讨会”的论文提要。原载中国孔子基金会编《孔、孟、荀之比较》，社会科学文献出版社1994年版）

易学思维的三大特征

表现于《周易》一书的思维方式,在很大程度上集中反映了中国人思维的特征,因此,研究易学思维的特征具有重要意义。

对易学思维的特征可以从不同的角度去加以研究。从宏观的哲学的角度来看,我认为易学思维有三大特征:

第一,它是一种直观理性思维。

这就是说,它既高度重视经验直观,但又不陷入西方的经验主义,而仍然要去寻求支配自然和人类社会的根本哲理。反过来说,它既要寻求支配自然和人类社会的根本哲理,但又不脱离经验直观,陷入西方德国黑格尔式的抽象思辨。在易学思维中,感性具体的"形而下"的"器"与抽象普遍的"形而上"的"道"之间不存在什么不可逾越的鸿沟,两者是完全能够而且应当相通与统一的。因此,把包含《周易》在内的儒家思维的特征概括为"实用理性",我认为是不准确、不妥当的。① 因为这种思维不只要解决"形而下"的"器"的问题,还要解决"形而上"的"道"的问题。"器"与"道"不能相离,这样就不是只重"器"的实用性经验操作的思维方式所能概括的了。从道家庄子来说,也认为"技之至者进乎道",并不主张停留在实用性的"技"的层面上,而是要从"技"进至"道"。"实用理性"的说法,有可能造成对中国传统思想的意义与价值的某种误解与贬低。中国人的这种"形而上"与"形而下"打成一片的思维方式,既重视经验的直观,同时又十分善于把经验的直观提升为普遍性的哲理,再用它去规范、指导日常的各种实际活动。这使得中华民族既有一种高度求实的精神,同时又不停留在

① 这种看法由李泽厚提出,参见他的有关文章、著作。

一时一地的经验上，善于把握根本，总揽全局，有一种高瞻远瞩的历史眼光和追求宏大理想的精神。但经验的直观提升为普遍的哲理、“形而下”提升为“形而上”，是直接通过对大量反复的经验事实的具体总结而达到的，不是通过对经验事实进行概念的分析定义而达到的。因此，它经常显得可意会而不可言传，在实际运用的操作性层面上也是“运用之妙，存乎一心”的。这需要用西方的分析理性来加以补足，但又不应陷入烦琐僵化的形式分析之中。

第二，它是一种生命理性思维。

这就是说，它主要是立足于对自然生命现象的观察来认识、把握世界的根本规律的，认为支配自然生命的根本规律同时也就是支配整个人类世界的根本规律。《周易》说：“生生之谓易。”又说：“天地之大德曰生。”对生命的规律的认识与把握是易学思维的根本，这很不同于西方自古希腊以来主要从机械物理现象出发来认识、把握世界的规律。因此，这种思维在根本上排除了一切机械论，不把规律看作是一种机械刻板地起作用的东西，要求达到规律与自由的高度统一，也就是《周易》所说的“不可为典要，唯变所适”。在自然界的规律中，如恩格斯曾经指出过的，生命的规律处在最高层次，它包含了机械物理的规律，但又不能还原为机械物理的规律。易学思维从生命的规律去认识、把握世界的规律，因此包含了极为丰富深刻的智慧。此外，《周易》认为生命的运动变化具有高度的合规律性，并要求人们必须去深入地、恰当地认识与运用它，因此易学思维又与西方 19 世纪初以来以非理性主义为主要特征的生命哲学根本不同。它认为生命的运动变化是合规律的，但又不是机械的。它排斥机械论，但丝毫不排斥理性，不把生命归结为盲目的非理性的冲动。这也是一个十分深刻而重要的观点。

第三，它是一种辩证理性思维。

这就是说，它把世界看作是处在不断的运动变化之中，对世界的规律的认识同时也就是对世界变化的规律的认识。《周易》说：“功业见乎变。”没有变化就没有世界的发展，社会的前进。而变又是由“阴”与“阳”这两种互相对立或互相对待又互相依存的力量的互相作用、互相渗透、互相转化所引起的，并且高度重视对立面的相互渗透与协调和掌握其主导方面。这种辩证的思维方法产生在西方近代黑格尔提出其辩证法之前几千年,而且不论就理论的明确性与深刻性来说,都有古希腊哲学中的辩证法所难及的地方。与黑格尔相比而言,它没有把辩证法看作是在世界之前就存在的"绝对理念"运动发展的逻辑,而认为是普遍地和永恒地存在于自然和社会变化中的根本规律,并且不追求任何刻板的公式。这种辩证的思想的产生,不仅是来自具有悠久历史的中国人对自己所经历的各种复杂丰富的社会政治斗争、军事斗争经验的总结,而且还来自上述对生命现象的长期观察。因为正是在生命现象中,辩证法表现得最为明显而强烈,机械物理的规律退居于次要地位。《周易》之所以成为中国医学重要的哲学基础,决不是偶然的。在易学思维中,辨证理性思维与生命理性思维是紧密结合而不可分的。

(本文是为1995年1月召开的"国际易学思维与当代文明研讨会"提交的论文提纲,在收入本书时作了补充修改)

关于儒学研究的若干问题

——兼谈我所主张建立的当代儒家学

一、儒学在中国思想文化中的地位

（一）在诸子百家中，儒学思想更具全面性、现实性。其他诸家思想，虽在某一方面有突出创见与贡献，但都不免有较大的片面性和非现实性。因此，与儒家对立的墨、道、法三家都无法战胜和取代儒家，更不必说别的各家了。

（二）儒学在中国思想文化中居于主导地位，包含着中华民族伟大的思想智慧，很大程度上是中华民族思想文化的象征。因此，全盘否定儒家思想，就在很大程度上否定了中华民族的思想文化，否定了中华民族。

（三）由于儒学比其他各家思想更具全面性、现实性，因此儒学在其发展过程中能够包容、吸收其他各家思想。但这种包容性又是有限度的，儒学没有也不可能完全包容其他各家思想并解决它们提出的问题。因此，既要肯定儒学在中国思想文化中居于主导地位，占有十分重要的位置，又不能忽视其他各家也对中国思想文化作出了贡献。以一向为不少人所厌恶、忽视的法家来说，它的思想至今也仍有值得深入研究的重要意义。总的来看，中国思想文化是以儒学为主体，但又涵摄其他各家而构成的一个有机整体。

二、儒学的现代意义

（一）对儒学的现代意义，不宜仅仅从一种狭隘的实用性的角度去理解，而应从人类历史发展的高度，从儒学对当前和未来人类历史发展可能具有的意义这样一种高度去理解。儒学是足以同西方的理性主义、基督教思想、中东的伊斯兰教思想、印度的佛教思想并列而无愧的具有世界历史意义的思想。我们对儒学的实质及其现代意义的认识可以说还刚刚起步,所以不必期待儒学一下子就能引起世界的广泛关注,也不要以有多少西方学者对儒学采取重视和肯定的态度来衡量儒学在现代的意义。重要的是我们自己要坚持不懈地对儒学作全面、系统、深入的研究,拿出具有重大创造性的成果,同时还要立足于中国的现代化。中国是一个有11亿人口的大国,如果儒学在中国现代化中显示其重要作用,帮助建成了一个比西方更为合理、优越的现代化社会,那么儒学的现代意义就得到了最有力的、充分的证实,它的世界性的影响也就是不言而喻的了。所以,我认为对儒学的现代意义、它的世界性影响的认识需要有一个相当长的历史过程,我们对儒学的研究也应有一种长远的、历史的眼光。就是在今天,不论西方学者对儒学采取怎样的态度,也否认不了儒学是一种具有世界历史意义的、独特的思想体系。谁也不可能把在一个文明大国中产生的、具有两千多年历史、至今仍有其广泛影响与作用的思想勾销。

(二)儒学这样一种古老的思想,何以在今天仍有其不可忽视的重要意义?我认为在考察儒学的现代意义时,这是不能不加以思考和回答的一个重要问题。为了回答这个问题,需要考察儒学思想产生的历史渊源。我认为儒学产生的历史渊源要追溯到中国的原始氏族社会。先秦儒家不只崇仰西周社会,而且还热烈地歌颂尧、舜、禹的治绩,以之为后世帝王的伟大楷模。这就是《中庸》所说"祖述尧、舜,宪章文、武"。而尧、舜、禹的时代属于中国古史的传说时代,实即中国原始氏族社会时代。儒学中的仁爱、民本、大同的思想实源出于原始氏族社会。我曾多次指出,古希腊在进入奴隶社会之后,相当彻底地清除了原始氏族社会的思想风习,而中国却大量地保存了这种思想风习。这是了解中西思想文化的差异及中国思想文化的特殊优越性的重大关键。

(三)儒学保存了来自原始氏族社会的仁爱、民本、大同思想,但儒学又充分肯定和竭力维护君主专制统治。这就造成了儒学内在的深刻的矛盾二重性。一方面,儒学认为君臣上下的等级制统治是绝对不能动摇的；另一方面，它又认为君主的统治必须符合仁爱、民本思想，并且要求在君主的统治下去实现大同理想，也就是实行"王道"，反对各种残酷地剥削压迫人民的做法。这使得儒学成为来自原始氏族社会的仁爱、民本、大同思想与后世产生的君主专制思想两者的结合、统一。如果只看到儒学维护专制统治的一面，并认为儒学的全部作用就只在维护专制统治，又把儒学中的仁爱、民本、大同（王道）思想简单地说成不过是为了维护专制统治所要的虚伪花招，那就会认为儒学必须全盘否定。"五四"以来对儒学的批判经常在理论上带有这种片面简单的看法。

（四）儒学的现代意义究竟何在？我认为就在其中来自原始氏族社会的仁爱、民本、大同思想至今仍有其无法抹煞、否认的重要意义。因为这些思想保存了只有在原始氏族社会才能产生、后来的阶级社会再难达到的伟大精神。即使是今天高度发展了的西方资本主义社会，在这种伟大的精神面前，也仍然会显出它的渺小之处。仁爱思想充分肯定了人的相互依存的社会性，为我与为他的一致性，并且看作是人的本性所应有的一种内在情感心理要求，是人人所应追求实现的最高境界、最大快乐。它能够产生抗衡西方利己主义的重要作用，并且较之于西方诉之上帝、与世俗生活相分裂的道德有其优越之处。民本思想，一些论者认为不过是要求君主为民作主，与现代民主不可同日而语。就儒学把民本思想与维护君主专制统治相联来说，这是正确的。但民本思想中很明显包含了以民为本的思想，这仍是今天的现代民主也不能忽视的重大问题。现代民主固然是由民作主了，但如果由民选产生的政权国家并不真正代表广大人民的利益，不以民为本，那么这种民主就仍然只是一种形式上的民主，甚至是一种骗局。大同思想，从现代的观点看来，在理论上是很简单的，但它又提出了人类所应追求的一种理想，即建立一个人人相亲相爱、没有私利的争斗、没有人压迫人的社会。即使说它是一个乌托邦，但它所提出的理想的合理性是很难否认的。

（五）和儒学的现代意义相关，还有一个经常在讨论的问题，即儒学是否包含有科学思想？我认为此问题的解决，关键在于如何理解科学思想。如果按照西方的标准，以从古希腊到近代的形式逻辑、实验方法、归纳方法等为科学思想的根本标志，那就会认为中国古代是没有科学思想的，并且会导致对中国古代科学技术的伟大成就的否定，例如宣称中医是反科学的。因此，我认为要解决儒学中是否含有科学思想的问题，必须看到中国古代的科学观念与西方有很大的不同。这种不同，既有不及西方的地方，也有优于西方的地方。中国人从来不主张唯科学主义、科学至上主义，但也决不反科学。中国人的科学观念是与哲学、伦理学密不可分地交融在一起的。儒家所讲的“格物致知”，包含着哲学的知、伦理的知、对自然事物的知，三者不可分离。中国有自己的一套古代形态的科学哲学。这种科学哲学在经过深入研究之后，对克服西方科学的经验归纳逻辑的局限性以及将科学与哲学、伦理学互不相容地对立起来的思想，将会产生重要的作用。中国的科学思想确有其不可忽视的缺陷，但在全世界的科学思想中，它是一种具有伟大的哲学精神和伦理精神的科学思想。只要从西方科学思想的模式中摆脱出来，不处处用西方的标准来观察、衡量中国是否有科学思想，那就不难看出儒学中同样包含有科学思想。

（六）儒学的现代意义，除上面所说的各个方面之外，还有一个属于较抽象的、纯哲学领域的方面。这个方面包含了许多复杂的问题，如天人关系、知行关系、道器关系、理气关系、生命、人性、真善美的本质等问题。过去有一种看法，认为儒家缺乏理论思辨能力，没有自己的本体论、形而上学。如果从陈述的形式上看，这有一定的道理。但如果从内容实质上看，则儒家所涉及的哲学层面的问题是很广泛、复杂、深刻的，一点也不比其他各家贫弱。全部问题在于如何对它进行一种细致深入的分析，揭示出它的哲学的意义、内涵。我认为这样的一种分析将会使我们从儒学中发现许多重要的、深刻的思想，并且完全能够对解决现代哲学问题产生丰富、深化的作用。其中，我认为最根本、最重要的是儒家关于人与自然、个体与社会统一的思想。充分肯定人与自然、个体与社会能够统一和必须统一，这是儒家哲学，更扩大一些说，是整个中国哲学的根本立足点，也是它不同于西方哲学和优于西方哲学的关键所在。因为总的而论，西方哲学在很多情况下都陷入了人与自然、个体与社会的分裂与对抗中，从而又带来了许多无法解决的问题，最后只好求助于上帝、宗教。而儒家哲学由于从不怀疑人与自然、个体与社会能够统一和必须统一，这就使它对一系列问题的解决不同于西方哲学，并往往比西方哲学更合理、更深刻。

（七）儒学具有不可轻视的、重大的现代意义。为了深入认识和阐明这种意义，我认为必须全力克服儒学本身所包含的内在矛盾，即前述仁爱、民本、大同思想与维护君主专制政治之间的矛盾。几千年来，中国儒家所说的“王道”之所以始终未能实现，就因为儒家把“王道”的实现寄托在专制君主的身上。这种维护君主专制及与之相关的上下尊卑不可逾越的等级观念，极大地束缚了中国人民个性的发展，阻碍了现代民主制度的建立和中国的现代化，必须予以彻底的批判。但这种批判又必须是一种具有历史眼光的、辩证的、科学的批判。而且，特别重要的是，这种批判既要参照西方进步的思想，又不可处处以西方思想为尺度来衡量儒学的思想。要看到对于同一个问题，西方有西方的解决办法，中国人有中国人的解决办法，中国人的解决办法可能有不及西方的地方，但也可能有优于西方的地方。因此，我们既要学习西方一切进步的、合理的东西，又要坚决破除西方至上、唯西方是从的错误观念。如毛泽东所指出过的：“我们这个民族有数千年的历史，有它的特点，有它的许多珍贵品。对于这些，我们还是小学生。……从孔夫子到孙中山，我们应当给以总结，承继这一份珍贵的遗产。”

三、对今后儒学研究的看法

（一）儒学是中华民族尚待努力开发的伟大智慧宝库，因此我主张建立和发展当代儒家学。我的这种想法与一般所说“当代新儒家”对儒学研究的看法有相同的地方，也有很不相同的地方。

（二）当代新儒家是在“五四”及其后中国现代思想历史背景下的产物。当代新儒家一方面反对西化派，另一方面又反对马克思主义派即社会主义派，主张从儒学出发来解决中国社会的问题，并使自己成为独立于西化派和社会主义派之外的另一个思想派别。但当代新儒家的重要成就不在与社会主义派相抗争的方面，而在与西化派相抗争的方面。在这方面,当代新儒家反对拜倒在西方思想文化面前,以维护和弘扬中华民族文化为己任。热切希望建立起足以同西方思想文化相抗衡的中华民族的思想文化,表现了一种自尊自强的民族精神和爱国精神。在学术上,熊十力、冯友兰、牟宗三诸位先生对儒学所作的哲学分析,即对儒学所作的本体论及道德形而上学的探讨,取得了不可忽视的成就。这是因为在现代的儒学研究中,对儒学的哲学分析具有不可忽视的根本性意义。熊、冯、牟三位先生的研究,不论其成就得失如何,足供后来者参考与借鉴。梁漱溟、方东美、唐君毅、徐复观诸先生对儒学所作的文化哲学或文化现象学的探讨,涉及了哲学之外的各个文化领域,并且不局限于儒家,内容丰富而有启发性,对我们认识中华民族文化不同于西方文化的特质,有不可否认的参考价值。当代新儒家对儒学的研究是多方面的,但我认为上述两个方面是成就最大的方面。

(三)当代新儒家对儒学的研究既有不能否认的成就,但也有局限性。第一个局限性是过高估计了宋明儒学的成就,在论及宋明儒学时又主要只讲程朱陆王之学。当代新儒家把古代儒学的发展划分"原始儒家"与"宋明新儒家"两大阶段,也很值得重新加以考虑。上述看法限制了儒学研究的范围,忽视了在程朱陆王之外历代儒学还有许多值得深入研究的宝贵的东西。第二个局限是陷入了"道德理想主义"或道德至上主义中,忽视了道德与功利的复杂联系,同时也忽视了儒学并非在任何情况下都认为道德与功利绝对不能相容。荀子一派的功利论思想中所包含的合理的东西没有受到重视。强调"内圣"而忽视"外王","内圣"又只是为了道德上的自我完善和找到个人"安身立命"之所,减弱了儒学在现代可能具有的广泛意义。第三个局限是主张"返本开新"。这种主张就反对西化派的观点,强调中国的现代化必须与中华民族的思想文化传统相联结这个方面说,是有积极意义的。但是,如认为中国现代化的问题可以以儒学为本而求得解决,或主张在儒学基本思想框架保持不变的前提下,建立起一种与现代化相适应的现代儒学,我认为是不现实的。

(四)我所主张的建立和发展当代儒家学,在充分重视儒学至今仍具有的现代意义,坚决反对西化派这一点上,是与当代新儒家相同的。

但在下述几个方面又有不同。第一，我主张全面地、历史地、客观地研究自先秦以来的全部儒学，不主张局限于程朱陆王的心性之学。第二，我主张对儒学采取“批判的继承与创造的发展”的方针，即立足于现代去批判地考察儒学，继承与发展它所包含的一切合理的东西，把它融入到现代的思想中去，并解决西方现代思想所不能解决或不能完全解决的许多重要问题，使儒学产生丰富与推进现代思想发展的作用。这样一种儒学研究不是要在儒学原有的思想框架内去解决现代的问题，以建立一种现代的儒学，而只是要使儒学中一切合理的思想在现代充分发挥其应有的作用。这样来研究儒学的学者是当代研究儒家的学者，但不必是当代的新儒家，也就是说，不必就是孔子或程朱陆王在当代的信徒。第三，我认为在上述意义上理解的儒家学研究应充分包容各家各派的观点，当然也必须包容马克思主义的观点。过去当代新儒家中有一些学者排斥马克思主义，我认为这对儒学的研究是不利的。如果把儒学作为反共的工具来使用，那更是十分有害于儒学的研究的。实际上，儒学中的宝贵思想渊源于中国原始氏族社会，因此它与马克思主义、社会主义的思想有能够相通之处。如果注意到参照马克思主义以研究儒学，就有可能对它作出更符合历史实际的、更深刻的阐明。但我所说的马克思主义不是那种教条化的、“左”的马克思主义，我也不同意所谓“儒学马克思主义”的说法。马克思主义可以从对儒学的批判研究中去吸取许多宝贵的东西，但马克思主义与儒学是有根本差别的两种不同的思想体系。主张将马克思主义儒学化是不对的，只能造成对马克思主义的歪曲，并产生不利于现代化的效果。

（原载中国孔子基金会编《海峡两岸学者首次儒学对话》，齐鲁书社 1993 年版）

儒学同西方文化的交流与融合

本文是一个概略的提纲,目的在提出一些基本看法,以供参考和商榷。

交流与融合的必要性

1. 以儒学为主体的中国文化是足以同西方文化分庭抗礼的一种悠久而伟大的文化。但儒学如果脱离了西方现代文化的发展,不与西方文化进行交流与融合,那将会趋于衰微,失去它本可以发挥出来的强大生命力。因此,与西方文化的交流和融合,是关系到儒学在当代发展的一个重大问题。

2. 对儒学采取自我封闭的态度,拒绝与西方文化进行交流与融合,这是错误的。“国粹主义”以及张之洞式的“中学为体,西学为用”的做法行不通已经证明了这一点。

3. 对儒学采取全盘否定的虚无主义态度也是错误的,它已经给中国现当代文化的发展造成了不可忽视的消极影响。

4. 主张复兴儒学以对抗西方文化也是值得商榷的。这种看法的提出,大致上有如下几个论据:第一,儒家思想有无上的优越性,它必将取代西方文化。儒家思想确有其伟大之处,但与西方思想相比,它也有不容忽视的历史局限性,这决定了它不可能取西方文化而代之。第二,西方思想文化已陷入严重的危机,只有儒学才能拯救世界。西方思想文化确实存在深刻的危机,但支撑西方思想文化的三大支柱:科学、民主、人道的思想尚未完全倒塌,断言西方思想文化将不断衰颓下去,找不到解决其危机的道路,而只能求助于中国的儒学,这是有疑问的。第三,西方在思想文化上长期宣扬的欧洲中心主义以及推行殖民主义的时代行将结束,今后是以儒学为主体的中国思想文化在世界上扬眉吐气的时候了,儒学的空前复兴必将到来。这种看法所包含的爱国精神和民族自豪感值得肯定,对欧洲中心主义和殖民主义确实必须继续进行深入的批判,以儒学为主体的中国思想文化在世界上的地位将日益提高,这都是没有问题的。但由于儒学既是伟大的,又存在不容忽视的局限性,因此断言儒学在世界范围内的空前复兴必会到来,这也是有疑问的。

5. 具有悠久的儒学传统的中国,到了近代,由于积弱不振,内忧外患不断袭来,因而有不少爱国的志士仁人反复提出了向西方学习的思想。这表明以儒学为主体的中国思想文化,既有其保守性的一面,又有一种能够吸取、包容其他文化的伟大气魄。君子“从善如流”、“他山之石,可以攻玉”,从来是中国古圣先贤的格言。“五四”新文化运动对以儒学为主体的中国传统思想文化的批判,有其偏激、简单化、绝对化,甚而导致民族虚无主义的一面,应当予以具体的分析和纠正。但它主张中国人应当向世界、向西方学习,这又不能简单地予以否定。中国要从一个封建思想浓厚的,小农经济、自然经济占绝对优势的国家转变为一个现代化的强国,不向西方学习是不可能的。虽然现代化不等于西方化,所谓“全盘西化”是错误的、行不通的,但为了现代化又不能不学习西方。直至现在,由近代一些思想家所提出的向西方学习这一任务并未完结。只有当中国在经济、科学、文化的繁荣发展上做到了足以同西方发达资本主义国家并驾齐趋时,近代以来中国人向西方学习这一历史任务才算基本完结。但就在这以后,中国为了自身的继续发展,仍然需要虚心地借鉴、学习西方一切合理的、优秀的东西。

6. 中国对外开放、发展社会主义市场经济的方针的提出与执行,引起了中国社会前所未有的巨大深刻的变化,有力地推动了以儒学为主体的中国文化与西方文化的交流与融合。在这一历史过程中,我们既要拒绝仿效西方文化中腐朽的,以及不适合中国国情的东西,同时又要打破闭关自守的心态,解放思想,全方位地学习西方文化中一切合理、优秀的东西。我们既要批判思想文化上的欧洲中心论、殖民主义,大力弘扬中国优秀文化,同时又不走向中国中心论。我们应站在平等的地位上，与西方文化进行交流，和世界各国一起共同推动全球进步文化的发展，批判地继承与创造性地发展中国优秀的传统文化，使之对世界文化的发展作出应有的、较大的贡献。

交流与融合的结果和条件

1. 儒学与西方文化可以在不同的层次上进行交流与融合。这种交流与融合不是外在的比附、拼合、折中。最为理想的结果是通过这种交流与融合，有机地整合以儒学为主体的中国文化与西方文化各自的优点而扬弃其缺点，产生出这样的一种文化：它继承了中国古代文化的优秀传统，但又是充分现代的；它是充分现代的，但又去除了西方现代文化的缺陷，不是西方现代文化的追随者与仿效者。这就是说，它是已有的中国古代文化和西方现代文化之外的一种新的文化。这种文化一旦形成，它对世界的影响可能是很大的。

2. 为了通过交流与融合形成上述的文化，需要细致深入地分析儒学与西方文化各自具有的优点与缺点，并找到使两者的优点有机地整合的途径。这种分析与整合的过程，从理论上说又需要有一种能使我们认清儒学与西方文化的实质的思想作为参照系。仅仅站在儒学的立场上去看西方文化，或仅仅站在西方文化的立场上来看儒学都很难解决上述分析与整合的任务。但到哪儿去寻求这种参照系呢？不同的研究者会有不同的选择。笔者认为，最有效的参照系是马克思主义。但不是那种简单的、教条的马克思主义，而是符合马克思本有的思想，未被误解或曲解，并且在当代获得了发展的马克思主义。

3. 上述的交流与融合本质上是中国悠久的古代文化向现代转型而又不失去其优良传统与特色的问题。它既需要思想家从理论上进行研究，同时还需要有能使这种转型得以实现的社会经济基础，否则一切研究既难以深入解决问题，又往往只能成为少数文人的清谈。中国明代中叶以后，随着资本主义萌芽的出现，我们在当时一些思想家那里已看到了中国传统思想向与西方 15～16 世纪人文主义类似的思想的转化。这个转化过程因满族入主中原而被打断了，但当时的思想家探求实现这转化的历史的经验教训很值得研究。近代以来,由于民族资本主义发展的微弱和帝国主义大举入侵,儒学与西方文化的交流与融合虽有不应否认的进展,但未能真正解决问题,陷入了中学与西学的二元对立难以克服的状态。今天,由于中国提出和实行了对外开放、发展社会主义市场经济的方针,这就为中国传统文化向现代转型提供了坚实的基础和带来了强大的推动力,使上述的交流与融合的实现成为可能。

交流与融合的困难及其解决

1. 从根本上看,仅就人文价值观念而言,儒学是群体本位主义,西方文化是个体本位主义,两者各有其重要的优点,但同时又包含不可忽视的缺点。要去除两者的缺点而将其优点加以有机的整合,这就是儒学同西方文化的交流与融合所面临的最大困难。也因此,有人认为中西文化的交融是不可能或很难的,交融的结果只能是两败俱伤,使两者失去各自的优点与特色。

2. 包含儒学在内的中国文化的伟大之处在于它充分肯定人与自然、个体与群体必须统一和能够统一,并不倦地去追求这种统一。主张人与人之间真诚的互爱,推崇个体为群体的存在与发展而奉献和勇于牺牲,直至追求世界大同,这是它的重大优点。但由于这种统一是建立在与宗族血缘关系紧密相联的小农自然经济基础之上的,因此又产生了它的局限与缺点:第一,个体的存在及其个性的发展,受到上下尊卑的伦理观念和等级特权观念的严重束缚;第二,基于儒学的群体观念还不是现代的群体观念,它是与宗族血缘观念、宗族聚居的地域观念紧密相联的。因此,它缺乏与法制相联的社会公益观念、区分公与私的观念和人与人之间作为社会公民的平等观念,易于滋生家长制观念、行帮宗派观念、地方主义观念。

3. 西方的个体本位主义产生于古希腊,经过近代欧洲资产阶级革命而得到了确立与发展。它打破了宗族血缘、封建等级特权观念对个体的发展的束缚,推尊个性解放,这是它的伟大的历史贡献。同时,这种个体本位主义并不意味着对群体的完全否定,而只是使那种基于宗族血缘、封建等级观念组成的群体，变为由法律所规定的各个相互独立的公民组成的群体。因此，西方人与人之间虽然缺乏中国人在漫长历史时期形成的、基于宗族血缘的那种浓厚的伦理道德感情，但一般而言，又比中国人有更为强烈的公民意识和社会公益观念。笔者之所以仍然把西方文化的基本特征界定为个体本位主义，并不是因为它根本否定群体，而是因为它把群体（即由各个公民组成的社会、国家）看作是从属于个体的，不过是为每一个体的私人利益服务的机构和手段而已。这和中国文化把群体置于个体之上，使个体从属于群体是不同的。虽然儒学也决不否定个体的发展，但这种发展不能违反上下尊卑的伦理观念和等级规定，这就是所谓"君子思不出其位"。

4. 由于西方个体本位主义将个体私人的需要、利益的满足放在最高的位置，而将其他的一切看作仅仅是满足这种需要、利益的手段，这就会导致人欲横流的利己主义，产生严重的精神危机。马克思早就指出："实际需要、利己主义就是市民社会的原则……实际需要和自私自利的神就是钱。"①鉴于西方所产生的精神危机，一些学者主张要用儒学去加以解救。但是，"一切已往的道德论归根到底都是当时的社会经济状况的产物"②。在现代的社会经济状况下，产生儒学的宗族血缘关系、封建等级关系和小农自然经济已经崩溃或至少是处在崩溃之中，市场经济下人与人之间的关系已变成相互独立与竞争的关系，而且相对于不可能再回复的小农自然经济又是一个重大的历史进步。在这种情况下，儒学复兴或儒家道德理想主义的实现碰到严峻的挑战和巨大的困难。此外，还有一个难题，即如何在弘扬儒学群体本位主义优秀传统的同时吸取西方个体本位主义中合理的东西，消除儒学中束缚个性发展的消极有害的东西。

5. 如果不从一时一地的现象看问题，在实现儒学群体本位主义与西方个体本位主义两者的优点的整合上，中国大陆的条件可能是最有

① 《论犹太人问题》，《马克思恩格斯全集》第 1 卷，人民出版社 1956 年版，第 448 页。

② 《马克思恩格斯选集》第 3 卷，人民出版社 1972 年版，第 134 页。

利的。西方自19世纪以来,个体与群体的分裂、矛盾的解决成了思想界关注的重大问题。在已提出的种种理论中,笔者认为马克思的社会主义理论是最为深刻合理的。中国儒家思想对个体与群体和谐统一的追求与马克思主义的理论不能混同,但又有能与之相通的地方。这是在"五四"后几年间,中国许多先进的知识分子之所以很快接受了马克思主义的重要原因之一。中国的社会主义者对儒学是采取批判的态度的,但又正是他们以及其他的革命者真正继承了儒学的以民为本、以天下为己任、"先天下之忧而忧,后天下之乐而乐"等优秀传统。在理论上,除了某些个别的情况之外,也没有对儒学作出全盘否定的结论。中国大陆在思想上已有70多年的社会主义传统,这使大陆有可能站在比资本主义更高的思想层次上来解决儒学同西方文化的交流与融合问题,更有利于充分地、实际地继承儒学中一切优秀的东西。此外,五四运动对儒学的批判确有过分、偏激的弊病,并对后来产生了不良影响。但这种批判又有力地揭露了儒学束缚中国人民个性发展的方面,论证了向西方先进思想学习的必要性。这种批判的精神在今天的大陆仍然在很大程度上保存着,虽然已经大幅度地修正了过去对儒学的偏激的、有时甚至是全盘否定的批判,充分重视儒学所包含的珍贵优秀的传统,但又不会走向对儒学的全盘肯定和不加分析地颂扬,也不会将弘扬儒学的优秀传统与学习西方的先进思想对立起来。笔者认为,这是一条正确的道路。展望未来,儒学同西方文化的交流与融合将与邓小平开创的有中国特色社会主义的发展相伴而行。在历史的过程中,中国传统优秀文化向现代的转型,本文所述的那种既不同于中国古代文化和西方现代文化,又有机地整合了两者的优点而避免了两者的缺点的文化将会逐步地成长与发展起来。从社会经济的发展来看,这是马克思曾指出过的农业文明的优点与工业文明的优点的整合。这种文化,实际上也就是充分现代的有中国特色的社会主义文化。它既继承了儒学的优秀传统,又大大地超越了儒学。

(原载《儒学与二十一世纪——"纪念孔子诞辰2545周年暨国际儒学讨论会"论文集》,华夏出版社1996年版)

法家思想研究的重要成果

——王晓波著《先秦法家思想史论》评介

在中国传统思想的研究中,法家思想研究历来是很薄弱的一环。就先秦思想而论,法家与儒、墨、道三家,可并称“显学”而无愧。但后世对法家的研究,不仅不及儒家、道家,甚且不及墨家。自汉以来,不少人将法家思想视为一种残暴、刻薄寡恩的理论,与儒家“王道”根本不能相容。所以,统治者实行的虽是“阳儒阴法”,也曾出现过一些有相当明显的法家思想倾向的政治家,但无人再标榜法家思想,当然也无人将法家思想作为一种自成体系的理论来加以深入的研究。至近代,虽偶尔有人对法家说几句好话,在法家典籍的搜集、整理、考释方面也有一定成绩,但法家思想研究仍远不及儒家、道家、墨家以致名家。“五四”新文化运动倾全力抨击儒家,而法家在历史上本是儒家的死对头,但一点也没有因此而受到重视。占主导地位的看法是把法家视为可憎的专制主义者、阴谋权术家。40 年代郭沫若著《十批判书》,对法家也予以强烈的否定。1949 年之后,中国大陆中国思想史、哲学史研究对法家采取了比较客观公正的态度,也取得了相当的研究成绩(特别是在哲学思想的分析上),法家在人们心目中不再那么面目可憎了。但在我看来,研究仍欠深入,以法家思想为极端的利己主义、专制主义、阴谋理论等看法仍占上风,而缺乏应有的历史分析和恰当评价。“文革”中,法家被抬到了吓人的地位,整个中国思想史被歪曲为“儒法斗争”史。法家研究成为“四人帮”夺权的工具、花招,一切客观求实的学术研究无地容身,法家的真面目、真价值并未得到符合历史实际的认识、评价。近年来,中国大陆对儒、道两家的研究成绩不小,但法家仍处于被冷落的地位。实际上,不论从对中国传统思想的全面深入的分析,还是从中国现代化的发展来看,法家思想都是非常值得研究的。

王晓波教授多年来致力于法家思想研究，在研究中国思想史的学者中，是寥寥无几的法家思想研究专家之一。由台北联经出版公司出版的《先秦法家思想史论》（以下简称《史论》），是他在法家思想研究上取得的重要成果。不论从治学的严谨，史料征引之丰富，考辨论析之深入来看，此书都堪称是一部具有长远价值的优秀之作。我深信，它对推动历来被忽视的法家思想研究，将会产生重要作用。

法家思想的历史地位

虽然自汉代独尊儒术以来，法家作为一个独立的思想流派不复存在，但它对中国思想发展的影响是深远巨大的。所谓"阳儒阴法"的说法，表明儒家也在它的思想体系所能容纳的范围之内吸取了法家思想。而且，如《史论》很正确地指出的，法家与儒家也有某种共同之处（详后）。如果在中国传统思想中去掉法家思想，那么中国思想将不会是现在我们所看到的样子，中国思想中很大一部分有价值的东西也不复存在了。在中国思想史研究中有一种很占优势的看法，认为中国传统思想是由儒、道、佛三家思想组成的。如果侧重于从纯哲学、道德形而上学的层面看问题，这种看法有它的合理性。但如果要对中国思想作全面的研究与理解，那就一点也不能忽视法家，以及墨家和名家。而且，就是谈到纯哲学、道德形而上学层面的问题，法家也有其不能忽视的重要思想，且有非儒、道、佛三家所能及之处。但在长时期内，这些思想因其与占据主导地位的儒家思想不能相容而遭排斥、否定，以致到现在仍被冷落、误解与否定。实际上，法家思想中不少被儒家所抨击、否定的东西，恰恰是法家思想的优越性所在，对解决儒家所不能解决的问题具有重要价值。如果我们的眼光仅仅局限在儒家上，那就不利于克服儒家思想的偏颇错误之处，也不利于充分发挥中国传统思想对今日中国现代化可能产生的有益作用。因此，认识法家思想在中国传统思想中所占有的历史地位，批判地吸取其一切合理的东西，是十分必要的。《史论》在对法家思想的历史叙述与评论中，凸现了法家思想的历史地位，分析了至今仍很值得注意的法家思想的各个王要方面。

第一，法家思想的平民性与批判性

法家思想是周代大封建日趋崩溃这一历史过程中的产物。其目的很明显是要打破经由周代封建而产生的一大批贵族享有的特权，为新兴的非贵族的社会势力争取地位。这有利于社会生产的发展，客观上也有利于下层的老百姓。法家"以大多数民众利益为依归而铲除大夫的特权阶级，并把国君的政权基础由原来的大夫下移到一般民众。因此，他们在一定限度之内符合了民众的要求"（原书第 28 页）。这使得法家思想具有很鲜明的平民色彩和一种勇敢的批判精神。特别是吴起、商鞅的变法，与贵族特权阶级作毫不掩饰的、坚决的抗争、搏战，法家的平民性与批判性的表现就更为明显。《史论》对邓析的详备论述，也使我们看到了古代这个法家人物可贵的平民性。作为贵族特权的挑战者和维护此种特权思想的批判者，法家是伟大的，它的不少人物的悲剧性遭遇是崇高的。但一当法家所代表的社会势力取贵族特权阶级而代之，成为社会的新的统治者，这时法家存在的历史的正义性与合理性就宣告终结了。因为这时法家以法为核心的整个思想与做法不再具有反贵族特权的进步性，而转变为对人民的残酷驱使与统治了。《史论》在第 28 页上对此作了重要的提示。

第二，国家与法的观念

孔子、孟子的国家观念，基本上仍是周代大封建所形成的国家观念。它是古代氏族联盟鲜体的直接产物，因此这时的国家虽然已明显具有了阶级压迫的性质，但国家仍然被看是一个以基于血缘亲属关系的伦理观念为纽带的联合体，刑罚只是为了惩处违背这种伦理观念而采取的一种手段，尚未获得充分的国家法律的意义。老子一派的国家观念，更是具有浓厚的原始氏族社会的色彩。法家在打破氏族贵族特权的同时，确立了一种新的国家观念。国家不再被看作是以血缘伦理观念为纽带的联合体，而被看作是以利益为基础的权力结构，法取代伦理而取得了重要地位。《史论》认为法家的先驱人物子产、管仲是"国家主义者"，这一论断很符合历史的实际。后来的法家，当然更是"国家主义者"，有很强烈的国家观念。法家无疑是中国古代国家哲学与法哲学的真正奠基人，它使中国古代由氏族社会而来的国家观念转变为可与近代国家观念相通的新的观念,这是一个重大的历史功绩。但具有强烈的国家观念的法家却并未放弃“普天之下莫非王土”的观念,仍然坚持和追求国家的统一,而非孤立主义、分裂主义的鼓吹者。事实上,正是在法家提出的新的国家观念的主导之下,中国古代才第一次实现了真正的统一。直至现在,法家的国家主义仍有不少值得我们认真地加以研究和继承的宝贵思想。

第三,功利主义思想

《史论》认为法家主张一种“好利的人性观”,并对此作了许多分析。事实上,在中国古代思想中,法家是最直言不讳、最强有力的功利主义的主张者。其历史贡献是巨大的,但一向遭到种种攻击与谴责。关于这个问题,下面再谈。

第四、历史进化论

《史论》认为法家主张一种“变古的历史观”,即历史的进化论,这也是法家思想的一大特征。历史哲学是哲学的一个十分重要的方面。在这方面,法家的贡献也明显有超越儒家与道家的地方。儒家以源于氏族社会的“王道”观念来看历史的发展,因此历史的发展被视为“王道”观念的发展。历史本身的现实状况及其所存在的深刻差别与对立都被淹没在抽象的“王道”观念之中,三代之治及西周政治被看作是最高理想。虽然儒家并不都认为历史是绝对不变的,但其主导倾向是仰慕往古。道家赞美远古的氏族社会,并且对中国古代从氏族社会进入阶级社会(文明社会)而引起的矛盾、问题,前所未见的虚伪、残暴现象的产生,有着极深刻的、批判的认识。但道家的历史哲学的内容是相当单薄的。只有法家才提出了一种较为具体、现实的历史哲学,并且坚决地反对一切复古主义。但法家又决不因为远古社会未实行法家思想就对之加以谴责和否定,而是用历史情况的差别与变化来加以解释,并由此论证当今实行法家思想的必然性。在中国传统思想中,法家的历史哲学是很丰富而深刻的。

第五,求实的哲学

《史论》认为“法家的思想走偏重经验事实的”的道路(第124页),并且对邓析的“循名责实”的思想予以很高的评价和作了深入的分析。

这确实是法家思想的又一个很可宝贵的方面。但法家虽重视经验事实,却并不是肤浅的经验主义者。邓析作为名家的先驱,就很有进行概念的分析界定的抽象思维能力。邓析与申不害又都采取与发挥道家的看法,认为耳目的感官知觉是不可靠的。在这个问题上,我与《史论》作者的看法有些不同。我认为这并不是根本不要感官知觉,或"停止认识以保存客观"(第216页),而是主张要超越感官知觉的局限,达到仅靠感官知觉所不能达到的,在表面现象后面的真实的、本质的东西。专门深入研究"术"与"势"的法家很懂得人和事的复杂性,不轻信一切表面的东西。这和道家思想有密切联系(见后),并包含了中国人的智慧。

法家思想的历史演变

《史论》对法家思想的发生、发展,花了很大功夫进行细致的研究。有关法家的,经常是零散的材料被集中起来,对于其中存在的不少矛盾、疑问又作了有根据的,同时又是尽可能谨慎的考析、推论。通过此书,我们才终算对法家思想的来龙去脉有了一个清晰的了解。

《史论》从主张"变古"和"国家主义",以及虽仍尊"礼",但又已甚为重视"法"来论定管仲、子产是法家思想的先驱,这是一个符合历史实际的看法。对于邓析的生平、思想的论述,材料十分丰富,使我们很具体地认识了古代这个重要的法家人物。对邓析与名家的关系,他在中国逻辑史上的贡献,也作了很深入的分析。在法家中,邓析不仅是一个实践家,而且是一个深刻的思想家。对李悝与吴起的论述,前者抓住了"尽地力",后者抓住了"好用兵",实际上前者是法家经济思想的重要阐发者,后者则是法家中重要的军事家。和名家一样,兵家的发展也与法家大有关系。从对吴起至《商君书》的论述,强调了此时法家已走到与贵族特权阶级决裂的地步,"死生以之"。这在法家史上是一重大转变。对《商君书》包含的思想的分析,也堪称是细密而丰富的。对申不害与慎到的论述,抓住了两者分别重"术"与重"势"的特征,作了详尽的说明。其中包含了法家有关政治策略的思想,在今天仍有值得研究的价值。对慎到哲学的分析也很细致,并正确指出了慎到哲学有忽视人的主观能动作用的缺点,但是否可概括为“机械决定论”,我觉得还可再加研究。在关于韩非的论述中,《史论》讨论了中国古代史分期这个重大问题,并由此而论韩非思想的形成。这种从特定历史背景出发去观察与评价某种思想的方法,我认为是很正确的,也是《史论》全书的一个重要特点。《史论》回顾了在中国古代史分期问题上的争论的发展,引述评论了各种观点,材料甚为丰富,对一些简单化的观点的批评也很正确。但我对作者所得的最后结论,即认为“战国以后的中国社会当是由封建社会向资本主义的转化”,有难以同意之处。由于此问题牵涉甚广,这里略而不论。但我认为韩非的思想虽然尚不是封建社会崩溃而转向资本王义社会的产物,但以韩非为重要代表的法家思想确实又有着某些可以同近代资本主义思想相通之处。《史论》将它与霍布斯的思想加以比较,这是很值得研究的。

法家与儒家

《史论》不是孤立地研究法家,它在许多地方涉及了法家与儒家、道家的关系。这在法家的研究上,我认为是相当重要的问题。

《史论》在第11、13、26、28、29页等处指出中国古代思想深受中国原始氏族社会观念和遗风的影响,我认为是很正确的,并且是了解东西方思想文化差异及中国思想文化的特殊价值的一大关键。不但儒家受此影响,包括法家在内,各家无不如此。儒家民本思想实源出于氏族社会,而法家也同样有民本思想。《史论》在论及慎到时说:“慎到和其他一些先秦法家一样,虽然是专制主义的主张者,但他们的思想中仍遗留有古代民主的观念,而成为专制主义中的民本思想,这种民本思想乃是以人民为专制政治的目的的一种主张,即‘立天子以为天下,非立天下以为天子也。立国君以为国,非立国以为君也’”(第261页)。这是一个重要的见解。因为在历来的观念中,总以为法家是一些主张残酷无情地压迫、欺凌人民的人物。这是儒家长期宣传所造成的一个根深蒂固的误解,应予消除,以恢复历史的本来面目。实际上,不论法家还是阳儒阴法的儒家，均有民本思想与专制主义的矛盾二重性，这也是中国传统思想的一个重要特点。不过，儒家较能缓和这一矛盾，而法家至秦始皇时代则激化了这一矛盾，导致秦王朝的覆灭。此后法家也就为阳儒阴法的儒家所取代了。从我们今天来看，不批判中国传统思想中的专制主义是错误的，看不到传统思想具有专制主义与民本思想的矛盾二重性，因而认为传统思想与现代民主绝对不能相容，其中无任何可以通向现代民主的东西，这同样是错误的。就法家而论，它还把民本思想与“法”的问题联系起来了，这是为儒家所不及的。

法家与儒家均有民本思想，但法家又是作为与儒家尖锐对立的一个学派而出现在历史上的。这种对立集中表现在儒家认为只有行仁义之道才符合民本思想，而法家则认为只有实行法才真正符合人民利益。由此又产生出儒家与法家在思想上的一个巨大深刻的分歧，即儒家以仁义为人的本性，而法家则认为好利是人之本性。《史论》很详尽地论述了法家“好利的人性观”，这是法家思想中一个极重要的问题。法家的先驱子产已说过“无欲实难”的话，至《商君书》又说“吾所谓利者，义之本也，而世所谓义者，暴之道也”。韩非对此亦作了淋漓尽致的发挥。这是法家反击儒家仁义之道的一个根本立足点，所以为法家人物一再强调，同时也因此不断遭到后世儒者的抨击，至今对法家这一思想的重大意义的认识也仍然很不够。《商君书》认为“利者，义之本也”，这是一个极重要、极有价值的命题，因为它指出了人类的道德是以社会性的功利为其基础的，世界上没有绝对与功利无关的、纯粹超功利的道德。道德与功利的关系，是伦理学中一个具有根本性意义的重大问题。在中国传统思想中，只有法家才明确而深刻地提出了这一问题。杨朱一派虽也涉及了这一问题，但较法家一派肤浅，影响也小很多。儒家鼓吹超功利的道德，但如《史论》所指出：“儒家之说仁义，又何尝不是功利主义呢?”(第 178 页)这种超功利，其实只是超出与社会性的功利不能相容的个人私利，并非根本超越一切功利。就儒家认为道德与个人私利不能相容这个方面说，儒家思想有其深刻、合理、伟大之处。但以为道德与一切功利无关，则是错误的，更何况历代借仁义之名以谋私利的儒者不乏其人呢？一种脱离了社会性的功利基础的伦理主义或道德理想主义，是一种空想，甚至会成为一种伪善。而法家在抨击儒家的这种道德理想主义，无情地揭穿其伪善方面，实在是非常之有力的。直至今日，儒家伦理学的卓越方面是我们必须继承的，但又不可因此而掉入伦理主义或道德理想主义的空想，以为道德是解决一切问题的万灵药丹。法家的功利主义对打破这种空想很有警醒作用，而且它在历史上具有不能忽视的进步意义。我在拙作《中国美学史》第一卷中论及韩非的思想时，曾引述马克思对西方近代英国边沁（Bentham，Jeremy）功利主义的评价以论韩非功利主义的进步性，兹不再赘。

法家与道家

法家与道家（老子）的密切关系，是早已有人指出的明显事实。《史论》多次论述了这一问题，并辨析、澄清了某些误把个别与道家有极密切关系的法家视为道家的看法。

表面看来，法、道两家思想很不相同，何以会发生十分密切的关系呢？我以为这是因为道家思想中有可以为法家拿来为我所用的东西：第一，道家对儒者仁义道德的虚伪性的那种尖锐猛烈的揭露、批判使法家产生了深切的共鸣，很能适应法家的要求。道家是中国思想史第一个具有大无畏的批判精神的学派，继之者就是法家了。第二，老子有一种冷静求实、老谋深算，不相信表面的言词、行为的精神，这也非常符合法家的要求。后世常以为大讲"玄之又玄"的"道"的老子是玄虚而不切实际的，这是颇大的误解。而法家并未为此所迷惑，它相当深刻地看到了老子思想在这方面的重要特征，但在终极的追求上两者当然是不同的。第三，对原始氏族社会高度赞赏的老子提倡"公"、"无私"，这也可以为法家拿过来加以发挥，和"法"的思想联系起来。第四，老子倡导的"无为"之治也能被法家予以新的解释，即解释为君主只要善于驾驭臣下，依"法"行事，即可"无为"而治，不必事事躬亲。这同时也是对法家之治的一种赞美。对上述这些问题，《史论》均作了很好的论述。

主张回到原始氏族社会去的道家思想，是与法家的专制主义思想很难相容的。但两者却有如此之密切的关系，这又说明了包含法家在内的中国古代思想受原始氏族社会观念、遗风的影响是何等之深。如《史论》所指出，邓析是很重要的法家人物，但他对远古的原始氏族社会同样是加以歌颂的（第84页）。

（原载台湾《书目季刊》，1992年第1期）

关于中国哲学的创造性转化的思考

一

我们所要讨论的题目是“中国哲学的创造性转化”。按我的理解，这看来主要是针对中国传统哲学（中学）而言的，但似乎也可包含西方哲学（西学）和马克思主义哲学（我称之为马学）。在和过去相比已经发生了巨大变化的当代历史条件下，不仅中学需要有“创造性转化”，西学与马学亦然。而所谓“创造性转化”，我赞同傅伟勋先生的说法，就是“批判地继承”与“创造地发展”，也就是在批判地继承过去的思想遗产的基础上，大力进行理论创新。

二

自近代以来，中国哲学的创造性转化常常碰到一个“体”与“用”的关系问题：是以中学为体、西学为用呢，还是反过来，以西学为体、中学为用？如果从马学的观点看，我认为这个问题应分为两个不同的层次来回答：第一个层次是“学”与客观实际或现实社会生活的关系。在这个层次上，客观实际是”体”，一切“学”（包含中学、西学、马学）都是“用”。因为一切“学”的目的归根到底是要从理论上解决客观实际、现实社会生活提出的问题，而决不仅仅是为了解决纯思维领域中发生的问题。正因为这样，当客观实际发生了重大变化，“学”或迟或早也要发生重大变化，即要求实行“创造性转化”。第二个层面是“学”与“学”之间的关系问题。这是因为任何一种“学”都不可能脱离在它之外的其他各种“学”而孤立地存在和发展。它既要坚持它所主张的某种根本性的思想、观点，这就是它的“体”；与此同时，它又要从它认为可以采取的其他的“学”之中吸纳某些思想、观点，以阐发、扩展、论证它自己的思想、观点的正确性与普适性，这就是它的“用”。拿“当代新儒家”来说，儒学是它的“体”（但它从传统儒学中采取的东西主要是程、朱、陆、王的心性之学），西方的科学民主思想以及它认为可以用来阐发、论证儒学的西方哲学思想（如牟宗三所讲的康德哲学、冯友兰所讲的新实在论哲学），则是它的“用”。通过此“用”而“返本开新”，以证明“当代新儒家”的思想具有不可忽视的重大意义。再从马学来看，马克思主义的基本理论是它的“体”，与它不同的古今中外的一切“学”（包含“当代新儒家”），只要在它看来具有某种合理性的东西，则都是它的“用”，可以而且应当批判地吸纳改造，以丰富发展它自身的“体”。从这点看，在“学”与“学”之间的关系这个层次上讲“体”与“用”的关系，马学的观点最具开放性。如“当代新儒家”是否定、拒斥马学的，而马学则并不简单地否定、拒斥“当代新儒家”。上述解决“体”、“用”关系的两个不同层次，既有联系，又不能混同。如李泽厚提出的“西体中用”论，既有某种启发性，同时又因为将两个不同层次的“体”、“用”关系混在一起讲，所以很难讲通。

三

我们今天讲“中国哲学的创造性转化”不能脱离中国当代实际存在的各种思潮来讲。我认为中国当代实际存在的思潮共有五种：(1)马克思主义（包含马列主义、毛泽东思想、邓小平理论），它在中国处于主导的、指导的地位。(2)以“左”的形式出现的“马克思主义”，它与邓小平理论是对立的，至少是难以相容的，但未形成公开的、系统的理论形态。(3)西方自由主义的理论，它已在不少文章、著作中表现出来，但一般是竭力颂扬中国五四运动以来的自由主义者（如胡适）的思想，为它争取在中国现代思想史上的地位，或追随、介绍、鼓吹西方自由主义的思想（如哈耶克的思想）。总的来看，也尚未形成系统的理论形态。(4)“当代新儒家”,它有很系统的理论形态,自20世纪80年代后期以来,在中国大陆产生了相当大的影响,吸引了不少介绍者与研究者。(5)李泽厚的“人类学本体论”,或“人类学历史本体论”、“历史本体论”,或“儒学四期说”,它也有相当系统的理论形态,虽然今天不少人认为它已是过时、陈旧的思想,实际上还有不小的影响。除上述五种思潮之外,当然还可列出80年代一度引人注意的所谓“新启蒙运动”思潮,以及90年代以来日渐被一些人关注的“后现代主义”思潮,但这两者也都没有形成系统的理论形态,没有产生太大的影响。依据以上的看法,本文将着重评论上述第一、三、五三种思潮,并通过这种评论来尝试探讨一下中国哲学的创造性转化问题。

四

在下面的评论中,我将涉及看起来和哲学问题没有什么关系,或至少是没有什么直接关系的,有关社会、历史、政治等方面的问题,因为我认为这些问题是我们在解决哲学问题时不能不予以充分注意的。把哲学问题和社会、历史、政治方面的问题等同起来是错误的,这样哲学将失去自己所要解决的特殊问题和它的特殊功能,不再成为哲学。反之,认为有一种和社会、历史、政治绝对无关的“纯哲学”,哲学家所要关注的就只是这种“纯哲学”问题,并且认为只要这“纯哲学”问题一旦获得解决,所有一切问题都将随之解决,这同样是错误的。在这点上,我认为“后现代主义”猛烈抨击“形而上学”,全力以赴地要消解它,是有其合理之处的。但“后现代主义”出世太晚,而且非常缺乏历史感,它不知道早在1843年,马克思就已在《黑格尔法哲学批判导言》一文中鲜明地提出了“消灭哲学”、否定迄今为止的哲学的口号,即消灭和否定那种自称凌驾于人类社会历史和个体生存之上,并从根本上决定着人类社会历史和个体生存的“形而上学”的哲学,建立从现实生活出发的,“为历史服务的哲学”。之后,在《德意志意识形态》一书中,马克思又指出哲学“充其量不过是从对人类历史发展的考察中抽象出来的最一般的结果的概括”,这种“抽象”对认识历史有指导作用,但它与过去一切哲学的“抽象”不同，“绝不提供可以适用于各个历史时代的药方和公式”。西方自20世纪以来到“后现代主义”，不断有人在讲“哲学的终结”、“后哲学”或“反哲学”。但在我看来，真正在正确的、积极的意义上，而不是在错误的、消极的意义上宣告了过去全部哲学的“终结”的，是马克思、恩格斯，而不是其他任何思想流派。但这些思想流派当然不可能认同马克思、恩格斯在19世纪40年代已提出的观点，因此，至今为止，它们仍然在为如何“终结”、“消解”哲学而争论不休。从我们今天来看，我们所说的“中国哲学的创造性转化”当然离不开哲学家抽象的思维建构，但这种“创造性转化”所要达到的目标，是建立一种与社会、历史、政治等都毫无关系的“纯哲学”呢，还是建立一种与当代社会、历史、政治等问题的解决相关的，因而能在实际的社会生活中发生较广泛影响的哲学呢？我倾向于后者。但哲学家是人各有志的，兴趣爱好是多种多样的，因此不应也不能排斥“纯哲学”的研究。如果这种研究不是一种纯粹主观臆想的概念思辨与游戏，那么它也可能得到对解决现实社会问题有某种重要的启发性的成果。

五

对于哲学研究的功能与目的，在我国向来有一个比较流行的看法，即认为哲学研究的根本目的在于为个人找到“安身立命”之所。这当然是哲学所不能忽视的一个重要问题，特别是在当今社会日益个体化，个人摆脱了各种依附性关系而不断走向独立的情况下，“我将如何生活”、“我为什么而活着”、“我是谁”、“我从哪里来，将到哪里去”这些问题空前地凸现出来，哲学对这些问题不能不予以深入的思考。但是，哲学如果只停留在这些与个人“安身立命”相关的问题上，以此为它思考的最高目的或终极目的，而忽视对整个人类社会历史发展的思考，那么它不仅不能真正解决这个问题，而且会把个人引入一种脱离社会的、神秘的内心体验中去。在这里，个人所能得到的，实际上不过是一种空幻的精神上的抚慰与麻痹。名称则可以很好听的，那就是所谓的“超越”。如果“超越”又不过是借“超越”之名，行谋取个人名利之实，那更是毫不足取的了。中国的儒家一向十分注意这个“安身立命”的问题，但它把这看作是达到“内圣”的功夫，而“内圣”又是为了“外王”，“修身”要落实到“治国平天下”。我认为这正是中国儒家哲学可贵和伟大之处，即它不停留在个人如何“安身立命”的问题上，而要由此拓展到以天下为己任，赋予个人以一种伟大的社会历史责任感（尽管是在君主专制的历史条件下）。如果借用儒家的术语来讲，我认为今天中国哲学的创造性转化应当同时包含“内圣”（个人的自我反思、自我完善）与“外王”（个人对国家、社会、人类所应尽的历史责任）两个方面，并探索使两者相互联结起来的现实的道路。

在作了以上两点说明之后，以下我将对前面讲到的三种思潮或思想，即马克思主义、“当代新儒家”、李泽厚的“人类学历史本论”或“儒学四期说”分别加以评论。先来说马克思主义。

六

自西学传入中国之后，西学与中学即处在相互影响、相互作用、相互交融之中，由此开出了中国思想史上一个新的历史时代。这种相互的影响、作用、交融，在一个很长的时期内，是采取中西互释的方法进行的，即一方面以西释中，证明古老的中学在现代仍有其不可忽视的重要意义；另一方面又以中释西，证明中学有高于西学，为西学所不能及的地方。自近代以来，这种中西互释的方法确实推动了中国学术的发展创新，有其不能否认的重要意义。但它又存在着两个明显的弱点：第一，中西互释虽然使中国传统的学术发生了变化，产生了一些新的学术流派和思想，并推动中学参与到世界学术的发展中去，但仍未能超出已有的中学与西学，作出不为中学与西学的视界所局限的理论创新。第二，这种中西互释，或者是为了解决近代以来中华民族的振兴问题，但却无法达到对中国近现代社会的科学认识；或者脱离中国近现代社会发展的实际，作一种纯学术理论的建构，因而不能实际作用于中国社会的发展，当然也不可能在广大社会群众（包含知识界）中发生影响，而只存在于一个狭小的学术圈子之内。

五四运动之后几年间，马克思主义的传入中国并很快为许多立志改造中国的知识分子所接受，使中国思想界发生了空前巨大的变化。由于一部分人和越来越多的人学会了毛泽东所说的马克思列宁主义这个“科学的宇宙观和社会革命论”，因此中西互释的做法虽然至今依然存在，但这种做法以及和它相联的中学与西学何者为“体”、何者为“用”的争论就被马克思主义所消解了，理论如何才能实际作用于中国社会的改造这个大问题也随之得到解决。对此作出了奠基性、开创性的伟大贡献的是毛泽东。他提出了“马克思列宁主义的普遍真理和中国革命的具体实践相结合”这一根本观点，从理论与实际的关系这个层面上，充分明确地确认了相对于客观实际来说，马克思主义只是“用”，客观实际才是“体”，并由此出发彻底批判了脱离客观实际，把马克思主义看作是万古不变的教条的错误思想，进而又确立了“实事求是”、理论必须与实际相统一这一根本的思想方针。从学与学的关系这个层面来看，既然马克思主义的基本原理（不是指对某一具体问题的看法或解决）是立足于客观实际的，是对人类历史（包含思想史）的科学总结，是“放之四海而皆准”的普遍真理，那就找到了一个如何对待中学与西学的制高点，走出了中西互释的局限。不论中学或西学，只要其中包含着某种合理的东西，都可以经过批判的分析改造，拿过来为马克思主义所用，使马克思主义得到丰富与发展。而这种丰富与发展，同时也就是对人类思想已取得的一切历史成果的丰富与发展，决非仅仅是对作为一个学派的马克思主义自身的丰富与发展。因为立足于客观实际，以客观实际为“体”的马克思主义决不是某种具有狭隘性、宗派性、排他性的学派，更不是黑格尔主义那种宣称自己已穷尽了一切真理的学派，而是永远向未来开放，随着客观实际的发展而发展的学派。从中国哲学的创造性转化来看，我认为只有在马克思主义传入中国之后，才为这种创造性转化打开了广阔的天地，不再仅仅仰赖于和西学相交融，而且就在这交融中也找到了既继承西学和中学中一切合理的东西，又把它创造性地加以整合和推向前进的道路。

从毛泽东来看，他强调要把马克思主义应用于中国的具体的环境，就不能离开中国特点来谈马克思主义，而必须“使马克思主义在中国具体化，使之在其每一表现中带着必须有的中国特性”。因此，他提出了“学习我们的历史遗产，用马克思主义的方法给以批判的总结”这一重要任务，指出“我们这个民族有数千年的历史，有它的特点，有它的许多珍贵品。对于这些，我们还是小学生。今天的中国是历史的中国的一个发展；我们是马克思主义的历史主义者，我们不应当割断历史。从孔夫子到孙中山，我们应当给以总结，承继这一份珍贵的遗产”(《中国共产党在民族战争中的地位》)。这些观点的提出，在中国近现代思想史上具有重大的理论意义，同时使马克思主义在中国的发展，避免了俄国十月革命后出现的全盘否定人类过去的(包含俄国的)思想文化遗产的所谓“无产阶级文化派”的错误。毛泽东还身体力行地实践了他的主张，他的一系列著作，如《实践论》(1937)、《矛盾论》(1937)、《论持久战》(1938)、《新民主主义论》(1940)、《在延安文艺座谈会上的讲话》(1942)等，从内容到表达形式，都是充分地中国化的，广泛地吸取了丰富而深刻的中国传统思想和哲学的智慧，使之发扬光大，并因为它具有“新鲜活泼的、为中国老百姓所喜闻乐见的中国作风和中国气派”而深入到了广大干部、群众和进步的、革命的知识分子的思想意识之中，真正起到了动员、团结、鼓舞广大人民群众的作用，把中国革命引向了胜利。如果没有“马克思主义的普遍真理与中国革命的具体实践相结合”的毛泽东思想，如果从苏联留学回来、被当时不少人认为得到了马列主义真传的王明教条主义在中国共产党内长期占据统治地位，那么中国革命就将经历比我们现在所看到的更加艰难曲折的道路，付出更高昂、更惨重的代价。

从对中国传统思想与哲学的继承这个方面来看，只要是对中国传统思想与哲学较为熟悉和不对毛泽东采取敌视态度的人，我想都不难看出毛泽东是如何灵活而巧妙地把他认为是我们民族思想文化遗产中的“许多珍贵品”融入到了马克思主义之中。举一个较简单的例子来说，毛泽东提出“为人民服务”这一十分重要的思想和口号，在《愚公移山》一文中把“全中国的人民大众”比为“上帝”，以及他对“群众路线”的提倡和高度重视，我认为都和他对儒家“民本”思想的批判继承直接相关。毛泽东思想是和中国传统思想文化的优秀遗产密切相联的，这是毛泽东思想能够产生广泛而持久的影响的一个重要原因。曾有人认为毛泽东是中国传统思想文化最剧烈的破坏者、摧毁者，这是一种不符合实际的皮相之见。毛泽东接受了来自西方的马克思主义，但他又有极强的民族自信心和民族自豪感，决不把马克思主义当作是神圣的教条来崇拜，坚持要从中国的实际出发，包含从中国优秀的思想传统出发去应用它、阐明它、发展它。毛泽东建立和发展自己的思想有两个重要的资源，首先是马克思主义的基本原理，其次是中国自身优秀的思想文化传统。即使在他发动的“史无前例”的“文化大革命”中，他还搞了一个“评法批儒”的运动。虽然批了儒，但他还想从法家那里去找寻他所需要的思想资源。从今天来看，撇开他当时这样做的思想动机和客观后果不谈，在中国古代思想史上长期受到贬斥的法家，难道就没有我们可以批判继承的合理思想么？例如，韩非认为儒家以“仁义之道”治国是靠不住的，因为我们不能期望每一个人在任何情况下都必然会行“仁义”，所以必须依靠法律。这种思想有没有合理之处？在世界古代思想史上，中国的法家很早就建立了有系统性的法哲学。在我们实行“依法治国”的今天，是值得加以仔细研究的。

毛泽东思想的建立与发展很倚重中国古代的思想资源，为什么一些以中国传统思想文化的捍卫者自居的人要说他是中国传统思想文化的破坏者呢？最主要的是因为他鼓吹阶级斗争，而且还讲“造反有理”，坚决实行反帝、反封建的斗争。但这是否就同这些人所捍卫的儒学正相反对，毫无瓜葛呢？不然。孔子就说过诗“可以怨”，即可以“怨刺上政”（孔安国注）。当君主不行“王道”，使民不聊生，以致引起人民的反抗时，儒家（至少是先秦儒家）的同情是在人民一边的。孟子还说过对这种不行“王道”、不成其为“君”的人，可以杀掉，杀了是对的。此外，虽然阶级斗争问题在毛泽东的思想中占有重要地位，但他讲到斗争时又强调要“有理、有利、有节”，并且十分重视建立广泛的统一战线，这都吸取了包含儒家在内的中国传统哲学的智慧。但在阶级斗争问题上，毛泽东的确又有失误的地方。以 1949 年为界，在这之前，至少在绝大多数情况下，他都注意到了马克思主义是从经济、生产力的发展状况出发来讲阶级和阶级斗争的产生与消灭的；在这之后，则一天天脱离经济、生产力的发展来讲阶级和阶级斗争，至“文化大革命”时则提出“阶级斗争，一抓就灵”，把阶级斗争提到了决定一切的地位，陷入了历史唯心主义。此外，毛泽东还在一定程度上感染了中国农民对有权势、有地位、有文化的统治阶级的那种素朴自发的憎恶和蔑视法律规矩的情感，因此有时未能像马克思、恩格斯、列宁那样对统治阶级及其代表人物在历史上的地位与作用作出马克思主义的历史主义的客观分析，在对待知识分子的问题上也曾发生过严重的偏差，这特别表现在他在1958年“大跃进”和“文化大革命”中发表的某些言论中。

坚持“马克思列宁主义的普遍真理和中国革命的具体实践相结合”，一切从中国的客观实际、民族特点出发，并注意广泛地吸纳改造中国传统思想的资源，这是毛泽东思想的根本特征和它能够作出伟大贡献的原因所在。但与此同时，由于客观的历史条件和个人主观条件的局限，毛泽东对西学的吸纳改造不及他对中学的吸纳改造做得那样多、那样好。毛泽东曾指出，自从中国人学会了马克思列宁主义之后，中国人在精神上就由被动变为主动，开始迎来了伟大的中国人民的文化复兴，真正能够领导中国新文化运动的思想也由资本主义的文化思想转变为马克思主义的社会主义、共产主义的文化思想。从五四运动到现在以至未来中国文化发展的宏观的历史趋势和走向来看，我认为毛泽东的上述论断是完全正确的。他在《反对党八股》一文中对脱离中国的实际和传统的“洋八股、洋教条”的批判也同样是正确的。但毛泽东对西方近现代思想文化吸纳改造的不足，以及在某些情况下对西方的思想文化缺乏具体分析，采取简单否定的态度，这又给毛泽东思想的发展造成了某种局限。这局限是历史的局限，它只有在邓小平开创的改革开放的新时代才能获得彻底的解决。但与此同时，我们又需要记取由毛泽东提出，并由邓小平加以继承的从中国实际出发，“外为中用”的主张，避免出现新的“洋八股、洋教条”。

如果借用儒家“内圣”、“外王”的说法来讲，在改造客观世界的同时改造主观世界，树立马克思主义的科学的世界观和为人民服务的崇高理想，这就是毛泽东意义上的“内圣”；通过人民大众反帝、反封建的新民主主义革命而走向社会主义，把中国建设成为一个独立、富强、民主、文明的现代化国家,这就是毛泽东意义上的“外王”。在毛泽东那里,不论前者或后者都是同他对中国悠久、博大、精深的思想文化传统的批判的继承和创造性的发展紧密结合在一起的。从这个方面看,我们完全可以说中华民族伟大的思想文化传统哺育了毛泽东,成为毛泽东思想得以产生的一个不可缺少的重要条件,并使中华民族伟大的思想文化传统,在中国发生了翻天覆地的历史巨变的时代里没有发生断裂,得以延续发展,放出新的光芒,并深入到广大人民群众之中。

七

邓小平理论的提出和建立,标志着马克思主义在中国发展的一个新时代的到来。这个时代将持续很长的时期,并将在实践上和理论上产生世界性的影响。就中国哲学的创造性转化来看,这个新的时代将继承毛泽东思想的成果,同时又克服它的历史局限性,在更深更广的层次上实现中国哲学的创造性转化,产生出既是充分现代化的,又是充分中国化的马克思主义哲学。

为了说明这一点,需要简略地回顾一下马克思主义在世界范围内的发展。我把这种发展划分为下述三大历史阶段:

第一阶段,从 19 世纪 40 年代开始到 1895 年 8 月恩格斯去世。在这个阶段,马克思、恩格斯在创立了马克思主义的哲学、政治经济学和科学社会主义之后,立即投入了无产阶级的革命运动。他们当时认为,资本主义经济危机以及由此产生的无产阶级与资产阶级矛盾的尖锐化和无产阶级绝对贫困化的日益发展,必然推动无产阶级起来进行武装起义,推翻资产阶级的政权,将生产资料收归全社会所有,实行按需要进行的计划生产,使社会主义取代资本主义。但是,这一设想在马克思、恩格斯的时代未能实现。当马克思已去世,恩格斯在晚年回顾他与马克思过去的看法和设想时,他在《1891 年社会民主党纲领草案批判》(1891)、《〈英国工人阶级状况〉1892 年德文第二版序言》(1892)、《卡尔·马克思〈1848～1850 年法兰西阶级斗争〉一书导言》(1895)等文中,提出了下述的一些重要看法(均见《马克思恩格斯选集》第 4 卷,在此不一一注明出处)。

1. 由于工人阶级的反对,工厂主“越来越了解到:没有工人阶级的帮助,资产阶级永远不能取得对国家的完全的社会统治和政治统治。这样,两个阶级之间的相互关系就逐渐改变了”。“过去带头同工人阶级作斗争的最大的工厂主们,现在却首先起来呼吁和平和协调了”。

2. 过去设想可以通过像1789~1830年法国大革命那样的“伟大的决战”夺取无产阶级革命的胜利,已被历史证明“只是一个幻想”。“历史清楚地表明,当时欧洲大陆经济发展的状况远远没有成熟到可以铲除资本主义生产的程度”。

3. 由于历史条件的变化,无产阶级以武装起义、巷战的方式去推翻资产阶级国家已不可能,因此无产阶级政党应当转而使用“一件新的武器”,即利用资产阶级民主的普选制进行斗争,作“耐心细致的宣传工作”,争取得到最多的选票,成为执政党,结束资产阶级政党“轮班执政”的“跷跷板游戏”。

4. “由股份公司经营的资本主义生产,已经不再是私人生产,而是由许多人联合负责的生产。如果我们从股份公司进而来看那支配着和垄断着整个工业部门的托拉斯,那么,那里不仅没有了私人生产,而且也没有了无计划性”。

5. 在法国、美国、英国这样的国家里,“可以设想,在人民代议机关把一切权力集中在自己手里、只要取得大多数人民的支持就能按照宪法随意办事的国家,旧社会可能和平长入新社会(按:指社会主义社会)”。

恩格斯的上述见解充分表明,马克思主义决不是万古不变的教条,而是从实际出发的、与时俱进的科学。毛泽东认为“实事求是”是马克思主义的根本,在此获得了充分的证明。但是,在下述马克思主义发展的第二个大的阶段里,恩格斯晚年的观点看来又遭到了历史的否定,而返回到他早年和马克思的主张上去了。

第二阶段,从1917年十月革命的胜利到20世纪90年代初苏联和东欧社会主义的解体和“冷战”的结束。在这个阶段里发生的种种重大事件,有一种奇怪的矛盾二重性:一方面,它以俄国社会主义革命的成功证明了马克思、恩格斯早年提出的以武装起义夺取政权，实现社会主义的观点是正确的，否定了恩格斯晚年的观点；另一方面，它又以苏联和东欧社会主义的解体证明了恩格斯晚年的观点是非常需要我们再次加以深思的，并没有为历史完全否定。在我看来，这种奇怪的矛盾二重性产生的根源是：恩格斯晚年的观点是针对欧美发达资本主义国家而言的，并在这些国家中得到了证实，但这并不排除在欧美之外资本主义不发达的国家中，无产阶级能够在一定的历史条件下以武装起义或暴力革命的方式夺取政权，走上社会主义的道路。但是，取得政权和最终建成社会主义并不就是一回事。必须有生产力的大发展和广大人民群众物质文化生活水平的不断提高，才能最终建成社会主义并保住政权。而社会主义国家生产力的大发展，在20世纪的条件下，绝对不可能与世界资本主义经济的发展相隔离，关起门来自求发展。早在《德意志意识形态》一书中，马克思、恩格斯就已指出，随着资本主义在全世界的发展，历史上所存在的民族、国家、地域的"封闭状态"必然要被彻底打破，不论物质生产或精神生产都将成为"世界的"和"全球的"，因而"历史也就越是成为世界历史"，人们的存在也将成为"世界历史性的而不是地域性的存在"，"地域性的个人为世界历史性的、经验上普遍的个人所代替"。

第三阶段，以邓小平理论的产生为标志的阶段，这将是一个漫长的阶段，同时也是马克思主义和社会主义在变化了的历史条件下，从实际出发不断进行新的探索，不断向前推进、发展和完善的阶段。苏联和东欧社会主义的解体决不意味着社会主义被埋葬了，资本主义可以高呼万岁万万岁了。相反，苏联和东欧的社会主义虽然解体了，但它在历史上建立过的功勋是永远不可磨灭的。它改变了世界历史的格局，它从成功到失败的各种经验教训，为马克思主义发展的第三阶段的到来创造了条件，使马克思主义彻底抛弃了一切不合实际的教条与空想，变得更现实、明智和成熟了。这个阶段的根本特点是：从前两个阶段的以无产阶级和资产阶级、社会主义与资本主义的斗争或生死决战为中心转向了以解放和发展生产力，进行经济建设为中心，并明确提出了改革开放、发展社会主义市场经济、物质文明与精神文明建设两手抓、实现

“三个代表”等根本性的观点和方针。后者是在变化了的历史条件下，对什么是当代的马克思主义的三个相互联系、缺一不可的本质性的规定，即代表先进生产力的发展要求、代表先进文化的前进方向、代表最广大人民的根本利益。“三个代表”的提法改变了过去以无产阶级与资产阶级的斗争或生死决战为马克思主义的本质特征的看法，是符合于当今时代特征的新概括。它并不否认阶级和阶级斗争在一定时期和范围内仍然存在，也不否认工人阶级及其政党的领导地位。但和马克思、恩格斯生活的19世纪后期的欧洲及列宁生活的20世纪前期的俄国相比，情况已发生了重大的变化。对此，如前所述，恩格斯在他晚年的著作中已给了我们以重要的提示。在恩格斯之后，高科技的迅速发展又引起了整个社会结构的巨大变化，亟待我们应用马克思主义的基本原理去作出科学的分析与说明。此外，从当今世界的整个形势与格局来看，邓小平以极为敏锐的观察指出，和平与发展已成为当今世界的主题，江泽民又进一步指出：“世界要和平，人民要合作，国家要发展，社会要进步，是我们这个时代的潮流。”①尽管至今一些地区、民族的冲突仍然存在，而且还发生了震惊世界的“9·11”恐怖事件，但这并不能证明上述时代潮流不再存在，相反，它恰好证明了只有采取符合这一时代潮流的方针和做法才能最终消除各种冲突和恐怖活动。马克思主义当然要顺应这一潮流，并站在它的前列。这决不意味着马克思主义放弃了社会主义、共产主义的理想，相反，只有站在这一潮流的前列，为和平、合作、发展、进步作不懈的努力奋斗，才能使已经全球化的生产力获得迅速的发展，从而为社会主义、共产主义最终实现创造出最根本的条件，不致陷入脱离实际的革命空谈之中。我认为世界历史发展到今天，历史的发展及马克思、恩格斯提出的使社会主义、共产主义得以实现的动力不再是马克思、恩格斯、列宁、毛泽东当年所讲的阶级斗争，而是顺应和推动“世界要和平，人民要合作，国家要发展，社会要进步”这一潮流发展的各种社会力量与阻碍、反对这一潮流发展的各种社会力量之间的斗争。马克思、恩格斯当年所说社会主义、共产主义的实现与人类

① 《共创中俄关系的美好未来》，见《人民日报》2001年7月18日

的解放不能分离的思想，在今天已成为显然可见的事实。当然，上述斗争在一定的时间、地点、条件下也包含着被压迫阶级反对压迫阶级的斗争，这在一切还或多或少处于前资本主义的落后状态的国家中表现最为明显。但这种斗争只有在顺应而不是违背上述历史潮流的情况下，才可能真正有助于被压迫阶级处境的改善，而不致陷入无休止的暴力至上的盲目冒险之中。

时代的巨大变化必然要引起哲学的巨大变化。从马克思主义哲学的发展来看，马克思、恩格斯在创立和奠定了马克思主义哲学的基础之后就投入了无产阶级与资产阶级的斗争，无暇对与他们先后同时代各种非马克思主义的哲学（如孔德、叔本华、尼采、新康德主义的哲学）进行清理，以进一步充分地阐发马克思主义的哲学。恩格斯曾在马克思的支持与合作下写了《反杜林论》一书来批判杜林，但这决不是因为杜林对当时的哲学有什么重大的影响，而是因为杜林企图用他的思想去影响德国社会民主党，以取代马克思、恩格斯的思想。如果不是这样，马克思、恩格斯同样会对他的哲学置之不理。到了列宁、毛泽东的时代，马克思主义哲学也是与无产阶级反对资产阶级的斗争紧密联系在一起的。这种情况既有其历史的必然性与合理性，并且也曾推动了马克思主义哲学的发展，但同时又限制和束缚了马克思主义哲学充分的、全面的发展，把自马克思、恩格斯以来西方现当代哲学提出的各种需要作出马克思主义的回答和深入考察的重大哲学问题抛到了一边，从而又造成了使马克思主义哲学停滞不前，不能真正应对各种非马克思主义、反马克思主义哲学对马克思主义哲学的批评与挑战的局面。从对中国传统哲学资源的开发和创造性转化来说，也造成了不小的局限。我认为，由于时代的巨大变化，上述情况将得到根本性的改变。马克思主义哲学所要面对的问题不再是过去所说的无产阶级与资产阶级的斗争问题，而是全人类的共同发展，并通过这种共同发展而如何最后到达社会主义、共产主义的问题。历史的发展已为马克思主义哲学的发展和中国传统哲学的创造性转化开出了一片无限广阔的空间。

八

现在我们转过来谈当代新儒家。它的产生有其明显的历史条件与动因。一方面，当代新儒家认同和接受了由西方传入的科学民主思想；另一方面，它既反对认为中国一切不如西方、主张全盘西化的思想，同时又反对经由苏联传入的马克思主义思想，认为它是一种根本背离中国传统的，并且是专制主义的思想。这样，前述中国的马克思主义和当代新儒家都主张要对中国传统哲学实行创造性转化，但两者采取的方法和道路是不同的。马克思主义意义上的创造性转化，是要在马克思主义的指导下批判地继承和发展中国哲学的传统，从而将马克思主义和中国哲学的传统联结起来，实现马克思主义的中国化。马克思主义之所以认为这是可行的和能够做到的，又是因为在中国传统哲学中的确存在许多可以经过马克思主义的解释而纳入马克思主义的思想，如认为“行”高于“知”、“知”最终是为了“行”的思想；极其丰富而深刻的古代辩证法思想；“民本”、“大同”思想，包含在“仁爱”之中，对人的相互依存的社会性予以充分肯定的思想；以治国平天下为个体生存的最高意义与价值所在，以及“协和万邦”的思想，等等。中国传统思想和马克思主义之间之所以存在广泛的亲和性，我认为是因为中国尚未有阶级、等级区分的原始氏族社会存在了很长的时间和发展到了很高的程度，才进入产生了阶级、等级的文明社会，之后商品交换和物质生产中的社会分工又远不如古希腊那样发达，这就使中国古代思想中保存了大量来自原始氏族社会的思想。马克思、恩格斯在读了摩尔根的《古代社会》一书之后，把他们主张的共产主义社会看作是摩尔根所描写的古代原始氏族社会在更高阶段上的重现，我认为可以由此说明，中国古代思想传统中保存了大量来自原始氏族社会的思想，是它能与中国的马克思主义相沟通的根本性原因。与中国的马克思主义不同，当代新儒家所要实行的创造性转化是要“返本开新”，即从儒学的传统中开出现代的科学民主，在儒学的基础上来解决中国以至西方现代社会面临的问题。这一做法所碰到的最大困难是，中国儒学得以存在和发展的中国古代社会的基础已被资本主义的发展消解了。因此,尽管我们今天完全能够为发展现代的科学民主而从中国儒学中取得许多宝贵的资源,但要在儒学的基础上开出现代的科学民主已是不可能的了。更何况在中国的历史条件下,不推翻帝国主义、封建主义的统治,现代的科学民主是无从得到发展的。当代新儒家把所有这些问题都撇到了一边,它也不去追问西方资本主义发展所引起的物欲横流、人际关系淡漠、生命价值消解的现实原因以及如何求得解决的现实道路。它不涉及现实社会的实际改造问题,而只着眼于纯粹思维领域的问题,因此它主要是致力于从儒学理论的重新解释中去找到个人在现代资本主义社会下的安身立命之所。也因此,它从儒学中所采取的主要是程、朱、陆、王的心性之学,在很大程度上忽视了先秦、两汉的儒学。对于明清之际,试图对中国儒学作一种已有近代气息的创造性转化的若干学者的思想,特别是对可称中国儒学发展的最后一个高峰的王夫之的思想,也没有充分的重视。因此,在当代新儒家的思想中,就出现了“内圣”方面较强,“外王”方面甚弱的现象,而“内圣”又只局限于程、朱、陆、王之学。总的来看,当代新儒家的主要贡献,是在理论思辨的领域中建立起了一种以儒学为基础的,与西方不同的道德形而上学,其中还含有对西方极端个人主义的批判。它对于我们今天思考和建立中国当代的道德哲学无疑有不可否认的参考价值。此外,当代新儒家反对全盘西化,不拜倒在西学的面前,试图通过建立当代新儒学而在全世界弘扬中国传统的思想文化,这虽然在实际上是难以做到的,但表现了在西学冲击下中国学者的民族自尊心和民族自豪感,这是值得肯定的。不论我们对当代新儒家的评价如何,它在弘扬中国传统思想文化、力图要建立与西方不同的中国人自己的思想体系这一点上,作了执著的努力和取得了不能简单否定的成就,也为中国马克思主义的发展提供了一种理论资源。

九

李泽厚对当代新儒家的理论提出了批评,并主张建立他所说的第四期儒学。我在这里不准备来全面评价李泽厚的思想,只对他在《己卯新说》中提出的“儒学四期说”作一些评论。

李泽厚对当代新儒家的批评,除了一些纯粹理论思辨的问题之外,主要是说它在“内圣”方面解决不了现代化所带来的“个人主义”问题,在“外王”方面又解决不了现代的自由、民主问题。所以,它只是宋明理学在现代的“回光返照”、“隔世回响”,构不成儒学发展的一个新时期,也不能真正复兴儒学,因此需另辟蹊径、另起炉灶,建立和发展他所说的第四期儒学。

如果从推动儒学研究的发展来看,我认为李泽厚的“儒学四期说”是有意义、有价值的,因为它可以深化、扩展已有的对儒学的研究思考。但他又和当代新儒家一样主张复兴儒学,要以儒学为基础来解决中国现代化的问题,我认为这是错误的。中国社会的改造和中国现代化的实现,必须有一种能够科学地说明中国和西方世界的社会历史发展的理论作为指导,这就是马克思主义。儒学是不能担此重任的,它只是马克思主义在中国的发展和马克思主义的中国化不可忽视的一个最重要的理论资源。例如,毛泽东将马克思主义应用于中国的实际,科学地分析了中国社会的历史发展和由之而来的中国革命的性质、任务、前途、方向,创立了“新民主主义论”,这才将中国革命引向了胜利,并有了今天举世瞩目的中国现代化的大发展。当然,如前已说过,毛泽东在将马克思主义应用于中国时,充分注意到了对中国传统思想文化的批判继承,即马克思主义的中国化,这是他的思想能产生广泛的群众性的影响的一个重要原因。但如果毛泽东不是以马克思主义为指导,而以中国传统儒学为指导,他能解决中国革命的问题,实现对旧中国的改造,并使近代以来许多志士仁人富国强兵、振兴中华的梦想成为现实吗?显然不能。这是一个不论加上多少保留的意见,都无法否认的客观事实。即使仅从弘扬中国传统文化来看,经过毛泽东所作的以马克思主义为指导的创造性转化,不是使中国传统文化中许多优秀的东西保存了下来,并活在当代中国人的思想中吗?如前面已讲过的“为人民服务”的口号的提出,它是批判地吸纳了中国儒学的“民本”、“王道”和以天下为己任,“杀身成仁”、“舍生取义”的思想的。尽管毛泽东也有他的历史局限性,晚年还犯了发动“文化大革命”这一严重的错误,但这并不能勾销和否定他所作出的划时代的贡献。基于以上的看法,我曾在1993年发表的《关于儒学研究的若干问题——兼论我所主张建立的当代儒家学》一文(见本书)中指出,儒学已不可能成为观察、解决中国和当代世界问题的指导思想和理论根据,因此我们不需要复兴儒学,构建当代的新儒学,以孔、孟或程、朱、陆、王的当代传人自命。但应当和必须建立“当代儒家学”,以深入研究和批判地继承在中国传统文化的发展中起了主导作用的儒学的一切合理的东西。在我看来,当代新儒家的思想有不能否认的重要贡献,但远没有起到它自己所期许的那种对中国现代社会和思想文化的发展产生重大影响的作用。它实际只是一种对古代儒学的学术研究,就像研究《红楼梦》的“红学”那样。

李泽厚是怎样来建立他所说的第四期儒学的呢?他的基本做法就是以马克思主义、自由主义、存在主义和后现代主义来“同化”儒学,即从这些主义中“吸收营养和资源,理解而同化之”。这里,李泽厚将马克思主义引入他所说的第四期儒学的建立,与当代新儒家拒斥、否定马克思主义不同,值得注意。但这里有两个问题:首先,儒学“同化”得了马克思主义吗?能把马克思主义纳入到儒学中去,以使儒学发生创造性的转化吗?我认为不可能。儒学与马克思主义是两个有根本性差异的不同的思想体系,中国的马克思主义可以从儒学中批判地继承某些思想,以利于马克思主义的中国化,使马克思主义和中国的民族特点相结合。但由于儒学与马克思主义有根本性质的差异,因此马克思主义的儒学化或儒学的马克思主义化都是行不通的。如果硬要这样做,那就会陷于皮相的牵强的附会,既歪曲了马克思主义,也歪曲了儒学本身。其次,李泽厚主张把马克思主义引入儒学的研究是好的,但他对马克思主义的理解又存在着不少不够准确的、似是而非的、游移两可的、自相矛盾的,甚或明显错误的地方(仅就《己卯新说》一书中的观点而言)。这里只来谈他认为马克思主义哲学就是“吃饭哲学”,我认为这不是“唯物史观的通俗讲法”,而是一种简单化、庸俗化,并且贬低了唯物史观的重大意义的讲法。毫无疑问,马克思主义认为人类为了满足食、衣、住、行的物质生活需要而进行的物质生产,是“一切人类生存的第一个前提,也是一切历史的第一个前提”(《德意志意识形态》)。但马克思主义并不停留在这个前提上,而是从这个前提出发,指出物质生产的发展从根本上最终决定着整个人类历史的发展,从而也决定着人类精神生活的发展,包含决定着李泽厚讲得最多的对解决人“如何活”这个问题的发展。一定的物质生产方式决定着人与自然、人与社会的一定的关系,从而决定着人“如何活”。用马克思的说法来讲,“人们用以生产自己所必需的生活资料的方式,首先取决于他们得到的现成的和需要再生产的生活资料本身的特性。这种生产方式不仅应当从它是个人肉体存在再生产这方面来加以考察。它在更大程度上是这些个人的一定的活动方式、表现他们生活的一定形式、他们的一定的生活方式”(同上引书)。马克思还指出,随着物质生产力的发展,人类将会超出“为了维持和再生产自己的生命”这个“自然必然性的王国”,进入以“人类能力的发展”为“目的本身”的“自由王国”。而“这个自由王国只有建立在必然王国的基础上,才能繁荣起来”(《资本论》第三卷)。因此,不能把马克思主义的历史唯物主义称之为所谓“吃饭哲学”,而应称之为以物质生产发展为基础的人的全面自由发展的哲学。

在如何“同化”自由主义的问题上,李泽厚批判了自由主义的根本前提:天赋人权说或人生而自由平等说,认为它是没有根据,不能成立的。这种批判是对的,在当前中国思想界也有积极的意义。但和马克思、恩格斯早就作过的深刻的批判相比,显得十分粗糙、简单。

在对存在主义、后现代主义的“同化”上,李泽厚对存在主义、后现代主义把个体感性存在的意义价值何在的问题提到了首要地位予以充分的肯定,这是有合理性的。他所想做的是对存在主义、后现代主义提出的这个问题作出自己的解决。但我认为他的解决存在许多问题。主要是他否认马克思提出的“人是社会关系的总和”的思想(我认为他还没有确切地如实地理解这一思想),并认为马克思主义的社会主义属于马克思主义中已经“死”去了的东西;再加上看不到或低估了中国社会主义市场经济的大发展所带来的广大人民群众个性的独立与解放,这促使他最后从所谓的“心理本体”中去找寻对个体感性存在的意义与价值问题的解决,并且表现出一种个体至上主义和对人生的一种深深的哀伤。我认为和古代儒家相比,这是一种倒退。儒家既不否认个体感性生存的意义与价值(就中国古代的条件而言),同时又认为个体生存的最高的意义与价值在于“立德”、“立功”、“立言”,在于“治国平天下”,在于“先天下之忧而忧,后天下之乐而乐”。儒家不脱离人应有的社会历史责任感去讲个体生存的意义价值,这是我们今天应当继承发扬的好传统。与此相联,儒家所倡导的“天行健,君子以自强不息”的“刚健”精神也应当加以继承和发扬。相反,渲染对人生的一种无限的哀伤感,我认为是不利于中国的现代化的,对青年是有害的。

末了,还要说一下李泽厚对“宗教性道德”与“社会性道德”的区分,他的目的是要反对儒家的道德理想主义要求人人都必须成圣成贤,同时也反对把某种最高的理想强加于人,要求每一个人都必须做到。但是,我认为不能把每一种对崇高的道德理想的追求都看作是“宗教性”的,放逐到日常的社会性道德之外。就今天的中国而言,虽然不可能“满街都是圣人”,但大多数人是愿意而且能够努力把自己的道德提到较高或尽可能高的水平的。我们的国家越是兴旺发达,这一点就越易于做到。不可忽视,从传统看,张载所说的“为生民立命”、“为万世开太平”的思想;从现代看,毛泽东提出的“为人民服务”的思想,在中国广大人民中仍然有着深刻的影响,尽管许多人完全可能不知道张载其人和他所说过的话。至于李泽厚提出的,他认为应当树立的“天地国亲师”的“宗教性道德”,在我看来仍具有儒学的封建色彩,并且不具有现实的可行性。我认为中国当前应当努力宣传发扬三个主义:爱国主义、集体主义、社会主义,并与时俱进地给以马克思主义的准确解释,不断充实它的内容,并讲究宣传的方式。这不是什么“宗教性道德”,而是中国广大人民群众完全能够认同、接受和实行的最普遍的社会性道德。

十

最后,再回到前面讲的“体”与“用”的问题上来,从学的层面看,还是已讲到的看法:打通中(学)、西(学)、马(学),在马学的基础上整合中学与西学。而在西学必须与中国的国情相适应这个意义上说，中学又应占主要的地位。傅伟勋先生曾提出“中国本位的中西互为体用”说，这个说法很好，但我想还要加上一句话，成为“以马克思主义为基础的，以中国为本位的中西互为体用”说。无需多说，这当然只是就认同于马克思主义的研究者而提出的一种参考性的看法。过去我们常说“学贯中西”，我认为还要把马学加上去，成为“学贯中西马”。倘能如此，积以时日，我认为当代中国一定会产生出独树一帜的、有世界性影响的哲学家、思想家，而不仅仅是产生出一批又一批研究西学或中学的专家。

（原载王立新、欧崇敬、吴根友主编《中国哲学的创造性转化》，云南人民出版社 2004 年版）

实践本体论

哲学史上关于本体论有各种不同的说法。一般而言,本体论是关于存在的理论,目的在探求什么是存在的最普遍、最高的本质。

所谓最普遍、最高的本质也有种种不同说法,但其中最基本的问题是:第一,存在的本原问题,即世界从何产生形成,或什么是始初的、本源性的东西;第二,相对无限众多的现象,什么是存在的最一般的根据、实质。

唯心主义哲学曾对本体作了种种神秘的解释,但我们不能因此就取消本体论问题。哲学作为世界观,不能不回答存在的最普遍、最一般的本质是什么这个问题,而且这是只有哲学才能回答的问题。西方现代哲学一方面有一种拒斥本体论的倾向,另一方面又有一种把许多问题本体论化,从本体论来加以考察的倾向。这后一倾向说明,对许多问题要作出穷根究底的解决,不能离开本体论的研究。亚里士多德曾把本体论称之为"第一哲学",这不是没有原因的。

一、马克思主义哲学与本体论问题

在马克思转变为马克思主义者之后,他在《1844 年经济学—哲学手稿》一书中曾两次使用了"本体论"这个术语①。此外不再见到马克思使用这个术语,但他多次讲到了在马克思主义哲学中有根本性意义的"存在"和"社会存在"的概念,后一概念还是马克思所首创的。既然"存在"与"社会存在"是马克思主义哲学中的重要概念,那么马克思主

① 《马克思恩格斯全集》第 42 卷,人民出版社 1979 年版,第 150 页。

义哲学就应当有关于存在的理论。这也就是马克思主义哲学的本体论。

恩格斯在《路德维希·费尔巴哈与德国古典哲学的终结》一书中谈到哲学的基本问题时，指出这一问题的实质是："什么是本原的，是精神，还是自然界？——这个问题以尖锐的形式针对着教会提了出来：世界是神创造的呢，还是从来就有的？"①这个世界的本原是什么的问题，正是本体论的重要问题。由此可见，恩格斯所说的哲学基本问题，首先是一个本体论的问题，其次才是认识论的问题。

多年来，我们的马克思主义哲学研究十分重视认识论问题，甚至认为马克思主义哲学就是认识论，但十分忽视本体论问题，甚至认为本体论问题可以取消。这种看法是不对的。

从认识论来看，对思维的研究不可能离开对存在的研究，而对存在的研究正是本体论的问题。仅仅在思维的内部来研究思维，思维的发生、来源、意义、真假诸问题都是无法解决的。不要本体论的认识论可以称之为无根的认识论，但没有根是不行的。所以，坚决拒斥本体论的逻辑实证主义发展到蒯因，不得不重新提出本体论的问题（参见《从逻辑的观点看》一书）。后期维特根斯坦也显示了某种向本体论靠近的倾向。

如果我们离开认识论的范围而转向人的问题，那么人的存在问题，海德格尔所谓"存在的意义"问题，更是现代哲学不能回避的一个重大的本体论问题。就马克思主义的历史唯物主义来说，我认为目前我们所说的历史唯物主义的许多内容应划归马克思主义的社会学、政治学。从哲学的高度看，历史唯物主义实际就是马克思主义的历史哲学。它的基础不是别的，就是马克思主义关于人的存在的学说，即马克思主义关于人的本体论。离开了马克思主义关于人的本体的科学理论，不可能有真正科学的、深刻的历史唯物主义理论。

对本体论问题的忽视导致了马克思主义哲学研究的贫乏化、简单化、肤浅化。相反，对马克思主义哲学的本体论的深入研究，将会极大

---

① 《马克思恩格斯选集》第4卷，人民出版社1972年版，第220页。

地加深我们对马克思主义哲学的理解，促进马克思主义哲学的概念、结构、体系的精确化、完善化，并摆脱相沿已久的，对马克思主义哲学的不少简单化的，甚至是错误的理解。

马克思主义哲学的本体论是在总结概括科学（包括自然科学和社会科学）的实际成就的基础上建立起来的，不是玄想的思辨，不带有历史上的本体论那种唯心神秘的性质。

二、自然本体论与人的本体论

本体论可区分为自然本体论与人的本体论。自然本体论所研究的是在人类出现之前即已存在的自然的本体。由于人本是自然的一部分，人的存在不能脱离自然，因此自然的存在对人的存在处于优先地位，自然本体论对人的本体论也处于优先地位，否认这一点就会堕入唯心主义（这是西方马克思主义常犯的一个错误）。但人又不仅仅是自然存在物，因此自然本体论不能代替人的本体论。

在中国哲学史上，自然本体论与人的本体论常常是合而为一的，这同中国哲学的“天人合一”观念分不开。西方古希腊哲学的本体论侧重于自然本体论，经过中世纪又同上帝创世说联系到一起，使上帝是否存在的问题成了一个同本体论密切相关的问题。西方近代哲学的本体论仍然在这个问题上纠缠不休，但它的重点显然已转到和自然科学的发展相关的认识论方面，使本体与现象的问题具有了十分明白的认识论意义。这在康德哲学中得到了典型的表现。西方现代哲学以叔本华、尼采为发端，经生命哲学到存在主义，抛开了西方近代哲学中和认识论密切相联的本体论，而把人的本体问题提到了最高的位置。不论是海德格尔的“基本本体论”，雅斯贝尔斯的“生存本体论”，萨特的“现象学的本体论”，其中心都是人的本体问题。就西方现代哲学的范围而论，突出地关注和研究人的本体问题，可以看作是存在主义的一个贡献。

但是，萨特声称要用存在主义的人的本体论来“补充”马克思主义，这是毫无根据的。马克思主义哲学一产生就把人的存在问题提到了最高的位置，指出无产阶级的解放“是从宣布人本身是人的最高本质这个理论出发的解放”①，并且提出了“现代的自我解放”即从资本主义的金钱统治下获得解放，尖锐地指出和从根本上科学地阐明了后来存在主义苦苦思索而终于不得其解的人的异化问题，号召“为反对人类自我异化的极端实际表现而奋斗”②，认为揭露人的自我异化是“为历史服务的哲学的迫切任务”③，等等。存在主义一再谈论的“存在与本质”问题，马克思在《1844 年经济学—哲学手稿》中也已提出，并指出它是只有共产主义才能解决的“历史之谜”④。由此可见，在现代哲学中占有重要地位的人的存在问题，马克思在 19 世纪 40 年代初期已经提出，并指出了科学解决的途径。

马克思主义哲学并不忽视自然本体论问题，但它高度关注并作出了伟大贡献的是人的本体论问题。从马克思的著作中可以明显看出，马克思所注意加以解决的不是历史上的唯物主义，特别是 18 世纪法国唯物主义和费尔巴哈唯物主义已在根本上解决了的自然界的存在问题，而是过去一切唯物主义所未能解决的人的存在问题。虽然后来恩格斯在《反杜林论》和《自然辩证法》中对自然本体论的问题作了不少深刻的阐述，但就整个马克思主义哲学而言，它的突出的、主要的贡献仍然是在人的本体论方面。这个贡献的根本之点，在于第一次指出了人类的物质生产实践是人类全部历史产生、存在和发展的根基、本原，从而科学地解决了人的本体这个重大问题。

三、实践与本体

人是从自然发展而来的，没有自然就不会有人和人的历史。因此，马克思主义哲学关于人的本体问题的解决是建立在确认世界的本原是

① 《马克思恩格斯全集》第 1 卷，人民出版社 1956 年版，第 467 页。
② 《马克思恩格斯全集》第 1 卷，人民出版社 1956 年版，第 446 页。
③ 《马克思恩格斯全集》第 1 卷，人民出版社 1956 年版，第 453 页。
④ 《马克思恩格斯全集》第 42 卷，人民出版社 1979 年版，第 120 页。

自然而不是精神这个唯物主义原则基础之上的。自然、感性是马克思主义哲学的第一个不可动摇的出发点。“历史本身是自然史即自然界生成为人这一过程的一个现实部分。”①这就是马克思对自然与历史的关系的看法，它对于理解整个马克思主义哲学的实质和结构具有极大的重要性。一方面是自然界（它先于人类而存在，不以人类的存在与否为转移），另一方面是人类，而使“自然界生成为人”，使人与自然达到统一的决定性的、根本的东西，就是人类的物质生产实践即劳动。

人和人类历史的存在不能脱离自然，但没有物质生产实践也不会有人和人类历史的存在。人只能存在于他和自然的统一之中，而造成这个统一，并决定着它的发展的东西就是以自然（包括外部自然和人自身的自然）为基础的人类的物质生产实践。物质生产是人类历史的发源地。因此，从本体论来看，人类历史的本原、始基就是以自然为基础的物质生产实践。在人类历史的范围内，马克思主义对“什么是本原的”这个本体论问题的回答是：不是精神（这是马克思主义区别于一切唯心主义的地方），也不仅仅是自然（这是马克思主义区别于费尔巴哈唯物主义的地方），而是以自然为基础的人类的物质生产实践。由此可见，从人类历史的产生（“自然界生成为人”）和存在来看，马克思主义哲学所说的实践具有本体论的意义，而不只具有认识论的意义。确认实践具有本体论的意义，不把它看作是一个仅仅和认识论相关的范畴，对于正确深入地理解马克思主义哲学，研究它和发展它，是一个意义重大的问题。

人是自然的存在物，因此，一切企图使人的本体和自然相脱离的看法都是唯心主义的错误幻想。但人又不是像动物那样的自然存在物，如马克思所指出：“人是人的自然”（重点原有，或译“人是属人的自然界”）②，或“人化的”自然③。因此，人的本体不只是“自然”，而是“人的自然”。对人的本体的认识就是要说明这“人的自然”是如何产生形

① 《马克思恩格斯全集》第42卷，人民出版社1979年版，第128页。

② 《马克思恩格斯全集》第42卷，人民出版社1979年版，第166页。

③ 参见《马克思恩格斯全集》第42卷，人民出版社1956年版，第126页。

成的,它具有怎样的性质。

物质生产实践是“自然界生成为人”的基础、动力,因此“人的自然”即人的本体的性质只能从物质生产实践中去找到说明。

第一,物质生产实践即劳动是人从自然取得物质生活资料以满足人的生存需要的活动,同时又是人有意识、有目的地改造自然的活动,因而是创造性的,能够支配自然,从自然取得自由的活动。这就是说,人类的劳动既是满足生存需要的活动,同时又是一种创造性的、自由的活动(对这一点的理解有着极大的重要性,参见拙著《艺术哲学》)。正因为这样,人类的劳动不会仅仅以满足肉体生存需要为最终目的,不是仅仅用以维持肉体生存的手段。它必然要超越肉体生存需要的满足,成为人的才能的全面自由发展的基础,推动人类从“必然王国”(满足肉体生存需要、维持和再生产人的生命的领域)进向“自由王国”(以人的才能的全面发展为目的本身的领域)①。劳动的本质决定了人既是自然存在物,同时又是自由的自然存在物,而不是像动物那样,只能本能地、无意识地适应自然的不自由的自然存在物。自由是人的本体即“人的自然”的根本特性。但这自由是人类物质生产实践的产物,从而是生产力发展的产物,不是存在主义的唯心幻想的产物。“人们每次都不是在他们关于人的理想所容许和决定的范围之内,而是在现有的生产力所决定和容许的范围内取得自由的。”②

第二,人改造自然的物质生产实践不是单个人的活动,而是结成一定社会关系的人们协同进行的活动。只有通过社会,人才能改造自然,从自然取得自由。社会是人同自然相统一的必经的中介,是自然(包括外部的和人自身的自然)成为“人的自然”的不可脱离的根基。“自然界的人的本质只有对社会的人说来才是存在的”,“只有在社会中,人的自然的存在对他说来才是他的人的存在”,“社会是人同自然界的完成了的本质的统一”。③ 其所以如此,在根本上仍然是决定于劳动所

① 《资本论》第3卷,人民出版社1975年版,第926~927页。

② 《德意志意识形态》,人民出版社1961年版,第497页。

③ 《马克思恩格斯全集》第42卷,人民出版社1979年版,第122页。

本有的社会性。这里所说的“社会性”,不仅仅是指人生活于社会之中,而是指人类的存在和发展离不开人与人之间的相互依存与合作,“为我”与“为他”的统一。但由于劳动的异化,产生了个体与社会的分裂,于是人类就失去他本有的“社会性”,而陷入了矛盾和对抗之中。只有当个体所结成的社会同个体的发展到达了统一的时候,人才能重新完全获得他的“社会性”,从而才不会失去他从自然取得的自由,他的存在才是真正自由的(从人的本体来看的共产主义理想的实质就在于此)。这是存在主义百思不得其解的一个重要问题,也就是海德格尔所说的“此在”(个体)与“共在”(社会)如何统一的问题。

从以上的分析可以看到,由物质生产实践所产生的人,既是自由的自然存在物,同时又是社会的存在物,两者不可分离。因此,自由和社会性是人的本体的两个内在地联结在一起的本质的规定性。同时,这种规定性又不是同人的自然的规定性相脱离的,而是内在于自然的规定性,渗透在自然的规定性之中的。这就是马克思所说的“人是人的自然”真义所在,也就是人的本体的真义所在。

由于马克思主义哲学从物质生产实践出发解决了人类历史和人的本体问题,因此历来笼罩在本体论上的各种唯心神秘的幻想就可以从理论上消除了。马克思说:“……因为在社会主义的人看来,整个所谓世界历史不外是人通过人的劳动而诞生的过程,是自然界对人说来的生成过程,所以,关于他通过自身而诞生、关于他的产生过程,他有直观的、无可辩驳的证明。因为人和自然界的实在性,即人对人说来作为自然界的存在以及自然界对人说来作为人的存在,已经变成实践的、可以通过感觉直观的,所以,关于某种异己的存在物、关于凌驾于自然界和人之上的存在物的问题,即包含着对自然界和人的非实在性的承认的问题,在实践上已经成为不可能的了。”①这是人类全部思想史上一个空前伟大的飞跃。

人类历史和人的本体的秘密本来是包含在人类的劳动即物质生产实践之中的,但由于劳动的异化使劳动成了同人的存在相对立的东西,

① 《马克思恩格斯全集》第42卷,人民出版社1979年版,第131页。

因此在异化的范围内活动的许多思想家就只知道从精神的活动中，从宗教、哲学、艺术中去找寻和说明人的本体，于是产生种种唯心神秘的幻想和思辨（存在主义就是一个典型的例子）。分析和消除这些唯心神秘的幻想和思辨是摆在当代马克思主义哲学面前的一个重要任务。

四、人的本体与人的主体性

由于人的本体是由人类的实践所产生和决定的，因此从主体方面看，人的本体就是人发挥他的实践的和精神的主体性去改造世界的产物。这也就是说，人的本体不是什么同人的生活的实践创造无关的、凌驾于人的生活的实践创造之上的神秘的存在。它存在于人的生活的实践创造之中，它就是这种创造的产物。这种创造是没有止境的，因此人的本体的存在和发展也是没有止境的。海德格尔把“在”和“在者”相区分，认为“在”是一种未被最后规定的可能性，不过是对上述情况的一种唯心神秘的说明。

但是，创造人的本体的人的主体性首先必须是一种实践的主体性，而不是脱离实践的、幻想的、精神的主体性。人的主体性的发展归根到底是被物质生产的发展，特别是被生产工具的制造和应用所决定的。“对生产工具的一定总和的占有，也就是个人本身才能的一定总和的发挥”①，“生产力的发展史”就是“个人本身力量的发展史”②。就当代中国而论，致力于生产力的发展，也就是在根本上致力于人的主体性的发展。发展生产力是历史向我们提出的最重要的课题，这种发展是社会主义条件下人的本体的现实的基础。离开这个基础去空谈人的本体和人的主体性是错误的。

没有人的生活的实践创造就没有人的本体，因此，我们应当充分发挥人的实践的和精神的主体性，把人的本体在最丰富、全面、圆满的形态上创造出来。马克思主义的人的本体论不同于海德格尔的悲观的本

① 《德意志意识形态》，人民出版社 1961 年版，第 66 页。

② 《德意志意识形态》，人民出版社 1961 年版，第 71 页。

体论。

五、三 个 世 界

和人的存在相联的世界包含三个世界:第一是在人类之前和之外存在的自然界;第二是在自然的基础上,人通过实践为自己创造出来的对象世界;第三是以上述两个世界为基础的人的精神世界(它又以物态化的符号形式表现出来)。

必须避免一种简单粗陋的唯物主义对人所生活的世界的了解。上述第一和第二世界都是物质的世界,但人所生活的物质世界是人的实践创造出来的对象世界,不是与人的生活实践无关的物质世界。这个世界在人的意识之外存在着,但它又是人自身的对象化、现实化、客观化,因而是主体与客体、物质与精神、思维与存在的统一。这个道理,是马克思主义之外的一切唯物主义始终不能理解的,它看不到它所说的"物质世界"同人的"对象世界"的差别。因此,它把人所生活的物质世界了解为一个同人的活动无关,外在于人,并预定地、宿命地决定着人所生活的物质世界(这实际是一种拜物主义)。唯心主义坚决反对这种看法,但他对人与自身的对象世界的关系的理解是神秘化了的。海德格尔说"此在"(个体存在)在世界之中不是如水在杯中、课桌在课堂之中,"此在"与世界处于混沌未分的统一。这不过是对人与他的对象世界、主体与客体的统一的一种唯心神秘的表达。海德格尔企图以此来消灭主体与客体的差别,否认客观物质世界的存在,这是错误的。因为主体与客体既是有区别的,但两者又在统一中存在着。

世界如何成为人的对象世界,既决定于人在实践上改造、支配世界的程度和方式,又决定于在此基础上主体的各种能力的发展。主体各种能力的发展同时也就是他的对象世界的丰富和扩展。主体的能力和主体的对象世界两者是互相对应的,因此,和主体的心理结构相联的各种能力的发展是很重要的,但这种发展一刻也不能脱离实践(首先是物质生产实践)。

六、人的本体意识

人的本体意识是对人的存在的意义和价值的意识。这种意识的特征在于它是对自由与必然、个体与社会的矛盾统一的精神体验与反思，其核心是感性的个体如何从他的必然的、社会的存在中达到自由。由于感性的个体的自由的实现不能脱离必然、社会，因此人的本体意识是超越了个体的肉体生存的。即使在死亡中，人也能体验到他作为本体的存在的巨大意义与价值。人的本体存在对个体的肉体生存需要的超越，剥削阶级统治的社会中个体的感性存在和他的普遍的社会性存在的脱节、分裂和矛盾，是唯心主义认为本体界超越现象界的重要原因。尼采所谓在“酒神精神”中与“本体界”合一，海德格尔所谓“此在”处于“在”的“澄明”中，雅斯贝尔斯所谓“边缘状态”，人本主义心理学所谓“高峰体验”，都是对人的本体意识的唯心幻想的解释。

人的本体意识既表现在人对他自身的存在的体验中，也表现在艺术、宗教、哲学等意识形态中。艺术是处在对个体感性存在的直接体验中的本体意识，宗教是对虚幻状态中的人的本体意识，哲学是对人的本体的抽象思考。在宗教和哲学中，人对他的本体的意识比在艺术中要更为深邃、明确。但只有在艺术中，人才能在他的现实的感性存在中达到对他的本体的意义与价值的直接意识。因为艺术既消除了宗教虚幻的超世间性，又消除了哲学的抽象性。

人的本体意识虽然可以用哲学的抽象概念表现出来，但存在于感性个体当下生活中的直接的本体意识却不是抽象的概念所能完全把握和穷尽的，所以，海德格尔说“在”不可定义，维特根斯坦说“不可言说”，都有一定的道理。中国古代道家认为“道”不可名言，也与此类似。这种对本体的不可言说的精神体验是通向审美和艺术的。艺术即是对不可言说的东西的言说。此外，不可言说不等于对这种不可言说的现象不能作出科学的说明。换句话说，不可言说又是可以言说的，即能够对之作出科学的说明的。这是哲学、心理学和语言学（包括语言哲学）的一个重要课题。

唤起和培育人的本体意识，是使人超越动物性冲动的支配，摆脱日常生存需要的局限和束缚，达到对人的存在的尊严和价值的意识的重要途径。在这个方面，艺术担负着十分重要的任务。

七、实践本体与真

实践的活动只有当它符合于客观世界的规律时才能得到成功，否则就会遭到失败。正是实践中无数次的成功和失败，使人意识到他所采取的活动的方式方法同对象之间存在着某种不以人的意愿为转移的客观的东西(《老子》:“辅万物之自然而不敢为”)，于是产生了对“真”的意识。

实践的活动之所以能和客观世界规律相符合，是因为作为实践主体的人，他的本体存在原来就和自然存在不能分离。他既是自然界的一部分，那么他的活动就能够和自然的规律相符合。正是这一点为人类思维的客观正确性提供了根本的保证。我们知道，动物在它生存所及的范围之内，它的活动是同自然规律相符合的，只不过没有自觉的意识罢了。人则把这种符合变成了自觉的活动，并且把反复取得了成功的实践活动所显示出来的自然的因果联系在语言、思维的形式中固定下来。显然，正是由于作为自然存在物的人同时又是自觉的、社会的存在物，他的需要，从而他的目的已远远超出与自然合为一体的动物的需要，所以人常常犯错误，而动物在它的正常的自然状态下，一般是不会犯“错误”的。但人的需要虽然远远超出了动物的需要，终究又是作为自然存在物的人的需要，这需要(包括各种社会需要)是不能违背自然规律的。所以，人总能在一次又一次的尝试中找到能取得成功的实践活动的方式方法，从而不断扩展他对客观规律的认识。人类思维的客观的正确性不是由什么“先验的”意识来保证的，而是由人自身和他的生存不能脱离自然这一点来保证的。实践之所以能成为检验真理的标准，就因为实践的活动是人这个自然存在物的活动，因而是能与自然的规律相符合的。人的实践活动“是对象性的、自然存在物的活动”①,因此它具有验证那支配着人的实践活动的主观意识是否与自然规律相符合的力量。对于不能脱离自然,而是在自然的基础上建立起来的社会的规律来说,也同样是如此。因为社会不过是使人的自然潜能获得超越动物的发展的客观必然的形式。由此可见,认识论上的重大问题不能仅仅在认识论的范围内获得解决,而必须求之于本体论。这对于认识论的发展来说是一个十分重要的问题。

对“真”的把握不是目的本身,它最终是为了人的发展,为了人的本体的现实的生成和丰富。因此,“真”的达到也就是对人自身的肯定。西方现代科学哲学的某些理论把科学当成科学自身的目的,是资本主义社会下科学与人的发展相分裂的表现,是被异化了的人的科学观。

八、实践本体与善

实践总是为达到某个目的而进行的实践。正是从实践及其结果是否符合目的的意识中产生了“善”的意识。由于目的的达到和人的需要的满足相关,又由于人只能在社会关系中去求得需要的满足,所以“善”包含着多层的含义:第一,它泛指某种功利需要的满足;第二,它指某一社会阶级集团的普遍利益的实现;第三,它指整个人类社会生存和发展的利益的实现。道德上的善恶观念是从后两者产生出来的。最根本的善,是整个人类社会的生存和发展。某一社会阶级集团所说的“善”,只有当它与这种“善”相一致时,才有可以辩护的历史的理由,否则就会遭到历史的否定。人类永远不会为保护某一社会阶级集团的利益而牺牲整个人类社会的生存和发展。此外,任何“善”不论看起来如何与实际的利益需要的满足无关,从历史的发展来看,最终仍然是为了一定的利益需要的满足。同任何利益需要的满足无关的“善”,是没有也不可能有的。

---

① 《马克思恩格斯全集》第42卷,人民出版社1979年版,第167页。

提升到了伦理道德的"善",是人的本体的社会性的集中强烈的表现,是个体利益与社会利益、眼前利益与长远利益的矛盾统一的表现。因此,这种"善"超越了个体的、有限的生存需要,而成为对人的本体的社会性的充分肯定。但是,如果"善"不包含与整个人类社会的存在发展相一致的无数个体利益的实现,这种"善"就会成为"伪善"。人类社会不断向上的存在和发展,是衡量"善"与不"善"的最后的标尺。因此,只有科学地认识了人类社会发展规律的马克思主义才能找到衡量"善"与不"善"的客观的、历史的标准,摆脱伦理学上的相对主义和超历史的、抽象的善恶对立。

九、实践本体与美

"真"的问题的产生,是由于人的本体的存在不能违背物质世界的客观规律。"善"的问题的产生,是由于人的本体的存在不能脱离人与人之间的社会关系。不论"真"或"善"都是一种客观普遍必然的东西,不以个体的特殊性,即不以个体的意愿、好恶为转移。这就是说,"真"之为"真","善"之为"善",并不是由特定个体主观上的好恶决定的。但是,现实地存在着的每一个人又都是一个特殊的个体,他的存在具有存在主义所强调指出了的不可重复性、不可代替性、单一性、此时性,等等。这是一些只强调人的普遍的社会性的马克思主义者经常忽视了的,而马克思早就明确地指出和肯定了它。马克思说:"人们——不是抽象概念,而是作为现实的、活生生的、特殊的个人。"①人的本体存在一方面离不开客观普遍必然的"真"和"善";另一方面,现实的人却又是一些特殊的个体。而且这些个体作为不同于动物的人,不只要满足肉体生存的需要,还要超越这种需要,去求得自身个性才能的自由发展(也就是从"必然王国"进向"自由王国",这是由前述人的劳动的本质及其发展所决定的)。即使在满足肉体生存需要的范围之内,人也要尽可能使这种需要的满足配得上人的自由和尊严,以区别于动物的需

① 《马克思恩格斯全集》第42卷,人民出版社1979年版,第25页。

要的满足。于是,在“真”和“善”的问题之外,又产生了一个问题:作为个体的人怎样才能在不脱离“真”和“善”的前提之下,使自身超出肉体生存需要满足的个性才能得到自由的发展?这个问题就是“美”的问题。

个体超出肉体生存需要满足的个性才能的自由发展,就是“美”所在的领域(参见拙著《艺术哲学》)。由于这种发展不能脱离“真”和“善”,因此,“美”只能是“真”和“善”同个体的个性才能的自由发展的统一。这种统一,表现在“真”的达到和“善”的实现,同时就是个体的个性才能的自由发展;反过来说,个体的个性才能的自由发展,同时就是“真”的达到和“善”的实现。就“真”来说,对客观必然规律的把握直接表现为个体的个性才能的自由发展。就“善”来说,人的普遍的社会性的实现同样直接表现为个体的个性才能的自由发展。总之,不论“真”的达到和“善”的实现都不是外在于个体的个性才能的自由发展,和它相对立的东西,而是和它内在地、不可分地、直接地统一在一起的东西。这就是“美”。

这种统一不是存在主义所说的虚幻的、神秘的、非理性的精神活动的结果,它最终是为人类的物质生产实践所决定的,是生产力的发展所取得的历史成果。由于如前已指出,“生产力的历史”即是“个人本身力量的发展史”,因此只有在生产力的发展和由它所决定的社会关系(首先是生产关系)同个人本身力量的发展相一致的情况下,上述的统一亦即“美”才能产生。但所谓统一是一个曲折复杂的历史过程,并且是一个无限的过程。在生产力的发展和个人力量的发展相对立的情况下,由于生产力的发展所取得的历史成果仍然表现了人征服自然的伟大创造才能,亦即表现了人的自由,因此它虽然是对直接的生产者的个性才能的自由发展的否定,但从整个人类历史的发展来看,仍然具有“美”的价值(如奴隶劳动所建立的埃及的金字塔就是这样)。就由生产力所决定的社会关系而言,当它同个人力量的发展相对立的时候,它自然是对“美”的否定。但它不能消灭人的个性才能的自由发展的要求,也不能否定人只有在他们所结成的社会关系中才能求得个体的个性才能的自由发展这个历史的、必然的真理。因此,就是在这种情况下,人也不会放弃对“美”的追求,他会起来反抗这种社会关系,建立新的社会关系,以求得个体的个性才能的自由发展。“美”在人类生活的实践本体之中有其不可剥夺、消灭的根基,存在主义的悲观论调是没有根据的。但在由少数剥削阶级统治的漫长的历史里,特别是在个体与社会尖锐对抗的资本主义社会里,“美”在许多情况下存在于现实中被异化了的人的彼岸,显得是同人的现实存在不同的另一个虚幻的东西,或者是同人的生活的现实的创造无关的某种“物自体”,因而产生了关于“美”的种种神秘的幻想。只有在马克思主义的实践本体论的基础上,在迈向社会主义、共产主义的历史过程中,围绕着“美”的神秘的迷雾才能揭开和最后归于消失。

“美”包含了“真”和“善”,但又超越了“真”和“善”。因为在“美”之中,“真”和“善”已同现实的、感性的个体的个性才能的自由发展直接地统一起来了。“真”、“善”都不再带有对个体的外在的强制性。由于人既是社会的人,同时他作为社会的人又是一个区别于其他人的特定的个体,而且他只有作为一个特定的个体才是社会的人,因此,直接和个体的感性存在相联的“美”,深刻地触及到了人的本体的存在。正是在对“美”的感受体验中,人直观到和深切地意识到他作为个体的个性才能的自由发展同客观规律(“真”)和人的社会性(“善”)相统一的可贵性、绝对必要性和永恒的合理性。所以,对“美”的意识,是对人的本体意识的一种十分重要的形式。

(原载《武汉大学学报》(社会科学版)1988年第1期)

论新马克思主义的探讨

在对马克思主义的学术探讨中,我认为对新马克思主义的探讨应当成为一个重要方面。

新马克思主义的含义

“新马克思主义”这个词是由西方一些研究马克思主义的学者提出的。他们把他们所讲的马克思主义称之为“新马克思主义”,而把马克思、恩格斯创立的马克思主义称之为“古典的马克思主义”。不论我们对西方“新马克思主义”如何评价,它提出马克思主义应随时代新的要求而变化,建立“新马克思主义”,这仍是正确的,不是错误的。

我们不能做西方“新马克思主义”的盲目追随者,但我们应当把新马克思主义的探讨作为一个课题提出来,通过自己的独立研究(包含对西方“新马克思主义”的研究),建设一种既坚持了马克思主义的根本原则,又适应新的时代要求,具有新的理论形态的马克思主义。

这样的马克思主义当然不是一朝一夕所能产生的。但有一部分人致力于新马克思主义的研究,就有助于扩大视野,开拓思路,对马克思主义进行创造性的探讨。在西方,“新马克思主义”的研究早已成为颇有影响的思潮;在中国,也应有对新马克思主义的研究。但我们的这种研究决不是要同西方马克思主义者所说的“古典的”或“正统的”马克思主义相对立,而是要推动马克思主义的前进、发展。

探讨新马克思主义的必要性

对于马克思主义,我们既要坚持,又要发展。但这种发展不只是对已有的马克思主义理论的个别观点加以改变、补充,更重要的是使马克思主义取得一种和新的时代要求相适应的新的理论形态。时至今日,如果我们仍完全保持马克思主义已有的理论形态(包括体系、结构以及各种被认为永远不能有所改变的观点),甚至是保持被斯大林作了许多简单化解释的理论形态不变,只满足于对个别观点加以改变、补充,那是已经难以适应时代的要求了。为了使马克思主义在当代世界和广大群众中产生强大的影响和作用,马克思主义已经到了必须对其整个理论形态重新加以思考的时候了。

从人类思想史上看,一种理论要产生持续的影响,就必须随着时代的发展而不断发展它的理论形态。在这一点上,中国古代儒家思想的发展为我们提供了一个相当典型的例证。在先秦,孔子创立儒家思想之后,出现了孟子的思想,其后又出现了荀子的思想。孟子的思想显然已和孔子的思想有很大的不同,荀子的思想更是不同于孔子和孟子的思想。孔、孟、荀都是儒家,但他们的思想的理论形态是不能互相等同的。先秦之后,汉代的董仲舒、宋代的朱熹、明代的王阳明的思想均属儒家,但他们的思想的理论形态既与孔、孟、荀不同,彼此之间也很不相同。中国古代儒家思想之所以长期居于统治地位,除了社会经济历史的原因之外,儒家随着时代的变化而不断重建它的理论形态,也是一个重要原因。如果在孔子创立儒家思想之后,儒家思想即永远保持着孔子赋予它的理论形态不变,那它就不可能适应漫长的中国古代社会的变化而产生长远的、深刻的影响。就西方资本主义社会的思想来看,如果从15世纪文艺复兴开始算起,到20世纪,在近五百年的时间中发生了种种变化。虽然同样是为了维护资本主义社会的存在,但每一个世纪的思想以及每一个世纪的不同阶段的思想,都有自己的不能相互混同的理论形态。

马克思主义的诞生,如果从1844年算起,到今天已144年。恩格斯逝世于1895年,到今天也已93年。虽然同中国古代社会和西方资本主义社会经历的时间相比是很短的,但在现代社会的变化越来越迅速的情况下,也不能说是十分短暂的了。在这144年的时间里,马克思主义发展的情况是怎样的呢?

我认为基本上可以分为三个大阶段。第一是马克思、恩格斯的阶段。马克思、恩格斯创立了马克思主义，并且运用马克思主义去启发、组织工人运动，经过反复的斗争，终于使马克思主义成为工人运动中占主导地位的思想。这就是马克思、恩格斯在他们的时代所完成的伟大业绩。第二是恩格斯逝世之后，俄国及其后亚洲、东欧一些国家进行阶级斗争，夺取政权和建设社会主义的阶段。这在各个国家中，自然又可划分为夺取政权和建设社会主义这样两大阶段。后一阶段的初期又还有巩固政权的激烈斗争。因此，在这个第二大阶段中，马克思主义最突出的问题，一个是和夺取政权和巩固政权相关的阶级斗争问题，另一个则是建设社会主义的问题。在这两大问题及与之相关的问题上，马克思主义的一些原理得到了某种程度的丰富和深化，马克思主义在全世界的影响也空前地扩大了。但同时又出现了不少失误，如阶级斗争的扩大化，造成了严重的后果。总的来看，在这个大阶段上，马克思主义的基本状况是解释和应用马克思、恩格斯思想中和上述两大问题有关的理论，在马克思主义的整个理论形态上并无根本性的大的变化。而且，这种解释和应用，既有丰富和深化了马克思主义某些思想的地方，也有不符合马克思主义原有的思想（特别是马克思的思想），和简单教条地理解的地方。其中一个很为重要的原因，是由于社会主义并未像马克思、恩格斯所预言的那样在西方资本主义高度发达的国家取得胜利，而是在资本主义的发展很为落后的俄国，以及资本主义的发展比俄国更为落后的东方一些国家中实现了夺取政权的任务，然后走上社会主义的道路。这就使得这些国家中存在的封建的和小生产的思想影响渗入到了马克思主义中，造成了对马克思主义的不正确的理解。此外，由于历史的不可避免的原因，这些国家在取得政权之后基本上是和西方资本主义国家隔绝的，在意识形态上又对西方资本主义社会 20 世纪以来的各种思想采取敌对的、简单否定的态度，这就造成了马克思主义的发展和西方现代思想之间的严重脱节，使马克思主义成为一种封闭的思想体系。

上述情况只是在我国和苏联相继提出了改革之后才真正发生了根本性的变化。改革的提出实际上标志着马克思主义的发展进入了第三个大阶段。如果说在第二个大阶段上,马克思主义的发展还只是对马克思主义原有思想的解释和应用,在理论形态上并未发生大的变化,那么在当前第三个大阶段上就必然会发生大的变化,即要求思考马克思主义的理论形态。这是由于在阶级斗争和夺取政权的问题上,马克思主义已为我们作了相当充分的理论准备,而在如何建成社会主义的问题上,特别是在原来资本主义的发展不充分或很不充分,科学技术文化落后或很落后的国家中如何建成社会主义的问题上,马克思主义为我们所作的理论准备是不够的。马克思、恩格斯对于社会主义只提出了一些原则性的看法,而且这些看法是以当时他们所看到的资本主义高度发达国家的情况为出发点的。我们曾脱离生产力发展的实际水平去简单地套用和错误地理解这些原则,其结果造成了工作中的严重失误。此外,自 1894 年《资本论》第 3 卷问世以来,西方资本主义社会发生了很大的变化,科学技术有了空前的发展,而马克思主义对于这种变化却极少有真正具体深入的研究,在长时期中对西方资本主义社会采取一种简单否定和敌视的态度。上述种种原因,决定了马克思主义在今天不能没有一个空前的大发展,不能不对许多问题重新加以考察,不能不努力去建立一种具有新的理论形态的马克思主义,否则就不能解决社会主义前进和发展的问题,不能回答资本主义对社会主义的挑战,不能回答当代世界提出的各种新的重大的问题。回顾历史,我们不能不说在恩格斯逝世之后的九十几年中,马克思主义虽有发展,但它的发展是太缓慢了。而我们过去却一再地讲它是在如何如何地不断发展,这是脱离实际的,不恰当的。

回到马克思,发展马克思

我所说的重新思考马克思主义的理论形态,决不是离开马克思主义的基础去建立一种什么新的理论形态。相反,为了建立马克思主义的新的理论形态,我们首先要回到马克思,重新系统深入地研究马克思。西方的“新马克思主义”往往是针对西方资本主义社会所提出的某些迫切问题的解决去发挥、改变马克思主义的某些观点,而缺乏对马克思思想的全面深入的理解。它虽然常常讲“整体性”，但它对马克思思想的了解却常常缺乏“整体性”。这是它的一个明显的弱点，并由此导致了一些不正确或不完全正确的论断，这是我们必须避免的。

为什么要提出“回到马克思”？首先，是因为马克思是马克思主义的最主要的创立者，他的理论素养和眼光比包括恩格斯在内的其他人要高。这是恩格斯在《路德维希·费尔巴哈与德国古典哲学的终结》一书中特别作了声明的。因此，我们虽不能说马克思的话句句是真理，也决不否认恩格斯、列宁、毛泽东对马克思主义的贡献，但在什么是马克思主义的思想这个问题上，我们无疑首先应当充分研究马克思本人的看法。其次，在马克思之后，包括恩格斯在内的对马克思主义的阐述，在某些问题(不是一切问题)上显然和马克思有差别，更不用说斯大林的阐述了。后者对马克思主义作了不少简单化的、带有独断论和教条主义气味的阐述，但在一个相当长的时期内，由于大搞个人迷信和个人崇拜，斯大林的思想俨然成了马克思主义的不可侵犯的“正统”，其影响远在马克思之上。因此，我们今天要建立马克思主义的新的理论形态，就不能不回到马克思，重新系统深入地研究马克思本来的思想，剔除后来在对他的思想的阐述中所提出的种种不正确或不确切的思想。这决不是要有意制造马克思与恩格斯等人的思想对立，而是因为他们的思想既有根本一致的方面，同时又存在着在理论上不可忽视的差别。认为他们的思想在每一个问题上都必定是完全一致的，不可能有什么差别，这是一种不动脑筋的教条迷信。为了重新认识马克思主义和建立马克思主义的新的理论形态，我们必须研究这种差别。这种差别，有的是对马克思思想的某种程度上的深化、发展，有的却在某种程度上脱离了马克思原来的正确思想。例如，恩格斯的《路德维希·费尔巴哈与德国古典哲学的终结》一书对思维与存在、精神与自然界的关系问题的论述对后来马克思主义哲学的发展产生了很大影响，从而又对整个马克思主义的发展产生了很大影响，但恩格斯的论述显然和马克思的看法有不容忽视的区别。通观马克思的全部著作，他始终是从人类的实践活动出发，密切联系着人类历史的发展去观察、解决思维与存在、精神与自然界的关系问题。他从来不抽象地提出精神与自然界的关系问题,而是联系着以劳动为基础的人类历史的发展、自然向人的生成去观察、解决这一问题。而恩格斯对思维与存在、精神与自然界的关系问题的论述,则显然忽视了人类实践活动、人类具体历史的发展对解决这一问题所具有的极其重要的意义。他虽然也讲到了实践问题,但只是作为检验认识的真理性的标准来看待的,并不把它看作是解决思维与存在、精神与自然界的关系问题的根本。他也批判了费尔巴哈的"抽象的人"的理论,主张用"关于现实的人及其历史发展的科学"来"代替"费尔巴哈"对抽象的人的崇拜"①,但他是在批判费尔巴哈的伦理学时讲了这些话的,并没有把它和思维与存在、精神与自然界的关系问题的解决直接联系起来。通观恩格斯对这个关系问题的论述,他强调的是唯物主义与自然科学的联系,而不是与人类历史的联系。他虽然也对历史唯物主义作了很为精彩的论述,但这又是同他对思维与存在、精神与自然界的关系问题的理解相脱离的,所以,恩格斯在这本书中对唯物主义的论述,明显带有马克思历来所批评的那种"排除历史进程的、抽象的自然科学的唯物主义"的色彩②。恩格斯虽然把马克思的《关于费尔巴哈的提纲》作为附录印在他的《路德维希·费尔巴哈与德国古典哲学的终结》一书中,但他在这本书中对唯物主义的论述,其基本精神与马克思提纲中的看法有很大差别。这只要稍加研究就可以清楚地看出。

最后,我之所以提出"回到马克思",还因为我们多年来讲马克思主义,但实际上我们最注意、最熟悉的著作并不是马克思的著作,而是恩格斯、列宁,特别是斯大林的著作。我们虽然讲了几十年的马克思主义,至今马克思的著作仍是一个尚待开发、研究的宝库。特别是他关于政治经济学的大量著作,包含着远远不限于经济学的,多方面的、极为重要和丰富深刻的内容,在今天仍然具有高度的科学价值。但长期以来,我们却几乎没有进行什么研究。我深信,只要我们重新系统深入地研究了马克思的著作,就会发现包含在马克思思想中的马克思主义同

① 《马克思恩格斯选集》第4卷,人民出版社1972年版,第237页。

② 《马克思恩格斯全集》第23卷,人民出版社1972年版,第410页。

我们一向所理解的马克思主义是有不小差别的，而且其中包含着解决当代世界各种重大理论问题的钥匙。

但是，回到马克思决不是仅仅停留在马克思，还要进一步发展马克思。这种发展不是哪一个人的事，而是所有马克思主义者的共同事业。为了发展马克思，当然必须认真总结社会主义革命和建设的历史经验，这是一个一点也不能忽视的巨大课题。但与此同时，又必须批判地研究 20 世纪以来西方的各种思想，否则就会使马克思主义仍然脱离当代世界所提出的各种重大问题，从而对我们历史经验中所存在的问题及其如何解决也很难真正看清，仍然会被各种陈旧、过时的想法所束缚。

具体深入地、批判地清理
20 世纪西方现代的各种思潮

这里所用的“批判”这个词，不是“文革”中所讲的“大批判”的那个“批判”，而是为了求得真理，作一种不受任何先入之见束缚的，无所畏惧的、独立的科学考察的意思。这样一种“批判”，当然包含了对所考察的某些思想的否定，但这是一种科学的否定，不是那种非科学的、简单粗暴的否定。我们无疑应当以这样一种态度去对待西方 20 世纪以来的各种思潮，彻底抛弃过去的所谓“大批判”，同时也要彻底抛弃那种诚惶诚恐地拜倒在西方现代各种思潮面前的心理。近年来，西方现代的各种思潮被大量地介绍到中国，这是前所未有的大好事。这种介绍越是充分，越有助于克服过去那种简单否定的态度，同样也有助于克服盲目崇拜的心理。人们终将看到，西方现代思潮中既有值得注意研究的东西，同时又存在着种种问题，如烦琐、神秘、空洞、片面、武断，等等。假使人们对马克思的思想作了上述系统深入的研究，又会发现在根本性的理论上，西方现代各种思潮如萨特曾指出过的那样，并未“超越”马克思。只有立足于马克思才能批判地吸取西方现代思潮中各种合理的东西，并解决它所不能解决的各种重大理论问题。而这，也就是对马克思主义的发展。

但是，就目前来说，重要的还是要改变过去那种对西方现代思想采

取轻视、厌恶的态度，克服不愿深入细致地进行研究，而急于作简单、笼统的否定结论的做法。马克思主义者早就面临着两项十分迫切的任务：第一，要对西方现代影响最大的思想分别进行细致深入的研究，写出有科学的理论分析的著作来，对这些思想的实质作出确有说服力的解剖。这一任务不完成，马克思主义要在当代思想理论中保持和加强自己的地位和影响是不可能的。如上所说，在长时期内，马克思主义的发展是和西方现代的思想脱节的，因此在科学地分析研究西方现代思想这个方面，我们积下了十分繁重的任务，有待于马克思主义者去逐步完成。第二，要对西方一些学者对马克思主义的种种批评进行同样细致深入的研究，并写出同样具有科学的理论分析的著作来加以回答。如果马克思主义者对这些批评采取一种不加理睬的态度，或只作一种简单的否定与谴责，那丝毫不能证明马克思主义的强大，而只证明它的软弱。西方学者对马克思主义的批评在不少情况下是带有明显的敌意的（如美国胡克的批评），但也有不少是或大致上是作为学术理论的探讨来提出批评的，敌对性的情感色彩不明显。而且还有在批评的同时，对马克思主义的观点也作了某种程度的肯定的。不论情况如何，马克思主义者都应进行冷静的分析，然后作出自己的有科学理论水准的回答。如果批评者的看法中有合理的东西，即使批评是带敌意的，我们仍应加以科学的说明和回答，而不是简单的斥责。这一类批评，大量集中于对斯大林思想的批评，并把斯大林的思想看作就是代表整个马克思主义的思想。在这种情况下，马克思主义者当然不应当去为斯大林思想中那些显然是错误的东西作辩护，而必须把它和马克思主义的思想区分开来。还有一种批评，涉及了在马克思主义中也尚未获得明确、完善的解决的问题。在这种情况下，我们的回答应当同时包含着对这些问题的更为深入、完善的探讨。例如，英国卡尔·波普尔的《历史决定论的贫困》一书对马克思主义的历史哲学的批评，作者的态度是趾高气扬的，带有讽刺性，但他的观点却相当浅薄。尽管如此，这本书所涉及的历史与决定论的关系问题，在马克思主义中还是一个研究得很不够的复杂的问题。在我看来，虽然马克思的哲学中已包含着对这个问题的解答，但马克思本人也尚未充分地阐明它，这就给了波普尔以某种口实。20 世纪以来,西方学者批评马克思主义的著作很多,而马克思主义者究竟作了多少回答,写出了多少具有当代科学理论水准的著作来呢? 这一任务不完成,马克思主义要保持和加强自己在当代思想理论中的影响和作用,同样是不可能的。

以上所说的两项任务,决不排斥马克思主义批判地吸取和改造西方现代思想中一切合理的东西。相反,它和这一任务的完成分不开。那种认为西方现代思想不过是十足荒谬的胡说八道的看法,在今天已不占主要地位了。我们必须承认,科学和民主在西方(特别是在发达的资本主义国家)并未死去,它仍然是西方世界得以存在发展的重要的精神支柱。因此,绝大多数学者决非资产阶级的统治者所使用的简单的政治工具,他们的研究仍然在不同程度上具有某种不可忽视的科学价值。马克思主义者必须大力地从中吸取、改造一切有价值的东西,哪怕它看起来是同马克思主义已有的思想相抵触的东西。如果我们承认马克思主义必须随时代的发展而发展,那它就要吸收某些它过去所没有的思想,或已有而尚未得到充分发展和具体规定的思想。在这方面,有大量艰巨复杂的工作等着我们去做。

在西方现代的一些学者,特别是西方一部分马克思主义的研究者当中,我们看到存在一种带有一定普遍性的现象,那就是试图把马克思主义同西方现代的某一思想流派结合起来,于是出现了存在主义的、结构主义的、精神分析学的、实用主义的、现象学的种种“马克思主义”。过去,我们经常把这看作资产阶级学者用以歪曲、反对马克思主义的一种伎俩。这种种“马克思主义”确实存在着对马克思主义曲解的问题,但要说这完全是资产阶级为了反对马克思主义而故意使用的伎俩,那是没有什么真正的根据的。实际上,这种现象的出现,说明马克思主义在西方还有重要影响,而且一部分学者对于马克思主义抱有某种认同的态度,同时也说明马克思主义本身包含有丰富深刻的内容,因而能够被西方一些学者看作是可以和西方现代的某个思想流派“结合”的。如果马克思主义本身在西方已全无影响,它的内容又是极为简单贫乏的,那就不会有人试图去作这种“结合”。因此,我们不必对这种“结合”采取一种深恶而痛绝之的、狭隘小气得可笑的态度。要看到这种

"结合"虽然并不可取,但西方现代思想中确有经过批判的改造之后,可以纳入马克思主义之中的合理的东西。较为明显的,已得到不少人承认的例子,就是皮亚杰的认识发生论。但大多数西方思想流派,并不能够清楚地看出有什么东西是可以吸收的。尽管如此,这些思想流派包含着对西方现代所提出的种种新问题的思考和解决,在我们仔细深入地了解研究之后,仍然能够给马克思主义在当代的发展以某种启发、借鉴,或在某些问题上提供有用的思想资料,等等。因此,为了马克思主义的发展,我们必须大力加强对西方现代思想的了解,努力促进与西方现代思想的交流。这里,重要的是我们自己要对马克思主义的(首先是马克思的)思想有深刻的研究思考,不停留在一种简单肤浅的水平上,因而有眼光、有能力看出西方现代思想中哪些是可以经过创造性的转换而纳入马克思主义之中的。这当然也就不是上述那种常常是简单附会的"结合",而是立足于我们自己对马克思主义的独立研究所作的一种批判的摄取。

尽管任务是异常艰巨复杂的,而且任务的完成只能是许多人长期共同坚持不懈地努力的结果,但我仍然企望着在当代能够出现这样一种马克思主义:它能对当代西方的各种思想作出具有当代科学水准的、强有力的分析,它能在当代思想的战场上和西方现代的思想决一雌雄,它能以自己理论本身的力量赢得日益增多的人们的认同,它能被承认为当代思想中一个活跃的、有强大影响的思想流派。这样的马克思主义也就是我所说的新马克思主义。

中国条件下的新马克思主义的探讨和民族传统的关系

当代思想的发展越来越具有国际性,再也不为民族、国家的界限所束缚,但各种思想,特别是哲学思想的民族特性并未消亡,如英、美、德、法四国的哲学思想就各有其鲜明的特色。德国的卡西尔和英国的罗素显然是两个风格很不相同的哲学家,维特根斯坦虽然深受罗素的影响,但他作为奥地利人,仍受着德国哲学的影响,其风格与罗素也有十分明显的区别。

在中国条件下对新马克思主义的探讨不可能也不应当脱离我们民族的传统。虽然由于中国封建社会发展的停滞性,中国古代思想未能取得近现代的理论形态,但在漫长的历史时期中,它对许多重大理论问题的思考确已达到了不可忽视的高度和深度,并且存在着可以通过创造性的转换而与现代思想相联结的东西。"五四"以来"新儒家"思想的产生和出现,不论我们如何评价它,这一现象说明了中国古代思想并非和现代毫无关系,不是已经完全死去了的、无意义的东西。以毛泽东为代表的中国的马克思主义实际上也与中国的民族传统有着深刻的联系。中国当代新马克思主义的探讨无疑应当注意到中国传统思想中一切仍有价值的东西,并通过创造性的转换而使之融入到马克思主义之中。这里当然要深刻批判和排除传统中一切和马克思主义绝对不能相容的封建思想和小生产思想,同时又要摄取一切合理的东西,继承和发扬中华民族的至今仍有生命力的伟大精神。

对新马克思主义的探讨的展望

除对民族传统进行批判地改造和吸取之外,对马克思主义的探讨包含着上面已提到的三个方面的问题:(1)对马克思主义的思想,首先是马克思的思想重新进行全面、系统、深入的研究;(2)对西方的"新马克思主义"进行全面、系统、深入的研究;(3)对西方现代各种思想流派进行全面、系统、深入的研究。这三个方面又是互相密切联系在一起的。就目前而言,我们对这三个方面的研究都还很不够,而且相互之间又常是脱节的。以哲学而论,某些对西方现代哲学的研究是与马克思主义哲学的研究相脱离的,这种研究一般只停留在对西方现代哲学作一种较浅的介绍的水平上,提不出有价值的、能超越西方现代哲学的见解。实际上,要对西方现代哲学作出深刻的透视、解剖,没有对马克思主义哲学的深入研究是很难做到的。但这一点,目前看来并不被一些研究者所重视,甚或完全不以为然。问题只能通过研究本身的发展过程来解决,强加于人是不行的。另一种情况是虽然注意到并且很强调把马克思主义哲学应用于对西方现代哲学的研究，但可惜这种马克思主义哲学又往往有不同程度的简单化的缺点。在我看来，恩格斯、列宁，特别是斯大林对马克思哲学的阐述存在着不少需要重新加以考察的问题，而我们过去所了解的马克思主义哲学基本上是斯大林的哲学，不是马克思的哲学。只有当这个问题解决了，对西方现代哲学的研究才可能有长足的进展，同时也才可能实现上文所说吸取西方现代思想的合理的东西来铸造新马克思主义。此外，对西方“新马克思主义”的研究虽然还很不够，但近年来有了某些新的发展。特别是开始改变了过去那种对西方“新马克思主义”持基本否定的态度，转而作具体的、实事求是的考察，这是令人高兴的。

上述和新马克思主义的探讨相关的三个方面，我以为在今后会逐步地得到发展，从而也会使新马克思主义的探讨逐步地发展起来。

（原载《武汉大学学报》（社会科学版）1989年第2期）

赋予马克思主义以新的理论形态

我国以及不少社会主义国家的改革,向我们提出了大力发展马克思主义这一十分紧迫而重大的任务。

马克思主义是资本主义社会发展的产物。它所肩负的历史使命,就是要科学地说明资本主义社会的本质,找到解决资本主义社会根本矛盾的现实道路。马克思主义产生的社会基础及其所肩负的历史使命,决定了马克思主义不同于那些仅仅片面夸大地反映了历史运动某一时期某一侧面的理论,它不会忽而十分时髦,忽而又销声匿迹。但马克思主义如果不随历史的发展而不断发展,那就会蜕化为一些僵死的教条,失去对人类历史运动的强大深刻的影响。而恰恰在现在,马克思主义的发展已面临一个重要关头。

回顾历史,我认为马克思主义的发展大致可以划分为这样几个时期:第一是马克思、恩格斯创立和宣传马克思主义,唤起和组织工人阶级为自身解放而斗争的时期。这一时期的中心问题是马克思主义的创立、形成以及和工人运动中各种非马克思主义或反马克思主义的思潮进行斗争,确立马克思主义在工人运动中的指导地位。第二是俄国以及其他一些国家无产阶级先后为夺取政权而斗争的时期。这一时期,马克思主义的阶级斗争学说和国家学说成为注意的焦点。第三是苏联、中国以及其他一些社会主义国家在取得政权之后至提出改革之前进行社会主义建设的时期。这一时期,除马克思主义的阶级斗争、国家学说之外,社会主义理论、政治经济学开始成为注意的中心。第四个时期就是目前的改革时期。这个时期的中心问题是回顾和总结过去进行社会主义建设的历史经验和成败得失,找寻在已经有了重大变化的历史条件下如何把社会主义建设事业推向前进的正确道路。实际上也就是根据过去长期的实践,面对当代世界出现的新情况、新问题,对整个马克思主义理论重新进行思考。因此,这一时期马克思主义必将发生的变化比过去任何时期都要更加广泛、深刻。完全可以说,社会主义国家所进行的改革将使马克思主义进入一个崭新的时期,获得前所未有的重大发展。过去长期存在的那种严重脱离实际的、封闭的、僵化的教条主义思想再也不可能继续存在下去了。历史本身迫使马克思主义必须结束过去那种僵化、停滞的状态,正面地、勇敢地回答当代世界的挑战。可以预期,社会主义国家的改革时期将是马克思主义空前大发展的时期。

正因为这样,我认为马克思主义在当前的发展不能局限在对个别原理或论点的重新解释或修正上,而是要依据社会主义国家夺取政权和取得政权以来的全部历史经验和当代世界所面临的现实问题来对整个马克思主义重新加以思考,赋予它以一种和当代经济、政治、文化、科学的发展相适应的新的理论形态。历史的事实告诉我们,任何一种产生了长远影响的理论都必须随历史的变化而不断取得新的理论形态。如果历史已发生了重大变化,它仍然仅仅照原样重复已有的观点,或顶多只在个别问题上有所变化,那么这种理论就会失去它的生命力和影响,变为陈旧过时的东西。拿中国古代来说,儒家思想之所以发生了漫长的、重要的影响,这一方面是为中国古代社会的经济基础所决定的,另一方面是因为儒家思想随着中国古代社会的变化而不断采取了新的理论形态。例如,汉代的儒家不同于先秦的儒家,宋明的儒家又显然不同于汉代的儒家。如果儒家思想在产生之后,永远停留在先秦的理论形态上,那它就不可能适应中国古代社会在漫长时期中所发生的变化,也就不可能产生长远的、重要的影响。马克思主义同样是如此。我们知道,西方马克思主义者有一种说法,他们把马克思、恩格斯的马克思主义称之为“古典的马克思主义”,而把他们自己所讲的理论称之为“新马克思主义”。从赋予马克思主义一种和当代世界的发展相一致的新的理论形态这个意义上说,我们是否也需要一种新马克思主义呢?我认为是完全需要的,而且这种需要十分迫切。如果我们今天讲的马克思主义仅仅在个别的原理、观点上和马克思、恩格斯的思想有所不同,而没有取得一种新的理论形态,那么这样一种马克思主义是不可能完成它在今天所担负的历史使命的。所以,我认为我们当前所讲的发展马克思主义,应从根本上理解为赋予马克思主义以一种新的理论形态。在这个意义上,逐步地创造和形成一种在理论形态上与马克思、恩格斯思想的形态不同的新马克思主义。正如在中国历史上,先秦儒家和宋明儒家都是儒家,但后者的思想并非先秦儒家思想的简单重复,而是儒家思想的一种新的理论形态。我认为,历史要求我们彻底破除一切将马克思、恩格斯的思想神化和教条化的无所作为的观念和积习,创建新形态的马克思主义已经紧迫地提上了历史的日程。我们应为此而作长期的、坚持不懈的努力。

长期以来,存在着这样一种想法,认为马克思主义的根本原理是不可动摇、不可改变的,能够改变的仅仅只是它的个别原理、个别结论。问题在于,所谓根本原理包含哪些原理?这些根本原理还要不要发展?后一问题是易于解决的,因为断言根本原理不需要发展,这没有任何根据。前一问题则是一个很需要加以研究的问题。就马克思主义的哲学来说,什么是它的根本原理呢?我认为首先是马克思主义的实践观点,其次是马克思主义的辩证法。如果抛弃了这两个根本的观点,那就抛弃了马克思主义哲学。但除此之外的其他观点是否也统统是不可改变的呢?我认为不是的。如恩格斯认为思维与存在的关系是"哲学的基本问题",这个观点就值得讨论。我想要指出的是:思维与存在的关系问题的确是哲学中一个具有重大理论意义的问题,但却很难说就是全部哲学的基本问题。因为一门科学的基本问题应当能够涵盖这门科学所研究的基本内容,而思维与存在的关系问题并不能涵盖哲学所研究的基本内容。以马克思主义哲学来说,就不能说它的基本问题仅仅是思维与存在的关系问题。因为实践的问题、辩证法的问题也是马克思主义哲学所要研究的十分重要的问题。它虽然和思维与存在的关系问题密切相关,但显然不能归结为或等同于思维与存在的关系问题。而且,其中实践的问题对马克思主义哲学来说有着极为重要的根本性的意义,恩格斯对哲学基本问题的论述很明显地忽视了这一点,只在讲到检验认识的真理性时提及了实践。这是理论上的一个重大的疏漏,在长时期内导致了对马克思主义哲学不正确的理解，产生了不好的影响。如果再从不同的国家、时代的哲学的具体发展来加以考察，那么可以说每一种哲学都有它自己所关注的基本问题（这是由特定的具体历史条件所规定的）。虽然它的解决常常同思维与存在的关系问题相关，但却不能全部简单地归结为思维与存在的关系问题。在不少哲学里，这个问题并不占据主要的、突出的地位，有时甚至没有明确提出和回答这个问题。如果硬要把全部哲学史上各种不同的哲学所研究的基本问题都归结为思维与存在的关系问题，那就会使哲学发展史的丰富生动的内容简单化、贫乏化。

和思维与存在的关系问题相关，还有一个唯物主义和唯心主义的区分和对立的问题。恩格斯已指出这种区分和对立只有在涉及对思维与存在何者为本原这个问题的回答的范围内才有意义。但多年来我们却无限地夸大这种区分和对立的意义，把哲学上的一切思想、理论都硬要塞进唯物主义与唯心主义的对立这个框子里去，并以此作为评论一切哲学的根本标准。实际上，一种肯定了存在的第一性的哲学，可能是一种贫乏、肤浅、空洞的哲学；而一种否定了存在的第一性的哲学，也可能是一种深刻的、有创造性的、内容丰富的哲学（如黑格尔的哲学）。一种哲学的价值并不完全取决于它是否承认存在的第一性。由此也可见思维与存在的关系问题虽然是哲学中的一个重大问题，但我们不应孤立地去看待这个问题，并把它提到"全部哲学的基本问题"这样的高度。

长期以来，在讲存在或物质的第一性时，我们还常常忽视了人所生活的物质世界是人所改造了的物质世界，是人通过他的实践（首先是物质生产劳动）为自己创造出来的物质世界。这样一来，人及其主体性就被取消或贬低到了无足轻重的地位，而抽象的物质则成了世界的主宰。例如，列宁说过："世界图景就是物质运动和'物质思维'的图景。"①这句被斯大林与其他人引用的话，显然是不确切的，因为它忽视了人的主体性，尽管这句话不能代表列宁的全部哲学思想。须知我们

① 《列宁选集》第2卷，人民出版社1960年版，第361页。

是站在人类的立场,而不是站在物质的立场来研究物质世界、研究哲学的。以抽象的物质运动作为至高无上的主体来代替人这个主体,把物质世界看作是同作为主体的人的意识、欲望、意志、情感、活动无关的世界,这是一种根本错误的设想。实际上,人是生活在他同物质世界的关系之中,也就是生活在他的意识、欲望、情感、意志、活动同物质世界所发生的现实的联系之中。没有这种联系,物质世界虽然照样存在,但却不是和人发生了关系的世界,不是人生活于其中的世界。物质的世界只有作为人的生活、人的本质力量获得实现的对象才是一个和人发生了联系的,对人有意义的世界。因此,哲学必须具体深入地研究人与物质世界双方的交互作用和相互关系,仅仅肯定物质世界的第一性是绝对不够的。哲学的任务不是否定、贬低人,要人在物质世界的面前低头膜拜,而是要肯定人、提高人,使物质世界为人的目的服务。可是,多年来我们所讲的唯物主义基本上是一种丧失了人的主体性的唯物主义,它使人失去批判地思考和掌握自身命运的能力,导致愚昧的迷信崇拜和宿命论。于是我们看到一种奇怪的现象:我们天天讲唯物主义,但我们对各种实际问题的解决却充满了唯心主义。而在西方先进的资本主义国家中,看来哲学上唯心主义横行,但对各种实际问题的处理却常常比我们要唯物得多。

从以上的分析可以看出,不能不加分析地把马克思主义已提出的各个重要观点都称之为不能改变的根本原理,而要仔细地分析究竟哪些观点是属于根本原理,哪些则不是。这里所谓的根本原理,我认为只能是指这样的原理,即如果脱离或否定了它,那就脱离和否定了马克思主义。除此之外的,不带有这种性质的种种观点,我认为是不能称之为根本原理的,完全可以根据历史和科学的发展而加以改变甚至放弃。

为了发展新形态的马克思主义,我们需要以马克思主义的那些的确是根本性的原理为指导,对 19 世纪末叶以来的科学和哲学的发展作出科学的总结。这是马克思、恩格斯还没有完全做到,在他们逝世后又被长期耽误了的艰巨课题。除此之外,我认为下述三个方面也是必须注意的:

第一,要重新系统、深入地研究马克思主义。在进行这种研究时又要把对马克思的全部著作的研究放在首要地位。较之于马克思本人，恩格斯、列宁对马克思主义的论述，既有丰富发展了马克思主义的地方，也有不尽符合，甚至偏离了马克思思想的地方。这当然不是说马克思讲的话句句是真理，但我认为对马克思主义作了最深刻和科学的表述的仍然首先是马克思。例如，恩格斯在《自然辩证法》中有关马克思主义实践观点的论述无疑丰富发展了马克思的思想，但他在《费尔巴哈与德国古典哲学的终结》中对上述"哲学的基本问题"的论述，则显然忽视了实践对马克思主义哲学的根本性的、极其重大的意义（不只限于检验认识的真理性），并对后来马克思主义哲学的研究产生了不好的影响。再如斯大林的《辩证唯物主义与历史唯物主义》看来对马克思主义哲学作了最为系统的表述，其实包含了许多简单化的、不科学的东西，而且完全忽视了实践的观点对马克思主义哲学的根本性的意义。多年来，我们讲的马克思主义，很大程度上是斯大林的马克思主义，不是马克思的马克思主义。这是一个很值得注意的问题。此外，在研究马克思的著作时，不应把早期著作与晚期著作对立起来，认为晚期著作就必定是完全正确和成熟的，早期著作则必定是不成熟、不正确的。这是一种简单化的教条主义的看法。我认为在某些方面，马克思的早期著作比晚期著作更重要；不论早期或晚期，凡在今天看来是符合实际的、正确的，我们都应加以肯定。

第二，为了发展新形态的马克思主义，在马克思主义内部应当容许有不同的学派存在，通过实践的检验而逐步地趋于一致。不应当认为只要是马克思主义者，他们所讲的理论就必须具有一个一成不变的统一模式，这仍然是一种妨害马克思主义发展的教条主义的想法。事实上，以中国古代的思想来说，孔子、孟子、荀子都属于先秦儒家，在根本点上是一致的，但他们的思想的差别又是何等的明显。马克思主义为什么就不可以这样呢？难道马克思主义比儒家还要狭隘，不能容纳不同的思想派别吗？当前，马克思主义正处在一个进行全面探索，形成新的理论形态的重要时期，容许马克思主义内部有不同的学派存在，对于马克思主义的发展是很为重要的。

第三，为了发展新形态的马克思主义，我以为还必须认真地研究西方的学者对马克思主义提出的种种批评，对有些批评，还需作出确有充分说服力的回答。例如，对卡尔·波普尔对马克思主义的批评，就是如此。但是，我们也要看到这些批评有时也触及了马克思主义中所存在的某些弱点和问题。严肃、认真地研究和回答这些批评，是发展新形态的马克思主义，扩大马克思主义在当代世界的影响的一项重要任务。

（原载《求是》1989年第2期）

对马克思主义哲学中唯物主义问题的重新考察

由于对马克思主义哲学的唯物主义的出发点的错误理解而造成的错误

马克思主义哲学的唯物主义的出发点是抽象的物质，还是人类与自然的实践关系、以劳动为基础的人类的具体历史的发展？在我看来，这是了解马克思主义哲学的唯物主义的一个至关紧要的问题。

我们知道，唯物主义与唯心主义的区分是在对物质与精神何者为第一性问题的不同解决。而精神是对于人而言的，只有对于人才有物质与精神的关系问题可言，因此，物质与精神的关系问题不能离开人的问题。通观马克思的全部著作，他始终是联系着人的问题，从人与自然的关系，人类的实践活动，以劳动为基础的人类的具体历史的发展出发来解决物质与精神的关系问题，不断地反对那种脱离人的具体历史的发展，从抽象的物质出发的观点。对马克思来说，物质与精神的关系问题是从属于以劳动为基础的人类的历史发展这个根本问题的。这正是马克思在哲学上空前伟大的贡献所在。早在《黑格尔法哲学批判》一书中，马克思就指出“抽象的唯物主义是物质的抽象的唯灵论”①。在《1844 年经济学—哲学手稿》（以下简称《手稿》）中，马克思又批评了自然科学的“抽象物质的或者不如说是唯心主义的方向”②。在《德意

① 《马克思恩格斯全集》第 1 卷，人民出版社 1956 年版，第 355 页。
② 《马克思恩格斯全集》第 42 卷，人民出版社 1979 年版，第 128 页。

志意识形态》(以下简称《形态》)中,马克思指出在费尔巴哈那里,“唯物主义和历史是彼此完全脱离的”①。在《资本论》第 1 卷中,马克思又再次批评“排斥历史过程的、抽象的自然科学的唯物主义”的错误,指出“人对自然的能动关系”即物质生产实践是“精神观念”产生的“物质基础”②。

这些论述具有很大的重要性。相比之下,恩格斯在《路德维希·费尔巴哈与德国古典哲学的终结》(以下简称《终结》)一书中对思维与存在、精神与自然界、物质与精神的关系问题的论述显然忽视了人类的实践活动、以劳动为基础的人类历史的具体发展对解决物质与精神的关系问题的重大意义。他虽然也讲到了实践问题,但仅仅看作检验认识的真理性的标准,没有把它看作是解决物质与精神的关系问题的根本。他批判了费尔巴哈对人的抽象的看法,提出必须用“关于现实的人及其历史发展的科学来”代替费尔巴哈“对抽象的人的崇拜”③,但恩格斯是在批判费尔巴哈的伦理学时说这番话的,并没有把它同物质与精神的关系问题的解决联系起来。而按照马克思始终一贯的观点,物质与精神的关系问题的解决恰恰是同恩格斯所说“关于现实的人及其历史发展的科学”分不开的。由于恩格斯没有把两者联系起来,因此他对物质与精神的关系问题的论述带有马克思所批评的抽象的唯物主义的色彩。事实上,尽管恩格斯在这本书中也谈到了原始人对梦的解释问题,但基本上是脱离人类实践活动和人类的具体历史发展去抽象地提出思维与存在、精神与自然界、物质与精神的关系问题的。他对唯物主义的论述,所强调的也正是唯物主义与自然科学的联系,而不是与人类历史的联系。这些是恩格斯这本书论述物质与精神关系问题的一个重大的理论上的疏漏(这和他在《自然辩证法》中的有关论述不同),对后来马克思主义哲学的研究产生了不好的影响,导致了从抽象的物质出发去观察解决物质与精神的关系的错误做法,并引出了一些

① 《德意志意识形态》,人民出版社 1961 年版,第 41 页。

② 《资本论》第 1 卷,人民出版社 1975 年版,第 409 ~ 410 页。

③ 《马克思恩格斯选集》第 4 卷,人民出版社 1972 年版,第 237 页。

在我看来是错误的或至少是不确切、不恰当的结论。列宁的《唯物主义与经验批判主义》(以下简称《唯批》)在很大程度上是阐发恩格斯这本书的思想的,也同样有和恩格斯这本书相同的缺陷。

第一,把物质看作是世界的主体,否定了人作为主体的地位和作用。列宁说:“世界图景就是物质运动和‘物质思维’的图景。”①我们当然不能用列宁的这句话来代表列宁的全部哲学思想,但这句经常被引用的话是不正确的。其所以不正确,当然不在它肯定了世界、人、思维和物质的联系,而在它忽视了受物质制约的人又是一个同物质世界相区别的、能动地改造着物质世界的主体。马克思说:“人自身作为一种自然力与自然物质相对立。为了在对自身生活有用的形式上占有自然物质,人就使他身上的自然力——臂和腿、头和手运动起来。当他通过这种运动作用于他身外的自然并改变自然时,也就同时改变他自身的自然。”②把人归结为不过是物质运动的一种表现而已,这就使人失去了主体性,而世界的图景也就成了以物质为主体的图景。这显然与人类历史所显示的人类世界的图景不相符合,并且使马克思主义哲学的唯物主义成了一种物本主义的唯物主义,而倒退到费尔巴哈的人本主义的唯物主义后面去了。长期以来,我们所讲的唯物主义是一种以物质为主体的唯物主义,物质凌驾于人之上,成为世界的主宰,在实践上带来了对人的主体性的漠视以致取消。

第二,物质产生精神,先有物质后有精神的论断,忽视了人类实践活动(首先是劳动)对精神产生的重大作用。首先,人类精神的产生当然必须有自然物质的前提、基础。没有大脑这个物质的器官就不会有精神,这是自然科学所充分证明了的。但是,思维和大脑这个物质器官的存在不能分离。这就是说,思维现象和大脑是同时产生的。因此,我们可以说,先有不能思维的物质,然后才产生了能思维的物质——大脑,而不能笼统地说先有物质,后有思维。这种说法,显然把思维与能思维的物质——大脑割裂开来,否认两者是同时出现的,不能划分先

① 《列宁全集》第14卷,人民出版社1957年版,第374页。

② 《资本论》第1卷,人民出版社1975年版,第202页。

后。其次，能思维的物质——大脑的产生当然要以自然物质的进化发展达到一定的高度为条件，但大脑又决不仅仅是自然物质进化发展的产物，它和最初是动物式的本能的劳动到人的劳动的历史发展过程不能分离。人类劳动摆脱最初是本能形式的劳动的发展，对大脑的产生起着决定性的作用，这是恩格斯作了深入的论述的。所以，不能撇开人类劳动的发展，笼统地说精神是物质的产物，或物质产生精神。最后，在能思维的人脑产生之后，人脑中某一观念的产生当然要以外界的某一相应的对象的存在为前提。外界没有树这种东西，人的头脑中不会产生树的观念。但是，树（其他任何对象也是一样）成为人的意识的对象，从而在人脑中产生出树的观念，这又决不只是由树本身所决定的，而是由人与自然界所发生的关系决定的。只有当人在实践上同树发生了关系，在人的头脑中才会产生树的观念。树还包含各种各样的树，人们头脑中的树也只包含那些同人们的实践发生了关系的。马克思在批判费尔巴哈时说："大家知道，樱桃树和几乎所有的果树一样，只是在数世纪以前依靠商业的结果才在我们这个地区出现。由此可见，樱桃树只是依靠一定的社会在一定时期的这种活动才为费尔巴哈的'可靠的感性'所感知。"①从以上的分析可以看出，不论从哪一方面来说，物质产生精神的说法都是经不起推敲的，应当说产生精神的不只是物质，还要加上人类实践对物质的作用，这也正是马克思的看法。马克思从未说过"物质产生精神"这样的话，他始终认为是人类实践对物质的作用产生了精神。在《形态》中，他说："思想、观念、意识的生产最初是直接与人们的物质活动，与人们的物质交往，与现实生活的语言交织在一起的。"②这里讲的是"人们的物质活动"产生了精神，而不是"物质产生精神"。马克思又说："意识在任何时候都只能是被意识到了的存在，而人们的存在就是他们的实际生活过程。"③这里所说的存在并不是指抽象的物质，而是指"人们的存在"即"他们的实际生活过程"，也

① 《德意志意识形态》，人民出版社 1961 年版，第 39 页。
② 《德意志意识形态》，人民出版社 1961 年版，第 19 页。
③ 《德意志意识形态》，人民出版社 1961 年版，第 19 页。

就是人们改造自然物质、外部世界的实践活动。在《政治经济学批判序言》中，马克思讲了存在决定意识，但他所说的存在同样不是指抽象的物质，而是指"人们的社会存在"①。《资本论》第 1 卷中，马克思更是十分明白地指出"人对自然的能动关系"即物质生产实践是人的"精神观念"产生的"物质基础"，而没有认为"精神观念"是抽象的物质的产物。

第三，"物质是第一性的，精神是第二性的"，这是个在科学上不准确的论断，并且导致了对精神在人类社会生活中的重大作用的贬低。首先，这个论断认为精神是物质所派生的东西，但我们知道，只有在性质相同的事物之间才可能有原生与派生的关系，性质根本不同的事物就不可能有这种关系。例如，我们不能说北极派生出南极，外国派生出中国，唯心主义派生出唯物主义，等等。同样，物质的东西只能派生出物质的东西，而不能派生出与之有根本性质不同的精神的东西。马克思在谈到生产关系的时候说过："第二级的第三级的东西，总之，派生的、转移来的、非原生的生产关系。"②在生产关系的范围之内，当然可以分出什么是原生的关系，什么是派生的、第二级的关系。但生产关系不能派生出与生产关系的性质根本不同的东西，如派生出地球之类的东西。虽然在日常用语里，产生这个概念可以包含派生，但产生并不等于派生。即使我们主张精神是物质的产物，也只能在产生的意义上说，而不能在派生的意义上说。通观马克思的全部著作，马克思从来只讲意识、精神、观念产生自人们的物质活动、社会存在，而不认为是由人们的物质活动、社会存在派生的东西。其次，说"物质是第一性的，精神是第二性的"，这一论断包含着这样的意思，即认为物质是比精神更根本、更重要的东西，而精神则不过是物质的派生现象。或者说，物质是第一位、第一级的东西，精神则是第二位、第二级的东西。虽然不见得如此明确地说出，但第一性与第二性的区别无疑包含着这样的意思。因为在科学上，原生的东西总是比派生的东西更重要的。物质与精神

① 《马克思恩格斯选集》第 2 卷，人民出版社 1972 年版，第 82 页。

② 《马克思恩格斯选集》第 2 卷，人民出版社 1972 年版，第 112 页。

的关系既然被规定为原生(第一性)与派生(第二性)的关系,那么物质自然是比精神更重要的东西。我这样说,丝毫不意味着物质是不重要的,而是说第一性、第二性这种说法很容易导致对精神的作用的轻视,不能科学地、准确地表达物质与精神在人类生活中所占的地位和作用。从精神只能来源于物质和人类实践活动对物质的作用这个方面看,物质当然是重要的。但这里所说的重要,只是说物质是精神产生的基础、前提,决不意味着精神是比物质低一级的、不重要的,或次要的东西。所以,我们看到马克思始终一贯地强调"人们的物质活动"或"人们的社会存在"是意识、精神、观念产生的"基础",指出认识这一点的极大重要性,但他却从来不说"人们的物质活动"或"人们的社会存在"是第一性的,意识、精神、观念则是第二性的。对意识、精神、观念在人类历史发展中的作用,马克思作了极高的估价。在《手稿》中,马克思说:"动物和它的生命活动是直接同一的。动物不把自己同自己的生命活动区别开来。它就是这种生命活动。人则使自己的生命活动本身变成自己的意志和意识的对象。他的生命活动是有意识的。这不是人与之直接融为一体的那种规定性。有意识的生命活动把人同动物的生命活动直接区别开来。"①同一思想,马克思在《资本论》第1卷中论及人的劳动时又再次加以强调。他说:"最蹩脚的建筑师从一开始就比最灵巧的蜜蜂高明的地方,是他用蜂蜡建筑蜂房以前,已经在自己的头脑中把它建成了。劳动过程结束时得到的结果,在这个过程开始时就已经在劳动者的表象中存在着,即已经观念地存在着。他不仅使自然物发生形式变化,同时他还在自然物中实现自己的目的,这个目的是他所知道的,是作为规律决定着他的活动的方式和方法的,他必须使他的意志服从这个目的。"②由此可见,马克思把意识的出现看作是从动物的活动到人的劳动产生的重大关键。就自然物质世界的进化发展来看,意识的产生当然也是一个巨大的飞跃。此外,在《手稿》中,马克思还多次讲到人的感觉、思维是人对自身的本质力量的确证,同时也是人的本

① 《马克思恩格斯全集》第42卷,人民出版社1979年版,第96页。

② 《资本论》第1卷,人民出版社1975年版,第202页。

质力量的表现。可惜,这一重要的思想极少为研究意识、认识的人们所注意。或许认为这是早期著作中的思想,因而就投以怀疑的眼光,认为是不可靠的(这是一种很奇特的、教条的观念)。

按照马克思的观点重新考察恩格斯、列宁的观点以及对马克思主义哲学的唯物主义的看法

根据以上的分析,我认为应当按照马克思的观点来重新考察恩格斯、列宁的观点(这里仅指《终结》和《唯批》两书中的观点),并进一步考察我们今天应如何看待马克思主义哲学的唯物主义。这种考察涉及到许多根本性的、重大复杂的问题,以下只能概略地提出一些大致的看法。

(1)马克思的物质概念问题。

马克思并未对物质这一概念下过一个明确的定义,他是在下述三个意义上使用物质这个概念的:

第一,以物质指称自然界的物质,它显然同自然科学意义上的物质分不开。如前引《资本论》中,马克思就使用了“自然物质”这样的说法,在论述商品的使用价值的形成时,也常使用这一概念。第二,马克思还多次使用“物质活动”、“物质生活”、“物质生产”、“物质关系”这样一些概念。在这些概念中,物质很明显是同人类的物质生活需要(吃、穿、住等)相关的概念。它既不能是脱离“自然物质”这一意义的物质,因为满足人的物质生活需要的东西都是“自然物质”的东西;但同时又不仅指“自然物质”,而是指用以满足人的物质生活需要的“自然物质”,并且和生产这种“自然物质”的活动以及人们在这种活动中发生的关系联系起来了。在这里,物质这一概念既不脱离“自然物质”,但又已超出这一概念,而同人的经济生活、经济活动直接相联。它主要已不是一个自然科学意义上的概念,而成为一个经济学上的概念了。第三,在《资本论》中,马克思指出要从人类生存的“物质基础”出发去说明“精神观念”的产生,并指出只有这种方法才是“唯一的唯

物主义的方法,因而也是唯一科学的方法"①。"物质基础"这一概念中的"物质"明显具有哲学的意义。但它指的是"人与自然的能动关系"和由此种关系产生的人们的"现实生活关系"。② 虽然它不能脱离上述第一意义的"自然物质",但显然不是仅指"自然物质",而是指人在改造自然中所发生的人与自然的关系和人与人的社会关系。之所以称之为"物质基础",既因为它同满足人类物质生活需要的物质生产活动相关,同时也因为它不是观念的东西,而是感性现实的、客观存在的东西。物质这一概念在马克思的著作中具有自然科学的、经济学的、哲学的三重含义,但三者决非互不相关,而是经常结合、统一在一起的。从哲学上说,最重要的是:马克思的物质概念虽然不能脱离"自然物质"概念,但马克思却从来不仅仅只用"自然物质"去说明精神的产生,而总是把"自然物质"和人为了满足物质生活的需要而进行的改造"自然物质"的生产实践活动联系起来,以之去说明精神的产生。正是在这一点上,产生了如何理解马克思主义哲学是一种唯物主义的哲学,甚至能否把马克思主义哲学归结为一种唯物主义哲学(即使在唯物主义这个词的前面加上种种修饰、限定语)这个重要问题。这留待下面再谈。

恩格斯在《终结》一书中也没有给物质下过一个明确的定义,但他说过:"我们自己所属的物质的、可以感知的世界,是唯一现实的;而我们的意识和思维,不论它看起来是多么超感觉的,总是物质的、肉体的器官即人脑的产物。物质不是精神的产物,而精神却只是物质的最高产物。这自然是纯粹的唯物主义。"③由此可见,恩格斯所说的物质指的是自然界、自然物这个意义上的物质,相当于上述马克思所说的"自然物质"。如前已指出,我认为恩格斯仅用自然界的物质的发展说明精神的产生,而忽视人类实践活动的重要意义,这是不正确的。而且这也和恩格斯在《自然辩证法》一书中的有关论述不一致。此后列宁为

① 《资本论》第1卷,人民出版社1975年版,第410页注释(89)。
② 《资本论》,第1卷,人民出版社1975年版,第410页注释(89)。
③ 《马克思恩格斯选集》第4卷,人民出版社1972年版,第223页。

物质下了一个明确的定义。他说:“物质是标志客观实在的哲学范畴,这种客观实在是人们感觉到的,它不依赖于我们的感觉而存在,为我们的感觉所复写、摄影、反映。”①这个定义显然是为了阐明物质这一概念的哲学意义而作出的。它把物质理解为“标志客观实在的哲学范畴”有其重要、合理的意义,但同时又存在两个明显的问题:第一,在拉丁文和英语中物质(material)这个词原指自然事物或用自然材料做成的事物(如房子)的质料,也可直指用自然的质料构成的一切事物。因此,我们可以说一切物质都是“客观实在”的,但却不能说“客观实在”的就是物质的。因为有不少“客观实在”的东西,如人与人的社会关系、国家政权之类的东西,它们虽然不能离开物质的东西而存在,但本身并不是由某种自然物质的质料所构成的东西。第二,“客观实在”还是一个很笼统的概念,虽然它可以把列宁讲到的在自然物质之外的“社会存在”包含进去,但并不能指出马克思一再强调的,和人的“社会存在”不能分离的人类实践活动是否也包含在“客观实在”这一概念中。由于存在上述两个问题,因此用列宁的物质概念去说明精神产生,仍然不能明白地表达出马克思认为精神是由人对自然物质的实践改造所产生,而不是仅仅由自然物质所产生这一重要思想。和马克思对物质这一概念的应用相比,马克思虽然没有为物质下过一个明确的定义,但他对物质一词的含义的理解是丰富具体的、多方面的;列宁虽然下了一个明确的定义,但其含义却是相当抽象笼统的。

(2)马克思如何解决物质与精神、思维与存在的关系问题。

由于马克思不认为精神是仅仅由自然物质所产生(如上述恩格斯的说法),或由含义笼统的“客观实在”即列宁所说的物质所产生,因此马克思在论述他对精神产生的看法时从未一般地提出“物质与精神的关系”问题,而是提出人的“精神观念”与人的生存的“物质基础”的关系问题,或人们的思想、观念、意识与“人们的物质活动”、“实际生活过程”、“人们的社会存在”的关系问题。马克思讲得最多的是意识与存在,而他所说的存在并非仅指自然物质存在或笼统的“客观实在”,而

① 《列宁全集》第14卷,人民出版社1957年版,第128页。

是指和人们的物质生产活动不能分离的人们的社会存在。他所说的产生“精神观念”的“物质基础”，如上所说，也决非仅指自然物质。总之，马克思始终是联系着人的实践活动和人的存在去看精神、意识的产生的，因此对于他来说，离开人的实践活动和人的存在去抽象地提出“物质与精神的关系”问题就是不合理、不正确的了。更何况当问题涉及“物质与精神的关系”，物质与精神作为互相对应的概念而使用时，在西方哲学中，物质这个词历来总是指的“自然”，包括人的肉体。马克思既然不认为精神是仅仅由自然物质所产生，因此他当然也不会一般地、抽象地提出“物质与精神的关系问题”，并用物质去说明精神的产生。

这决不是说马克思取消了“物质与精神的关系”这个问题，而是说他对这个问题重新作了处理。首先，从精神由何产生这个方面来说，他把“物质与精神的关系问题”转变为人们的物质活动、实践活动、社会存在与人们的精神的关系问题，因而对马克思来说，就根本不需再提“物质与精神的关系问题”了。因为在马克思的思想中，已经包含了对这个问题的唯一合理的、正确的解决，如果再抽象地提出“物质与精神的关系问题”，那就倒退到了马克思所反对的那种“排除历史进程的、抽象的自然科学的唯物主义”去了。其次，“物质与精神的关系问题”还可理解为人的肉体与精神、人的感性的自然存在与精神的关系问题。在这个意义上，“物质与精神的关系问题”就是一个和人的本质直接相联的问题。在这个意义上来理解的“物质与精神的关系问题”，马克思曾作过多次论述。但马克思并不把这个问题看作是谁产生谁，谁是第一性、谁是第二性的问题。因为在马克思看来，说精神产生了肉体或可以脱离肉体而存在固然是十分荒谬的，反过来说，认为肉体产生了精神也同样是不正确的。肉体虽然是精神的存在绝对不能脱离的基础、前提，但精神并不是仅仅由肉体产生的，而是通过劳动在人的历史发展过程中产生的。因此，马克思在论述到这个问题时，从不去谈论究竟是肉体产生了精神，还是精神产生了肉体，而是指出两者既有区别，但又是不可分地统一在一起的，不断批判把两者相互割裂和对立起来的思想。马克思在批判鲍威尔等人的唯心主义时说：“超脱肉体的精神只是在自己的想象中才具有精神力量。”①“唯灵论和唯物主义在过去各个方面的对立已经在斗争中消除，并为费尔巴哈永远克服，但在这以后‘批判’又重新以最可恶的形式把这种对立变成基本教条，并促使‘基督教德意志的精神’获得胜利。”②在批判黑格尔的唯心主义时，马克思又指出：“……黑格尔的历史观又不过是关于精神和物质、上帝和世界相对立的基督教德意志教条的思辨表现。”③从以上的分析可以看出，恩格斯以及列宁所说“物质与精神的关系问题”在马克思那里有着两层应加以区别的意思：第一层意思是精神的来源问题。如上所说，由于马克思认为不能排除主体的实践活动、人的物质活动，仅用抽象的物质去说明精神的产生，所以马克思从不在精神的来源的意义上抽象地提出“物质与精神的关系问题”，也从来没有提出“物质产生精神”这样一种排除了人类历史发展来看精神产生的抽象的主张。第二层意思是人的肉体与精神的关系问题。在这层意思上，问题并不是精神从何产生的问题，而是肉体与精神的统一问题。因为精神的产生问题，马克思在第一层意思上已经加以解决。

和马克思的看法比较起来，恩格斯、列宁所理解的“物质与精神的关系问题”主要是一个精神的产生和来源的问题，即上述第一层意思的问题。他们的看法归结起来不外两点：第一，肯定物质不依赖于人的精神而存在；第二，肯定物质产生精神。但如上所说，恩格斯的物质概念指的就是自然物质，因此他对于“物质与精神的关系”及直接与之相关的唯物主义的看法是马克思所说的那种“自然科学的唯物主义”的看法。虽然恩格斯无疑是一个历史唯物主义者，并对历史唯物主义的阐发作出了重大的贡献，但他在《终结》一书中对唯物主义的论述和定义却表现了“自然科学的唯物主义”的鲜明倾向，而未解决“自然科学的唯物主义”和“历史唯物主义”两者之间联系、区别和统一的问题。在恩格斯之后，列宁企图扩大物质这一概念的含义，但仍只提出了“客

① 《神圣家族》，人民出版社 1958 年版，第 7 页。

② 《神圣家族》，人民出版社 1958 年版，第 120 页。

③ 《神圣家族》，人民出版社 1958 年版，第 108 页。

观实在”这样一种笼统的说法。列宁的唯物主义,仅就《唯批》一书而论,在根本上是与恩格斯的观点完全一致的,并且在不少地方比恩格斯更为鲜明地表现了一种“自然科学的唯物主义”的倾向。虽然他也谈到了历史唯物主义问题,并发表了深刻的见解,但仍未真正解决“自然科学的唯物主义”与“历史唯物主义”的联系、区别与统一的问题。我认为在研究马克思主义哲学的唯物主义时,必须看到马克思的观点和恩格斯、列宁的观点之间所存在的、不容忽视的重要差别。

如上所说,马克思从未一般地、抽象地提出和解决“物质与精神的关系问题”,但他曾经多次讲到过思维与存在的关系问题,并明确地提出他对两者关系的看法。马克思说:“思维和存在虽有区别,但同时彼此又处于统一中。”①这是一个十分重要的论断,对了解马克思的哲学具有重要意义。显然,和恩格斯、列宁的看法相比,马克思并没有指出思维与存在何者是第一性的,也没有把对这个问题的回答看作是解决思维与存在的关系问题的根本,而只是指出了思维与存在既有区别,但又是统一在一起的。因为马克思在这里同样不是脱离人类具体的历史发展而抽象地提出思维与存在的关系问题,而是从人类的具体的历史发展出发,把思维与存在看作是人的存在与本质的两个方面来加以考察的。马克思所说的存在虽也不脱离自然物质意义上的存在,但又决非仅指自然物质存在,而是指人的感性现实的社会的存在。马克思说:“我的普遍意识不过是以现实共同体、社会存在物为生动形式的那个东西的理论形式。”②又说:“作为类意识,人确证自己的现实的社会生活,并且只是在思维中复现自己的现实存在。”③由此可以看出,马克思在这里虽然也如恩格斯、列宁那样肯定思维是存在的反映(“复现”),但他所说的存在不是单纯自然物质意义上的“存在”或笼统的“客观实在”,而是人“自己的现实存在”。同时,马克思也没有像恩格斯、列宁那样把存在称之为本原的、第一性的东西。因为对于马克思来说,本原

① 《马克思恩格斯全集》第42卷,人民出版社1979年版,第123页。
② 《马克思恩格斯全集》第42卷,人民出版社1979年版,第122页。
③ 《马克思恩格斯全集》第42卷人民出版社1979年版,第123页。

决不仅仅是自然物质,也非笼统的"客观实在",而是人类为了生存对自然物质的实践改造活动(首先是劳动)。马克思所说的人"自己的现实存在"同这种实践改造活动不能分离,它就是这种实践改造的产物、结果。马克思是立足于这个实践改造活动来观察解决思维与存在的关系问题的,不同于恩格斯、列宁的"自然科学的唯物主义"的观念。

此外,更为值得注意的是:马克思一方面指出思维与存在是有"区别"的;另一方面又指出它们是"彼此处于统一中"的。就前一方面来说,马克思显然反对了唯心主义(主要是黑格尔的唯心主义)把存在归结为和等同于思维的错误思想,坚持存在是与思维不同、在思维之外的客观的、感性现实的东西。这在《神圣家族》一书中表现得很清楚。马克思指出鲍威尔等人"攻击存在于人之外的自然,也攻击作为自然存在物的人本身","不承认任何有别于思维的存在……任何有别于头脑的心灵、任何有别于主体的客体、任何有别于理论的实践"①。但是,马克思又指出互相"区别"的思维与存在同时又是"统一"在一起的,这个统一是指思维与存在在人的现实生活中的统一,亦即作为人的本质的两个方面的统一。它可以包含认识论意义上的统一,即思维对存在的正确反映,但又决不像恩格斯、列宁那样仅仅从认识论上来看思维与存在的统一或"同一",局限在思维是否能正确反映存在这个问题上。这也就是说,在马克思的思想中,认识论问题是同人的本质的实现问题联系在一起的。马克思从来不脱离人类历史的发展去观察解决思维与存在的关系问题,因此他也不脱离人类历史的发展去孤立抽象地考察认识论问题。

和马克思相比,恩格斯、列宁反复强调的是思维与存在的区别,即存在是不依赖于思维的客观存在。对于思维与存在的统一问题,恩格斯、列宁注意的则只是把这种统一归结为物质产生精神,思维能正确反映存在。这里有一个重要的问题,即把精神、思维归结为由物质、存在所决定、产生的现象,是否就达到了思维与存在的统一?我认为没有。因为这种统一,如马克思所指出,是有"区别"的两个东西的统一,亦即

① 《神圣家族》,人民出版社1958年版,第180页。

差别的统一,不论唯物主义把精神、思维归结为物质、存在的产物,还是唯心主义把物质、存在归结为精神、思维的产物,都不是思维与存在在保持其区别的同时的统一,即差别的统一(一切辩证的统一都是如此),而是或者消解精神、思维不同于物质、存在的独立的特性,把它视为物质、存在的一种现象;或是消解物质、存在不同于精神、思维的独立的特性,把它视为精神、思维的一种现象。所以,唯物主义或唯心主义实际上都是采取消解物质、存在与精神、思维的差别,用一个去吃掉另一个的方法来求得物质、存在与精神、思维的统一。

那么,如何才能达到马克思所指出的既保持区别,同时又彼此统一呢?关键在于不能仅仅用抽象的物质、存在去说明精神、思维的产生,把后者归结为物质运动的一种现象、表现,而要立足人类生活的实践创造,把物质、存在与精神、思维看作是与人类生活的实践创造不可分离地联系在一起的两个方面。它们之间的关系是在人类实践的基础上,互相区别又互相统一的关系。只有这样,才能找到解决几千年来哲学史上"唯物"与"唯心"的对立的途径,同时又并不简单地丢掉两者所取得的历史成果。但是,这样一种看法无疑将受到从"自然科学的唯物主义"出发的反驳。而对这种反驳的解决又必然牵涉到上面已提到的"自然科学的唯物主义"和"历史唯物主义"的联系、区别与统一问题。这也是关系到马克思主义哲学的结构、体系的一个重要问题。

(3)"自然科学的唯物主义"与"历史唯物主义"的关系问题。

列宁在恩格斯之后,曾企图解决这个问题。在《唯批》一书中,列宁说:"一般唯物主义认为客观真实的存在(物质)不依赖于人类的意识、感觉、经验等等。历史唯物主义认为社会存在不依赖于人类的社会意识。在这两种场合下,意识都不过是存在的反映,至多也只是存在的近似正确的(恰当的、十分确切的)反映。在这个由一整块钢铁铸成的马克思主义哲学中,决不可去掉任何一个基本前提、任何一个重要部分,不然就会离开客观真理,就会落入资产阶级反动谬论的怀抱。"①在《马克思主义的三个来源和三个组成部分》一文中又说:"人的认识反

① 《列宁全集》第14卷,人民出版社1957年版,第344页。

映不依赖于它存在的自然界，也就是反映发展着的物质；同样，人的社会认识（就是哲学、宗教、政治等各种不同的观点和学说）也反映社会的经济制度。"①在《卡尔·马克思》一文中也说过："既然唯物主义一般是用存在解释意识而不是相反，那么把唯物主义应用于人类社会生活，就要用社会存在来解释社会意识。"②列宁这些说法，不外是说：既然一般唯物主义认为存在不依赖意识，用存在来解释意识，那么把唯物主义应用于社会生活，就要坚持社会存在不依赖于社会意识，用社会存在来解释社会意识。列宁还认为这两个方面，即"一般唯物主义"与"历史唯物主义"在马克思主义哲学中是统一而不可分的。这些说法非常值得重新加以考察。

首先，列宁把"一般唯物主义"和"历史唯物主义"区分开来，这个"一般唯物主义"是什么唯物主义呢？显然是指还未涉及人类历史领域的唯物主义，也就是仅用自然物质、自然界来解释意识的产生的唯物主义，即马克思所指出过的"自然科学的唯物主义"。当然，按照列宁把物质定义为"客观实在"的说法，也可以把"社会存在"纳入物质的范围之中去。但已纳入了"社会存在"的唯物主义，即用"社会存在"来解释意识的唯物主义又已是列宁所说的"历史唯物主义"，而不同于他所说的"一般唯物主义"了。由此可见，为了把列宁所说的"一般唯物主义"和"历史唯物主义"区别开来，"一般唯物主义"只能指用自然物质、自然界去解释意识的唯物主义，即"自然科学的唯物主义"。其次，列宁认为"历史唯物主义"的产生是把"一般唯物主义"推广应用于人类历史的结果，这是基于一种类比的推论而得出的结论，和实际的情况是不符合的。列宁的推论是这样的："一般的唯物主义"用存在解释意识，"历史唯物主义"则用社会存在解释社会意识，两者都认为存在产生、决定意识，只不过一个是就自然而言，一个是就人类历史而言罢了。这样一来，"历史唯物主义"就成了"一般唯物主义"在一个特殊领域的应用，两者也就铸成一块整钢了。实际上，马克思对历史唯物主义的发

① 《列宁选集》第2卷，人民出版社1960年版，第380页。

② 《列宁选集》第2卷，人民出版社1960年版，第544～545页。

现并不是简单地把列宁所说的“一般唯物主义”推广到对人类历史的认识的结果，而是马克思研究了物质生产与人类历史发展的关系的结果。在这种研究中，唯心主义者黑格尔对劳动的看法还曾给了马克思以深刻的影响。从所谓“一般唯物主义”到“历史唯物主义”的出现，其意义决不仅仅是对“一般唯物主义”的一种应用、推广，而是人类思想史上一个空前巨大的变革。“一般唯物主义”决不能包容“历史唯物主义”，把它作为自己的具体应用的一个特例；相反，是“历史唯物主义”包容了所谓“一般唯物主义”中合理的东西，同时又纠正了它的不合理的、错误的东西。因为如前所说，这个“一般唯物主义”不是别的东西，就是仅用自然界、自然物质来说明意识的“自然科学的唯物主义”。马克思很早就批评了这种唯物主义，并把它和自己的唯物主义严格地区分开来。既然如此，怎么能说“历史唯物主义”是“一般唯物主义”的一种特殊应用呢？这一点不能成立，那么列宁所说的“一般唯物主义”和“历史唯物主义”的统一，实即“自然科学的唯物主义”与“历史唯物主义”的统一也就不能成立了。

上述列宁关于“一般唯物主义”与“历史唯物主义”关系的推论错误，有两个明显原因：首先，列宁把唯物主义的领域划分为两个，一个是自然的领域，另一个是人类社会历史的领域，从而又把唯物主义划分为用自然物质来解释意识的唯物主义，和用社会存在来解释社会意识的唯物主义。这样一种划分是不能成立的，因为自然界与人类历史既有区别，又是不可分离地统一在一起的。马克思在《形态》中指出：“历史可以从两方面来考察，可以把它划分为自然史和人类史。但这两方面是密切相联的；只要有人存在，自然史和人类史就彼此互相制约。”①在《手稿》中，马克思指出：“历史本身是自然史的即自然界成为人这一过程的一个现实部分。自然科学往后将包括关于人的科学，正象关于人的科学包括自然科学一样：这将是一门科学。”②“自然科学的唯物主义”即列宁所说“一般唯物主义”的错误，正在于它看不到自然界和人

① 《德意志意识形态》，人民出版社 1961 年版，第 10 页。

② 《马克思恩格斯全集》第 42 卷，人民出版社 1979 年版，第 128 页。

类历史的密切联系,从而把唯物主义和人类历史的发展割裂开来。其次,依据恩格斯的说法,马克思把唯物主义贯彻到了人类历史的领域中,所以把马克思的唯物主义称之为“历史唯物主义”。列宁继承了这种说法。这种说法有一个很大的毛病,就是把马克思的唯物主义局限于对人类历史的解释,似乎它与对自然的解释无关。实际上,马克思的唯物主义决不只对解释人类历史有意义,对解释自然同样有重要的意义。因为如上所说,马克思认为人类历史与自然是不能分离的,在马克思的历史唯物主义中包含了对自然和自然与人的关系的深刻的解释。将“历史唯物主义”这个词的含义解释为把唯物主义贯彻到了人类历史的领域中,我看是不准确的,是由于把自然与人类历史割裂开来而产生的一种看法,或者说是还没有摆脱“自然科学的唯物主义”影响的一种看法。我认为,“历史唯物主义”这个词应解释为以人类的历史发展为基础的唯物主义,它的应用包含了自然和人及其相互关系在内,而不仅仅只限于人类历史。因此,对于马克思的哲学来说,没有列宁所说的两种唯物主义,而只有一种唯物主义,即以人类历史发展为基础的,把人和自然两者都包容在内的唯物主义。

如果上述说法能成立,那么“自然科学的唯物主义”和“历史唯物主义”的关系问题也就不难解决了。我们已经指出,“自然科学的唯物主义”和“历史唯物主义”有着根本的、不能混淆的差别,两者是不可能统一为一块整钢的。但是,“历史唯物主义”又从“自然科学的唯物主义”中吸取了一个根本的思想,即肯定自然界是在人之外的客观存在,人本身也不能脱离自然,他就是自然的一部分。这个思想是马克思的唯物主义一个根本的、不能否认和取消的前提。取消了它,马克思主义哲学就会成为唯心主义。但是,马克思的伟大贡献又决不在于肯定了这个前提,而在于提出了人类为了自身的生存和发展而进行的改造自然的物质生产实践(劳动)是人类历史存在的物质基础,从而也是一切精神、观念产生的物质基础。所以作为马克思哲学出发点的东西,不只是自然界,还有人改造自然界的实践活动。“一边是人及其劳动,另一边是自然及其物质。”①只有同时从这两者出发，亦即从人和自然之间发生的实践关系出发，才能正确了解马克思的哲学。把人与自然分离开来，或看不到人与自然的统一是由人类的实践活动决定的，都不可能正确解决精神与物质、思维与存在的关系问题。以实践为基础的人与自然的统一及其历史的发展是马克思哲学的根本，精神与物质、思维与存在的关系的解决不能脱离这个根本。实践的极大的重要性在于只有通过它才会有人类历史的产生、存在和发展，从而也才会有精神、观念、思维等的产生，所以我认为实践是人类生活的本体，对人类生活中的一切现象来说都具有本体论上的意义。或者说，人类生活中的一切现象的发生、发展，最后都可以归结和还原为实践，亦即从实践中找到说明。可以毫不夸大地说，人类生活的一切秘密最终都包含在人类实践的发展之中。但这会不会导致对自然、社会是客观存在的否定呢？不会。因为马克思所讲的实践是以承认自然、社会是客观的存在为前提的。劳动是人类最基本的实践活动，而劳动正是人与自然之间的物质变换，它当然必须以肯定自然物质的客观存在为其前提。这是马克思多次说明了的(引文略)。实践是人的有意识、有目的的活动，不是自然物质的活动，但实践的目的、对象、手段、结果都是客观的，由具体的历史条件和自然条件所规定了的，所以，强调实践对马克思哲学的根本的重要性，只要给予正确的阐明，就决不会导致唯心主义。相反，排除人类的历史地发展着的实践活动，仅用自然物质来说明人类历史和人的精神、意识，倒是必然要产生唯心主义。因为自然物质不足以说明人类历史和人的精神的发生发展，于是就要到自然物质的原因之外去找寻某些精神的原因来加以说明，或赋予物质以某种神秘的精神特性，所以，马克思认为“抽象的唯物主义就是物质的抽象的唯灵论”。

(4)在什么意义上马克思的哲学是唯物主义的，马克思的哲学能否完全用唯物主义这个概念加以概括。

马克思肯定自然界是在人类之外的客观实在，是人类生存一刻也不能脱离的物质基础，人本身也是自然界的一部分。马克思是在肯定

① 《资本论》第1卷，人民出版社1975年版，第209页。

自然是人类生存的基础这一前提下来说明人类历史的，他从不怀疑“外部自然界的优先地位”①。这是十分明确的唯物主义思想，和费尔巴哈的唯物主义有着显然可见的直接联系。此外，马克思认为，“现实中的”而非“想象中的”个人，“是在一定的物质的、不受他们任意支配的界限、前提和条件下能动地表现自己的”。② 马克思一方面充分肯定人的“能动性”，另一方面又指出“人作为自然的、肉体的、感性的、对象性的存在物，和动植物一样，是受动的、受制约的和受限制的存在物，也就是说，他的欲望的对象是作为不依赖于他的对象而存在于他之外的”③。这同样是十分明确的唯物主义思想。因此，否认马克思的哲学同唯物主义哲学的联系，否认马克思哲学的出发点是唯物主义的，这是不符合马克思哲学的真实思想的。西方一些马克思主义的研究者竭力要否认这一点，我认为是错误的。但是，如果仅用唯物主义这个概念来概括马克思的哲学，我认为需要重新加以考虑。因为在哲学史上，与唯心主义相对立的唯物主义有其特定的含义，马克思的哲学虽然继承了唯物主义的思想，但又超出了哲学史上所公认的唯物主义这一概念的范围，不能再仅仅称之为唯物主义了。当然，为了把马克思哲学的唯物主义同历史上的唯物主义区分开来，可以在唯物主义这个词的前面加上各种限定语、修饰语，如实践的、历史的、辩证的，等等，但尽管如此，马克思的哲学仍被看作是唯物主义的一种特殊形态。而这，我认为同样是需要重新加以考察的。

从马克思哲学形成发展的过程来看，马克思最初并没有明确地把他自己的哲学称之为“唯物主义”。在《手稿》一书中，虽然明显地包含着唯物主义思想，但马克思也没有明确地把他的哲学称之为与“唯心主义”相对立的“唯物主义”，相反，马克思说：“彻底的自然主义或人道主义，既不同于唯心主义，也不同于唯物主义，同时又是把这二者结合

① 《德意志意识形态》，人民出版社 1961 年版，第 40 页。

② 《德意志意识形态》，人民出版社 1961 年版，第 19 页。

③ 《马克思恩格斯全集》第 42 卷，人民出版社 1979 年版，第 167 页。

的真理。"①这通常被看作马克思早期思想的不成熟性的表现,实际上问题并不如此简单。在《关于费尔巴哈的提纲》(以下简称《提纲》)中,马克思第一次明确地把他的哲学称之为"把感性理解为实践活动的唯物主义"、"新唯物主义"②。马克思直到晚年多次明确指出他的哲学是唯物主义的,他是一个唯物主义者。我认为这一方面是因为如上所说,马克思的哲学的确继承了唯物主义思想;另一方面是因为反对德国唯心主义的迫切斗争需要使马克思不能不充分强调他的哲学的唯物主义方面。只要我们不以迷信、教条主义的态度去对待马克思的思想,那么马克思的哲学是否可以完全用"唯物主义"这个概念来概括,仍然是值得加以讨论的。在我看来马克思的哲学在下述几个方面已超出了哲学史上"唯物主义"这个词本有的含义,以及"唯物主义"与"唯心主义"对立,因此,我们既要坚持马克思的哲学的确继承了唯物主义的思想,不能脱离唯物主义,但又不宜把马克思的哲学归结为唯物主义发展的一种特殊形态,仅用这个概念来标示马克思哲学的本质。

第一,在哲学史上,一切唯物主义都是用自然界、自然物质来说明人类的存在和人的精神观念的产生的。马克思充分地肯定和接受了包含在这一思想之中的一个根本观点,那就是人类的存在及人的精神观念的产生不能脱离感性的、客观的自然界。但他又不是仅仅用自然物质来说明人类的存在和人的精神观念的产生,而是用人类实践对自然物质的改造来加以说明的,这是一个极其重要的、根本性的变化。当然,人类实践活动是作为自然的一部分的人的活动(因而是能与自然相统一的),并且是感性的、客观的、物质的活动。从这个方面看,马克思用实践活动去说明人的精神观念的产生,和历史上的唯物主义用自然物质的、客观的东西去说明似乎是一致的,因而也可以称之为唯物主义。但人类的实践活动终究又不是历史上的唯物主义所说的自然物质的活动,而是与自然相区别的,作为主体的人的活动,并且是有意识有

---

① 《马克思恩格斯全集》第42卷,人民出版社1979年版,第167页。

② 依人民出版社1995年版《马克思恩格斯选集》第1卷收入的按马克思原稿译出的译文,见该书第56、57页。——作者校注

目的的活动。这也就是说,尽管人的意识、目的终究是从外部客观世界得来的,但它又能动积极地参与了人类历史的创造。根据以上所说,如把马克思的哲学仍称为“唯物主义”,就会发生误解,使人以为他的哲学仍然和过去的“唯物主义”一样,仅仅用自然物质来说明人类的存在和人的精神观念的产生。因此,马克思在《提纲》中强调指出他与费尔巴哈的唯物主义的根本不同之点在于他的唯物主义是“把感性理解为实践活动的唯物主义”。在《形态》中,马克思又把他的唯物主义称之为“实践的唯物主义”。但是,既然马克思已不只是用自然物质,而是用人类实践对自然物质的改造来说明人类的存在和人的精神观念的产生,那么他的哲学就很难再用“唯物主义”这个词来加以概括了,因为这个词的本来含义是指用自然物质来说明人类的存在和人的精神观念的产生,而马克思哲学已经和这种思想有了巨大的差别。它仅仅是在肯定人类存在和人的精神观念的产生不能脱离自然界这一点上和唯物主义相同,在其他方面则是极不相同的。

第二,在历史上,唯物主义把自然界仅仅看作是人的感性直观的对象,而看不到人类实践活动对自然界的作用,以实践为中介的人与自然的、现实的、历史的联系。因此,自然界被看作是从外部来决定着人的存在的东西,而人则是被动地为自然界所决定的东西。所谓外部世界或物质的客观性,被理解为外部世界、物质是与作为主体的人的活动无关的存在。马克思的哲学则不同。它一方面充分地肯定自然界的客观性,另一方面又指出人所生活的自然界并不是开天辟地以来就有的那个“先于人类历史而存在的自然界”,而是人类在其历史的发展中,通过实践的活动而改造了的,并且永远不断地在改造着的自然界。① 因此,人类现实地生活于其中的世界,既是在人的意识、意志之外存在着的客观世界,同时这个客观世界又正是作为实践主体的人的客观化、对象化,而决不是与作为实践主体的人无关的、凌驾于人之上的物质。这也就是说,在和唯物主义密切相关的、物质世界的客观性问题上,马克思的理解和过去的唯物主义也是极不相同的。从这个方面看,把马克

---

① 《德意志意识形态》,人民出版社 1961 年版,第 29 ~ 30 页。

思的哲学称之为“唯物主义”，同样会导致对其不正确的了解。

第三，在历史上，唯物主义与唯心主义的对立是以物质（自然）与精神、存在与思维的对立为前提的。表面看来，唯物主义与唯心主义都企图要克服这种对立，但它们采取的办法，或者是把精神归结为物质的表现，或者是把物质归结为精神的表现，因而并未达到物质与精神的真正统一，即如上所述的那种保持着物质与精神双方的差别的统一。不论主张精神为物质所决定还是物质为精神所决定，物质与精神依然处在对立之中。这种由唯物主义与唯心主义的对立所表现出来的物质与精神的对立，我认为本质上是人的异化在哲学上的表现。正因为人处于异化状态，所以才出现了物质与精神、存在与思维的分裂和对立。这种分裂与对立是与人的异化不可分离地联系在一起的。马克思指出，工人“非常痛苦地感觉到存在和思维、意识和生活之间的差别。他们知道，财产、资本、金钱、雇佣劳动以及诸如此类的东西远不是想象中的幻影，而是工人自我异化的十分实际、十分具体的产物，因此也必须用实际的和具体的方式来消灭它们，以便使人不仅能在思维中、意识中，而且也能在群众的存在中、生活中真正成其为人”①。而在马克思之前的哲学家都不可能找到消灭异化的道路，从而也找不到消灭物质与精神、存在与思维的对立的道路，其结果整个哲学就陷入了唯物主义与唯心主义的片面对立之中。马克思的哲学则不然。它决不坚持和维护在唯物主义与唯心主义的对立中所表现出来的物质与精神、存在与思维的对立；相反，以消灭人的异化为目的的马克思的哲学恰恰要消灭这种对立，以达到两者的真正统一。这个基本的思想，马克思在《手稿》中作了十分深刻的阐明。他说：共产主义“是人和自然界之间、人和人之间的矛盾的真正解决，是存在和本质、对象化和自我确证、自由和必然、个体和类之间的斗争的真正解决”②。这个解决就是人的异化的解决，从而也就是物质与精神、存在与思维的分裂和对立的解决。所以，马克思又说：“我们看到，主观主义和客观主义，唯灵主义和唯物主义，活动

① 《神圣家族》，人民出版社 1958 年版，第 66 页。

② 《马克思恩格斯全集》第 42 卷，人民出版社 1979 年版，第 120 页。

和受动,只是在社会状态中(共产主义社会——引者)才失去它们彼此间的对立,并从而失去它们作为这样的对立面的存在。"①在要求物质与精神、存在与思维的统一,反对两者的分裂和对立这一点上,我认为马克思的哲学确实如他自己所说的那样,"既不同于唯心主义,也不同于唯物主义,同时又是把这二者结合的真理"②。如果认为马克思的哲学是坚持和维护这种对立的,那就是对马克思哲学的一个极大的误解。但马克思何以又要把他的哲学称为"唯物主义"呢?这因为马克思要反对德国唯心主义的幻想,强调物质与精神、存在与思维的对立是一种实际地存在着的事实,因此,只有通过改造社会的实践活动才能加以消灭,不是仅靠思辨、精神的作用就能消灭的。这一点,马克思在《形态》中作了反复的论述。因此,马克思把他的哲学称之为"唯物主义"的,不外是说:由实际生活产生人的异化及与之相联的物质与精神、存在与思维的分裂,只能用实际的方式(也就是实践)才能消灭,而不是在观念中、精神中所能消灭的。但是,马克思在这个意义上把他的哲学称之为"唯物主义",显然又和"唯物主义"这个词的本来含义很不适合。因为"唯物主义"和"唯心主义"一样,也是把物质和精神、存在与思维对立起来的,它同样并未达到两者的真正的统一。马克思的哲学既然要求消除物质与精神、存在与思维的对立(注意:不是消除两者的区别)而达到统一,那么把马克思的哲学仍称之为"唯物主义"就是需要加以考虑的了。

究竟怎样表述马克思的哲学才符合于马克思哲学的真实思想呢?我认为下述三点是很值得注意的:第一,马克思是从感性现实的自然界出发去说明人类历史的,他把自然界看作是人存在的前提、基础,把人本身看作是自然界的一部分,因此,马克思在《手稿》中一度把自己的哲学称之为"彻底的自然主义"。其后,在《神圣家族》中,马克思说:"费尔巴哈把形而上学的绝对精神归结为'以自然为基础的现实的人',从而完成了对宗教的批判。同时也巧妙地拟定了对黑格尔的思

① 《马克思恩格斯全集》第42卷,人民出版社1979年版,第127页。
② 《马克思恩格斯全集》第42卷,人民出版社1979年版,第167页。

辨及一切形而上学的批判的要点。"在《形态》中,马克思说:"任何人类历史的第一个前提无疑是有生命的个人的存在。因此第一个需要确定的具体事实就是这些人的肉体组织,以及受肉体组织制约的他们与自然界的关系。当然,我们在这里既不能深入研究人们自身的生理特性,也不能深入研究人们所遇到的各种自然条件——地质条件、地理条件、气候条件以及其他条件。任何历史记载都应当从这些自然基础以及他们在历史进程中由于人们的活动而发生的变更出发。"①在《政治经济学批判导言》中,马克思说:"出发点当然是自然规定性;主观地和客观地。部落、种族等。"②此外在《马克思恩格斯全集》第 46 卷上册对前资本主义的生产方式的论述中,马克思特别详细地论述了自然与人类的生存发展的关系,这里不再一一征引。总之,对于马克思来说,自然是人类历史的基础、前提,因而也是马克思的哲学不能脱离的基础、前提。正是在这一点上,马克思的哲学同历史上的唯物主义思想有着不能否认的联系。第二,马克思的哲学把自然界看作是人类存在的基础、前提,但马克思又不仅仅是用自然界,而是用人类实践对自然界的作用去说明人类历史和人的精神观念的发生发展。这是马克思哲学的根本特征。第三,马克思的哲学以自然界为人类存在的基础、前提,但它所要解决的问题主要不是自然界的问题,而是人的存在的问题。在这方面,马克思是充分地继承了费尔巴哈唯物主义的人本主义精神的。马克思曾称赞费尔巴哈的唯物主义不是那种忽视人、甚至敌视人的"纯粹的"唯物主义。马克思说:"诚然,费尔巴哈比'纯粹的'唯物主义者有巨大的优越性:他也承认人是'感性的对象'。"③但费尔巴哈所说的人还是仅仅为自然所规定的、脱离人类社会实践的人,因而是抽象的人。马克思则把人的存在和发展不但放在自然界的基础之上,而且放在人类社会实践对自然界的改造的基础之上。由此出发去解决人与自然的关系问题,人的全面自由的发展的实现问题。这是马克思的哲学,

---

① 《德意志意识形态》,人民出版社 1961 年版,第 13 ~ 14 页。

② 《马克思恩格斯选集》第 2 卷,人民出版社 1972 年版,第 112 页。

③ 《德意志意识形态》,人民出版社 1961 年版,第 40 页。

也是马克思的全部思想从早期到晚期所关注的根本问题(引文从略)。离开了这一根本点就离开了马克思的整个思想。

根据上述三点,我认为马克思的哲学可以称之为:以物质的自然界为基础的实践的人本主义。这一提法明显包含了马克思从哲学史上所继承的唯物主义思想,但又不把马克思的哲学归结为唯物主义或作为唯物主义的一种特殊形态。这一提法肯定了人类社会实践对人的存在的根本性的意义,同时又肯定了实践不能脱离物质的自然界(包括人自身的自然),从而与一切唯心主义所讲的"实践"划清了界限。这一提法肯定了人的问题在马克思的哲学中所占的重要地位,指出马克思的哲学具有人本主义的性质,同时又指出这种人本主义和以物质的自然界为基础的人类社会实践不能分离,因而不同于费尔巴哈的抽象的人本主义,也不同于一切唯心主义的人本主义。这种人本主义决不排斥对自然科学和认识论问题的研究,而是要把它和以物质的自然界为基础的人类社会实践及由此所决定的人的本质的历史发展联系起来研究。这为自然科学和认识论问题的研究打开了一个全新的方向,找到了解决各种重大理论问题的根本途径。这一点,目前尚未得到充分的重视。上述这样一种对马克思的哲学的理解,显然不同于恩格斯、列宁、斯大林的理解。后者的理解,如前已指出,很大程度上是把马克思的哲学理解为一种"自然科学的唯物主义"。虽然它也讲"历史唯物主义",但就其根本的方面看,基本上仍是一种"自然科学的唯物主义",因此也就不可能同它所讲的"历史唯物主义"内在有机地结合起来。两者处于分离或平行的状态中,即使看起来有某种联系,但仍是一种外在的,缺乏真正的逻辑必然性的联系。只要它还坚持着"自然科学的唯物主义",它所说的"历史唯物主义"和"自然科学的唯物主义"的内在有机的结合就是不可能的。此外,更为重要的是,只把马克思的哲学看作是唯物主义的一种特殊形态,不能准确地揭示马克思哲学的实质、特征。马克思的哲学包含着从唯物主义而来的思想前提,但又不能完全归结为唯物主义的一种形态。

(原载《天津社会科学》1989年第3期)

实践本体与人的主体性

人的存在的双重性

马克思在《政治经济学批判(1857—1858 年草稿)》中说过:“人双重地存在着:主观上作为他自身而存在着,客观上又存在于自己生存的这些自然无机条件之中。”①马克思对于人既是自然存在物,又是具有自觉意识的自然存在物这种双重性的说明,为我们打开了正确理解马克思的哲学,首先是理解他的实践观点的关键。

由于人是双重地存在着的,所以人类的实践活动既是有意识、有目的的活动,同时又是客观物质的活动。实践之所以是有意识、有目的的活动,就因为人是不同于动物的具有自觉意识的存在物;实践之所以又是客观物质的活动,就因为有意识、有目的的人在根本上仍与动物一样是自然的存在物,是自然界的一部分,因此他的实践活动必然是一种客观物质的活动,而不能是超自然的、非物质的活动。

人的主体与人的本体的统一

由于人既是自然的一部分,又作为一种有意识、有目的的自然力而与自然物质相对立,并能动地改造着自然物质,因此作为自然存在物的人就具有了不同于外部自然界的主体性。而人的本体作为人类实践创造的结果、产物,既是客观的东西,同时又恰好是人的主体性的表现和

① 《马克思恩格斯全集》第 46 卷上,人民出版社 1979 年版,第 491 页。

确证。立足于马克思所讲的人的存在的双重性和人类实践活动来看人的主体性和人的本体,两者是统一而不可分的。没有脱离人的主体性的人的本体,也没有与人的本体相脱离的人的主体性。脱离了人的主体性就不会有人的本体,而只能有纯自然的、动物式的本体;相反,脱离了人的本体,人的主体性就是空虚的、一无所有的东西。所以,我所理解的实践本体论是与主体性相统一的本体论,或者说是主体性的本体论。

以上所说人的主体性与人的本体的统一是马克思之前和之后某些哲学家也在一种抽象唯心、神秘的形式中多少意识到了的。这一点,很值得加以研究。这里只举出唯心主义者黑格尔和詹姆斯、杜威的看法来略加说明,同时分析一下与之相反的,马克思以前的唯物主义的错误。

唯心主义与马克思以前的唯物主义的错误

黑格尔有一个著名的命题:绝对即主体或实体即主体。绝对或实体乃是主体将自身与外部世界区别开来,同时又扬弃这种区别而重新回到主体自身的结果。黑格尔的《精神现象学》对此作了反复的论述。在这种看来是颇为神秘的说法里,实质上包含了一种猜测,即意识到人类所生活的整个世界,他的整个历史的存在,乃是主体克服其自身与外部世界的矛盾,从而占有外部世界的产物。黑格尔的错误在于他所说的主体乃是自我意识,从而主体的活动也只是精神的活动。同时,人类历史和人所生活的世界又被他说成是一种神秘的、绝对的精神实体的表现。马克思在批判黑格尔的哲学时,揭破了黑格尔的这种神秘主义的秘密,指出真实的主体是生活于自然中,并且本身就是自然的一部分,因而能够改造自然以实现自己的目的人。所以,人的主体性不是黑格尔所说的"自我意识"的表现,而是现实的、具有"对象性的本质力量的主体性"。

詹姆斯、杜威的"彻底的经验主义"、"经验自然主义"也有一个值得注意的地方,即认为经验既是主观的,又是客观的;既可以代表一个意识事实，又可以代表一个物理实在。同一的“经验”具有这种双重性，因而可以计算两次。毫无疑问，詹姆斯、杜威所说的“经验”在根本上是唯心主义者所了解的“经验”，然而“经验”兼具主观和客观、意识和实在的两重意义这个观点，仍有其不可忽视的价值。但实际上是人类的实践活动而非唯心主义所说的“经验”，才能兼具这两重意义。因为如上所说，实践既是不同于动物的人的有意识、有目的的活动，同时又是作为自然存在物的人实际地改变世界以实现自己的目的的活动，因而是客观物质的活动。

马克思以前的唯物主义，特别是费尔巴哈的唯物主义，强调自然界的客观实在性，人不能脱离自然而存在，人本身也是自然的、感性的存在。但它不懂得人的存在不是仅仅为自然决定的，而是由以自然为基础的人类实践对自然的作用、改造决定的。因此，对于这种唯物主义来说，自然、物质成了决定人的东西，从而也就成了世界的主体。人的主体性则被否定、取消了，或变成了一种被自然所决定的，仅限于直观自然的主体性。马克思明显地继承了这种唯物主义确认客观物质的自然界是人类存在的前提、基础这一正确思想，但同时又第一次阐明了人的存在是由作为自然的一部分，同时又具有自觉意识的人类的实践活动所创造出来的。

实际上，当我们谈到世界，如果不是指那个在人类之前，尚未有人类出现的自然界，而是指人类生活于其中的自然界，那么作为主体的就不是自然物质，而是以自然为基础，具有实践活动能力的人本身。此时的自然界已是经过人类实践改造了的自然界，是在人类历史中发生了重大改变的自然界。它既是客观的存在，同时又是主体的实践活动的产物、结果，是主体的本质力量的对象化、客观化。所以，主体与他的外部世界是处在统一之中的。即使外部世界与主体发生了矛盾，甚至发生了人的异化，主体仍然只能生存于他与外部世界的统一之中，即仍然只能通过矛盾的克服去造成新的统一，而不可能抛弃脱离外部世界。就外部世界而言，这个世界只有作为主体生存于其中的世界，作为他的本质力量的对象化、客观化，才是一个对主体有意义的世界。所以，人现实地生活于其中的外部世界，既是客观的存在，同时又决不是和主体的存在无关的东西。这也就是说,不能把外部世界的客观性理解为一种同主体的存在无关的客观性,把外部世界的客观存在看作是和主体的存在不发生任何关系的东西。过去,我们讲的唯物主义经常把外部世界的客观性和主体的存在割裂开来,并且认为这个客观性的意义与价值远远高于主体自身的存在,堕入一种取消主体、不要主体的客观性,即无主体的客观性。这是一种荒诞的客观性。

再就人类的实践活动而言,它既是客观物质的活动,同时又正是人的主体性的表现和确证。因之,只有紧紧地抓住实践才能科学地解释人类的生活,解释人的主体性及其与人的本体和人类历史发展的客观性的统一。如果看不到以自然为基础的实践活动正是人的主体性的表现和确证,看不到没有这种实践活动就没有人类的存在,或认为实践的意义仅仅在于它是检验认识的真理性的标准,这就极大地缩小了实践在马克思主义哲学中的重大的根本性的意义,不但不能科学地说明实践为什么是检验真理的标准,而且还会引出一系列错误的结论。一个明显的错误,就是仅仅把自然物质看作是决定人的存在与意识的东西,或把自然物质与人的社会存在看作是两个并列的、不发生关系的、各自分别地决定人的存在与意识的东西,并且导致对人的主体性的忽视、取消。实际上,人的社会存在是人在改造自然界的实践活动中产生出来的东西,它既不是同自然物质无关的东西,也不是与人的主体性无关的东西。相反,人的社会存在是由人类实践所产生创造出来的人与自然的统一的表现,它是人类历史活动的产物,因而也正是人的主体性的表现。脱离人的主体性,和人的主体性无关的社会存在是不可思议的。

问题的全部关键在于要确认:作为人类历史本体的人类实践活动,既不能脱离物质的自然界,但又不是物质的自然界的活动,而是人有意识、有目的地改造自然界的活动。前者规定了人类实践的客观性,但这个客观性恰恰又是人的主体性的感性现实的表现。所以,当马克思说人的主体性是“对象性的本质力量的主体性”时,他的这个看来好像很简单的论断,既反对了唯心主义的错误,又反对了在他之前的唯物主义的错误。在我看来,马克思的这个论断是了解人的主体性的钥匙。

人的目的与人的主体性

人之所以具有主体性,是由于人类的实践活动是不同于动物活动的一种有意识、有目的的活动。这也就是说,人的主体性的产生根源于人类实践活动与动物活动的本质区别。但同时又必须看到,这种有意识、有目的的活动,是不能脱离自然而存在,本身就是自然的一部分的人的活动。唯心主义由于否认这一点,因此它就看不到人的主体性是以物质的自然界为其根基的,把人的主体性同人的感性现实的实践活动割离开来,归结为一种仅仅是精神、观念的主体性,并把精神、观念夸大为脱离物质自然界并产生出自然界的绝对理念或主观意识。看来它好像高扬了人的主体性,实际上把主体性变成了一种想象中的、空幻的东西。也因此,它所说的主体性不是马克思所说的"对象性的本质力量的主体性",而是一种非对象性的、仅存在于幻想中的主体性。

但是,当我们强调这一点的时候,又决不要忘记主体的目的意识是和人的主体性不能分离的。没有目的意识就不会有人的主体性。这一点,马克思在谈到人类劳动和动物活动的区别时多次作了十分明确的说明。他指出,人"不仅使自然物发生形式变化,同时他还在自然物中实现自己的目的,这个目的是他所知道的,是作为规律决定着他的活动的方式和方法的,他必须使他的意志服从这个目的"①。由此可见,目的意识对人的主体性有多么重要的意义。正因为这样,分析人的目的意识是分析人的主体性的一个十分重要的方面。这里,我们首先碰到的问题是:人的目的从何而来?他是怎样决定自己的目的的?

对于这个问题,人们常常引用列宁的一段话来加以回答。列宁说:"事实上,人的目的是客观世界所产生的,是以它为前提的,——认定它是现存的、实有的。但是人却以为他的目的是从世界以外拿来的,是不以世界为转移的('自由')。"②这段话指出人的目的不在世界之外,

① 《资本论》第1卷,人民出版社1975年版,第202页。

② 《哲学笔记》,人民出版社1956年版,第201页。

与客观世界不能分离，这是正确的，但说“人的目的是客观世界所产生的”却不够确切。因为它忽视了主体的作用，没有注意到目的同作为主体的人的存在分不开。人在提出他的目的时不能不考虑他的目的同客观世界的关系，不能不依据他所认识的客观外界的情况来规定他的目的和此目的将如何实现，但人的目的终究是由人自身提出的，不是由客观世界“产生”的。把“人的目的”的“产生”归之于“客观世界”，而不归之于生活于“客观世界”之中的人这个主体，其结果就是对人的主体性的取消，使“客观世界”成为驾凌于人之上，并产生出“人的目的”的主体。

人的目的产生首先根源于人这个主体维持自己肉体生存的需要，即吃、喝、穿、住等的需要，这是马克思多次作了十分明确的说明的。人最初的目的的提出不可能脱离这种需要，当然也不可能脱离满足这种需要的外界的自然物质。但决定着人的目的的最根本的东西，首先仍然是人的肉体生存需要。这种需要虽然是主体的需要，但不是主体的意识所设想出来的东西，而是由作为自然存在物的主体的生理构造决定的，因此是客观物质的东西。例如，我的胃和我的整个身体对食物的需要，决不是我主观地想象出来的需要，而是客观物质的需要。随着满足这种需要的物质生产的发展，主体的肉体生存需要逐步摆脱动物式的状态，变为一种高级的社会的需要，同时又产生出超越肉体生存需要的其他更高级的社会需要。所有这些需要，作为在人类感性现实的历史发展过程中产生的东西，同样是客观的。人的需要越是发展，人的目的也就越是复杂。特别重要的是，马克思指出在人类历史发展不断趋向和接近的“自由王国”中，“人类能力的发展”将成为“目的本身”①。这正是人的主体性的极大发展。人的主体性的发展是同人所追求实现的目的的历史的重要性成正比的。不论对一个民族和一个人来说，如果缺乏崇高的目的，那就不能有崇高的、伟大的主体性。但在人类漫长的历史中，由于人的异化现象的存在，人又成了他所追求的目的的牺牲品，目的成了同人的发展相对立的东西，从而成了外在的而非内在的目

① 《资本论》第3卷，人民出版社1975年版，第927页。

的。对此，马克思也曾作了深刻的论述。

目的是主体的目的，但目的的提出又不能脱离主体生存所面临的各种客观物质的条件，由此就产生了经常遭到种种批评的所谓历史决定论的问题。如果目的的提出是由主体生存所面临的客观物质条件决定的，那么人就成了被动地为环境决定的东西，哪里还会有人的主体性呢？按照这种说法，要肯定人的主体性就必须把主体的目的看作是不受任何客观物质条件所制约的东西，否则就是机械的决定论或宿命论。然而，所谓不受任何客观物质条件制约的目的，实际只存在于唯心主义的幻想之中。相反，承认人的目的的提出要受客观物质条件的制约，并不会必然地陷入决定论、宿命论。首先，目的的提出并不是要叫人去屈服于客观物质条件，而恰恰是要利用这些条件以达到人的目的。其次，客观物质条件本身不会自然而然地产生和决定人的目的，目的的提出是人在长期的实践中对这些条件的认识的结果，人能对各种不同的目的具有多少合理性、现实性作出权衡与选择。以上两点，正是人的主体性的表现。人类的一切实践活动，既是以客观物质世界为前提和基础的活动，同时又是改变这个客观的物质世界以服从于人的目的的活动。这两个方面是不可分离地结合在一起的。承认客观物质世界是实践的前提和基础，这并不就是决定论、宿命论。只有那种认为客观物质世界是人所不能改变的，人自身的命运是人所不能掌握的思想才是决定论、宿命论。马克思的哲学承认客观物质世界是人的实践活动的前提、基础，不是为了别的，恰恰是因为只有承认这一点，人才能改变世界，也才会有真实的而非虚幻的主体性。如马克思深刻地指出的，人“所以能创造或设定对象，只是因为它本身是被对象所设定的，因为它本来就是自然界”。① 正因为作为主体的人本身是自然界的一部分，他的存在和他的活动都是以物质的自然界为基础、前提的，所以他的活动才能改变自然界，使自然界服从于他的目的。如果否认作为主体的人本身及其实践活动都是以物质的自然界为基础的，那么所谓人的主体性就只能是十足的幻想。因此，唯心主义所讲的人的主体性，不是以自然为基础

① 《马克思恩格斯全集》第42卷，人民出版社1979年版，第167页。

的现实的人的主体性，而是一种观念中的、想象中的主体性。

个体的主体性

个体的主体性是和人类整体的主体性密切相连而不可分割的。如果将两者割裂开来，并孤立去看待马克思的某些论述，就会得出马克思否定个体的主体性的错误结论。如马克思在《资本论》第一版序言中说："我的观点是：社会经济的发展是一种自然历史过程。不管个人在主观上怎样超脱各种关系，他在社会意义上总是这些关系的产物。"①这容易使人误以为个人是完全为社会关系所决定的；同时，把经济的发展看作是"一种自然历史过程"，也会引起误解，使一些人把马克思的思想看作是一种否定个体的主体性的历史决定论。更进一步，又把马克思的思想与黑格尔认为人是实现"绝对观念"的工具的思想说成在本质上是一样的，等等。但是，如果我们全面地考察一下马克思有关个体的论述，那就会看到马克思决不否认个体的主体性。

早在1843年所写的《论犹太人问题》中，马克思就已提出"现代的自我解放"、"人类解放"的问题②，反复指出资本主义社会把人变成了"抽象的"人，并且认为"人类的解放"的根本在于"人的个体感性存在和类存在的矛盾"的解决③。在《1844年经济学—哲学手稿》中，马克思又进一步从哲学上深刻论证了他的这一思想，指出共产主义"是人和自然界之间、人和人之间的矛盾的真正解决，是存在和本质、对象化和自我确证、自由和必然、个体和类之间的斗争的真正解决"④。在《德意志意识形态》及其后的《哲学的贫困》、《共产党宣言》和马克思的一系列经济学著作中，马克思又更为具体深入地论述了个体的问题。所有这些论述，到现在为止，未引起充分的重视和得到深入的研究。一

① 《资本论》第1卷，人民出版社1975年版，第12页。
② 《马克思恩格斯全集》第1卷，人民出版社1956年版，第446页。
③ 《马克思恩格斯全集》第1卷，人民出版社1956年版，第451页。
④ 《马克思恩格斯全集》第42卷，人民出版社1979年版，第120页。

些人依然按照他们心目中先入为主的观念去想象马克思,把他的思想看作是否定个体的存在和个体的主体性的。特别是西方现代的某些学者,他们把马克思描绘为一个头脑简单的人。实际上,在对人类历史的了解的深度和广度上,至今没有任何一个西方现代的思想家足以同马克思相匹敌。

马克思充分地确认了个体只能生存于一定的社会关系之中,这是一个看来简单,但却是任何思辨的推论也无法否认的极其重要的事实。由于个体只能生存于一定的社会关系之中,因此个体的主体性的确立不可能离开他所生存的社会关系,这是马克思考察个体的主体性的一个根本的出发点。但是,这决非说社会关系是凌驾于主体之上,和主体无关,并先验地、宿命地决定着主体的东西。相反,马克思一再指出社会关系是人类实践的必然产物,它是由作为主体的人创造出来,并且在历史的过程中由人不断地加以改造的。它决不是什么非人的、神秘的存在物。问题在于由人所创造出来的社会关系,在历史的过程中又成为不以任何个体为转移的,并和个体相对立的关系。不是个体支配着社会关系,而是社会关系支配着个体。其所以如此,又不是某种神秘的力量所玩弄的诡计,而是由于社会生产力的发展还没有达到使人能够控制他们所结成的社会关系的高度。资本主义社会虽然使生产力的发展达到了过去根本不能设想的高度,但正因为这样,它又把人与人的关系变成了商品交换的关系、物与物的关系,从而导致了人的孤立化,把人的世界变成了互相隔绝以致相互敌对的世界。尽管在今天西方发达的资本主义国家,人道主义仍然有强大的影响,但人与人的关系在根本上仍是为商品交换关系、金钱关系所决定的。人道主义的存在并没有改变也不可能改变这个根本的事实。所以,在马克思看来,只有在现代生产力的更高发展的基础之上,才能最终消灭上述物与物的关系,使人所结成的社会关系不再与个体的发展相对立,而服从于人自身的全面自由的发展,使组成人类的每一个体的主体性得到真正的确立。但这又不是说,在此之前个体是没有主体性的,而是说他的主体性是为生产力的有限的发展所制约的,是一种片面的、局限的主体性。个体在很大程度上仍受着偶然性的统治,而不是由个体去支配偶然性。正因为个体受着偶然性的统治，因之就出现了西方现代一些学者谈得很多的“选择”问题。毫无疑问，历史的总体的必然性并不能直接地决定每一个体的生存。因为这种必然性是在无穷的偶然性之中为自己开辟道路的。而且，个体经常不能明确地意识到这种必然性。即使某些个体能较明确地意识到，也绝对排除不了偶然性。人类历史的领域是一个充满着偶然性的领域，但就历史发展的总体行程而言，这种种偶然性终究又会被纳入于必然性之中，表现为历史的必然性的实现所经历的一个错综复杂的过程。个体虽然能够，而且必须作出自己的选择，它决非历史必然性的实现的一个无足轻重的工具，但这种选择，不论个体在主观上怎样设想，终究又不能超越历史的必然性。它在形式上是主体的自我决定，在实质上仍然受着历史必然性的制约。但是，历史的必然性又只能通过无数个体的选择，通过个体的主体性的发挥才能得以实现。所以，个体的选择，特别是千百万人民群众的选择，就具有了不可忽视的意义。这意义归根到底决定于这种选择在多大程度上符合于历史前进发展的必然性。个体的主体性的真正确立不能脱离人类真正的自由的实现，而这种自由的实现不在否定历史的必然性，而在按照历史的必然性去自觉地创造人类自己的历史。按照马克思、恩格斯的看法，当这一点一旦获得实现，也就是“人类前史”的结束。

抽象形式的主体性与历史具体的主体性

在近代哲学上，康德哲学不论在认识论和伦理学上都高扬了人的主体性。这是康德哲学的重要贡献。但是，康德哲学所讲的主体性又明显是一种抽象的、形式的主体性。黑格尔对此深为不满，他一再指出康德所说的主体性仅仅是一种单纯的“应该”，而没有现实性、客观性。黑格尔竭力要救正康德的缺点，把他的抽象的、形式的主体性转变为现实的、客观的主体性。但黑格尔仍然只是在精神的范围内来解决问题，把主体性的实现诉之于他所说的“绝对理念”的发展，用这种发展来为主体性的现实的、客观的实现作出保证。这样，黑格尔所说的主体性仍不外是一种观念的、精神的主体性，并且又使作为个体的人变成了实现

"绝对理念"的一种不自觉的工具。这是19世纪后期以来,黑格尔哲学遭到普遍不满和拒斥的一个重要原因。但是,黑格尔在神秘的"绝对理念"的发展中引入了人类历史的发展,也就是把人类历史的具有客观必然性的发展说成是"绝对理念"的发展,并且处处联系这种发展去考察人的主体性。这在黑格尔的《精神现象学》中得到了最为鲜明的表现,是黑格尔哲学的巨大贡献,而为康德所不及。尽管在今天的西方,黑格尔的影响远远不如康德,但这是由种种社会历史的原因决定的,决不能证明黑格尔哲学已成为完全过时的、陈旧的东西。相反,在黑格尔哲学中还有许多尚待我们去研究的重要的东西。从它的神秘的形式中剥取合理的东西,这个由马克思开始的工作并未全部完成。只要立足于现代,对黑格尔哲学作出批判的、科学的阐明,它仍然能对当代哲学的发展,包括对当代马克思主义哲学的发展产生重要作用。就黑格尔哲学与康德哲学的关系来看,两者并非绝对互相排斥,而是可以互相补充的。

康德、黑格尔之后西方现代哲学对人的主体性的思考,基本上是对西方现代资本主义社会下人的异化的哲学思辨。它有其不可忽视的重要价值,但它所说的人的主体性在根本上仍是脱离人类历史的具体发展的、抽象的、形式的主体性。只有马克思一人以费尔巴哈的唯物主义为中介,科学地、批判地改造了黑格尔哲学,第一次把人的主体性的解决放到了以人类实践为根基的人类历史的具体发展的基础之上。它看起来好像很简单,不如现代西方哲学家的抽象思辨那么深奥,那么神秘,但却包含着不可忽视的伟大真理,第一次把对人类历史的认识变成了科学。这是西方现代任何哲学流派都不能与之相比的。就当代的中国来说,高扬人的主体性是摆在我们面前的一个巨大课题,是中国的现代化的历史课题。但我认为我们在解决这个课题时,不应为康德或西方现代其他唯心主义哲学流派鼓吹的那种抽象的形式的主体性所迷惑,而应努力去探讨马克思所一再申述的历史具体的主体性,把人的主体性问题和人类实践的具体历史的发展紧密地结合起来,防止掉入各种不切实际的主观空想之中。

(原载《社会科学家》1989年第3期)

马克思哲学的精神

理解、领会、掌握一种哲学,最重要的是掌握它的根本精神。这种精神可以看作某一种哲学的“灵魂”之所在。如果我们对某一哲学的根本精神缺乏正确深入的理解,那就无法真正掌握这一哲学。我们对它的各个观点的认识就会发生错误,或无形中作了某种歪曲。

多年来,我们对于马克思主义哲学的理解,基本上是以恩格斯的《路德维希·费尔巴哈与德国古典哲学的终结》、列宁的《唯物主义与经验批判主义》、斯大林的《辩证唯物主义与历史唯物主义》这三本书为根据的。我们按照这三本书的看法来讲马克思主义哲学,但对马克思本人的哲学思想却十分忽视和缺乏研究,当然更谈不上深入地理解它的根本精神。而这三本书对马克思主义哲学的看法,我认为同马克思的哲学思想既有根本一致的方面(这是主要方面),也有很不相同的地方。在我看来,马克思本人的看法是正确的、深刻的,而上述三本书中的看法则有许多是不正确、不深刻的。因此,我认为应当重新研究、认识、恢复和发扬马克思哲学的精神。

究竟什么是马克思哲学的精神,这是一个十分复杂的问题。本文认为下述几个方面是值得注意加以研究的。

第一,人的问题是马克思的哲学所关注的中心问题,马克思的哲学是一种人本主义的哲学。这当然不是什么新观点,但却是一个长期以来遭到批判的观点。而我认为这一观点是正确的,问题只在于要对它作出符合马克思思想的正确解释。

我们知道,马克思直接继承了费尔巴哈的唯物主义。费尔巴哈的唯物主义在马克思思想的转变和形成中曾起过重要的作用。而费尔巴哈的唯物主义正是一种人本主义的唯物主义。对于费尔巴哈来说,人的问题和唯物主义是不可分离的。马克思不但继承了费尔巴哈的唯物主义,同时也继承了他的人本主义。马克思在《德意志意识形态》一书中谈到费尔巴哈的唯物主义时曾经指出:“诚然,费尔巴哈比‘纯粹的’唯物主义者有巨大的优越性:他也承认人是‘感性的对象’。”①这里,马克思充分肯定了费尔巴哈唯物主义对于人的问题的高度重视,亦即肯定了他的唯物主义的人本主义性质。马克思不同意费尔巴哈的地方在于“他把人只看做是‘感性的对象’,而不是‘感性的活动”(同上),即不能从人类的社会实践活动去历史地理解人这一“感性对象”的本质。我们再看马克思转变为马克思主义者之后的一系列著作:《黑格尔法哲学批判》、《论犹太人问题》、《黑格尔法哲学批判导言》、《1844年经济学—哲学手稿》、《神圣家族》、《关于费尔巴哈的提纲》、《德意志意识形态》,无一不把人的问题摆在首要的、中心的位置。事实是:马克思创立包含他的哲学在内的整个马克思主义的思想体系,一开始就是为了解决他在1843年所写《论犹太人问题》一文中提出的,和资产阶级革命的“政治解放”不同的“人类解放”、“现代的自我解放”的问题,亦即使人从资本和金钱所造成的异化下获得解放,实现人的全面自由发展的问题。这不仅是马克思的哲学所要解决的根本问题,也是他的政治经济学、科学社会主义所要解决的根本问题。同时,这一问题,也正是20世纪西方思想所面临的最大的问题。仅就马克思的哲学思想来看,马克思早在《黑格尔法哲学批判导言》一文就已明确地指出:“人的自我异化的神圣形象(指宗教——引者)被揭穿以后,揭露非神圣形象中的自我异化,就成了为历史服务的哲学的迫切任务。”②这就是马克思的哲学所要解决的根本课题,而这个课题当然是同人的问题不能分离的。但是,从马克思早期著作中作出引证,以证明人的问题是马克思哲学的中心问题,马克思的哲学是一种人本主义的哲学,经常会受到一种责难,那就是认为马克思的早期著作是不成熟、不可靠的。这里存在着一种根深蒂固的教条迷信观念,即不问马克思提出的思想

① 《马克思恩格斯选集》第1卷,人民出版社1972年版,第50页。
② 《马克思恩格斯全集》第1卷,人民出版社1956年,第453页

本身是否正确、合理,而只问它是早期的还是后期的。如果是后期的,那就是无可怀疑的、必定正确的;相反,如果是早期的,那就必定是可疑的、不正确的或至少也是不完全正确的。实际上,解决资本主义下人的异化问题,找寻人的全面自由发展的现实道路,贯穿在马克思从早期到后期的全部思想之中。区别只在马克思早期更多是从哲学上来思考这一问题,常常显得较为抽象,个别表述有时显得不太精确;而在后期,马克思更多是从政治经济学的分析来解决这一问题,显得比早期要更为具体,在表述上也更为精确。但是,如果没有早期对人的问题的哲学思考和论证,如果后期脱离了这种哲学的思考和论证,仅依靠政治经济学的研究,马克思是不可能解决人的异化问题,并找到实现人的全面自由发展的现实道路的。例如,马克思在《共产党宣言》中说:"代替那存在着阶级和阶级对立的资产阶级旧社会的,将是这样一个联合体,在那里,每个人的自由发展是一切人的自由发展的条件。"①这个对共产主义社会的极为深刻的定义,显然是把共产主义社会看作一个实现了人的全面自由发展的社会。在《资本论》第一卷中,马克思又明确指出,共产主义社会是"一个更高级的、以每个人的全面而自由的发展为基本原则的社会形式"②。然而,这个经过马克思对政治经济学的深入具体的研究而得出的结论,难道不正是马克思在他早期的著作中已作过深刻的哲学论证的观点吗?例如,在《1844 年经济学—哲学手稿》中,马克思就已说过,共产主义"是人和自然界之间、人和人之间的矛盾的真正解决,是存在和本质、对象化和自我确证、自由和必然、个体和类之间的斗争的真正解决。它是历史之谜的解答,而且知道自己就是这种解答"。③ 这个"历史之谜的解答",不是马克思后来在《共产党宣言》和《资本论》第一卷中所说的共产主义社会下人的全面自由的发展的实现又是什么呢?不同之处只在于,在《1844 年经济学—哲学手稿》以及其他早期著作中,马克思更多地是从对人的问题的哲学考察来论证

① 《马克思恩格斯选集》第 1 卷,人民出版社 1972 年版,第 273 页。
② 《资本论》第 1 卷,人民出版社 1975 年版,第 649 页。
③ 《马克思恩格斯全集》第 42 卷,人民出版社 1979 年版,第 120 页。

共产主义的。而这一点,对于马克思哲学的研究来说,恰恰又是更重要的,是马克思后期的著作所不能代替的。特别是《1844 年经济学—哲学手稿》,可以说是19世纪最伟大的、天才的哲学著作。它在哲学上的重大价值决不低于后来的《共产党宣言》和《资本论》。它对当代世界哲学的发展所具有的多方面的重大意义,至今也远未得到充分的认识和估价。我们不能因为西方一些学者对它作一种歪曲的唯心主义的解释,并把它同马克思后期的思想对立起来,而忽视这本著作对理解马克思哲学的关键性意义。

说人的问题是马克思哲学的中心问题,我认为是一个非常明显的事实,一般也较能得到若干人的认可。但如果说马克思的哲学是人本主义的,那就会引起相当激烈的反对意见。这里似乎有两种久已形成的观念在起作用:一是对涉及人的问题的理论研究有一种近乎本能的反感;另一种是认为"人本主义"总是同唯心主义相联的,和马克思的历史唯物主义无法相容。后者显然是更主要的。除此之外,还有一种同样是来源已久的观念,那就是马克思主义哲学等于认识论或主要是认识论,从这种观念出发必然会认为把马克思的哲学归结为人本主义是歪曲马克思主义哲学。在我看来,人本主义并不必然要同唯心主义相联。下面可以看到,马克思的人本主义是建立在唯物主义的前提之上的。至于讲到历史唯物主义,则马克思历来认为历史是不能脱离人的。他说:"人是全部人类活动和全部人类关系的本质、基础。"又说:"历史不过是追求着自己目的的人的活动而已。"①离开了人的历史唯物主义是根本不可思议的。马克思的历史唯物主义并非与人本主义不能相容,而恰恰是一种彻底唯物的人本主义。相反,那种忽视人,把人放在极不重要的地位,甚至否定人的"历史唯物主义",我认为是背离了马克思哲学的精神的。在马克思有关哲学的全部言论中,找不到可以为这样的"历史唯物主义"作辩护的根据。至于把马克思主义哲学归结为认识论,这在马克思的哲学言论中同样找不到根据。马克思并

① 《神圣家族》,人民出版社 1958 年版,第 118 页。

不否定认识论，也决不忽视它的意义，但马克思始终是把人的认识问题同人的本质的历史发展联系起来加以考察的。在他看来，包含感觉、思维在内的人的认识能力是历史地产生发展起来的，是人的本质力量的重要表现。“如果没有人，那么人的本质的表现也不可能是人的，因此思维也不能被看作是人的本质表现，即在社会、世界和自然界生活的有眼睛、耳朵等等的人的和自然的主体的本质表现。”①这是一个十分深刻的观点。自康德以来到现在，西方现代认识论研究的一个重大弱点，就是孤立地、纯形式地考察人类的认识，而没有把它同对人的本质的具体历史的考察结合起来。再加上它始终不能唯物地、科学地理解人的本质，当然也就更难正确深入地解释人类认识的本质。实际上，认识论的秘密最终是包含在对人的本质的认识之中的。马克思的认识论作为他的哲学的一个有机组成部分，是立足于对人的本质的认识的一种认识论，是一种实践人本主义的认识论。此外，说马克思的哲学是人本主义的，这决不排斥对自然的认识，决不意味着马克思的哲学仅仅是一种关于人的哲学。因为如下面即将讲到的，马克思认为人是不能脱离自然的，对人与自然的关系的解决是理解马克思哲学的精神的又一个重要方面。

第二，马克思的哲学认为人直接地是自然存在物，他的生存一刻也不能脱离物质的自然界，因此自然界是人类产生、存在的前提和基础，历史是自然界成为人这一过程的一个现实部分。

马克思在《1844 年经济学—哲学手稿》中最为明白、深刻地论述了他的这个观点。以后，在《神圣家族》、《德意志意识形态》以及马克思的经济学著作中，马克思又多次指出和论述了人类历史的“自然基础”问题。马克思的这一观点认为自然界是在人类意识、意志之外的客观存在，并指出它是人类存在的前提、基础，人本身也是自然界的一部分，这就从根本上坚持了唯物主义。这看来好像是一个很容易了解的观点，并无什么深奥神秘之处，但对于哲学却有很大的重要性。一切唯心主义的荒唐神秘的幻想的产生，经常就因为不承认自然界是在人的意

① 《马克思恩格斯全集》第 42 卷，人民出版社 1979 年版，第 178 页。

识、意志之外的客观存在，人本身也是自然界的一部分。例如，人作为主体之所以能正确认识和改造自然界，就因为人本是自然界的一部分，他的活动是自然物质的活动，从而是能够与自然相一致，并使自然发生改变的活动。马克思指出，人的主体性是“对象性的本质力量的主体性”，“它所以能创造或设定对象，只是因为它本身是被对象所设定的，因为它本来就是自然界。……它的对象性的产物仅仅证实了它的对象性活动，证实了它的活动是对象性的、自然存在物的活动”。① 相反，唯心主义由于不承认自然界的客观实在性和不承认人是自然界的一部分，因此就把人的主体性变成了超自然的、神秘的和观念的东西，并且陷入了人与自然的分裂之中，找不到两者统一的现实的根据和途径。这是在胡塞尔、海德格尔等人的哲学中都可以清楚地看到的。

马克思对人与自然的关系的唯物主义的解决，在于确认人是“以自然为基础的现实的人”②。这一解决扫除了产生各种唯心主义怪想的重要根源，同时也克服了在人与自然的关系上一切二元论的思想。既然人本身也是自然界的一部分，“人是人的自然界”，“历史是人的真正的自然史”，③那么一切将人与自然分裂开来或互不相关地并列起来的思想都是站不住脚的了。从而一切将人看作是超自然的、神秘的、观念的存在物的思想也是站不住脚的了。正因为这样，马克思在《1844年经济学—哲学手稿》中曾把他的哲学称之为“彻底的自然主义”，并指出它“既不同于唯心主义，也不同于唯物主义，同时又是把这二者结合的真理。我们同时也看到，只有自然主义能够理解世界历史的行动”④。这一段话，经常被看作是马克思早期思想的不成熟性的表现，甚至被认为是混淆唯物主义与唯心主义的表现，实际上，它对理解马克思的哲学有着不能忽视的重要意义。

这里所说的“不同于唯心主义”已如上述，而所谓“不同于唯物主

---

① 《马克思恩格斯全集》第42卷，人民出版社1979年版，第167页。

② 《神圣家族》，人民出版社1958年版，第177页。

③ 《马克思恩格斯全集》第42卷，人民出版社1979年版，第166、169页。

④ 《马克思恩格斯全集》第42卷，人民出版社1979年版，第167页。

义”则是指历史上的唯物主义(包含费尔巴哈的唯物主义)虽然肯定自然界的客观实在性和承认人是自然存在物,却看不到人的“对象性的本质力量的主体性”,看不到作为自然存在物的人的活动是“对象性的活动”,即能够实际改变自然界,并为自己创造出新的生存条件的活动。这也就是后来马克思在《关于费尔巴哈的提纲》中批评费尔巴哈“把感性不是看作实践的、人类感性的活动”的意思。① 相反,唯心主义高度重视人的主体性,但它否认自然界的客观实在性和否认人是自然的一部分,因而使人的主体性不是表现为真正现实的、感性的活动,而成为一种非现实的、抽象的、观念的活动。马克思认为他所说的“彻底的自然主义”避免了上述唯物主义和唯心主义各自的错误,同时又吸取了它们各自具有的合理的东西,因而是“把这二者结合的真理”。这里值得注意的是:在《1844 年经济学—哲学手稿》中,从马克思充分地肯定自然界的客观实在性和肯定人首先是自然存在物来看,他的哲学当然是唯物主义的。但在这本书里,马克思却只把他的哲学称之为“彻底的自然主义或人道主义”,而没有明确地称之为“唯物主义”。在《关于费尔巴哈的提纲》中,马克思才第一次把他的哲学称之为“新唯物主义”。此后,马克思曾多次声明他是唯物主义者。长期以来,我们又依据恩格斯的《路德维希·费尔巴哈与德国古典哲学的终结》一书,把马克思主义哲学看作是唯物主义发展的最高形态。此外,又依据列宁的《唯物主义与经验批判主义》一书,把全部哲学史看作是唯物主义与唯心主义的斗争史,并认为两者的对立是无论怎样也不能超越的。但是,在哲学史上,“唯物主义”一词的本来涵义究竟是什么,马克思的整个哲学思想能否完全归结为“唯物主义”,能否看作是历史上已有的“唯物主义”的一种新的形态,我认为是值得重新加以思考研究的。关于这个问题,这里暂不讨论。

第三,马克思认为人是自然存在物,但又不仅仅是自然存在物,而且是人的自然存在物,即具有自觉意识的自然存在物,因此是能够有意识、有目的地去改造自然,从自然取得自由的存在物。这种改造自然的

---

① 《马克思恩格斯选集》第 1 卷,人民出版社 1972 年版,第 17 页。

活动,最根本的就是为了满足人的生存需要的物质生产劳动。它从根本上决定着人类的生活,从而又决定着人的意识的产生和发展。这种物质生产劳动以及与之相关的实际改变自然和社会的种种活动,就其是不同于精神、观念活动的感性物质活动而言,即是马克思所说的"实践"。由于它是决定着人类的生存发展和精神意识的发展的根本性的东西,在这意义上,马克思又曾把他的哲学称之为"实践的唯物主义"。这种"实践的唯物主义"把人类的生活、人类历史的存在看作是人类通过自身的实践活动改造自然和社会的产物,因此它具有"革命的"、"实践批判的"品格①,它的最终目的是在"使现存世界革命化"②,实际地改变世界,而不是直观、崇拜自然和现存的世界。

马克思的上述思想,在他早期的著作中,特别是在《1844 年经济学—哲学手稿》中,已经形成并作了不少深刻的阐明。但实践观念的更为明确和集中的阐明,则是在《关于费尔巴哈的提纲》、《神圣家族》、《德意志意识形态》、《资本论》(包括《资本论》的三个手稿)中。这里,和过去的唯物主义相比,最为重要的是:马克思认为人的意识、观念、精神不是仅仅由自然或"物质"决定的,而是由人类实践对自然、"物质"的作用、改造决定的。如马克思在《资本论》第 1 卷中所指出,由物质生产实践所决定的"人对自然的能动关系"是人类的存在和意识的发展的最终的根基。③ 此外,马克思所说的实践,既是为客观的自然和社会历史条件所规定的活动,同时又是人类能动的自我实现和自我创造的活动,因此是对人的主体性的充分的,同时又是现实的肯定,完全不同于历史上的唯物主义那种崇拜自然、"物质",认为人是由自然、"物质"所决定的思想。

以上所说的三个方面,即人本主义、"彻底的自然主义"、"实践的唯物主义",我认为是理解马克思哲学精神的三个基本的、相互联系的方面。其中,"实践的唯物主义"是最为重要的方面,但又不能脱离其

---

① 《马克思恩格斯选集》第 1 卷,人民出版社 1972 年版,第 16 页。

② 《马克思恩格斯选集》第 1 卷,人民出版社 1972 年版,第 48 页。

③ 《资本论》第 1 卷,人民出版社 1975 年版,第 409 ~ 410 页,注⑧。

他两个方面。只有在三个方面的内在的相互联系中,才能达到对马克思哲学的精神的正确理解。就人本主义而言,马克思的人本主义是以他所说的"彻底的自然主义"和"实践的唯物主义"为前提和基础的,因此它既不同于费尔巴哈的人本主义,更不同于西方现代哲学中各种唯心主义的人本主义。但是,"彻底的自然主义"如果脱离了人本主义,就会成为马克思所批评过的那种漠视人,甚至敌视人的所谓"纯粹的"唯物主义。"实践的唯物主义"如果脱离了人本主义和"彻底的自然主义",同样会遭到不应有的歪曲。首先,实践是人类(包含群体和个体)的实践,并且是人的自我实现和自我创造。因此,脱离人本主义的"实践的唯物主义"必然会把"实践"变成一种外在于人的,甚至是否定人的东西。"实践"变得十分之神圣了,而人的地位和价值却被取消了。其次,马克思所讲的"实践"是以承认自然界的客观实在性和人是自然的一部分为前提的。马克思在《1844 年经济学—哲学手稿》中就已指出:"没有自然界,没有感性的外部世界,工人就什么也不能创造。"①因此,脱离了"彻底的自然主义",所谓"实践"就只能是唯心主义者所说的抽象的、观念的活动,而不是现实的人的感性物质的活动。由于马克思哲学的上述三个方面是内在地、不可分地相互联系着的,同时马克思的哲学又是以我们在上面所说解决人的全面自由的发展为其根本目的,因此马克思的哲学可以看作是一种以物质的自然界为基础的实践的人本主义。这一看法一点也不否认马克思的哲学是唯物主义的;相反,唯物主义是它的不可脱离的前提。但马克思的哲学又决不是以解决我们一般所说物质与精神、思维与存在的关系问题为根本目的,而是以解决人的问题为根本目的,因此它虽然以唯物主义作为自己的前提,却不应完全归结为唯物主义。把马克思的哲学仅仅看成是唯物主义的一种形态,不论在"唯物主义"这个词的前面加上怎样的一些修饰语,都难以指出马克思的哲学的根本特征。毫无疑问,马克思的唯物主义是"辩证的"、"历史的"、"实践的"等,但这仍然没有指出马克思的哲学是以解决人的问题为中心的,即没有指出马克思的哲学是贯彻着人

① 《马克思恩格斯全集》第 42 卷,人民出版社 1956 年版,第 92 页。

本主义的精神，是把人放在首要的、中心的位置的。

和我所理解的马克思哲学的精神比较起来，前述三本书中对马克思主义哲学的理解，显然和马克思本人的哲学的精神有不小的差别。这主要表现在以下三个方面：

第一，在这三本书所论述的马克思主义哲学中，"物质"占有最重要的地位，它是世界的主体，而人及其社会生活则被看作不过是物质运动的一种表现而已，所以在这种马克思主义哲学中，人作为主体的地位基本上被取消了。如果说马克思的哲学贯穿着一种强烈的人本主义精神，把人放在首要的、中心的位置，那么这三本书所讲的马克思主义哲学则把"物质"放在首要的、中心的位置，具有一种和人本主义相反的、强烈的物本主义色彩。对于它来说，"物质"是一种凌驾于人之上的、十分神圣的东西。马克思主义的全部哲学的最重要的任务就是要不断论证这个"物质"是第一性的、至高无上的。

第二，在这三本书所讲的马克思主义哲学中，马克思所说的实践仅仅被看作是检验人的意识对"物质"的"反映"是否正确的标准，而不被看作是马克思主义哲学的根本。与此同时，意识仅仅被看作是由"物质"决定的，而不是像马克思那样，看作是由人类对"物质"的实践改造，"人对自然的能动关系"所决定的。此外，实践又仅仅被看作是同对"物质"的"反映"、认识有关的东西，而不是像马克思那样，看作是人的自我实现和自我创造。实践失去了马克思的哲学所赋予它的那种作为人的主体性的确证的重要意义和强烈的人本主义精神。这样一来，实践就会变成一种和主体独立的创造精神的发挥无关的活动，一种被那个凌驾于人之上的、神圣的"物质"宿命地决定了的活动，一种往往不是使主体得到肯定，而是遭到否定的活动。而这样一种活动，在一定条件下，又会转化为一种盲目的、狂热的冲动。尽管马克思主义哲学的根本目的在于改造世界这样的话头不断地被重复，但实际上马克思哲学所特有的那种"实践批判的"精神已经消失殆尽了。因为实践已变成了维护现状的保守的活动，或者变成了一种主观幻想的活动。

第三，在这三本书所讲的马克思主义哲学中，虽然"物质"处在最高的地位，但马克思所说的那种"彻底的自然主义"的精神却已经看不到了。马克思所高度重视的人的社会性和马克思同样再三强调过的人的存在的“自然基础”相脱离,人作为自然存在物的方面被弃置不顾。他作为自然生命的种种要求被极大地贬低了,直至最后把人变成了某一抽象的社会阶级概念的载体。人似乎不再是马克思所说的“自然存在物”,而仅仅是一种社会存在物,因此也就是一种非自然、超自然的社会存在物。这个社会存在物据说又是由“物质”所决定的,而不是由人类创造自身的社会实践活动决定的。而且在“物质”这个概念中,马克思所一再强调的感性的自然界以及人的丰富多彩的感性现实的活动失去了重要的地位,“物质”最后被归结为一种抽象的“客观实在”。做一个唯物主义者,就意味着要深信不疑地确认这个抽象的“客观实在”是决定一切的最高力量。

为了坚持和发展马克思主义哲学,为了使它具有和当代人类世界的发展相适应的强大的生命力,我认为今天已到了不能不重新研究马克思主义最主要的创立者——马克思本人的哲学精神的时候了。在我看来,这是我们今天为了坚持和发展马克思主义哲学必须做的第一步工作。回到马克思,发展马克思,这就是历史在当前所赋予我们的任务。如果我们不首先回到马克思,那就不可能发展马克思,也不可能有一种能为广大群众所接受的真正的马克思主义。如果我们回到马克思,重新认真深入地研究了马克思,那就会清楚地看出马克思的思想在当代仍然有其强大的生命力,并且在给它以当代的阐明之后,是能够为广大群众所接受,并对当代人类世界发生重大影响的。

（原载《百科知识》1989 年第 7、8 期）

马克思主义哲学的本体论

上篇:马克思主义哲学对本体的理解

谈到马克思主义哲学的本体论,首先就会碰到一个问题:马克思主义哲学有没有本体论?对此,我的看法是肯定的。

早在《1844 年经济学—哲学手稿》中,马克思即已明确地讲到过:"人的感觉、激情等等"的"真正本体论的本质(自然)肯定"的问题,并提出"只有通过发达的工业,也就是以私有财产为中介,人的激情的本体论本质才能在总体上、合乎人性地实现;因此,关于人的科学本身是人在实践上的自我实现的产物"①。在同一书中,马克思所反复论述了的,以物质生产劳动为基础的,自然向人的生成和自然的"人化"问题,也正是一个极为深刻的本体论问题。这些论述,是西方自古希腊以来的本体论的巨大发展,也是马克思对近现代哲学的本体论的巨大贡献。此后,马克思再没有明确使用过"本体"这个词。但他一再指出和论证了物质生产实践是人类全部历史的基础,是决定人类历史发展的最后的、终极的原因。这实际也就是对物质生产实践所具有的深刻的本体论意义的阐明。因为自古以来的一切本体论所要找寻的东西,正是那决定世界存在与发展的终极的、最后的原因。这是哲学中的本体论问题区别于其他问题的根本之点。

恩格斯在成为马克思主义者之后的著作中没有使用过"本体"这个词。但恩格斯决没有否认过本体论问题的存在。相反,在他的著作

① 《马克思恩格斯全集》第 42 卷,人民出版社 1979 年版,第 150 页。

中,马克思主义哲学的本体论问题及其实质表现得更为明白和清晰了。不过,与马克思不同,恩格斯是侧重于从自然观方面去阐明马克思主义哲学的本体论的。他的观点与马克思是完全一致的,但注意和强调的方面有所不同。恩格斯对马克思主义哲学的本体论的确立作出了自己的贡献。特别是在阐发马克思主义哲学对本体的理解这一点上,主要是由恩格斯作出的。

在《自然辩证法》一书中,恩格斯说:"亚里士多德在谈到最初的哲学家们时说道(《形而上学》第1卷第3章):'他们断言,'一切现存赖以存在者,一切现存由之产生的最初根源,一切现存又复归于其中的最后归宿,乃是始终如一的本体,它只在它的各种规定中变化;这便是元素,这便是一切现在的本原。因此他们认为,没有一个事物生成或消灭,因为事物总是永远保持其同一本性的'。因此,在这里早已完全是一种原始的、自发的唯物主义了,它在自己的萌芽时期就十分自然地把自然现象的无限多样性的统一看作不言而喻的,并在某种具有固定形体的东西中,在某种特殊的东西中去寻找这个统一,比如泰勒斯就在水里去寻找。"①

这段话对理解马克思主义哲学的本体论具有十分重要的意义。首先,恩格斯所引用的亚里士多德的这些话历来被看作西方传统哲学对于本体论问题的经典性表述,它确定了本体论问题的基本含义。后来西方哲学对本体论问题的看法和探讨无不发端于此。其次,恩格斯显然没有否定亚里士多德对本体问题的论述,他只是要对这一问题作出唯物主义的阐明。把上引恩格斯的话和他在其他地方所说的有关同一问题的话结合起来看,恩格斯对本体问题的理解可以归结为两个问题。一个是世界的"本原"问题,也就是亚里士多德所说"一切现在由之产生的最初根源"、"一切现在的本原"问题。恩格斯在谈到哲学基本问题时指出:"什么是本原的,是精神,还是自然界?""哲学家依照他们如何回答这个问题而分成了两大阵营。凡是断定精神对自然界说来是本原的,从而归根到底以某种方式承认创世说的人(在哲学家那里,例如

① 《自然辩证法》,人民出版社1984年版,34~35页。

在黑格尔那里,创世说往往采取了比在基督教那里还要混乱而荒唐的形式),组成唯心主义阵营。凡是认为自然界是本原的,则属于唯物主义的各种学派。”①这个世界的“本原”的问题,显然正是本体论的根本问题。恩格斯把它称为“全部哲学的最高问题”,这和亚里士多德把本体论称为“第一哲学”是类似的。另一个问题是世界的统一性问题,也就是亚里士多德所说“一切现存又复归于其中的最后归宿”的问题,即世界的“始终如一的本体”、世界如何在“生成或消灭”中又“总是永远保持其同一本性”的问题。恩格斯对此的回答是:“世界的真正的统一性是在于它的物质性。”②恩格斯在《反杜林论》和《自然辩证法》中反复论述了这个观点,指出世界是物质的世界,而物质虽处在不断的运动中,但却是既不能创造也不能消灭的。这也就是说,在恩格斯看来,亚里士多德所讲的世界(存在)的“始终如一的本体”不是别的,就是物质。

从以上的分析可以看出,马克思主义哲学所讲的世界的“本原”和世界的“统一性”的问题,从西方传统哲学来看正是属于本体论的问题(这两个问题当然又是直接联系在一起的)。因此,说马克思主义哲学没有本体论,我认为是不正确的。马克思主义哲学并没有否定、抛掉传统哲学中的本体论问题,而是对它作了以物质的自然界为基础的实践唯物主义的解决。因为任何一种充分发展了的、具有自己严整的系统的哲学都不能不对世界的“本原”和“统一性”是什么这个问题作出回答。

但是,马克思主义哲学对于本体论的看法不能简单等同于传统哲学所说的本体论。一些否认马克思主义哲学有本体论,以及一些在我看来是对马克思主义哲学本体论的不恰当、不正确的看法的产生,就是简单地以传统哲学的本体论观念为标准来衡量马克思主义哲学的结果。因此,弄清马克思主义哲学的本体论与传统哲学的本体论的联系与区别是十分重要的。两者的联系表现在马克思主义哲学并没有否认

① 《马克思恩格斯选集》第4卷,人民出版社1972年版,第220页。

② 《马克思恩格斯选集》第3卷,人民出版社1972年版,第83页。

传统哲学的本体论所提出的根本问题，即世界的“本原”和“统一性”是什么的问题。但在回答这个问题时，马克思主义哲学对本体的理解与传统哲学又有重大的不同。这不仅表现在马克思主义哲学对本体问题的解决是唯物主义的，而且还表现在它对传统哲学称之为“本体”的东西也有不同的理解。前一方面的不同是很清楚的，易于了解；后一方面的不同却不太易于了解。但所谓不易于了解，其实是因为我们长期忽视了这个问题，因而也没有联系着马克思、恩格斯的有关论述去进行深入思考的缘故。此外，这两个方面的不同是紧密地相互联系的。正因为马克思主义哲学要彻底唯物主义地去解决本体的问题，这就使得它对本体的理解与传统哲学的理解有了重大的不同。这种不同集中表现在下述两个方面。

第一，马克思主义的唯物主义认为，亘古以来自然界就存在着，它在时间上和空间上都是无限、永恒的，其存在没有开端，不是由在自然界之前、之外或之上的另一个东西产生、创造出来的。因此，不能把本体理解为存在于自然界之前、之外、之上，并产生出自然界的某种实体，即使这种实体被看作是物质性的东西，那也是不正确的。如恩格斯所讲到的古希腊的泰勒斯认为自然万物产生于水，他从水这种物质性的东西中去找寻世界的本原和统一性，这是唯物主义的思想，因而恩格斯对之加以肯定。但是，认为水产生自然万物，那么水又是什么东西产生的呢？不论用任何物质性的东西（如火、空气等等）去说明自然万物的产生，都会碰到这个问题。所有这一类想法，都是假定自然界是被某一个东西产生、创造出来的，而那产生、创造自然界的东西就被称之为“本体”。但这样一种假定是不能成立的，因为自然界不需要有把它创造出来的东西。马克思在《1844 年经济学—哲学手稿》中已经对此做了深刻的分析，指出“谁产生了第一个人和整个自然界这一问题”是“一个因为荒谬”而“无法回答”的问题①。马克思主义哲学用物质去说明世界的本原和统一性，但它所说的物质决不是脱离自然万物而存在，并产生出自然万物的实体。如恩格斯在《自然辩证法》一书中所指

① 《马克思恩格斯全集》第 42 卷，人民出版社 1979 年版，第 130 页。

出的,马克思主义哲学所说的物质是通过思维的抽象所得出的概念,它所指的就是自然界的各种感性现实地存在着的事物。正如没有脱离苹果、梨子、李子而存在的一般的“水果”一样,也没有脱离自然界的各种感性现实地存在着的具体事物而存在的一般的“物质”①。如果把“物质”视为一个脱离自然界各种感性现实的具体事物而存在的“实体”,并用它去说明各种感性现实的具体事物的产生,那就像黑格尔把“水果”这一概念变为一个“实体”,并用它去说明苹果、梨子、李子的产生一样,是完全荒谬的。对黑格尔的这种“思辨结构的秘密”,马克思、恩格斯在《神圣家族》一书中已作了深刻的分析批判②。所以,马克思主义哲学虽然认为物质是世界的本原和统一性所在,在这意义上它也就是世界的本体,但这个本体决不是传统哲学所说的那种在自然界之前,并产生出自然界的“本体”。自然界本身就是物质的存在,而物质是不能创造也不能消灭的。说物质是世界的本原也就等于说自然界是世界的本原,两者是一个意思,不能设想在自然界之外还有一个产生出自然界的本原。至于这一看法如何运用于对人类社会的说明,下面还要详论。

第二,传统的本体论在许多情况下把“本体”理解为一种静止的、静态的存在物,而马克思主义哲学所理解的本体亦即马克思主义哲学所说的物质则永远处在运动之中,存在与运动不可分。马克思说:“一切存在物,一切生活在地上和水中的东西,只是由于某种运动才得以存在、生活。”③恩格斯指出:“运动是物质的存在方式。无论何时何地,都没有也不可能有没有运动的物质。”④“除了永恒变化着、永恒运动着的物质以及这一物质运动和变化所依据的规律之外,再没有什么永恒的东西。”⑤在哲学史上,也有某些哲学家把“本体”理解为处在运动中的存在物,如黑格尔哲学的“绝对精神”就是这样,但更多的哲学家

① 《自然辩证法》,人民出版社 1984 年版,第 108 页。

② 《神圣家族》,人民出版社 1958 年版,第 71 ~ 75 页。

③ 《马克思恩格斯选集》第 1 卷,人民出版社 1972 年版,第 106 页。

④ 《马克思恩格斯选集》第 3 卷,人民出版社 1972 年版,第 98 ~ 99 页。

⑤ 《自然辩证法》,人民出版社 1984 年版,第 23 页。

认为“本体”是静止不变的东西。这种观念直到现在还有影响,即认为谈到“本体”,就只能指一种静态的存在物,因此人类的实践活动是不能称之为“本体”的。关于这个问题,下面还要再谈。

总之,不把本体看作是存在于自然界之前,并产生出自然界的某种实体性的存在,也不把本体看作是某种静止不动的存在物,这就是马克思主义哲学对本体的理解和传统哲学的理解不同的地方。马克思主义哲学的这种理解,彻底清除了历来笼罩在本体论上的种种神秘的云雾,具有重大的理论意义。但正因为有这种不同(特别是第一方面的不同),马克思主义哲学界长期以来存在着这样一种看法,即认为对于马克思主义哲学来说,只能讲马克思主义的自然观,而不能讲或最好是不要讲马克思主义的本体论。理由是:第一,既然马克思主义哲学不承认有什么存在于自然界之前并产生出自然界的本体,马克思主义哲学所说的物质也不是这样的本体,这就说明在马克思主义哲学中,已不必再讲传统哲学所说的本体论问题了。第二,如果讲马克思主义哲学也有本体论,这就会碰到一个问题,即社会存在是不是本体。如果是本体,本体就不限于自然界,就会发生历史观和本体论的交叉;如果不是,社会存在明明也是一种客观的物质存在形态,何以要排除在本体之外?因此,为观念的明确计,讲马克思主义的自然观比讲马克思主义的本体论为好。

这里确实涉及了一些长期以来就没有弄清楚的重大而复杂的问题。我的基本看法是这样的:

第一,传统哲学假定有一个在自然界之前并产生出自然界的“本体”存在,其目的是为了解决世界的本原和统一性的问题。它的解决方法是错误的,因为它的假定是不能成立的。但不能因此就取消世界的本原和统一性这个问题,它仍然是哲学必须加以回答的一个根本性的重大问题,并且也正是历来一切本体论所要解决的根本问题。这也就是说,本体论之为本体论,就在于它要解决这个根本问题,否则就不会有什么本体论。如前所述,马克思主义哲学不但没有否认和抛弃这个本体论的根本问题,而且把它看作是“全部哲学的最高问题”:“什么是本原的,是精神,还是自然界?”这明明是一个本体论的问题。因此,不能因为马克思主义哲学否认有一个在自然界之前,并产生出自然界的"本体"存在,就说马克思主义哲学没有自己的本体论,而应当说马克思主义哲学以自己的方式(也是唯一科学的方式)解决了本体论的问题,确立了自己的唯物主义的、科学的本体论。

第二,马克思主义哲学决没有把物质理解为脱离自然界的各种具体事物,先于自然界而存在并产生出自然界的"本体",这一点是需要着重加以指出的。因为对此长期以来存在着很大的误解,经常脱离自然界去讲物质,似乎物质是一种与自然界不同,并产生了自然界的东西。把物质与自然界分离开来,重物质而轻自然,由此又导致对人的存在的自然基础的极大的忽视。物质被抬到了很高的地位,而自然却几乎没有什么地位。实际上,按照马克思主义哲学的观点,物质与自然一刻也不能分离,自然界就是物质的自然界,物质就存在于自然界的运动变化之中,离开了自然界还有什么物质可言?所以马克思经常应用"自然物质"这一术语(见《资本论》等书)。至于人类社会生活现象,它也是以自然界、"自然物质"为其前提、基础的,没有自然界即不会有人类社会(详下)。但是,不能因为马克思主义哲学不把物质看作是存在于自然界之前并产生出自然界的"本体",于是就认为马克思主义哲学只有唯物主义的自然观,没有本体论。因为相对于自然界的无限多样的现象来说,我们仍然可以问:这无限多样的现象的本原和统一性是什么?马克思主义哲学对此的回答是:它们都是自然物质运动的产物和表现,它们的统一性就在于它们的物质性。在这意义上,自然物质及其运动就是自然界的本体,此外再无别的本体。这也就是说,自然界以其自身的物质运动为本体,不需要在自然界之前、之外、之上去寻求另一个本体。我认为这正是马克思主义哲学对自然本体的彻底唯物与科学的解决。

第三,马克思主义哲学的本体论不仅是自然的本体论,而且还是关于人类社会的本体论。因为马克思主义哲学的唯物主义不是马克思所批评了的那种"排除历史过程的、抽象的自然科学的唯物主义"①,而

① 《资本论》第1卷,人民出版社1975年版,第410页。

是把自然和人类历史两者都包含在内,并且科学地解决了两者的联系与统一的唯物主义。恩格斯指出:“我们不仅生活在自然界中,而且生活在人类社会中,人类社会同自然界一样也有自己的发展史和自己的科学。因此,任务在于使关于社会的科学,即所谓历史科学和哲学科学的总和,同唯物主义的基础协调起来,并在这个基础上加以改造。”①这是一个只有马克思主义哲学才完成了的复杂而困难的任务。从马克思主义的本体论来看,任务就是要把关于自然的本体论和关于人类社会的本体论同唯物主义的基础协调起来,从唯物主义的自然本体论发展到人类社会的本体论,并科学地解决两者的联系与统一。如果只有关于自然的本体论而无关于人类社会的本体论,那么马克思主义哲学的本体论就是不完善的,而且不可能是彻底唯物主义的。同传统本体论比较起来,马克思主义哲学的本体论的一个巨大贡献正在于它不只唯物地解决了自然的本体问题,而且还同样唯物地解决了人类社会的本体问题,并科学地阐明了两者的联系与统一。但恰恰是在这个非常重要的问题上,一向研究得很差(有时甚至没有看到这个问题),并且存在着一些我认为是不恰当、不正确的观念。在我看来,马克思主义哲学的自然本体论与人类社会本体论,是相互区别而又相互联系的,由此构成马克思主义哲学关于整个物质世界(自然和社会)的本体论。全部问题的关键在于深入地阐明这种区别与联系,不是用区别去否认联系,也不是用联系去否认区别。

我在上面已经指出,有一种意见认为,在马克思主义哲学中,如果认为社会存在也是本体,那么本体就不限于自然界,就会发生历史观和本体论的交叉。关于社会存在是否为本体,我将在下面再谈。这里需要指出的是,这种意见要避免“历史观和本体论的交叉”,实际也就是认为在历史观的范围内是不能讲本体论的,本体论顶多只能在自然观的范围内来讲。但如上所说,马克思主义的本体论不能不把人类历史的本体问题也包含在内,因为马克思主义哲学的唯物主义不只是关于自然的唯物主义,也是关于人类社会的唯物主义。在本体论上,它也不

① 《马克思恩格斯选集》第4卷,人民出版社1972年版,第226页。

可能撇开人类历史而只讲自然。问题仅仅在于如何理解马克思主义哲学对人类社会本体的看法,以及这种看法同马克思主义哲学对自然的本体的看法的关系是怎样的。拙作《实践本体论》就是企图解决这个问题的一个尝试。① 但那是一篇提纲性的文章,许多问题没有展开细谈,而且基本的看法还受到了一些批评者的误解。因此,我想在本文里进一步作一些较为详细的说明。

我认为,澄清种种混乱而使问题得到解决的关键,在于正确和深入地理解马克思、恩格斯有关人与自然的关系的许多十分重要的论述。这是在过去马克思主义哲学的研究中长期被忽视了的重要问题。由于忽视了它,马克思主义哲学的自然观和历史观就常常被看作是两个没有什么内在必然联系的东西,似乎是两个各自独立存在、并列存在的东西。即使讲到联系,也常常是一种外在的、表面的联系。什么是内在必然的本质联系呢?这就是马克思、恩格斯多次指出的,人和人类社会是自然界发展到一定阶段的必然产物,人本身也是自然界的一部分。这就把人类历史和自然联结了起来,把人类社会的存在放置到了感性物质的自然界的基础之上,而排除了一切将人和人类历史与自然相分裂的唯心神秘的幻想。但是,与此同时,马克思、恩格斯又多次指出,作为自然的产物和自然的一部分的人,是通过劳动而产生出来的,因此人能有意识、有目的地去改造自然界,创造自己的生活,不同于没有自觉的意识,只能适应自然界的动物。这就在自然的基础之上,充分肯定了其他自然物所不能有的人的主体性,而排除了一切否认人的主体性的机械唯物主义。归结到一点,人既是自然界的一部分,但又不同于其他的自然存在物。正确地把握人与自然的这种联系与区别,是正确解决自然的本体与人类社会的本体及两者的联系与统一的理论前提。

首先,不能因为人是自然界发展的产物,是自然界的一部分,于是就认为人类社会的活动就像物理的、化学的运动那样,只不过是自然物质运动的一种形态。如果这样看,那就会取消人在自然面前的主体性,把人类社会的活动等同于动物的活动,亦即把马克思在《资本论》中论

---

① 见《武汉大学学报》,1988 年第 1 期。

及人类劳动时所指出的纺织工的活动等同于蜘蛛织网的活动,建筑师的活动等同于蜜蜂建筑蜂房的活动。但正是这样一种看法,长期以来为许多人所坚持,并认为只有坚持这一点,才符合恩格斯所说的"世界的统一性是在于它的物质性"这一重要的、科学的论断。为了证明这一看法,一般的论证是这样的:社会与自然是统一的物质运动的不同形态。社会领域虽有精神现象,但它是物质的派生物,精神现象的存在并不能排除世界的统一性在于它的物质性。这个论证的最大的问题,是在所谓"统一的物质运动"的含义是什么。如果它指的是自然物质的运动,那么社会运动虽不能脱离自然,但并不是自然物质的运动。如阶级斗争就不是自然物质的运动,不是达尔文进化论所讲的生物界的生存竞争。如果"统一的物质运动"既指自然物质运动,也指社会运动,那么"社会与自然是统一的物质运动的不同形态"这句话就是没有意义的同义反复,而且也没有指出自然物质运动与社会运动何以是"统一的物质运动"。

其次,依据上述看法,还会带来另一个问题,即世界的本原不是一个而是两个:世界既要统一于自然物质运动,又要统一于社会运动。但世界的统一性是统于一,不是统于二,统于二即是不统一。孔子早就说过:"吾道一以贯之。"而且,自然界在人类社会之前就存在着,在人类社会产生后也具有不以人类社会为转移的规律性;如果"统一的物质运动"里也包含了社会运动,那就等于说自然界也要统一于社会运动,要以社会运动去说明自然界的统一性。这当然又是说不通的。与上述这些问题相关,我想附带指出,列宁把物质定义为我们的意识所反映的"客观实在",这是一个有重要理论意义的定义,但是从认识论角度提出的定义,不能应用于本体论。因为列宁所说的"客观实在"是包含了自然界和社会存在两者在内的。如应用于本体论,那么世界的本原就不只是一个,而是两个,并且还会出现以上所说用社会存在去说明自然界的本原和统一性这样的问题。此外,上述论证中还说,由于社会领域中的精神现象是物质的派生物,所以精神现象的存在并不能否定世界的统一性在于它的物质性。这看来似很有道理,其实是把不同性质的问题混淆起来了。精神现象是物质的派生物,但这并不能证明具有自觉意识的人类社会的活动是像自然界的物质运动那样一种物质运动，人作为自然存在物的活动与其他自然存在物的活动没有区别。

问题如何解决呢？包含自然和社会两者在内的世界的统一性究竟应当如何理解呢？我认为当恩格斯说“世界的统一性在于它的物质性”时，他所说的“物质”这个词只能是指自然界的物质及其运动，而不能把社会运动也包含进去，否则就会产生我们在上面已指出的问题。所以，我认为恩格斯的这个重要论断应当这样来理解：世界上无限多样的现象都是自然物质运动的产物和结果。人类社会虽然不同于自然界，但它也是自然物质运动发展的产物和结果，而不是非自然或超自然的东西。这和马克思在《1844 年经济学—哲学手稿》中已经指出的“人是人的自然界”①，或人是“人的自然存在物”②，以及“历史本身是自然史的即自然界成为人这一过程的一个现实部分”③等说法是一致的。其根本的思想都在于指出人是从自然界发展而来的，人和人类社会不是非自然或超自然的存在物。更简单地说，人虽然不同于石头、树木、动物这些自然存在物，但他也是自然存在物，是自然界的产物和自然界的一部分。这样，由自然和社会组成的世界就找到了它的统一性，即统一于自然物质的运动。因此，包含自然和社会两者在内的世界的本体不是别的什么东西，它就是自然物质的运动。

但是，当我们弄清楚了这一点的时候，却又不能因此就忘记了人虽是自然存在物，但不是如动物那样的自然存在物，而是“人的自然存在物”，即能够通过劳动去有意识、有目的地改造自然的存在物，从而是一种具有主体性的、生存于一定社会关系中的（主体性与社会性不可分）自然存在物。正是这一点把人类史和自然史区分开来了。马克思、恩格斯多次讲到了人类史与自然史的区别，指出人类史是人的有意识、有目的的创造活动，而自然史则是无意识的。既然人类史不能脱离自然史，但又区别于自然史，那么为什么不可以来探究人类史的本体即

① 《马克思恩格斯全集》第 42 卷，人民出版社 1979 年版，第 166 页。
② 《马克思恩格斯全集》第 42 卷，人民出版社 1979 年版，第 169 页。
③ 《马克思恩格斯全集》第 42 卷，人民出版社 1979 年版，第 128 页。

人类社会的本体呢？这种探究难道不是比探究自然的本体更为重要吗？一种本体论如果不能回答人类的本体的问题，难道不是一个重大的缺陷吗？更何况在马克思主义哲学中本来就已包含了对这个问题的科学的、具有重大理论意义的回答。可是，这里立刻就会引来一个疑问，这种探究同马克思主义哲学主张世界统一于物质的思想能够相容吗？会不会导致对它的否定？我认为不会。因为这种探究是以充分承认人是自然界的产物为其不可脱离的前提、基础的。如上已指出，恩格斯关于世界的统一性的科学论断，也就是确认自然物质的运动是世界的本体。而关于人类社会的本体的探究则是要说明在自然物质运动中所出现的人这种具有自觉意识的自然存在物的本体。它是对于恩格斯所说包含自然和社会两者在内的世界本体的看法的补充、深化。它没有脱离恩格斯认为世界的本体是自然物质的运动这一根本思想，而只是要对由自然物质运动所产生的人这种具有自觉意识的自然存在物的本体作出说明。就包含自然和社会两者在内的世界而论，我们当然可以而且必须说自然物质的运动就是世界的本体，但由于人既属于自然又区别于自然，因此仅仅指出自然物质运动是世界的本体，还不能说明人的本体。

那么，人和人类社会或人类历史的本体是什么呢？我已在《实践本体论》中指出，它就是人类的社会实践，更准确地说是物质生产实践、劳动。这种说法必然要引起种种疑问，如实践能否看作是本体，以及这种说法和南斯拉夫"实践派"的观点有何区别，是不是"唯实践主义"，等等。关于这些问题，下面再作讨论。

下篇：实践与本体

本文上篇论述了我对马克思主义哲学本体论的基本看法，下篇将集中讨论实践与本体的关系问题。由于所涉及的问题纷繁复杂，而篇幅又有限，我想只就几个最重要的问题尽可能简明地陈述一下我的看法。

在什么意义上实践是本体？

这里所说的实践，当然是马克思主义哲学所说的实践，不是其他任何哲学所说的实践。同时，它所指的，首先又是马克思主义哲学多次指出的、对人类社会的发展具有根本性决定意义的实践，即物质生产实践。对此，毛泽东曾作了最为明确的说明："马克思主义者认为人类的生产活动是最基本的实践活动，是决定其他一切活动的东西。"①如果脱离这一观点，那就在根本上脱离了历史唯物主义。

我认为实践是本体，在范围上是就人类社会生活而言的。它虽然不能不涉及自然界（因为自然界是人类存在的基础），但指的是自然界在人类实践中所发生的变化，即马克思所说的"人化的自然界"，而不是指在人类之前即已在的自然界，也不是指不以人类实践为转移的自然界本身的存在及其规律。这也就是说，我所理解的实践本体论只确认"人化的自然界"或自然界的人化是人类实践的产物和结果，从而实践对"人化的自然界"具有本体论的地位。但反对将自然界与"人化的自然界"混为一谈，声称自然界本身也是实践的产物这种唯心主义的观点。

本文上篇已经指出，马克思主义哲学是在世界的"本原"是什么这一意义上来理解本体的。马克思主义哲学的本体论就是世界的"本原"论。在马克思主义哲学中，"本体"与"本原"这两个词完全可以互换、通用。那成为世界的"本原"的东西，或用长期流行的说法来讲，那在世界的存在和发展中居于"第一性"地位的东西，就是马克思主义哲学所说的本体。那么，在人类社会生活的领域中，什么是"本原"的、"第一性"的东西呢？我认为正是物质生产实践。马克思主义哲学关于物质生产实践在人类生存和发展中具有最终决定性意义的许许多多论述，同时也就是对实践在人类社会生活领域中具有"本原"的、"第一性"地位，即本体论地位的论述。早在《1844 年经济学—哲学手稿》中，

① 《毛泽东选集》合订本，人民出版社 1964 年版，第 259 页。

马克思在论及人所生活的自然界和人自身是从何产生出来的这个很明显是本体论的问题时就已指出:“在社会主义的人看来,整个所谓世界历史不外是人通过人的劳动而诞生的过程,是自然界对人说来的生成过程。”①此后,马克思、恩格斯、列宁、毛泽东都一再论述过物质生产实践对人类社会生活具有终极的、决定性的意义。在《反杜林论》一书中,恩格斯曾详细分析批判了杜林认为人类历史的“本原的东西必须从直接的政治暴力中去寻找,而不应先从间接的经济力量中去寻找”这一历史唯心主义观点,指出杜林所谓“本原的东西”亦即“政治暴力”实际上“正是取决于经济力量”②。这也就是确认人类历史的“本原的东西”是经济、物质生产。

由于物质生产实践是人类社会生活的“本原”、本体,因此一切人类社会生活现象,不论是属于观念领域或存在领域的东西,最终都是人类物质生产实践的产物、结果、表现。它们都只有追溯到人类物质生产实践的发展,才可能获得真正科学的解释,彻底地破除一切反科学的神秘的幻想。马克思主义的实践本体论将对人类历史的解释变成了真正的科学,其贡献是空前巨大的。我把马克思主义哲学的这种解释方法称之为马克思主义的实践还原法,即将一切社会生活现象还原到物质生产实践这一本体,以求得科学的解释。③ 马克思在《关于费尔巴哈的

---

① 《马克思恩格斯全集》第42卷,人民出版社1979年版,第131页。

② 《马克思恩格斯选集》第3卷,人民出版社1972年版,第213页。

③ 我在这里提出“实践还原法”这一概念,是因为考虑到胡塞尔的现象学在研究意识现象时曾出过所谓“本质还原”法和“先验还原”法。我认为只有马克思的“实践还原法”才能真正彻底科学地说明一切意识现象和一切生活现象。胡塞尔晚年还提出了“生活世界”这一概念,并认为“生活世界”是一切科学形成的基础,这是胡塞尔现象学的一个重大进展。尽管胡塞尔没有也不可能从马克思的实践观点来解释“生活世界”,但他关于“生活世界”的理论值得马克思主义者注意研究。在20世纪的西方产生了重大影响的哲学家的思想中,我认为杜威的“经验自然主义”和胡塞尔的“生活世界”理论都值得马克思主义者细加研究。这种研究能够使产生于19世纪40年代的马克思的“实践”理论和西方现当代哲学的发展联结起来,在新的历史条件下进一步阐明和发展马克思的“实践”理论。——作者校注

提纲》中指出:“社会生活在本质上是实践的。凡是把理论导致神秘主义方面去的神秘东西,都能在人的实践中以及对这个实践的理解中得到合理的解决。”①这正是在观念领域中对马克思主义的实践还原法的深刻说明,也正是对人类社会生活中本体与观念现象的关系的深刻说明。在《德意志意识形态》一书中,当讲到在目前西方现代哲学中占有重要地位的语言问题时,马克思又指出:“德国哲学是德国小资产阶级关系的结果。哲学家们只要把自己的语言还原为它从中抽象出来的普通语言,就可以认清他们的语言是被歪曲了的现实世界的语言,就可以懂得,无论思想或语言都不能独自组成特殊的王国,它们只是现实生活的表现。”②不但对观念、语言的解释最终须还原到实践这一人类社会生活的本体,就是对不属于观念领域的人类社会种种现象的解释也同样必须如此。马克思在《资本论》中对商品、货币的本质的解释就是一个伟大的典范。正是由于紧紧抓住了物质生产劳动这一人类社会的本体,并对人类劳动进行了深入分析,马克思才第一次科学地解决了资产阶级经济学家百思不得其解的商品与货币之谜,从而又为科学地解释整个资本主义社会奠定了坚实的基础。正如恩格斯在《路德维希·费尔巴哈和德国古典哲学的终结》一书中所指出,马克思主义哲学是在德国古典哲学之后,一个“在劳动发展史中找到了理解全部社会史的锁钥的新派别”③。这是它区别于其他哲学的最重要的根本之点,也是它对人类思想发展史的最伟大的贡献。

南斯拉夫实践派的失误

南斯拉夫实践派的缺陷在于它把它所说的“实践一元论”与“物质一元论”互不相容地对立起来,用前者去否定、取消后者,从而堕入了唯心主义。这是一个需要深入分析的重要问题。

① 《马克思恩格斯选集》第1卷,人民出版社1972年版,第18页。

② 《德意志意识形态》,人民出版社1961年版,第515页。

③ 《马克思恩格斯选集》第4卷,人民出版社1972年版,第254页。

本文上篇已经指出,由于人类社会是从自然发展而来的,而且其存在一刻也不能脱离自然界,因此包含人类社会在内的整个世界的"本原"亦即本体就是自然界,而不是别的什么东西。马克思主义哲学的"物质一元论"或物质本体论,我认为也就是自然物质一元论或自然本体论。在这里,"物质"一词的含义只能理解为"自然物质"①。

马克思主义哲学的这个自然物质本体论,就其思想的渊源说,不仅直接来自费尔巴哈,同时也来自18世纪法国唯物主义,特别是霍尔巴赫的自然体系思想。霍氏在《自然体系》一书中说:"人是自然的产物,存在于自然之中,服从自然的法则。"②直接影响到马克思、恩格斯的费尔巴哈的唯物主义也正是从18世纪法国唯物主义而来的。马克思、恩格斯在《神圣家族》一书中谈到费尔巴哈时指出:"费尔巴哈把形而上学的绝对精神归结为'以自然为基础的现实的人',从而完成了对宗教的批判,同时也巧妙地拟定了对黑格尔的思辨及一切形而上学的批判的基本要点。"③由此可见,确认自然界是人的存在的基础,是廓清唯心主义的一切神秘幻想所不可缺少的重要理论前提。

但是,不论18世纪法国唯物主义或费尔巴哈唯物主义,虽然正确肯定了自然界是人的存在的基础,却始终未能达到对现实的人及其历史发展的科学的理解,仍然停留在超历史的抽象的人上面。只有马克思主义哲学才第一次解决了这个问题。而马克思主义哲学对这一问题的解决,又决不是否认自然界是人类存在的基础,把人与自然界分离出来,而是提出"人化的自然界"、"人是人的自然界"这一极为重要的思想,把人类历史理解为通过物质生产而发生的自然的人化的过程。这里所说的"人化",既包含人自身的自然,即人的自然的躯体、感官、欲望、冲动的"人化",也包含人所生存的外部自然界的"人化"。如马克思所指出,与人的存在相关的自然"本身具有双重的性质:(1)是主体

① 马克思主义哲学的"物质"概念有多层含义,长期以来混淆不清,当另文专门讨论。

② 《自然体系》上,商务印书馆1964年版,第10页。

③ 《神圣家族》,人民出版社1958年版,第177页。

的自然,(2)是客体的自然"①。因此,自然的"人化"也包含这样两个方面,具有双重的性质。所谓"人化",一是指相对于动物而言,把人类从动物中提升出来。我在《实践本体论》一文中曾指出:"社会不过是使人的自然潜能获得超越动物的发展的客观必然的形式。"二是指使包含在人类劳动本性中的为我与为他相统一的社会性获得真正的实现,消灭由剥削制度的产生所造成的人的异化。这后一意义上的"人化"的实现也就是马克思主义的科学共产主义的实现。

马克思主义哲学既充分确认自然界是人类生存的前提、基础,人本身也是自然界的一部分,同时又指出"人是人的自然界",人类历史即是自然人化的历史(阶级斗争是自然的人化在一定历史阶段上必须经过的道路),这就正确地解决了人与自然的联系与区别这一极为重大的哲学问题。而当问题涉及到人类历史,亦即涉及到自然的人化时,在这里作为人类历史的"本原"亦即本体的东西就不仅仅是与人无关的自然物质的运动,而是使自然的人化得以产生和发展的、人对自然的实践改造,即物质生产劳动。离开了物质生产劳动就不会有自然的人化,也就不会有人类历史。这就是我在人类历史的领域中提出实践本体论的缘由。

但是,我所主张的这种实践本体论,是以自然物质本体论为前提的。它包含在自然物质本体论的大的思想构架之中,是它的合乎历史和逻辑的结论。这里,需要强调指出以下几点:

第一,人类之所以能改造自然界,不仅因为人类具有动物所不能有的自我意识,而且还因为人本是自然界的一部分,并具有能够作用于自然界的自然力。如果人是在自然界之外,与自然界不同的一种非自然、超自然的存在物,那么他的意识与活动就不可能与自然界符合、一致,从而也就不可能改造自然界。因此,仅仅强调人具有自我意识而忽视或否定人同时又是自然界的一部分,那就会使人类改造自然的实践成为不可能,使实践成为幻想的活动。马克思在批判黑格尔的唯心主义时早就深刻地指出过,人具有自我意识,但人不仅仅是黑格尔所说的

① 《马克思恩格斯全集》46卷上,人民出版社1979年版,第488页。

"自我意识",而是"一个有生命的、自然的、具备并赋有对象性的即物质的本质力量的存在物"①。又指出:"对象性的存在物客观地活动着,而只要它的本质规定中不包含对象性的东西,它就不能客观地活动。它所以能创造或设定对象,只是因为它本身是被对象所设定的,因为它本来就是自然界。因此,并不是它在设定这一行动中从自己的'纯粹的活动'转而创造对象,而是它的对象性的产物仅仅证实了它的对象性活动,证实了它的活动是对象性的、自然存在物的活动。"②

第二,人对自然的改造是通过实践的活动,按照自然的规律去改变自然物质的形态,使之符合于人的需要、目的。因此,实践一刻也不能脱离自然(马克思所说的"具有双重的性质"的自然,即"主体的自然"与"客体的自然"),更不能消灭或创造自然物质。在《神圣家族》中,马克思、恩格斯指出:"人并没有创造物质本身。甚至人创造物质的这种或那种生产能力,也只是在物质本身预先存在的条件下才能进行。"③在《资本论》中,马克思又指出:"人在生产中只能象需用自然本身那样发挥作用,就是说,只能改变物质的形态。不仅如此,他在这种改变形态的劳动中还要经常依靠自然力的帮助。"④恩格斯在《自然辩证法》中也鲜明地阐发了与此相同的思想。他说:"我们统治自然界,决不像征服者统治异民族那样,决不同于站在自然界以外的某一个人,——相反,我们连同肉、血和脑都是属于自然界并存在于其中的;我们对自然界的全部支配力量就是我们比其他一切生物强,能够认识和正确运用自然规律。"⑤

第三,人类的实践活动是有意识、有目的的活动,但同时又是客观物质的活动,不是观念的活动。实践的有意识、有目的的性质并不排斥、否定实践是客观物质的活动。这不仅因为如上所说,实践在主体和

① 《马克思恩格斯全集》第42卷,人民出版社1979年版,第166页。

② 《马克思恩格斯全集》第42卷,人民出版社1979年版,第167页。

③ 《神圣家族》,人民出版社1958年版,第58页。

④ 《资本论》第1卷,人民出版社1975年版,第56~57页。

⑤ 《自然辩证法》,人民出版社1984年版,第305页。

客体两个方面都不能脱离自然及其规律性，实践也不能消灭或创造物质，只能改变物质的形态，而且还因为当主体一旦进入实践，他所抱有的目的意识就立即处在不绝地转化为物质形态的过程之中。这时的目的意识就不再仅仅是存在于观念之中的东西，主体的活动也不再仅仅是观念的活动了。例如，当我仅仅在观念中设想着我要制造怎样的一张桌子时，这时我的活动就仅仅是观念的活动。而当我拿起木工的生产工具去对木材这种自然物质进行加工改造，这时我头脑中关于桌子的目的意识就不断地转化为被我加工改造了的木材的形态，因此我的活动就不再仅仅是观念中的活动，而是客观物质的活动了。这也就是说，我希望制造怎样的一张桌子的主观的目的意识已经成为见之于客观的东西。对于这个问题，向来就存在着一些误解，即既然认为实践是有意识、有目的的活动，那就不能说它是客观物质的活动；或反过来，既然认为实践是客观物质的活动，那就不能说它是有意识、有目的的活动，因此主张从实践中把意识、目的“清除”出去。但这样一来，人类的实践活动就与动物的活动没有区别了。所有这一类说法的错误都是由不理解或不承认实践是变主观的东西为客观的东西的活动，坚持主观与客观的差别是一条永远不许也不能超越的鸿沟。

第四，由于有意识、有目的的实践活动同时就是客观物质的活动而非纯观念的活动，因此，与自然界的物质运动比较起来，其区别仅仅在于自然界的物质运动是无意识、无目的的，而由人类实践所引起的物质运动（即自然物质的形态的改变）则是受着人的目的意识的支配的。这也就是说，世界的物质运动有两大基本形态，一个是与人无关的自然界本身所发生的无意识、无目的的物质运动，另一个是由人的实践所引起的、受人的目的意识所支配的物质运动。自然界的物质运动与人类社会的物质运动的统一性与区别就在于此。用区别去否认统一性，或用统一性去否认区别都是错误的。

第五，更进一步说，这两种物质运动形态的区别就是和人无关的自然的物质运动与人化的自然的物质运动的区别。前者的本体就是自然物质本身，不是人类的实践，后者的本体则不仅仅是自然物质本身，而是人类对自然物质的实践改造，两者必须加以区别。但由于没有人就不会有人类的实践,而人是自然界的发展在一定阶段上的产物,再加上人类实践本身处处都必须以自然为其前提、基础,因此实践本体论不能脱离自然本体论。不仅如此,由于人类及其实践是自然界发展的产物而且始终不能脱离自然物质,因此,当问题涉及到包含自然和社会在内的整个世界的本体时,本体只能是自然物质;而当问题只涉及到与自然界有别的人类社会的本体时,本体则是以自然界为其前提、基础的人类实践。这也就是说,马克思主义的自然本体论历史地和逻辑地包含了马克思主义的实践本体论,但又不能代替它。这就是两者的正确关系。

从以上的分析可以清楚地看出,南斯拉夫实践派把它所谓的"实践一元论"同"物质一元论"对立起来,用前者去取消、否定后者,这是没有根据的。由于脱离马克思主义自然本体论去讲实践,因此南斯拉夫实践派所谓的"实践"也就成了一种和自然界无关、甚至凌驾于自然界和决定自然界的东西。这样一种"实践"同马克思主义哲学所讲的实践是不能相容的。一般而论,用主观唯心主义的唯意志论来解释马克思主义哲学所讲的实践,这是西方马克思主义的一个带普遍性的失误。这一错误又是同它们以"实践"来否定"物质一元论"紧密地联系在一起的。此外,南斯拉夫实践派看来十分强调实践,但它却明确地否认物质生产实践对人类社会生活的根本性的决定意义,认为这是"一种庸俗'经济主义的'理解"①。

这里,还需要附带指出,前些年我国关于实践与本体的讨论中,也曾出现过一种用实践来否定物质世界的存在的看法,认为离开了人及其实践自然界就不存在。这种看法的意图是要高扬人的主体性,但却堕入了唯心主义。为了论证这种看法,马克思在《1844 年经济学—哲学手稿》中所说过的"被抽象地孤立地理解的、被固定为与人分离的自然界,对人说来也是无"②这段话一再被引用。但从上下文及全文来看,这段话决没有离开人自然界就不存在的意思。马克思的这段话是

---

① 见《关于马克思主义人道主义问题的争论》一书所载加·彼特洛维奇《马克思思想中的人道主义与革命》一文,三联书店 1981 年版,第 141 页。

② 《马克思恩格斯全集》第 42 卷,人民出版社 1979 年版,第 178 页。

针对黑格尔唯心主义的自然观而发的。在黑格尔看来,自然界不过是抽象的绝对理念的异在或外化,而不是与任何概念无关的、感性的、现实地存在着的、物质的自然界。所以,马克思指出,对于黑格尔来说,"离开这些抽象概念并不同于这些抽象概念的自然界,就是无"①。正是基于对黑格尔唯心主义自然观的这种分析批判,马克思才作出了"被抽象地孤立地理解的、被固定为与人分离的自然界,对人说来也是无"这个论断。这就是说,人生活于其中并与之相联系的自然界本来是感性的现实的自然界,而黑格尔唯心主义却把它变成了绝对理念的异在,变成了依赖于抽象概念而存在的东西,这样自然界就不再是真实地存在着的、与人相联系的自然界,而成了与人分离的东西。马克思说这样的自然界"对人说来也是无",因为它并不是现实的与人相联系的感性的自然界,而是黑格尔唯心主义的神秘虚构。

社会存在是不是本体?

我们知道,社会存在本体论是由卢卡奇提出的。由于种种条件的限制,我至今未能直接阅读卢卡奇关于社会存在本体论的论述,只读过一点第二手的简略介绍。因此,我在这里暂时撇开对卢卡奇观点的评论,只从我的看法出发来谈谈社会存在是不是本体。

本体这一概念可以在不同的范围、领域、层次上来理解、应用。如果就马克思主义哲学所讲的社会存在与社会意识的关系这一范围来看,社会存在是社会意识由之产生的"本原",因而也就是社会意识的本体。但如果就整个人类社会生活来看,社会存在显然是人类物质生产实践的产物、结果。因此,在整个人类社会生活中,社会存在并不是"本原",从而也不是本体,本体仍是物质生产实践。如前所说,纷繁复杂的社会存在只有追溯到、还原到物质生产实践这一本体,才可能得到科学的说明。如马克思对资本主义社会的商品、交换关系、生产关系、社会关系的说明就是如此。

① 《马克思恩格斯全集》第 42 卷,人民出版社 1979 年版,第 179 页。

由于马克思主义哲学所说的物质生产实践只能是结成一定社会关系的人们共同进行的活动，而决不可能是处在社会之外的、单个的、孤立的人的活动，因此人的社会性、社会关系对马克思主义哲学的实践观具有十分重要的意义。在《关于费尔巴哈的提纲》中，马克思提出了“人的本质并不是单个人所固有的抽象物。在其现实性上，它是一切社会关系的总和”①这一著名论断。但如果我们再问一下这种社会关系是从何而来的，那么它正是人类物质生产实践的产物。马克思在《哲学的贫困》一书中批判蒲鲁东的唯心主义时指出：“经济学家蒲鲁东先生非常明白，人们是在一定的生产关系范围内制造呢绒、麻布和丝织品的。但是他不明白，这些一定的社会关系同麻布、亚麻等一样，也是人们生产出来的。社会关系和生产力密切相联。随着新生产力的获得，人们改变自己的生产方式，随着生产方式即保证自己生活的方式的改变，人们也就会改变自己的一切社会关系。手推磨产生的是封建主为首的社会，蒸汽磨产生的是工业资本家为首的社会。”②因此，资本主义社会并非什么由“理性”决定的万古长存的社会，它必然要随着生产力的发展而为社会主义社会所取代。也因此，我们既要坚持马克思所说现实的人的本质是“一切社会关系的总和”这一极为重要的思想，同时又要看到社会关系是人类物质生产实践的产物，因而是随着物质生产实践的发展变化而发展变化的，并不是凌驾于人类的物质生产实践之上，宿命地决定着人的本质的某种永恒不变的本体。马克思主义的实践本体论与一切历史的宿命论不能相容。西方现代资产阶级哲学声称马克思主义哲学是历史的宿命论，这是毫无根据的。但如果看不到社会存在是物质生产实践的产物，那就会把社会存在看成是与物质生产实践无关的某种永恒不变的本体，从而陷入历史的宿命论。这是社会存在本体论有可能掉入的陷阱。

社会存在本体论还会碰到一个难于解决的问题，即包含自然和社会两者在内的世界的本体是什么？如果说是社会存在，那就是说自然

① 《马克思恩格斯选集》第1卷，人民出版社1972年版，第18页。

② 《马克思恩格斯选集》第1卷，人民出版社1979年版，第108页。

界的本体也是社会存在。这显然是错误的。如果说社会存在仅仅是人类社会生活的本体,那么社会存在本体论就还没有对包含自然界和人类社会两者在内的世界本体是什么这个问题作出回答,也没有说明自然界的本体与人类社会的本体两者的联系与区别。据我目前的有限的了解,卢卡奇的社会存在本体论在涉及上述这个无法回避的重大问题时,作了不少晦涩难解的、具有浓厚的黑格尔色彩的思辨。实际上,只有确认自然物质是整个世界的本体,同时确认从自然物质的发展而来的人类物质生产实践是人类社会的本体,才能使问题得到明晰合理的解决,而不致掉入烦琐神秘的思辨之中。说到底,不是人类社会产生了自然界,而是自然界物质的发展产生了人类及其与动物活动不同的实践活动,从而产生了人类社会。因此,只有以自然物质本体论为其前提、基础的实践本体论才能正确说明人类社会的本体,并与马克思主义哲学所说自然物质是世界的本体这一不能否定的根本思想相统一。这种统一,集中到一点,就是由于人类及其实践活动是从自然界发展而来的,并且永远不能脱离自然界。只有确认这一点,才能有力地反驳在本体论问题上的一切唯心神秘的思想。

除社会存在本体论之外,前些年我国哲学界曾有一些同志提出"人类学的本体论"。这里不可能来详细评述、分析这一理论,我只想指出这一提法是含糊不清的。因为"人类学"这个词是含糊不清的,既可以赋予它以马克思主义的含义,也可以赋予其他的含义。恩格斯在《自然辩证法》一书中讲到人类学时曾经指出:"在上一世纪末地质学奠定了基础,最近则有所谓人类学(这个名称很拙劣),它是从人和人种的形态学和生理学过渡到历史的桥梁。"①我认为这就是马克思主义对于"人类学"的正确理解。近年来,有人把人类学同唯物史观相提并论。我认为正确了解的人类学确实与历史唯物主义有密切关系,但把历史唯物主义视为人类学,并竭力把马克思主义哲学人类学化,这是不正确的。就本体论的问题来说,如果我们承认物质生产实践是人类存在的根基,是人类社会一切现象的"本原",那么有关人类社会的本体

① 《自然辩证法》,人民出版社 1984 年版,第 28 页。

论就应称之为实践本体论,而不必用"人类学本体论"这个含糊不清的词去称谓它。相反,如果否认物质生产实践是人类存在的根基、人类社会一切现象的"本原",那么所谓"人类学的本体论"就决不可能是马克思主义的,而只能是与马克思主义相对立的。

结　语

我认为对马克思主义哲学的实践本体论的探讨具有多方面的重要意义。要而言之,以下几点是值得注意的:

第一,它将有力地击破西方19世纪下半期以来所流行的种种神秘唯心的本体论,特别是存在主义的本体论(它在80年代中国的思想界产生了很大的影响),并使本体论的研究沿着马克思主义哲学指出的科学方向大踏步地前进。

第二,它将深入地科学地解决自古以来的哲学,特别是西方近代哲学所未能解决的巨大问题,即本体与现象、本体与主体的关系问题,消除两者之间所存在的神秘的鸿沟。仅以后一问题来说,由于实践既是人类社会的本体,又是作为主体的人类的客观物质的活动,因此本体就不再是凌驾于主体之上的神秘的存在。曾由黑格尔提出的"实体即主体"这一包含有深刻思想,但又十分神秘的命题就得到了科学的解决,人的主体性的理论也牢固地树立在唯物主义的基础之上了①。

第三,它将丰富、加深我们对马克思主义哲学的唯物主义的理解,使人们更深入地去思考这个问题:怎样才能真正坚持唯物主义,并回答西方现代哲学对马克思主义哲学唯物主义的曲解与责难?

(原载《求是学刊》1991年第2、4期)

---

① 参见拙作《实践本体与人的主体性》,《社会科学家》杂志,1989年第3期。

批评与答复

——再谈我对马克思主义哲学的理解

我很感谢山口勇先生在本刊译介了我的哲学论文《对马克思主义哲学中唯物主义问题的重新考察》，之后又对我进行访问，并发表了访问录。访问录发表后，我读到了山口勇先生以及岛崎隆先生对我的观点的质疑和批评。山口勇先生把访问录寄给了中国的一些哲学家征求意见，于是又使我能够看到来自中国哲学家的各种批评意见。我决定写一篇文章来回答所有这些批评意见。这种回答的目的决不是单纯为了对我自己的观点进行辩护，而是为了通过不同观点的对话来共同探讨和振兴马克思主义哲学。但以怎样的方式进行回答呢？最初我想列举出各位先生的质疑与批评，逐一加以回答。但后来感到这种做法会使所要讨论的问题的实质、主旨淹没在对一个一个问题的回答中，并且会使文章变得冗长乏味。因此，我决定把各位先生所提的问题综合为几个重大的理论问题，在正面阐述我对这些问题的看法的同时来回答各位先生提出的问题。有些较次要的，或我认为其看法显然不对的问题，就略而不谈了。例如，认为马克思主义哲学的物质概念的“宗旨”是为了批判商品拜物教，这种简单化的狭隘的看法显然是不对的。

物质概念问题

我们先来讨论物质概念问题。这对正确理解马克思主义哲学是一个非常重要的问题。我认为前苏联哲学的整个体系的建立所存在的问题，一个是脱离了马克思所说物质生产实践这一根基，另一个就是对物质概念作了错误的理解，这两个方面的问题又是相互联系在一起的。

李德顺先生比较集中地批评了我对物质概念的看法。他的意思是说,我未能正确了解列宁的物质定义,因而产生了错误。他没有看到,列宁的物质定义恰恰是我难以同意的。我所做的努力,就是恢复马克思、恩格斯对物质的看法,放弃列宁的物质定义。我把过去马克思主义哲学对物质的看法分为三个层次,其中第一、二层的看法是马克思、恩格斯的看法,我认为是正确的;第三层的看法是列宁的看法,我认为是不正确的。不改正列宁对物质的看法就无法正确理解马克思主义哲学的理论体系,并坚持和发展它。但我主张改正列宁的物质定义,决不是否认列宁对马克思主义哲学和无产阶级革命的伟大贡献,也不是说他的物质定义毫无意义、价值。我认为列宁的失误是在他把为认识对象所下的正确定义和物质的定义混而为一了。这种混淆又被斯大林予以强化,从而造成了理论上的混乱,并直接影响到对马克思主义哲学体系的正确理解与阐释。

马克思、恩格斯对"物质"这个词的含义的理解同西方哲学史上一切唯物主义者的理解是一致的。他们都认为物质与自然界不能分离,这个词的含义指的就是构成自然界的各种物质的东西,亦即全部自然科学所研究的物质。恩格斯说:"我们所面对着的自然界形成一个体系,即各种物体相互联系的总体,而我们在这里所说的物体,是指所有的物质存在,从星球到原子,甚至直到以太粒子……"(《自然辩证法》)。马克思、恩格斯在两层意义上使用物质这个词。一是在讲到哲学上物质与精神的关系时使用,二是在讲到物质生产、经济学问题时使用。两者都是指自然界的物质,或用马克思在《资本论》中多次使用的术语来说,指的就是"自然物质",只不过在后一情况下,已同生产劳动联系在一起了。

李德顺先生认为我说马克思的物质概念指的是"自然物质","缺乏足够的根据"。其实,根据很多很多,随处可见。不仅马克思是这样看,恩格斯也是这样看。在这个问题上,恩格斯与马克思是完全一致的。这里不可能全部引述有关的材料,只能作一简略的说明。

在谈到物质与精神的关系这一问题时,马克思在《1844 年经济学—哲学手稿》中已经指出:"思维本身的要素,思想的生命表现的要素,即语言,是感性的自然界。"这里所说的"感性的自然界"即是指由物质所构成的自然界,马克思的意思是说语言作为思维的要素是与自然物质分不开的。在《德意志意识形态》中,马克思更为明确地指出了这一点:"'精神'从一开始就很倒霉,注定要受物质的'纠缠',物质在这里表现为震动着的空气层、声音,简言之,即语言。"由此可见,马克思所说的与"精神"不同的"物质"不是别的,它指的就是感性物质的自然界、自然物质。恩格斯所说的物质也是如此,它与自然界不能分离。所以,恩格斯认为唯物主义是与承认自然界是感性物质的存在,承认人是自然界的产物、自然界是人的生存的基础分不开的。他在《费尔巴哈与德国古典哲学的终结》一书中说:"唯物主义把自然界看做唯一现实的东西。"费尔巴哈的《基督教的本质》一书的出版"直截了当地使唯物主义重新登上王座",这是因为它批判了黑格尔把自然界看作精神的产物的唯心主义,指出"自然界是不依赖任何哲学而存在的;它是我们人类即自然界的产物本身赖以生长的基础"。在说明费尔巴哈的唯物主义,指出精神是物质的最高产物时,恩格斯所说产生精神的"物质"不是指别的任何东西,而是指"物质的、肉体的器官即人脑"。人脑当然是生理学、医学所研究的自然物质的东西。在《反杜林论》和《自然辩证法》两书中,恩格斯所讲的"物质"也明显地是指自然物质。

在谈到和经济学相关的"物质生产"时,马克思、恩格斯所说的物质同样明白无误地是指自然物质。因为马克思、恩格斯所说的"物质生产",指的就是人通过劳动去改变自然物质的形态,使之符合人的需要,它是一刻也不能离开物质的自然界的。马克思在《资本论》第一卷中说:"人在生产中只能象自然本身那样发挥作用,就是说,只能改变物质的形态。"在论到劳动过程时,他又指出:"一边是人及其劳动,另一边是自然及其物质。"劳动不是别的,它就是"人和自然之间的物质变换";劳动产品则是"自然物质和劳动两种要素的结合",不能脱离自然物质而存在。

由于自然界与人类社会是相互联系而又相互区别的,因此属于自然物质的事物与属于人类社会的事物也是相互联系而又相互区别的,既不能否认它们的联系,也不能否认它们的区别,这对于正确理解物质概念甚为重要。概而言之,这种联系与区别大致上有三种情况。第一,有些社会事物的存在直接依赖于自然物质,但这个事物本身的性质仍属于社会事物。如上述的语言就是这样。第二,有些事物是通过人类社会的活动才产生出来的,并具有社会的意义、价值,但它本身仍是一个由自然物质所构成的东西,如物质生产的各种产品。第三,有些社会事物的存在不能脱离自然物质和物质生产,但它本身不是由自然物质构成的,不能把它看作是一个自然物质的东西,如人与人的社会关系、国家制度,马克思作过深刻分析的与商品的使用价值不同的商品的交换价值,等等。这些东西无疑都是客观存在着的,但不能把它们看作是有体积、重量、硬度、颜色、气味等等的物质的东西。它们是社会历史的产物,不是自然界的产物,也不是人所改变了的自然物质形态的东西。根据以上对马克思、恩格斯的物质概念的分析,我认为山口勇先生提出的“主体的(社会的)物质”的概念是含混不清的,李德顺先生根据列宁的物质定义而提出的“自然物质”与“社会物质”的划分是不能成立的。如果我们承认在哲学史上和在马克思、恩格斯那里物质这一概念与自然界不可分,只能指自然物质,那么所谓“主体的(社会的)物质”是什么意思呢?它只能是指主体的(社会的)自然物质存在。就人本是自然的一部分来说,这种说法可以讲通,但措词不太好、不准确。如按马克思在《1844年经济学—哲学手稿》中的表述来说,就是“人是人的自然”的意思。如果“主体的(社会的)物质”指的是人的劳动产品或人所改造了的物质的自然界,那么这个说法也是很不准确的。如上所说,劳动产品是人的劳动生产出来的并能满足人的需要,但它本身仍是一个由自然物质构成的东西。所以,只能说它是一个对主体具有人的、社会的意义的东西,或由社会的人所占有了的自然物质,而不能称之为“主体的(社会的)物质”。因为这种说法会导致把自然物质的东西和社会的东西混淆起来。一个自然物质的东西可以是由人产生并具有社会的意义、价值的东西,但它本身仍是自然物质的东西,两者不能混淆。如马克思在《资本论》第一卷中所说:“用木头做桌子,木头的形状就改变了。可是桌子还是木头,还是一个普通的可感觉的物。”马克思所讲的“人化的自然”也是如此。自然通过人的劳动而人化了,即成为人借以满足人的需要和发展人的才能的自然,但自然还是自然物质的东西

(尽管物质形态有了改变),没有成为“主体的(社会的)物质”,而只是成为对主体、社会有意义的物质,打上了人的劳动的印记的物质。如果这时自然竟然成了一种不再是自然物质的东西,它就不可能满足作为自然一部分的人的需要。这样,自然的人化就失去了意义。马克思在物质概念上、在唯物主义哲学上的贡献,决不在提出“主体的(社会的)物质”这样一种含混的概念,而在既充分肯定过去一切唯物主义所主张的物质的自然界是人的存在的基础这一正确思想,同时又提出人生活于其中的自然界是人的物质生产实践改变了的自然界,是物质生产实践的产物、结果。这也就是马克思在《关于费尔巴哈的提纲》中所说的“把感性理解为实践活动的唯物主义”,这是马克思所实现的人类哲学史上最伟大的革命的根本所在。至于在把物质理解为物质的自然界、自然物质这一点上,马克思和过去的唯物主义者是没有也不可能有什么差别的。因为,不首先肯定物质的自然界存在,不把物质的自然界看作是人类存在的基础,不立足于这个基础,马克思的实践观点就不可能是正确的、唯物主义的。正因为这样,我才认为正确理解马克思的物质概念是正确理解马克思主义哲学的一个重要问题。明白了“主体的(社会的)物质”这一概念何以是不恰当的,那么李德顺先生所说的“社会物质”这一概念不能成立也就很清楚了。马克思、恩格斯从未使用过“社会物质”这样的概念,而只使用“社会存在”这个概念。因为根据他们的物质概念,社会性的事物虽然是客观的存在,但却不是一个自然物质的东西,因此不能称为“社会物质”。有时他们也使用“物质关系”这一概念,但这只是指人们在物质生产中发生的关系(生产关系),以区别于其他的关系,而决不是说这种关系是一种自然物质的东西。正因为这样,马克思在分析商品的本质时指出,商品的使用价值是同商品的自然物质属性分不开的,决定于物的自然属性;而商品的交换价值却是人与人的社会关系的体现,并只有在一个社会过程中才能实现,同商品的自然物质属性无关。所以,马克思嘲笑了那些企图从珍珠、金刚石的自然属性中去找寻交换价值的资产阶级经济学家。

在分析了马克思、恩格斯的物质概念之后,列宁的物质定义的失误之处就不难理解了。列宁把物质定义为“客观实在”,并且说这是“物质”所具有的“唯一特性”。这个定义其实只能看作是对人们的认识对象的定义。作为认识对象的定义,它是正确的,因为人们的认识对象,不论其为何种对象,都是在人们意识之外的“客观实在”。所以,列宁的这个定义,作为认识对象的定义来看,仍有其不能否认的意义与价值。问题在于列宁忽视了在哲学史上和在马克思、恩格斯的哲学中,物质这个词都是同自然界相联的,指的就是自然物质。因此,物质概念不能混同于“客观实在”这个概念。对于一切唯物主义者来说,物质当然毫无疑问都是“客观实在”。但由于物质指的仅仅是自然物质,因此就不能说一切“客观实在”都是物质。如上所说,人与人的社会关系是“客观实在”的东西,但不能说它是一种有体积、重量、硬度等等的物质的东西。总之,凡物质必定是“客观实在”,但“客观实在”的东西并不都是物质。由于列宁将两者混同起来,离开了马克思、恩格斯的物质概念,于是在对马克思主义哲学的了解上就造成了种种问题。

第一,不把物质理解为物质的自然界中的物质,其结果就会使马克思主义哲学脱离确认物质的自然界是人产生、存在和发展的基础这个根本性的前提,而用抽象的“客观实在”这个概念取代物质的自然界,导致脱离物质的自然界去观察、解决人及与人相关的种种问题,即导致人与自然界的分离,至少也是导致对人与自然界的不可分离的联系的忽视。当然,有人会说,列宁所讲的“客观实在”是包含了自然界和人的社会存在两者在内的。但问题是列宁的物质定义所指的只是这两者共同具有的“客观实在性”,而不是自然界与人的具体的存在。

第二,这样一种定义,就其对自然界而言,它将本来是具有各种具体的、丰富多采的属性的自然界,马克思、恩格斯高度重视的“感性的自然界”完全抽象化、空洞化了。因为在列宁看来,物质所具有的“唯一特性”就是“客观实在”,此外再无别的特性。但如此抽象化之后,又怎样用物质的概念来说明具体的丰富多样的世界呢?于是列宁、斯大林及苏联时期的哲学家就说世界上的各种具体事物都不过是“物质”亦即“客观实在”的具体的运动形态。这样一来,“物质”亦即“客观实在”这个抽象就成了驾凌于一切具体事物之上的“本质”、“共相”,具体事物则成了它的现象、个别,这就使马克思主义哲学的物质概念成了和柏拉图所说的"理式"、黑格尔所说的客观的"理念"相类似的东西。

第三,由于世界上的一切具体事物,包括人类社会的一切活动,都被看作不过是抽象的"物质"——"客观实在"的运动形态,这样人的主体性就被取消了。马克思早就指出过的"主体是人,客体是自然"(见马克思的《政治经济学批判导言》)这一完全正确的思想就给否定了。不仅如此,斯大林和他手下的哲学家还引用了马克思、恩格斯的《神圣家族》中的"物质是一切变化的主体"这句话来证明主体是物质而不是人,完全不管这句话是马克思、恩格斯对历史上机械唯物主义者霍布斯的观点的复述,并不是马克思、恩格斯的观点。马克思、恩格斯一再指出人类史是由有意识、有目的的人自己创造出来的,这是人类史不同于自然史的根本之点。他们怎么可能把人类历史的运动看作像自然物质运动那样的东西呢?马克思在《资本论》中说"社会经济形态的发展是一个自然历史过程",这也丝毫不意味着对人的主体性的否定。这个问题后面再谈。

在物质概念的问题上,我所达到的结论是:放弃列宁的物质定义,回到马克思、恩格斯的物质概念。所谓回到马克思、恩格斯的物质概念,这就是说:首先,从物质的自然界出发去说明我们所生活的世界,确认我们所生活的世界是感性物质的自然界,而不是抽象的"客观实在",也不是"客观实在"这一抽象的概念、共相的具体化身。其次,确认我们所生活的物质的自然界是人类物质生产实践改变自然界的产物、结果,不是费尔巴哈所说的那种亘古以来就存在的、和人类实践无关的自然界。最后,确认人类社会虽然和自然界一样也是在我们意识之外的"客观实在",但既不能把它与自然物质的东西混为一谈,又要看到它的存在不能脱离物质的自然界和物质生产实践对自然界的改变,并且是为物质生产实践的发展所决定的。没有物质的自然界和人类改变自然界的物质生产实践,就不会有人类社会这个"客观实在"。仅仅宣称人类社会和自然界都是"客观实在",丝毫也不能说明人类社会是怎样的"客观实在"。为了说明这个"客观实在",也必须回到马克思、恩格斯的物质概念,从物质的自然界和人类物质生产实践对自然的改变去加以说明。

哲学基本问题

现在,我们再来讨论一下和物质概念紧密相关的,马克思主义哲学所说的哲学基本问题。在这儿,同样有许多需要加以分析、澄清的问题。

恩格斯在《费尔巴哈与德国古典哲学的终结》一书中,把“什么是本原的,是精神还是自然界?”看作是哲学的“基本问题”或“最高问题”,这是正确的、深刻的,是恩格斯对马克思主义哲学的一个重要贡献。因为恩格斯抓住了世界的本原、始基这个根本性的问题,即亚里士多德的“第一哲学”所要回答的本体论问题。这是任何较为彻底的哲学都不能不回答的问题,而且对这个问题的回答从根本上决定着对其他问题的回答。唯物主义的根本思想就是确认“自然界是本原的”。这一点在今天仍有重要意义。否认各门自然科学所研究的物质的自然界是人类存在的“本原”,这是一切唯心神秘的思想产生的哲学根源。但是,恩格斯的这一正确思想既受到了后来列宁、斯大林的不正确的解释,同时它本身也存在着不容忽视的缺点。

问题首先是出在未能正确理解恩格斯思想的实质,其次是出在物质的定义上。这两方面自然又是相互联系着的。

恩格斯所提出的哲学基本问题本来是世界的本原是什么的问题,即本体论的问题,而列宁、斯大林以及斯大林手下的哲学家却把它变成了一个和认识论混淆在一起的物质与精神的关系问题,最后归结为这样一个简单的命题:物质产生、决定精神,精神反映物质,并不断地宣称物质是第一性的、精神是第二性的,认为这就是马克思主义哲学唯物主义的根本。不能认为这些说法是完全错误的,但的确存在着简单化的毛病。与此同时,“物质”又被定义为“客观实在”,不再是指马克思、恩格斯所说的物质的自然界。于是,马克思主义哲学的一系列问题就陷入了似是而非的混乱之中。直到今天,要澄清这些混乱,恢复马克思主义哲学的本来面貌还是一件很费力的事。

第一,在“物质决定精神,精神反映物质”这种说法中,前一句话讲的是本体论问题,后一句话讲的是认识论问题,两者是相互联系的,但应分别处理,而不能混在一起,把恩格斯所说的哲学基本问题即本体论问题化为认识论上的物质与精神的关系问题。

第二,在“物质决定精神”这句话中,“物质”一词必须理解为马克思、恩格斯所说的“物质与自然界”,而不能理解为“客观实在”。精神之所以是由物质产生的,就因为物质的自然界是人类产生和存在的基础,只有从物质的自然界出发才能说明精神的产生。将“物质”定义为“客观实在”,就掩盖以至否定了恩格斯所说的“自然界是本原的”这一极为重要的思想,在本体论上脱离了马克思主义哲学。如我在上面已指出的,列宁的物质定义实际是对认识的对象的定义,但他错误地把认识对象的“客观实在性”和“物质”这一概念混同起来了,同时也就把本体论问题和认识论问题混同起来了。在认识论的意义上,我们无疑必须承认我们的认识对象是“客观实在”。但这个认识论意义上的“客观实在”不能看作是本体论意义上的“物质”。本体论意义上的“物质”只能指物质的自然界。列宁、斯大林只重视从认识论意义上来理解自然界,把自然界抽象为“客观实在”,同时人和人类社会也变成了抽象的“客观实在”,既脱离了人的生存不能脱离的感性物质的自然界,同时又失去了人的主体性。这是一种十分轻视自然界和人与自然界的联系的哲学,因此它也是一种轻视人类的物质生产实践的哲学,它五体投地崇拜的只是抽象的“客观实在”。

第三,把“物质”理解为“客观实在”,并应用它去说明世界的本体,必然要产生种种问题。首先,如我已指出过的,这个“物质”实际包含自然界和社会存在两个东西,因此会导致二元论。其次,如果说“物质”不是指这两个东西,而是指它们共同具有的抽象的“客观实在性”,那就会陷入客观唯心主义。最后,恩格斯说过,世界的统一性在于它的物质性,而不在世界是存在着的。把“物质”理解为“客观实在”,就会认为世界的统一性在于世界的“客观实在性”,这恰好是恩格斯所否定的看法。

第四,马克思、恩格斯从来都只认为物质的自然界是本原(因为人类社会是从自然界发展而来的),而没有说过“物质是第一性的,精神是第二性的”这样的话。马克思、恩格斯既无情地批判了精神产生、统治世界的唯心主义哲学,同时又充分重视精神的作用、意义与价值。如恩格斯在《自然辩证法》一书中,把“思维着的精神”称作是“地球上的最美的花朵”。所谓第一性、第二性的说法,是列宁从费尔巴哈那里借用过来的。我同意岛崎隆先生的看法,第一性、第二性“是因果上的规定与被规定的问题,而并不是价值上的高低关系问题”。但为什么一定要用“第一性”、“第二性”这样的词来加以表达呢?我不知道在日本或其他国家的语言中第一性、第二性的意思如何,但至少在中国语言里,第一性的东西即意味着是最重要的,第二性的东西则是次要的,或与第一性的东西相比是不太重要的。因此,这种表达法会导致对精神的意义与作用的轻视。从事实来看,在长时期中,人的精神世界的种种复杂问题没有得到马克思主义哲学的关注、重视与研究,极大地削弱了马克思主义哲学的影响。今天,我认为马克思主义哲学非常需要研究、建立、发展自己的以物质生产实践为基础的精神哲学、人生哲学。

第五,与上述问题相关,物质与精神的差别不断被强调,物质与精神的关系被规定为决定与被决定的关系,而完全忽视了两者的统一,或只把这种统一理解为精神正确反映了物质,即只理解为认识论上的统一,而不是了解为在整个社会生活中自然与精神、物质生活与精神生活的丰富多彩的统一。马克思则不同,它不是仅仅从认识论的意义上来理解人的感觉、思维,而认为感觉、思维是人对对象世界的占有,是人在对象世界中对自身的肯定,“创造着具有丰富的全面而深刻的感觉的人”是共产主义社会的一个重要的本质特征(见《1844 年经济学—哲学手稿》)。他还指出,“思维和存在虽有区别,但同时彼此又处于统一之中”(同上书)。这些思想在长时期内似乎被遗忘了。在中国,毛泽东由于深受中国传统哲学的影响,比较重视物质与精神的统一,提出了“物质变精神,精神变物质”的说法。但他忽视了这种统一是建立在物质生产的基础之上,并为物质生产发展的程度所制约的,因而陷入了精神决定论、阶级斗争决定论亦即政治意志决定论。邓小平纠正了他的错误,回到了彻底的历史唯物主义,同时又提出物质文明与精神文明要两手抓、两手都要硬的思想,不是简单地讲物质决定精神。

第六，过去，当我批评物质决定精神的简单化的毛病时，有人提醒我忘了苏联哲学还说了另一句话，精神反作用于物质。其实，这是我在大学时代向苏联专家学哲学时早就记得烂熟了的。这种物质决定精神、精神反作用于物质的说法，是牛顿机械力学的作用与反作用的原理在哲学上的套用。实际上，精神与物质之所以能相互作用，就是因为它们既是相互区别的，又是相互依存、相互渗透的。例如，每个人的存在，既不只是肉体（物质），也不只是精神；不是肉体（物质）在一边，精神在另一边，而是肉体（物质）与精神的相互渗透与统一。只有承认这种统一，并在马克思主义哲学所说的物质生产基础上来说明这种统一，才能达到对物质与精神的关系的正确了解，并解决现代西方哲学所关注的心物、主客的二元对立问题。

以上，我讲了苏联哲学对恩格斯所说的哲学基本问题的不正确了解所产生的问题。下面，再来谈一下恩格斯本身的思想所存在的问题。

恩格斯指出唯物主义对"什么是本原的，是精神，还是自然界"这个哲学基本问题的回答是"认为自然界是本原的"，这完全正确，而且十分重要。唯物主义之为唯物主义就在于肯定"自然界是本原的"。但这还只是马克思的唯物主义和过去一切唯物主义的共同点，而不是区别点。区别点是马克思在充分肯定自然界是本原的前提下，提出了人所生活的感性物质的自然界以及人自身作为感性自然的存在，是人类物质生产实践改变了自然（包括客体和主体的自然）的结果和产物。这也就是马克思在《关于费尔巴哈的提纲》中所说"把感性理解为实践活动"的真义所在，也是马克思的唯物主义的根本所在。马克思的这个根本思想在《1844年经济学—哲学手稿》中已开始形成，以后又在从《德意志意识形态》到《资本论》一系列著作中得到了阐明。岛崎隆先生说："如果在现实世界的精神因素与物质因素相互作用判定唯物主义还是唯心主义时，把解决哲学基本问题的实践概念拿出来的话，只会招来混乱，因为，实践既可以从唯物主义方面来解释，也可以从唯心主义方面来解释。"不错，在提出实践的概念之前，首先必须解决区分唯物主义与唯心主义的哲学基本问题，不先肯定"自然界是本原的"，就不可能有马克思的唯物的实践概念。但这又只是一个叙述的方法、程序问题,恩格斯完全可以在论述了哲学基本问题之后,对马克思所说“把感性理解为实践活动”这一重要思想作出阐发,将马克思的唯物主义和过去的唯物主义加以区分。但恩格斯没有这样做,这不能不说是一个重大的缺陷。恩格斯在讲了“什么是本原的”这个哲学基本问题之后,又提出“思维与存在的同一性问题”,即人们的思维能否正确地反映存在的问题,作为哲学基本问题的“另一个方面”,同时又没有论述两者的区别与联系何在,于是就造成了本体论问题与认识论问题的混淆不清,这对后来列宁、斯大林的哲学产生了很大的影响。在论述“思维与存在的同一性”时,恩格斯讲到了“实践,即实验和工业”,但只把它看作检验认识的真理性的标准,并且局限于自然科学的领域,没有指出物质生产实践是人类生存和人类历史的根基,从而是决定人类精神、人类对客观世界的一切认识的根基。马克思认为物质生产实践决定人类精神的发展,社会存在决定社会意识这一根本思想没有得到阐明,它对解决认识论问题的根本性的重大意义当然也没有得到阐明。这样,恩格斯在这里所讲的认识论,除了主张实践是真理的标准和主张将唯物辩证法应用于认识论之外,基本上仍是旧唯物主义的认识论。它把认识看作是能思维的主体与存在之间所发生的一种关系,存在作用于能思维的主体的感官、大脑,感官、大脑则对存在作出反映。它忽视了认识同人类物质生产实践的联系,忽视了正是物质生产实践决定着人们的认识所面临的对象是怎样的对象,什么样的对象落入他们的视野之中,以及他们怎样去认识这些对象。认识仅仅被看作是由作用于人的感官、大脑的物质对象所决定的东西,而不是由人类改造物质世界的生产实践活动所决定的东西。恩格斯的认识论后来为列宁所继承,在某些方面旧唯物主义色彩更为强化并由于认识论与本体论的混淆而在物质概念的定义上发生了失误。列宁晚年的《哲学笔记》有许多不同于他早年所写的《唯物主义与经验批判主义》一书的新思想,更接近于马克思的思想,但《哲学笔记》完全不为斯大林所重视。末了,还需要指出,恩格斯所说的“思维与存在的同一性”,是仅就人对存在的认识而言的,不涉及思维如何转化为物质存在的问题,即马克思作过许多论述的人的本质的对象化、人的对象世界的创造、自然的人化等等问题。这样一种仅仅停留在认识上的“思维与存在的同一性”,不是马克思最终所要达到的同一性。这种思想导致将马克思主义哲学认识论化,把解决认识论问题看作是马克思主义哲学的中心,而忽略了马克思哲学所包含的多方面的丰富深刻的内容,特别是忽略了物质生产实践是决定人类认识发展的基础,由此又使认识论本身的内容简单化、贫乏化。

关于“实践本体论”

我所主张的“实践本体论”不是别的,就是对马克思所说“把感性理解为实践活动”这一极其重要的思想的一种理解和阐发。马克思的这一思想,直接地来说,是他批判地考察费尔巴哈哲学的产物,是针对费尔巴哈的唯物主义而提出的。马克思说:“费尔巴哈不满意抽象的思维而诉诸感性的直观;但是他把感性不是看作实践的、人类感性的活动。”这种“直观的唯物主义,即不是把感性理解为实践活动的唯物主义”(引文均见《关于费尔巴哈的提纲》)。这里的“感性”一词,在费尔巴哈哲学中,指的就是诉之于人的感官的物质的自然界。费尔巴哈认为,它是唯一真实的东西,是世界的本原、始基,也就是本体。但在费尔巴哈的眼里,这个感性物质的自然界是亘古以来就存在着的,它既非黑格尔所说的精神的产物,也非人类的活动的产物,虽然人类的活动处处要依赖于它。和费尔巴哈不同,马克思通过研究哲学(其中最重要的又是黑格尔哲学,特别是黑格尔关于劳动的思想)和政治经济学(政治经济学的研究对马克思哲学思想的形成产生了非常重要的作用),认识到了从客体方面看,人所生活的物质的自然界是人在劳动、物质生产中所改变、创造出来的自然界,已不是先于人类历史而存在的那个自然界;从主体方面看,人本来是自然的产物,是自然的一部分,是自然存在物,他是通过劳动、物质生产才从单纯的自然存在物变为人的自然存在物。所以,费尔巴哈所说的“感性”亦即物质的自然,不论从客体或主体方面看,都是人的劳动、生产实践的产物和结果。马克思的这一思想在《1844 年经济学—哲学手稿》中已经形成,并得到了深刻的论证。但这时青年的马克思还处在对费尔巴哈的某种崇拜之中,如后来恩格斯所指出的那样,自视为属于“费尔巴哈派”(见《费尔巴哈与德国古典哲学的终结》一书)。因此,马克思往往把他自己发现的新思想归之于对费尔巴哈本有的思想的阐明,并常常用费尔巴哈的概念、术语来表达他自己的思想。到了写作《关于费尔巴哈的提纲》的时候,马克思才把他在《1844年经济学—哲学手稿》中所提出和阐明的思想,概括为“把感性理解为实践活动”这样一句话,并直接与费尔巴哈的哲学明确区分开来。由于马克思从客体和主体两方面指出了与人的存在相关的感性的物质的自然界是人的劳动、生产实践的产物和结果,这样,包含费尔巴哈在内的一切唯物主义者所主张的自然界是本原、本体这一思想就发生了重大变化,即本体不再仅仅是自然界,而是人类改变自然界的物质生产实践活动。这就把实践引入了本体论,使全部哲学史发生了一个根本性的伟大的变化,其意义决不是康德自以为他在哲学上完成了的“哥白尼式的革命”所能相比的。

以上我讲了我主张“实践本体论”的由来与根据,下面我想来回答各位先生提出的问题。这些问题提得很好,对我进一步思考“实践本体论”的问题很有帮助。

我在大学时代的老师肖前先生说:“我曾明确表示不同意实践本体论的提法,其最突出的缺陷在没有确定实践本身的性质,究竟是物质性活动,还是精神性活动?”的确,这是一个非常重要的关键性的问题。如果实践是精神性活动,那么实践本体论就是唯心论。此外,这个问题不仅关系到整个马克思主义哲学的理解,同时也关系到如何解决西方现当代哲学讲得很多的心物、主客二元对立的问题。

首先,我要指出我所说的“实践本体论”的“实践”一词,指的是马克思所说的物质生产实践,不是其他任何意义上的实践。在过去的马克思主义哲学中,“实践”一词的含义被了解得十分广泛,不仅指物质生产,也指阶级斗争、科学实验,甚至指人们日常生活中的各种活动(如吃梨子、打乒乓球等等)。毛泽东曾把实践定义为“变主观的东西为客观的东西”或“主观见之于客观”的活动,这是对人类实践活动的特征的一个深刻的说明,但这样一来,实践的含义就包罗了人类的一切活动，而失去了它在马克思主义哲学中应有的规定性。虽然毛泽东在《实践论》中很正确地指出"人类的生产活动是最基本的实践活动，是决定其他一切活动的东西"，但这一思想尚未得到充分阐明，还没有把马克思所讲的实践规定为物质生产实践，即决定人类生存和发展的物质性的活动。人类的活动只要不仅仅是观念中的活动，当然都是"主观见之于客观"的活动，但决不都是马克思所说的决定人类生存和发展的物质生产活动。所以，不能把吃梨子、打乒乓球之类的活动与马克思所说的物质生产活动等量齐观，也称之为"实践"。马克思的贡献就在于它将物质生产活动同人类其他的一切活动区分开来，指出它是决定人类生存和发展的客观物质的活动。因此，对马克思所说的"实践"一词只能从这个意义上来理解，其他意义上的理解都必然要引起概念上的混乱和错误。过去的苏联哲学和毛泽东的哲学都是从认识论的角度来了解实践的，而认识又被看作是仅仅由认识的对象即列宁所说的"客观实在"决定的，而不是在根本上由物质生产实践决定的，因此实践就被了解为和人类的认识相关的一切实际活动，比如恩格斯所说的吃布丁、毛泽东所说的吃梨子。我并不否认日常生活中的这一切实际活动与认识相关，但从根本上决定人类认识发展的并不是这些活动，而是马克思所说的物质生产活动。把日常生活中的各种实际活动都称之为"实践"，并认为它们是决定人类认识的东西，这就脱离了马克思的观点，并且必然会导致对马克思所说的实践的简单化、庸俗化的了解，不能正确认识马克思所讲的实践在哲学上的深刻含义，也不能认识实践是客观物质的活动。因此，在回答肖前先生所说实践"究竟是物质性活动，还是精神性活动"之前，必须首先确定马克思所说的实践指的是物质生产实践。这是马克思对实践的含义的本质性的规定。

在确定了实践是指物质生产实践之后，实践不是精神性活动而是物质性活动的问题就可以得到解决了。马克思在《关于费尔巴哈的提纲》中已经指出，实践是"人的感性活动"，是"真正现实的、感性的活动"，是"客观的[gegensändliche]活动"。这已经十分明确地指出了实践是物质性活动。因为这里反复使用的"感性"一词是费尔巴哈哲学经常应用的术语，这个术语在费尔巴哈哲学中的含义就等于真实的、实在的、现实的、物质的、客观的。费尔巴哈说:"真理性、现实性、感性的意义是相同的。只有一个感性的实体,才是一个真正的、现实的实体。"他又说:"在思维以外存在的东西就是物质,就是实在的基质……。这个非思维,这个有别于思维的东西到底是什么呢? 就是感性事物。"(均见《未来哲学原理》)但是,尽管马克思已明确指出实践是物质性的、客观的活动,人们(包括我自己)却在长时期中感到有一个很难解决的问题:实践是人的有意识、有目的的活动,这是马克思自己也多次指出了的。既然如此,怎么能说实践是物质性的、客观的活动呢?这种想法,显然包含着一个不言自明的前提:一种活动如果是物质性的活动,它就不能是人的有意识、有目的的活动。反过来说,如果是人的有意识、有目的的活动,那就不可能是物质性的活动。这是长期以来存在的根深蒂固的想法,它把心(精神)与物(物质)、主体与客体看作是绝对对立的。如果说双方能达到统一,那也不是双方各自保持其自身而达到的统一,而是一方吃掉另一方,即宣称物质产生、决定精神,或精神产生、决定物质。如果从回答我们在前面说过的什么是世界的本原这个问题来说,当然只能有这样两种可能的回答。但不论哪一种回答,物质与精神的关系仍然是一种决定与被决定的关系,一个处在另一个之外,接受着来自另一个的决定作用。但是,这种说法不可避免地要碰到两个它难以解决的问题。第一,物质与精神既然是性质不同的两个东西,它们如何能通过一个决定另一个而达到统一呢? 仅拿认识论的问题来说,我们的精神如何能达到那在精神之外的物质世界,并与之一致呢? 这就是康德一生在思考的巨大问题,也是康德哲学的深刻性及其影响长期不衰的原因所在。黑格尔批判了康德哲学,但只是用一种神秘思辨的方法解决了这个问题,尽管其中包含了后来给了马克思以深刻启示的东西。费尔巴哈批判黑格尔而重新回到了唯物主义的感觉论,但同样解决不了这个问题,而且看不到黑格尔哲学中合理的、深刻的东西,比黑格尔肤浅得多。第二,在每一个人以及人类社会的存在中,物质与精神、主体与客体是处在统一之中的。尽管从本原的意义上,我们承认物质先于精神、物质产生精神,但精神一旦产生,它就与物质处在统一之中。虽然两者之间会发生矛盾,但我们不能设想没有两者的统一还会有人和人类社会的存在。如果说从解决本原问题来说，物质与精神的二元对立和确定其中哪一个是决定性的东西，是必要的和合理的；那么，从人和人类社会的现实存在来说，仍然坚持这种二元对立，就是错误的了。因为人和人类社会只能存在于物质与精神的统一之中。

怎样来解决上述的问题呢？正是在这里，马克思实现和展开了一个伟大的哲学革命。

抽象地说，要解决上述问题，就不能停留在本原的问题上，而必须从本原问题进到人类自身的存在问题，并且必须证明人类生存的活动既是有意识、有目的的，同时又是物质的、客观的。这也就是说，人类活动的有意识、有目的这一与自然物的活动不同的特性，并没有造成对人类活动是物质的、客观的活动的否定；相反，两者是完全一致的，有意识、有目的的活动本身同时就是物质的、客观的活动。这样，千古以来的哲学之谜，即心物、主客的二元对立问题，就在唯物主义的基础上（即肯定物质的自然界是人类世界的本原）获得了解决。这个解决，就包含在马克思对构成人类全部活动和人类生存基础的物质生产活动的深刻阐明之中。人类的物质生产活动正是上述的这样一种活动，它既不会因为是有意识、有目的的活动而成为唯心主义者所说的观念的、精神的活动，也不会因为是物质的、客观的活动而成为马克思以前的唯物主义者所说的与人的意识、目的毫无关系和不能相容的活动。人类生存的物质活动的特性，解决心物、主客二元对立的现实基础，第一次被马克思发现了。可是，环顾二十世纪以来的西方哲学界，至今仍为这个二元对立的问题的解决大伤脑筋，百思不得其解。而号称是马克思主义的哲学，却常常停留在旧唯物主义的水平上，未能充分阐明马克思的实践观点的提出所包含的伟大哲学革命。

马克思是如何来阐明他的实践观点的呢？要而言之，有以下三点。

第一，人类的物质生产劳动虽然是有意识、有目的的活动，但决不是头脑中的观念的活动，而是实际改变自然物质的形态使之符合人的目的的活动。而目的来自人作为自然存在物的肉体生存需要，满足此需要的东西又只能是人类在他生存的周围自然界中所能得到的物质的东西,因此两者都是为自然界所决定的物质的、客观的东西。正因为这样,物质生产劳动虽然是有意识、有目的的活动,但同时又正是物质的、客观的活动,是马克思所说的人与自然之间的物质变换活动。如果因为它是有意识、有目的的活动,而否认它是物质性的、客观的活动,这是不对的,是传统的心物二元对立的错误观念在作怪。

第二,由于如马克思所指出的,"任何生产力都是一种既得的力量,以往的活动的产物",人"不能自由选择自己的生产力",也不能"自由选择"他们进行生产的"社会形式"(见马克思《致巴·瓦·安年柯夫》),因此人类的物质生产活动既是有意识、有目的的活动,同时又是不以人们的意志为转移的客观物质的活动。所以马克思指出,"人们在自己的生活的社会生产中发生一定的、必然的、不以他们的意志为转移的关系",又指出物质生产的变化是"可以用自然科学的精确性指明"的(见《政治经济学批判序言》)。因此,在马克思看来,"社会经济形态的发展是一个自然历史过程"(《〈资本论〉第一版序言》)。山口勇先生曾问到我对马克思这一观点的看法。我是完全赞同这一看法的。只要我们确认自由是对必然的认识与支配,确认人类真正自由的发展是以物质生产力的发展为基础的,那么马克思对物质生产的不以人们意志为转移的发展规律的揭示,不仅不是对人的自由的否定,而且恰好为我们指出了通向自由的现实的道路。

第三,物质生产既是人的有意识、有目的的活动,同时又正是物质的、客观的活动这一思想,是建立在马克思对人的存在的唯物主义的认识之上的。马克思在《1844 年经济学—哲学手稿》中已经指出人是自然存在物,同时又是有自觉意识的存在物。由于后者,人满足自己作为自然存在物的需要的活动必然是不同于动物的自由自觉的活动。但正因为人同时又是自然存在物,所以他的自由自觉活动必然是能与自然相一致的活动,是一种对象性的、客观物质的活动。"它所以能创造或设定对象,只是因为它本身是被对象所设定的,因为它本来就是自然界。……它的对象性的产物仅仅证实了它的对象性活动,证实了它的活动是对象性的自然存在物的活动。"恩格斯在《反杜林论》和《自然辩证法》中,也曾对人与自然的这种统一性作过深刻的论述。

只要把实践了解为物质生产实践，即了解为人与自然之间的物质变换，那么实践是物质性活动而非精神性活动就可以得到充分科学的说明。实际上，当我们肯定马克思主义哲学是历史唯物主义的时候，就已肯定了马克思所说决定人类历史发展的物质生产活动是物质性的活动了。如果它不是物质性活动而是精神性活动，马克思的历史唯物主义就无法成立，就不会有历史唯物主义。但在中国哲学界，很久以来就存在着实践是否是物质性活动的疑问。只要不漫无边际地去应用"实践"这个概念，把它理解为马克思所说的物质生产活动，这个疑问就可以消除。例如，如果把吃梨子、打乒乓球也看作是马克思所说的"实践"，那么要说它们是不以人的意志为转移的物质的活动，这是说不通的。但如果"实践"指的是人类的物质生产活动，问题就迎刃而解。

我关于实践是否物质性活动这一问题的回答就到此而止。下面我想转而谈一下由山口勇先生和岛崎隆先生提出的问题。

我在论述我所主张的"实践本体论"时，曾指出这是就人类社会生活而言的，即认为物质生产实践是人类社会生活的本原、始基。如果要问包含自然和社会两者在内的世界的本体是什么，我的回答是物质的自然界。这是因为人类社会是从自然界发展而来的，如果否认物质的自然界是本原的东西，那就脱离了唯物主义。而且，按我的理解来看，马克思以实践（物质生产）为人类社会的本原、始基，是以充分肯定自然界是本原为前提的，一刻也不能脱离这个前提。所以，我认为自然物质本体论是实践本体论的前提，实践本体论是自然物质本体论的合乎历史和逻辑的发展。对于这个看法，山口勇先生认为是我陷入了二元论的表现。他说："如果实践本体论不能说明世界本体的话，贯穿世界和人类社会全体的'本体'是什么呢？刘的哲学不成了物质本体论和实践本体论的二元论了吗？"他的这个看法许多先生深表赞同，认为抓住了我的理论的问题的"要害"。其实，这个问题应当说是不难解决的。因为我主张的物质本体论和实践本体论是就不同的范围和层次而言的。在包含自然和社会两者在内的世界本体是什么这一范围内，我主张物质本体论；在只涉及人类社会生活的范围内，我主张实践本体论。对于本体问题，是可以而且应当分范围、分层次去加以解决的。如就社会存在与社会意识的关系这一范围内来看，社会存在就是本体，所以卢卡奇提出社会存在本体论（这问题后面还要再谈）。我主张两个本体论既然是就不同的范围、层次而言的，在每一层次范围内我又主张只有一个本体，而且我还论述了从物质本体论到实践本体论的内在必然性和两者的统一性，这显然不能说是二元论。只有我在同一范围、层次内主张有两个本体，和认为自然物质本体论与实践本体论是互不相关、截然对立的，这才能称之为二元论。山口勇先生的意思似乎是说，不应分范围、层次来说明本体，实践本体论如果彻底的话，就应把实践看作是"贯穿世界和人类社会全体的'本体'"。但我认为这是不可能的、错误的，因为没有人类的出现就不会有实践，而人类是从自然界发展而来的。我们如果要坚持唯物主义，当问题指的是包含自然和社会两者在内的世界的本体是什么时，就不能不坚持物质的自然界是本体。但自然物质本体论又必须发展到实践本体论，因为当问题指的是人类社会的本体是什么时，就不能说自然物质是本体，而必须说人改变自然界的物质生产实践是本体。我认为这就是对马克思主义哲学的本体论的完整的理解。这一理解，是同马克思所讲的从自然史到人类史的历史发展相一致的。实践本体论必须以自然物质本体论为前提，自然物质本体论必须发展到实践本体论。马克思主义哲学的本体论是自然物质本体论与实践本体论两者的统一。因此，对于我来说，不存在李德顺先生所说的"'物质本体论'与'实践本体论'之间的对立"，当然也不存在"物质与实践的'二元论'"。

岛崎隆先生在评论我对马克思主义哲学的理解时说，"从总体上来看，刘先生的观点与'实践哲学'很相似"，接着他又讲到我的看法有二元论的问题。这一问题上面已经答复，这里我想要说的是我的观点与"实践哲学"的关系。我主张"实践本体论"是为了从本体论的角度来说明马克思主义哲学的实质特征，去除前苏联哲学对马克思主义哲学的错误理解，并企图由此对海德格尔（Heiddegger）等人的本体论予以批判的考察，在现代哲学的背景下发挥马克思主义哲学本体论的深刻内容，以影响和推动现代哲学的发展，提高马克思主义哲学在现代哲学中的地位。就中国而论，这也和对邓小平的哲学及中国特色社会主义的哲学基础的探讨有关。但我一向不同意把马克思主义哲学规定为"实践哲学",因为实践虽然在马克思主义哲学中具有根本性的重要地位,但马克思主义哲学所探讨的问题决不仅仅只限于实践,而包含了人类社会生活和精神世界中的种种哲学问题。我还在《马克思主义哲学的本体论》一文中批判了南斯拉夫的"实践哲学",指出它否认物质生产决定人类社会历史的发展是根本错误的。这种"实践哲学"实质上是一种唯意志论。我也不同意我的朋友李泽厚先生主张的"主体性的实践哲学"或"人类学本体论"。我提出"实践本体论"的主张,在相当程度上就是为了表明我在本体论问题和在对马克思哲学的理解上与他不同的看法。李先生不同于南斯拉夫的"实践派",因为他多次强调物质生产的重要性,但他对实践的了解又存在着不少问题(这里无法详论)。他否认黑格尔对马克思哲学形成的重大影响,也是我难以同意的。他的哲学富于启发性,对推动哲学的探讨产生了不小的影响。但整个而论,他现在的哲学似乎是马克思、康德、存在主义、儒家哲学的一种混合。他的《批判哲学的批判——康德哲学述评》一书中的观点我认为基本上是马克思主义的,但此书之后的看法却产生了问题。

关于"以物质的自然界为基础的实践的人本主义"

在《对马克思主义哲学中唯物主义问题的重新考察》一文中,我企图对马克思的哲学作出一个我认为是符合他的思想特征的概括,于是提出了"以物质的自然界为基础的实践的人本主义"这一看法。这一看法是以下述三点为根据的:第一,马克思认为物质的自然界是人类产生和存在的前提和基础。第二,马克思认为人类改变自然界的物质生产实践是自然(包含客体的和主体的自然)向人生成的根基,也是决定人类全部社会生活发展的基础。第三,马克思的哲学以及他的政治经济学和科学社会主义的最终目的是为了解决人的全面自由发展问题,即消除资本主义所造成的异化,实现共产主义。因此,马克思的哲学是以解决人的问题为根本目的的,在这意义上是人本主义的。

山口勇先生对我提出的第一条和第四条疑问涉及我的这个看法。

首先，我一点不否定《德意志意识形态》一书中“实践唯物主义即共产主义”的说法，也一点不否认唯物辩证法以及无产阶级的自我解放，因为我所说的马克思的“以物质的自然界为基础的实践的人本主义”是以解决人的全面自由发展为根本目的的，也就是以实现共产主义为根本目的的。对于马克思来说，人的问题的解决和共产主义的实现不能分离，无产阶级的自我解放与人类解放不能分离。此外，岛崎隆先生认为我否认马克思是唯物主义者，这是误解。我所说的人本主义是“以物质的自然界为基础的实践的人本主义”，因此也就是马克思唯物主义的实践的人本主义。虽然我的概括在字面上没有出现“唯物主义”这个词，但马克思的唯物主义的实质已明确地包含在其中。

下面来看看俞吾金先生对我的批评。他说：“实践活动本身就包含对象（物的世界）在内，所以，刘关于‘以物质的自然界为基础的实践的人本主义’这个说法本身就是矛盾的，诚如先生（指山口勇先生）所言，它必然导致二元论。”关于二元论问题，前面已经作答，这里只来讲我的说法在概念上是否矛盾。我完全懂得实践活动不能离开实践的对象（物的世界）这个普通常识，但何以要在“实践”一词之前加上“以物质的自然界为基础”这个修饰语呢？这是因为马克思的实践观区别于一切唯心主义实践观的一个根本点，就在于马克思认为人类实践是以物质的自然界为前提、基础的，是人类实际改变自然界的物质性活动，不是脱离物质自然界的精神活动。所以，马克思在《德意志意识形态》中讲到他的历史观与唯心主义历史观区别时说，他的历史观的特征“不是从观念出发来解释实践，而是从物质实践出发来解释观念的东西”。这里，马克思使用了“物质实践”这个词。按俞先生的看法，这是否也表明马克思不懂得“实践活动本身就包含对象（物的世界）在内”？是否也是“本身就是矛盾的”？“必然导致二元论”？

俞先生又说：“刘主张‘哲学应以人为中心，而反对以物质为中心’，他忘记了人和物的关系，马克思学说的核心是扬弃私有财产（特定生产方式中的物），目的正是通过人和物的关系的改变来改变人与人之间的关系，这正是马克思人本主义的独特之处。”我并没有忘记人和物的关系，因为我所说的马克思的人本主义是“以物质的自然界为基础的实践人本主义”。既然是“以物质的自然界为基础的”,又是“实践的”(指物质生产实践)人本主义,怎么会“忘记了人和物的关系”呢?难道自然界不是物,实践能脱离物吗?我知道人不能脱离物,但问题是过去的苏联哲学把物亦即抽象的“客观实在”看成是高高地驾凌于人之上的东西,人及人的活动也被看作是“物质运动”的一种表现,人的主体性被消解。所以问题不在人不能脱离物,而在是人为了物,甚至化为物,还是物为了人,成为人的物,使人与物的关系成为马克思所说的“一种对象性的人的关系”(《1844年经济学—哲学手稿》)。因此主张“以人为中心,而反对以物质为中心”,决不意味着否定人和物质的关系,不要物。从唯物主义来说,不是人为了唯物主义,而是唯物主义为了人。脱离人、否定人的唯物主义,最后必然走向唯心主义。马克思主张从物质的自然界出发,同时也就是从作为自然界的一部分的人出发,但还要加上人改变自然界的物质生产实践。俞先生所说“扬弃私有财产”,“通过人和物的关系的改变来改变人与人之间的关系”,都是由物质生产的发展决定的,不能脱离物质生产的发展而改变。所以,马克思的人本主义既是“以物质的自然界为基础的”,又是“实践的”,这才是对马克思的人本主义的完整理解,也才是“马克思人本主义的独特之处”所在。费尔巴哈的人本主义也大讲人和物(自然界)的关系。但他不知道这种关系是由人的物质生产实践所决定的,因而是随着物质生产的变化而变化的。所以,费尔巴哈找不到改变人和物的关系的现实道路,陷入了唯心主义。

关于卢卡奇的“社会存在本体论”

在各位先生对我的批评中,俞吾金先生的批评很不客气,缺乏学者之间应有的礼貌与相互尊重,似乎他是中国的一个什么了不得的哲学家。也许,这是为了讨好、迎合山口勇先生对我的批评所致?下面,我就来领教一下他在卢卡奇的“社会存在本体论”问题上对我的批评。他说:“刘既不懂 Lukàcs 早年的自然观(即自然是社会范畴),也不懂 Lukàcs 晚年的自然观(即在自然本体论基础上建立社会存在本体论),

刘把 Lukàtcs 之社会存在本体论和实践论对立起来是很可笑的，因为 Lukàcs 认为社会存在的最基本内容就是实践，尤其是把目的性和因果性统一起来的生产劳动。”

我的回答如下：

(1)俞不懂(或者是不愿懂)正因为我知道卢卡奇早年的自然观以自然为社会范畴，所以我才讲到卢卡奇是反对自然辩证法的，否则，卢卡奇何以会反对自然辩证法？卢卡奇的这种反对在我看来不只是关系到自然界有没有辩证法的问题，而且还关系到是否确认物质自然界是人类产生和存在的前提和基础这个更为重要的问题。卢卡奇把辩证法的实质、核心规定为主体与客体相互作用，但又把它限制在社会的范围内，认为与自然无关，这是非常错误的。马克思在分析人类的物质生产时早已明确地指出“主体是人，客体是自然”，并指出这对一切社会形态都是适用的(《政治经济学批判导言》)，而卢卡奇却认为主客体的相互作用只与社会有关，这就把自然排除到了社会之外，否认了作为主体的人对作为客体的自然的作用(物质生产)是人类社会生存的基础。此外，这个为主体所作用的自然也仍然是自然，决没有因此不再是自然，而变成了单纯社会的范畴。

(2)我也知道，卢卡奇在晚期放弃了他早年在《历史和阶级意识》一书中的观点，转而承认自然本体论是社会存在本体论的前提。我认为这是一个重要的进步。我还知道，卢卡奇在论述社会存在本体论时把劳动放到了重要的地位，但他始终不认为劳动(物质生产实践)是人类社会的本体。俞先生说“刘把 Lukàcs 之社会存在本体论和实践论对立起来是很可笑的”，但真正可笑的是俞先生没有看清我不满于卢卡奇的地方并不是他没有讲实践，而是他没有把实践看作是本体。在他看来，本体是社会存在。他之所以十分重视对劳动的分析，只是为了说明社会存在的特殊性即目的论设定是由何产生的，亦即为了说明无目的论设定的无机和有机的自然存在怎样成了以目的论设定为根本特征的社会存在。不论劳动在卢卡奇那里如何重要，它仍然只是俞先生所指出的“社会存在的最基本内容”，并没有被看作是人类社会的本体。我指出这样一个事实，说明我主张的实践本体论与卢卡奇的社会存在本体论的区别,这有什么可笑的?

答复了俞先生的批评之后,我想再来简略地评论一下卢卡奇的社会存在本体论,进一步说明一下它与我主张的实践本体论的区别。

首先,卢卡奇既然给了劳动以十分重要的地位,为什么他不认为劳动亦即物质生产实践是本体呢?我认为这既是因为他尚未理解马克思所说"把感性理解为实践活动"这句话所包含的深刻的本体论意义,同时也因为他还受到传统的本体论的束缚,不是从本原的意义上理解本体(参见我的《马克思主义哲学的本体》一文),而认为本体必须是一种实体性的存在物,不能是实践的活动,因此,他就抓住马克思使用的"社会存在"这个概念来做文章,以建立他的"社会存在本体论"。至于劳动,那只是与社会存在这一本体的产生密切相连的一个重要范畴,并不是本体。虽然他在分析劳动时,也间或把劳动与本体联系起来,但都是在特定的意上说的,并没有认为它是整个人类社会的本体。

其次,至目前为止,卢卡奇的《关于社会存在的本体论》一书是对马克思主义哲学的本体论所作最为详细的研究,包含着不少有深度的、创造性的见解,但也有不少抽象烦琐的,不确切、不正确的东西。其中一个重要的问题是对他讲得最多的所谓"目的论设定"的解释。他认为"目的论设定"是"人类每一社会实践的本体论基础"(《关于社会存在的本体论》上卷,中译本第 11 页),并反复说明"每一实践都以目的论设定为基础"(同上书,第 48 页)。在这里,目的论设定不是实践的产物,反而成了"每一社会实践的本体论基础"。这就是说,目的论设定具有"本体论地位"(同上书,第 25 页)。这是一种把实际存在的关系弄颠倒了的错误看法。事实上本体是实践,目的论设定是由实践所产生的。虽然从表面看来,人要进行实践,首先要有目的设定,但这个目的最终只能由实践而来。拿卢卡奇讲得最多的劳动来说,它当然是一种有目的的活动,但此目的从何而来?它来自人与自然的物质变换。一方面,作为主体的人有各种需要要求得到满足,这需要是人作为自然存在物为维持其肉体生命的存在而不能不满足的需要,因而是客观物质的需要;另一方面,这需要只能由客观存在于人之外某种自然物质来加以满足,不能用观念来满足。因此,人与自然的物质变换,是一种客观物质的现象。所谓目的论设定,不外是人对他与自然之间的物质变换的自觉意识,即意识到他自身的物质需要和那存在于他之外的、能满足他的需要的自然物质对象,从而通过他的劳动,在一种符合人的目的的形式上去占有自然物质。但人对这一切的意识都是基于他与自然进行物质变换的客观实际需要,没有这种需要就不会有什么目的论的设定。因此,处在本体论地位的不是目的论设定,而是人与自然进行物质变换的客观必要性。当人类劳动还处于马克思所说的"最初的动物式的本能的劳动形式"时(见《资本论》第一卷),这种与自然的物质变换就已经存在,只不过还没有被自觉意识到。而人类最后之所以能自觉意识到,又是最初的本能式劳动无数次重复的结果,是在漫长的劳动中人的感官、大脑获得了发展,人终于摆脱了最初的本能式的劳动的结果。所以,从人类劳动的发展来看,目的论设定或卢卡奇所说从"自在"到"自为",只能是劳动本身的发展的结果。脱离人与自然的物质变换和人类劳动漫长的发展去讲目的论设定,赋予它以本体论的地位,这是不符合事实的、唯心的。就是在人类明确意识到劳动的目的之后,如我在前面已指出过的,人类的物质生产活动也仍然既是人的有意识、有目的的活动,同时又是不以人的意志为转移的客观物质的活动。马克思的历史观之所以是唯物主义的,就是建立在这个根本点上的。如果认为具有"本体论地位"的不是物质生产实践,而是"目的论设定",那么唯物史观的存在就成了问题。

一切抽象、烦琐、貌似高深的分析推论都无法否认这样一个事实:物质生产实践是人类全部社会生活的根基、本原、本体。马克思所说的社会存在是他所说的物质生产实践的产物、结果。马克思本人对此作了一次又一次的说明。这个社会存在的根本特征并不是卢卡奇所说的"目的论设定",马克思的贡献也决不在指出人类社会生活是有意识、有目的的。在马克思之前已有许许多多人指出了这一点,指出这一点不需要什么了不得的智慧。马克思的贡献是在指出物质生产实践决定着人类整个的社会生活、政治生活和精神生活的发展,又指出这个物质生产实践既有卢卡奇所说的"目的论设定",又不以人们主观的意愿、目的、意志为转移。从卢卡奇所说的"自然存在"到"社会存在"的转变并不是通过他所谓的“目的论设定”来实现的，而是通过由自然所产生的人类的物质生产实践来实现的。人类劳动在此的作用并不是由它给自然存在引入了“目的论设定”，而是由它使人与自然的物质变换从最初的不自觉的活动变为自觉的活动，这才产生了“目的论的设定”。但在变为自觉的活动之后，人类整个物质生产劳动的发展仍然又是不以人的意识为转移的客观物质活动。如果只孤立地分析某一劳动产品的生产，那自然可以说它是由“目的论设定”所决定的，但把物质生产的发展作为社会整体的历史过程来看，情况就不是这样。卢卡奇把自然物质本体论看作是他的社会存在本体论的前史，较之于他早年把自然与社会对立起来是一个进步。但他以“目的论设定”为自然本体论向社会存在本体论转变的中心环节，却仍然包含有唯心主义的错误。只有把物质生产实践看作是人类社会的本体，同时又把自然物质本体论看作是实践本体的前提，才能正确理解和把握马克思主义哲学的本体论。

（原载日本《唯物论研究季报》1997 年，第 59、61 号）

感性、理性与非理性

一、感性与理性的含义

感性与理性是一对哲学范畴。由于从古至今各种哲学观点的分歧,不同时代的不同哲学赋予这一对范畴的含义是极为纷繁的。但大致而言,对这一对范畴可以从两方面去了解。一个是从认识论上去了解,另一个是从人的本质的角度去了解。这两方面的了解是密切联系着的,但又有区别。目前的争论主要同后一方面相联系,本文主要也是从后一方面来了解。

人直接地是自然存在物,因此他赋有自然力、生命力。这些力量作为秉赋和能力、作为情欲,存在于人的身上。情欲是人强烈追求自己的对象的本质力量。人既是自然的存在物,因此人只有凭借现实的、感性的对象才能满足自己的欲望,维持他的生存,表现他的生命①。因此,从人类的发生来看,所谓感性,指的就是人作为自然存在物所具有的本能、需要、欲望、冲动,等等。它是直接诉之于感官的,并且带有个别性。感性与个体性不可分。通俗地讲,说人是感性的存在物,就是说人是有血肉之躯的存在物,因此也就是现实的、活生生的、特殊的个体,不是抽象的概念。

但是,人既是自然存在物,同时又是不同于动物的、有自觉意识的存在物。他的欲望,需要的满足是他有意识、有目的地认识和改造自然的结果,也就是他的实践(首先是物质生产实践)活动的结果。他的感

① 参见马克思《1844 年经济学—哲学手稿》,人民出版社 1985 年版。

性的存在不能脱离他改造世界的实践活动，并且是为这种实践活动所决定的。脱离了实践活动便失去了人的感性存在的现实基础，从而也就不能科学地理解人的感性存在。所以马克思指出必须“把感性理解为实践活动”①。这是解决感性与理性问题的重大关键。通过实践，人一方面使自己的感性的需要获得满足和发展，另一方面又产生出和感性需要的满足结合在一起的理性意识，使感性和动物性区分开来，成为人的感性。

所谓理性，来源于人改造世界的实践。首先，人的欲望、需要的满足，不是一种盲目的冲动或对自然的无意识的适应，而是掌握客观规律以改造世界的结果。当人意识到外部世界和他自身的存在发展具有客观的合规律性，人的行为只有符合这些规律才能达到目的，从而才能使自己的欲望、需要获得满足，这时人就脱出了盲目的冲动的支配，产生了理性的意识。这种意识即是对真的意识。其次，人只有结成一定的社会关系才能改造世界，使自己的欲望、需要获得满足，因此人的行为（意志）必然要受到他们所处的社会关系的制约和规定。他不但要使自己的行为符合于自然规律，而且还要符合他生活于其中的社会关系的要求。这种要求表现为伦理道德、政治、法律，等等，它是生活在一定社会关系中的个人必须遵守的东西。社会关系对感性的个体的行为的规范，是人的理性意识的又一个重要方面，这种意识即是对善的意识。善有着超越个体生存的重大意义，它常常表现为一种所谓“绝对命令”。因为在一定的条件下，和人类生存不可分离的一定社会关系的破坏，不但会导致某一个体的灭亡，而且会使整个族类、社会的生存条件瓦解。正因为这样，对社会关系及其所提出的要求的认识，较之于对自然规律的认识更为有力地加强了人的理性意识，使之脱出了动物性的自然冲动的支配，使作为自然存在物的人，亦即感性存在物的人，同时成为理性的存在物。真与善构成人类理性的两个最基本的方面。而真正的善是与社会发展的客观要求相一致的，因此是与真相一致的。

---

① 《关于费尔巴哈的提纲》，《马克思恩格斯选集》第1卷，人民出版社1972年版，第18页。

理性,就其产生的根源说,在于作为自然存在物的人类的生存发展离不开对客观世界的规律性的认识和社会关系的制约。理性,在本质上不外是肯定作为自然存在物的人的欲望,需要的满足必须符合于客观的规律性和人的行为的社会规范。因此,理性与感性不同,它不是仅仅诉之于感官的东西,而是诉之于理智的东西,带有抽象的普遍性,表现为指导人的认识和行为的各种普遍原则。唯心主义者由于看不到在人类社会实践基础上理性的真正起源,再加上人类历史发展过程中感性与理性之间的关系极为复杂,因此唯心主义或者宣称理性是"先验的"存在,或者认为是人所制造出来加于自然和社会的,或者归之于"上帝"、"绝对精神",等等。

二、感性与理性的关系

相对于理性来说,感性是前提,是根基。否认感性,即是否认人是自然存在物,否认人有各种自然的欲望、需要要求得到满足,否认人是感性的个体存在,不是抽象的观念、精神。这是许多唯心主义者的共同看法,是根本错误的。但是,人的感性的发展同时就伴随着理性的发展。从一方面看,理性的发展不能脱离感性,脱离了感性,人就是虚无。从另一方面看,感性的发展不能脱离理性,脱离了理性,人的感性就会沦为动物性。在历史的过程中,感性发展的过程也就是理性发展并不断渗入到感性中去的过程,同时也是人的感性与动物性相区分的过程,即马克思所说"自然的人化"过程。这是一个极其漫长的、包括了全部世界史的过程。

真渗入感性,使人的感性成为具有理智、思维的感性,并使理智、思维的能力看起来似乎是"先验"的、"先天"的。善渗入感性,使人产生了道德感、正义感、"良心",看起来同样似乎是"先验"的、"先天"的。其实,它们都是在人类社会实践漫长的历史发展中,理性渗入于感性,最后使普遍的理性要求直接成为个体感性要求的结果。

但是,理性作为真和善,是不以任何个体的感性存在为转移的,它具有客观必然性、普遍性。不论作为自然规律或作为个体生活于其中的社会关系的普遍规定性，它都君临于各个个体的感性存在之上，带有高度的强制性。这就使得感性与理性的统一成为一个漫长而充满矛盾斗争的过程，一个使许多思想家百思不得其解的“历史之谜”。只有马克思主义才第一次揭开了这个谜。

人作为具有自然生命的存在物，只有通过物质生产改造自然，才能维持自己的感性存在，并使之得到发展。而要改造自然，就必须掌握运用自然规律。因此，就人与自然的关系来看，感性与理性的统一取决于人的感性存在与自然规律的统一。当人的自然冲动和自然规律处于完全的对抗之中，那就还没有感性与理性的统一，人类的生活就仍然受着自然冲动的支配，不能与动物的生活区分开来。在另一方面，人只有结成一定的社会关系（首先是生产关系）才能发展生产、改造自然。因此，当一定的社会关系与生产力的发展相一致，从而与人类的感性存在的发展相一致时，这种社会关系及其在意识形态上的表现就会被认为是合乎理性的；反之，则被认为是违背理性的。如对于封建阶级来说，封建的等级特权是绝对合乎理性的，而对资产阶级来说，则是根本违背理性的。从根本上看，感性与理性的矛盾不外是人与自然、个体与社会的矛盾的表现，它归根到底只能从生产力与生产关系发展中去找到说明和解决。理性是在人的感性需要的满足的过程中获得发展的。如果理性与感性处于不能相容的地位，那无非是因为原有的理性再不能适应感性的发展。从根本上看，也就是原有的生产关系再不能适应生产力的发展。问题的解决不是抛弃任何理性，而是在建立新的生产关系的基础之上确立新理性，发展新感性。感性与理性的矛盾不断产生又不断解决的过程，即是理性不断渗入感性和感性不断发展的过程。但是，只有当生产力得到了高度发展，人所结成的社会关系不再外在于个体并统治着个体的时候，感性与理性之间的对抗才能最后消除。而这样的时候的到来，也就是共产主义社会的实现。在此之前，感性与理性的统一总是狭隘的，并且伴随着对抗的。

在特定的历史条件下，在一定的范围之内，当真与善达到统一，并消除了它对个体的感性存在的强制性时，真善的实现本身成为对个体的感性存在的充分肯定，从而成为个体的创造性的、自由的活动，成为社会的个体的自由的感性表现,这就是美。美不能脱离理性,因为它不能脱离真善。但这种理性已不是君临于个体感性存在之上的抽象的理性,而是与个体感性存在内在地统一的理性。在这个意义上,美是理性与感性的统一。然而这个统一在历史的过程中又是充满着复杂的矛盾冲突的,从这种统一实现中历史必然地发生的矛盾冲突方面去看,就出现了美学上所说的悲剧、崇高、喜剧、滑稽等现象。我在《艺术哲学》一书中已指出,广义地说,它们也属于审美的范畴。

三、非理性的由来与实质

明白了感性与理性的关系及其矛盾统一的状况,我们也就从根本上找到了认识非理性的由来及其实质的根据。所谓非理性,不外是在一定历史条件下,感性与理性的尖锐矛盾无法解决的一种表现。

在人类历史上,感性与理性的矛盾随时可见,有时甚至发展到极为尖锐的程度,给人类生活带来巨大的痛苦。为了解决这个矛盾,历史上的思想家们提出了各种办法。第一种办法是肯定理性,否定感性,主张实行禁欲主义。这一类理论主张,其中有一些在肯定人是不同于动物的理性存在物,高扬理性的要求,摆脱动物性对人的支配这一点上,有某种崇高性、合理性。但人究竟又是感性的存在物,他有种种必须求得满足的感性的冲动、需要,因此这一类理论主张在实际上又会成为虚伪的自我欺骗。如许多宗教禁欲主义同时又是最放肆的纵欲主义,就是明显的例证。第二种办法是肯定感性,否定理性,主张实行纵欲主义。这实际是把人降低为动物性的存在。第三种办法同样是否定理性的,但并不明显主张纵欲主义,而是主张从一种非理性的神秘体验中去求得对个体感性存在的肯定。现代西方以尼采、海德格尔等人为代表的非理性主义主要是第三种,这也是本文所要着重讨论的。

现代西方非理性主义是从何而来的呢?它是18世纪以来启蒙学者所鼓吹的资产阶级理性王国破产之后所产生的一种思潮。恩格斯曾在《反杜林论》中指出:“在法国为行将到来的革命启发过人们头脑的那些伟大人物,本身都是非常革命的。他们不承认任何外界的权威,不管这种权威是什么样的。宗教、自然观、社会、国家制度，一切都受到了最无情的批判；一切都必须在理性的法庭面前为自己的存在作辩护或者放弃存在的权利。思维着的悟性成了衡量一切的唯一尺度。……以往的一切社会形式和国家形式、一切传统观念，都被当做不合理的东西扔到垃圾堆里去了；到现在为止，世界所遵循的只是一些成见；过去的一切只值得怜悯和鄙视。只是现在阳光才照射出来。从今以后，迷信、偏私、特权和压迫，必将为永恒的真理，为永恒的正义，为基于自然的平等和不可剥夺的人权所排挤。"①但是，历史的发展表明启蒙学者们所说的理性王国其实不过是资产阶级的理想化了的王国，它也充满着各种罪恶和非正义。如恩格斯所说，"和启蒙学者的华美约言比起来，由'理性的胜利'建立起来的社会制度和政治制度竟是一幅令人极度失望的讽刺画"②。资产阶级理性王国的破产引出了下述几种思潮。

第一种是空想社会主义。它激烈地揭露和批判了资产阶级的"理性王国"，但还未摆脱启蒙学者认为"理性"决定人类历史发展的唯心史观。因此，空想社会主义者声称启蒙学者所说的"理性"还不是真正的"理性"，只有他们才第一次找到了能使人类永远从罪恶、非正义中解脱出来的真正的"理性"。

第二种是马克思主义。它批判了资产阶级认为理性决定历史发展的唯心史观，创立了以人类社会实践（首先是物质生产实践）为基础的唯物史观，从而使社会主义从空想变为科学。马克思主义不是启蒙学者或空想社会主义者所鼓吹的理性主义，当然更不是什么非理性主义。它不是片面地割裂感性与理性，使之对立起来，而是主张在人类社会实践的基础上使感性与理性统一起来。这种统一的真正实现的过程，也就是社会主义、共产主义实现的过程。共产主义社会"是这样一个联合体，在那里，每个人的自由发展是一切人的自由发展的条件"。③ 因此，理性不是从外部来束缚、压制感性的发展的东西，而是内在于感性，

---

① 《马克思恩格斯选集》第3卷，人民出版社1972年版，第56～57页。

② 《马克思恩格斯选集》第3卷，人民出版社1972年版，第298页。

③ 《马克思恩格斯选集》第1卷，人民出版社1972年版，第273页。

和感性的发展相一致的东西。这就是感性与理性的矛盾的真正解决，也就是“历史之谜”的真正解决。

第三种是由叔本华开其端，以尼采及其后的基尔凯郭尔、海德格尔、雅斯贝尔斯、萨特等人为重要代表的非理性主义。它主张通过非理性的神秘体验来解决个体感性存在的意义与价值问题。这种非理性主义是资产阶级理性王国破灭之后，个体与社会的矛盾、人的异化现象日趋严重在理论上的反映。尼采等人站在资产阶级立场上，不可能突破资产阶级的视野，看不到现代资本主义社会下解决感性与理性的矛盾的现实途径。在他们心目中，除资产阶级的理性之外别无其他理性，资产阶级理性的破产即意味着一切理性的破产。因此，人的存在就不可能再从理性中去找到自身的根据，非理性就成了通向人的存在的唯一出路。尼采等人的非理性主义的实质就在于此。它标志着资产阶级理性陷入了深刻的危机之中，只好求助于非理性。当然，此外也还有不少资产阶级思想家企图以各种不同的方式来拯救和维系资产阶级的理性。但比较起来，非理性是19世纪末至20世纪西方资产阶级思潮中更值得注意的、具有重要时代特征的思潮。

这种非理性主义对资本主义社会下个体存在的异化现象作了不少相当深刻的揭露，并且强烈地突出了现代社会中个体存在的意义与价值问题，看到了个体存在具有独特性、此时性、一次性、偶然性等，不是可以用某种理性事先加以规定的，也不能归结为一般的理性概念。但是这种非理性主义看不到由于人既是个体存在，同时又是社会的、群体的、历史的存在，因此他的存在不能不受到不以他个人意愿为转移的时代、社会和整个人类历史发展的制约和规定，从而又具有普遍性、永恒性（历史意义上的永恒）、必然性。在个体的身上，上述两个方面总是辩证地联结着的。尽管在不同的历史条件下，这个或那个方面会显得更为突出，但永远无法把它们分割开来，用一个方面去否定另一个方面。非理性主义由于找不到两者达到统一的现实途径，特别是找不到如何赋予个体存在以普遍性、永恒性、必然性的现实途径，因而就产生了各种各样唯心神秘的怪想。把人的存在的普遍性、永恒性、必然性这个方面归之于某种为科学的理性与逻辑所不能达到，只有依靠非理性的神秘体验才能达到的“本体”界或“超越者”。实际上，这个“本体”不是别的，就是个体的感性存在和他永远也不能脱离的客观规律以及他所处的社会关系的规定性两者的统一。这个统一是一个充满复杂矛盾的历史过程，一个客观的社会实践过程，决不是任何非理性的体验所能达到的。

在实际生活中，我们对于人的存在确实会产生某种难言的体验，无法用科学的逻辑的语言加以表达。这是由于人的存在既是个体感性的，同时又已渗入了大量的理性意识(它是整个人类历史的产物)，理性与感性交融在一起，因而就难以用一般科学的逻辑概念去加以规定。如果把难以用科学的逻辑概念加以表达的东西称之为“非理性”的东西，那自然可以说这种体验是“非理性”的，但也仅仅如此而已。因为这种体验并非同理性毫无关系，相反，它包含着深刻的理性意识，明显不同于一般的感觉、知觉。在这个意义上，它就不能称之为“非理性”的，而只能说它是一种和感性不可分地交融在一起的、渗透在感性中的理性，即不是以科学的逻辑概念表现出来的理性。尼采及存在主义者把这种体验称之为“非理性”的，一方面是由于他们把不能用科学的逻辑概念加以表达的东西等同于“非理性”的东西(这种等同是错误的)，另一方面是由于他们找不到通向感性与理性统一的现实道路，于是只好诉之于“非理性”。然而，人的个体感性存在究竟无法脱离客观必然的规律和人的社会性，因此尼采和存在主义者既声称个体感性存在是“非理性”的，又企图去寻求什么超越个体感性存在的“宇宙本体”、“本然的实存”、“超越者”，等等。这其实也就是要去寻求那与个体感性存在不能分离的理性的根据，但他们却又认为只有通过“非理性”的方法才能寻求到。这不过说明在资本主义社会下感性与理性发生了深刻的分裂和对抗，资产阶级的思想家们看不到解决这种分裂和对抗的现实的出路，乞灵于“非理性”就成了他们的归宿。很明显，这只能是一种幻想、一种自我麻醉和自我安慰。事实上，全部问题的解决，从历史的长远发展来看，在于打破资本主义的社会关系，确立社会主义、共产主义的新的社会关系，从而确立与当代人类个体感性的发展相一致的新的理性。从马克思主义的观点来看，我认为尼采等人所谓“非理性”的体验不外是资本主义社会下，个体对其自身的感性存在与人类生存的理性原则、人的普遍社会性之间的分裂的体验，但被尼采等人极大地加以神秘化了。这种被称为非理性的体验，由于它直接涉及个体如何能通过普遍的理性（真和善）使自身作为个体的感性存在获得肯定，因此它与审美和艺术直接相关，大量地表现在现代西方的艺术之中，并且在尼采等人那里引起了所谓哲学的“诗化”。

四、当代中国条件下的感性与理性问题

马克思主义批判了资产阶级认为理性决定历史发展的唯心史观，但马克思主义决不一般地否定理性，而是为说明人类的理性及其与感性的统一奠定了历史唯物主义的基础。马克思主义对自然和社会的客观规律性的充分肯定，对认识这种规律性的现实可能性和极大必要性的充分肯定，对科学在人类历史发展中的巨大作用的充分肯定，都正是对理性的作用的充分肯定。但马克思主义和那种片面强调理性，使理性统治和吞没感性的思想根本不同，它高度重视感性的地位和作用，认为脱离感性的理性是唯心主义的虚构。如前所说，在感性与理性的问题上，马克思主义的理论是以人类社会实践为基础的感性与理性的统一论。这种统一是为实践所决定的，它不是一种静态的、永恒不变的统一，而是充满着各种不断解决又不断产生的矛盾，永远处在具体历史过程中的统一。

在今天的中国，由于“文化大革命”，封建主义和“左”的思想对人的个体感性存在的压制、凌辱，留下了巨大惨痛的精神创伤，在一部分人中引起了对人生的虚无感。因此，近几年来出现了一种非理性主义倾向，尼采、弗洛伊德、海德格尔、萨特等人的非理性主义思想，在一部分人中引起了相当强烈的共鸣，好像发现了新大陆一样地感到新鲜（其实在西方早已不新鲜）。此外，从过去以至现在，我国社会生活中还存在着一些消极的、不合理的、个别甚至是黑暗的现象，一部分人不能以历史的观点来看待这些现象，看不到历史前进的主流和本质，把这些现象加以夸大，于是又引起这部分人对社会、人生的破灭感，从而又

为非理性主义倾向在中国的表现提供了某些土壤。

但是,中国封建主义和“左”的思想对个体感性存在的否定,是和蒙昧、迷信、盲从的思想不可分的。因此,对这种思想的斗争所需要的恰恰是要高扬科学的理性精神,而不是鼓吹非理性主义。在这点上,西方18世纪启蒙学者在理性的旗帜下展开对封建主义的批判,这对我们今天来说仍有历史的借鉴意义。相反,鼓吹非理性主义,只能强化封建主义和“左”的思想所需要的蒙昧、迷信、盲从思想,失去和这种思想作斗争的武器。林彪、“四人帮”的做法已充分说明,他们是如何借助于非理性主义把这种蒙昧、迷信、盲从激发到了狂热的程度的。由于种种历史原因,中国社会未受到近代科学理性的充分洗礼。在广大人民中,科学的理性不是太多,而是太少。这是我们民族的文化素质的一大弱点。企图以非理性主义去反对封建主义和“左”的思想,这是不能真正解决问题的。毫无疑问,我们必须彻底肃清封建主义在中国的影响,打破它对中国人民个性的束缚和钳制,但这里有一个从怎样的立场、思想出发去反对封建主义的问题。是从马克思主义出发,还是从西方现代的非理性主义出发?我认为这是当代中国包括美学、文艺在内的意识形态发展中的一个极为重要的问题。

当代中国四个现代化建设事业的发展有力地推动了中国人民的感性需要的发展,人作为个体感性存在的意义和价值空前提高。但是,当代中国所面临的问题不是什么走向非理性主义,而是如何在现代化生产实践的基础之上不断求得感性与理性的协调发展。我们既要打破各种阻碍四个现代化,从而阻碍中国人民的感性需要发展的陈腐思想,同时又要加紧探求和建立社会主义的理性规范,使感性需要既得到尽可能充分的发展,同时又能避免西方资本主义世界那种随着物质财富的增长而产生的各种罪恶现象。我认为这也是有中国特色社会主义道路所要解决的一个重大课题。当代中国已经打破了那种否定人的个体感性存在的理性主义,但决不会走向非理性主义,而是要在实践中去不断探求感性与理性统一的道路。在中国当代的历史条件下来鼓吹西方的非理性主义,这种非理性主义实质上是一部分人中存在的享乐主义的表现,同时也是一种漠视现实的唯心幻想和盲目冲动的表现。和西方现代的非理性主义比较起来，它承袭了它的错误思想，但却又不可能有包含在尼采、海德格尔思想中的那种对人的本质的深刻思考。相对于西方现代非理性主义思想来说，它是对这种思想的一种漫画化的、滑稽的模拟。它如果在现实中得到彻底的发展，在政治上就会表现为无政府主义，或者表现为法西斯主义的狂热。而在文艺上，则会使我们的文艺脱离广大人民群众的生活，失去为人民服务、为社会主义服务的正确方向，成为一种狂热宣传极端个人主义、神秘主义、虚无主义的文艺。或许，人们会认为这种非理性主义在冲破封建理性主义对人的个性的束缚这一点上是可取的，甚至是大快人心的。但这种痛快一时的做法既不可能真正解决问题，又会带来上述种种问题。历史要求我们把过去长期被漠视以致否定的个体感性存在的意义与价值提到前所未见的高度，与封建的理性主义彻底决裂，但并没有要求我们走向非理性主义。因为我们已经有了马克思主义，已经找到了解决非理性主义者所不能解决的感性与理性统一的现实道路，并且已经大踏步地走上了这条道路——社会主义、共产主义的道路。尽管在我们的面前还存在着种种巨大的困难，在探索中也难免有失误和挫折，但我们深信这是一条由人类全部历史所昭示的唯一正确的道路。

（本文据作者在1986年12月14日湖北省美学学会举行的座谈会上的发言补充改写而成，原载《江汉论坛》1987年第7期）

传统文化、哲学与美学

问:您刚从德国讲学回来,能否谈谈东西方的文化交流、中国和西方思想的特征?

答:我对您提的这个问题很有兴趣,常常在思考它。我感到中国的原始氏族社会大约延续了很长的时期,并且发展到很为完善的程度。在进入阶级社会之后,原始氏族社会的观念、风俗仍然大量地保存了下来,人、个体尚未完全割断与自然、群体天然联系的脐带。因此,自古以来,中国人就充分肯定人与自然、个体与群体必须统一、应当统一和能够统一,两者之间不存在什么难以逾越的鸿沟。这是中国思想的制高点,也是它的伟大的地方。因为它肯定了人、个体只能存在于与自然、群体的协调的联系之中,而不能脱离自然和群体。这种思想在加以改造和发展之后,是能够与马克思主义相联结的。但这种思想又存在着为历史所决定的不能忽视的缺陷。第一,它所说的人与自然、个体与群体的统一,是在小农自然经济基础上的统一,因而带有狭隘性、封闭性、停滞性;第二,个体是依附、依赖于群体的,尚未取得对群体的应有的独立性;第三,群体意识还是一种与宗族血缘、地域观念密切联系在一起的意识,尚未产生超血缘、超地域,以法制为基础的公民意识。西方则不同,古希腊时期已经很彻底地清除了氏族血缘观念和地域观念。除奴隶之外,人与人的关系变为以国家的政治法律为基础的公民之间的关系,个体取得了充分的独立性,不再是依附于氏族群体的一员。在原始氏族社会中形成的那种人依赖于自然的观念也被商品生产、科学的发展打破了。如果说中国古代思想文化的出发点是尚未完全割断与自然、氏族群体天然联系的脐带的人,那么西方思想文化的出发点则是割断了这种脐带而独立了的人。这是西方思想文化优于中国的地方。但西方这种以个体为本位的思想又长期陷入了人与自然、个体与群体的尖锐的矛盾冲突之中，找不到解决这种矛盾冲突的道路，只好诉之于宗教和各种神秘的哲学思辨。到了各种手段都不能解决问题时，于是就对一切都加以“解构”，宣称不仅“上帝死了”，“人也死了”。面对这种情况，反观中国自古以来就确信人与自然、个体与群体必须统一、能够统一的思想，我觉得真是伟大，弥足珍贵的。我们今天的课题，就是要消除上述这种思想的不可避免的历史局限性，在现代化大生产的基础上重建人与自然、个体与群体的统一。但这又不只是一个生产力发展的问题，还有一个社会制度问题。只有社会主义的现代化才能重建这种统一，走出西方思想文化的死胡同。我这次到德国，强烈地感受到西方经历了工业革命洗礼和实现了高度现代化的国家与中国这样一个长期是小农自然经济占统治地位的国家的巨大差别，感到我们有许多要努力向西方学习的地方。但另一方面，我也强烈地感受到，中国思想文化自古以来站在不倦地追求人与自然、个体与群体统一这个制高点上，使中国思想文化有一种西方难以企及的宏伟气魄。这是黑格尔在《哲学史讲演录》中论及东方哲学时也指出了的。当然，黑格尔还说东方对“无限”的追求，最后只得到了一个“渺茫的无限”。这是因为中国古代的思想文化存在着我在上面所说的历史局限性的缘故。一旦这个局限性被克服，“无限”就决不会再是“渺茫的”。

问：儒家哲学强调整体利益，以儒学为主流的中国传统文化强调群体本位主义，而西方文化则强调个体本位主义。现在中国提倡商品经济，建立在个体本位基础上的契约观、平等交换、合作互利的思想必然会悄然兴起，而社会主义文化价值观一般都认为是一种群体的价值观，这两种价值观显然有矛盾，如何才能统一呢？

答：我对于说社会主义文化价值观是一种群体的价值观这种看法，一向持怀疑和保留态度。依据马克思、恩格斯有关群体与个体的关系的论述，他们已在历史唯物主义的基础上克服和解决了个体与群体的抽象对立。我认为社会主义的文化价值观，是在生产力高度发展的基础上，个体与群体协调发展、彼此一致的价值观。一方面，群体的发展是与个体的发展相一致的；另一方面，个体的发展又成为群体发展的动力与条件,最终实现《共产党宣言》所说“每个人的自由发展是一切人的自由发展的条件”这一共产主义理想。由此可见,认为马克思主义深受黑格尔主义影响,因而只讲群体,否定个体(其实黑格尔也没有在根本上否定个体),这是不对的。另外,看到马克思主义高度重视群体、社会,因而把马克思主义混同于中国儒家的群体本位主义,也是不对的。但我们又要看到,社会主义所追求的个体与群体高度协调发展的实现,需要经历一个漫长艰难的历史过程。按照马克思的说法:“只有通过一个以个人为牺牲的历史过程才能获得。”①这看起来很残酷,没有读资产阶级人道主义的美丽词句那么舒服,但历史的事实就是如此,无法改变。我们只要想一想近代以来,中国人民为了争取中国的独立与富强曾经牺牲了多少人,就可知马克思所言不虚。由于付出了这许多牺牲,今天在我们的国家中,可以说在根本上已进入马克思所说群体的发展与个体的发展相一致的历史时代了。但我们的生产力的发展还是落后的,仍然需要大力提倡艰苦奋斗与奉献精神。这与社会主义所追求的个体与群体的协调发展并不矛盾,而是完全一致的。当前,中国实行了社会主义的市场经济,这可以说是中国几千年来前所未见最为深刻的变化。它一举从根本上克服了中国古代思想文化的一个重大缺陷,即个体尚未取得对群体的独立性,从而使个体取得了独立自由地发展自身的可能,并为在社会主义现代化大生产基础上重建人与自然、个体与群体的统一开辟了广阔的道路。

市场经济使个体取得了独立,于是历史就立即提出了一个巨大的问题:这个个体究竟是走向西方的个体本位主义呢,还是走向马克思主义所说的个体与群体的协调一致的发展?围绕这一重大问题,中国思想文化界必然会产生种种不同的看法与争论。原来长期生活在小农自然经济、计划经济条件下的人被投入市场经济的环境后,一切肯定个体对群体应有的独立性的观念的兴起,如你所说的契约观、平等交换、合作互利的思想的兴起,都有重要的进步意义。我深感在几千年来中国的思想文化中,个体对群体的依赖观念是太深了,个体的独立意识是太

① 《剩余价值学说史》第2卷,人民出版社1978年版,第121页。

弱了。为了解决这个问题,有必要借鉴、学习西方个体本位主义中所包含的一切合理的东西,打破儒家思想中那些固守个体对群体的依附性,漠视以致否定个体的独立性的观念。但与此同时,又必须防止因强调个体的独立性的建立而走向漠视、否定群体的个体本位主义,导致极端的个人主义、利己主义、享乐主义、拜金主义的泛滥,或走向类似于所谓"后现代主义"的虚无主义。在这方面,儒家思想重视群体和谐,推崇个体为群体而献身的崇高道德精神,又是我们应当批判继承的。

问:你主张弘扬中国古代文化,不知你对"五四"怎么看?

答:在对待中国古代文化的问题上,我一向是与西化派对立的。我写作《中国美学史》的一个重要目的就是为了弘扬中国古代文化。我感到中国古代美学与中国哲学以及整个中国思想文化有极为直接而密切的联系,弄清了中国美学有利于充分了解中国古代思想文化。谈到"五四",我认为"五四"对中国古代文化特别是儒学的批判有过火、偏激、片面的地方,缺乏具体历史的分析。但它终究又高举科学、民主的大旗,对儒学不利于现代化和束缚中国人民个性发展的方面进行了批判,起了不能否认的解放思想的作用。"五四"过火、偏激、片面的地方必须改正,但它的那种起了进步作用的批判精神不能丢。今天我们对儒学的继承仍然是批判的继承,不是回到国粹主义。因此,我对海外某些学者对"五四"持强烈否定态度的看法不以为然,我也不相信日本、新加坡的现代化是靠儒学起家的。实际是通过学习西方的资本主义而走向现代化的,后来看到资本主义的发展所引起的思想文化上的问题,才大讲儒学的重要性,想依靠儒学来加以缓解。但能否真正解决问题,我是持怀疑态度的。此外,讲到"五四",还应当看到"五四"以来,以中国共产党人为主体的革命者虽然对儒学持批判的态度,有时还批得过了头,但又正是他们真正继承了儒家的"民本"思想和以治国平天下为己任的思想。经过艰苦奋斗,使中国从帝国主义、封建主义的压迫下解放出来,走上了独立富强的道路。有时还可看到这种情况,即有意无意地用中国儒家的观念来解释马克思主义,在某些方面造成了对马克思主义的误解。自"五四"以来,在如何解决中国的问题上,基本上不外是三大派:西化派、儒学派、马克思主义派。直到现在也仍然如此。80

年代西化派上升,90 年代以来儒学派复兴,惟独马克思主义派在思想文化界及青年中实际处于被冷落的地位。这不是因为马克思主义本身不行,而是由于种种原因造成的。重新研究与发展马克思主义,在马克思主义基础上整合中西思想文化,以建构发展中国当代的思想文化,我认为是一条可行的正确的道路。这也就是科学地解决西化派与儒学派所不能解决的问题,努力建构与有中国特色的社会主义的发展相适应的思想文化。

问:你长期研究美学,能否给我们介绍一下你的美学思想?

答:我对美学的研究主要是一种哲学的探讨。我对哲学的兴趣实际超过了对美学的兴趣。马克思主义哲学是批判继承与改造了德国古典哲学,特别是黑格尔哲学的产物。而美学在德国古典哲学中又占有十分重要的地位,是德国古典哲学的一个有机组成部分。因此,马克思主义的美学也必然是批判继承与改造了德国古典美学,特别是黑格尔美学的产物。根据这样的思路,我对美学的研究经历了一个从马克思到黑格尔、席勒、康德,又从康德回到马克思的过程。研究的结果使我认识到马克思的美学与黑格尔的美学有最为密切而直接的关系。马克思是通过对人类劳动实践的本质的深刻阐发,吸取改造黑格尔美学而建立自己的美学的。此外,他也受到席勒以至费尔巴哈美学的影响,而康德的影响则是很微弱的。马克思多次指出,劳动既是人满足自身生存需要的活动,同时又是与动物活动不同的,有意识有目的地改造自然的创造性的活动,因而是一种能从自然取得自由的活动。这看来好像很简单,实际上它正是解决"美之谜"的秘密所在。正因为满足人类生存需要的劳动实践同时是一种创造性的自由的活动,因此人类的劳动实践及其产品在满足人类的生存需要之外,又能引起一种由于看到自己创造的自由获得实现而产生的精神快感。这就是最本质意义上或原初意义上的美感,而那感性生动地体现了人的创造的自由的活动和产品,就是人类称之为美的对象。从劳动再推而广之,人类的整个生活都是人类实践的自由创造所产生的"作品"。作为这样的"作品"去加以观照,它就是审美与艺术的对象。所以我把美定义为人在改造世界、创造生活的实践中取得的自由的感性表现,并对审美意义上的自由的特征作了三个方面的规定。这是从人类历史的发展提出的哲学性质的定义。在达到这个定义的历程中,我又产生了以物质生产实践为人类社会生活的本体的思想,并自以为是符合马克思的思想的。集中论述了我的美学观点的《艺术哲学》一书,实际是我后来明确提出的"实践本体论"在美学上的表达。这个实践本体论决不否认自然物质本体论,而是以它为前提的。但马克思的主要贡献不在阐明自然物质本体论,而在从自然物质本体论进展到社会实践本体论。从本体论的角度看,历史唯物论即是实践本体论。从美学角度看,实践所显示的,既是社会的,又是个体感性存在的人的自由,就是美与艺术的本体。过去一些马克思主义美学研究者,如普列汉诺夫,由于忽视了马克思对人类物质生产实践的本质的极为重要的阐明,因此他虽然正确地肯定了功利先于审美,却始终不能说明功利与审美的内在联系,原先是功利的对象后来何以能转化为审美的对象。卢卡奇的美学同样没有真正解决审美、艺术如何从物质生产劳动中产生出来的问题。除对马克思主义美学原理的研究之外,我对中国美学史的研究的结果已写在《中国美学史》、《〈周易〉美学》以及其他一系列论文中,这里不详谈了。

问:你觉得我国美学研究的现状如何?前景如何?

答:面对我国当代社会所提出的与文艺、审美相关的种种问题,以及西方现当代美学所提出的种种问题,再加上不少人认为马克思主义早就没有什么搞头了,所以我估计我国当代美学将会进入一个寻求各种新的观点的时期。而这种寻求基本上又不外是按研究者的不同想法,从西方现当代美学中引入某些观点。各种不同的新观点的出现对推动美学的发展是有益的。但依我的可能是保守的看法,要真正取得有重要意义,甚至产生世界影响的成果,还是要走在马克思主义的基础上整合中西美学、解决当代的美学问题这样一条道路。近年来有的同志提出"超越实践美学"的看法。如果"超越"是指抛弃马克思主义所讲的实践这个根基,我估计很难搞出确有重要理论价值的东西来。如果"超越"是指超过马克思主义实践观的美学目前已达到的水准,更为具体、深入、细致地展开对美与艺术和人类实践的联系的研究,并吸取改造西方现当代美学一切合理的思想,回答当代美学提出的问题,那就是大有可为的,一定会取得重要的成果。

问:你自己还打算研究哪些问题?

答:可研究的问题很多。目前我想结合对中国当代思想文化的思考,比较集中地研究一下马克思主义和马克思主义的哲学。

(本文是《哲学动态》记者对本书作者的专访,原载《哲学动态》1995年第8期)

中国古代美学思想

从奴隶社会开始,中国思想家就把审美与艺术问题同宇宙、社会、人生的根本问题直接联系起来加以观察和思考,虽然表述和论证显得不够系统,但在根本上贯穿着自己独特深刻的哲学观念。在世界古代文明发达的几个国家中,中国美学自成一个独立严整的体系。

一般特征

中国古代美学是在和西方古代美学很不相同的历史条件下产生的。中国古代文明起源很早,原始氏族社会延续了很长时期,发展到了很高的程度。在进入奴隶社会之后,由于生产力发展水平的限制,未能完全冲破原始公社制度的外壳,氏族社会的传统、风尚、习俗、意识形态大量地、长期地保留着。社会中人与人的关系已以阶级对立为基础,但仍然和血缘宗法关系结合在一起,表现为对上下尊卑的细密区分和讲求伦理秩序。这种情况,一方面使中国古代奴隶社会不可能像希腊罗马那样获得充分发展;另一方面又使中国古代奴隶社会直接地继承和保留了氏族社会中素朴的人道观念和民主精神,个体与社会、人与自然的对立表现得不那么十分尖锐。从春秋时代开始,理性精神显著高涨,不少思想家提倡以个体与社会、人与自然的和谐统一为理想,认为两者的分裂对抗应当尽力避免。这个基本的观念,深刻地影响了整个中国美学的发展。中国美学长期以来坚持从个体与社会、人与自然的和谐统一中去找美,认为审美和艺术的价值就在于它们能从精神上有力地促进这种统一的实现,从而把具有深刻哲理性的和谐和道德精神的美提到了首要位置,并经常通过形象的直观方式和情感语言来表达。中国古代美学思想在春秋末年和战国时期基本形成，以后在漫长的历史时期内获得了多方面的发展。

先秦两汉美学思想

先秦时期产生了不少美学派别，其中最重要的是儒家和道家。它们互相对立又互相补充，奠定了整个中国古代美学的根基。儒家美学的创始者和重要代表是孔子。他的美学思想建立在他的"仁"学的基础上。在孔子之前，单穆公、史伯、伍举、子产、季札等人已经论及了"五味"、"五色"、"五声"的美和美与善的关系问题。孔子从他的"仁"学出发，总结、概括和发展了前人片断的言论，第一次深刻地解释了美与善的关系、审美与艺术的社会作用等问题。他把外在形式的美称为"文"，把内在道德的善称为"质"，认为文、质应该统一起来。外在形式的美可以给人感官愉悦，但只有与善统一起来才具有真正的价值。真正的美就是人与人之间有亲疏差等的互助互爱，即"仁"这个最高原则的完满实现。构成这种美的社会内容的"仁"，并不是外部强加给人的东西，而是植根于血缘关系基础上的普遍的内在心理要求。因而，以"仁"为基础和内容的美的社会普遍性，与个体心理的具体性融合在一起，不再是抽象的外在观念或规范。孔子强调美与善不能分离，强调艺术的感染作用，认为审美与艺术的作用在于感发和陶冶人们的伦理情感，促进个体与社会的和谐发展。孔子把艺术的作用概括为"兴"、"观"、"群"、"怨"四个方面。其中，"兴"和"怨"侧重说明艺术抒发情感的特征；"观"和"群"则说明艺术通过情感感染所产生的特殊的社会效果。孔子第一个从人的相互依存的社会性与个体感性心理欲求相统一的高度来观察审美与艺术问题，指出了审美与艺术在人类生活中的重要地位和作用。但由于孔子所说的"善"受到中国古代奴隶主等级制的严格制约，使他对审美与艺术社会作用的理解受到局限，认为归根结底必须从属于"事父"、"事君"这个目的。在孔子之后，战国时期儒家美学得到了进一步的发展。孟子高扬了儒家所提倡的人格精神的美，提出"理义之悦我心，犹刍豢之悦我口"的看法，对"美"以及"大"、

“圣”、“神”等具有美学意义的范畴作了规定和考察，并且在有关个人道德修养的所谓“养吾浩然之气”的说法中，涉及了艺术创造中个体的情感和意志作用等问题。荀子则提出了“无伪则性不能自美”的说法，涉及主体能动活动同美的关系，并且在《乐论》中集中地和具体地阐述了艺术的社会功能。《易传》吸收了道家的思想并使之儒家化，企图建立一个无所不包的世界观模式，其中多处从人与自然、个体与群体的和谐统一的角度涉及了美与艺术的问题。特别是它要求对立面统一的素朴辩证法观念和对刚健之美的提倡，对中国古代的艺术创作理论和中华民族的审美观念发生了重要影响。基本上属于荀子学派的《乐记》更进一步系统发挥和丰富了荀子《乐论》，对先秦儒家美学关于艺术的看法作了一个划时代的总结，成为儒家美学的重要经典之一。

先秦时期和儒家美学相对立的学派有墨、道、法诸家。墨家和法家都从狭隘的功利主义出发，对审美与艺术采取蔑视以至否定的态度。墨家主张“非乐”，即否定艺术，认为审美与艺术活动只能“亏夺民之衣食之财”，无补于“兴天下之利，除天下之害”。它反映了古代小生产者的观念和狭隘眼界，但又有揭露批判剥削者的一面。法家以“功用”为判断事物价值的根本标准，攻击儒家所提倡的包括艺术在内的“文”，认为它有“乱法”、“害用”等恶劣作用，反映了法家急功近利的要求。由于墨、法两家狭隘功利主义的观点同人类文化艺术的历史发展背道而驰，因此它们虽然对儒家进行了猛烈的批判，却不能动摇儒家美学的根本思想。在中国古代美学的发展中，墨、法两家没有产生什么重要影响。真正能和儒家美学相抗衡，并对儒家美学的弱点作了有力批判的是道家。

道家哲学和美学的创始人是老子，但道家美学的真正代表者是庄子及其学派。道家美学的全部思想建立在关于“道”的理论基础之上。儒家美学充分地肯定美与善、善与真的统一，认为这种统一是绝对合理和不容置疑的。道家美学则相反，它处处致力于揭露美与善、美与真的尖锐矛盾以及美丑对立的相对性、虚幻性和不确实性。它甚至认为，各种人为的审美与艺术活动有害于人的自然本性的发展，主张“擢乱六律，铄绝竽瑟”，“灭文章、散五采”。表面看来，道家的这一类说法似乎是对美与艺术的否定，实际上，它是针对中国古代从氏族社会进入阶级社会之后，现实生活中大量存在的美与善、美与真的分裂和对立以及以丑为美和以骄侈淫逸、伤身害生的感官享乐为美这样一些社会现象而发的。所以，它在消极虚无的形态下，含有朴素的辩证法和深刻的批判精神。在道家看来，真正的美不是世俗人们所追求的感官声色的愉快享受或权势欲望的恣意满足，也不是儒家虚伪的仁义道德的实现，而是一种同自然无为的“道”合为一体、超越人世的利害得失、在精神上不为任何外物所奴役的绝对自由的境界。他们说“朴素而天下莫能与之争美”，“淡然无极而众美从之”，都表明美在于超功利的自然无为。道家把个体生命的价值、个体与他人的互不相争的自由发展放在最高的位置，主张对人世的利害、得失、是非、荣辱、祸福采取一种听其自然，不容于心的超越态度，认为这样就可以从人世的苦难中获得解脱，始终保持精神上的自由，达到美的境界。这种超越是精神上的主观空想，带有虚幻、消极和逃避现实的性质。但在另一方面，这种超越又恰好触及到了审美观照的心理特征等问题。道家关于“技”和“道”的许多著名的寓言，涉及审美与艺术创作的某些特性，包含了对艺术创作所要求的合规律性与合目的性高度统一的认识。所谓“以天合天”，“用志不分，乃凝于神”，“以神遇而不以目视，官知止而神欲行”，以及“坐忘”、“心斋”等等说法，虽然不是直接针对审美与艺术而言，但其思想实质和审美与艺术创造相通，是中国古代美学史上最早关于审美心理特征的深刻说明，并且提到了宇宙观和人生哲学的高度，不同于一般肤浅的经验性的观察。道家美学缺乏儒家那种执著于现实的积极入世精神，在这方面，儒家对道家的虚无高蹈的倾向起着抵制和克服的作用。而道家对审美与艺术创作特征的深刻理解，又弥补了儒家在这方面认识不足的弱点。它的超功利的思想和敢于大胆揭穿假面的批判精神，是动摇和冲破正统礼法束缚的有力的思想武器。一般而言，道家美学的优点所在，正是儒家美学的弱点所在，反之亦然。整个中国古代美学的理论基础，是由相互对立而又相互补充的儒道两家美学所构成的。

在战国后期，随着南方楚国文艺的发展，出现了以屈原（约前340～前277）为代表的楚骚美学思想。楚国在战国时期已进入奴隶制时代，并且深受北方文化的影响。但较之北方文艺,它更多地保存了氏族社会的遗习和风尚。加之南北自然环境的重大差异,形成了和《诗经》所代表的北方文艺很为不同的、以《楚辞》和楚国工艺为代表的南方文艺,并产生了与之相应的审美意识,即楚骚美学思想。虽然它缺乏系统的理论形态,但在《楚辞》特别是屈原的《离骚》及其他作品中都有不少直接讲到美与艺术问题的片断言论。从中可以看出,楚骚代表了先秦美学中的一种新倾向,它同儒、道两家都有联系,但又有区别。它吸取了儒家积极入世的人格精神和主张"文"与"质"、美与善相统一的思想,但又不受儒家严格的礼法束缚,在美的追求上,非常重视情感的热烈表现和想象的自由抒发;在形式上,它追求着一种"惊彩绝艳"的感性生命的美,大不同于儒家所崇尚的"诗无邪"和庄严肃穆的作风。它吸取了道家遨游宇宙、大胆想象和勇敢揭露黑暗的批判精神,但又不接受道家避世退隐、不谴是非的消极态度,而坚持对虚伪丑恶作不妥协的斗争。楚骚美学思想是儒道两家的一种特殊的结合,在一定程度上吸取了两家的优点,避免了两家的缺点。楚骚美学对汉代的影响极大。直到明清,其影响仍然明显可见。

先秦美学除上所述之外,《管子》以及《吕氏春秋》等书也包含有一些值得注意的思想,但影响不大。

两汉美学在一些重要问题上丰富了先秦美学。《淮南子》鲜明地把对美的追求,从儒道两家所强调的内在人格精神的完善引向了广大的外部世界,表现了处在上升时期的统治阶级对征服支配外部世界的强大信心和力量,显示了汉代美学的新特色。独尊儒术的董仲舒,重申了儒家以"仁"为美的思想,把它和"天人感应"的理论结合起来,认为"仁"是"天"的属性、意志,天地的美就在于它无私地长养、哺育万物。他认为,人的思想情感和各种自然现象之间有一种同类相动、相通的关系,不同的自然现象必然引起与之相应的不同的思想感情。这种说法是唯心主义的,但同时包含对人的精神和自然节律相一致的初步猜测和理解,触及人对自然的审美特征。时代稍后于董仲舒的历史家、文学家和思想家司马迁(约前 145 ~ ?),极大地发展了以屈原为代表的楚骚思想。他认为一切有价值的著作都是历史上的志士仁人"意有所郁结，不得通其道”，而“发愤之所为作”的产物。这和屈原的“发愤以抒情”是一脉相承的。司马迁猛烈地批判儒家“怨而不怒”的美学观，认为对一切不合理的黑暗现象的愤怒、反抗和斗争是完全应当的，表现了中国古代人民的英雄主义精神。处在政治十分黑暗的西汉末年和东汉初年的扬雄，最为明确地把包括文艺家的作品在内的一切著作同作者的人格、道德、精神联系起来，提出“言”为“心声”，“书”为“心画”的说法。扬雄在《太玄》中又对“文”与“质”的矛盾统一作了一种历史的思辨考察，在《解难》中提倡一种广大艰深、富于崇高色彩的美。扬雄之后的王充，针对当时谶纬迷信的风行，集中考察了美与真的关系问题，提出了“真美”这一概念，反对“虚妄之言胜真美”。王充在艺术创作问题上发表了某些有价值的见解，但他不理解一般感觉经验、科学认识中的“真”与艺术上的“真”的重要区别，对审美与艺术特征缺乏应有的认识。东汉时期出现的《毛诗序》把《乐记》基本思想应用于诗歌，对儒家诗论作了系统的总结，以经典的形式陈述了儒家对于诗的看法。总的来看，两汉美学是先秦美学的延续和发展，虽然有新的特色，但并未产生超出于先秦美学的新思潮。

魏晋南北朝美学思想

魏晋南北朝是中国美学发展史上具有重大意义的转折时期。汉帝国的崩溃，自给自足而又各有其经济力量和政治军事力量的门阀世族大地主的形成，东汉以来日趋僵化、烦琐的儒学及其影响的不断削弱，这一切使得统治阶级士大夫在生活方式和思想意识上都发生了重大变化。生活上和思想上获得了过去所没有的一个相对独立自由的活动天地，文化日益成为上层社会士大夫精神生活的重要部分，显示出它的独立的价值和意义，不再只是朝廷推行伦理教化的工具了。先秦以来特别是汉代后期重善轻美的传统发生转变，美不同于善的独立的价值开始受到重视。对美的追求，对个人才情风貌的讲求以及对人生意义、价值的思索不可分地联系在一起，使人的个性、爱好、趣味等等在封建制度所能容许的范围之内，第一次得到了明显的、比过去远为充分的发展。这一时期的美学思想不再像先秦以来那样,把主要的注意力放在说明艺术与政治、伦理、道德的关系上,而开始具体深入地研究美与艺术自身所具有的特征。美学问题的探讨第一次获得了自己相对独立的地位和价值,并且扩大到艺术的各个门类和领域。

魏晋南北朝美学的发展,大体上依次和三个方面相联系,即人物的品藻、玄学的探讨和各门文艺理论批评的建立。汉末以来的所谓人物品藻,是通过社会舆论的品评向统治者推荐人才。这种品评,由于当时具体的历史情况,不再像汉代那样只重视人物的道德节操,而十分重视才能、智慧、应变的本领等等。刘劭的《人物志》就是论述这种品评的具有系统性的著作。到了晋代门阀世族大兴之后,人物品藻演变为对人物的个性气质、风度才华的品评。从《世说新语》一书中可以明显地看到,这种品评不只是政治伦理的,而且更是审美的,后者占有非常重要的地位。它深刻地影响到各门文艺和美学思想的发展,使得这一时期的美学思想经常从人的内在的个性、气质、天赋、独特的心理感受等角度来观察审美与艺术问题,因而比前代更为深入地看到了审美与艺术所具有的特征。例如曹丕(187~226)的《典论·论文》中的"文以气为主"的说法,它所强调的是作家的个性、气质、天赋与作家的创作风格、创作成就的关系,这和以前孟子、扬雄主要强调道德品质的修养很不相同。钟嵘(?~约518)的《诗品》虽然和汉代的《毛诗序》一样认为诗是情感的表现,但它所强调的是个体的各种"摇荡性情"的多样心理感受的表达,而不是诗与政治得失、王道废兴的关系。在绘画方面,东晋顾恺之(约346~约407)的"以形写神",南齐谢赫的"气韵生动"(见《古画品录》)等原则的提出以及南齐王僧虔(426~485)在书法理论方面主张"书之妙道,神采为上,形质次之"等说法,都明显地反映出深受当时人物品藻风气的影响。美与艺术被看做是同个体的精神、气质、心理不能分离的东西,这是魏晋南北朝美学思想的显著特征,也是它较之先秦两汉美学大大前进了一步的地方。

魏晋玄学的兴起给当时的美学思想以深刻影响。玄学的产生,同汉末儒家思想危机、社会动乱所引起的对人生的感伤与思索有密切关系,其核心是企图从哲学本体论上去探求人生的价值和理想。玄学中关于“名教”与“自然”是否相符，以及“言”与“象”能否“尽意”的两大争论，虽然不是直接针对美学问题而发的，但与美学有密切联系。前者涉及伦理道德与审美的关系问题，后者涉及审美、艺术同理论认识的区别问题。此外，在玄学的影响之下，出现了过去所未见的、具有相当严密的理论思辨的专门性美学论文，如嵇康的《声无哀乐论》系统地论证了音乐美的本质在于“自然之和”。魏晋玄学发展到后期，同印度传入的佛学发生联系，这也对东晋南北朝的美学产生了影响。如关于灵魂与肉体即“神”与“形”的关系的辩论，直接影响当时的绘画理论。顾恺之提出的“传神”术语出自佛学，主张“神不灭论”的佛学家兼画家宗炳(375~443)在《画山水序》中提出“山水以形媚道”，“神本亡端，栖形感类，理入影迹”的观点，企图对自然美的本质作出哲理的解释。

上层社会士大夫对审美与艺术问题的重视，人物品藻和玄学思辨的发展，有力地促进了魏晋南北朝时期各门文艺理论批评的发展。这一时期产生了一系列具有理论系统性的著作，如陆机的《文赋》、刘勰的《文心雕龙》、钟嵘的《诗品》、谢赫的《古画品录》等等。中国古代各门文学艺术的具体理论，基本上是在魏晋南北朝时期建立起来的。这些理论通过对创作、欣赏、技巧、技法等艺术现象的解释和总结，提出了不少具有重要意义的美学思想，深化和发展了中国古代美学。

隋唐五代美学思想

经隋入唐，建立了统一的唐代封建大帝国，使经济、政治、文化都得到空前的发展，统治阶级也表现出一种宏大的创造气魄。隋唐美学的发展是从批判齐梁时期腐朽的门阀士族审美观念开始的。这一时期门阀士族对美的追求已经成为赤裸裸的腐化享乐。低级的官能享受，如色情泛滥成灾，直接威胁到封建统治的秩序。针对这种情况，隋末唐初的美学力挽颓风，重申了先秦儒家主张美善统一、重视文艺的积极社会作用的思想，但又没有陷入只要善、不要美的片面性。唐代统治阶级不否认美的价值，而是要在新的历史条件下，确立一种同统治阶级积极创业、励精图治的要求相适应的，奋发向上、刚健有力的审美趣味、审美理想。这一点在诗人杨炯(650~693)的《王勃集序》中已有明显的表现。陈子昂(约661~约702)对"骨气端翔,音情顿挫,光英朗练,有金石声"的所谓"汉魏风骨"的提倡,进一步从美学上概括了唐代上升发展时期的审美倾向。在书法艺术上,孙过庭的美学思想也具有同样的倾向(见《书谱》)。从初唐至盛唐,先秦儒家美学的积极方面得到了发扬光大,《易传》所阐扬的刚健之美的风格在散文、诗歌、书法、绘画中都表现了出来,同时又使儒家美学束缚个性的一面得到了一定程度的克服。

从中唐开始,唐代统治阶级从繁荣的顶峰逐步走向衰落。在地主阶级知识分子中,普遍出现了渴望实现儒家理想、报效朝廷但又不可得的苦闷情绪,产生了一种既想积极入世、立功扬名,又想消极退隐、独善其身的矛盾心理。这种苦闷矛盾的心理随着唐王朝走向衰亡而不断加深,给中唐至晚唐五代美学思想的发展以深刻的影响,其总的趋势是儒家美学的实际影响逐渐削弱。韩愈(768~824)、白居易(772~846)、杜牧(803~852)在原则上虽仍然坚持儒家思想,但以儒家传统捍卫者自命的韩愈却热烈鼓吹和屈原、司马迁的反抗精神相一致的"物不得其平则鸣",提倡大胆独创,"唯陈言之务去",并且以可怪、可惊、可畏、可惧的事物为美,表现了一种强调自我及与社会黑暗相抗争的精神,并不完全符合儒家"温柔敦厚"的宗旨。白居易竭力主张发挥儒家美学关于诗的"讽喻"作用以改良政治,但最后遭到彻底失败,只好转而写所谓的"闲适"诗,并且成了禅宗的居士。中唐末年的诗人杜牧也提倡儒家美学,但又提出"文以意为主",开后世美学重"意"轻"道"的先声。在上述美学倾向演变的同时,中唐以来迅速发展起来的中国佛学禅宗日益侵入文艺和美学的领域。禅宗思想适应了彷徨在入世与出世之间的许多地主知识分子和文学艺术家的矛盾心理。禅宗关于通过直觉、顿悟以求得精神解脱、达到绝对自由的人生境界的理论,在唯心主义的神秘形态下包含有对审美与艺术创造心理特征的深刻理解,和美学有明显相通的地方。王维(701~761)晚年的诗歌和绘画被认为是禅宗美学思想的最早体现者,产生了很大的影响。佛教法师兼诗人皎然的《诗式》,把佛学思想应用于诗歌理论,认为谢灵运诗歌艺术的成就是由于"彻空王之奥",并且在标举各种诗体时独尊"高"、"逸",提出明显体现了禅宗思想倾向的"闲"、"达"、"静"、"远"诸体。画家张璪所谓"外师造化,中得心源"的理论,也同禅宗强调"心"的作用有联系。晚唐司空图的《二十四诗品》更为集中鲜明地表现了禅宗的深刻影响,也更为成功地把禅宗思想倾向化为一种审美的理想和境界,标志着晚唐美学的重大转变。此外,五代山水画家荆浩的《笔法记》推崇王维、张璪的创作"真思卓然,不贵五彩",也表现了禅宗在美学中的影响。

宋元明清美学思想

从中、晚唐以来,中国后期封建社会美学继续发展,它包含了从宋代至清代1840年鸦片战争之前的各种美学思潮。

宋代是世俗地主阶级在经济上、政治上、文化上由完全成熟走向衰落的时期,同时城市工商业也有了很大发展。表现在艺术上,与宫廷艺术相并立的地主文人士大夫的艺术得到了迅速发展,同时产生了以市民为对象的世俗文艺,如宋人的话本小说之类。宋代美学的主流和文人士大夫艺术的发展分不开。它直接继承司空图的美学思想,但去掉了虚幻的神仙色彩。它还受到韩愈美学思想的影响,但去掉了那种以捍卫儒家道统自命而又愤激不平的精神。宋代美学的重要特点是,既不向往神仙或宗教的狂热境界,也不渴慕治国平天下的事功业绩,它面向现实人生,重视生活情趣,推崇纯任情感自然流露和表现的平淡天然的美,鄙视宫廷艺术的富丽堂皇、雕琢伪饰。反映在文艺批评上,中唐的皎然在论到诗体时已把"逸"置于第二位,之后朱景玄在《唐朝名画录》中又在"神"、"妙"、"能"三品之外增加了"逸"品。到宋初,黄休复在《益州名画录》中进一步把"逸格"提到"神"、"妙"、"能"诸格之上,认为画中"逸格"最高,其特征是"拙规矩于方圆,鄙精研于彩绘,笔简形具,得之自然,莫可楷模,出于意表"。这正是和宫廷艺术不同的士大夫文人艺术的特征,是中唐以来强调直觉、灵感、意境,在平淡中见隽永的禅宗美学倾向的表现。在费休复之后,郭若虚的《图画见闻志》、邓椿的《画继》,更为鲜明、深入发展了宋代文人画的理论。

上述绘画评论上的趣味、标准的变化,只是宋代美学倾向变化的一个侧面。宋代美学新倾向的更为著名和重要的代表是欧阳修(1007~1072)、苏轼(1037~1101)和严羽。欧阳修是宋代在各个方面开风气之先的人物。他主张文章应"得之自然",赞美梅圣俞的诗"古淡有真味",欣赏"宽闲之野,寂寞之乡"的自然美,要求绘画画出"萧条淡泊"之"意"、"闲和严静,趣远之心"。苏轼则从更广阔的视野和更深的哲理角度上观察了美与艺术问题。他高度评价了晚唐司空图的《诗品》,"恨当时不识其妙,予三复其言而悲之"。苏轼和欧阳修一样,主张文章要"得之自然",但他更强调要如"行云流水"一般,"常行于所当行,常止于不可不止"。他鼓吹庄子"游于物之外"和禅宗"静故了群动,空故纳万境"的与宇宙合一的精神,推崇"出新意于法度之中,寄妙理于豪放之外",发展了晚唐以来强调个体性情、趣味的表现的美学倾向,并赋予它更加自由无羁的色彩。另一方面,苏轼虽然也和欧阳修一样提倡平淡天然的美,高度赞赏"寄至味于澹泊","外枯而中膏,似澹而实美",但在苏轼所谓的"澹泊"之美中,渗入了对整个宇宙人生的意义、价值的一种无法解脱的怀疑和感伤,即使在他的那些号称豪放的作品中也经常流露出来,表现了苏轼美学思想的豪放与感伤矛盾而又统一的特征。这种怀疑和感伤是中唐以来许多封建士大夫中存在的进取与退隐的矛盾心理的进一步发展,它已经不只是政治上一时失意的表现,而潜在地包含了对现实社会生活的永恒合理性的疑问。由于审美、艺术与个体日常世俗生活比过去有了更为密切的联系,从而使个人的审美情趣和要求获得了较为自由的发展,为或多或少突破封建伦理道德的束缚提供了某种机遇和可能性。以苏轼为代表的美学思想,具有深广的社会心理内容,对后来元、明、清三代都产生了重大影响。苏轼之后,宋末的严羽在《沧浪诗话》中正式以禅宗哲学为理论依据,探讨了诗歌创造的审美特征,指出文艺创作与理论思维不能混同,强调直觉、灵感在文艺创作中的重要作用。"以禅喻诗"成为宋代的一种风气。

和上述诸人的美学思想相对立,邵雍、程颢、程颐、朱熹等哲学家则把被他们加以客体化的、具有伦理道德性质的“理”提到了至高无上的位置，声称“名教之乐”胜于“人世之乐”，对审美与艺术创作一般采取轻视、贬低甚至否定的态度。但在对人生终极境界的看法上，他们所追求的最高的道德境界又是和审美的境界相通的。在有关文艺的某些问题上，他们也发表过一些合理见解。由理学家提出的“格物致知”说还曾对宋代宫廷绘画（院画）的理论产生了深刻影响，出现了郭熙的《林泉高致》、韩拙的《山水纯全集》等有重要美学意义的绘画理论著作。但总的而论，宋代理学对中国古代美学思想的发展起着保守、阻碍的作用。

元代的美学思想直接承接宋代，只在某些局部问题上有所深化。这一时期关于绘画的某些理论著作比过去远为明显地表现出不同于宋代宫廷画院传统的、新的审美情趣和标准。特别是著名画家和诗人倪云林（1306～1374）提出的所谓“写胸中逸气”、“逸笔草草，不求形似”的说法，突出强调了主体的情感、心灵在艺术中的表现，是宋代和禅宗相联的文人画美学思想的进一步发展。倪云林对所谓“据于儒，依于道，逃于禅”的人生态度的赞赏，典型地反映了元代处在异族统治下的士大夫地主知识分子的思想情感，同时也贴切地概括了自晚唐以来儒、道、禅三家美学思想趋于合流和互相渗透的情况。

禅宗美学是宋代以后延续数百年的重要新思潮，对中国文艺、特别是士大夫地主知识分子的文艺思想影响甚大。在追求对人世的利害得失的超越而达到精神自由这一点上，禅宗和道家的思想是相通的。但禅宗不是以道家所谓的自然无为的“道”，而是以主体的“心”作为求得解脱的根据。禅宗缺乏道家那种与无限的大自然合一的明朗欢快的态度和宏伟气魄。由于退回到主体的内心世界中，经常给自然染上了凄清、孤寂、空幻的色彩。但禅宗又极大地提高了主体心灵能动性的地位，把主体内心的自觉自由放到审美和艺术的最高位置。一切外在的事物、现象，只有作为主体的这种内心生活的表现，才具有真正的美的意义。这是中国古代美学发展过程中的一个重大变化，它隐含着中国古代美学从古典主义到明清浪漫主义的转变。

明代中叶，随着资本主义萌芽的出现和封建统治的日趋腐朽，中国古代思想的发展进入了一个新时期。封建的伦理纲常虽远未受到彻底的批判和否定，但已经有人开始揭露它的虚伪性和不合理性，并且产生了一种企图冲破它的束缚的倾向。与当时文艺创作领域沛然兴起的浪漫主义潮流相呼应，在美学上形成一股具有近代个性解放气息的思潮。这股思潮的基本特点是，把“情”提到一种新的水平和新的位置，主张在审美与艺术中无顾忌地、大胆地表现个人的真情实感，推尊自我，崇尚独创，反对当时的因袭复古之风。深受王阳明“心学”影响的李贽(1257～1602)是这一思潮的最早代表者。他提出所谓“童心说”，主张“天下之至文”是“童心”亦即“真心”的表现；美与艺术是与一切违背“真心”的虚假行径不能相容的。他还提出“以自然为美”，即以自然地表现人的“情性”为美，并且认为“情性”只要是自然地表现出来的，那就必然是“止乎礼义”的，“礼义”并不在“情性”的自然表现之外。这种把“礼义”归之于“情性”的自然表现的思想，和宋明哲学家的理学认为“礼义”与“情”不能相容，并以“礼义”扼杀“情”的思想是相对立的。和李贽同时代的大戏剧家汤显祖(1550～1616)更进一步发挥了重“情”的观点，声称“师讲性，某讲情”。认为“世总为情，情生诗歌”；“情之至”者，“生者可以死，死可以生”；“理之所必无”可以为“情之所必有”。“公安派”的主要代表袁宏道(1568～1610)主张“出自性灵者为真诗”，并且认为真正的“趣”亦即美，是赤子之心的自然流露，表现了和李贽、汤显祖相一致的倾向。明清之际的黄宗羲(1610～1695)、王夫之(1619～1692)，虽然思想和李贽等人不同，甚至有尖锐对立，但同样受到这种新思潮的影响，在美学上也十分强调“情”。黄宗羲认为，“情者，可以贯金石，动鬼神”，“凡情之至者，其文未有不至者也”。王夫之高度重视满足人的生命的合理要求，一再发挥《易传》的“天地之大德曰生”的命题，既力斥佛老蔑视、毁损人的生命，又反对道学家以“理”灭“欲”。因此，王夫之也把“情”放在很高的位置，认为“生理之运行，极情为量”，“情”不可灭，灭“情”即是灭“生”。表现在美学上，王夫之认为“情之所至，诗无不至”，诗之所以有“兴”、“观”、“群”、“怨”的作用，全在于其中“有一切真情在内”。王夫之还对“情”与“景”的关系作了深刻的阐明，认为“情景名为二，而实不可离”，两者合一是创造艺术美的核心。在一般的哲学观点和社会政治思想上,王夫之对禅宗思想是否定的,但在涉及审美与艺术的特征问题时,他却常常借用禅宗思想来加以阐明。清初王士祯(1634～1711)所提倡的"神韵说"虽然缺乏积极的社会内容,但也深刻地触及了艺术的审美特征,认为艺术创造"只取兴会神到,若刻舟缘木求之,失其指矣"。与王士祯同时代的大画家石涛(1642～约1718),主张绘画的作用在"借笔墨以写天地万物而陶泳乎我",并明确提出"我之为我,自有我在"的思想。这一历史时期,在艺术各个领域都涌现出一些具有总结性的有关艺术的审美特征和创作问题的著作。如朱载堉的《乐律全书》、李渔(1611～约1679)关于戏曲的著作(见《闲情偶寄》)、叶燮(1627～1603)关于诗的论著(见《原诗》)、计成(1582～?)关于园林艺术的论著(见《园冶》)等等。清代乾隆时期的袁枚(1716～1797)提出"性灵说",继承了李贽以来重自我个性的新思潮,主张"味欲其鲜,趣欲其真","不可以无我",并公开提出"情所最先,莫如男女",表现了要求打破封建正统观念的倾向。与袁枚同时代的不朽的艺术巨著《红楼梦》的作者曹雪芹,宣称他的作品"大旨谈情",并把《红楼梦》称之为《情僧录》,重新表现了自李贽以来重"情"的倾向。

中国古代美学自古就十分重视情感在审美与艺术中的位置和作用,但突出地强调"情"与自我、个性相联系的重要意义,并且以它来冲破儒家礼法的束缚,赋予它以特定具体历史条件下的个性解放内涵,这是在明中叶以后才出现的。在中国美学发展的历史长河中,李贽等人所代表的上述思潮成为近代中国美学的先声。

清代乾隆以后,封建统治阶级更加腐朽。在美学上,除陈廷焯(1853～1892)的《白雨斋词话》、桐城派古文理论和刘熙载(1813～1881)的《艺概》等包含有关于艺术特征的某些可取见解外,因袭复古的思想占据统治地位,中国封建社会的美学已经日暮途穷了。

(本文是作者为《中国大百科全书·哲学》撰写的条目。原载《中国大百科全书·哲学》,中国大百科全书出版社1987年版,第1203～1208页。收入本书时作者作了某些修改)

东方美学的历史背景和哲学根基

世界美学基本上可以划分为两个最重要的系统:东方和西方。两者各有其优越性和局限性,共同构成世界的美学。抑彼扬此或抑此扬彼都是不正确的,重要的是认识两者各自的优越性和局限性,并促进双方的交融。近十年来,西方美学大量涌入中国,这是前所未见的好事,不是坏事。但我们又不要因此而忘记了东方,更不要竭力地贬低东方而抬高西方。那种认为西方文明代表先进,东方文明代表落后的看法,是一种缺乏历史分析的简单化的看法,也是一种带有殖民主义气味的看法。19 世纪以来,在西方进步的人士中,这种看法渐渐地被否定,转而承认东方文明也有自身的贡献。就美学而言,东方美学的研究有助于解决当代美学的重要课题,丰富和推动世界美学的发展。中国美学是东方美学的重要组成部分,因此在东方美学的研究上,中国人负有不容推卸的责任。而且,为了认识中国美学自身的特点,只把它和西方美学比较是不够的,还要和东方各国的美学比较。从这方面看,我们也应重视东方美学的研究。

东方美学的研究是一个极为复杂的问题。本文拟就东方美学的历史背景和哲学根基发表一点十分粗浅的看法,希望能对从总体上把握东方美学的特征有所帮助。

一

本文不同意那种认为美学与艺术可以脱离社会历史而自行独立发展的看法。这种看法,不论说得如何玄虚,终究是违背历史事实的。我认为马克思所提出的,由物质生产力发展所决定的一定的社会结构

(人与人的社会关系)和人对自然的一定的关系,是包括美学、艺术在内一切理论观念、意识形态产生发展的现实基础。尽管理论观念、意识形态和这个基础之间的关系不是一种简单的亦步亦趋的关系,其中存在着许多很需要具体深入地加以研究的中间环节或中介,而且两者之间还存在着复杂的交互作用,但从根本上说,后者总是制约着前者的发展的。结构主义者所标榜的文学的"自律性",不外是诸意识形态的发展各自具有的特殊规律性的表现。否认这种特殊的规律性的存在是错误的,但这种规律性的产生和发展终究又是为人类社会历史的发展所决定的,而决不会是某种超历史的、自己决定自己的神秘的东西。关于这个问题,我想将来有机会的时候再加以详细的讨论。

依据上述看法,我认为研究东方美学首先就要研究东方社会。当然,这又不是说,须等到我们对东方社会研究清楚了才能谈论东方美学。事实上,有一些学者对东方社会的情况并不清楚,却仍然对东方美学作出了某些深刻的说明。但这种说明往往是直感的、空泛的、可意会而不可言传的、知其然而不知其所以然的。尽管它可能很精辟,很有启发性,但却缺乏具体历史的、有科学根据的分析。在西方的美学家中,黑格尔可能要算较早深入研究东方艺术,同时又提出了深刻见解的一个。但他对东方艺术的论述(见黑格尔《美学》第二卷论象征艺术部分及其他有关部分)同样存在着上述的缺陷。虽然同其他人比较起来,唯心主义的黑格尔很为注意艺术与社会的关系,并且对东方社会与古希腊社会的区别有颇为深刻的理解,但他终究未能现实地、科学地理解东西方社会的不同特征。

研究东方社会是深入理解东方美学的一个不可缺少的重要前提。但恰恰是对于东方社会,历来研究得很少。虽有一些研究,又常常笼罩着神秘的云雾。的确,东方社会与西方社会相比有很大的特殊性,东方又包含着幅员广大的许多国家,其情况是异常复杂的。但在我看来,马克思所提出的"亚细亚生产方式"的理论可以成为我们理解东方社会的一把钥匙,由此我们可以获得对东方社会的特征的一个基本的理解。

关于"亚细亚生产方式",不论在外国或在中国都曾引起许多争论,但看来反对者的意见还不足以推翻马克思的论断。即使马克思的这一理论在应用于东方的不同国家时,可能在具体的细节上还须加以完善,但就其基本的论点而言,是深刻地抓住了东方社会的根本特征的。

马克思对"亚细亚生产方式"的论述,集中表现在《政治经济学批判》(1857~1858年草稿)一书第二篇的"资本主义生产以前的各种形式"这一部分中,该书是马克思《资本论》的第一手稿,现编入《马克思恩格斯全集》第46卷。马克思后来在《资本论》中的一些地方也谈到了"亚细亚生产方式"问题。直到晚年,马克思在他所写的阅读《公社土地占有制》、《古代社会》、《古代法制史讲演录》、《文明的起源和人的原始状态》等书的笔记中(均见《马克思恩格斯全集》第45卷),仍然关注着亚细亚生产方式问题。马克思之所以关注这一问题,主要是为了把他的历史唯物论应用于东方古代社会,使之得到充分的证实,同时也是为了更有力地说明资本主义产生的历史条件。此外,对东方世界的问题的关心,也是促使马克思思考亚细亚生产方式的一个重要原因。就在马克思在上述《资本论》第一手稿中考察亚细亚生产方式的前后或同时,马克思曾写了一系列评论中国和印度的文章。

在这些文章中,马克思常常涉及亚细亚生产方式的特点问题,个别地方也谈到了东方的文化艺术。如在论印度的文章中,马克思一方面指出了亚细亚生产方式的存留给印度造成的愚昧落后现象,另一方面又充分地肯定了印度的古代文化,指出印度是一个"巨大而诱人的国家","这个国家里的人民文雅,用萨尔梯柯夫公爵的话来说,甚至最低阶级里的人民'都比意大利人更精细更灵巧';这个国家里的人民的沉静的高贵品格甚至抵销了他们所表现的驯服性;他们看来好象天生疲沓,但他们的勇敢却使英国的军官们大为吃惊;他们的国家是我们的语言、我们的宗教的发源地,从他们的札提身上我们可以看到古代日耳曼人的原型,从他们的婆罗门身上我们可以看到古代希腊人的原型"。①马克思广泛地研究了中国、埃及、波斯、土耳其、印度等东方国家,但由于印度长期是英国的殖民地,西方对印度的研究较多,所以马克思对印

① 《马克思恩格斯选集》第2卷,人民出版社1972年版,第73~74页。

度的了解比对中国及其他东方国家的了解要多。总之，和马克思对亚细亚生产方式的研究相联系，马克思也论及了东方的社会政治和文化问题，但还只是简略地附带涉及。尽管如此，它说明马克思虽然一再指出东方社会发展的停滞性、落后性，但他并未简单地否定东方古代的文明。应用马克思关于亚细亚的生产方式的理论来更为具体深入地研究东方的社会政治和文化，包括研究东方的艺术与美学，显然是今天的马克思主义者应当去继续完成的一项重要任务。

二

马克思所说的亚细亚生产方式和他所说的“古典古代”（指古希腊罗马）的生产方式的根本区别，归结起来有下述几个方面。

第一，在亚细亚生产方式中，土地是公有的，个人只是土地的占有者，而不是私有者。在给恩格斯的一封信中，马克思还曾指出古代东方“一切现象的基本形式就在于不存在土地私有制。这甚至是开启东方天堂的真正钥匙”①。与此不同，在古典古代的生产方式中，在公有的土地之外，存在着个人私有制。“公社财产——作为国有财产，公有地——在这里是和私有财产分开的。在这里，单个人的财产不象在第一种情况（指亚细亚生产方式——引者）下那样，本身直接就是公社财产，在第一种情况下，单个人的财产并不是同公社分开的个人的财产，相反，个人只不过是公社财产的占有者。”②

第二，在亚细亚的生产方式中，农业和家庭手工业是结合在一起的，生产的范围仅限于自给自足，商品交换很难发展。而在古典古代的生产方式中，工业被认为是有害的职业，是释放的奴隶、被保护民、外地人干的事情，因此使得工业从单纯从属于农业的状况中摆脱了出来，极大地促进了商品交换的发展。

第三，在亚细亚的生产方式下，单个人对公社来说是不独立的。而

① 《马克思恩格斯书信选集》，人民出版社1962年版，第175页。

② 《马克思恩格斯全集》第46卷上，人民出版社1979年版，第475页。

在古典古代的生产方式下，个人虽然依存于公社，但同时又是自由的小土地私有者，取得了对公社的独立性。他“把其他个人看作同自己并存的独立的所有者即独立的私有者”①。

第四，无论在西方或东方，奴隶制和农奴制都是由原始的部落体发展而来的。“它们必然改变部落体的一切形式。在亚细亚形式下，它们所能改变的最少。”②

上述四个方面，是马克思关于亚细亚生产方式的最基本的看法。其中每一个方面对我们理解东方社会的意识形态，包括理解东方的艺术、美学，都有重要的意义。特别是第四个方面，对我们理解东西方社会及其艺术、美学的不同，意义至为重大。因为这种不同，正在于如马克思所指出，东方在进入奴隶社会之后，对原始的部落体的形式，亦即原始氏族公社的形式“改变的最少”。也就是说，原始氏族公社的制度、习俗、风尚大量地被保存了下来。而在古希腊则不同，如摩尔根在《古代社会》中，恩格斯在《家庭、私有制和国家的起源》中所指出的那样，古希腊很为彻底地清除了氏族制度，建立了以地域（不是氏族居住的部落）和财产为基础的奴隶主民主制的国家。这是了解东西方社会及其艺术、美学的不同的一大关键。

我在《中国美学史》第一卷以及其他文章中，已指出原始氏族制度、习俗、风尚的大量存留对了解中国古代的艺术、哲学、美学是十分重要的。而这种情况，正是马克思所说的亚细亚生产方式的必然产物，并不只限于中国。以印度而言，“由于印度奴隶大多是本国人，而且存在着氏族关系的残余，自由人沦为奴隶后，与家庭和氏族的关系并不完全割断”③。印度的阇提制度亦即种姓制度明显同氏族制度残余的大量保留分不开。“由于古代印度经济发展的缓慢和不平衡，氏族部落制度的残余在长时期中一直保留很多。因分工而形成的社会集团，不可

① 《马克思恩格斯全集》第46卷上，人民出版社1979年版，第471页。

② 《马克思恩格斯全集》第46卷上，人民出版社1979年版，第492页。

③ 周一良、吴于廑：《世界通史》上古部分，人民出版社1973年版，第284页。

避免地带上氏族部落关系的若干特点。印度的阇提彼此有严格的区别，同时又规定成员必须内婚，其身份世袭。阇提一词的意思是氏族、部落出身，也正好说明它的特点。"①再看古代的日本，"中央各奴隶主集团和地方的氏族贵族是大和国家的统治支柱。在贵族之间形成了一种等级制度，即氏姓制度。每个奴隶主集团保留着原来氏族的名称，如大伴氏、物部氏、苏我氏等。从5世纪开始，在贵族中又逐渐出现了表示等级地位高下的姓"②。"剥削部民成为体现古代日本奴隶制生产关系的主要形式。古代日本奴隶制的这个特点，是和氏族血缘关系残存的牢固、商品生产和奴隶买卖的不发展分不开的。"③再看伊朗，"由于邻近'两河'流域而且经常和它接触的结果，使依兰原始公社制度的瓦解和阶级奴隶占有制社会的形成这一过程比伊朗其他地方开始得早些。但因为依兰社会保留有宗法关系和母系氏族制度的残余，所以，同时可以看出它的原始性"④。总之，在东方各国，原始氏族制度及其习俗、风尚的大量存留是一个普遍的现象，尽管在程度上、具体的表现形式上会存在着种种差别。

三

弄清了亚细亚生产方式与古典古代的生产方式的区别，我们也就可以弄清东西方社会的区别，从而弄清东西方的哲学、美学、艺术的区别。

第一，在东方古代，由于原始氏族制度的大量存留，社会虽然已进入阶级社会，产生了阶级和等级的种种划分，但这种划分又仍然和氏族

---

① 周一良、吴于廑:《世界通史》上古部分，人民出版社 1973 年版，第 383 页。

② 周一良、吴于廑:《世界通史》上古部分，人民出版社第 1973 年版，第 412 ~ 413 页。

③ 周一良、吴于廑:《世界通史》上古部分，人民出版社 1973 年版，第 412 页。

④ 米·谢·伊凡诺夫:《伊朗史纲》，第 6 页。

血缘的关系紧密地结合在一起，人与人之间的阶级、等级关系表现为一种和氏族血缘关系不能分离的东西。印度的种姓制度，日本的氏姓制度，中国西周的封建制度，都以各自特有的方式表现了阶级、等级关系与氏族血缘关系的牢固结合。这是东方古代最为突出的现象。相反，在西方的古希腊，由于很为彻底地清除了氏族制度，建立了以地域和财产为基础的奴隶制民主国家，因此人与人之间的关系不再是与氏族血缘相联的关系，而是由财产和与之相应的法律所规定的公民之间的关系。奴隶对奴隶主的关系也不带有任何氏族血缘关系的色彩，而是为法律明文规定的，不加任何掩饰的剥削与被剥削的关系。在东方，人与人的一切关系都笼罩在氏族血缘关系之中；在西方，则打破了氏族血缘关系，把人与人的一切关系变为和氏族血缘关系无关的政治法律关系，用国家公民之间的关系取代了氏族血缘关系。

第二，以上所说是人与人之间的关系，再从人与自然的关系来看，在东方，原始氏族社会那种人与自然的直接的、统一的关系被保存了下来，自然被看作是同人类生活不可分离地、天然地联系在一起的东西。这是由下述种种原因决定的：(1)在原始氏族社会，人极大地依赖于自然。“个人把劳动的客观条件简单地看作是自己的东西，看作是自己的主体得到自我实现的无机自然。劳动的主要客观条件并不是劳动的产物，而是自然。”①(2)就主体方面而言，原始的氏族社会是“自然形成的共同体”②。这一共同体的产生被看作是源于自然的。(3)东方古代社会在进入阶级社会之后，各部落仍住在原有的地方，很少发生迁移和杂居的情况，因此长期形成的人和周围自然界的不可分离的关系依然保持了下来。(4)东方古代，农业(有的国家、地区是畜牧业)占有重要的地位，手工业尚未摆脱对农业的从属地位而得到独立的发展，从而商品交换也极不发达。农业占主导地位，手工业仅有从属的意义这一情况，决定了人与自然之间存在着一种极为密切的联系。因为“在农业上面，自始就有自然力在协同发生作用；在农业上面，人类劳动力

① 《马克思恩格斯全集》第46卷上，人民出版社1979年版，第483页。

② 《马克思恩格斯全集》第46卷上，人民出版社1979年版，第472页。

的增进要有自然力这样一个自动发生作用的物体的运用和利用,方才可以完成”。农业生产率的提高“表现为自然的赠与,自然的生产力”①。在古代条件下的农业,当然更是这样。(5)在东方古代,个人一方面从属于“自然形成的共同体”,另一方面又从属于这共同体(部落)所居住的外部自然界,这当然又大为加强了人与自然的不可分的统一的观念。与东方古代不同,在西方的古希腊,人与自然的那种原始的、不可分的统一的观念被打破,人开始清楚地意识到他与自然的差异、对立和矛盾,并力求克服这种矛盾,而不再简单地、直接地依赖于自然。这既是清除了原始氏族制度,人们的生存条件发生了重大变化的结果(包括原先各部落打破界限杂居),同时又是工商业比东方远为发达的结果。工商业的发达使自然不仅是用以生产使用价值以满足人自身的需要的对象,而且是生产交换价值以增殖财富的对象。于是,存在于原始氏族社会中那种自然对于人的神圣性、神秘性消失了,自然变成了被人加以利用的功利的对象。

四

以上极为概略地说明了东西方社会在人与人的关系和人与自然的关系两方面的差别。这种差别又产生出东西方在意识形态、世界观上的差别,由此又产生出美学思想上的差别。

第一,在东方,由于人与人的社会关系是同氏族血缘关系不可分地结合在一起的,即使是政治上的统治与服从的关系也被认为是基于氏族或宗族血缘关系的(如中国把“官”称为“民之父母”),因此,以氏族或宗族血缘关系为根基的伦理道德在东方社会的意识形态中占有极为重要的地位。只要每一个人都遵守实行这种伦理道德,那么人与人之间的关系就得到了合理的、和谐的解决。相反,在西方,由于人与人之间的关系已打破了氏族血缘关系,变为由政治、法律所规定的国家公民

① 马克思:《剩余价值学说史》郭大力译本,第1卷,人民出版社1978年版,第17页。

之间的关系，因此，法律在意识形态中占有最为重要的地位。在西方，法律高于伦理，伦理常常就包含在法律之中，伦理不能超越法律。所以，“公正”成为古希腊伦理学的最重要的范畴。而“公正”首先就意味着遵守法律（见亚里士多德等人的有关论述）。在东方，伦理高于法律，伦理往往就是法律。而由于东方的伦理是基于氏族血缘的自然关系的，从这种关系而产生出来的“爱”就成了伦理学的最重要的范畴。在西方，亚里士多德认为“人类在本性上，也正是一个政治动物”①，马克思指出“这个定义标志着古典古代的特征”②。在东方，伦理道德被认为是人之所以为人的根本特征。孟子说：“无恻隐之心，非人也；无羞恶之心，非人也；无辞让之心，非人也；无是非之心，非人也。”（《孟子·告子上》）如果说亚里士多德关于人的定义标志了古典古代的特征，那么孟子的定义则标志了亚细亚古代的特征。在中国之外的东方各国虽没有如中国儒家这样充分发展了的伦理学，但在它们的宗教中包含了大量伦理学的内容，显示出伦理与宗教的合一。对伦理道德与政治法律在东西方社会中所占有的不同地位，黑格尔曾作过颇为中肯的说明：“道德在中国人看来，是一种很高的修养。但在我们这里，法律的制定以及公民法律的体系即包含有道德的本质规定，所以道德即表现并发挥在法律的领域里，道德并不是单纯的独立自在的东西，但在中国人那里，道德的义务本身就是法律、规律、命令的规定。所以中国人既没有我们所谓法律，也没有我们所谓道德。”③

第二，在东方，由于原始氏族制度及其习俗、风尚的大量遗留，古代自然形成的宗教观念也被大量地保存了下来，宗教成为东方意识形态中占有极重要地位的东西，并且是和伦理道德紧密地结合在一起的。这当然是由于在原始氏族社会中，人们的伦理道德行为本来就同原始的宗教观念不可分。在东方绝大多数国家中，宗教占有重要地位是一个十分明白的事实。如马克思所指出，“东方的历史表现为各种宗教

① 《政治学》，商务印书馆1965年版，第7页。

② 《马克思恩格斯全集》第23卷，人民出版社1972年版，第363页。

③ 《哲学史讲演录》第1卷，商务印书馆1959年版，第125页。

的历史”①。就中国而论，宗教的地位不如在其他东方国家那么高，但佛教在中国历史上仍产生了广泛重要的影响，渗入到了中国的思想文化中。总之，在东方的意识形态中，宗教与伦理是核心的组成部分，只不过在不同的国家和不同的情况下，两者的比重有所不同罢了。至于哲学，或者直接同宗教理论合一（如印度），或者同伦理学密不可分（如中国），同时也受着宗教的影响。在西方，意识形态的核心部分不是宗教与伦理，而是政治法律与科学（包括自然科学与社会科学），哲学则分别同这两者相连。尽管在毕达哥拉斯、苏格拉底、柏拉图、亚里士多德、斯多葛学派的思想中不同程度地存在神学思想，但神学、宗教在古希腊社会中并不占主要地位，神学思想的存在也没有导致对科学思想的根本否定，科学思想仍明显占据主导地位。这当然是同古希腊政治的民主化、工业和商品交换的发展分不开的。古罗马帝国的后期，宗教思想浓厚起来。在罗马帝国走向崩溃的历史过程中，基督教产生了，并成为后来欧洲封建的中世纪占据绝对统治地位的宗教。但是，必须看到，古希腊的科学精神在中世纪并未死灭，科学技术在当时仍有重要的发展。恩格斯曾在《路德维希·费尔巴哈与德国古典哲学的终结》一书中指出，启蒙主义者为了反对黑暗的中世纪，否认中世纪在科学技术上取得重要成就，这是不对的。随着资产阶级革命的兴起，德国的马丁·路德，英国的加尔文等人又逐渐把基督教改造成为符合于资产阶级需要的宗教。马克思说过：对于商品生产者的社会来说，“崇拜抽象人的基督教，特别是资产阶级发展阶段的基督教，如新教、自然神教等等，是最适当的宗教形式”②。这是一个十分深刻的论断。马克斯·韦伯的《新教伦理与资本主义精神》一书，是对这个论断的一个有力的证明，虽然韦伯并不赞成马克思主义。基督教产生于西方奴隶社会崩溃时期，又曾成为欧洲封建的中世纪占统治地位的宗教，但它却含有能很好地适应资本主义要求的内容，这应是由于在古希腊罗马商品交换已有比东方古代大得多的发展，同时基督教的形成又吸取了古代商业民

① 《马克思恩格斯书信选集》，人民出版社 1962 年版，第 74 页。

② 《马克思恩格斯全集》第 23 卷，人民出版社 1972 年版，第 96 页。

族犹太人的宗教。恩格斯在上引一书中指出，基督教是“普遍化了的东方神学、特别是犹太神学和庸俗化了的希腊哲学、特别是斯多葛派哲学的混合”。其中包含有来自商品生产的观念（如神与人定契约），是不足为奇的。如果说佛教、伊斯兰教、波斯教大量残留着原始氏族社会的制度、习俗、风尚，是商品交换极不发达的亚细亚古代的宗教，那么基督教则是在西方古代商品交换已有发展这一历史背景之下产生的宗教。同样是讲禁欲主义，佛教的禁欲是要把人引向超生死的涅槃境界，以得彻底的解脱，而基督教的新教所讲的禁欲却可以引向资本主义下资本和财富的积累、增殖。但是，资本主义的统治既需要能与它相适应的基督教，又需要能使资本家发财致富的科学。没有近代科学的应用就不会有资本主义。因此，大力提倡、传播基督教的资产阶级最终是不可能用宗教来否定科学的，在绝大多数情况下，它使宗教与科学妥协，让两者并行不悖。正因为这样，虽然自基督教产生以来，基督教对西方的思想文化产生了极其重要的影响，但从总体上看，较之于东方各国，科学在西方的意识形态中仍占着实质性的重要地位。更进一步说，基督教，特别是新教，在宗教的形式下含有一种清醒的理性精神，它与科学的发展也并不是完全不能相容的。对于宗教与科学的对立，不应作一种脱离具体历史的、绝对化的、简单的了解（如中国道教的活动也包含有某些有科学意义的东西）。

第三，在东方，由于个人是以血缘为基础的群体的一员，“共同体是实体，而个人则只不过是实体的附属物，或者是实体的纯粹天然的组成部分”①，个人只有作为群体的一员才能生存和发展，因此个人与社会、个体与群体被看作是天然地应当统一在一起的，一切破坏这种统一的思想行为都是罪恶，也是灾难和不幸。正因为这样，我们看到中国儒家以“仁”亦即“爱人”为道德的最高原则，佛教以“慈悲”为本，大乘佛教的“六度”明显包含个人为他人而牺牲、“自利利他”、“自觉觉人”的崇高精神②，阿拉伯和波斯宗教中也强烈地体现了个人与部落、部族不

---

① 《马克思恩格斯全集》第46卷上，人民出版社1979年版，第474页。

② 参见方立天《中国佛教与传统文化》，上海人民出版社1988年版。

可分离的精神。在日本古来的伦理观念中,“忠”、“孝”、报恩也占有十分重要的地位。① 总之,充分地肯定个人必须与社会、群体相统一,并竭力地维护和加强这种统一,反对个人与社会的分裂,是东方观念的一大特点,同时也是一大优点。但在这个优点中,又包含着严重的缺点,那就是个人对社会、群体来说,还没有取得独立的地位。相反,在西方,由于摆脱了氏族血缘关系,人与人的关系是由政治、法律所规定的国家公民之间的关系,从而个人对社会、群体已取得了独立的地位。因此,个人与社会的联系、统一,不是诉之于人与人之间以血缘为根基的“爱”,而是诉之于法律的“公正”。如前已指出,“公正”是西方伦理学中最为重要的概念。在古希腊,虽然亚里士多德也提出了“友爱”的概念,但这是以公民关系为基础的爱,是互相处于独立地位的个人之间的爱,不是基于氏族血缘的爱。因此,主张“友爱”的亚里士多德又认为友爱不是为他人,而是出于自爱。“人人都爱自己,而自爱出于天赋,并不是偶发的冲动。”②这和东方古代提倡个人为他人、社会而无条件地牺牲自己的观念很不相同。古希腊伦理学还很鲜明地主张个人应为维护城邦、国家的公共利益而献身,但这种献身仍是建立在公民个人利益的基础之上的。在西方,公与私的观念区别很清楚,在东方则经常合一而不分。古希腊罗马之后的基督教也很提倡“爱”:爱上帝、爱邻人、爱人如己,甚至还要爱敌人。表面看来似乎与东方伦理学中占据中心地位的“爱”的观念是一个东西,其实两者很不相同。关键仍在东方所讲的“爱”以氏族血缘关系为基础,它是发自个体内心的一种自然的感情,不是上帝的命令,也不是为了通过“爱”而“赎罪”,获得上帝的嘉许,进入天国。在东方,没有基督教所谓“原罪”(人一生下来就是有罪的)的观念。儒家的孟子主张人性本善,这是中国儒家占主导地位的看法,同“原罪”说是不能相容的。荀子虽然主张性恶论,但他所说的“恶”,是起于人开始只知道满足自己的欲望,而不知道“礼义”。这是

① 参见本尼迪克特《菊花与刀——日本文化的诸模式》,浙江人民出版社1987年版。

② 《政治学》,商务印书馆1965年版,第55页。

一种不得不然的自然状态,并不是人自己所犯下的"罪"。而且这种自然状态是完全可以通过人自己学习、实行"礼义"而得到克服的。这显然也不同于基督教的"原罪"和"赎罪"的观念。佛教同样不存在"原罪"观念,它认为人的本性是清净的,有一派佛教理论还主张人人均有"佛性"。人的苦难并不是由于他一生下来就有罪,而是由于对各种物欲的贪婪的追求蒙蔽改变了人的清净的本性。所以佛教的修行也并没有基督教的那种在上帝面前"赎罪"的意思,而是为了去除一切贪欲,以求得人生的彻底解脱。为基督教所特有的"原罪"和"赎罪"的观念究竟是从何而来的呢?这是一个复杂的问题,这里无法详论。大致说来,我以为"原罪"的观念在各种神秘烦琐的宗教幻想后面隐藏着这样一种思想,即人一生下来就是自私自利的,也就是马丁·路德和加尔文所说,人的肉体本性是贪婪和追求私欲的满足的,因而浸透和充满了罪恶。这种思想既是对古罗马崩溃期间赤裸裸地表现出来的极端残忍的罪恶行为的一种宗教反映,同时也是对商品生产者社会的一种宗教反映。因为商品的生产和交换,不论表面上如何公平合理,都是以利己主义为原则的。交换的双方都竭力要在对自己有利可图的条件下进行交换,利越多越好,而且为了获利还常常不惜采取一切罪恶手段。所以,"原罪"说不外是以宗教幻想的形式确认人的本性是利己主义的,自私的,因而也是会干出种种罪恶来的。但是,人终究又是社会的动物,一个人人极端利己的社会是不能存在下去的,因此就要"赎罪",要爱上帝,爱他人,甚至爱敌人。如马克思所指出的基督教这种最适合于商品生产者社会的宗教,曲折地反映了与商品生产而俱来的利己主义与人的社会性的深刻矛盾,爱己与爱人的严重冲突。这是在个人与社会的关系上,东方思想与西方思想的一个重大差别。前者以氏族血缘关系为基础,认为个人与社会天然地应当是统一的。尽管这里的个人尚未取得对社会、群体的独立性,但同时又表现了人的社会性的伟大崇高。后者以商品生产的关系为基础,尽管个人取得了对社会、群体的独立性,但个人却陷入了与社会的矛盾冲突之中,直至发展为现代西方资本主义社会中人的高度异化。更为简单地说,在个人与社会的关系上,东方是以群体为本位的,它不疲倦地追求着两者的统一;西方是以个人为本位的,它时时面对着两者的对立和矛盾。东方达到了统一,但是以限制压抑个人的发展为代价的;西方陷入了矛盾冲突,但又从个体的独立发展中得到了补偿。如何使个体的发展和社会的发展达到内在的统一呢?这只有在马克思所指出的共产主义社会中才有可能。

第四,在东方,由于生产是自给自足的,人的生存极大地依赖于周围的自然界,因此人与自然又被看作是天然地应当统一在一起的,两者之间存在着一种相通协调的关系。这突出地表现在中国古代"天人合一"的观念中。虽然这个"天"能显示某种与人事祸福、国家兴衰相关的道理(如《易传》所说),甚至有惩恶扬善的意志(如董仲舒所说),但它又终究不是一个超自然的人格神。不论与人事祸福、国家兴衰相关的道理或是惩恶扬善的意志都只是通过自然界本身的变化而显示出来的。而且,"天"被认为有"无穷极之仁",它与人是必然能够统一和应当统一的。天道、地道、人道,只是一个道。自然与人没有互不相容、不能相通的东西。佛教主张"四大(地、水、火、风)皆空",为求得终极的解脱必须把包含自然界在内的整个世界看作是"空",是"无"。但是,在现世的生存中,在求得最终解脱的历程中,佛教又主张"不杀生",甚至为了救活一只将饿死的老虎而不惜以身饲虎。在这种愚昧的观念中,显然又包含有对自然生命的爱,视自然与人为一体。佛教所说的"慈悲"不仅及于人类,而且及于自然万物。在西方,由于工商业的发展,自然成了不过是人利用来生产交换价值以增殖财富的对象而已。在不少情况下,自然对于人失去了精神、情感上的意义,而且对财富的追求导致了对自然的无限制的掠夺,从而破坏了自然与人的统一,危及了人自身的生存。基督教又把灵魂与肉体、精神与自然对立起来,大肆宣传前者是无比高尚纯洁的,后者则是十分污脏卑下的,造成了对自然的贬低、蔑视。这实际是商品生产社会中人的自然欲望的满足和人的社会性、人的道德精神的肯定两者之间的矛盾在宗教思想中的反映,也是前述"原罪"观念的表现。当然,我们知道中世纪及后来都有一些宗教家歌颂过自然界的伟大。但这种歌颂是把自然界作为上帝这个创世者的全能和伟大的表现来看待的,因此自然界仍然是驾凌于人之上的,人在它的面前只能感到自己的渺小。文艺复兴时期,一些反对中世纪神学禁欲主义的人文主义者也曾歌颂过自然,但这种歌颂是把自然作为满足人的享乐欲望的对象来看待的,不同于东方那种人与自然在精神上、伦理道德情感上内在的相通、一致。到了18世纪,我们知道卢梭曾提倡回到自然去,但他的意思是说人只有在自然状态下才是自由平等的,主要目的是为了反对封建的等级特权,而并不是解决人与自然的相互关系问题。19世纪以来也有一种回到自然去的思潮,但不过是对资本主义文明的厌弃和不满的一种表现而已,并且经常带有基督教的观念,仍把自然界看作是驾凌于人之上的上帝的创造物,是神秘不可知的存在。唯物主义者费尔巴哈高度地推崇自然,但只止于对自然的抽象的直观,未能真正解决人与自然的统一问题。只有到了马克思,才在实践的基础上解决了"自然的人化"问题,从而科学地解决了人与自然的统一问题。总之,在西方的观念中,自然是一种外在于人的东西,自然和人始终未能达到东方所追求的那种内在的相通、统一。西方强调了人与自然的区别和矛盾,在实践上取得了征服自然的伟大成就,并有力地推动了科学的发展,但却又丧失了东方那种人与自然在精神情感上的亲近感、和谐感。东方保持了人与自然在精神情感上的亲近感、和谐感,但却又缺乏征服自然的强大力量,沉醉于与自然的原始的、直接的合一,极大地束缚了自然科学的发展。

第五,东方充分地肯定并且竭力地追求个人与社会、人与自然的统一,这种统一本质上也就是人的自由、人的存在的终极的意义与价值的实现。因此,在东方的观念中,表现了对人的存在的终极的意义与价值的极大关怀。中国儒家所说的"不朽"、"与天地参"、"上下与天地同流",道家、玄学所说的与最高的"道"的合一,"同于大通",都是人的存在的终极的意义与价值的实现(这里暂不论这种实现的虚幻或真实)。佛教所追求的超生死的、绝对自由解脱的涅槃境界,在佛教看来自然也是人的存在的终极的意义与价值的实现。它明显是虚幻的,完全不能解决现实中个人与社会、人与自然的矛盾,使两者达到统一,而是通过取消外部世界以至自我存在的实在性("万法唯心"),以达到自由解脱。但是,就在这种虚幻的境界中,主体所体认的仍是个人与社会、人与自然不再有任何矛盾冲突存在的自由境界。在西方的观念中,由于它强调的是个人与社会、人与自然的矛盾冲突,所以它虽然也不否认两者的统一,但它所重视的却是处于矛盾冲突之中的个体当下的存在(海德格尔所谓“此在”)。它也企图去追求个人与社会、人与自然的最高统一,使人的存在的终极的意义与价值获得实现,但这却被认为是只有依靠上帝或所谓“超越者”(雅斯贝尔斯),或对“存在”的非理性体验(海德格尔)才能解决的问题。因此,比较起来,东方的观念认为个人与社会、人与自然统一的实现,亦即人的自由、人的存在的终极的意义与价值的实现,或者就在当下有限的人生之中(如中国的儒家、道家与禅宗所主张),或者通过在当下有限的人生中种种的努力而最后达成(如印度的佛教所主张);西方则认为绝对的自由、无限的达到只能期待于上帝、“超越者”,在彼岸世界而不是现实世界求得实现。由于东方认为绝对的自由、无限是在有限的人生过程中可以达到的,这使东方思想具有一种超越“此在”的深邃宏大的精神意识,经常与宇宙意识相连。但由于东方式的超越往往是一种虚幻的超越,因此如黑格尔所指出的那样,最后只“得到一个渺茫的无限——东方式的崇高境界”①。相反,西方执著于“此在”,虽然难于上升到东方那种深邃宏大的精神意识,或在上升到这种意识时即变成了对驾凌于“此在”之上的上帝或“超越者”的赞颂而自惭有罪,但它终究又揭示了“此在”所面临的巨大的矛盾冲突,而没有把这种矛盾冲突虚幻地加以消解,以达到“一个渺茫的无限”。

第六,东方追求着个人与社会、人与自然的统一,亦即追求着自由、无限,而这种追求又被看作是以东方的宗教伦理的实现为根本保证的,只有通过宗教伦理的修养才能达到。因此,在东方,宗教伦理的修养有着极为重要的意义。而这种宗教伦理,由于与东方社会的氏族血缘关系紧密相连,所以这种修养是内向的、诉之于个体内在的直觉和情感体验的。中国道家所说的“坐忘”、“心斋”,佛教所说的“禅定”,都是如此。儒家虽然有一种现实的理性精神,但在人格的修养上,同样也强调一种内在的直觉和情感体验,如“养吾浩然之气”、“诚”、“慎独”、“三

① 《哲学史讲演录》第1卷,商务印书馆1959年版,第117页。

省吾身"、"发明本心",等等。这使得在东方文化中,主体的直觉和情感体验的能力得到了极大的发展(这常被西方的一些学者称之为"东方神秘主义")。相反,在执著于"此在"的西方,个体的追求是面向外界现实的种种矛盾冲突的,因此对外界现实(不论这外界现实被认为是由"精神"或"物质"决定的)的认识就有了十分重要的意义。极为强调"无意识"的弗洛伊德,也不停留在对"无意识"的直觉、体验上,而力图要去"分析"它。很为强调主体情感体验的海德格尔、雅斯贝尔斯等存在主义者也对"存在"作了种种分析。就是对于上帝,也不止于用体验去接近它,而有神学家的系统的分析论证。对上帝的存在加以"证明",成为西方神学以至哲学的一大问题。相比之下,在佛教中虽也有所谓因明学,富于逻辑思辨的色彩,但佛学的根本仍在情感体验。所以,如果说在东方主体的直觉和情感体验受到了高度重视,获得了极大的发展,那么在西方则是理智的分析受到了高度重视,得到了极大的发展。今天的西方,分析哲学仍是实力雄厚、有很大影响的派别。然而,直觉和情感体验的发展在人类的认识和文化中有着不可忽视的重要意义,纯理智的分析决非万能的东西。把世界变成一个单纯由语言逻辑分析所规定的世界,结果将抽去其活跃的生命,而成为僵死的存在。正是在这一点上,东方文化对直觉与情感体验的强调引起了西方不少学者的重视。

第七,在东方,由于原始氏族制度及其习俗、风尚的大量存留,因此东方的文化和意识形态同远古原始氏族社会的文化和意识形态有着最为直接而密切的关系。这经常是了解东方的文化和意识形态的一大关键。黑格尔把东方艺术称之为"艺术前的艺术"是不对的,是一种把古希腊艺术看作是真正的艺术的开始的偏见。但这种说法又看到了东方艺术同原始艺术有着十分密切的联系,这是深刻的。实际上,不仅在艺术的范围内,在整个文化和意识形态的范围内,东方都直接继承了原始氏族社会的遗产。其中很为重要的是继承了恩格斯曾指出过的原始氏族社会中那种人人无私地互助的精神,从而形成了东方古代的一种人道主义精神。这在中国儒家对"大同社会",道家对"人人无有相害之心"的氏族社会的向往赞美之中都可以看到。这种人道主义不同于西方古希腊至近代以来的人道主义。后者是在氏族血缘关系已被打破的情况下产生的,公民之间在政治、法律上的平等是它的前提。在这一点上,它比东方古代个体尚未摆脱氏族血缘而取得独立的人道主义要优越很多。但是,这种以政治、法律上的平等为前提的人道主义,在根本上是以个人为本位的,并且不能越过政治、法律的规定,因此它经常带有一种抽象的性质,而缺乏东方古代人道主义那种基于氏族血缘的浓厚情感,以及上述对人生终极意义与价值的极大关注。以佛教来说,它认为人生就是苦,看来是悲观的,但却又包含了对人生的诚挚深沉的爱。它对人生苦的种种基于经验观察的、相当细致的心理分析,以及对人生如何求得解脱的种种执著的思考,都显示了对人类生存的艰辛的深刻体验,从而具有一种悲天悯人的古代人道主义精神。就其对人类生存的心理的描述分析来看,也比西方古希腊至近代的人道主义要深刻丰富。

第八,在东方,没有西方哲学中的那种认识论和本体论,也没有近代基于实验的心理科学,但却有着对人的伦理道德精神、心灵世界以及人的存在的情感体验的很为细致深入的分析。这可以看作是对主体的心理本体的分析。① 中国儒家的情性论、心性论、内圣论,佛教对人生苦难(生老病死)、人的欲望、过失、迷惑、罪恶、解脱等等的分析,都可看作是对主体的心理本体的分析。而这个心理本体又被看作是同世界、宇宙的本体密切相联而不可分的。个体的心理本体只有同这个宇宙本体完全合一,才能达到绝对的自由和无限。黑格尔说:"在东方宗教中主要的情形就是,只有那唯一自在的本体才是真实的,个体若与自在自为者对立,则本身既不能有任何价值,也无法获得任何价值。只有与这个本体合而为一,它才有真正的价值。"②中国儒家所说的通过"知性"而"知天",道家、玄学所说的与"道"合一,"崇本息末",佛教所

① "心理本体"这一概念由李泽厚提出,这里是按我自己的理解借用这一概念。其意思不过是指由马克思所讲的"实践"决定的,主体对自身生存的意识中那些有根本性的观念。——作者校注

② 《哲学史讲演录》第1卷,商务印书馆1959年版,第117页。

说的与"梵"、"真如"的合一,都是如此。主体的心理本体与宇宙本体的合一,的确是东方哲学的一大特征。其所以如此,又是由于东方个体的存在既从属于以氏族血缘为根基的共同体,又从属于外部的整个自然界,这两者对个体来说都是它须臾不能离开的、自在的、普遍的实体。表现在哲学上,就是黑格尔所谓个体与自在的本体的合一。而在打破了氏族血缘和对自然的神化观念的西方,个体的生存所依赖的本体,不外就是以民主政治法律规定为准绳的国家和被工业和科学所改造着的自然。和东方不同,个体相对于这两者来说都已取得了自身独立的地位,所以不需要像东方的个体那样使自己沉浸到自在的本体中去,和本体合而为一。个体和本体的关系是由个体自身来决定的,但那个为个体的生存所不能脱离的本体却又不以个体的独立自决为转移。于是,个体的独立性就成了一种抽象的独立性,个体和本体之间出现了严重的、无法解决的对抗冲突。处在这种状况下的个体,已失去了东方社会中那种个体与本体的天然统一,因此个体不是经由反观自己的心理本体而达到与宇宙本体的和谐统一,而是向外去思索、把捉、分析那个宇宙的本体,为达到与这本体的合一而不断地苦苦挣扎。所以,在西方,个体虽然得到了独立,但却是一个被普遍的、离个体而独立的政治法律所规定的抽象的个体。对于这样的个体来说,政治法律的抽象普遍的规定具有最高的意义,而个体的具体的心理本体却失落了。所以,自古希腊以来,对个体的心理本体的分析始终是不被重视的。可以说只是到了海德格尔等人的存在主义哲学中才认真开始了对个体的心理本体的分析。黑格尔说:"在东方的黎明里,个体性消失了"①,从东方的个体是完全从属于群体,尚未取得对群体的独立性来说,这是对的。但东方的个体究竟又是处于与群体统一中的个体,因此个体还能确认和寻求它的具体生动的心理本体。相反,在西方,个体是独立了,但却又成了抽象的个体,从而导致了真实的个体性的消失。所以,我们也可以说:在西方的黎明里,个体性确立了,但真实的个体性失落了。在对与群体保持着血肉联系的个体的具体生动的心理本体的探求和体验上,

① 《哲学史讲演录》第1卷,商务印书馆1959年版,第98页。

西方往往落后于东方。而在对与群体处于孤立、分裂状态的个体的心理本体的探求与体验上,西方又超过东方(存在主义哲学就是一个典型的例证)。因为在西方,马克思所说的"人的孤立化"①极大地发展了。

五

以上的论述涉及面很广,因而也较为庞杂,但为了较清楚地说明问题却又不得不这样。现在,我想简明地把它归结为下述各点:(1)宗教、伦理在东方社会中占有重要地位,东方哲学与宗教、伦理密切相连。(2)东方充分地肯定个人与社会、人与自然应当是和谐统一的,而不是互相分裂和对抗的。(3)东方对人的存在的终极的意义与价值表现了极大的关注,并认为这种意义与价值是能在个体有限的生存中求得实现的。(4)东方具有从原始氏族社会而来的古代人道主义精神。(5)东方高度重视个体的直觉与情感体验在人的生存中的意义,对个体的心理本体作了相当细致深入的描述分析,并且认为个体的心理本体能够达到与宇宙本体相通、合一的境界。②

以上就是东方的艺术和美学的哲学根基。东方的艺术与美学是和这个根基生长在一起的,由此形成了与西方美学不同的东方美学。

第一,通过对某种宗教的、伦理的情感的体验、领悟和表现,展示一种既不脱离现实,但又超越有限现实的永恒、无限、自由的境界,是东方美学的核心。在中国,从儒家"诗言志"的提出到《乐记》以"乐"(实际包含古代的各门艺术)为生于人心的"情"的表现、《毛诗序》以诗为"情动于中而形于言"的表现,再到《文赋》"诗缘情"的提出,明确无误地显示出主体内在情感的表现在中国美学中占有中心的位置,历代有关艺术的种种理论也充分证实了这一点。在印度美学中,"情"、"味"、

① 《马克思恩格斯全集》第46卷上,人民出版社1979年版,第497页。

② 这里"心理本体"一词均指主体、个体对自身生存的根基的意识,也就是对由人类实践所决定的人与自然、人与社会的关系的意识。——作者校注

“韵”、“似”是基本的范畴，其中“情”又显然是更根本的。无“情”即谈不到“味”和“韵”，“似”与不“似”的问题也离不开对“情”的表现。在绘画“六支”中，还有“情与美相应”的说法。与东方古代不同，在古希腊，诗、艺术被看作是对自然、现实的“摹仿”。“摹仿”是西方古代美学中心概念，直到18世纪这一概念也仍然保持着支配的地位。当然，如果因此就以为西方古代的艺术不表现情感，那是十分荒谬的。问题在于，西方艺术对情感的表现，也仍然是通过对现实的人物、生活的“摹仿”亦即再现去表现的。情感同样被看作是主体所认识、再现的对象。把艺术同人对外部世界的认识相连，强调艺术与认识的联系，这是西方美学的一大特点，也是人对外部世界的认识、科学在西方文化中占有重要地位这一事实在美学理论上的表现。这里有两个不同的出发点，东方是从主体内在的宗教、伦理情感的体验与表现出发，西方是从主体对外部现实的观察与再现出发。当然，在东方，情感的表现也并不是根本脱离对外部现实的再现，中国古代美学就充分地承认主体心中的情感是由外物的感发而引起的。问题在于，对东方艺术来说，外物的再现是从属于主体内在的情感的表现的，“物以情观”（刘勰语）、“一切景语皆情语”（王国维语）是它的根本原则。因此，我们在东方艺术中所看到的外部世界，是通过艺术家情感的观照而创造出来的世界，是一个展现了主体内在情感的世界，而极少有对外部世界的如实“摹仿”，或虽非如实“摹仿”，而仍然力求保持着外部世界本来实有的形态。不过，这样一种对东西方艺术与美学的差异的看法，终究还是停留在比较表面的层次上的，而且也难于完全说明何以东方趋向于内在情感的表现，西方则强调“摹仿”。在这里，问题的解决还是要回到我们在上节中所指出的，宗教、伦理情感在东方社会中有着十分重要的作用，而且这种宗教、伦理情感又与西方的不同。在西方，政治、法律和科学的作用高于宗教伦理，同时西方的宗教、伦理又不像东方的宗教、伦理那样认为个体在现世的生活中就可以获得解脱而达到自由和无限；相反，现世的生活是一不断“赎罪”的过程，仍然充满着各种矛盾冲突，只有死后在上帝那里才有可能获得解脱。因此，在西方的艺术中，即使是表现宗教的伦理感情，它所指向的仍然是现实人生的矛盾冲突，而不像东方的宗教、伦理那样，把这种矛盾冲突加以消解而达到一种理想化的和谐和超越。如果说西方表现宗教、伦理感情的作品也仍然是指向现实人生的矛盾冲突，那么那些不表现或极少表现宗教、伦理感情的作品，当然更是面向完全现实的人生的。这就是“摹仿”的观念何以在西方美学中占有重要的位置的原因。而在东方古代，可以说没有任何作品能离开对宗教的或伦理的，或宗教与伦理完全合一的情感的表现，同时这种宗教、伦理情感所竭力追求的就是要在现实的人生中达到一种解脱、超越的境界。因此，东方的艺术虽然不脱离对现实对象的再现，但它所要达到的是一种既不离现实对象却又超越现实对象的理想境界，从而以艺术为现实对象的“摹仿”或尽可能保持现实对象本有的形态就是东方美学所不能接受的了。在这里，关键不只在于东方强调情感的表现，西方则强调“摹仿”，而且还在于东方所要表现的情感是一种在当下现实人生中达到解脱、超越的宗教、伦理情感，所以它关注的是把现实对象提高到一种超越的、理想的、永恒的境界，而不是对现实对象作客观再现。当然，西方艺术对现实对象的客观再现也同样包含着理想，但这理想仍然是现实对象自身所呈现的理想，而不是东方那种虽与现实对象相关，却是已超越有限现实的理想。这一点，只要把古希腊的雕塑同印度以及中国的佛教雕塑一加比较就很明白。前者虽然也是理想化的，但却是很为现实的理想化；后者虽也再现刻画了人的形体，但在这形体中却充满着一种超越有限现实的永恒的宁静与解脱。我们完全可以这样说，东方的艺术即使它所描写的是最平凡、最现实的对象（如陶渊明描写农村的诗），也仍然充满着一种超越的理想；西方的艺术即使是最理想化的，也仍然处在有限的现实之中。这是了解东西方的艺术与美学的一大关键。黑格尔一方面高度赞扬了古希腊的艺术，但另一方面他又曾指出：“如果和东方人想象中的华美壮丽弘大相比，和埃及的建筑、东方诸国的宏富相比，希腊人的清妙作品（美丽的神、雕像、庙宇）以及他们的严肃作品（制度与事迹），可能都像是一些渺小的儿童游戏。”①的确，不论古希腊的雕塑、建筑如何美丽，它仍然显得稚气，缺乏

① 《哲学史讲演录》第 1 卷，商务印书馆 1959 年版，第 161 页。

东方艺术那种超越有限现实的、深邃宏远博大的精神内容。就这一点而言，古希腊雕塑和埃及那些看来是静止呆滞的塑像相比，也还有逊色之处。稚气、天真是古希腊艺术的优点，但同时也包含着它的缺点。

第二，强调宗教伦理情感的体验与表现是东方美学的重要特征，但这种表现又与西方"摹仿"说失势之后，19 世纪末以来西方所提倡的表现不能混同。自从克罗齐将艺术与表现联系起来，"艺术即表现"的说法在西方风行一时，至今仍有很大影响。这种表现，从根本上说，是 19 世纪以来西方资本主义社会中个体与社会分裂、人的异化空前严重的产物。"存在"既已成为"虚无"，社会既已成为"沉沦了的人的祖国"（见萨特、海德格尔），个体就只有返回他自己的内心世界了。而他在这内心世界中所发现的，只有挫折、厌恶、孤独、烦恼、畏惧、死亡……这也正是西方现代各种形式的表现主义流派反反复复地加以表现的东西。东方式的表现则不然，即使它所要表现的内容相当狭隘，或也展示了人生的苦难，但它所要追求达到的仍然是个体与社会、人与自然相统一的某种理想境界。此外，19 世纪末以来的西方现代美学虽然否定、抛弃了西方自古以来的"摹仿"说，大讲表现，但它仍然继续了西方将艺术与认识相联这一传统。如克罗齐将直觉与表现相联，认为直觉必有表现，表现离不开直觉，但在他的思想中，"直觉"仍然被看作是一种"知识"。他的《美学原理》开宗明义就说："知识有两种形式：不是直觉的，就是逻辑的。"克罗齐之后的柯林伍德、阿恩海姆、苏珊·朗格讲情感的表现，同样强调表现是对情感的一种认识（尽管不同于逻辑的认识）。到了海德格尔，看来是十分强调情感的体验了，但他最后所要达到的仍然是对"存在"的"真理"的认识。他所谓"在的澄明"状态，即艺术的最高境界，是同柏拉图以达到最高的真理（"理念"），"得到丰富的哲学收获"为美的最高境界类似的。不论西方现代美学如何强调审美、艺术与逻辑认识的区别，在它看来，审美、艺术最终也仍然是一种认识，或者说是达到认识的一种独特的方式。正因为这样，西方现代那些最重视情感表现的作品，最后仍然是把我们导向某种哲学性质的思索，而极少给我们的情感和想象以自由翱翔的余地。东方美学和东方艺术则不同，它虽然并不否认审美、艺术与认识的联系（中国美学与印度美学均如此)，某些作品也颇富哲理，但它的最后目的却不是把我们引向对某种“理念”、“本体”的认识思考，而毋宁说是要把我们从这种认识思考中解放出来，在情感、想象自由翱翔中去达到与“本体”的完全合一，从而获得一种超越与解脱的欢欣。印度美学以“喜”(欢喜)为审美的最高境界，中国自古以来把“乐”(欢乐的乐)看成就是美感的表现，到了嵇康以“无哀乐”即超越哀乐的“平和”为审美的最高境界，虽然彼此不同，但都表现了东方美学的共同特点。在东方美学中，道家和佛学禅宗都十分强调直觉，但并不像克罗齐那样把直觉看作是认识的一种形式。相反，这种直觉是对人生终极的意义与价值的一种直接的领悟，它是超认识(西方认识论所讲的认识)、超语言逻辑的。这又是了解东西方的美学与艺术的区别的一大关键。从以上所述可以看到，把东方美学所讲的表现同西方现代美学所讲的表现混为一谈是不行的。认为东方美学重表现，西方美学重再现这一说法，也需要从更深的层次上去加以解释。实际上，东西方美学的区别不只在重表现还是重再现，而在西方美学总是把审美与艺术归结为认识，即使是情感的表现，最终也仍然被看作是一种认识，或一种“知识”；东方美学则力求要超越认识(但并不否认认识)，达到一种完全诉之于自由的情感体验和想象的无限境界。其所以如此，又是由于我们在上文中已指出过的，在西方，超越只有依靠上帝，在天国中才能达到，人世的生活总是充满着各种无法获得最终解决的矛盾冲突，所以人只有面对现实的矛盾冲突，至多也只能诉之于对上帝的沉思、认识；相反，在东方，人被认为是完全能够通过他在有限现实人生中的努力而达于解脱和无限的，所以对上帝的沉思、认识并非不可逾越的终点。这一切，归根结底又是由我们已论述过的古典古代和亚细亚古代的不同社会状态所决定的。

第三，在东方美学中，艺术对现实中任何感性事物的描写，其最终的意义都不在于单纯认知这感性事物自身，而在从这感性事物中显示出比感性事物更深邃、更高、更重大的精神意义。中国美学反复讲到的以“形”写“神”、以“景”达“情”、“言有尽而意无穷”，十分清楚地说明了这一点。当黑格尔把东方艺术称之为“象征主义艺术”时，他确实是相当深刻地把握住了东方艺术的总的特征的。因为在东方艺术中，一切对感性事物的描写,即使是很有写实性的描写,也都具有某种精神性的象征意义,而决不仅仅停留在感性事物本身。但是,“象征”一词的含义终究太窄,而且易于同文艺上象征主义的手法、流派混同。此外,黑格尔认为在东方艺术中,艺术的感性形象同它所象征的精神意义尚未达到有机的合一,这种看法也是不正确的。因为在东方艺术中,达到了这种有机的合一的作品很多。东方艺术确有浓厚的象征色彩,但东方的美学和艺术都并不把精神意义和感性形象分离开来,把后者看作仅仅是前者的简单的图解,或如黑格尔所说,认为前者是有无比重大的、自在的意义的,后者则是飘忽不定的、没有价值的。相反,东方的美学和艺术认为感性事物自身就内在地具有某种更高的精神意义(如中国的《易传》的美学),它并不否定和抛弃感性的东西,而是要揭示出感性的存在本身所具有的精神意义。佛教虽然以感性世界为“空”,但也并未绝对地否定“有”。就整体而言,东方观念确实有轻视感性世界的倾向,但却并未走到如柏拉图那样用“理念”世界去否定感性世界。尽可能在现实的有限的人生中达到解脱,深信个人与社会、人与自然完全能够统一而非互不相容,这始终是东方哲学和美学的根本观念。因之,“形”与“神”、“景”与“情”、有限与无限的统一也就成为东方美学的一个根本点。但是,西方的美学与艺术不也追求这种统一,把艺术的感性形象看作是精神性东西的显现吗?贝尔不是提出了艺术是“有意味的形式”,苏珊·朗格不是提出了艺术是“情感的符号形式”吗?这些,的确与东方美学有很为类似、相通之处。问题在于东方式的精神、情感、意味,既是不离现实的,又是已从有限现实超脱出来的精神、情感、意味;而西方则仍然停留在有限的现实中,即使在达到超越的时候,也只是表现出一种对上帝的深沉的“赎罪”感,很难达到中国式的空灵,印度式的庄净,日本式的幽玄,埃及式的沉静,波斯式的华美。总之,在西方,人世的苦难和矛盾冲突同那能使这种苦难和矛盾冲突获得解决的“超越者”或上帝之间有一条难于填平的鸿沟,从而个体的心理本体和宇宙的本体之间也有一条难以逾越的界限。在东方,这两者却完全可以合而为一。所以,东方美学和艺术所说的表现精神的感性形式,是不离感性而又超越有限现实的形式,而不是西方那种仍停留在有限的感性现实的形式或在“超越者”面前深感压抑和有罪的形式，不是苏珊·朗格所说的那种作为对现实情感的一种认识形式，或贝尔所说的那种最终是通向基督教对上帝的信仰形式。

由于审美艺术现象是十分复杂的，所以对东西方美学与艺术的区别可以从种种方面去说明，因此也就产生了种种不同的说法。但是，最重要的是抓住根本性、实质性的区别。这种区别就是上面已反复提到的：东方的美学和艺术所追求的是一种不离现实而又超越现实的无限自由的理想境界，西方则无论显得如何理想化和具有超越性，却仍然停留在有限的现实之中，并受到现实的矛盾冲突纠缠，无法达到东方式的理想境界。如果看不到这个根本性的区别，就会为一些次要的或表面的类似（如西方也讲“有意味的形式”、“情感的形式”、“生命的形式”等等）与区别（如强调再现或强调表现之类）所迷惑，而无法把握两者真正的区别。

日本今道友信在谈到东方美学时，曾讲到东方艺术“启示了超越者的美”①。这句话对把握东方的美学与艺术的特征很有启发。但是，我认为须注意这个“超越者”决不是西方基督教中的上帝，也非存在主义者雅斯贝尔斯所说的那个和基督教的上帝没有多少差别的“超越者”。“超越者”还只能在比喻的意义上使用，因为东方并无上帝创世的观念。所以，更确切地讲，应该说东方艺术启示了一种超越的境界的美。而且，还应看到，这种超越的达到虽然常常伴随着宗教神秘的观念，但实际上仍有其历史的现实的基础。这就是我所说的在亚细亚古代社会中，存在着个体与社会、人与自然的天然统一。东方观念确信这种统一是必须实现而且完全能够实现的，两者的分裂是罪恶和最大的不幸。用这样的观念去看世界，是达到东方艺术所表现的超越境界的最重要的前提。相反，西方自古希腊以来即陷入了个体与社会、人与自然的深刻矛盾之中，因此西方艺术中未能出现东方这种超越的理想境界。恩格斯在谈到西方社会时曾经指出：“18 世纪并没有克服那种自

① 《美学译文》第 2 集，《研究东方美学的现代意义》，中国社会科学出版社 1982 年版。

古以来就有并和历史一同发展起来的巨大对立，即实体和主体、自然和精神、必然性和自由的对立；而是使这两个对立面发展到顶点并达到十分尖锐的程度，以致消灭这种对立成为必不可免的事。”①但直至本世纪，虽然资本主义社会的物质生产、科学技术有了巨大的发展，这种对立却并未消灭，且较恩格斯的时代更为尖锐。存在主义的哲学和美学就是这种尖锐对立在理论上的一种表现。

六

在当代，我们应当如何来看待东方美学，东方美学可能有的发展前途将是怎样的呢？

东方美学所特有的优点是同亚细亚古代社会所特有的优点即充分肯定个人与社会、人与自然的统一分不开的。因此，我们应当在马克思主义的基础之上充分发扬东方美学的这一优点，以克服战胜西方哲学和美学中使个体与社会、人与自然相分裂的思想。但同时又必须看到，东方美学也存在着不可忽视的缺点。只有克服这种缺点，东方美学的优点才能得到发扬。这种缺点，我在上文中已经涉及，现在再总起来说明一下。

第一，东方美学所寻求的统一是在一种狭隘的、自给自足的、农业与小手工业结合的自然经济基础上的统一。因此，这种统一的内容常常是比较贫乏的，甚而是相当空虚的，并且束缚着个人的发展，如马克思所指出：“这里，在一定范围内可能有很大的发展。个人可能表现为伟大的人物。但是，在这里，无论个人还是社会，都不能想象会有自由而充分的发展，因为这样的发展是同(个人和社会之间的)原始关系相矛盾的。”②马克思还指出，“稚气的古代世界显得较为崇高”，“确实较为崇高”，但又是在“闭锁的形态”下和“从局限的观点来看”的一种崇

① 《马克思恩格斯全集》第1卷，人民出版社1956年版，第658页。

② 《马克思恩格斯全集》第46卷上，人民出版社1979年版，第485页。

高。① 因此,要发扬东方美学所特有的优点,就必须把东方古代社会中那种个体与社会、人与自然的统一放置在现代化大生产的基础之上。然而,资本主义的现代化大生产恰恰又必定要无情地破坏古代社会的这种统一。所以,个体与社会、人与自然的统一和现代化大生产的结合,实际只有在社会主义、共产主义社会下才能真正实现。但就在当代的现实条件下,我们仍应追求这种统一,同时又去除古代的自然经济所赋予它的那种狭隘性、闭锁性。艺术最终是为经济基础的发展所决定的,但它对经济基础又非亦步亦趋。因此,在现代条件下来展示古代所确信的个体与社会、人与自然的统一,创造东方的现代艺术和现代美学,仍然是完全可能的。特别是在我国的社会主义条件下,更是可能的。

第二,东方的美学与艺术追求着个体与社会、人与自然的统一,但由于古代的经济基础的局限,因此这种统一常常带有虚幻性,即只达到了一种"渺茫的无限",并且常常回避现实中存在的尖锐的矛盾冲突。所以,鲁迅说"我看中国书时,总觉得就沉静下去,与实人生离开;读外国书——但除了印度——时,往往就与人生接触,想做点事"②,这并不是没有道理的。因此,东方美学的优点的发扬,有待于引入西方美学与艺术中那种面对现实的矛盾冲突的精神,避免堕入"渺茫的无限"或是一种虚幻的超越。然而,东方的超越精神和西方面对现实的矛盾冲突的精神,这两者能够加以整合、统一吗?我认为是能够的。这里,关键在于把超越建立在对现实的矛盾冲突的克服和解决之上,既不因为对超越的追求而回避、抹煞现实的矛盾冲突,又不因为面对现实的矛盾冲突而失去对超越的追求,陷入理想与现实的无法解决的分裂之中。东西方美学精神的这样一种整合、统一,是有待于当代的美学家、艺术家去完成的一个重要课题。在这里,马克思主义对人类历史前进的曲折复杂历程的高度洞察力,有着十分重要的意义。

19 世纪以来,西方虽然已开始注意到东方的美学和艺术,但了解

① 《马克思恩格斯全集》第 46 卷上,人民出版社 1979 年版,第 486 ~ 487 页。

② 《鲁迅全集》第 3 卷,人民文学出版社 1981 年版,第 12 页。

仍然很少，并且常常是以一种猎奇的心情，作为一种古董来看待的。由于东西方文化的巨大差异，西方对东方的美学与艺术的理解存在着很大的困难，态度也基本上是冷淡的。但这种情况终归会改变。这种改变决定于两个方面。一是西方社会中个体与社会、人与自然的矛盾的不断发展和尖锐化，最终总要求得解决（即使仅是思想上的解决），而不可能无限制地发展下去。在这个历史的过程中，强调个体与社会、人与自然的统一，并竭力追求这种统一的东方的美学与艺术将会比过去更加得到西方的注意与理解。另一方面，东方美学与艺术要在世界上产生它的影响，引起西方的关注和得到较广泛的承认，又要求东方的美学与艺术必须注入现代的内容，和当代人类所关注的世界性的课题的解决结合起来，使自身充分地现代化，而不再被人看作是一种古董。和前一方面比较起来，这后一方面是更重要的，需要我们加倍努力去实现。

从人类历史的发展来看，包括美学与艺术在内的东西方文化的交融实质上是东方世界的农业文明与西方世界的工业文明的交融。东方文明基本上是以农业为基础的文明，古代农业的发展对东方文明的形成的影响，是一个很值得研究的问题。西方文明当然不能说同农业无关，但基本上是一种工业文明。在历史的发展中，工业文明相对于农业文明来说无疑是一个巨大的进步。但这决不是说农业文明对人类历史的发展就毫无贡献，也决不是说工业文明的发展必然要全盘否定和抛弃农业文明，这种割断历史的简单化的看法是毫无根据的、错误的。相反，现代工业文明越是向前发展，越是显出它本身具有的种种弊端，人类就越是会意识到农业文明曾经具有的优越性。但又不是放弃工业文明倒退到农业文明，而是要在工业文明发展的基础上吸收农业文明的历史成果和优越性，实现工业文明与农业文明的综合。如马克思所指出："大工业在农业领域内所起的最革命的作用，是消灭旧社会的堡垒——'农民'，并代之以雇佣工人。因此，农村中社会变革的需要和社会对立，就和城市相同了。最陈旧和最不合理的经营，被科学在工艺上的自觉应用代替了。农业和工场工业的原始的家庭纽带，也就是把二者的早期未发展的形式联结在一起的那种纽带，被资本主义生产方式撕断了。但资本主义生产方式同时为一种新的更高级的综合,即农业和工业在它们对立发展的形式的基础上的联合,创造了物质前提。"①马克思还曾指出:"现代的历史(指资本主义社会的历史——引者)是乡村城市化,而不象在古代那样,是城市乡村化。"②这两者的结合不正是我们应当去努力实现的吗?

就当代东方的发展而论,目前大力地吸取、引进西方的工业文明,对东方国家的现代化是十分重要的。然而,我们不应因此而处处鄙弃东方文明,相反,我们应在与西方文明的交融中创造现代的东方文明,包括现代的东方美学和艺术。这是历史所赋予我们的光荣任务。而且,从发展来看,在完成这个任务上,中国所具备的条件可能是最有利的。

(原载《文艺研究》1989 年第 1 期)

① 《马克思恩格斯全集》第 23 卷,人民出版社 1972 年版,第 551 ~ 552 页。

② 《马克思恩格斯全集》第 46 卷上,人民出版社 1979 年版,第 480 页。

儒家美学思想

儒家美学思想 在中国古代美学史上，儒家美学是居于主导地位的一大美学系统。其他各家美学虽然各有贡献，但始终未能取代儒家美学的主导地位。

基本特征 儒家美学以儒家仁学为根基，是儒家仁学的自然延伸。儒家认为“仁”的根本是“爱人”。这被看做人所具有的，基于血缘的亲子之爱，又进一步推及于对社会群体应有的情感心理要求。儒家中的孔子、孟子都认为这种情感心理要求是每一个人生而具有的。荀子虽然认为人的自然的生命欲望本身不符合仁义，但仍然完全能够通过社会的教化使之符合仁义。在儒家看来，为了使人成为“仁人”，就要感发人所固有的行“仁”的情感心理要求，或用仁义去感化人性中与仁义相违的欲望冲动。为了做到这一点，需要对人进行种种教育。由于文艺的重要特征在于诉诸个体与群体的情感心理，这就刚好可以成为儒家教化的重要手段，而受到了儒家的重视。此外，儒家所说的“仁”是与“礼”分不开的，而“礼”自古以来又与“乐”分不开。儒家是古代礼乐传统的继承者。这也使它对文艺的作用予以特殊的重视。儒家赋予文艺以帮助建立符合于“仁”的理想社会的重大作用，把文艺看做塑造个体的情感心理，使之符合于“仁”的重要手段。由于文艺是使人成为“仁人”所不可缺少的，因此有关文艺和美的问题的理论也就成为儒家思想的一个重要方面，从而产生和形成了儒家美学思想。

儒家美学与儒家仁学分不开，还因为儒家所说的“仁”不只是一个道德概念，而且能内在地通向美学。这是因为“仁”具有下列特性：①它是与个体的感性生命的合理发展相关的，是对这种发展的肯定；②它是以个体内在的社会性的情感心理为根基的，不是纯理智性的概念，也不是外在的道德律令；③它以个体与他人、群体的和谐统一为最高理想；④“仁”的实现不是为了得到报偿或邀功求誉，“仁”本身即是最高目的，而不是达到个人私利的手段。⑤“仁”的实现被看做人生所能达到的最大的快乐。所有这些特性说明，“仁”的完满实现既是一种最高的道德境界，同时又是审美的境界，两者合一而不可分。对于这一点，宋代理学有相当深入的理解。

儒家认为“仁”与长育万物的天地、生命的和谐成长和生生不息完全相通一致。由此又使儒家美学从社会伦理的领域通向自然的领域，并使美与文艺的问题和自然界生命的问题连接起来。美的境界不只是个体与社会和谐统一的境界，同时也是人与大自然和谐统一的境界。

儒家认为文艺是主体内在具有的“仁”的情感心理要求的表现，目的是要以之感染他人和社会。这种情感心理要求的发生不能脱离主体与社会、自然的关系，是主体感于外物的结果，而且它的表现须与自然界生命的结构、功能、变化规律相一致。因此，在文艺与外部世界的关系上，儒家既不主张文艺是摹仿外在自然的产物，也不主张以文艺为与外物（自然和社会）无关的主体心灵的表现。儒家美学把心物交感看做文艺创造发生的根据，提出了与古希腊的“摹仿论”和西方近现代的“表现论”不同的“感应论”或“交感论”。

历代儒家美学 先秦至汉初 孔子是儒家美学的奠基人。他的“兴于诗，立于礼，成于乐”（《论语·泰伯》）的思想，对诗的作用“兴”、“观”、“群”、“怨”的说明（《论语·阳货》），具体地指出和强调了文艺有协合人群、塑造人性的重大作用，使远古与巫术图腾、原始礼仪结合在一起的文艺开始获得了独立的地位。他的尽善尽美论、文质观、乐而不淫哀而不伤的“中庸”审美尺度，为儒家美学奠定了坚实的基础。孔子之后，孟子从主体道德精神的修养来观察美的问题，高扬了主体道德精神的伟大与崇高之美，对后世的文艺创造发生了重要影响。主张性恶论的荀子高度重视文艺的感化作用，并做了重要的发挥与论证。荀子虽然主张性恶论，但并不以欲望的满足为恶，而只是要求欲望的满足须符合于礼义。较之孔、孟，荀子在符合礼义的前提下强调了人的存在与感性生命欲望的关系，把美的追求也归之于人生而普遍具有的生命欲望之中,使美不限于主体内在道德精神的自我完善,而开始面向外部自然和实际的事功。荀子提出"无伪则性不能自美"(《荀子·礼论》)的思想,包含了美与人对外部世界和自身的改造相关的素朴认识。主要继承荀子学派思想的《易传》,从天地产生万物来观察美的产生,深刻触及到了美与生命的关系问题。它对天地之美的说明包含了后世所说阳刚之美与阴柔之美的区分(略似西方美学中"崇高"与"美"的区分而又不同),并推崇阳刚之美,极大地影响了中华民族的审美意识(见刚柔观)。它关于"天文"与"人文"的理论,以及对"神"的观念的理解,都具有重要的美学意义,并对后世发生了很大的影响。《乐记》着重阐发《荀子·乐论》和《易传》的思想,建立了儒家第一个最系统和最有哲学深度的乐论。《乐记》依据来自《荀子》和《易传》的"感"的观念,集中论述了人心感于物而产生文艺创造的思想,奠定了中国美学的"感应论"或"交感论"的基础。《乐记》的"大乐与天地同和"的思想发展了《易传》关于美与生命的关系的思想,是对于儒家以"和"为美的重要论证。《乐记》对文艺与社会的联系,"乐"区别于"礼"的作用,"乐"的"音"与情感表现的同构对应关系,"文"亦即美的形式结构的讲求的必要性,都有重要的论述。但它又显著地发展了儒家对文艺与社会政治伦理关系的狭隘理解,不利于文艺的发展。

两汉　西汉董仲舒大力强调"天"有"仁"的属性,将"仁"与天地长育万物相连,进一步强化了儒家关于美与生命的关系的思想。他的"天人感应"说包含有对人的情感与自然的同构对应关系的猜测,在美学上也发生了一定的影响。董仲舒之后,扬雄的美学主要关注美与善的关系。扬雄既受到儒家对美的狭隘理解的影响,同时又不否认美的价值,仍然坚持美与善、文与质的统一,并做了有相当深度和启发性的阐明。东汉的王充集中讨论了美与真的关系问题,力斥"虚妄"而高扬"真美"(《论衡·对作篇》)。但他对"真"的理解忽视了文艺的特征。《毛诗序》将《乐记》的思想应用于诗,对儒家诗论的阐述做出了重要贡献。

魏晋至唐代　魏代曹丕的《典论·论文》,晋代陆机的《文赋》,基本上都是立足于儒家来观察文艺问题,但强调和具体论述了儒家向来较为忽视的文艺创造的审美特征问题，丰富了儒家美学。梁代刘勰的《文心雕龙》主要以《易传》的思想为基础，创造性地建立了中国古代最为系统的文学美学，把美的问题放到了十分重要的位置，在很大程度上纠正了儒家重善轻美的偏颇。它所提出的“风骨”这一美学范畴，将《易传》所推崇的刚健之美具体地落实到了文艺上，产生了很大的影响。隋代的隋文帝、李谔等人因批判齐梁浮艳的文风而走到了重善轻美的极端。唐初史家继续批判这种文风，但纠正了李谔等人的偏颇，重申孔子的文质统一的思想，并据《易传》“天文”、“人文”的思想以论证“文”的重要性。作为齐梁文风的对立面，陈子昂对“汉魏风骨”的大力提倡，进一步高扬了《易传》所推崇的刚健之美，并成为盛唐文艺的主导倾向。中唐时期，元稹、白居易的诗论、古文家的理论对儒家美学有所丰富，特别是“文”与“道”的关系的提出与讨论对儒家美学的发展有重要意义。但总而言之，重善轻美的倾向甚为明显，在理论上无特别重大的创造。

宋元明清　宋代理学的建立，一方面产生了轻视以至否定文艺的价值的思想，另一方面对“仁”与生命（“生意”）的关系的强调，对以“仁”为“乐”的思想的阐扬，对一种安详雍容、温润含蓄、沉潜深厚的“气象”的推崇，以及对“格物致知”以求“理”的提倡，都给了文艺与美学以重要影响。理学对儒家美学的贡献，主要不在理学家对文艺所发表的某些言论上，而在更深入地触及了道德境界、天地境界与审美境界的联系，把审美境界提到了道德形而上学的高度，视为一种与本体（“理”）合一而产生的心灵高度平静和悦的境界。这是儒家以“和”为美的思想的一个重大发展（见中和为美说）。但理学对“天理”与“人欲”的对立的强调，又严重束缚了美与文艺的发展。自元至明代前期，理学的影响仍然存在，但已逐渐减弱，儒者论文所关注的问题转向了文艺的特征与创造方面，并企图通过对前代（从秦汉至唐宋）作品的研究、分析、评论而确立创作与评论的标准、格调。这一时期的儒家美学对文艺的特征的认识有所发展。明中叶后，王阳明心学虽然很少直接论到文艺、美学问题，但它对个体的“心”与“情”的作用的强调深刻影响到了文艺与美学。明末清初的王夫之批判了宋明理学将“理”与

“欲”对立的观点，立足于情理统一来观察文艺，重视文艺与现实人生的联系，并借取禅宗的某些思想以论文艺的特征，丰富发展了儒家美学。王夫之之后，叶燮的《原诗》在哲学基础上是立足于宋代理学的，但吸取了明初以来关于诗的讨论中提出的某些看法，对诗的创造的特征做了一些有美学意义的阐发。从康熙时期开始，程朱理学又被提到很高的地位，在文艺上则倡导“清真雅正”的文风，雍正十年上谕明确颁布以此作为衡文标准(见梁章钜《制艺丛话》卷1)。和这种情况相适应，方苞、姚鼐等人的古文论，沈德潜的诗论，王原祁、沈宗骞等人的画论，对儒家美学有所发展。这主要表现在对文章、绘画的阳刚之美与阴柔之美的明确提出和分析，对包含了某些重要美学问题的“理”与“辞”、“义”与“法”、“性情”与诗的关系的讨论。这可以说是儒家美学最后一次的兴盛发展。道光以后，儒家美学虽然在个别问题上有一些中肯的看法，但再也没有提出什么有重大影响的理论。

儒家美学的现代意义 儒家美学是以个体内在的伦理情感心理为根基的美学，而这种情感又是建立在个体与社会、人与自然和谐统一的基础之上的。儒家美学在文艺诉诸个体情感心理的特征、文艺协和群体与塑造人性的作用、美与生命的关系、心物交感与文艺创造、审美与文艺同形而上的本体(“道”)的沟通合一等问题上，都提出了许多至今对现代美学的发展仍有重要意义的理论。

尽善尽美论 孔子关于美善关系的观点。在儒家美学中有重要的理论意义。

孔子之前的看法 中国美学对于美善关系的看法，经历了一个历史发展的过程。最初，中国美学是从味、声、色给人的感官愉快而提出“美”的问题。许多人都明确肯定“美”与味、声、色分不开。同时，很早就有人指出，如果不加节制地去追求这种美的享受，就会产生危害生命的后果。如秦国著名的医生医和说：“天有六气，降生五味，发为五色，征为五声，淫生六疾。”(《左传·昭公元年》)从社会政治伦理方面说，如果沉溺于味、声、色的美的追求，又会有害于君主的治国，如单穆公指出，制造大而又大的乐器，追求声音的强烈刺激，不仅劳民伤财，而且会使君主的精神、神志受到影响，失去清明的理智，“于是乎有狂悖之言，有眩惑之明,有转易之名,有过慝之度",使国家的治理陷于危殆(《国语·周语下》)。为了避免以上所说的种种不良情况的产生,子产明确提出"气为五味,发为五色,章为五声。淫则昏乱,民失其性。是故为礼以奉之"(《左传·昭公二十五年》)。要求味、声、色的美的享受必须符合于"礼",这实际也就是要求美必须符合于社会政治伦理道德的善。这种观点在孔子之前不断被加以强调,以致出现了将美等同于善的看法。如伍举与楚灵王讨论章华台是否美的问题,伍举提出:"臣闻国君服宠以为美,安民以为乐,听德以为聪,致远以为明。不闻以其土木之崇高、彤镂为美,而以金石匏竹之昌大、嚣庶为乐;不闻以观大、视侈、淫色以为明,而以察清浊为聪。"又说:"夫美也者,上下、内外、小大、远近皆无害焉,故曰美。若于目观则美,缩于财用则匮,是聚民利以自封而瘠民也,胡美之为。"(《国语·楚语上》)伍举反对君主为求美的享受而聚敛民财有合理进步的意义,但他因此而否定美的价值,将美等同于政治伦理道德上的善则是片面、错误的。

孔子尽善尽美论的提出　《论语·八佾》说:"子谓《韶》,尽美矣,又尽善也;谓《武》,尽美矣,未尽善也。"孔子在这里提出了他对美善问题的看法,将"美"与"善"明确地加以区分,并以"尽美"又"尽善"为应当努力实现的理想。这较之于孔子之前将美等同于善的看法,是一个重大的进展,对奠定儒家美学的基础有十分重要的意义。孔子是从他对《韶》乐与《武》乐(包含舞)的欣赏感受提出这一看法的。朱熹注说:"《韶》,舜乐。《武》,武王乐。美者,声容之盛。善者,美之实也。"(《四书集注》)舜以揖让取天下,故《韶》乐"尽善"又"尽美";武王虽有德治,但以征伐取天下,故《武》乐"尽美"而未"尽善"。孔子是从政治伦理道德来看美的问题,因此他以"善"为"美之实",即美的实质、内容。但孔子以为"善"应当表现在美的形式中,即应有"声容之盛"。对于这种"声容之盛"即音乐给人的美感,孔子十分重视、欣赏。《论语·八佾》说:"子语鲁大师乐,曰:乐其可知也;始作,翕如也;从之,纯如也,皦如也,绎如也,以成。"这里未涉及音乐的"善"的问题,所讲的正是"声容之盛"。意为音乐的演奏,开始是众响忽发、和顺的前奏,接着是声音纯一和谐、节奏鲜明、音色清亮的展开部分,最后是声音相寻相续、不绝如缕的尾声部分。这样乐的演奏就完成了。孔子对乐的演奏的这种描述,表明他对乐的美有很高的欣赏力。《论语·泰伯》又说:“师挚之始,《关雎》之乱,洋洋乎盈耳哉。”这也是孔子对乐的“声容之盛”欣赏、赞美的表现。师挚为鲁国乐官,“始”指音乐的引子、前奏,“乱”指音乐的主体、高潮部分。《论语·述而》还直接讲到了孔子对《韶》乐的欣赏:“子在齐闻《韶》,三月不知肉味。曰:不图为乐之至于斯也!”孔子如此欣赏《韶》乐,不只因为它“尽善”,而且还因为它“尽美”,即极尽“声容之盛”,所以孔子才将他所得的欣赏愉快与“肉味”这种纯感官的愉快相比拟。正因为孔子不只强调“善”,而且也很重视、欣赏“声容之盛”的美,所以他认为《武》乐虽未“尽善”,但却“尽美”。这就明确肯定了美虽不能脱离善,无善不能有美,但美又有与善不同、区别于善的价值。如果“美”即是“善”,那么未“尽善”的《武》乐就绝对不可能“尽美”。孔子看到和确认美有区别于善的自身价值,是因为孔子所说的“善”决不否定个体生命欲望满足的合理性,而只是要求这种满足须合乎“善”的规范,获得一种区别于动物欲望满足的社会性的形式,一种符合于人所应有的尊严和教养的形式。这是孔子美学的深刻和伟大之处所在。但由于历史的局限,孔子所说的“善”又有束缚人的个性发展的一面;而且对于孔子来说,“善”是“美之实”,是第一位的、根本性的东西,“美”则是从属于“善”的第二位的东西。所以孔子说:“人而不仁,如乐何?”(《论语·八佾》)孔子“放郑声”(《论语·卫灵公》),完全否定郑国流行的民间音乐的美的价值,就因为它根本违背了孔子所说的“善”。孔子以“善”为“美之实”,有其不应否认的合理性,但他所说的“善”的狭隘性及为维护君君、臣臣、父父、子子的等级名分服务的功利性,又严重限制和束缚了美的发展,在历史上起了不良的作用。

历史影响　《乐记》是先秦儒家乐论的总结,因此孔子的尽善尽美论对后世的影响首先集中表现在《乐记》中。这种影响有积极与消极两个方面,但总的来看,消极的方面是大为发展了。《乐记》区分了“声”、“音”、“乐”(见声音乐),并提出“声成文,谓之音”,即“声”只有具备了“文”亦即美的形式时方能成为“音”。所以《乐记》多次讲到

“乐”必须有“文采节奏”，即必须有美的形式，这较之过去的乐论是一个有重要意义的发展。因为在《乐记》之前的乐论未明确提出乐与“文采节奏”的关系，只强调“乐”与“德”的不可分的关系。《荀子·乐论》开始涉及这一问题，但仍未明确提出。《乐记》明确提出这一问题，即是对孔子所说乐既要“尽善”又要“尽美”的思想的发展。但《乐记》又认为具有了“文”的“音”还不是“乐”，只有“音”“与政通”，表现了儒家所说的伦理道德才能成为“乐”，并且要“使亲疏、贵贱、长幼、男女之理，皆形见于乐”。这就大为发展了孔子思想中对“乐”与伦理政治关系的狭隘理解的消极一面，并对后世产生了很大影响。孔子认为“乐”即使不能“尽善”，但还能“尽美”。从《乐记》来看，则实际上认为不能“尽善”即不可能“尽美”。这很清楚地表现在《乐记》对《武》乐的评论上。它虽然为《武》乐仍有长久存在的价值做辩护，但又公然指出《武》乐“声淫及商”，并说这是“有司失其传，若非有司失其传，则武王之志荒矣”。在辩护的方面，也只从政治伦理道德来谈，未及于音乐的美的问题。这与孔子说《武》乐“尽美矣，未尽善也”的评价相去很远。《乐记》之后，孔子所说“未尽善”但可以“尽美”的思想未能得到后世儒家的重视与发展，但尽善尽美的理想仍得到相当多的人的承认，并被应用于文艺的评论。如唐张怀瓘《书断》评王羲之与王献之的书法说：“子敬可谓《武》，尽美矣，未尽善也；逸少可谓《韶》，尽美矣，又尽善也。”

文质观　儒家关于“文”与“质”的关系的论述。在儒家美学中占有重要地位。

探源　孔子最先明确提出“文”与“质”的关系问题，并要求两者应当恰当地统一起来。《论语·雍也》说：“子曰：质胜文则野，文胜质则史。文质彬彬，然后君子。”孔子的话本是针对“君子”的修养而发的，但已和美的问题相关，后来又广泛地被应用于说明文艺作品的创造。孔子所说的“质”指的是“君子”内在具有的伦理道德品质。《论语·卫灵公》说：“君子义以为质，礼以行之，孙以出之，信以成之。”此外，“质”还有“君子”对伦理道德的履行应当诚实、正直、谦恭的意思。《论语·颜渊》说：“夫达也者，质直而好义，察言而观色，虑以下人。”孔子所说的“文”，从这个字的历史起源来看，本与鸟兽皮毛的花纹色彩、古代的文身、编织刺绣有关,明显含有美的意思。在儒家思想中,“文”这个词经常用以指典章文物、礼乐制度,道德教化,虽不等于“美”,但也明显包含了美。如孔子赞美西周“郁郁乎文哉”(《论语·八佾》),歌颂尧“焕乎!其有文章”(《论语·泰伯》)。这里所用的“文”一词均有美的意思。再从《论语》记载棘子成对孔子“文质彬彬”的说法提出否定的看法,子贡加以反驳来看,更可见孔子所说与“质”相对的“文”,实指一种美的形式。《论语·颜渊》说:“棘子成曰:君子质而已矣,何以文为!子贡曰:惜乎!夫子之说君子也,驷不及舌。文犹质也,质犹文也,虎豹之鞟犹犬羊之鞟。”子贡认为,如果只要“质”不要“文”,否认“文”与“质”的差异、区分,那就如去掉虎豹与犬羊的毛之后,声称两者的皮没有差别。实际上虎豹的毛色花纹远远美于犬羊的毛色花纹,两者不能视同一律。子贡以此喻“文”的重要性,可见“文”与美相关。《周易》革卦传文说:“大人虎变,其文炳也”,“君子豹变,其文蔚也”,可证虎豹之毛色花纹很美,不同于犬羊。讲到“文”与“质”的关系,孔子说“质胜文则野,文胜质则史”。这里的“野”与“史”均为名词。“野”指“野人”,“史”指“策祝”。《仪礼·聘礼》说:“辞无常,孙而说。辞多则史,少则不达。辞苟足以达,义之至也。”注:“史谓策祝”(《仪礼注疏》卷24)。“策祝”掌各种祝辞,“以事鬼神祇,祈福祥,求永贞”(《周礼·春官宗伯第三》),因此多各种形容描绘、铺张夸饰之辞,不只求“达”而已,所以说“辞多则史”。孔子说“质胜文则野”,即是说“质”胜过“文”就如“野人”,鄙野无文,不能称为“君子”;“文胜质则史”,即是说“文”胜过“质”就如“策祝”,多铺张夸饰之辞,也不能称为“君子”。“君子”既不同于“野人”,也不同于“策祝”,而以“文质彬彬”为其特征,即“文”、“质”相称,无过与不及。朱熹注:“彬彬犹班班,物相杂而适均之貌。”(《四书集注》)“相杂而适均”即无过与不及,实际是孔子“中庸”思想在“文”、“质”关系上的体现。

历代对文质观的论述　孔子提出文质观之后,道家、墨家、法家均持反对的看法,儒家一派或接受儒家思想的人,均表赞同。如屈原,受到儒道两家思想的影响,在文质问题上赞成孔子的说法。他在《怀沙》中说:“文质内疏兮,众不知余之异采。”在《橘颂》中又说:“青黄杂糅,文章烂兮。精色内白,类任道兮。”在儒家中,孟子、荀子、《易传》、《乐记》的思想均与孔子的文质观相一致,但很少正面论及这一问题。至汉初,《淮南子》、刘向都正面论及了这一问题,但前者很受道家影响,后者则站在儒家立场上,重申孔子的观点,反对子桑伯子否定孔子的说法,主张“去其文”的观点,提出“文质修者,谓之君子,有质而无文谓之易野。子桑伯子易野,欲同人道于牛马”(《说苑·修文》)。这一观点把要不要“文”提到人与牛马的区别的高度,是深刻的。但刘向又受到汉初道家思想影响,以致把原于道家而为韩非所说的“质有余者不受饰”说成是孔子的思想(《说苑·反质》)。西汉董仲舒提出“质文两备”的看法,但他是从礼的观点提出的,并且认为在“质文”不能“两备”时,“宁有质而无文”,表现了对“文”的轻视(见《春秋繁露·玉杯》)。扬雄对汉代辞赋的华丽提出批评,但他并不否定符合儒家正道的美。扬雄是第一个站在儒家立场上,明确地从文艺的角度讨论文质问题。虽然他所说的“文”也有比一般所说的文艺更广泛的意义,但已明显涉及文艺与美的问题,并高度重视孔子关于“文”与“质”统一的思想。他说:“圣人,文质者也。车服以彰之,藻色以明之,声音以扬之,诗书以光之。笾豆不陈,玉帛不分,琴瑟不铿,钟鼓不抚,则吾无以见圣人矣。”(《法言·先知》)他又以“质”为阴,以“文”为阳,摹仿《周易》所言阴阳变化的思想来论“文”与“质”的关系的发展,认为开始是“质”胜于“文”,随后是“文”胜于“质”,最后是“文”与“质”得到统一(《太玄经·文》)。他的这种说法有牵强神秘的地方,但从变化发展中观察文质统一问题,有合理深刻之处。他所说“阴敛其质,阳散其文,文质班班,万物粲然”(同上),也有与《周易》思想不合且牵强之处,但却很明确地肯定了万物都有内在的“质”与外在的“文”两个方面,两者统一而形成万物的光辉的美。这种说法已是从宇宙论来讲文质问题,不限于孔子所说“君子”的修养问题。梁代刘勰的《文心雕龙》直接讨论文质问题的地方不多,但《情采》中很明确地指出:“圣贤书辞,总称文章,非采而何!夫水性虚而沦漪结,木体实而花萼振,文附质也;虎豹无文,则鞟同犬羊,犀兕有皮,而色资丹漆,质待文也。”这较之扬雄更进一步把“文”与美和文艺创造的问题联系起来,并且明确指出“文附质”与“质待文”这样两个不能分离的方面。而且,从上引《情采》及《文心雕龙》全书看,刘勰虽然一点也不忽视“质”的问题,但他更重视,讨论得更多的却是“文”的问题。唐初,史家魏徵等论文,批判了齐梁浮艳的文风,但却没有如前代的隋文帝、李谔那样因此而走向重“质”轻“文”,仍然坚持了孔子的文质统一的观点。这在历史上是难得的。中唐古文运动兴起后,有关古文的理论也涉及了文质问题。在原则上,唐代古文理论明确坚持孔子“文质彬彬”的观点,但较多的说法明显是重“质”轻“文”的,而且许多人所说的“文”指的是说理记事之文,不同于文学性的文。但这种理论据《周易》而提出“尚简”的思想,虽是从它所说的“文”的实用性及反对奢华之风而提出,但也有值得注意的美学意义。因为“简”是中国文艺、美学很为重视的一种美,并且不限于文学,音乐、绘画也如此。唐代古文运动之后,“文”与“道”的关系成为很重要的问题,“文”与“质”的关系只占从属地位。但历代也有论及这一问题的,如清代的王夫之说:“文因质立,质资文宣。”(《古诗评选》卷5)不过,总体而论,缺乏比前代更为深入的新见解。

文质观的美学意义　孔子从“君子”的修养而提出的文质观,肯定了人既要有内在的,真实而高尚的道德品质,同时这种品质又应当表现在一种有教养的美的形式之中。这是一个合理、深刻的思想,因为它肯定了审美的教养是人类生活不可缺少的一个重要方面,并且要求人的生活的诸方面都应有一种美的形式。相反,墨子以“质”来否定“文”,法家和汉初道家认为只要“质”有美即根本不需文饰,这虽然有反对虚饰的合理意义,但同时也取消了自觉地努力进行审美修养和建立美的形式的必要性与重要性。当文质观从“君子”的修养问题推及于说明文艺的创造之后,它又为文艺理论、美学提供了两个基本的重要的范畴。“质”相当于文艺作品的内容,“文”相当于美的形式,两者应当协调统一。这使中国美学主张兼顾文艺作品的内容与形式两个方面,认为只注意其中任何一个方面而忽视另一方面是不对的。不过,从孔子开始,他虽然正确地提出了文质统一的思想,但“质”又被认为是第一位的、更重要的。这有其合理的地方,但孔子尚未能完全解决“文”亦即美的相对独立性问题。这个方面被后世某些儒者加以片面的发展,产生重“质”轻“文”的思想，起了不良的作用。

象意观 儒家美学关于文艺创造、欣赏中象与意的关系的理论。

探源 象意观始见于《周易·系辞上》：“子曰：‘书不尽言，言不尽意。’然则圣人之意，其不可见乎？子曰：‘圣人立象以尽意’。”在此之前，“象”、“意”的观念早已产生，《孟子·万章上》还专门从“说诗”的角度论述了“意”的问题。但至《周易》的传，才将“象”与“意”相连，并提出“立象以尽意”的观点。《周易》认为这是孔子的说法，恐不确。因为十分重视“言”的“正名”作用的孔子没有也很少可能提出“言不尽意”的观点。从先秦思想的发展看，这是庄子学派的观点。《周易》的传之所以提到这个观点，看来是为了引出“立象以尽意”，突出“象”的重要性。

在《周易》中，“立象以尽意”的提出本是为了说明占筮的卦象的作用，“意”指由卦象所显示的阴阳变化和与之相关的对人事吉凶祸福的预测、启示、判断。但由于卦象是形象的，又被认为是据天地万物的形象而创造出来的，“意”因与人事吉凶祸福相关而明显与人的遭遇、命运相联，带有强烈的情感色彩，这就使“立象以尽意”含有可与美学相通的意义，能够用来说明文艺的创造。因为文艺的一个重要特征，正是要创造出艺术的形象，以之来表现、传达与社会人生相关的某种思想、感情、意绪。在此意义上，它与《周易》所说“象”与“意”的关系密切相连。

历代对象意观的论述 自“立象以尽意”提出之后，历代文艺理论对象意问题做了不少重要的论述，很明显地将它引入了文艺理论和美学。

魏王弼曾专门探讨了《周易》“立象以尽意”的思想，提出了得意在忘象的说法，对文艺很有影响。但这是玄学的看法，与儒家思想有甚大的差别。晋陆机的《文赋》则明显以儒家思想为根本来观察文学创造，其中讲到“每自属文，尤见其情。恒患意不称物，文不逮意”。这里提出了“意”与“物”、“文”与“意”的关系问题。“文”指文词，而文学是借文词而构成形象，“文”在《周易》中也与卦象分不开。但陆机的说法只暗含了“意”与“象”的关系，而未明确提出，仅在《文赋》末尾论及文学的重大作用时讲到了“仰观象乎古人”。梁刘勰在《文心雕龙·神思》中描述文学的创造过程时说：“玄解之宰，寻声律而定墨；独照之匠，窥意象而运斤。”这里明确使用了“意象”一词，为过去所未见。但它指的是文学家构思所得的尚存于心中的形象，还没有进一步涉及文学创造中“象”与“意”的关系问题。不过，就《文心雕龙》全书看，虽未明确讨论“象”与“意”的关系，但从“象”与“意”两方面去观察、分析文学中的许多问题，显然是它所应用的一种重要方法。刘勰之后，唐代殷璠在《河嶽英灵集》中提出了“兴象”这一概念。“兴”明显与诗人所表达的“意”相关，因此“兴象”也包含着“意象”的意思。殷璠之后，在《文镜秘府论》地卷及南卷所引王昌龄著《诗格》中，对“意”的问题做了前所未见的强调，把“意”提到了很高的地位，同时又一再指出“意”须与“物色”、“景”“相兼”、“相惬”，实即要求“意”与“物色”的统一。“物色”属于“象”(天地四时之象)，因此“意”与“物色”的统一在本质上也就是“意象”。王昌龄这种思想的提出并非偶然，因为从现存王昌龄的诗文看，他对《周易》做了不少研究，《周易》对他的思想有显著影响。到了中唐及晚唐，皎然在《诗式》中提出“取象曰比，取义曰兴，义即象下之意”，这也是相当明确的象意观的说法，而“取象”之说明显与《周易》相关。晚唐司空图的《二十四诗品》的“缜密”品中又明确讲到“意象欲生，造化已奇”。就是未言及“意象”的其他各品，实际上也都是从“意”与“象”两个方面来加以描述、说明的。不过，皎然及司空图的思想已大受禅宗、道家影响，不是单纯的儒家思想。源于《周易》的象意观，经魏晋至唐代，在文学理论中得到了应用、发挥，书论、画论也是如此。如孙过庭的《书谱》，张怀瓘的为数众多的书论，朱景玄的《唐朝名画录》，张彦远的《历代名画记》，都明显应用象意观来说明书法、绘画的创造。张怀瓘在《文字论》中，还明确使用“意象”一词，提出在书法创造中如何从天地万物“探彼意象”的重要问题。可以说到了唐代，象意观已广泛渗入各门文艺理论中，成为中国美学的一个根本性的观念。唐代之后，从象意观来看文艺创造的思想继续发展着，有时比前代讲得更为明确。如明代何景明在《与李空同论诗书》中说：“夫意象应曰合，意象乖曰离，是故乾坤之卦，体天地之撰，意象尽矣。”(《何大复先生全集》卷

32）但唐以后象意观的应用主要表现在从欣赏、评论的角度来讨论文艺作品的“风味”、“气象”这个方面。这是晚唐司空图《二十四诗品》思想的继续发展。它在宋代得到了集中的表现，以后又影响到明清。

象意观的美学意义　《周易》的“立象以尽意”的思想，经过历代文艺理论家的解释，“意”被理解为文艺家在作品中所表现的情思、意绪，“象”被理解为用以表现此种情思、意绪的艺术形象。文艺作品则是这种“意”与“象”两个方面的统一。这样，《周易》的本是讲卦象的作用的话，就为中国美学对文艺的分析、解释提供了一个重要的理论基础，并具有重要的方法论意义。比起自古相传的“诗言志”、“比兴”的说法来，这是一个重大的进展。因为“言志”、“比兴”，虽然在实际上也包含了“意”与“象”的关系问题，但还是隐而不显的，远未在理论上得到明确的说明。尽管孟子论“说诗”的方法已明确提出“意”的概念，但只讲到了“意”与“辞”的关系，未提出“象”的观念，当然也未论及“意”与“象”的关系问题。而没有“象”的观念，对文学的“辞”的解释就仍有欠缺。因为文学的与非文学的“辞”的重大区别，正在于前者能构成一个诉之读者内心想象的艺术形象。道家中的庄子既讲“象”，也讲“意”，但庄子只讲了“言”与“意”的关系，同样未涉及“意”与“象”的关系。荀子论礼，提出了“取象”的观念（《荀子·礼论》），在《乐论》中也开始应用了“象”的观念，后来《乐记》又更进一步加以强调。但也未直接涉及“意”与“象”的关系，只隐含了这种关系。此后，《周易》提出的“立象以尽意”这句并非专门针对文艺而发的话，随着魏晋以来人们对文艺特征认识的显著发展，很自然地给了各门文艺的理论家以重大的启示，被用来说明文艺问题，终于使中国美学的象意观或意象论逐步地树立起来，大大推动了中国美学的发展。这个观点实际是中国美学对艺术的本质特征的一个具有普遍性的重要概括。因为任何文艺作品都可以分解为“意”与“象”这样两个方面，它是由这两个方面的统一所构成的。只不过在不同的文艺形式中，具体的情况有所不同。在不同的时代、不同的文艺流派中，对“意”与“象”的理解也有所不同。就中国美学来看，历代对“意”与“象”的论述都认为“意”是文艺家感于物而生的，表现“意”的“象”也离不开天地万物，由文艺家取之于天地四时的“物色”、景象而构成。而且,文艺家所表现的“意”不仅仅只与个人相关,它经常被看做《周易》所说与伦理道德合一的天地之“道”在文艺中的表现。这和西方现代美学将“意象”看做与外物无关的个体心灵的表现很不相同。中国美学的象意观或意象论包含有多方面的丰富内容,但历代的论述都相当零散,尚未形成较为系统的理论,有待于今天进一步加以整理、研究。

虚实观 中国美学关于文艺创造中虚实问题的理论。相对而言,道家、禅宗美学对虚实问题讲得更多一些。但儒家美学也有自己的虚实观,而且有它的独立贡献,不是道家、禅宗的观点所能代替的。

儒家美学所说的“实”,有三个层次的含义。首先是从文艺创造的主体来看,指文艺家表现于作品中的思想情感的真实;其次是从文艺作品所描写的外部事物来看,指文艺作品对外部事物的描写的真实;最后是从文艺作品本身来看,指作品具有充实的内容,不是徒具形式。历代儒家美学从这三个方面深入探讨了“实”的问题,这三个方面又是密切地联系在一起的。

儒家认为文艺是情动于中而形于外的产物,而且它所说的情和伦理道德分不开。由于儒家认为人的伦理道德情感必须是真诚无伪的,因此它特别强调文艺所表达的情感的真实性。《易传》说:“圣人情见乎辞。”(《系辞下》)又说:“修辞立其诚。”(《乾》卦传文)朱熹注说:“忠信,主于心者,无一念之不诚也;修辞,见于事者,无一言之不实也。”(《周易本义》)这个根本的观点,为历代儒家美学所遵循。如《乐记》说:“情深而文明,气盛而化神,和顺积中而英华外发,唯乐不可以为伪。”情感的真挚无伪,是中国历代一切成功的作品的显著特色。从哲学、伦理学上看,“诚”是儒家思想中一个十分重要的范畴,“修辞立其诚”的“诚”与此直接相关。《孟子·尽心上》讲到“诚”时说:“反身而诚,乐莫大焉。”《孟子正义》注:“诚者,实也。”《中庸》更是十分重视发挥“诚”的观念。朱熹注说:“诚者,真实无妄之谓。”(《四书集注》,《中庸》第二十章)儒家美学虚实观中的“实”首先是与“诚”分不开的,“实”即“诚”。

儒家主张“当名辨物,正言断辞”(《周易·系辞下》),“无征不信”

(《中庸》第二十九章),具有尊重事实的精神。在文艺上,儒家认为文艺所表现的情是人心感于外物而生的,因此它不仅要求情感表现的真实,同时还要求对外物的描写也应是真实的。这在左思、王充的美学思想中得到了发挥。左思在文艺上反对"于辞则易为藻饰,于义则虚而无征",并提出"美物者贵依其本,赞事者宜本其实。匪本匪实,览者奚信"(《文选》卷四《三都赋序》)。王充猛烈地批判了"虚妄之言盛真美"的现象,反对"增益事实,为美盛之谈","造生空文,为虚妄之传",提出要使人们"知虚实之分","灭华伪之文"(《论衡·对作篇》)。但左思,特别是王充,对文艺的特征尚缺乏认识,以致把文艺上应有的夸张描绘也视为虚妄。刘勰的《文心雕龙·夸饰》较好地解决了这一问题,既主张文艺必须有"夸饰",又要求"夸而有节,饰而不诬"。在《文心雕龙·辨骚》中,刘勰还提出了"酌奇而不失其真,玩华而不坠其实"的观点。肯定和坚持文艺对外物的描写的真实性,是儒家美学的一个优秀传统。

儒家孔子提出了"文"与"质"统一的思想,孟子又提出"充实之谓美"的观点(《孟子·尽心下》),把美看做是诚于中而形于外的,在文艺创造上则要求作品应有内在的充实的内容。王充说:"实诚在胸臆,文墨著竹帛。外内表里,自相副称,意奋而笔纵,故文见而实露也。"(《论衡·超奇篇》)因此,王充强烈批判了"有文无实"的作品(同上)。这也是儒家虚实观的一个重要观点。

在虚实问题上,儒家美学的主要思想是崇实的,这也是它的重要贡献所在,而为道家、禅宗美学所不及。但儒家美学不是不讲"虚",不过它对"虚"的理解与道家、禅宗有根本的不同。在道家、禅宗思想中,"实"是"有"(实有),"虚"是"无"或"空"(虚幻不实)。在儒家思想中,"实"是真实,"虚"是虚假。在这个意义上,儒家美学认为"虚"是必须排斥,无美可言,有害于文艺创造的。这与道家、禅宗美学认为"虚"、"实"两者均与文艺创造有关,从虚实关系去讲文艺创造,并把"虚"放在很重要的地位,有明显的区别。但在一定意义上,儒家美学也讲"虚"。这种"虚"不是道家、禅宗意义上的"无"或"空",而是指儒家在道德实践、治理国家、事功活动中所达到的一种与天地合一、神妙无形、不可识知的最高境界。这也就是《孟子·尽心上》所说"夫君子所过者化,所存者神,上下与天地同流",《周易》所说"神无方而《易》无体"(《系辞上》),"穷神知化,德之盛也"(《系辞下》),《中庸》二十四章所说"至诚如神"。这是一种含审美但又超审美的境界,也就是《孟子·尽心下》中被置于"美"、"大"之上的"圣"、"神"的境界。就它是神妙无形的而言,可以说是"虚",但并不是与儒家所说的"实"、"诚"相对立的,而正好是"实"、"诚"的最高发展的表现。儒家美学也要求文艺表现这种境界,如南朝的宋王朝颜延之说:"图画非止艺行,成当与《易》象同体。"(见王微:《叙画》)这种表现是通过对有限、个别的日常事物的描绘去达到的,因而可与道家、禅宗美学所讲虚实关系的处理相比拟,但不能将儒家美学的虚实观与道家、禅宗美学的虚实观相混同。

刚柔观 儒家美学关于美与天地的阳刚阴柔的关系的理论。包含了儒家美学对美的两大基本形态——阳刚之美与阴柔之美的区分。

《左传·昭公二十年》记述晏子论到音乐的"和"的美时,已提及"刚柔"的"相济"问题。晏子还未讲到刚与柔是两种不同的美的特性,但他把刚柔直接与文艺问题联系起来,并提出刚柔相济的思想,对后世产生了影响。

在《周易》的传成书之前,阴阳、刚柔的观念早已存在。《易传》吸取改造了道家、阴阳五行家的思想,提出一阴一阳之谓道,并将阳与刚、阴与柔联系起来,认为阳刚阴柔的变化决定着天地万物的变化和人事的吉凶祸福。《易传》又将阳与天、乾卦相连,阴与地、坤卦相连,在解释乾、坤两卦的传文中涉及了美的问题。乾卦传文说"乾始能以美利利天下",肯定了乾有美的特性,同时又说"大哉乾乎!刚健中正,纯粹精也"。这就意味着乾具有一种"刚健中正"的美。从乾卦传文看,它既是"天行健"即天的强劲的生命运动的表现,同时又是君子法天,"自强不息"的人格精神的表现。坤卦传文也肯定了坤"含章"、"有美",同时又指出坤"厚德载物,德合无疆,含弘光大,品物咸亨",并具有"至柔"、"至静"的特性。这就意味着坤的美是与乾的美不同的一种宽厚柔静的美。从坤卦传文看,它既是无私地长育万物的大地的美的表现,同时又是君子法地,"以厚德载物"的仁爱精神的表现。《易传》提出和描述了乾与坤各自具有的不同的美,这就是后世所说的阳刚之美与阴柔之美。

阳刚之美有别于阴柔之美,但《易传》又指出阳刚与阴柔不是绝对对立,而是辩证地相互联系的。坤卦传文说"坤至柔而动也刚",柔并不排斥刚。反过来说,刚也不排斥柔,如泰卦传文说"内阳而外阴,内健而外顺",兑卦传文说"刚中而柔外"。夬卦传文又说:"刚决柔也,健而说,决而和。"这就是说,刚能决定、战胜柔,但又应是和悦、柔和的。《易传》反对柔脱离刚和刚脱离柔而片面孤立地发展,这是中国美学"和"的思想的重要发展,对后世有很深的影响。

《易传》之后,《乐记》将阳刚阴柔的思想引入了乐论,并提出"刚气不怒,柔气不慑"的说法。这是对《易传》反对将刚柔绝对对立的思想的一个简明概括。《乐记》论"音"的各种不同的美,实际也涉及了阳刚之美与阴柔之美的不同。但整个而论,《乐记》所强调的是刚柔相济而生的"和"的美,不重阳刚之美与阴柔之美的区分。

梁代刘勰深入地发挥、应用《周易》的思想来说明文学的美,提出在文学上集中体现了阳刚之美的"风骨"这个概念。刘勰说:"结言端直,则文骨成焉;意气骏爽,则文风清焉。"他并对文章提出"骨髓峻"与"风力遒"的要求,两者均与刚健之美相关。刘勰依据《易传》的思想明确指出:"若能确乎正式,使文明以健,则风清骨峻,篇体光华。"(均见《文心雕龙·风骨》)刘勰之后,唐代陈子昂又大力倡导"汉魏风骨",丰富了对以刚健为特色的"风骨"的认识,并对盛唐文艺的发展产生了很大影响。

自刘勰以来,《易传》的阳刚阴柔的思想已很明显地影响到中国的文学理论。但直至清代,才明确地将它与文章的两种不同的美联系起来。先是明末清初的黄宗羲提出文章有表现天地之"阳气"与"阴气"两种(《南雷文定》卷一,《缩斋文集序》),其后桐城派古文家姚鼐进一步提出文章有"得于阳与刚之美"和"得于阴与柔之美"两种,并从文章欣赏的角度对这两种美的不同特征做了简练生动的描绘(《惜抱轩文集》卷六,《复鲁絜非书》)。姚鼐又指出阳刚之美与阴柔之美可以有所偏胜，但不能偏废，从文艺、美学上发挥了《易传》关于阳刚阴柔辩证联系的思想："苟有得于阴阳刚柔之情，皆可以为文章之美。阴阳刚柔并行而不容偏废，有其一端而绝亡其一，刚者至于偾强而拂戾，柔者至于颓废而暗幽，则必无与于文者矣。"（《惜抱轩文集》卷四，《海愚诗钞序》）。姚鼐之后，曾国藩论古文，又对姚鼐的思想继续加以发挥。

自汉末魏晋以来，阳刚阴柔的观念也明显地被引入书法、绘画理论中，用笔的刚柔之美的问题常被讨论到。大致与姚鼐先后同时代的沈宗骞在《芥舟学画编》中提出和详细讨论了"尽笔之刚德"与"尽笔之柔德"的问题，并对两者的不同的美做了描述。虽不如姚鼐对文章的阳刚之美与阴柔之美的描述那么简练，但要丰富一些，有些地方较深刻地涉及了两种美的不同特征。

晚清，王国维提出"优美"与"壮美"的区分，既受到西方 E. 伯克和 I. 康德美学的影响，也显然与中国传统美学的阳刚之美与阴柔之美的区分有密切联系。鲁迅早年所写的《摩罗诗力说》一文及其后鲁迅的美学思想，都鲜明地表现了对刚健之美的推崇，但已建立在新的思想基础之上。

中国美学所说的阳刚之美约略相当于西方美学所说的"崇高"，但很少有西方的"崇高"所强调的恐怖感，也很少有与"上帝"相联的神秘的自然崇拜观念。中国美学所说的阴柔之美与 18 世纪英国美学家伯克所详细描述的与"崇高"相对立的"美"很为类似，即都以伯克所说"柔和"、"仁慈和霭"为特征。但由于东西方的伦理道德有所不同，因此在理解上也不完全相同。此外，伯克认为"纤弱"、"娇小"是"美"的重要特征，而中国美学所说的阴柔之美并不排斥阳刚之美，而且主张柔中需要有刚。

雅俗观　中国美学在评论审美与文艺创造时使用的重要范畴。雅俗观念由儒家美学提出，其后从道家而来的魏晋玄学的美学特别重视雅俗问题，并赋予了它以和儒家美学不完全相同的含义，对后世中国文人的审美观念产生了广泛的影响。

雅俗观念的产生与儒家乐论直接相连。《论语·阳货》说："子曰：恶紫之夺朱也，恶郑声之乱雅乐也，恶利口之覆邦家者。"《论语·卫灵公》又说："颜渊问为邦，子曰：行夏之时，乘殷之辂，服周之冕，乐则《韶》舞，放郑声，远佞人。郑声淫，佞人殆。"孔子认为"郑声"是邪淫的，违背儒家正道，只有"雅乐"，如《韶》才符合正道，因此是君子治国应当采取推行的。孔子以是否符合儒家正道区分"雅乐"与"郑声"，因此"雅"即意味着符合儒家正道。在儒家乐论中，"雅"与"正"是分不开的。

孔子编集的古代诗歌绝大多数都可以配乐演唱，因此也是乐。孔子把它们划分为"风"、"雅"、"颂"三个部分，加以编排。《论语·子罕》说："子曰：吾自卫反鲁，然后乐正，《雅》、《颂》各得其所。"这里讲的就是孔子编诗乐的情况，但未提及《风》。可能是因为在把属于《雅》、《颂》的诗找出和分别编集之后，余下的自然就是《风》。据《毛诗序》，诗言"一国之事，系一人之本，谓之风；言天下之事，形四方之风，谓之雅。雅者，正也，言王政之所由废兴也。政有大小，故有小雅焉，有大雅焉。颂者，美盛德之形容，以其成功昭告于神明者也。"看现存《诗经》中诗，《风》是民间传唱的歌曲，所言确是"一国之事，系一人之本"，即为个人的抒情诗，《雅》则是君子议论天下政治的诗。诗虽分为《风》、《雅》、《颂》三种，但从孔子到后世儒家，并不认为三者有高低之分。《风》虽为民间传唱的歌曲，但没有被看做"俗"的、没有价值的。相反，《关雎》一诗属于《风》，孔子称赞它"乐而不淫，哀而不伤"（《论语·八佾》）。又说："师挚之始，《关雎》之乱，洋洋乎盈耳哉。"（《论语·泰伯》）这里的师挚是鲁国乐官，"乱"指乐曲的高潮部分。在孔子的思想里，他所说的"雅乐"只是与违背正道的"郑声"相对立，并不一般地与民间的歌曲相对立。"郑声"即郑、卫之音，指郑、卫民间男女互相求爱时所唱的歌曲。据有关记载推测起来，与原始社会的群婚、杂交的习俗的遗存有关，因此孔子认为它有违儒家正道，不利于国家的治理，主张"放郑声"。但孔子并不因此而否定民间的歌曲，也不否定咏唱男女之爱的歌曲。这从《诗经》的《风》，包含《郑风》所收的诗可以清楚看出。

"雅"与"俗"的区分对立，有一个历史发展过程。《荀子·儒效篇》说："有俗人者，有俗儒者，有雅儒者，有大儒者。"这是最早将"雅"

与“俗”区分对立的说法。荀子所说的“俗人”，指“不学问，无正义，以富利为隆”的人；“俗儒”指虽身为儒者，但不明儒术，“缪学杂举”，又平庸无能的人；“雅儒”指明礼义诗书，认真学习，不以不知为知，又努力实行儒家正道，不敢有所怠慢的人。荀子的说法虽不是针对乐、文艺而言的，但讲了儒家对人品的雅俗观，对论乐、文艺、文艺家人品的雅俗产生了影响。魏晋之际阮籍的《乐论》继续说明孔子的“放郑声”的思想，认为“郑声”表现了一种轻薄放荡的风俗，但未明确将“乐”的“雅”与“俗”相对立。第一次较为明确地论及这一问题的，是齐王僧虔。他在《乐表》中慨叹古乐、“雅器”“十数年间，亡者将半。自顷家竞新哇，人尚谣俗，务在噍危，不顾纪律，流宕无涯，未知所极。排斥典正，崇长烦淫”(《宋书·乐志一》，又见《全齐文》卷8)，指出了“乐”的“雅”与“俗”的对立。至隋代，文帝在开皇十四年(594)所下《施用雅乐诏》中指示要推行“正声雅乐”，同时又指出“人间音乐，流僻日久，弃其旧体，竞造繁声，浮宕不归，遂以成俗。宜加禁约，务存其本”(《隋书·高祖纪》，又见《全隋文》卷2)。这种看法与王僧虔大致相同，但更为突出了乐的雅俗对立，采取了严厉的态度。

虽然在孔子之后，乐的“雅”与“俗”的对立日趋明显、尖锐，但就儒家整个思想而论，“俗”仍主要是指违背儒家正道，并非不加区别地全盘否定民间音乐。因为儒家认为乐是“移风易俗”的重要手段，儒者又负有“在本朝则美政，在下位则美俗”(《荀子·儒效》)的重任，所以民间的音乐、诗歌只要符合儒家正道，有益于“移风易俗”，仍是儒家所肯定的。也因此，汉代还有“采诗”的做法，收集民间诗歌，使“乐府”诗大为发展。至唐，白居易等人又发起“新乐府”运动。从美学上看，儒家所说的“雅”是符合儒家正道的意思，而符合儒家正道又是美的前提，因此要“雅”才能美，“雅”可以包含美；儒家所说的“俗”就其指违背儒家正道而言，是不可能有美的。但如以“俗”指民间的文艺，只要不违背儒家正道，同样可以为儒家所肯定。儒家的雅俗观念并不绝对排斥民间文艺，这是它的一个重要优点，与儒家的“民本”思想和重视社会风俗相关，并给了中国文艺的发展以良好的影响。但它以儒家观念去评价民间文艺，又起着束缚、限制文艺发展的作用。总而论之，儒家的雅俗观是从儒家政治伦理思想出发来评价文艺,因此它的政治伦理的意义大于美学的意义。魏晋玄学的美学将“雅”理解为一种超功利的、艺术的生活态度,这才使由儒家提出的雅俗观具有了较为纯粹的美学意义。

中和为美说 关于主客观协调而无过无不及,人与自然、个体与社会和谐统一而形成美的儒家美学理论,是儒家关于美的本质的根本性看法。它对中国古代美学产生了深远、广泛、长期的影响。

探源 “中”有多种含义,但在儒家思想中的根本含义,本于《论语·雍也》提出的中庸观念和《先进》提出的“过犹不及”的看法,即朱熹注所说:“中者,无过无不及之名也。”在孔子明确提出“中庸”观念之前,“和”的观念已经提出,并且也已明显与“中”的观念相关。如《国语·周语下》记述伶州鸠论音乐的“和”,即提出了“道之以中德,咏之以中音”的思想。《荀子·劝学》讲到儒家的各种经典时说:“《礼》之敬文也,《乐》之中和也,《诗》、《书》之博也,《春秋》之微也,在天地之间者毕矣。”至《中庸》,中和成为十分重要的概念,提出“喜怒哀乐之未发,谓之中;发而皆中节,谓之和。中也者,天下之大本也;和也者,天下之达道也。致中和,天地位焉,万物育焉。”由于儒家所说的“和”不能离“中”,因此单言“和”时也包含了“中”。

“和”的观念的提出并开始与美相联,始于西周末春秋初。这时对“和”的讨论,涉及两大问题,一个是音乐的“和”,另一个是君主治国应如何对待处理“和”与“同”,两者都直接间接地涉及美的问题,明显包含了以“和”为美的观念。《左传·襄公十九年》记季札观乐,盛赞周乐之美,并提出“五声和,八风平,节有度,守有序”,认为是“盛德之所同”。在描述赞叹周乐之美时,又提出“乐而不淫”,以及“直而不倨,曲而不屈,迩而不偪”等说法,已明显包含后来孔子所说中庸的观念。《左传·昭公元年》记晋侯求医于秦国的医和,医和认为晋侯的疾病是过度沉溺于“乐”而引起的,提出“先王之乐,所以节百事也”,如“烦手淫声,慆堙心耳,乃忘平和,君子弗听也”。《国语·周语下》记单穆公、伶州鸠论铸乐钟,单穆公主张钟的大小和声的高低应与人的生理感官相适应,并产生“和”的效果。如果“听之弗及,比之不度,钟声不可以知和,制度不可以出节,无益于乐,而鲜民财,将焉用之!"又说:"夫乐不过以听耳,而美不过以观目。若听乐而震,观美而眩,患莫甚焉。"其结果必刺激扰乱人的感官与精神,有害于王者治国。伶州鸠更进一步提出了"政象乐,乐从和"的重要观点,阐述了"乐"的"和"与治理国家的密切关系。在君主治国如何处理"和"与"同"的问题上,《国语·郑语》记述了史伯的看法,主张君主应善于听取采纳各种不同的见解,不可只听从一种见解。为了论证这一看法,史伯提出"夫和实生物,同则不继。以他平他谓之和,故能丰长而物归之。若以同裨同,尽乃弃矣。"他又举"和五味以调口","和六律以聪耳"为例来加以证实,并说"声一无听,物一无文,味一无果",实际上指出了味、声和物的"文"之美是与"和"分不开的。《左传·昭公二十年》也记述了晏婴对"和"与"同"的问题的看法,在根本上与史伯相同,并且也同样举出味、声的美的形成为例来加以证实,提出"先王之济五味,和五声也,以平其心,成其政也",并说"声亦如味","清浊、小大、短长、疾徐、哀乐、刚柔、迟速、高下、出入、周疏,以相济也,君子听之,以平其心"。最后说:"若以水济水,谁能食之?若琴瑟之专壹,谁能听之?同之不可也如是。"这与史伯一样,也是以"和"为构成美的根本。孔子关于"和"的看法直接继承了前人的思想,同时又有重要的发展。首先,他提出了"礼之用,和为贵,先王之道斯为美"(《论语·学而》)。这里的"美"是与"先王之道"相联的,不是仅指文艺、审美的美。但由于"礼之用"不能脱离"乐","和"的实现不能与"乐"分离,因此"和为贵"的"和"也就包含了"乐"的"和"的作用,从而"先王之道"的"美"也包含了文艺、审美意义上的美。孔子的这句话,第一次最为明确地将"和"与"美"联系,肯定了"和"即是"美"。其次,孔子提出"中庸"的观念,以及"《关雎》乐而不淫,哀而不伤"(《论语·八佾》)的说法,用"中庸"的观念深化了对"和"的理解。孔子之后,孟子、荀子、《中庸》都论及了"和"或"中和",但最有美学意义并在美学上产生了显著影响的,是《易传》从宇宙论、哲学的高度论证了儒家"和"的思想,提出"乾道变化,各正性命,保合大和,乃利贞"。《乐记》将《易传》的思想应用于"乐",进一步提出"乐者,天地之和也"、"大乐与天地同和"的思想,并做了多方面的、深入的阐述。《乐记》是先秦以来儒家以“和”为美的思想的重大发展，从此使“和”完全与文艺、审美问题直接相联，并成为儒家美学的根本，为后世儒家所遵循。

内容分析　中和为美说包含了对美学中一系列问题的重要看法。①它从主体的审美心理上指出了审美应与人的生理感官的规律相协调，并使人的生命与理智获得正常合理的、健全的发展。医和、单穆公都说明了这一点。这是从主体的审美心理来看“和”，肯定了审美不是违背人的生命与理智健全发展的非理性的欲望冲动。②它论述了审美对象的构成。先是指出审美对象是杂多的要素的统一（史伯），然后又指出这种统一是诸对立要素，如清浊、疾徐、刚柔等的“相济”，即恰到好处的协调（晏子），最后又指出这种协调应符合“中庸”的要求，没有“过”或“不及”的毛病（孔子）。这些说法，深刻触及了人与自然的同构、生命与社会的平衡协调发展与美的关系问题。生命与社会都只有不失去平衡协调才能发展，也才能使人产生审美的愉快。而这种平衡协调正是表现在诸对立要素的适度发展，没有任何一个要素脱离与之对立的要素而片面地发展，以致打破整个系统的平衡协调。因此，一个引起人的审美愉快的对象是一个具有平衡协调的结构的对象，也就是晏子所说诸对立要素“相济”，孔子所说符合“中庸”原则的对象。如果一个打破了平衡协调的对象也能引起人的美感，那必然是因为这种打破是导向更高的平衡协调所必需的，而且在表现于艺术时，也须在形式上赋予它一个有内在的平衡协调的结构。③中和为美说既将“和”理解为天地万物生命的合规律的繁荣生长的表现，同时又将万物生命的繁荣生长与君主善于治国，使社会得到和谐发展联系起来。伶州鸠在论述“政象乐，乐从和”时已经指出：“气无滞阴，亦无散阳，阴阳序次，风雨时至，嘉生繁祉，人民和利，物备而乐成，上下不罢，故曰乐正。”（《国语·周语下》）孔子所说“礼之用，和为贵，先王之道斯为美”，明显与此相关。《易传》提出的“大和”思想，《中庸》所说“致中和，天地位焉，万物育焉”，《乐记》所说“大乐与天地同和”，更进一步地肯定和阐发了这种思想。儒家中和为美的观念始终包含不可分离的双重意义，既指自然万物的和谐发展，又指人类社会的和谐发展。只有达到这种和谐，才能有美的存在。儒家的这种思想，一方面十分明确地将美与生命的问题联系起来，包含着比西方19世纪末以来H.柏格森等人的生命美学更为深刻的一些重要看法，尚待加以深入阐发；另一方面，它又不停留在生命问题上，把美与人类社会的和谐发展联系起来，同样具有重要的理论意义。和古希腊美学的和谐说相比，古希腊美学主要是讨论由事物形式的比例、尺度所产生的和谐美，不像中国美学这样从自然生命、人类社会的和谐发展出发去加以观察，因而缺乏深广丰富的内容。

历史地位　中和为美的思想在中国文艺中的体现与应用，产生了与西方文艺不同的极高古典美。在充分肯定人与自然、个体与社会的统一、和谐上，这种古典美有其不可磨灭的巨大成就。但它又常常淡化现实生活中存在的矛盾冲突，趋向一种内省的静观与超越，这是它的历史的局限性。

比德说　儒家将自然物的属性特征与人的道德精神品质做形象比拟的学说。含有重要的美学意义。

形成　《论语·雍也》说："知者乐水，仁者乐山。知者动，仁者静。知者乐，仁者寿。"孔子的这些话，以水比智者的"动"与"乐"，以山比仁者的"静"与"寿"，开儒家比德说之先河。孔子之后，《孟子》的《离娄下》和《尽心上》中论及以水比德，后者提出"流水之为物也，不盈科不行；君子之志于道也，不成章不达"。《荀子·宥坐》更为详细地描述了水的种种特征，认为"似德"、"似义"、"似道"、"似勇"、"似法"、"似正"、"似察"、"似善化"、"似志"。《荀子·法行》又提出以玉比德，并明确使用了"比德"一词："夫玉者，君子比德焉。温润而泽，仁也；栗而理，知也；坚刚而不屈，义也；廉而不刿，行也；折而不挠，勇也；瑕适并见，情也；扣之其声清扬而远闻，其止辍然，辞也。"从孔子到荀子逐渐将比德说日益具体化，把某些自然物的种种属性特征与君子的道德精神品质一一加以形象的比拟说明。《荀子》之后，《尚书大传》、《韩诗外传》、董仲舒的《春秋繁露》、刘向的《说苑》诸书又对比德说进一步解释、发挥。《尚书大传·略说》从山的自然特征解释了"仁者"何以"乐山"。《韩诗外传》卷三讲了以水比德，所比之德的名目与《荀子·宥坐》所言不完全相同。《春秋繁露·山川颂》相当详细地讲了山、水如何体现了儒家的伦理道德。《说苑·杂言》讲了以水比德和以玉比德，差不多是完全照抄《荀子》中的说法，只个别字句有所不同。它又解释了“智者何以乐水”和“仁者何以乐山”的问题，基本上是杂取《尚书大传》、《韩诗外传》、《春秋繁露》的说法而略加发挥。从孔子经荀子至汉代，比德说成为儒家普遍主张广为流行的一种重要说法。

美学意义　儒家最初提出比德说，是为了对“君子”所应具有的伦理道德思想做一种形象的比拟说明，使人能够更具体形象地去领会它，以宣扬儒家的伦理道德和促进它的传播。如《荀子·宥坐》在讲了水所表现出来的各种与人的伦理道德相似的特征之后，说：“是故君子见大水必观焉”，显然是要人们从观水去领会儒家的伦理道德。汉代儒家反复解释“智者何以乐水”和“仁者何以乐山”，也是为了使人从水和山去领会“君子”所应有的“智”、“仁”的道德品质。因此，比德说最初的提出，不是出于艺术、审美的目的。但这种比拟的发生和它之所以得到普遍的接受，一方面同古代的文艺相关，另一方面又不自觉地揭示了人对自然美欣赏的重要特征，这就使比德说深刻地影响到了中国的文艺与美学。

在《诗经》中已明显可以看到不少将山、水与人的道德精神品质联系起来的诗，这正是比德说提出的来源，因此《春秋繁露》、《说苑》在论述以山水比德时，均引了《诗经》中的诗以为证。讲到山的诗，如：“天作高山，大王荒之。彼作矣，文王康之。彼徂矣，岐有夷之行，子孙保之。”（《天作》）“泰山岩岩，鲁邦所詹。奄有龟蒙，遂荒大东。至于海邦，淮夷来同。莫不率从，鲁侯之功。”（《闷宫》）这是将王者的功绩、仁政与山联系起来加以歌颂，山显然成了王者道德的象征。讲到水的诗，如：“王旅啴啴，如飞如翰，如江如汉，如山之苞，如川之流。绵绵翼翼，不测不克，濯征徐国。”（《常武》）“思乐泮水，薄采其藻。鲁侯戾止，其马跻跻。其马跻跻，其音昭昭。载色载笑，匪怒伊教。”（《泮水》）两诗均具有“动”的特点，以水和王侯胜利进军的捷速气势或王侯因国家治理有方而欢乐的气氛相连。所有这一类诗的描写都是诗的“比兴”手法的运用，而儒家的比德实际是从诗的“比兴”发展而来，区别在于“比兴”是一种艺术手法,用以比拟的事物和所要比的事物之间的关系并不是很确定的。如山既可以比王者的仁德,也可以比官吏的高高在上,专横可畏,不察民情。《节南山》一诗即是一例。其中说:“节彼南山,维石岩岩。赫赫师尹,民具尔瞻。忧心如惔,不敢戏谈。国既卒斩,何用不监?”《春秋繁露》曾引此诗以证山为仁德的表现,是不够贴切的。来源于诗的“比兴”的比德说去除了诗的“比兴”的不确定性,而认为某些自然物的属性特征就是儒家所说伦理道德的形象表现,两者之间有一种一一对应的关系。从艺术上看,这种说法是不妥当的,因为它会导致一种简单机械的比附。实际上,当儒家比德说应用于艺术时,有时也可看到这种情况。但是,在另一方面,比德说明确肯定人的道德精神品质与自然物的属性特征之间存在着一种对应关系,这又是深刻的,触及到了自然美欣赏中大量存在的现象。因为人与自然在广泛的样态上有某种内在的同形同构,从而可以互相感应交流,这正是人对自然美欣赏的一大特点。如孔子说“知者乐水”,是因为水流泄跳跃,具有“动”与“乐”的特点,而“知者不惑”(《论语·子罕》),捷于应对,敏于事功,机智快乐,同样具有“动”与“乐”的特点;“仁者乐山”是因为山长育万物、宽厚博大、巍然不动、万古长存,具有“静”与“寿”的特点,而“仁者不忧”(同上),宽厚爱众、稳健沉着、身心和悦,同样具有“静”与“寿”的特点。虽然这种比拟并不具有一无例外的绝对的普遍性,但从孔子所追求的道德理想来说,用以比拟和被比拟的事物之间确有某种类似性。孔子的比拟之所以长期流传,为人广泛接受,不仅因为他的比拟符合儒家的道德理想且意味深长,还因为它是建立在人与自然的某种内在的同形同构的基础之上的。不论山、水或其他自然形象,只要它同人的某种精神品质、情操有同形同构之处,都可能引起人的联想与体验,为人所“乐”。这种“乐”显然不是功利上的满足,而是精神上的感应、共鸣、喜悦,也就是人对自然美的欣赏、感受。西方近代美学中T.利普斯等人的“感情移入说”,现代以R.阿恩海姆为代表的格式塔(Gestalt)心理学美学,已从不同的侧面揭示了这种同形同构关系的存在。中国古代由《易传》加以强调阐发的“天地变化,圣人效之”,“夫大人者,与天地合其德,与日月合其明,与四时合其序”的思想,以及后来董仲舒的"天人感应"说,也包含了对这种同形同构关系的很为深刻的认知,并对中国美学产生了很大的影响。这种同形同构关系的产生,既因为人本是自然的一部分,又是在漫长的物质生产实践的历史发展中,外在自然和主体的自然(感官、意识等等)获得了人化的结果。山和水之所以成为儒家比德的主要对象,就因为它与先民开辟草莱、创造历史的活动密切相联。几千年来,中华民族经常把自然美与人的精神道德情操联系在一起,十分注意把握自然所具有的人的、精神的意义,极富于社会色彩和人情味,既不把自然贬低到仅供感官欲望享乐的地位,也很少有自然崇拜的神秘色彩。这是中国人对自然美欣赏的一个可贵特点。在文艺创造上,古代的"比兴"本已包含了比德,在儒家提出比德说之后,比德的思想更是得到了自觉而广泛的应用。在文学上,如汉代王逸在《楚辞章句》中指出《离骚》广泛用各种自然物以比君子和小人。在音乐上,《乐记》提出乐以象德,甚至要求"使亲疏、贵贱、长幼、男女之理,皆形见于乐"。在绘画上,以山水比德常被论及,又以梅、兰、菊、竹为"四君子"等。清代著名画家石涛《画语录·资任章》说:"山之拱揖也以礼,山之徐行也以和,山之环聚也以谨,山之虚灵也以智。"这一类比德的说法,只要不做机械刻板的理解,能够激发文艺家的想象,加强文艺家对自然美的深刻感受与表现。

感兴说　感物生情并引导或影响他人的情感意向的学说。儒家美学关于文艺创造的理论。它从根本上概括了儒家对文艺创造的基本看法。

探源　"感"与"兴"是两个既有联系又有区别的概念。从儒家美学的历史看,"兴"的概念的提出在"感"之前。《论语·阳货》记述孔子对诗的看法,其中讲到诗"可以兴",提出了"兴"的概念。"感"的概念的提出源于《荀子》、《易传》,之后被广泛地应用于解释文艺的创造。在"感"的概念提出之后,《文镜秘府论·地卷》所引唐王昌龄在《诗格》中提出"感兴势"的说法,第一次明确地将"感"与"兴"联系起来,形成感兴说。王昌龄说:"感兴势者,人心至感,必有应说,物色万象,爽然如有感会。"王昌龄是就诗的作法提出"感兴"的,但实际上它的意义不限于诗,更不限于某一类诗。因为"感"、"兴"是儒家美学关于文艺创造的两个最基本的概念,广泛适用于各种文艺的创造。

“兴”的含义　孔子所说的诗“可以兴”,主要是从诗的社会作用来说的。“兴”原有“起”的意思,就诗对人的作用而言,指诗能兴起、感发人们的伦理道德情感意念及从善的志向。朱熹注释为“感发志意”(《论语集注·阳货》),这是符合孔子及整个儒家对诗及其他文艺的社会作用的看法的。孔安国注又释为“引譬连类”(《论语正义·阳货》)。这是就诗所应用的“兴”的方式而言,意即通过某一个别的、形象的譬喻,使人通过联想、想象、体验领会到某种带有普遍性的关于政治伦理、社会人生的道理。这也符合孔子的思想,因为在《论语》中孔子也常常通过“引譬连类”的方法来表达他的某种思想。由于孔子十分重视、强调诗对个体心理的感染作用,因此又使得孔子的“引譬连类”不是导向诉诸理智的说理,而是导向诉诸情感体验的形象,具有艺术的性质。如孔子说:“为政以德,譬如北辰,居其所而众星共之。”(《论语·为政》)又如孔子见到川流不息的河水时说:“逝者如斯夫!不舍昼夜。”(《论语·子罕》)见到冬天的松柏时说:“岁寒然后知松柏之后凋也。”(同上)这都是以“引譬连类”的方法说出某种思想,虽然不是诗,但含有深刻的哲理与诗意,是很有艺术性的散文。感兴说中的“兴”是从文艺的创造来讲的,和“引譬连类”以表达某种思想感情直接相连。但“引譬连类”又与文艺家对外物的感受分不开,因此在“感”的观念提出后,“感”就同“兴”联系起来。由“感”论“兴”,是孔子提出的“兴”的观念在后世的一个重要发展。

“感”的含义　“感”的观念的提出和强调始于荀子。荀子认为人对外物有一种“感而自然,不待事而后生”的本性(《荀子·性恶》)。但这本性是违背礼义的一种自然的欲望冲动,因而是恶的,必须有“礼法之化”,即用礼法去感化人的自然本性,使之由恶变善。荀子所说的“感”有两重意义,一指人的自然本性之“感”,一指礼法的感化之“感”。而在礼法的感化中,荀子认为“乐”起着十分重要的作用。因此他在《乐论》中很明确地将“感”的观念引入美学,认为“乐”“可以善民心。其感人,深;其移风俗,易”。荀子之后,《易传》高度重视“感”的观念,并从宇宙论和哲学的高度做了很为深入和充分的阐述。《周易》

《咸》卦的传文说:“咸,感也。柔上而刚下,二气感应以相与。”又说:“天地感而万物化生,圣人感人心而天下和平。观其所感而天地万物之情可见矣。”《易传·系辞上》还指出了《易》具有重大神妙的“感”的作用:“《易》无思也,无为也。寂然不动,感而遂通天下之故,非天下之至神,孰能与于此。”在《易传》看来,“感”普遍地存在宇宙之中。相同或相反的事物之间、人与人和人与物之间均能相互交感。这种交感一方面指事物之间的相互作用,另一方面在涉及人与人和人与物的交感时也指精神性的交感,即人的精神意识与外在的对象的交感。如上引“圣人感人心而天下和平”,以及“上下交而其志同”(《泰》卦)。“感而遂通天下之故”,从应用《易》以占筮的人来说,也是一种精神性的交感。《易传》的“感”的观念不是针对文艺、美学而提出的,但也包含有重要的美学意义。《乐记》继承发展《荀子》、《易传》的思想,不但用“感”来说明文艺的感染作用,而且用来说明文艺的产生与创造,从此使“感”的观念在儒家美学中占有了十分重要的地位。《乐记》指出:“凡音之起,由人心生也。人心之动,物使之然也。感于物而动,故形于声。声相应,故生变。变成方,谓之音。比音而乐之,及干戚羽旄,谓之乐。”又说:“乐者,音之所由生也,其本在人心之感于物也。”《乐记》之后,晋陆机在《文赋》中讲到“若夫应感之会,通塞之纪,来不可遏,去不可止”,明确用“应感”的观念来说明文艺创造。梁刘勰的《文心雕龙》发挥《易传》、《乐记》的思想,提出“人禀七情,应物斯感,感物吟志,莫非自然”(《明诗》),又指出文艺的创造包含“情以物兴”和“物以情观”两个方面(《诠赋》),指出了文艺创造中心与物的相互交感。自《乐记》到《文心雕龙》,中国儒家美学明显地确立了关于文艺创造的根本观念,并深刻地影响到后世的美学。这种观念认为,文艺家的心与外物交感而产生感情,感情通过文艺的一定的物质媒介(语言、声音、人的形体动作,以及书画的笔墨等等)获得符合于美的形式规律的感性形象的呈现,这就是文艺作品。因此,和文艺创造相连的“感”,不仅指对外物的感受,还包含文艺创造中的直觉、联想、想象、体验、灵感、思索等心理活动。如刘勰在《文心雕龙·物色》中说:“诗人感物,联类不穷。流连万象之际,沈吟视听之区。写气图貌,既随物以宛转;属采附声，亦与心而徘徊。”“感”实际是儒家美学用以标示文艺创造中审美心理活动的一个总括性的概念。

感兴说的意义　“感”与“兴”是相互联系的。没有“感”不可能有“兴”，没有“兴”的“感”不可能产生文艺的创造。因此，在王昌龄提出“感兴”的概念之前，历代关于“感”或“兴”的论述也常常是互相联系的，只不过没有明确地指出。如刘勰说“感物吟志”，“感物”是“感”，“吟志”即是“兴”。王昌龄的贡献在于他第一次明确地提出了“感兴”这一概念，总括了儒家美学关于文艺创造的“感”、“兴”这两个根本性的概念，并显示了它们的不可分离的联系。王昌龄说：“人心至感，必有应说。”“人心至感”是对《荀子》、《易传》、《乐记》至《文心雕龙》一再强调的人心的“感”的作用的概括说明；“必有应说”则指的是由“感”而必然产生的“兴”，也就是《乐记》所说人心感物而“情动于中”，《文心雕龙・物色》所说“情往似赠，兴来如答”。王昌龄又说“物色万象，爽然如有感会”，本于《文心雕龙・物色》，指天地四时万物的变化能在人心中自然而敏感地引发各种关于人生的情思意绪，所谓“春秋代序，阴阳舒惨，物色之动，心亦摇焉”，“一叶或且迎意，虫声有足引心”。因感物而生情思意绪并表现于文艺，这就是“兴”。王昌龄所用“感会”一词，“感”即感物，“会”即兴会，也就是感物而生的情思意绪，“感会”实即“感兴”。但“感会”一词，从文艺创造的构思看，又与陆机的《文赋》所说“若夫应感之会，通塞之纪，来不可遏，去不可止”相关，指文艺家在感物时出现的、不可强求的灵感现象。有时因感物而顿然生出巧妙的艺术意象，有时则木然无感，文思不生。但感兴说虽与灵感问题相关，其意义绝不只限于灵感。感兴说在儒家美学中的产生与发展有漫长的历史，它包含了儒家美学关于文艺创造的基本理论。在王昌龄之后的长时期内也仍是儒家美学观察、解释文艺创造问题的出发点。它以中国古代美学的感应论或交感论为理论基础，含有多方面的丰富的审美心理学内容。

（原载《中国儒学百科全书》，中国大百科全书出版社 1997 年版）

楚艺术美学五题

对于中国上古的艺术,历来研究得较多,因而也是多数人较为熟悉的,是北方以儒家思想为主导的殷周以来的艺术。相比之下,对南方楚地的艺术研究不多,文物的发掘也不及北方为多,系统的整理也少。就文学的研究而言,楚辞学虽早已成为一门学问,但自古以来还不是显学,显学仍是诗经学。但恰好就在南方楚地的艺术中,包含着为北方周秦艺术所难及的一些重要特点。这些特点,后来融入了中国艺术的大流之中,并被儒家思想所吸取与同化,未能获得充分独立的发展。而这些特点,在今天看来,是更易于通向现代的。为了全面充分地继承和弘扬中国艺术的优秀传统,对楚艺术的研究有大大加强的必要,有许多工作等着我们去做。

要研究楚艺术,当然会涉及楚艺术的美学思想这个问题。这是为了较深刻地理解楚艺术而必须加以研究的。研究楚艺术的美学思想不能脱离楚艺术的各种作品。从具体深入地分析这些作品去抽绎出楚艺术的美学思想,无疑是一个很重要的工作。但是,艺术作品虽体现着某种美学思想,它本身并不就是美学思想。因此,还须从见于历史的文献记载中去探求楚艺术的美学思想。然而,恰好在文献方面,有关楚艺术的记载、论述极少。北方殷周的艺术,经过孔子的整理研究,已上升成为相当系统的儒家美学,后来又在《乐记》、《毛诗序》等著作中得到了进一步的、更为具体详细的阐发。不过,楚艺术在美学上虽然尚未得到像北国艺术那样系统的总结,遗存至今的《楚辞》还包含了不少有重要意义的美学思想,后世对《楚辞》的研究也阐发出了一些重要的美学观点(如刘勰《文心雕龙》中的《辨骚》)。本文拟依据《楚辞》及有关材料,对楚艺术美学思想的基本特征作一个描述性的说明。有些整体性、根本性的观点，我已在《中国美学史》第 1 卷屈原章及《中国古典美学概观》第五节（见拙著《美学与哲学》）中作了相当详细的论述，本文尽量从略。

一、"流观"意识

在楚艺术的美学中，很明显地存在着一种"流观"意识。这是《楚辞》中一再讲到了的：

忽反顾以游目兮，将往观乎四荒

——《离骚》

览相观于四极兮，周流乎天余乃下。

——《离骚》

和调度以自娱兮，聊浮游以求女。
及余饰之方壮兮，周流观乎上下。

——《离骚》

曼余目以流观兮，冀余反之何时。

——《哀郢》

载营魄而登霞兮，掩浮云而上征。

——《远游》

经营四荒兮，周流六漠。
上至列缺兮，降望大壑。

——《远游》

登苍天而高举兮，历众山而日远。
观江河之纡曲兮，离四海之霑濡。

——《惜誓》

独不见夫鸾凤之高翔兮，乃集大皇之野？
循四极而回周兮，见盛德而后下。

——《惜誓》

这里所谓“流观”，显然就是“周流观乎上下”之意。所引诸条，讲的都是一个意思。而这种“流观”意识，很明显又与远古以来的神仙思想相关。这在《远游》中表现得最为清楚，闻一多等学者早已论及。关于神仙思想的起源及其与楚地思想的关系，这里不来讨论。本文所要说明的是这种确与神仙思想有关的“流观”意识在美学上所具有的意义。它对于了解楚艺术的美学是很为重要的。

“流观”之“观”不仅仅是一般地看、观察的意思，它明显含有审美、欣赏的意义。前引“和调度以自娱兮，聊浮游以求女。及余饰之方壮兮，周流观乎上下”，将“自娱”与“及余饰之方壮”相连，这说明“流观”非一般的看、观察，具有上下观览天地万物，从而获得一种精神上的娱愉、满足的意思，其中也就隐含了审美的欣赏在内。“观”在中国古代文字中，常与欣赏、观赏相连。如《左传》记载的“观鱼”，季札“观于周乐”，孔子所说诗“可以观”，都含有欣赏、观赏的意思在内，而不仅仅是观察的意思(参见《中国美学史》第1卷孔子章)。《庄子》所记载的庄周与惠施“观鱼于濠梁之上”，更是明显具有欣赏、观赏的含义。《周易》“观”卦所说“观国之光”及全书讲到的“观天文”与“观人文”，也都有欣赏、观赏的含义在内。到了魏晋，将“观”与欣赏、观赏直接相连，更是至为明显。《楚辞》一书的《东君》中说：“羌声色兮娱人，观者憺兮忘归。”这里的“观者”之“观”，显然也已经是一种美的欣赏了，虽然还同巫术仪式的进行结合在一起。由这两句诗，又可证上引《离骚》中所说为“自娱”而“周流观乎上下”的“观”，是有审美、欣赏的含义在内的。

“观”之所以会同欣赏、观赏密切相连，显然因为在审美的欣赏中，视觉占有极为重要的地位。这是黑格尔在《美学》中曾作过深刻论述的。中国古代很早就把视觉与审美的欣赏联系起来。如见于《国语·楚语》记载的伍举论美中即有“若于目观则美”的说法。值得注意的是，伍举的这段话是在与楚灵王论章华台之美时说的。灵王问他：“台美夫?”他回答说：“臣闻国君服宠以为美，安民以为乐，听德以为聪，致远以为明。不闻其以土木之崇高、彤镂为美，而以金石匏竹之昌大、嚣庶为乐；不闻以观大、视侈、淫色以为明，而以察清浊为聪。”伍举反对“目观”之美，实即把善等同于美。而他对楚灵王的这种批评，又恰好说明楚地是很为重视“目观”之美的。姜亮夫先生曾指出屈原作品中，“以使用视觉之语词最多，而又最细腻、最活泼”。“举屈子二十五篇中所用观视类字，约二十四五字，每字使用次数不定，约共得百次左右。”“在五官功能中，最为具象者，莫详于其书视觉者矣。”①这正可以证明楚人重视“目观”之美，《楚辞》中所显示的“流观”意识与审美有密切关系。

“流观”与审美相连，但这种“观”又有一重大特点，那就是“游目”而“观”，“览相观于四极”，“周流观乎上下”，“经营四荒兮，周流六漠”。因此，这种“观”，其视线是流动的，并且不局限于一事一物，而是以整个宇宙为“观”的对象。显然，这种思想的产生，既同古代的神仙思想有关，也同《庄子》一书一再讲到的“乘云气，御飞龙，而游于四海之外”的思想有关。但这里我们要讨论的是它所包含的美学意义，即何以这个和审美欣赏相连的“观”是一种“流观”，它和中华民族的审美意识及楚艺术的发展有何关系？

第一，这种“流观”意识是与屡见于《楚辞》中那种企图超越人世的污浊、黑暗、痛苦而求得人生的解脱、自由以至永恒的存在相关的。《远游》中说：“悲时俗之迫阨兮，愿轻举而远游。”又说：“轩辕不可攀援兮，吾将从王乔而娱戏。”（按：王乔为古代传说中重要的神仙）《惜誓》中说：“登苍天而高举兮，历众山而日远。观江河之纡曲兮，离四海之霑濡。”又说：“黄鹄之一举兮，知山川之纡曲。再举兮，知天地之圜方。临中国之众人兮，托回飚乎尚羊。”“澹然而自乐兮，吸众气而翱翔。”这都是从人世获得了解脱与自由的意思。不仅如此，还可同时达到像整个宇宙那样地永恒、无限。《远游》说：“惟天地之无穷兮，哀人生之长勤。”正因为天地无穷而人生长勤，因此就要通过高举远游，游目流观，最后达到“超无为以至清兮，与泰初而为邻”，像宇宙那样地永恒、无限。《涉江》中说：“登昆仑兮食玉英，与天地兮同寿，与日月兮齐光。”这同样是与天地同其永恒、无限的意思。上述这种解脱、自由、永恒、无限的境界，是哲理的、伦理的，同时也是审美的境界。而“流观”所要达

① 《楚辞学论文集》，上海古籍出版社1984年版，第242～243页。

到的正是此种境界，因此包含在“流观”中的审美意识是一种和对宇宙的永恒、无限的追求、赞美相关的意识，可以说是一种宇宙化了的审美意识，整个无限的宇宙都成了人的审美对象。这是中国古代美学的一个重要特点，而它的发展正是最充分地表现在楚艺术及其美学思想之中。这使得中国艺术有着一种不局限于一事一物的宏大的气魄，它总是要从有限中去追求无限。这无限又决不是西方所说的上帝、造物主，而就是那永恒存在的宇宙、大自然本身。宇宙、大自然被看成是永恒、无限的象征，它是无比地美丽的，是人类生存一刻也不能脱离的，并且成为人类活动的空间、背景。整个《楚辞》虽然讲的是人事，并不是对自然美的专门描绘，但又处处不离自然，可以说是对大自然美的赞歌。无限的宇宙构成了《楚辞》所描绘的一切人事所发生的广阔背景。以《湘夫人》中的“嫋嫋兮秋风，洞庭波兮木叶下”这千古传诵的名句来说，它描写的虽然是洞庭的景色，但又能唤起我们一种寥廓的宇宙意识，并且隐含着“惟天地之无穷兮，哀人生之长勤”的意味。楚地的许多精美的工艺美术作品，也常有一种宇宙意识隐含其中。如《虎座飞鸟》这一作品，通过对飞鸟欲高举飞翔的神态的绝妙刻画，使我们强烈地联想到那无限的宇宙空间，想起前引《楚辞》中的诗句：“黄鹄一举兮，知山川之纡曲。再举兮，知天地之圜方。”楚地纺织品上的某些装饰图案的设计，也能强烈地唤起我们一种云霞鸟兽在宇宙中不绝地飞动翱翔的感觉。

第二，《楚辞》中所提出的“流观”意识直接地影响到中国古代艺术的空间意识。这是一个很值得研究的问题。首先，“流观”是“游目”而观，其视点不是固定的。《离骚》中所描绘的屈子对天地万物的观览，是“览相观于四极”，“周流观乎上下”，其对象是整个的宇宙，视点从不停留在某一事物的某一方面。后世中国画中与西方透视学不同的所谓“散点透视”或“多点透视”，就是由此而来的。它不是由于中国人完全不懂西方的定点透视（局部地看，中国的“界画”，即常有相当准确的定点透视），而是因为渗透在中国古代美学中的“流观”意识要求突破视点的限制，去把握无限的宇宙空间。用宋代董逌论到山水画的话来说，就是要“收敛众景,发之图素”,使“囊藏万里,都在阿堵中”①。用传为王维作《山水诀》中的话来说,就是要做到以“咫尺之图,写千百里之景,东西南北,宛尔目前”。这在中国山水画的“长卷”这一形式中表现得最为清楚。中国山水画正是《楚辞》提出的游目流观的宇宙空间意识的具体实现。中国山水画常留出大片空间(如宋代被称为“马一角”的马远的作品即是典型代表),很注意山水中云气的描绘,都与此有关。中国花鸟画,在许多情况下不画具体的背景,但并非没有背景。这背景就是整个的宇宙空间。建筑亦然,它常是以整个宇宙空间为背景的。如天坛这一建筑就是如此。其次,这种对无限的宇宙空间的追求,又是同上述《楚辞》中所说“惟天地之无穷兮,哀人生之长勤”的观念不可分地结合在一起的。直到汉代的《古诗十九首》中,也仍有“人生非金石,岂能常寿考”这样的慨叹。自然永恒而人生短暂,这是中国自古以来的哲人就有的感叹。孔子说“逝者如斯夫,不舍昼夜”,就包含着这种感叹。而在中国古代艺术中,最早将这种感叹予以充分而且成功的艺术表现的,首推《楚辞》。“流观”意识向往、赞美宇宙的无限、永恒,正是为此。但它又决不引向悲观虚无,在看来是悲观的表现中,仍充满着对人生的执著、爱恋。正因为人生是短暂的,所以就要更好地珍惜这人生。“及余饰之方壮兮,周流观乎上下。”如前所说,“流观”意识与神仙思想相关,但《楚辞》所说的“流观”,其真正的含义又并非要人们去做神仙,它只是对人世恶浊、黑暗的不满和抗议,追求高洁美好生活的一种艺术表现形式。而且它还同古代原始的神话巫术观念结合在一起,不同于后世道教观念中的神仙,不是秦始皇之流所想做的神仙。整个《楚辞》所关怀的仍是人世的幸福,现实的人生,不是神仙的生活。所以《惜誓》中说:“念我长生而久仙兮,不如反余之故乡。”

“流观”意识是楚艺术美学中最重要的思想,也可以说是它的基本观念。因为在这一观念中包含着楚艺术对自然、宇宙、人生的根本看法,并把它与审美、艺术的创造联系起来了。这一观念的可贵之点,首先在于它素朴地肯定了人与自然的统一。我曾多次指出,中国上古文

① 见《广川画跋》。

化不同于古希腊文化的一个关键之点，在于中国上古的文化是同原始氏族社会文化直接地、紧密地联系着的。而楚地的文化较之北方周秦的文化，又更多地保存了原始氏族社会的风习、制度、观念。马克思曾指出，在亚细亚古代社会中，“单个的人把劳动和再生产的自然条件看作属于他的条件，看作客观的条件，看作他在无机自然界发现的他的主体的躯体”①。表现在《楚辞》及其“流观”意识中的对大自然的赞美，对人与自然的统一的充分肯定和强烈追求，正是由此而来的。这较之于西方把人与自然对立起来的观念要更深刻、更正确。虽然对人与自然的矛盾冲突的忽视是它的缺点，但它深信人与自然必须统一和能够统一，这却是十分杰出的。在事实上，人只能生存于与自然的统一之中，一切对这统一的破坏都会导致对人类生存的破坏。一切企图超越自然去求得人的自由的想法，都是十足唯心的幻想。其次，“流观”意识将审美与整个无限的宇宙相连，在人类的宇宙意识空前增长的今天，是否也有值得注意的重要意义？

二、生命运动

楚艺术十分重视表现生命运动之美。这在《楚辞》中也有很清楚的表现：

纷总总其离合兮，斑陆离其上下。

——《离骚》

凤凰翼其承旂兮，高翱翔之翼翼。

——《离骚》

驾八龙之婉婉兮，载云旗之委蛇。

——《离骚》

石濑兮浅浅，飞龙兮翩翩。

——《湘君》

---

① 《马克思恩格斯全集》第46卷上，人民出版社1979年版，第473页。

嫋嫋兮秋风，洞庭波兮木叶下。

——《湘夫人》

乘龙兮辚辚，高驰兮冲天。

——《大司命》

漂翻翻其上下兮，翼遥遥其左右。

——《悲回风》

叛陆离其上下兮，游惊雾之流波。

——《远游》

玄螭虫象并出进兮，形蟉虬而逶蛇。
雌蜺便娟以增挠兮，鸾鸟轩翥而翔飞。

——《远游》

如果我们再把《楚辞》中的这些描绘同楚地的造型艺术结合起来看，就会看到同一倾向的十分鲜明强烈的表现。楚造型艺术总是力求要化静为动，虽静犹动，蕴含着一种活泼、热烈的生命力。就结构的形式法则来看，它常常大胆地打破那种呆板的平衡对称，而追求一种总体上的、动态的平衡，很类似于中国后世的草书。

这种对生命运动的力之美的重视，又同上述"流观"意识分不开。因为在这种意识中，自然、整个宇宙是由阴阳二气的交互作用而不断变化运动着的。《楚辞》明显继承了古代阴阳观念。《天问》中说："阴阳三(参)合，何本何化？"《涉江》中说："阴阳易位，时不当兮。"和阴阳相关的"气"、"变化"、"变易"的观念也屡见于《楚辞》。《大司命》中说："高飞兮安翔，乘云气兮御阴阳。吾与君兮齐速，导帝之兮九坑。灵衣兮被被，玉佩兮陆离。一阴一阳兮，众莫知余所为。"这里更为清楚地说明宇宙中充满阴阳二气的运动变化，远游高举，周游上下，是由于"乘云气兮御阴阳"。灵衣被被(不绝飘动貌)，玉佩陆离(五光十色，闪烁不定)，也同阴阳二气的运行相关。而这种源于阴阳二气的不绝的运动、起伏、翻飞、翱翔，在楚人看来是十分美丽的。《楚辞》及楚地的造型艺术以至舞蹈、音乐，都在竭力地捕捉、描绘、表现这种美。这是楚艺术的一个十分显著、重要的特征。如前引《离骚》中的话，"纷总总其离合兮，斑陆离其上下"，用以形容楚地丝绸图案之美，也是极为贴切的。又如前引《远游》中的话，"玄螭虫象并出进兮，形蟉虬而逶蛇。雌蜺便娟以增挠兮，鸾鸟轩翥而翔飞"，这本是形容舞蹈之美的话，但用以形容楚工艺美术的图案设计、造型意象的美，同样极为贴切。

楚艺术以源于阴阳的生命运动为美的观念，很自然地会使我们想到出自《周易》，并贯穿在中国古代艺术与美学中的重要观念，即"天地之大德曰生"，"生生之谓易"，"天行健，君子以自强不息"。的确，两者有明显相通之处，《楚辞》的阴阳观念也无疑与《易经》相关。① 但是，在《周易》中，被视为"天地之大德"的"生"，是与儒家政治伦理观念紧密地联系在一起的，天地万物都被比附于儒家的伦理，涂上了浓厚的伦理色彩，打上了等级制度的烙印。在《楚辞》、楚艺术中无疑也有着儒家伦理观念的表现和影响，但《楚辞》、楚艺术对自然生命的运动之美的表现，并不是处处为了说明儒家的某种伦理观念，而主要是同前述的"流观"意识，对大自然的永恒、无限的赞美，对一种超出人世污浊、黑暗、痛苦的美好生活的向往追求相联系的。因此，在表现形式上，它比北方周秦的艺术要大胆、自由得多，更富于自然流露的、强烈的情感色彩。这只要把商周古鼎上的装饰纹样同楚地流行的纹样一加比较就可明白。同样是表现云、水的纹样，前者是严格地规范化了的，后者却十分活泼而自由，不完全是图案式的。

无疑，在北方商周艺术中也有对生命运动的力之美的表现。但其基本特征是《周易》一再阐明的"刚健"，常有一种肃穆威严的崇高感。而楚艺术中的表现，既是有力的，同时又是轻盈、婉转、流动的。这是一种柔中之刚，同尚柔的道家思想对楚地的影响密切相关。当然，楚人也尚武，《楚辞》中也表现了一种阳刚之美，如《国殇》就是。但在楚艺术中，这不是占主导地位的东西。而且，即令是《国殇》表现的阳刚之美，也不同于北方高渐离为荆轲送行时的"风萧萧兮易水寒，壮士一去兮不复还"的慷慨高歌，仍然显得有一种委婉细腻的深情在。我并不想

① 《周易》的《传》与《楚辞》的思想之间的关系，是一个值得研究的问题。——作者校注

否认北国艺术的特有的，同样是伟大的成就，但我以为还要充分注意楚地艺术的那种微妙的魅力，那种活泼自由的灵气，那种曲折婉转的情感表达。它很少有北方儒家那种束缚个性的严格规范和北方艺术常失之直露的缺点。

一种轻盈、婉转、流动而又不流于委靡、软弱、柔媚，并且提到了宇宙意识高度的生命运动之美，鲜明地表现在楚艺术中。这是很值得我们今天加以研究、继承、发扬的。我曾多次说过，西方现代美学家苏珊·朗格(Susanne K. Langer)认为艺术是“生命的形式”，这与中国古代美学很有相通之处。但西方对生命的理解与中国古代的理解又有很大差别。这是一个需要深入研究的大问题，此处无法详论。很粗略地说，西方常局限于从自然科学的观点去理解生命，近现代以来生命问题获得了重要的哲学意义，但又有不少人把生命问题的解决引向了非理性以致反理性的道路上去。中国古代则不然。它很早就把“生”提到了“天地之大德”的地位，充分确认生命的保持和发展是自然万物和人类生存的根本，存在与生命不可分。而自然生命的运动变化在中国古代哲人看来，又是合目的而合规律的(儒道两家均同)，因此在自然中没有什么非理性的东西，自然本身就是合乎理性的，并且应当为人所效法。这就从根本上堵塞了通向非理性、反理性的道路，但却又不因此否认生命是自然的感性的存在，不但不提倡，而且反对禁欲主义，反对毁弃生命。理性的要求与自然生命欲望的满足两者的统一，始终是中国哲学、美学的一个根本思想。从表现于《楚辞》及楚艺术中的思想来看，屈原的《天问》正是为了要对自然和人类的存在求得一种合乎理性的解释(不是如历来不少注家所说仅仅是为了讽谏)，表现了屈原对自古相传的神话的疑惑，充分说明屈原不认为自然是非理性的。屈原的自杀也决不是非理性的冲动的结果，也不是对生命的意义、价值的否定。相反，自杀是屈原经过反复痛苦的思考后所作出的决定，而且正是屈原对个体生命的意义、价值的实现高度执著和热爱的表现。我们甚至可以说，屈原的自杀不是由于厌弃生命，而恰好是因为他太热爱、珍惜生命。如果屈原接受女媭、渔父的劝告，像道家那样对人世的是非、曲直、荣辱采取一种和光同尘、与世推移的态度，那他是不会去自杀的。

屈原的自杀,以及那些等于是他自杀的遗书的作品之所以被千古传诵,主要并不是由于表现了他的"忠君",更重要的是由于表现了他对个体生命的意义、价值的高度执著和热爱,充满着对生命、故土的深情眷恋。所以,屈原的自杀变成了对生命的崇高礼赞,根本不同于历代那种基于愚忠愚孝的自杀。正是在《楚辞》和楚艺术中,我们看到了中华民族对生命的热爱的十分鲜明强烈的表现,并且还带有我们民族童年时期那种异常真纯的光辉。老子赞美儿童,说"常德不离,复归于婴儿","含德之厚,比于赤子"。深受道家思想影响的楚地的艺术,也正好有一种儿童的稚气、天真。如《虎座飞鸟》中的虎,并无狰狞可怕的样子,有如为儿童制作的玩具。在我们今天的条件下,努力继承发扬楚艺术中那种热爱生命的精神,是不是比一味地追随西方现代的美学和艺术,去做作而空洞地表现一种非理性主义的神秘冲动要好一些呢?

三、惊采绝艳

"惊采绝艳,难与并能",这是刘勰在《文心雕龙·辨骚》中用以评论《楚辞》的话,它十分准确地说出了楚艺术的一个很重要的特点。仅从《楚辞》来看,它确实处处表现了一种对"惊采绝艳"之美的欣赏、追求:

佩缤纷其繁饰兮,芳菲菲兮其弥章。

——《离骚》

灵偃兮姣服,芳菲菲兮满堂。

——《离骚》

五音兮繁会,君欣欣兮乐康。

——《东皇太一》

浴兰汤兮沐芳,华采衣兮若英。

——《云中君》

羌声色兮娱人,观者憺兮忘归。

——《东君》

思灵保兮贤姱，翾翻飞兮翠曾。

——《东君》

建雄虹之采旄兮，五色杂而炫耀。

——《远游》

砥室翠翘，挂曲琼些。翡翠珠被，烂齐光兮。

蒻阿拂壁，罗帱张些。纂组绮缟，结琦璜些。

——《招魂》

美人既醉，朱颜酡些。娭光眇视，目曾波些。

被文服纤，丽而不奇些。长发曼鬋，艳陆离些。

——《招魂》

由此可见，楚人所特别赞赏的美，是一种繁富、艳丽、鲜明、强烈的美。它如鲜花、如翠羽，如云霞，如彩虹，如光华眩目的美女。这是与北方儒者所推崇的“绘事后素”不同的。《论语・八佾》中说：“子夏问曰：‘巧笑倩兮，美目盼兮，素以为绚，何谓也？’子曰：‘绘事后素。’曰：‘礼后乎？’子曰：‘起予者商也，始可与言《诗》已矣！’”孔子也不否认“巧笑倩兮，美目盼兮”的美，但他赞赏、鼓吹的是“素以为绚”，并以“绘事后素”来比喻美必须以“礼”为先，符合于“礼”。楚地则恰好最欣赏“巧笑倩兮，美目盼兮”的美（前引《招魂》中对美人的描绘即是明证），并大大发展了它，达到了“惊采绝艳”的程度。孔子所主张的“素以为绚”追求一种端庄、淑静之美；楚地则推崇“佩缤纷其繁饰”，“五色杂而炫耀”，并且毫不隐讳地赞赏比“巧笑倩兮，美目盼兮”更为艳丽夺人的美。这在儒家看来，是颇有些淫荡的。所以，刘勰在《辨骚》中一方面称赞《楚辞》“惊采绝艳，难与并能”，另一方面又说它有“荒淫之意”。与道家相比，楚艺术美学很受道家影响，但又有不能完全等同的地方。老子认为“五色令人目盲”，他是决不会喜好“五色杂而炫耀”的。从老子到庄子，再到魏晋玄学，都推崇一种超越形色，体现了“道”的自然无为的“素朴”之美，与楚艺术所追求的“惊采绝艳”很不相同。

楚艺术的这种追求充分说明楚人虽然也要求“丽而不奇”（“奇”与“邪”同义），但又比儒道两家都更重视、喜爱一种强烈逼人的、感性的自然生命的美，不害怕它会使人流入儒家所说的淫荡，脱离道家所说的“素朴”、“无为”的“道”。为什么会这样？我以为这是因为楚地还大量地保存原始氏族社会的风习，因而也保留着原始人对自然生命的力的赞美，对鲜明强烈的色彩的爱好，对感官生命欲求的满足的狂喜。这又经常是同远古的巫术相连的。我们看到，在《楚辞》中凡涉及巫祝的时候，都用“姱”、“姣”去形容。这些充当巫祝的女性是神的代言人，同时也正是绝美的美人。巫术的形式还保存着，其作用也尚未完全消失，但同时又已在很大程度上演变为一种具有艺术、审美意义的歌舞了。所以《东君》中说：“羌声色兮娱人，观者憺兮忘归。”

这样一种对强烈的感性生命的美的追求，当然是同各种审美官能相联系的。前面我们已说过，楚人很重视“目观”之美。除此之外，很值得注意的是楚人还十分爱好和嗅觉相关的美。我们知道，中国古代很早就讲到了味、色、声的美（参见《中国美学史》第1卷第二章），这是分别与味觉、视觉、听觉相关的，没有涉及嗅觉。其所以如此，当然是如黑格尔所指出过的，嗅觉是一种较低弱的感觉，难于参与审美的感觉。在事实上，也没有专属嗅觉的审美对象。但是，在一定的条件下，嗅觉无疑也可以参与审美。如姜亮夫先生所指出，《楚辞》对各种官能感觉的描写很为细致。视、听两觉不必说，味觉也是写到了的。《天问》中说：“胡嗜不同味，而快朝饱?”而对于嗅觉也一再提到，并把它同审美联系起来了。如前引“佩缤纷其繁饰兮，芳菲菲兮其弥章”。“灵偃兮姣服，芳菲菲兮满堂”。类似、相近的例子还有不少，此不全引。总之，在楚人的审美感觉中，很重视与嗅觉相关的气味的美与不美，并竭力赞赏芳香的气味的美，这是在味、视、听三觉之外，对审美感觉的扩展，在中国古代审美意识的发展史上是有一定意义的。而且，这气味的芳香之美，在一些情况下，正是与“惊采绝艳”之美分不开的。如果气味恶臭，即使形色“惊采绝艳”，也难于为人所欣赏了。另外，“惊采绝艳”之美看来是就视觉而言的，但不仅关联到嗅觉，也可以通于听觉。前引《东皇太一》中所说五音繁会之美，何尝不能激起一种“惊采绝艳”的感觉呢？至于诗与舞均可充分呈现“惊采绝艳”之美，这是不必说的了。就楚地的造型艺术而言，则更是此种“惊采绝艳”之美的活生生的代表。这在遗存至今的漆器、丝绸与刺绣中表现最为突出。

从中国绘画、工艺美术的发展看，楚艺术的“惊采绝艳”之美对后世有深远影响。可不可以说，在中国古代，最重视色彩之美的是楚地的人民？中国绘画、工艺美术对色彩美的重视、讲求，除由印度而来的佛画的影响之外，就本土而论，影响最大的或许要推楚艺术。唐代发展起来的，以李思训为代表的金碧辉煌的山水画，是对宫廷贵族生活作一种浪漫的神仙化的表现，同道教密切相连，其色彩的繁富强烈，完全可能受到楚艺术的影响。到宋、元以至明清，中国山水画的着色特重花青与赭石两种颜色，并使之与墨色和纸的白地相调和，我以为也很可能与楚艺术的色彩体系有关。《楚辞》的《东君》中说：“青云衣兮白霓裳，举长矢兮射天狼。”《招魂》中说：“红壁沙板，玄玉梁些。”再证之以楚地造型艺术的色彩，红与黑两色相配和蓝与白两色相配可以说是楚地色彩配置的两大系列，其中前一系列又更重要。而上述宋以后中国山水画色彩的配置，可能就是由此演化而来的，不过以近于朱红的赭石代替了朱红。蓝白两色的配置至今仍是湖北天门民间挑花的基本色调，而宋瓷的色调不也常常如此吗？当然，楚地造型艺术的颜色不限于以上四色。我在江陵博物馆看到的一个通体被龙蛇缠绕的杯，全作深沉而又鲜丽的石绿色，使我想起上述李思训青绿山水中绿色的运用。不过，后世中国绘画、工艺美术对色彩的运用、配置，较之楚艺术已有不小变化，特别是失去了那种带原始风味的强烈的生命感。我们要找寻它在后世的、较接近于原型的遗存，要到湖北民间工艺美术中去找。关于这，我在《装饰》1988 年第 1 期刊发的《楚地的瑰宝》一文中曾有所论述，这里从略。

从哲学、美学上看，楚地对“惊采绝艳”之美的追求，最可贵的仍是上述那种与儒道两家均不同的，对于强烈的感性自然生命之美的高度重视，不回避、减弱甚至排斥、否定这种美，不以为它是有害的。而且，这种美又是与前述楚艺术的生命运动之美不可分地结合在一起的。在楚地的造型艺术中，强烈的色彩的运用与充满动感的造型（形体结构、线条等等）相结合，给我们一种五光十色、闪烁不定的感觉，似乎色彩也是动的。这也就是《楚辞》中一再讲到的“斑陆离其上下”，“艳陆离些”了。刘勰《文心雕龙·风骨》曾用鸟来比喻“风骨”与“采”的统一，认为“风骨乏采”与“采乏风骨”都是缺陷。而最能体现“风骨”与“采”的完美统一的鸟，刘勰认为就是凤凰。因为鹰能高飞，有力，但羽毛乏采；野鸡羽毛有采，但不能高飞，乏力；唯有凤凰羽毛极美，又能高飞远举。我以为除去刘勰论“风骨”时的某些儒家观念，他所说的凤凰恰好可以代表楚人对美的理想，即“惊采绝艳”与生命运动的力的结合。而在楚文化中，如张正明先生的研究所证实的，楚人最喜爱的鸟正是凤，并且与楚地的图腾崇拜相关。

四、发愤抒情

《楚辞·惜诵》中说：“惜诵以致愍兮，发愤以抒情。”这里的发愤抒情，可以说就是楚艺术的美学思想对艺术的本质、作用的一个根本性的看法，它与儒家所说的“诗言志”既有联系，又有不可忽视的重要区别。

儒家所说的“诗言志”无疑也同情感的表现相关。但儒家所说的“志”，其根本的、主要的方面是孔子所说的“志于道”。因之，“言志”虽与情感相关，但最重要的是言“道”、载“道”，情感的表现对于“道”处在从属的地位。后来汉代的《毛诗序》提出诗是“发乎情，止乎礼义”的，更为清楚地说明了这一点。《楚辞》中的看法则不同。虽然屈原也有极明显强烈的、来自儒家的仁义思想和“为美政”的抱负，他所说的发愤抒情与此密切相关，但放到了重要地位的却是抒情。屈原的这种抒情有两个十分显著的特点。首先，它把从儒家而来的政治伦理的思想、理想（亦即孔子所说“志于道”的“道”）充分地情感化了，变成了和屈原自身生命的意义与价值的实现不可分离的东西，这在《橘颂》中有正面的、鲜明的表现。其次，与此相关，屈原的政治理想的实现又是与他个人的遭遇、命运紧密地联系的，因而使他的抒情充满了对人生的种种体验，具有不局限于政治的更深广的内涵。所谓“惜诵以致愍”，即包含了对人生的眷念、悼惜、哀思，这就和《毛诗序》所讲单纯为了讽谏的“发乎情，止乎礼义”有了很大的不同。因此，屈原的抒情，不但具有政治伦理的内容，而且是充分地艺术化、审美化了的。“发愤以抒情”

这一说法在美学上的重要意义,不仅是突出了情感表现在艺术中的重要地位,而且还使这种情感的表现,从单纯政治伦理的变成了艺术、审美的。这正是楚艺术之所以具有强烈魅力的一个重要原因。

儒家美学从"文"与"质"的统一来讲美、艺术,这是它的一个重要观点。这种观点也见于《楚辞》。《怀沙》中说:"文质疏内兮,众不知余之异采。"但更为值得注意的是,《楚辞》经常将"情"与"质"相连,如:

> 恐情质之不信兮,故重著以自明。
>
> ——《惜诵》
>
> 怀质抱情,独无匹兮。
>
> ——《怀沙》
>
> 情与质信可保兮,羌居蔽而闻章。
>
> ——《思美人》
>
> 不吾知其亦已兮,苟余情其信芳。……
> 芳与泽其杂糅兮,惟昭质其犹未亏。
>
> ——《离骚》

关于"质",孔子说:"君子义以为质。"(《论语·卫灵公》)又说"夫达也者,质直而好义"(《颜渊》)。从屈原主张"夫孰非义而可用兮,孰非善而可服",又说"耿吾既得此中正"(均见《离骚》),"内厚质正兮,大人所盛"(《怀沙》)等语来看,《楚辞》中所说的"文质"、"情质"之"质",其含义与儒家相通、一致,均指一种内在的、真诚的,以行仁义为己任的道德品质。但是,《楚辞》将"质"与"情"相连,认为两者不可分("怀质抱情"),这就如上已指出的,将儒家的仁义道德与个体的情感相连,而予以充分的情感化了。"情"是"质"的外在的表现,"质"是"情"的内在的本质,不是外在于"情"的东西。《楚辞》又强调"情"与"质"均应是真实无伪的("恐情质之不信兮,故重著以自明"),并且以花的芳香来喻"情"的美好("苟余情其信芳"),这又赋予了"情质"以审美的特性。"信芳",即真实而又美丽。儒家讲"文"应是"质"的表现,但却忽视了,至少也是没有明言离开了"情","质"是不能表现为艺术之"文"

的。实际上,“质”成为艺术的“文”或“辞”,须以“情”作为重要的中介,无“情”即不可能有“文”(这一点,后来在魏晋美学中得到了很大的发展。参见《中国美学史》第二卷)。《楚辞》的思想一点也不忽视“质”,但它又明确地将“质”与“情”相连,从而又将“文”、“辞”与“情”相连(《抽思》:“结微情以陈辞”,“历兹情以陈词”),以“文”、“辞”为“发愤以抒情”的表现。这是对儒家“文质”说的重大发展,其意义是不能低估的。《楚辞》就是“怀质抱情”,发而为文的产物。它是真正的奇文、美文,不同于儒家的那种常常是枯燥无味或艺术性不高的讽谏、美刺、教训。

《楚辞》以及楚造型艺术、音乐、舞蹈,都具有极为强烈的情感色彩,一切都化作了情感的表现。这是很容易感受到的,不必多说。这里我想要讲的是:为什么楚地的艺术极重情感的表现?大致而言,有如下一些原因。

第一,由于楚地大量保存了原始氏族的制度、风习、意识,因此楚地君臣(特别是上层的臣子)之间的关系不是如《韩非子·外诸说右下》中所说的那种“主卖官爵,臣卖智力”的功利关系,而有着一种源于氏族血缘的、相当亲密的情感关系。大量表现在《楚辞》中的,屈原对楚王的那种难解难分的情感依恋,并不是屈原的愚忠或自作多情的表现,而是与北方不同的楚地特定历史条件下的产物。正因为这样,就使得屈原对楚王的讽谏统统都带有极浓厚的情感色彩,看起来像是对一个自己的知心朋友的诚恳的劝告、提醒和倾诉,为不能被对方所理解而感到极大的痛苦,完全不同于儒家所讲的那种概念化、理智性的对君主的讽谏。也因此,儒家的“诗言志”也就为“发愤以抒情”所取代,“言志”与“抒情”完全合而为一。

第二,也由于原始氏族社会的制度、风习、意识在楚地大量地保存着,因此楚地较少受到北方那种严格的礼法束缚,较尊重人的个性。我在过去的文章中曾指出,见于《庄子》记载的楚人温雪伯子到北方会见孔子的门人后,一再叹息北方儒者“明于礼义而陋于知人心”,相当清楚地说明了楚人对北方儒者的看法,以及楚地是重视“知人心”的,即重视人的情感个性,很不喜欢北方那种不近人情的礼法、规矩,那种动辄以仁义的大道理来教训人的做法(详见《庄子·田子方》)。现代研究《楚辞》的专家姜亮夫先生亦曾指出:“南土始终以氏族社会为基,有此千稘不变之基,其民得于自由者多;北土自宗法兴,而人群之间相关联,乃至相煎迫之结构为多,思理有所羁系,国以是治其民,父以是教其子,困顿于宗法社会缧绁之中,不能自拔。”①正因为楚地较重视人的情感个性,有较多发展个性的自由,所以其艺术很自然地呈现出极为真挚热烈的情感,并且奔放、飘逸,显得无拘无束。相反,儒家虽也讲到诗“发乎情”,但同时又明白指出必须“止乎礼义”。尽管“礼义”在儒家思想中不是与情感根本对立的,但它高于情感,是必须随时随地用以制约、规范情感的东西。这就使情感的表现不可能有楚艺术那样热烈、奔放、自由的特色。就从一些小事看,如屈原“好奇服”,至老不衰(见《涉江》),这在北方儒者是不可能的。因为儒者的服饰都有基于礼法的规定,不能随意穿戴。《荀子·非十二子》中批评各种“贱儒”,是连服饰、仪容也加以指责的。

第三,如前所说,楚艺术表现出楚人对自然生命充满热爱,而情感与生命是直接相连的。马克思说:“激情、热情是人强烈追求自己的对象的本质力量。”②这种力量在楚艺术中表现得十分鲜明,并带有原始的风味,它是同楚人对自然生命的热爱直接结合在一起的。这种热爱有力地加强了楚艺术的情感色彩。

楚艺术高度重视情感的表现,并且要求用艺术的形式加以抒发,既使自己在情感心理上得到满足,又可以之感染、打动别人。所谓“惜诵”、“抒情”、“抽思”,指的都是对情感给以艺术的表现。从审美与艺术创造的心理来看,这样一种情感的表现是不可能脱离想象的。只有通过想象的飞翔高举,才能使情感获得艺术形象的表现。一方面,情感是推动想象的动力;另一方面,想象的展开又会有力地加强情感的表现,推动情感表现的完成。由于楚艺术高度重视情感的表现,而且其表现异常强烈、奔放而自由,因此也就使楚艺术充满着奇丽、大胆、丰富的

① 《楚辞学论文集》,上海古籍出版社1984年版,第115页。

② 《马克思恩格斯全集》第42卷,人民出版社1979年版,第169页。

想象。楚艺术的富于想象,与楚艺术强烈的情感表现不可分离。如果情感的表现不受重视,或受到种种外在的束缚,想象的翅膀就不可能自由飞翔,顶多只能有一些狭窄、贫乏、平庸的想象。除此之外,楚艺术之所以有极为奇丽、大胆、丰富的想象,还有两个重要原因。一是楚地遗存了大量古代神话,巫风也仍很盛行。这一点很清楚,不必多说。另一个值得注意的原因,是前述的"流观"意识,即一种以整个无限的宇宙为审美对象的意识,有力地打破了空间、时间的局限,使楚人的想象能自由地飞翔于天上地下,不受某一具体对象的束缚。在楚艺术中,游目流观,心神飞越,是与想象合为一体的。后世刘勰所说的"神与物游"鲜明地体现在楚艺术之中。但这还不足以充分概括楚人的想象,因为楚人的想象不只是"与物游",它还能超越"物"的局限,创造出现实中所没有的各种美丽的形象。就民族的禀赋说,楚人多情、善感,又很有想象能力。如姜亮夫先生所指出,《楚辞》中已多次涉及和相当明确具体地描述了人类的想象这一重要心理活动①。在中国古代心理学的发展上,这可能是很早的有关想象的历史文献。

与《诗经》的"比兴"相比,《楚辞》的想象当然要丰富很多。两者的"比兴"的联系与差异,是一个需要进行微观研究的重要课题。大致而言,《楚辞》借助于楚地留存的丰富的古代神话和"流观"意识,形成了一个它所特有的艺术象征系统,具有广阔而多义的特色,达到了古代浪漫主义的高峰。

五、好修为常

《离骚》说:"民生各有所乐兮,余独好修以为常。虽体解吾犹未变兮,岂余心之可惩。"这里的"好修以为常",也是楚艺术美学思想的一个极为重要的方面。

《楚辞》中多次出现的"好修"的"修"字,历代注家的解释甚为分歧,这里需作一些考证说明。我在《中国美学史》第1卷屈原章中曾说

① 姜亮夫:《楚辞学论文集》,上海古籍出版社1984年版,第246页。

过,《离骚》开篇所说“纷吾既有此内美兮,又重之以修能”,由于是紧接在屈原讲了他的降生之后说的,观上下文义,“内美”应释为天生的资质之美,“修能”应释为后天学习而得到的各种才能。在这里,“修”是后天的学习、修习之意,历代注家中已有不少人持此说。不过,我原来的讲法现在看来还不够完善,需要再作一点补充。“修能”虽为后天学习得来的才能之意,但相对于天赋的“内美”来说,这就使“内美”变得更美了。因此,“修能”之“修”也有将“内美”进一步加以雕琢、修饰之意。而且所谓“内美”不只指禀性聪慧,还可指生来正直、诚恳、仁惠之类,即具有伦理道德方面的含义,并且这后一方面是更重要的。这是中国古代普遍流行的看法,孔子即说过“天生德于予”这样的话。孟子更是明确、强烈地主张人的道德品质是生而具有的、天赋的。既然“内美”可具有道德上的美好品质的含义,那么“修能”之“修”也就是进一步将这种天赋的美好的道德品质加以雕琢、修饰的意思了。更何况“修能”的“能”,就中国古代的士大夫来说,主要是指的治国的才能,这显然又与道德品质的修养分不开。汉儒扬雄曾在《法言·学行》中,将儒者的道德修养称之为“斧藻其德”,并比之为“斧藻其粢(房屋上的斗拱)”。我以为用这来解释屈原所说“重之以修能”刚好适合。“重之以修能”即后天的“斧藻其德”,亦即上述通过后天的学习而雕琢、修饰(亦即扬雄所说的“斧藻”)天赋的美好品德(“内美”)之意。正由于“修”是将天赋的美好品德加以修饰、“斧藻”之意,所以我们看到在《楚辞》中,“修”常与“美”连用,单言“修”时指的也是美。前者如“憎愠惀之修美兮,好夫人之慷慨”(《哀郢》),后者如“老冉冉其将至兮,恐修名之不立”;“苟中情其好修兮,何必用夫行媒”(以上均见《离骚》);“美要眇兮宜修”(《湘君》)。有时又以“姱”字代“美”字,而与“修”相连。如“余虽好修姱以鞿羁兮”(《离骚》);“慨吾以美好兮,览余以修姱”(《抽思》);“纷缊宜修,姱而不丑兮”(《橘颂》)。总之,在《楚辞》中,“修”与“美”分不开,言“修”即意味着“美”。因此,我以为前引“好修以为常”一语,实即好美以为常。如果再联系到这是紧接在上文“佩缤纷其繁饰兮,芳菲菲其弥章”之后说的,且又与“民生各有所乐”相连,更可证明“好修以为常”的“好修”即是好美。

但是，非常需要注意的是，由于“修”有美意，是与上述对天赋的美好道德品质的加以修饰、“斧藻”分不开的，因之《楚辞》所说的“修”主要是指个体所具有的道德品质、人格精神的美，与道德上的善不能分离。这是理解《楚辞》以“修”为“美”的一个关键之点。但这是不是说《楚辞》也像儒家那样，常把“善”等同于“美”，或只把“美”看作“善”的外在形式，视为“善”的附庸呢？那又不是的。两者的差别颇微妙，需作一些更为细致的分析。我们知道，儒家中有这样一种显然片面、错误的观点，它认为善即是美，不需要在善之外去求美，并且对诉之于眼、耳感官的美采取否定的态度，认为是有害的，不能称之为美。如本文第一节中所说与楚灵王论美的伍举的看法就是这样。表现于《楚辞》中的看法则不同，它不是认为善即是美，而是反过来，认为美即是善。这看来似乎是同一意思的不同说法，其实大有差别。后者并不像前者用善来否定、取消美，认为善就是美，而是认为善就在美之中，言美即言善，两者毫无互不相容的地方。伍举否定诉之眼、耳感官的美，《楚辞》则完全不同。如前已论述过的，它充分肯定诉之于感官的各种美，并且由古代所讲味、视、听三觉扩大到了嗅觉。“修”作为美，虽然主要指的是道德品质、人格精神的美，但《楚辞》经常用缤纷繁茂的鲜花，花的浓郁四射的芳香来比喻这种美。《楚辞》又常以“姱”字代“美”字，“修”与“姱”相连，“姱”与“美”同义，而“姱”指形体相貌美丽、美好，《楚辞》中常用以形容巫女的美。由此更可见作为道德品质、人格精神的美来看的“修”决不排斥诉之感官的形色之美。相反，这种美是《楚辞》所十分欣赏、重视的。此外《楚辞》很少讲“善”，更多的是讲“修”、“姱”、“美”。仅就被公认为屈原所作的《离骚》、《九歌》、《九章》来粗略统计一下，“善”字（道德意义上的“善”）只出现过一次，如再把与“善”同义的“礼”、“义”、“仁”、“忠”、“德”、“正”、“质”等加起来，次数也并不多。相反，“修”、“姱”、“美”等字的出现，加起来约有28次之多。这里还不把实与“美”同义的“文”、“章”、“芳”、“香”等字计算在内，也不计“美人”、“美政”这一类词中出现的“美”字。

以上的分析说明，在楚艺术的美学思想中，美亦即“修”、“姱”占有十分重要的地位。虽然这种美在根本上仍主要是指道德品质、人格精神的美,并且与儒家的仁义道德思想相通、一致,但又不仅不排斥诉之感官的丰富多样的美,而且内在地包含了所有这些美,能够与这些美相统一。这样,楚艺术的美学思想就打破了儒家偏颇的观点,使美不再与儒家所说的善处于互不相容的地位,美也不再仅仅是善的附庸。理性的善与感性的美在儒家那里常是互相冲突的,楚艺术的美学却把它统一起来了。这在中国古代审美意识的发展上是一个重大的进展。楚艺术之所以具有"惊采绝艳,难与并能"之美,显然与此密切相关。

楚艺术的美学思想不仅包含着一种超越儒家的美的观念,而且主张"好修以为常",即不论在任何情况下都不放弃对美的追求,去与丑恶的东西同流合污,"虽体解吾犹未变","虽九死其未悔"。这种对美的追求集中表现在屈原身上,成为千古传颂的伟大的人格精神。关于这一点,历来的论述已经很多。我想要说明的是,这种人格精神是道德的,同时又是审美的,两者完全合一。惟其是道德的,所以它才有深刻的社会内涵。惟其同时又是审美的,所以才有那令人赞叹不已的、强大的感染力。在屈原而后,中国古代历史上极少有人达到这种道德境界与审美境界的高度统一,也许只有魏晋之际的阮籍、嵇康稍可比拟。而屈原所以能达到这种统一,又和前已指出楚地仍然大量保持原始氏族社会的制度、风习这一点分不开。

人们历来高度赞扬屈原的爱国精神,这种精神也既是道德的,又是审美的。它其所以感人至深,是因为在氏族社会的观念中,氏族的每一成员都以氏族的存在为自己的生命,离开了本氏族就是极大的痛苦。屈原的爱国深情与此密切相关。表现在《国殇》中的那种视死如归的高度英勇的精神,同样是氏族社会所特有的,恩格斯在《家族、私有财产和国家的起源》一书中曾作过很好的说明。相反,我们看较之楚国来说,氏族社会影响要少得多的北方的《诗经》,其中常有着浓厚的厌战思想。

楚艺术美学中的道德境界与审美境界的高度统一,还同上面也已讲到的楚地较尊重人的个性有关。从班固批评屈原"露才扬己"(《离骚序》),也可以看出这一点。屈原"好修以为常",决意坚持自己的理想,九死而不悔,既同他自身的崇高品质有关,同时也是楚地较尊重人的个性这一历史条件下的产物。

结 语

马克思曾指出,古希腊艺术有着一种“永久的魅力”,但它恰恰又是在一个低级的、一去不复返的历史条件下的产物,因而是后世再不可能达到的了①。这用来说明楚艺术,我认为也是颇为适合的。屈原之后,历代仿骚体的,无人能超过屈原。楚地的造型艺术、音乐、舞蹈,也随着楚国的灭亡,不可能再沿着它原先的道路继续发展。但是,楚人的艺术、美学的精神,其作品在美的形式上的创造,仍深刻影响了后世中国艺术和美学的发展。近代以来,先有王国维,后有郭沫若、闻一多等,对以屈原为代表的楚艺术的精神,作了不少有深刻意义的阐扬。今天,为了创造、发展我们的社会主义艺术,也很需要再一次来认识、探讨、研究楚艺术的精神,大力弘扬和发展它的那些体现了我们民族伟大的精神和智慧的东西。

(原载《文艺研究》1990 年第 4 期)

① 《马克思恩格斯全集》第 46 卷上,人民出版社 1979 年版,第 49~50 页。

刘　勰

代序——大陆哲学界的"苦行僧"刘纲纪教授

中国大陆的武汉大学哲学系美学教授刘纲纪，专为我们的《哲学家丛书》撰写《刘勰》一书，跳过《文心雕龙》的美学与文学批评理论范围，而就刘勰的整个哲学思想进行统盘性的分析与批评，完全免于马列教条的陈腐论调，自有他的独特见地，细心的读者不难看出。由于此书是第一位大陆学者专家为台北东大图书公司（版权亦属该公司）撰写，而在海峡此岸正式出版的头一部学术论著，对于海峡两岸之间超政治的进一步文化学术交流具有历史性的象征意义，我不得不为他代写简单的序言。

前年（1987年）春天，我应邀再访中国大陆各大学术机构并讲学一个月，五月下旬渡过长江三峡抵达武汉，逗留一天，往访武汉大学哲学系。我在拙文《两岸处境与中国前途》（收在拙著《"文化中国"与中国文化》，1988年东大图书公司出版）提及此事，说道："我在武汉大学哲学系与萧萐父教授等二十多位教授座谈时（由我先讲自己的"创造的诠释学"），在座的刘纲纪当场赠我去年同时出版的自著《艺术哲学》与《美学与哲学》。他与李泽厚合编《中国美学史》第1卷，我曾在《文星》杂志论介过，为人短小精悍，说理亦极精锐。"（该书第330页）但因交谈不多，那时除此之外无甚印象。

去年（1988）四月底我又应邀三访大陆讲学，五月特由武汉大学哲学系主动邀请，访问该校三天，并做两次正式的学术演讲。我自北京抵达武汉机场时，该系讲师郭齐勇（专攻熊十力哲学，并有专著）之外还有刘纲纪教授亲自赶到机场迎接,令我深深感动。当天中午就在他家当座上客,畅饮畅谈,彼此的印象加深不少。郭讲师说,他在武汉大学有“苦行僧”的绰号,因他苦学勤修之故;譬如他那时赠我的《中国美学史》第2卷,共有65万字,完全是他在一两年内独自撰成的,治学之勤,功力之深,令人叹赏。我当时就邀请了他,撰写《刘勰》一书,他欣然同意,只费半年即成书稿,由我带回台北,交与三民书局的王韵芬小姐,请她设法早日印行。

刘纲纪是今日大陆美学界的佼佼者,设有美学研究室,担任博士研究指导教授,又兼大陆美学研究会副主席,以及各种学术期刊编辑顾问。他又擅长书法,他在我面前当场挥毫,书下柳宗元的一首《江雪》:“千山鸟飞绝,万径人踪灭;孤舟蓑笠翁,独钓寒江雪”,并赠我留念,至今挂在我的客厅门上。他的书法有独特的个性,有“天马行空”之势,颇富奇才之气。据我的观察,他处事简单,不谈政治,全部精神贯注在美学及其他哲学方面的学术研究:具有哲学家的风骨,且为人诚挚可亲,在今日大陆实不多见。我衷心盼望,他在不久的将来能有适当的机缘访问宝岛台湾,与海峡此岸的学术界人士对谈交流,当有助于两岸学者在文艺批评、美学以及哲学思想方面的进一步探讨与发展。

傅伟勋

1989年1月31日

于美国费城北郊

绪言:刘勰的生平和他的《文心雕龙》

刘勰其人的生平是怎样的?感谢《梁书·文学传》为刘勰立了传,虽然讲得很为简略,给我们现在的研究带来了不少困难,但终究是弥足珍贵的。此外,刘勰的《文心雕龙》以及他的另外两篇留存至今的文章:《灭惑论》和《梁建安王造剡山石城寺石像碑》,当然也是我们了解刘勰生平思想的重要史料。

刘勰,字彦和,史书说他是东莞莒人,即今山东莒县人。但山东莒县早在东晋时就沦陷了,后来东晋明帝在京口(今江苏镇江)侨置南东莞郡,所以刘勰的祖父和父亲都住在京口。这是一个离南京很近,又常有文人学士会聚的地方,想来对刘勰的成长会有某些影响。

刘勰的生年和卒年,史无明文记载。根据若干学者的考证,他生于宋明帝泰始元年(465年)前后。这是得到绝大多数人承认的,因为据以推定的材料很为可靠。刘勰的卒年则有种种不同的说法,目前似还难以论定。本书倾向于范文澜先生的说法,即约卒于梁武帝普通元年至二年(520~521年)。这样,刘勰大约活了五十六七岁。

刘勰的家世也不太清楚。他的祖父名灵真,宋司空刘秀之的弟弟,事迹不可考,大约未做过官。父亲名尚,官至越骑校尉,是一个不重要的小官。在南朝,社会上很重世族与素族之分。从种种迹象看,刘家大约属于素族。

刘勰早孤,家境贫困,但他和当时的许多文人一样,笃志好学。他到了婚娶的年龄未结婚,以后也终身未娶。大约在齐永明(齐武帝年号,始于483年)中,他到今南京紫金山定林寺(亦称定林上寺)依著名佛学家僧祐而居,前后有十余年。在此期间,他从僧祐学习,史书说他"遂博通经论,因区别部类,录而序之。今定林寺经藏,勰所定也"。僧祐在当时的佛学家中,是一个致力于佛经文献的整理研究的人。他继东晋名僧道安编的《综理众经目录》(原本已佚)之后,编辑了《出三藏记集》,对东汉至梁所译经、律、论三藏的目录、序记和译者传记等加以整理著录,是我国现存第一部经目,有很高的史料价值。此外,他还编辑了《法苑记》、《世界记》、《释迦谱》及《弘明集》等重要的佛教文献。僧祐在传法之外,还要作这样浩繁的佛教文献整理工作,没有助手是很难办到的。而助手中的主要人物,应是刘勰。不少研究者已经指出,现存僧祐编定的著作的序记,细究其文风思想,很可能有些篇出自刘勰的手笔。刘勰对佛教文献的整理编定作出了自己的重要贡献。而他之所以能胜任这一工作,当然不仅同他对佛教文献的学习研究分不开,而且同他对中国古代典籍和文章的学习修养分不开。因为后者是整理研究佛教文献必具的条件。大约从和僧祐在一起整理研究佛教文献的时候开始,刘勰还从事于佛教碑铭(这是南朝兴盛起来的一种重要的文体)的写作。史称"勰为文长于佛理,京师寺塔及名僧碑志,必请勰制文"。由此可见,他当时已是佛教碑铭的著名作家。他写的碑铭数量甚多,现所知者有的只存目录,唯一留存至今的是《梁建安王造剡山石城寺像碑》一篇,宋孔延之《会稽掇英总集》卷 16 全文收录。这篇碑铭颇长,洋洋洒洒,甚有气势,而又结构严谨。其中描写石城自然环境及赞美造像成功的部分,很富于文学性,殊非一般老套死板的碑铭可比。

刘勰早年就入定林寺依僧祐而居,积极从事佛教文献的整理研究工作和佛教碑铭的写作,而且从上述留存至今的,约写于天监十五年三月至天监十七年三月之间的碑铭中还可感受到刘勰有一种颇为诚挚的宗教情感,但刘勰在入寺之后却未变服出家。这种情况,是和刘勰既信佛也信儒分不开的,而且看来儒在他的思想中占有更为重要的地位。

在齐梁时期,不少文人都是既信佛又信儒的,两者完全可以并行不悖。以齐永明中创造了文学上的"永明体"的周颙和沈约来说,前者自称"心持释训,业爱儒言"(《答张融书难门律》)。后者写了《均圣论》,认为佛是圣,周、孔也是圣,"内圣外圣,义均理一"。在《内典序》中,沈约又说:"且中外群圣,咸载训典,虽教有殊门,而理无异趣。故真、俗两书,递相扶奖,孔发其端,释穷其致,撤网去纲,仁惠斯在"。刘勰的思想和周、沈相似。他曾写了一篇驳斥当时道教对佛教的攻击的文章《灭惑论》,因收入《弘明集》而得保存至今。其中说:"经典由权,故孔、释教殊而道契;解同由妙,故梵、汉语隔而化道。但感有精粗,故教分道俗;地有东西,故国限内外。其弥纶神化,陶铸群生,无异也。"这正是沈约《均圣论》、《内典序》的思想。有的论者曾认为刘勰既信佛，那么他的《文心雕龙》就应是以佛学为指导的；或者反过来说，他的《文心雕龙》既是尊儒的，那么他的信佛就是不真实的。这都是不明齐梁时期思想状况的简单化的论断。

不过，在儒、佛两者之间，刘勰实更偏于儒，或者说他是以一个儒者的身份而信佛的。刘勰在《文心雕龙·序志》中说：

> 予生七龄，乃梦彩云若锦，则攀而采之。齿在踰立，则尝夜梦执丹漆之礼器，随仲尼而南行；旦而寤，乃怡然而喜，大哉圣人之难见也，乃小子之垂梦欤！自生人以来，未有如夫子者也。①

这里提到的"梦彩云"的"彩云"，是西晋以来不少文人很感兴趣的，以之为题作赋的很有不少。这一方面是为了歌颂升平，另一方面又同西晋崇尚文采的绮丽分不开。刘勰梦彩云如锦，攀而采之，看来是他在《文心雕龙·诸子》中所说"唯英才特达，则炳曜垂文，腾其姓氏，悬诸日月"这样一种愿望的表达，即希望以文章表见于世，同时也含有以他自幼即是能文的"英才"自许的意思。这明显是儒者文人的理想。刘勰接着又说他在过了孔子所说的"而立"之年后梦见了孔子，执丹漆之礼器随孔子而南行，醒后无比喜悦，盛赞孔子之伟大，这当然再也清楚不过地表现了刘勰对儒家的理想是何等向往！在《文心雕龙·程器》中，刘勰又十分明确地讲到他的做一个"梓材之士"的理想，那就是"摛文必在纬经国，负重必在任栋梁，穷则独善以垂文，达则奉时以骋绩"。出身不高、家境清寒的刘勰，显然从少年时代就做着儒家理想的梦，他是具有儒家积极入世的精神的。这一点对理解刘勰的思想很重要。他入定林寺依僧祐而居，一方面是因为对他这样一个家境清寒，又立志要有所作为的青年来说，寺院不失为一个进行学习、待时而动的好地方；另一方面也因为他受着当时思想风气的影响，和周颙、沈约等人一样，认为佛教与儒学在最后的宗旨上是一致的，殊途而同归的。此外，佛学

① 本书引《文心雕龙》文，均依王利器校笺《文心雕龙校证》一书。

在当时不少士人看来，也是学术的一个重要方面。如《梁书·处士传》载，何胤“师事沛国刘瓛，受《易》及《礼记》、《毛诗》，又入钟山定林寺听内典，其业皆通”。《梁书·文学传》又载，任孝恭“少从萧寺云法师读经论，明佛理”。由此足见刘勰的入定林寺，并无什么难于理解的地方。刘勰有志于儒而又博通佛教经论，这对于扩展他的知识和思想视野无疑也起了良好的作用。

刘勰的儒家理想把他引向了对一种广义的文学即包含各种应用文体在内的文章学的研究。这是由于七岁梦彩云而攀之的刘勰性喜文章之美，欲以文章名于世。同时也因为齐梁时期文章对文人的出仕具有很重要的作用，超过了经学。如《梁书·江淹、任昉传论》所说：“二汉求贤，率先经术，近世取人，多由文史。”刘勰搦笔和墨，不论经学而论文章，写下了使他名扬后世的《文心雕龙》，这是一个重要原因。据研究者考证，《文心雕龙》之作，约在永泰元年(498 年)八月以后，中兴二年(502 年)四月之前，即齐明帝已死，萧衍代齐之前，中间经过四年多的样子。但此书体大思精，篇幅甚巨，其酝酿构思，当需不止四年的岁月。从其中《序志》的赞中说“逐物实难，凭性良易。傲岸泉石，咀嚼文义”来看，可以想见此书是刘勰在长时期寂寞自处中苦心求索的产物。所谓“傲岸泉石”，当指他在定林寺度过的脱离世俗，形同隐居的生活。

刘勰的《文心雕龙》写成后，史称“未为时流所称”，其故我在《中国美学史》第 2 卷第 17 章中言之甚详，这里从略。时流虽不表示欣赏，刘勰却“自重其文”，决心取定于当时文坛泰斗沈约。但“约时贵盛，无由自达。乃负其书候约出，干之于车前，状若货鬻者。约便命取读，大重之，谓为深得文理，常陈诸几案”。刘勰这种取定于沈约的做法，在有地位的文人看来自然是很为卑下的，同时也明显表现了刘勰终于耐不住寂寞，而欲有所表见于世的急切心情。但刘勰“自重其文”的精神和沈约奖掖后进的精神，都是可嘉的。有的论者认为沈约称许《文心雕龙》是由于其中论及了沈约所提出的声律问题并表示赞同，这是一种皮相之见。实际上，文章(特别是诗)须讲声律当时虽有争议，但已得到不少有影响的文学家的赞同，并已付之文学实践，像刘勰这样一个地位低下的文人的赞同与否是无足轻重的。沈约称许此书，还是因为他看出了此书确实“深得文理”。这“文理”显然又不是仅指诗而言，而是包含《文心雕龙》所论各种应用文体的写作在内的文章学原理。既为当世词宗，在政治上又身居高位的沈约，自然是重视和谙熟这各种应用文体的写作，而能对刘勰的论述是否有当作出判断的。此外，在儒佛问题上，刘勰具有和沈约的《均圣论》类似的思想，对文艺的基本看法也与沈约相近，这可能也是《文心雕龙》得到沈约称许的原因。

大约由于《文心雕龙》得到了沈约的称许，刘勰佛儒兼通又擅于为文，以及他追随多年的僧祐在梁王室中有很大影响等原因，刘勰于天监(502 年)初年得奉朝会请召。虽然这还不是一个有职有权的官，但是刘勰入仕的重要的第一步。此后，中军临川王宏让他兼任记室，这是一个专掌文翰的官职。在任记室期间，他还曾与僧旻、僧智等人同集上林寺撰《众经要抄》。以后又升任车骑仓曹参军，出为太末县(今浙江衢县)县令，史称“政有清绩”。后又改官仁威南康王绩记室，兼东宫通事舍人，深得喜好文学的昭明太子的爱接。在此期间，刘勰曾上表崇佛的梁武帝，建议祭天地与社稷神(所谓“二郊农社”)应如祭宗庙一样改用蔬果，不用牺牲，以完全符合佛教不杀生的教义。此议得到了采纳，刘勰迁升步兵校尉，且仍兼东宫通事舍人。这显然是对刘勰的褒奖，也是他从政的顶点。时约在天监十七年(518 年)八月以后。

刘勰在达到他从政的顶点之后，大约没有多长时间，便发生了重要的变故。史称“有敕，与慧震沙门于定林寺撰经。证功毕，遂启求出家，先燔鬓发以自誓。敕许之。乃于寺变服，改名慧地。未朞而卒”。这段话讲得很突然，又相当含糊隐晦。加上未指明时间，因而引起了现今研究者关于刘勰卒年的争议。我们知道，刘勰所追随的僧祐是在天监十七年五月去世的，刘勰还曾为他写了碑铭。僧祐死后，定林寺再次撰经，派刘勰去参加是很自然的。但撰经完毕，自入定林寺后始终未变服出家的刘勰即采取“先燔鬓发以自誓”这样的方式向梁武帝表明出家的决心，出家未满一年即死去，这只能以刘勰和梁武帝或其朝臣之间发生了某种严重冲突，刘勰在政治上遭到梁武帝抛弃来解释。因为入定林寺后始终未出家的刘勰，在迁升步兵校尉之后，应当是大有利于实现他的“达则奉时以骋绩”的“梓材之士”的理想的时候了。如无重大变故,是不会想到出家,并以燔鬓发这种特别方式来向梁武帝表示出家的决心的。由于历来的封建王朝都充满着各种相互倾轧的阴谋活动,史书既无明文记载,千载之下的我们,也难以推求其间的原因了。我在《中国美学史》第2卷中论述刘勰的生平时曾经指出:

> 从佛家的观点看来,刘勰的入仕可以说是一场梦,而且是一场并不美妙的梦,没有什么特别可以称许的地方。倒是那在入仕之前所写的,融进了刘勰青年时代的理想和热情的《文心雕龙》,使他在历史上留下了自己不灭的足迹。《序志》的最末一句话说:"文果载心,余心有寄。"的确,刘勰一生的真正的寄托不是在他曾经孜孜以求的功名中,而是在《文心雕龙》中。这是他的悲哀之处,但同时也正是他的幸运之处,也可以说是他的伟大之处。(《中国美学史》第2卷第600页)

《文心雕龙》历来被看作是一部文学理论或文章学理论的著作,但它也是一部具有强烈的哲学性质的著作,其中包含着刘勰的重要的哲学思想。刘勰不但是一个文学理论家或文章理论家,而且也是一个哲学家、佛学思想家。①

王更生先生曾在他的《文心雕龙研究》中指出,《文心雕龙》是"子书中的文评,文评中的子书","决非'文学评论'或'文学批评'所能范围"。② 这个看法,我以为相当敏锐地抓住了《文心雕龙》的重要特征。但《文心雕龙》之所以可以子书观之,当然不是由于其中有一章《诸子》,而是因为它颇为全面地总结了先秦以来关于文学、文章的理论,并且形成了中国古代文艺理论中差不多是绝无仅有的一个完整严密的理论体系,具有章学诚所指出的"体大而虑周","笼罩群言"(《文史通义·诗话》)的特点。此外,刘勰认为"盖文章之用,实经典枝条,五礼

---

① 关于刘勰的佛学思想见本书最后一章。

② 我迄未见到王氏的《文心雕龙研究》一书,这是从牟世金著《台湾文心雕龙研究鸟瞰》一书中得知的。

资之以成,六典因之致用,君臣所以炳焕,军国所以昭明,详其本原,莫非经典"(《文心雕龙·序志》,以下引此书只注篇名)。刘勰把文章中的种种问题都追溯到古代的经典,直至《周易》,因此他就把文学问题同中国古代思想文化的发生发展密切联系起来,把文学问题的解决提到了宇宙论、本体论的高度,企图从一个广大的思想视野来给文学的本质以一种寻根究底的理论说明,而不是仅就文学谈文学。这样,刘勰对文学的研究就突破了文学的范围,而同子书探究的更广大的问题联系起来了。这些问题,在中国历来就包含了最高的哲学问题。说《文心雕龙》是"文评中的子书,"我以为不仅因为它体大虑周,笼罩群言,而且还因为它已进入子书所探究的哲学问题的领域,并以鲜明的哲学思想(最集中地表现在《原道》中)统领贯穿全书。所以,《文心雕龙》不仅是文学理论著作,同时也是哲学著作。如果按西方的看法,把对文艺的哲学探讨、美学也看作是哲学的一个部分,那么《文心雕龙》当然更可以作为哲学著作来看待。

自汉末魏晋以来,文人中存在着一种欲著子书,以立言不朽的相当强烈的希望。如汉魏之际的徐幹著《中论》,曹丕称赞他"成一家之言,辞义典雅,足传于后,此子为不朽矣"(《与吴质书》)。西晋的葛洪,曾讲到以诗赋闻于时的陆机,也曾有著子书的打算。"陆平原作子书未成,吾门生有在陆君军中,常在左右,说陆君临亡曰:'穷通时也,遭遇命也,古人贵立言以不朽,吾所作子书未成,以此为恨耳!'"(《抱朴子》逸文)著了《抱朴子》的葛洪自己更是十分重视子书,以为其价值远在诗赋之上,批评一般人"贵爱诗赋浅近之细文,忽薄深美富厚之子书"(《抱朴子·尚博》)。从《文心雕龙·诸子》来看,刘勰也从立言不朽的思想出发,给了子书以极高的评价。他说:

> 诸子者,入道见志之书。太上立德,其次立言。百姓之群居,苦纷杂而莫显;君子之处世,疾名德之不章。唯英才特达,则炳曜垂文,腾其姓氏,悬诸日月焉。

刘勰著《文心雕龙》是为了论文,但同时又不甘于仅仅论文,而力求向子书靠近。他的《文心雕龙》以《原道》始,以《序志》终,也正好符合他所说诸子是"入道见志之书"的说法。

刘勰论文的著作之所以成了"文评中的子书",就刘勰主观方面的条件而言,除了他有著书立言不朽的强烈愿望之外,大致上还有三个原因:第一是刘勰博通中国古代经典和历代著述,并把它和文学的考察结合起来了;第二是刘勰还博通佛教经典,比一般的儒者文人有更广阔的知识和思想资料;第三是刘勰充分理解和高度评价了魏晋玄学理论思辨的成就,认为"师心独见,锋颖精密","锐思于几神之区","交辩于有无之域,"是"论之英","独步当时,流声后代"。同时,深研了佛学的刘勰还指出佛学的思辨有"动极神源"(引文均见《论说》),为玄学所不及的地方。刘勰研究了玄学和佛学的思辨,具有相当高的哲学思维能力。关于刘勰的思维方法,我们将专章加以评述。

作为哲学家的刘勰,既和中国古代儒家、道家的传统相联(同时还吸取了其他各家的思想),又和魏晋玄学以及东晋至齐梁佛学的发展相联,是这三者陶冶、孕育的产物。就齐梁思想的发展而言,这时哲学的发展主要是包含在佛学的发展之中。特别是梁代关于神灭与神不灭的大辩论,具有重要的哲学意义。这意义决不仅仅在主张神灭论的方面,主张神不灭论的一方同样有不可忽视的贡献。这是一个尚待深入研究的问题。在纯粹属于佛学的范围之外,齐梁哲学的内容是相当贫乏的。与刘勰同时代的刘峻(462～521年)著有《辨命论》,稍晚于刘勰的朱世卿(生卒不详)著有《性法自然论》,文章不长,都有若干哲学意义。但其思想的丰富性、广度与深度,远不及刘勰的《文心雕龙》。所以,撇开刘勰在佛学方面的思想不谈,齐梁时期在佛学范围之外所表现出来的哲学思想,当首推《文心雕龙》一书。但现有的中国哲学史著作,似不见有把刘勰作为哲学家来加以考察的。这不能说不是一个缺憾。本书愿为此作一点初步的努力,以就正于大方之家。

一、自然主义

以"自然之道",即认为天地万物(自然界)的生成变化是自然而然的思想来解释自然现象和包括文学在内的文化、社会政治伦理道德现象的发生、形成和变化，是刘勰哲学思想的根本，贯穿在《文心雕龙》全书之中。因此，刘勰的哲学思想，从世界哲学的范围看，是一种属于自然主义（Naturalism）的哲学。

（一）自然主义的含义

广义而言，自然主义哲学的根本之点，就是从自然本身去说明自然，并且用自然的原因去解释文化、社会政治、伦理道德现象。凡属主张这种观点的哲学家，不论其属于哪一派别，都可说具有自然主义的哲学思想。持这种观点的哲学家，不论在西方或中国的哲学史上，都为数甚多。所以，自然主义是哲学史上有相当广泛影响的一种哲学思想。

但是，自然主义作为一个哲学流派，是现代的产物。它的中心在美国。在现代美国哲学中，自然主义占有重要的地位。虽然它也常常和其他哲学流派（如实用主义、批判的实在论）交叉在一起，但它不仅明确地提出，而且积极地宣扬“自然主义”，这却是西方古代和近代哲学中所未见的，至少也是不如在现代哲学中这样地明确和受到很大的重视。如杜威（John Dewey）的哲学是实用主义的，但他也是一位重要的自然主义哲学家。因为他提出了“经验的自然主义”，而且这在他的哲学中具有十分重要的根本性的意义。被视为批判实在论者的桑塔耶那（Geroge Santayana），他的《理性与生活》一书，显然鲜明地阐述了一种自然主义哲学。同样也被视为批判实在论者的塞拉斯（Roy Wood Sellars），更明显地是一位自然主义的哲学家。还有，马克思早年也曾一度把他的哲学称之为“彻底的自然主义”（见《1844 年经济学哲学—手稿》）。在伦理学的研究方面，20 世纪以来出现了以拉蒙特（C. Lamont）、埃德尔（A. Edel）等人为代表的自然主义伦理学，并产生了重要影响。

在中国古代，也有着深厚的自然主义的哲学传统，但当然具有和西方自然主义不同的特点。刘勰的自然主义哲学是中国古代自然主义哲学发展的一个环节，并且是一个有其自身的独创性的重要环节。因此，为了阐明刘勰的自然主义哲学，需要对中国古代自然主义哲学的发生发展作一个简略的历史回顾。

(二)中国古代自然主义哲学的历史回顾

中国的自然主义哲学和西方的自然主义哲学比较起来,在西方,自然主义哲学的发展是同自然科学密切联系在一起的。"自然主义"这个词中的"自然",首先指的就是自然界。而"自然主义"的含义,首先也就是指用自然界本身去说明自然界,以及用自然界的原因去说明社会、文化、政治、伦理等现象。在中国古代,自然主义哲学不能说同自然科学没有关系,但显然没有像西方那样密切而直接的关系。而且,在中国古代,"自然"这个词在绝大多数情况下并不是用以指西方所说的自然界,而是指宇宙万物的发生和变化是自然而然的,非人为的(详下)。用以指自然界的,是另一个词:"天"。当然,在中国古代哲学中,如冯友兰先生指出过的,"天"这个词有多种含义。但是,当"天"这个词用于指天地万物的时候,即使它也可能包含着某种和神有关的意思,这个"天"也还是与西方所说的自然界相联,不能脱离自然界的。这时说"天"是"自然"的,亦即说天地万物、自然界的属性、功能、变化等等是自然而然的,非人为的。中国古代的自然主义哲学看来有两大明显的特点:第一,由于它主要不是同自然科学相联系的,因此它主要不是为了求得对自然现象,而是为了求得对人类社会现象(包括政治、伦理、文化等等)的解释。即使它也解释自然现象,最后仍是为了解释人类社会现象。第二,当它用自然界(亦即上述意义的"天")去解释自然现象和人类社会现象时,它特别强调的又是"天"的一切属性、功能、变化等等都是自然而然的,非人为的。这两点都有重要的哲学意义。就第一点说,它强调了人和人类社会的存在与自然界不能分离,两者是内在地相通、一致、统一的。就第二点说,它强调了自然界的生成变化具有无自觉意识的、非人力所能干预的特点。这种看法曾引向了宿命论,但也曾引出了一种顺应自然的变化以征服自然的积极有为的思想(如荀子和《淮南子》的思想)。除此之外,更为重要的是它引出了一种人生哲学和政治哲学,即以自然无为为人类最理想的状态。这是中国古代自然主义哲学中一个具有深刻理论意义的重大问题,也是从道家至魏晋玄学所讨论的中心问题。这种人生哲学和政治哲学赞美大自然,认为它的一切活动都是没有自觉的意图和努力,自然而然的,但却又合规律而合目的地生出了天地万物。如果个体和人类社会的存在和发展也能如此,那就达到了一种最理想的境界。在许多类似这样的大同小异的说法中,中国古代的自然主义哲学实际上提出了一个自然与自由相统一的深刻的哲学问题,并且认为真正的自由必定是符合于自然的。

中国古代自然主义哲学的鼻祖是道家。老子明确提出了"道法自然"(《老子》第二十五章)的重要命题,以"自然"为"道"的根本的属性、功能。而所谓"自然"也就是"无为"的意思,即一切纯任自然。老子所谓的"道"不是柏拉图式的"理式",或黑格尔的"绝对理念",而是一种混沌未分、包容无限的实体性的存在,不是观念性的东西。"道"生出天地万物,同时又存在于天地万物之中。正因为这样,作为"道"的根本属性的"自然"是同天地万物的生成变化分不开的,所以老子说:"辅万物之自然而不敢为。"(《老子》第六十四章)老子在中国古代哲学中引入了"自然"、"无为"的概念,提出"道法自然"以及"道常无为"(此语见《老子》第三十七章)的根本思想,成为后来中国历代自然主义哲学的宗师。

道家鼓吹"自然",儒家弘扬"仁义"。前者推崇纯任自然,后者倡导人为进取。从现代西方哲学的观点看,如果说道家哲学是中国古代的自然主义,那么儒家哲学则接近(不是等同)于人格主义(Personalism)。但是,这并不意味着儒家与自然主义无关。相反,以荀子为代表的儒家一派和深受荀子一派影响的《易传》,吸取了道家思想,在儒家的范围内发展了自然主义。后面我们可以看到,这个从荀学到《易传》的儒家自然主义,给了刘勰的自然主义哲学以深刻的影响。

荀子的自然主义思想首先表现在他对"性"与"伪"的区分上。在荀子看来,"凡性者,天之就也,不可学,不可事","感而自然,不待事而后生之者也。夫感而不能然,必且待事而后然者,谓之生于伪"(《荀子·性恶》)。这就是说,"性"是人天生的自然本性,不须后天的学习就能具有。值得注意的是荀子还讲到"性"是"感而自然"的,明确使用了"自然"这个概念。但荀子认为人的天生的自然本性是恶的,所以需有

"伪",即需通过人的后天的学习、修养、实践,才能从恶变善,具有人之所以为人的道德品性。荀子关于"性伪之分"的种种论述,十分明确地指出和肯定人的最初的本性是自然而然地生成的,非人为的,这正是荀子自然主义思想的表现。在讲到宇宙万物的生成变化时,荀子又说:"列星随旋,日月递炤,四时代御,阴阳大化,风雨博施,万物各得其和以生,各得其养以成,不见其事而见其功,夫是之谓神。皆知其所以成,莫知其无形,夫是之谓天。"(《荀子·天论》)这显然吸收了道家思想,把宇宙万物的生成变化看作是自然无为的,更为清楚地表现了荀子在宇宙论上的自然主义思想。但是,站在儒家立场上的荀子反对道家那种一切纯任自然的思想,主张"制天命而用之",即积极地征服占有自然界,使"天地官而万物役"(引文均见《天论》)。此外,道家的自然主义是对儒家倡导的仁义道德采取批判的态度的,而儒家的自然主义则恰好是要用自然主义去论证仁义道德的永恒合理性。这一点,在《易传》中得到了很大的发展。

《易传》是对《易经》的阐释。通过这种阐释,《易传》建立了儒家哲学中最有系统性的一个理论体系。这个体系是包罗万象,以确立一个宇宙模式为其特征的。从它所论基于阴阳的交互作用的宇宙万物的生成变化来看,这种变化具有"变动不居,周流六虚,上下无常,刚柔相易,不可为典要,唯变所适"的特点(引文见《系辞下传》),也就是自然而然的,非人为地规定的。《易传》显然吸取了道家的"道法自然"以及上述荀子论宇宙变化的自然主义思想,但《易传》全书无一处出现"自然"这一概念。这显然是因为《易传》站在儒家立场上,和荀子一样不取道家鼓吹的自然无为的思想。而且,它还通过对宇宙论的阐述,大力发展和论证了荀子的积极有为的思想。但是,和荀子不同,荀子认为天的自然变化和人事祸福、国家兴亡无关,《易传》则认为天的自然变化能够显示和人事祸福、国家兴亡密切相关的、至为重大的道理,提出了"神道设教"的思想,并从宇宙论上对儒家关于社会政治伦理文化的思想作了一种系统的自然主义的论证。所以,《易传》是儒家自然主义的最集中、最系统的表现,包含着十分丰富而深刻的思想。

在两汉,《淮南子》发展了道家的自然主义,不但把它变为一种积极有为的思想，而且把道家那种本来是高度抽象思辨的哲学和中国古代的自然科学知识结合起来，对宇宙的生成问题作了许多描述说明。《淮南子》关于“天地之自然”、“自然之势”的反复强调和论述（引文见《淮南子·原道训》）给了刘勰的哲学以明显的影响。刘勰的《文心雕龙》以《原道》开篇，看来也很可能是效法《淮南子》，因为《淮南子》是以《原道训》开篇的。在《淮南子》之后，董仲舒、扬雄、王充发展了儒家自然主义思想。董仲舒所说的“天”是有意识，并具有“仁”的道德品格的“天”，但它终究又不是超自然并创生自然的人格神。“天”的意向是表现在自然界万物的变化中，并通过这种变化而为人感知的。董仲舒提出的“天人感应”说，是对《易传》认为天地变化与人事政治密切相关的思想的发展。扬雄的《太玄》对《易传》的思想作了一种很为独特的阐释，显然吸取了道家思想，并明确地强调了“自然”的观念。这在扬雄的《法言》中也有清楚的表现。《法言》认为“天”不可能“雕刻众形”，万物的生成是自然无为的。在论及生死问题时，又明确提出“自然之道”的观念。王充在他的《论衡》中专门写了《自然篇》，并且毫不掩饰地指出他是“试依道家论之”的。但王充的自然主义最后仍归于儒家的伦理道德，所以仍属儒家自然主义的范畴。王充反复论证“天自然无为者”、“天道自然”，并且也明确提出了“自然之道”的说法。他说：“妖气为鬼，鬼像人形，自然之道，非或为之也。”他还认为各种“祥瑞”，以及“河出图，洛出书”都是出于“自然”的。“如天瑞为故，自然焉在？无为何居？”“夫天地安得以笔墨为图书乎？天道自然，故图书自成。”（引文均见《论衡·自然》）王充的自然主义较之《易传》更具体、更彻底，并且给了刘勰以直接的影响。

魏晋玄学从道家思想出发，并对《易传》作了一种思辨性的哲学研究（不同于汉人从宇宙论角度出发的研究），集中地发展了道家自然主义认为自然无为是人生和社会政治的理想状态的思想。强调“自然”是魏晋玄学的鲜明特色。何晏、王弼的玄学均标举“自然”。如何晏说：“自然者，道也”（《无名论》）；王弼说：“天地任自然，无为无造。”“道不违自然，乃得其性。”（《老子注》）阮籍、嵇康也同样推崇“自然”。如阮籍提出“天地生于自然”（《达庄论》），“不通于自然者不足以言道"(《大人先生传》);嵇康认为"夫推类辨物,当先求自然之理"(《声无哀乐论》),又提出"君道自然"(《太师箴》),"越名教而任自然"(《释私论》),等等。郭象的《庄子注》也反复讲到"自然",并对道家所说"自然"的含义作了十分简明准确的陈述。他说:"天地以万物为体,而万物必以自然为正。自然者,不为而然者也。"(《逍遥游》注)魏晋玄学对"自然"的推崇也明显地影响到对玄学论辩作了极高评价的刘勰。

东晋至齐梁的佛学由于深受玄学影响,因此也常以"自然"的观念来解释佛学的思想。如慧远以"自然"解释因果报应,认为"罪福之应,惟其所感,感之而然,故谓之自然"(《明报应论》)。竺道生也以"自然"解释"顿悟",认为"夫真理自然,悟亦冥符","理数自然,如果熟自零"①。

梁时,与刘勰同时代的刘峻写了《辨命论》,时代晚于刘勰的朱世卿写了《性法自然论》,两者都以道家"自然"的观念来讲人的命运问题。前者说:"夫道生万物,则谓之道;生而无主,谓之自然。自然者,物见其然,不知所以然。"后者说:"夫万法万性,皆自然之理也。夫唯自然,故不得迁而贸矣。"两文均有某些愤世嫉俗之意,但最后都归结为一种平凡的宿命论。较之于也讲宿命论的郭象,浅薄多了。但由之可以看出,"自然"观念在梁时的影响仍然很大。

(三)刘勰的自然主义哲学

刘勰的自然主义哲学是同他的美学密切联系在一起的。但在这里我将着重分析刘勰的自然主义的哲学方面,而将美学问题放到本书第四章中加以专门的论述。

(1)思想渊源

刘勰博通典籍,他的自然主义哲学是在广泛地吸收前人思想基础上建立起来的。从刘勰自然主义哲学构成的思想渊源上看,有一个重要的特点,那就是以《易传》的自然主义为基础,同时又鲜明地吸取了

① 汤用彤:《魏晋南北朝佛教史》下册,中华书局 1978 年版,第 658～659 页。

道家"自然"的观念。此外,如前已指出,《淮南子》、扬雄、王充、魏晋玄学对"自然"的观念的强调、阐发,以至东晋以来佛学中的"自然"观念,都对刘勰有所影响。但刘勰的自然主义哲学在根本上是和《易传》一致的。由道家而来的"自然"这一观念之所以在刘勰的自然主义哲学中占有很重要的地位,是因为刘勰企图借助于这一观念来阐明《易传》的自然主义哲学和构成自己的自然主义哲学,而不是在根本上接受道家思想。

刘勰是大力主张"宗经"的,而在儒家经典中他最为重视的正是《周易》。在《文心雕龙·宗经》中,他首先标举的就是《周易》:"夫《易》惟谈天,入神致用。故《系》称旨远言文,言中事隐;韦编三绝,固哲人之骊渊也。"刘勰对于《周易》,从思想到文辞都无比赞美,并且敏锐地看出了它是"哲人之骊渊",即达到了哲人探求真理的极致。集中地表现了刘勰自然主义哲学的《原道》,极为明显地是依据《易传》的根本观点来立论的。连《文心雕龙》全书篇数的确定,也是"彰乎大易之数,其为文用,四十九篇而已"(《序志》)。除去《序志》之外,刚好四十九篇,符合于《易·系辞上》所谓"大衍之数五十,其用四十有九"的说法。

在刘勰之前,从汉代到魏晋,《周易》都是一本引起了极广泛的注意和研究的重要经典,对《周易》的研究已成为一门专门的学问。但是,汉人是着重从宇宙论角度来研究的,而魏晋的玄学家则是从道家哲学思辨的角度来研究,极少注意和宇宙论相关的具体问题。刘勰对《周易》的理解基本上与汉人相同,这表现在他对《周易》的看法上面。他说:"《易》惟谈天,入神致用"(《宗经》),明显把《周易》看作是一本"谈天"的著作,即与宇宙论相关的著作。这也正是汉代司马迁、董仲舒、扬雄、王充等人的看法。如董仲舒说:"《易》本天地"(《春秋繁露·五杯》),扬雄说:"说天者莫辨乎《易》"(《法言·寡见》)。由于刘勰像汉人一样从宇宙论的角度看《周易》,所以他不像玄学家那样通过对《周易》的研究、诠释去追求、论证一种超越形色名声的绝对自由的本体,而十分重视天地的运动变化及其所表现出来的丰富多彩的感性世界。下面我们还可以看到,刘勰对《周易》的具体解释也是同汉人的看法相关的。但是,刘勰又并未简单地否定玄学家对《周易》的研究。他称赞“王弼之解《易》,要约明畅,可为式矣”(《论说》)。实际上,刘勰的解《易》是吸取了玄学的研究成果的,比汉人解《易》更带有理论的思辨性。此外,王弼的《周易注》也已经开始用道家“自然”的观念来解《易》。如“损”卦“彖辞”注说:“自然之质,各定其分。短者不为不足,长者不为有余。损益将何加焉?”这很可能也影响到刘勰。

《周易》中的《传》,一些学者认为其思想源出于荀学。本书同意此种看法,这里不来详说。值得注意的是,推崇《易传》的刘勰,对荀子也作了极高的评价。他认为荀子的思想属于“纯粹”的儒家(《诸子》),又说“荀况学宗,而象物名赋,文质相称,固巨儒之情也”(《才略》)。刘勰《文心雕龙》对历史上不少人物的评价常常是有褒有贬,对于荀子则有褒无贬,赞美之情溢于言表。刘勰的哲学、美学思想,在不少方面融入了荀子的思想。此外,《易传》的思想同阴阳五行家的思想有明显的联系,而刘勰对阴阳五行家也甚有好感。他说:“驺子养政于天文”(《诸子》);又说:“邹子以谈天飞誉,驺奭以雕龙驰响。”(《时序》)但《易传》只讲阴阳,不讲五行,刘勰则对五行思想也给以肯定(见《书记》)。

(2)体系结构

以自荀学而来的《易传》为本,同时又吸取道家及其他各家的思想,刘勰构成了他自己的哲学。这个哲学的诸方面,虽然在表述上常常比较零散,分见于《文心雕龙》全书各章,但如加以一种总体的、综合的、系统的考察,即可见出刘勰是有自己的一个哲学体系的。

这个体系,有两个相互联系的基本方面:一个是“道”;另一个是“文”。“道”的方面包含了中国古代哲学所讨论的宇宙论、本体论问题。“文”的方面,包含了《易传》所讨论的“天文”、“人文”问题,当然也包含刘勰作了详细论述的文章、文学问题。但在刘勰的思想中,后一方面的问题是从属于前一方面的。因为刘勰是从《易传》所说“天文”、“人文”问题出发,导引出在文章、文学意义上理解的“文”的。这也是刘勰之所以可以看作是一个哲学家,他对文章、文学的论述之所以具有哲学的高度和深度的重要原因。而《易传》所说的“天文”、“人文”问题,本质上是从极广泛的意义来看的人类文化哲学问题。刘勰对这个问题十分重视,同时又具体讨论了作为文章、文学来理解的“文”的问题,因此刘勰的自然主义哲学有一个重要特征,那就是和文化哲学密切相关,可以看作是一种自然主义的文化哲学。这是他的自然主义哲学同中国历史上其他自然主义哲学不同之处。虽然“天文”、“人文”的思想是由《易传》提出的,但它在《易传》中所占的地位远不如在刘勰的思想中这样重要、突出。刘勰在论述“天文”、“人文”问题时提出了重要的哲学和美学思想。他在由“天文”、“人文”导引出文章、文学时,又涉及了“心”的作用,“心”与“物”、“言”(语言)的关系等问题,提出了一些具有认识论和美学意义的思想。总之,“文”(包括“天文”、“人文”和作为文章、文学的“文”)的问题是刘勰哲学中一个基本的,也是重要的方面,其中包含的思想是相当丰富的。

在“道”与“文”的关系上,刘勰从“道”引出“文”,认为“文”是“道之文”(《原道》),是“道”的显现和对“道”的彰明(《原道》:“因文以明道”)。“道”属于本体的范畴,“文”属于现象的范畴,但两者又是相通、一致、统一而不可分的。刘勰对“道”和“文”以及两者关系的论述,决不是一个仅仅和文学、文章相关的问题,而是一个有重要哲学意义的问题。因为它所涉及的首先不是文学、文章问题,而是“天文”、“人文”问题,“道”与“天文”、“人文”的关系问题。这实际上是宇宙的本体、规律同人类文化的产生和形成、实质和功能的关系问题。它是中国古代哲学所关注的一个重大问题。而一般所说的文学、文章问题,是从属于这个更为根本的问题的。①

从总体上看,一方面是“道”及与之相关的诸问题;另一方面是“文”及与之相关的诸问题,这两方面的统一就是刘勰哲学体系的构成。下面我们先来分析一下刘勰哲学体系的两个基本方面及其所涉及的种种问题,然后再对他的哲学的构成作一个更为具体的说明。

---

① 参见《“艺”与“道”的关系》,载拙作《艺术哲学》湖北人民出版社 1986 年版。

(3)“道”的分析

刘勰所讲的“道”是《易传》所讲的“道”,但又引入了道家的“自然”观念以及汉代王充等人所特别重视的“气”的观念,从而形成了具有刘勰自己的特色的“道”论。

刘勰是立足于《易传》来讲“道”的,这在他的《原道》中表现得十分清楚。刘勰说:“道沿圣以垂文,圣因文以明道,旁通而无滞,日用而不匮。《易》曰:‘鼓天之动者存乎辞。’辞之所以能鼓天下者,乃道之文也。”这都是直接来自《易传》的根本思想,其中所讲的“道”明显是《易传》所讲的“道”。此外,刘勰始终是和“文”相联系来讲“道”的,认为“道”与“文”不能分离,这也正是《易传》的基本思想,而明显不同于道家。道家只讲“道”,不讲“文”,当然更不把“文”与“道”相联。因为“文”是儒家所特有的概念,它包含着儒家所倡导的政治伦理、礼仪规范、文物典章,这正是道家所坚决反对的。在道家看来,儒家对“文”的重视追求破坏了人类应有的“自然”状态,也破坏了人所生活的外部自然界,不但是毫不可取的,甚至是一种罪恶。如儒家很重视各种器物、特别是礼器的制作、雕刻、文饰,而《庄子·马蹄》中说:“夫残朴以为器,工匠之罪也。”从道家发展而来的魏晋玄学,虽然不像道家那么强烈地否定“文”,但同样不把“道”与“文”的关系作为自己所讨论的基本问题。仅就刘勰对“道”与“文”的关系的看法来看,也可见刘勰所讲之“道”是《易传》之“道”,不是道家、玄学之“道”。

《易传》所说的“道”,相对于作为它的外在表现的“天文”、“人文”来说,明显具有本体论的意义。因为“天文”、“人文”都是“道”的“象”,属于有“形容”可见可拟的“形而下”的“器”,而不是不可见不可拟的“形而上”的“道”(见《易·系辞》)。对此,刘勰也曾指出:“夫形而上者谓之道,形而下者谓之器。神道难摹,精言不能追其极;形器易写,壮辞可得喻其真。”(《夸饰》)这是和《易传》相同的看法。但又已加入了刘勰对语言文学的看法。这一点,后面再谈。

《易传》以“形而上”的“道”为本体,但它对“道”的了解与道家很不相同。这种不同,主要表现在以下几个方面。对于这些方面,刘勰也都有所阐发。

第一，道家所说的“道”是产生万物并存在于万物之中，但又是不可以名言加以规定的；《易传》之“道”则不同，它是有着完全明确的规定的。《易传》说：“《易》之为书也，广大悉备：有天道焉，有人道焉，有地道焉。”（《系辞下》）又说：“立天之道，曰阴曰阳；立地之道，曰柔曰刚；立人之道，曰仁曰义。”（《说卦传》）这里，“天道”与“地道”合起来就是自然界的“道”，“人道”则是人类社会之“道”。所以，就《易传》之“道”本身而言，并没有什么不可名言的东西，它就是自然界的阴阳刚柔的变化之“道”和人类社会的仁义之“道”。而后者又是从前者而来的，因此“天道”、“地道”、“人道”是完全统一的，其中最高的是阴阳变化之“道”，因此，《易传》又说：“一阴一阳之谓道。”（《系辞上》）和道家比较起来，道家把“道”看作是不可名言的，其意义是要强调“道”具有一种不为任何个别有限事物所限定的无限性，因此“道”存在于个别有限事物中，但又是超越个别有限事物的自由、无限。就这方面说，道家（以及玄学）之“道”包含着对自由、无限的深刻理解。但由于对个别有限事物采取完全不经心的超越的态度，结果又只能达到黑格尔所指出的那种东方式的“渺茫的无限”①《易传》对于“道”作了完全明确的规定，相对于道家来说，它把“道”有限化了，但同时又把“道”具体落实到了现实的自然和社会人生之中。道家虽然是中国古代自然主义哲学的鼻祖，并且热烈地赞美自然，但实际上仍是用一种超越的态度去对待自然。只有从荀学而来的《易传》的自然主义才真正是立足于现实的自然的。这是《易传》的自然主义的伟大之处。刘勰充分地体现了《易传》的这种精神，并且发展了这种精神。这不仅表现在他应用《易传》关于“道”的思想来说明文学，更重要地是表现在他提出和强调了“自然之道”。关于后者，将在下面加以论述。关于前者，这里只简单举出一个例子。如《易传》说：“天地设位而易行乎其中矣。”（《系辞上》）又说：“刚柔者，立本者也。变通者，趣时者也。”（《系辞下》）刘勰据此提出了他的文学理论：“情理设位，文采行乎其中。刚柔以立本，变通以驱时。”（《镕裁》）这是不是一种简单的套用、比附呢？不是的。关于这

① 黑格尔：《哲学史讲演录》第1卷，三联书店1956年版，第117页。

个问题，我们将在评述刘勰的美学思想时再作较详细的讨论。

第二，《易传》对“道”作了完全明确的规定，但又没有把“道”变成一种简单机械地就可以把握的东西。相反，它强调指出，“神无方而易无体”，“阴阳不测之谓神”（《系辞上》）。“道”的显现无方无体，变化莫测，但又是可以通过人的创造性的努力而认知的，所以《易传》说：“知变化之道者，其知神之所为乎。”（《系辞上》）又说：“穷神知化，德之盛也。”（《系辞下》）在《易传》看来，“道”的变化是“无常”的，“不可为典要”（同上）的，但又是“至赜而不可恶”，“至动而不可乱”（同上）的，亦即合规律的。承认自然变化的合规律性，是自然主义哲学的一个特点。《易传》同样承认它，但又不把它视为一种简单机械的规则，这是一大优点。刘勰也充分理解和发挥了这一思想。他说：“阴阳盈虚，五行消息，变虽不常，而稽之有则也。”（《书记》）他又把这一思想应用于解释文学的创造，提出“设文之体有常，变文之数无方”（《通变》），“诗有恒裁，思无定位”（《明诗》）等切合文学创作实际的思想。

第三，在道家，“道”是“无为”的，一切纯任自然，“辅万物之自然而不敢为”（《老子》第64章）；在《易传》，“道”是有为的，它要求人的自强不息。“富有之谓大业，日新之谓盛德，生生之谓易。”“君子将有为也，将有行也，问焉而以言，其受命也如响。”（《系辞上》）君子不怕艰难险阻，“险在前也，刚健而不陷，其义不困穷矣”（《需卦彖辞》）。《易传》也说过“易，无思也，无为也，寂然不动，感而遂通天下之故”（《系辞上》）。但这是形容“易”的作用的神妙，并非教人无为。而且这种神妙的作用，目的是为了“通天下之故”。《易传》十分关心“天下”，“道”的最终目的是为了“举而措之天下之民”，“鼓天下之动”（同上）。《易传》充满刚健进取的精神，这是中华民族的伟大精神。刘勰对这种精神有深刻的理解与体验，并把它变成了自己的人格精神（详下章），贯彻到了他的全部文学、美学思想之中。“风骨”论的创立，“通变”说的阐扬，都是这种精神的鲜明而深刻的体现。关于“风骨”，将另行讨论，这里只来略说“通变”问题。刘勰认为“通变无方，数必酌于新声。故能骋无穷之路，饮不竭之源”。“文理之数”是没有穷尽的，有些人不能作出新的创造，并不是因为“文理之数”已尽，“乃通变之术疎耳”。刘勰最后说：“文律运周，日新其业。变则堪久，通则不乏。趋时必果，乘机无怯。望今制奇,参古定法。”(引文均见《通变》)这里洋溢着一种来自《易传》的果敢的变革创新精神,深信文学的创造是没有止境的。在《文心雕龙》中,这种精神在许多地方实际上已压倒了刘勰那种具有保守性的“宗经”精神。

刘勰说过:“知音其难哉！音实难知,知实难逢,逢其知音,千载其一乎!”(《知音》)在魏晋南北朝时期,刘勰可以说是《易传》的真正的知音。虽然王弼当时被看作是研究《周易》的权威,刘勰也对他作了肯定的评价,但王弼实际上是把《周易》当作一种重要的思想资料来建构阐发他的玄学。对于《周易》中那种立足于现实的自然和社会人生的积极进取之“道”,他是很隔膜的,干脆把它取消了。在他的眼里,《周易》在根本上是一本讲道家、玄学所说的“无为”的书。这完全不符合《周易》实际具有的思想。尽管王弼通过对《周易》的诠释而发挥出了不少很为重要的哲学思想,但在把握《周易》实际具有的思想的精神实质上,他远不及刘勰。

刘勰决不仅仅是《易传》原有思想的宣扬者,他对《易传》思想的理解是创造性的。他将《易传》的思想应用于对文学的解释也不是一种简单的教条式的套用,而是已经融会贯通,成了他自己的思想的血肉。特别重要的是,他在《原道》中用“自然之道”的观念来阐发《易传》的思想,这是对《易传》自然主义哲学的丰富和加深。

“自然之道”这一观念不是刘勰首先提出的。从我们前面对中国古代自然主义哲学的简略回顾中可以看出,至迟在扬雄那里已开始有了这种说法。至于它的含义,在刘勰之前也早已有许多人作了很明白的解释。所谓“自然”,意即自然而然,它是和人为的概念相对立的。“自然之道”,意即说自然而然是事物产生、变化的根本法则或规律。“自然”作为一个哲学概念由道家首先确立。但在道家那里,它不但是和人为相对立的概念,而且是排斥和否定人为的。刘勰在魏晋以来,“自然”这一概念在哲学以至佛学中影响很大的情况下吸取了这一概念,同时又去除了道家所赋予它的排斥、否定人为的含义,用它来阐明《易传》所说“天文”、“人文”的产生和变化。如在说明“龙凤以藻绘呈瑞,虎豹以炳蔚凝姿”这种显然是《易传》也言及了的属于“天文”的现象时,刘勰说:“夫岂外饰,盖自然耳。”在讲到“人文”的产生时,刘勰又说:“心生而言立,言立而文明,自然之道也。”①(引文均见《原道》)《易传》所讲到的“河图”、“洛书”,刘勰也认为其产生是自然而然的,不是人为的。他说:“河不出‘图’,夫子有叹,如或可造,无劳喟然。”(《正纬》)这和我们前面已指出王充在《论衡·自然》中的看法是相同的。本来,就《易传》而言,细审它的种种论述,实际上也认为天地万物、“天文”、“人文”的产生是自然而然的。但很可能是因为自先秦以来,“自然”这一概念专属道家,明确地意味着“无为”,同《易传》所主张的“有为”的思想刚好相反,所以《易传》全书无一处使用“自然”这一概念。而刘勰不为《易传》所束缚,引入这一概念来说明“天文”、“人文”的产生,这就使《易传》的自然主义哲学思想在新的历史条件下,从理论上得到了更鲜明、更深刻的说明和论证。与此同时,刘勰又仍然坚持着《易传》的积极有为的思想,认为“爰自风姓,暨于孔氏,玄圣创典,素王述训,莫不原道心以敷章,研神理而设教,取象乎河洛,问数乎蓍龟,观天文以极变,察人文以成化;然后能经纬区宇,弥纶彝宪,发挥事业,彪炳辞义”(《原道》)。这些话,再也清楚不过地表明,用“自然之道”来诠释《易传》的刘勰,一点也没有脱离《易传》那种面向现实社会人生的奋发进取的精神。这又使得在魏晋南北朝这一历史时期,刘勰所讲的“自然之道”既不同于王弼等玄学家所讲的“无为”之“道”,也不同于刘勰的同时代人刘峻、朱世卿所讲的完全是宿命论的“自然之道”。刘勰在当时的思想界独树一帜,达到了当时所能达到的最高的思想境界。

除引入“自然之道”外,从《文心雕龙》全书可以看出,刘勰十分重视汉人的观点,特别是从王充而来的“气”的观念。他对王充《论衡》中的《气寿篇》(刘勰称为《养气》)给了很高评价,认为“验己而作,岂虚造哉!”(《养气》)“气”也是刘勰用以论文学的一个根本性的概念,《文心雕龙》全书鲜明地体现了刘勰所说的“重气之旨”(《风骨》)。本来,细审《周易》,它也是以阴阳二气的交互作用来说明天地万物的生成变化的。被《易传》视为最高概念的“太极”(刘勰在《原道》中也述及了它),实际是包含着阴阳的混沌未分的元气。对此,我在《中国美学史》

① 这是《易传》未论及,而由刘勰独立提出的一个重要思想。详后。

第2卷已作了分析论证①，这里从略。但是，《周易》对天地万物的生成变化的看法虽然包含着“气”的观念，却又是隐而不显的，并没有把“气”作为一个根本范畴来看待。到了汉代，《周易》受到很大重视，许多人从宇宙论的角度来具体研究它，极大地强调了“气”的观念。王充在《论衡·谈天》中说：“说《易》者曰：‘元气未分，浑沌为一。’”这是当时占主导地位的看法。王充本人也正是用自然元气来说明天地万物和人的产生的最重要的代表。他认为“天地，含气之自然也”（《谈天》）。“形须气而成”，“精神本以血气为主，血气常附形体”（《论死》）。这些看法，给了刘勰以直接的影响。如刘勰说：“情之含风，犹形之包气。”（《风骨》）“才力居中，肇自血气。”（《体性》）“声含宫商，肇自血气。”（《声律》）“才有庸儁，气有刚柔。”（《体性》）“精理为文，秀气成采。”（《征圣》）都显然与王充的看法相近、相同。刘勰把“气”提到重要位置，以之来解释《易传》的思想，这又从一个重要的方面丰富、深化了《易传》的思想，并使《易传》的自然主义哲学思想更为清晰、具体而易于理解。刘勰在《原道》中讲了“天文”、“人文”的产生出于“自然之道”，没有明确讲“气”的问题，但他说人“为五行之秀”，在上引《征圣》中又说“精理为文，秀气成采”，并且在《文心雕龙》各篇中广泛地讲到文章和作为文章的创造者的人与“气”的密切关系。由此可以看出，刘勰所说的“自然之道”是和“气”不能分离的，从而也是和“天文”、“人文”的产生不能分离的。这是对《易传》的更深入的阐释，是刘勰研究《易传》的创获。

如前已指出，《易传》认为“一阴一阳之谓道”。刘勰从三个方面创造性地诠释了《易传》所说的“道”：第一，他依据“自然之道”的概念，十分明确地指出了“道”产生天地万物是自然而然的，非人为的。从而，自然界（天地万物）的生成变化也是自然而然的，只能从自然界本身去加以说明。这是较《易传》远为明确的自然主义观点。第二，刘勰把“自然之道”和王充所讲的自然元气论结合起来，认为天地万物以及人本身都是由“气”所产生、形成的。因此，“自然之道”也就表现在

① 参见该书第664～676页。

"气"的运行、变化有它自身的、自然而然的、非人为的规律、道理。这又把《易传》的自然主义哲学更为明确、具体、清楚地放置在物质性的"气"这一根基之上。第三,《易传》虽然认为"天文"、"人文"都是由"道"所产生的,但它并没有明确、集中地论述"道"如何产生"文",以及"道"与"文"的相互关系。对此,刘勰作了重要的发挥。这留待下面再作详细的讨论。

除以上所说之外,在对《易传》之"道"的理解上,刘勰还论述了《易传》的另一个重要思想。这就是认为由"道"而产生的天地万物的变化,既是一种自然现象,但同时又包含着和向人启示着与人事吉凶、国家兴亡相关的种种重大而深远的道理。所以,《易传》提出"观乎天文以察时变"(《贲卦彖辞》)和"神道设教"(《观卦彖辞》)的思想。八卦的制作就是古之王者庖牺氏"观天文以察时变"的产物,也是"天地变化,圣人效之。天垂象见吉凶,圣人象之"(《系辞上》)的产物。八卦是一些象征性的符号,它既指称着各种自然现象,同时又被认为启示了某种和人事政治相关的重大道理。所以,它被认为具有"以通神明之德,以类万物之情"的无比重大的作用。关于《易传》的这些思想的实际意义,我们在下面还将加以讨论。这里要指出的是:由于《易传》认为天地万物的自然变化含有和人事政治相关的重大意义,因此《易传》所说的"道",既是天地万物自然变化之"道",又是人事政治伦理之"道",两者是合一而不可分的。刘勰在《原道》中论述了上述《易传》的思想。他说:"人文之元,肇自太极,幽赞神明,《易象》为先。庖牺画其始,仲尼翼其终。""道沿圣以垂文,圣因文以明道。"这里包含有刘勰对"人文"的产生以及"道"与"文"的关系等下面我们将要讨论的问题的重要看法。仅就对"道"的看法而言,刘勰完全赞成《易传》认为天地万物的自然变化之"道",同时也就包含了人事政治的伦理之"道"这一根本思想。但是,从《文心雕龙》的其他篇章来看,刘勰认为"圣训宜广,神教宜约"(《正纬》)。又说君子"忠信可矣,无恃神焉"(《祝盟》)。由此看来,刘勰虽然赞成《易传》的"神道设教"的思想,即赞成天地万物的自然变化包含有和人事政治相关的重大道理,但他认为这种"神教"不宜太多,更重要的还是"圣人"关于政治伦理的各种明显可知的教训。对于君子来说,最重要的也是恪守"忠信",而不是对神的盟誓祝告。所以,较之于《易传》,刘勰对"道"的理解更少神秘色彩,更多理性精神。这也是刘勰的自然主义哲学比《易传》更为优越之处。尽管刘勰是相信佛学的,但他实际只把佛学看作是一种有利于补充、实行儒学的思想,并且主要是把它作为一种思想学说、人生哲理来加以研究的,不同于世俗的一般的宗教信仰者(详本书《佛学思想》章)。

(4)"文"的分析

关于"文"的问题,主要包含这样三个方面:"文"的含义与功能、"文"的产生、"文"与"道"的关系。刘勰对这三个方面的看法都来自《易传》,但又作了重要的创造性的发挥。

"文"是儒家思想的带有根本性的重要概念,《易传》极大地发展了它。《易传》所说的"文"具有三重含义:第一,指天地万物存在和变化的种种形态、形象。如《系辞下》中所说庖牺氏"仰则观象于天,俯则观法于地;观鸟兽之文与天地之宜,近取诸身,远取诸物",所指的即是观察天地万物存在和变化的种种形象。这里直接提到了"鸟兽之文",但"文"这一概念不仅指鸟兽皮毛的花纹,而且还泛指天地万物存在变化的种种复杂形象。所以《系辞上》又说:"易与天地准,故能弥纶天地之道。仰以观于天文,俯以察于地理。"这里的"天文"之"文"显然包含天地万物存在变化的种种形象、形态在内。第二,指依据天地万物存在变化的种种形象而制作出来,用以察知、判定人事吉凶祸福的卦象。也就是上文已指出过的"天垂象见吉凶,圣人象之"。由于八卦是由线的重叠错置组成的,故称为"文"。第三,指"圣人"用以阐明封象所具有的吉凶祸福含义的语言文字,也称之为"辞"。"文"所具有的这三层含义是互相联系的,《易传》又对它作了一个基本的区分,把指天地万物存在变化的形象这一意义上的"文"称之为"天文",而把后两层意义上的"文",即卦象和解释卦象的文辞称之为"人文"。但根据《易传》的根本思想,"天文"本身就是具有重大的政治伦理意义的,"人文"当然更是如此。所以,"人文"这一概念也可泛指儒家所说的政治伦理、礼仪规范、文物典章,等等。总之,它就是在一种广泛的意义上了解的人类文化。而所谓"天文"的观念,认为自然现象的存在变化具有和人事政治密切相关的重大意义，明显保存了远古对自然的迷信观念，但同时又深刻地体现了人类的生存和人类的整个文化的发生和形成都与自然不能分离这一极为重要的思想。所以，“天文”虽然是指自然现象，不同于人类所创造的“人文”，但就其与人类的生存和人类整个文化的发生形成不能分离而言，它也是人类文化的一个基本的、重要的、不可缺少的组成部分。在这意义上，“天文”之“文”也具有“人文”之“文”的含义。

中国哲学自古以来高度重视文化问题，中国确乎是一个“文化中国”①。上述政治伦理、礼仪规范、文物典章等等问题，是历代哲人不断在讨论着的。但只有到了《易传》，文化问题才被提到了哲学的高度，得到了系统的哲学论证。《易传》关于“天文”、“人文”的理论是中国古代最有系统的文化哲学，同时也是一种自然主义的文化哲学，即把自然看作是人类文化产生的根源，主张人类文化是与自然不可分离的。这在现代仍然有其不可忽视的重大意义。

被人们看作是单纯的文学理论家的刘勰，他首先关注的是文化问题，因为他是把文学作为整个中国文化的一部分来加以观察研究的。他的“宗经”思想，一方面具有保守性；另一方面又鲜明地表现了刘勰对中国古代文化的热爱与高度重视。他认为五经“含文”(《宗经》)，“经”是中国文学的源头，这一思想有其不可否认的合理性。他的“正末归本”(《宗经》)，“还宗经诰”(《通变》)的思想，既保守，但又有使文学的发展不脱离中国文化的深厚根基的意思。这一点，对当代中国文学的发展来说，仍有其值得注意的意义。

由于刘勰既是根据《易传》的思想来探讨文学问题的，同时又把文学问题看作是整个文化问题的一部分，因此他对《易传》关于“天文”、“人文”的思想给以了高度的重视。他的《原道》是讲“道”，但目的是讲“文”，并且是从“文”的问题开始的。刘勰开宗明义就说：“文之为德也大矣，与天地并生者何哉！”这句话很重要，但历来鲜有解之而能妥

① 参见傅伟勋先生在《哲学与宗教》1～3集中的论述。

帖、通畅者①。这里的“文”是指《易传》所说的“天文”、“人文”，它包含一般所说的文学、文章，但不是仅指文学、文章。由于从“天文”可以“察时变”，由“人文”（卦象及解释卦象的文辞）可以“通神明之德”，“类万物之情”，所以刘勰说“文之为德也大矣”。这里对“文”之“德”的赞美，在句式上与《易传》中所说“蓍之德圆而神，卦之德方而知”（《系辞上》）类似。“文之为德”的“德”，应释为“文”具有的功能、属性。由于“天文”为天地万物所本有，“人文”又是以“天文”为根据和源于“天文”的，所以刘勰说“文”是“与天地并生”的。当然，“人文”是在天地万物产生后，由人创造出来的，因此难于说“人文”也“与天地并生”。这一点，《文心雕龙》的注释者、研究者常常感到困惑。我认为如从“人文”的始基、根源上看，刘勰的说法仍可讲通。说“人文”“与天地并生”，即是说“人文”的产生與天地的产生不能分离。就在《原道》中，刘勰又说过“人文之元，肇自太极”的话，把“人文”的产生追溯至天地未生之前混沌未分的元气，这也仍是从“人文”产生的终极根源来说的。②

刘勰《原道》开宗明义的第一句话提出了两个问题，一个是“文”的功能的问题，另一个是“文”的产生的问题。

在《易传》，它所说的“文”，不论“天文”、“人文”，其首要的重大的功能在于能够显示与人事政治相关的重大道理，这是《易传》反变地加以强调的。但是，自古以来儒家所说的“文”又是同美、饰相联的。《论语》中所说“文质彬彬”之“文”，显然有美、饰的意思。《易传》也继承了这种思想，如《革卦象辞》中说：“大人虎变，其文炳也。”“君子豹变，其文蔚也。”这里的“炳”、“蔚”均有美意。但在整个《易传》中，“文”和美相关这个方面的意义，只在个别地方附带涉及，是隐而不显的。刘勰

① 我在《中国美学史》第2卷中的解释现在看来也有毛病，这里的解释是对过去的解释的修正。

② 这里的说法是对的，但看起来仍有些夹缠不清。实际上，《周易》在《序卦传》中已明确指出：“有天地，然后有尤物；有万物，然后有男女。”既然如此，那么不论“天文”与“人文”当然都只能是“与天地并生”，既不能离开天地而产生的了。——作者注校

则不同,他一方面完全肯定“文”具有重大的政治伦理意义,另一方面又空前地突出了“文”的美的意义。他以很多美丽的文词,热情洋溢地描绘了“天文”之美。如:“玄黄色杂,方圆体分,日月叠壁,以垂丽天之象;山川焕绮,以铺地理之形。”“傍及万品,动植皆文。”“龙凤”之“藻绘”、“虎豹”之“炳蔚”、“云霞雕色”、“草木贲华”、“林籁结响”、“泉石激韵”,都是无比美丽的。天地日月,山川草木,飞禽走兽,泉石流水,虽然都是“无识之物”,但都“郁然有彩”,人为“有心之器,其无文欤?”。显然,这和《易传》中所描绘的“天文”世界很不相同。《易传》中的“天文”世界虽然也含有美,但同时又是一个处处充满政治伦理意义,并深奥难知地预示着人事吉凶祸福的世界,连一只飞鸟也有着显示吉凶的意义。“飞鸟以凶,不可如何也。”(《小过象辞》)刘勰不否认“天文”有人事政治的意义,但他描绘的“天文”世界却首先是一个美的世界,一个给人以感官的快适、审美的愉怡的世界。刘勰极大地强调了“天文”亦即大自然的种种形象对人所具有的审美的意义和价值,这是对《易传》的“天文”观念的丰富和发展,也是魏晋以来“文的自觉”的表现。中国哲学自古以来很为重视大自然对人所具有的审美的意义与价值,这是一大优点。但像刘勰这样热烈地赞美大自然的美,并给以一种宇宙论的哲学论证,在历代思想家中没有第二人。他在《原道》中对大自然美的那种具有鲜明生动的绘画感和音乐感的,光华而轻妙的描绘,是很为难得的。把他对天地日月、云霞草木、龙凤虎豹、山林泉石的描绘合而观之,正是一幅全景式的大自然的美的图画。①

对“文”的产生的问题,如前已指出,刘勰是用“自然之道”加以说明的。刘勰说:“云霞雕色,有逾画工之妙;草木贲华,无待锦匠之奇;夫岂外饰,盖自然耳。”这是就“天文”的产生而言的,清楚地说明“天文”不是人工的作为的结果,而是自然而然地生成的。这种思想显然受到道家的影响。《庄子》书中一再赞叹“道”“雕琢万物而不为巧”(《大宗师》)。这就是说,万物如“雕琢”而成,但“道”的生出万物却完

① 但是,同我在《中国美学史》第1卷所说《易传·乾卦》对天地的那种具有崇高感的描绘此较起来,两者的趣味是不同的。

全是自然无为的,不是有意地“雕琢”的结果。《韩非子》、扬雄《法言》中也都有类似的思想,即认为万物是自然而然地生成的,不是“天”加以雕琢的产物。王充《论衡·自然》也认为“草木之生,华叶青葱,皆有曲折,象类文章”,但不是“天为之”,而是“自为生”,“物自然”。由此可见,刘勰的思想有长远的来源。这一类思想都是典型的自然主义思想,即主张用自然的原因去说明自然,认为自然事物的合规律性和合目的性的感性表现是由自然本身决定的。虽然这种思想并非刘勰首创,但如前所述,当刘勰把“自然之道”的思想和《易传》关于“道”的思想联系起来,并以之说明“天文”、“人文”的产生时,刘勰就引入了对《易传》哲学的一种新的理解,丰富和深化了《易传》的思想。

刘勰对“人文”的产生的说明比他对“天文”的产生的说明要复杂得多。刘勰说:“仰观吐曜,俯察含章,高卑定位,故两仪生矣;惟人参之,性灵所钟,是谓三才。为五行之秀,实天地之心,心生而言立,言立而文明,自然之道也。”(《原道》)这里,对天、地、人(所谓“三才”)的产生的说明显然来自《易传》,但人是“性灵所钟”,“为五行之秀,实天地之心”的说法又是来自《礼记》,意思是说人是宇宙间有意识的、最灵的存在物①。在《序志》中,刘勰更为明确地指出:“夫肖貌天地,禀性五才,拟耳目于日月,方声气乎风雷,其超出万物,亦已灵矣。”刘勰认为人产生于自然界,但又超出自然界的万物,这就是他对人在宇宙中的地位的看法,也是在刘勰之前许多思想家所共有的看法。中国哲学有很强的自然主义传统,但同时又经常是人本主义的,充分地肯定着人在自然中的崇高地位。此外,值得注意的是,刘勰认为人“为五行之秀”,在《礼记·礼运》原文中,“五行之秀”作“五行之秀气”;再参之以刘勰在《征圣》中说“精理为文,秀气成彩”,在《丽辞》中说“气无奇类,文乏异彩”,可知刘勰认为人是由“气”所生,“文”亦由“气”所生。如前已述及,这是刘勰用“自然之道”说明“天文”、“人文”产生的一个重要之点,即认为“天文”、“人文”均由“气”的自然而然的运动变化所生。但

① 参见《中国美学史》第2卷,中国社会科学出版社1987年版,第692~693页。

是，“人文”的产生不能离开人，所以为了说明“人文”的产生还须说明人的产生。刘勰以“五行之秀气”说明人的产生，又说人是“有心之器”，不同于自然界的“无识之物”，明确肯定了人有自然的形体（“器”），同时又有“心”即有意识。这也就是说，人作为自然物与其他自然物的区别在于人是有意识的。这也是在刘勰之前不少思想家，特别是刘勰极为推崇的荀子，以及刘勰甚为赞赏的王充的看法。刘勰肯定了人是“有心之器”，于是由“心”而引出“文”（“人文”）的产生，提出“心生而言立，言立而文明”的命题。刘勰认为这也是“自然之道”，即自然而然地发生的。天地生出了人，有人就有“心”，有“心”就有“言”，有“言”就有“文”。

这种看法是十分素朴的，但又有其不可否认的合理性、深刻性。就像刘勰的每一看法都有其思想的来源一样，他的这一看法也是如此。我们知道，《左传》已讲了“立言”的问题。《乐记》已提出“乐者，生人心者也。情动于中，故形于声，声成文，谓之音”。扬雄的《法言》也已说过：“言，心声也；书，心画也。”（《问神》）但是，明确地把“心”—“言”—“文”联系起来，并以之对“文”的产生作一种发生学的解释，这无疑是刘勰的独创。在刘勰的这一说法中，包含有一些重要的哲学问题，我们将在下面另行论述。

刘勰除了从人的产生以及人的“心”、“言”与“文”的联系来说明“文”的产生之外，他还从宇宙的起源上来追溯“文”的产生。这是刘勰论“文”的产生的另一条思路。他说：“人文之元，肇自太极，幽赞神明，《易象》惟先。庖牺画其始，仲尼翼其终。而乾坤两位，独制《文言》。言之文也，天地之心哉！”（《原道》）刘勰认为“人文”的本元始于天地未生之前的“太极”即混沌未分的元气，这是因为按《易传》的看法，天、地、人（即所谓“三才”或“三极之道”）是本于“太极”的。由“太极”生“两仪”（天地），“两仪”生“四象”（四季），然后才有用以“幽赞神明”的卦象的产生。卦象的意义需要用语言文辞加以解释，于是就产生了文章、文学。刘勰又根据古来的说法，以为解说卦象的“十翼”为孔子所作，而孔子又于乾、坤两卦“独制文言”，即以具有文学性的美的语言去加以解释，由此刘勰得出结论：“言之文也，天地之心哉！”即认为文学的言是"天地之心"的表现。其所以如此,既因为人是由天地所生与"无识之物"不同的"有心之器",还因为孔子"独制"的"文言"是赞颂乾、坤两卦即天地的,而且孔子在刘勰看来是天地间最伟大的人物,"自生人以来,未有如夫子者也"(《序志》)。这种种说法显然有牵强之处,但终究又包含着自然主义哲学的有其合理性的思想,即企图从自然界的产生、形成中去追寻文学、文化的最初起源。

在"文"与"道"的关系问题上,刘勰在描绘天地、日月、山川的"文"(即"天文")之后指出:"此盖道之文也。"在讲到作为文学、文章(即"人文")时又指出"《易》曰:'鼓天下之动者存乎辞。'辞之所以能鼓天下者,乃道之文也。"(引文均见《原道》)这就是说,不论"天文"或"人文"都是"道之文"。这种看法虽然已包含在《易传》中,但《易传》并没有这样明确地说过。而且,刘勰的说法已同对文学的本质、功能的认识直接联系起来了。所以,以"文"为"道之文",是刘勰的独创,虽然也很可能受到他所推崇的荀子的某些言论的启发。①

以"文"为"道之文",包含有两重应加区别的意思。一是指"文"为"自然之道"的产物,即"文"是"道"自然而然地生成天地万物的结果;二是指"文"显示了儒家的社会政治伦理之"道"。但这两者又是完全统一的,因为如前已指出,在刘勰所祖述的《易传》看来,天地万物的自然而然的变化本身同时就包含了和人事政治相关的重大意义的显示。《易传》高度重视自然,同时又赋予了自然以政治伦理道德情感的意义,自然与人事完全打成一片。所以,以"文"为"道之文",即是说"文"既是自然界的、非人为的运动变化的法则或规律("自然之道")的表现,同时又是人事政治伦理道德的表现,两者是一而二,二而一的。

就"天文"而言,如刘勰在《原道》中所描绘的"龙凤以藻绘呈瑞,虎豹以炳蔚凝姿",既是刘勰所说"自然之道"的表现,同时又明显具有和人事政治相关的伦理道德意义。刘勰对其他也属于"天文"的现象的描绘,仔细推求起来也都或显或隐地具有和人事政治、伦理道德相关的意义。说"天文"是"道之文",也就是说自然界的存在及其变化的形

① 参见《中国美学史》第 2 卷,中国社会科学出版社 1987 年版,第 698 页。

态、形式,既显示了自然界的、非人为的合规律性与合目的性,同时又显示了同人类社会生活相关的种种意义,因此,自然界的存在及其变化的形态、形式,既是为自然本身的法则、规律所决定的,同时又不是与人无关的单纯的"物质"现象,而具有和人的存在相关的种种意义。较之于西方某些仅从自然科学的观点去看自然的自然主义,这种看法要深刻得多。尽管在现代科学发展的条件下,像《易传》那种简单地把人和自然加以比附的做法是很为幼稚的,甚至是可笑的,但深入研究自然对人的存在的意义,特别是对人的内在精神生活的意义(这一点也正是中国古代哲学很为重视的),仍然是现代自然主义哲学的一个重要任务。

就"人文"而言,说"文"是"道之文",首先是说"人文"的创造是根源于自然的,是"自然之道"的产物;其次是说"人文"表现了由"自然之道"产生的天地万物所显示出来的和人事政治相关的重大意义。"人文"是人类所创造的文化的总称,但在《易传》和刘勰看来,它的创造是根源于自然界的,它所具有的内容是不能脱离自然界的。如前所说,这同样是一个有其不能忽视的合理性和深刻性的观点。

更进一步来看,刘勰以"文"为"道之文",包含有以"道"为本体,"文"为现象的意味。而"道"是"自然之道"与政治伦理之"道"的统一(前者是基础),亦即自然与人的统一,因此作为现象的"文",也就是人与自然的统一的现象形态。由此可以看出,《易传》以及刘勰是以人与自然的统一作为文化的本体的。这是中国古代文化哲学的一个极为重要的根本观点。就具体的文学创造而言,刘勰的以"文"为"道之文"的看法,肯定了"文"与"道"的内在的一致性、不可分离性,和那种把"文"与"道"的关系看作是一种外在的关系的观点很不相同。此外,刘勰的这种看法显然要求文学家不要停留在"文"上,而要去追寻那使"文"得以产生,并赋予它以真正的价值的本体——"道"。从这方面看,刘勰的"文"为"道之文"的观点,也可看作是一种文学的本体论。

"文"既然是"道之文",因此在刘勰看来,"人文"的根本的功能,作用就在于"明道"。但这里所说的"明道"之"明",决非我们现在所讲的"说明"之意,而是彰明、昌明、光大的意思。"明"是《易传》中的一个重要概念,它和美有密切关系(详见本书"美学思想"章)。刘勰说以“文”“明道”，指的是用美丽辉煌的文词去彰明、光大“道”，使之为天下、后世所知所法。这也就是刘勰所说“写天地之辉光，晓生民之耳目”，“光采玄圣，炳耀仁孝”（《原道》）。但刘勰把“文”的作用局限在彰明儒家之道上，这是他整个思想不可避免的一个弱点。

（5）“心”的问题

在中国哲学史上，“心”的问题有着很为重要的意义。这个问题包含两个相互联系的方面，一个是“心”与“性”、“理”的关系问题，另一个是“心”与“物”的关系问题。围绕着这两个问题，中国哲学提出了一系列相当系统的理论。在刘勰的思想中，“心”的问题也占有重要地位。仅从他的最重要的著作以《文心雕龙》为名，即可见出他对“心”的问题的重视。

刘勰所祖述的《易传》很少讨论“心”的问题，但在“复卦”的“彖辞”中讲到了“天地之心”这一重要概念。刘勰对“心”的问题的认识和《易传》相关，但看来更重要的是受到荀子影响。刘勰从“天地之心”、“道心”、“文心”几个方面讨论了“心”的问题。其中，“文心”这个概念是由刘勰首先明确提出的，是他的独创，明显丰富了中国哲学对于“心”的问题的认识。

刘勰认为人“为天地之心”，他的这种看法包含两层意思。一是指人是自然界（天地）的产物；二是指在自然界的万物中，人是有意识的、最灵的存在物。这一点前面已经论及，现在需要加以强调的是：刘勰是从自然界出发来看“心”的问题的，他把人看作是和“无识之物”不同的“有心之器”，即看作是有意识的自然存在物。这是刘勰自然主义哲学的鲜明表现，具有重要意义，避免了西方哲学常将“心灵”与“肉体”割裂开来的错误。从思想渊源上看，可能同《荀子·天论》所说“天职既立，天功既成，形具而神生”，“心居中虚，以治五官”有关。

刘勰在《原道》中讲到了“原道心以敷章”，又说：“道心惟微，神理设教。”“道心惟微”的说法见于《书·伪大禹谟》，实际在《荀子·解蔽》中已有引自《道经》的“人心之危，道心之微”的说法。此外，《荀子》中多次讨论了“道”与“心”的关系，如《解蔽》中说：“治之要在于知道。人何以知道？曰：心。”次篇《正名》中又说：“辩说也者，心之象道也。心也者，道之工宰也。道也者，治之经理也。心合于道，说合于心。”由此可见，“道心”即能认识“道”，与“道”相合的“心”，而且它所涉及的是形而上的问题。刘勰说“原道心以敷章，研神理而设教”，“原道心”与“研神理”相对，亦可证“道心”与对“神理”的认识相关，而“神理”正是形而上之理。从现在看来，“道心”具有认识论的意义，但在中国哲学中，没有西方哲学那种和科学和逻辑直接相联的认识论。中国哲学的认识论主要是同对伦理道德的认识相联的，因此它经常同主体的情感体验、内省直觉分不开。如上引刘勰所说的“研神理”来自《周易·系辞上》：“夫《易》，圣人之所以极深而研几也。唯深也，故能通天下之志；唯几也，故能成天下之务；唯神也，故不疾而速，不行而至。”这和西方直接以科学和逻辑为基础的认识论差别极大。而且，“道心”还非一般人所能有，它经常就是指“圣人”之“心”。刘勰说：“道心惟微，圣谟卓绝，墙宇重峻，而吐纳自深。”（《宗经》）这里与“圣谟”相对的“道心”即指“圣人”之“心”。但是，尽管体认“道”的“道心”神妙难言，它终究有其认识的对象——表现于天地万物的“道”。而且，中国哲学所特别强调的情感体验、内省直觉，即使在科学认识中也有其不可忽视的意义。因此，“道心”仍然可以从认识论意义上去理解。刘勰对“道心”的实质未作正面的说明，但他很明确地肯定“心”是能认识“理”的。他说：“心之照理，譬目之照形；目瞭则形无不分，心敏则理无不达。”（《知音》）这里把“心之照理”和“目之照形”相提并论，看起来好像很简单化，但恰好又显示了中国哲学的认识论对直感的强调。此外，“心之照理”和“目之照形”的“照”是佛学中的概念，它是一种神妙的、能直接洞察事物真相的直觉，不同于西方自然主义特别强调的感觉经验。就在上引《知音》中，刘勰还讲到由文章可以见出作者的“心”，“岂成篇之足深，患识照之自浅耳”。这里把“照”与“识”相联，可见“照”有认识的意义，但仍是一种神妙的直感。不过，刘勰虽用了佛学的“照”这个词来表达认识活动，他的《文心雕龙》的思想却并不是佛学的。刘勰作为自然主义的哲学家，对感性经验是重视的。如他称赞王充《论衡·气寿篇》“验己而作，岂虚造哉！”（《养气》）明显表现了对感性经验的重视。在中国哲学史上，王充也正是一个极其强调感性经验的哲学家。总起来看，我们可以说刘勰在谈到“道心”的时候，包含着他对认识的难言的神妙性的看法，但刘勰一点也不怀疑“理”是可以认识的，也不否认感觉经验的意义。

除“道心”之外，刘勰又讲到了“文心”。他说：“夫文心者，言为文之用心也。昔涓子《琴心》，王孙《巧心》，心哉美矣，故用之焉。”（《序志》）如前已指出，“文心”这一概念的提出是刘勰的创造，尽管明显受到前人（特别是陆机的《文赋》）的启发。如果说“道心”是认识论意义上的，并且是和形而上学相关的“心”，那么“文心”则是审美意义上的，和文艺创造相关的“心”。在刘勰之前，还没有谁像他这样明确地提出“文心”问题，并作了多方面的探讨。刘勰关于“文心”的理论包含着他在《文心雕龙》一书中所阐明的，作为创造主体的人的审美意识、创造意识的理论。

这个理论又包含了种种方面的具体问题，刘勰所特别着重论述了的有两个问题：一个是“情采”；另一个是“神思”。这是“文心”之为“文心”的两个重要方面，即情感的审美的表现和艺术的创造性的、自由的想像。西方美学，特别是近代以来的美学对这两个问题作了许多讨论。刘勰则是在他所处的中国古代的历史条件下，以他自己特有的方式，独创地提出和解决这两个问题。“情采”和“神思”这两个词，尽管如刘勰提出的其他概念一样，均有其多方面的思想来源，但同时又是刘勰所独创。就西方现代的观念来看，这两个词是不“科学”的，但却很好地说出了审美与艺术创造中情感与想像的特征。在阐述这两个问题及艺术创造中的其他问题时，刘勰都一再强调了“心”的重要作用。“心生文辞”（《丽辞》）是刘勰的一个很简明的，但也很重要的看法。他并不否认“心”有外物作为对象，但他不认为“心”是像空无一物的白板或平面镜那样机械被动地去反映外物的。相反，这个“心”里是有“情”的，“情”又与“气”（主体的气质、个性）相联。“人禀七情，应物斯感。”（《明诗》）如果人心无情，应物也不能感。“睹物兴情”（《诠赋》）或“情以物迁”（《物色》）都要以人心中有情为条件。人心中的情不同，感物而生的情也就不同。所以，一方面是“睹物兴情”；另一方面又还有“物以情观”（《诠赋》）。而作为文艺创造，它最终表现的并不是

"物",而是由"物"所生之"情"。这是刘勰一再地强调了的。即令最重的描写,"写物图貌,蔚似雕画"的"赋",也还是为了"铺采摛文,体物写志"(引文均见《诠赋》)。所以,刘勰认为文章、文学"洞性灵之奥区"(《宗经》),"心术之动远矣,文情之变深矣"(《隐秀》),实即认为文章、文学是人的最内在的复杂的心灵的表现。这是一种正确而深刻的看法,是抓住了文艺的最本质的东西的。不过,它并不等于西方20世纪以来所流行的"表现说"。两者产生的历史条件和理论的具体内容都很不相同。要而言之,刘勰所说的"情"、"性灵"都与他所说的"道"相关,不能离开"道"。这个"道",如前已指出,是"自然之道"和儒家政治伦理之"道"的统一,是自然与人的统一。因此,刘勰所说的"情"在根本上也就是对这种统一的认知、体验,从而表现这种"情"的"文"也就是刘勰所说的"道之文"。这和西方现代那种由人的异化、人与自然的分裂所产生的"表现"有很大差别。两者各有其优点和缺点。中国式的"表现"始终肯定人与自然、人与我的统一,但却又束缚,有时甚至扼杀了个体的发展。西方现代式的"表现"充分肯定了个体存在的意义与价值,但又陷入了人与自然、人与我的分裂以致对抗之中。

刘勰关于"天地之心"、"道心"、"文心"的论述是相互联系着的。"天地之心"是"道心"、"文心"得以存在的前提、基础。"道心"是思考、探求形而上的"道"的"心",它又是"文心"的基础。因为"文"是"道之文","文心"不能脱离"道心"。但"文心"又不等于"道心",因为它不是对于形而上的"道"的思考,而是对在天地万物中显示出来的"道"的情感体验与表现。刘勰虽然很强调这种体验与表现同对"道"的认识的关系,但并没有把它归结为认识。由"道"所生的"情"的具有"采"的表现,即审美的表现,始终被刘勰看作是"文心"不同于"道心"的根本的东西。

(6)"言"的问题

中国古代没有西方近代以来的语言学和语言哲学,但自古以来中国哲学十分注意"言"的问题。《左传》"立言"不朽说及儒家"诗言志"的提出产生了长久、深远的影响。历代思想家关于"言"的问题的论述,也有其不应忽视的重要哲学意义。应当说,中国古代也有自己的语言哲学，虽然还未取得系统的理论形态。由于中国古代哲学主要是同社会政治伦理人生问题相关，因此中国古代的语言哲学不同于西方以科学和逻辑为基础的语言哲学。像后者这样的语言哲学虽然在公孙龙子和墨家那里可以找到萌芽，但后来始终未能得到发展。中国古代的纵横家也不同于古希腊的智者。他们特别注重的不是语言论辩中的逻辑问题，而是语言的情感心理方面，即是否符合于听者的心理要求，有否使听者乐于接受的强大的感染力。这种对语言的情感心理方面的高度重视，也正是中国古代语言哲学的一大特征。所以，中国自古以来的种种经典，即使是完全属于论说性的著作，其语言都具有高度的文学性。这是中国的一个优秀传统。刘勰所了解的文学也正是把一切经典、论说性和应用性的著作都包含在内的。

刘勰提出了"心生而言立，言立而文明"的重要命题，使"言"既与"心"相联，又与"文"相联，而成为从"心"到"文"的中介①。在刘勰的思想中，"言"的问题占有重要地位。在《易传》中，也对"言"的问题作了不少论述。因为卦象的解释是同言、辞问题分不开的。刘勰主要吸取了《易传》关于"言"的思想，同时又作了自己的发挥。他从"精言"、"征实"之"言"、"夸饰"之"言"三个方面讲了自己对"言"的看法。

在进而论述刘勰在这三个方面的看法之前，先要说明一下刘勰对"心"、"言"、"文"三者关系的看法在理论上的意义。刘勰的"心生而言立"的论断，异常明确地指出了语言的产生与意识的产生的关系。实际上，语言的发生同意识的发生不能分离，没有意识就不会有语言，没有语言意识也无从得发展，不能超出动物的意识。语言的历史是同意识的历史一样地长久的。再就刘勰所说"言立而文明"来看，它同样异常明确地指出了语言与广义地了解的文学的关系。而且，由于这种广义地了解的文学是人对整个世界的解释（即对"天文"及依"天文"而制作的包罗万象的卦象的解释），并且在人类生活中具有重大意义，因

① 这里需要说明一下，"言立而文明"的"文明"包含的意思是指使"天文"及依"天文"而制作的卦象的意义得到了彰明。但用以彰明"天文"及卦象的"言"已不是一般的"言"，而是文章了。

此也可以说语言是同人类的文化不能分离的，没有语言就不会有文化。“言立而文明”的说法隐含有这样的意思。这是从《易传》而来的，但刘勰作了比《易传》更为明确的概括。在西方现代哲学中，语言与文化的关系，特别受到了维特根斯坦（L. Wittgenstein，1889—1951）后期语言哲学的重视。

在具体论及“言”的问题的时候，刘勰在《夸饰》中区分了“精言”与“壮辞”。他说：“夫形而上者谓之道，形而下者谓之器。神道难摹，精言不能追其极；形器易写，壮辞可得喻其真；才非短长，理自难易耳。”这里所说的“精言”是用以表述形而上的“道”的语言，也就是哲理性、哲学性的语言。刘勰认为形而上的“道”是神妙而难于以语言描摹的，所以他说“精言不能追其极。”这确乎是用以表述形而上的“道”的哲学语言的一大特征，也是哲学语言所遭遇到的困难，以致维特根斯坦认为人们“必须沉默”。因为“诚然有不可言传的东西。它们显示自己，这就是神秘的东西”①和对形而上的“道”的描摹不同，刘勰认为形而下的“形器易写，壮辞可得喻其真”。这个与“精言”不同，用以描写“形器”即描写诉之感官的具体世界的“壮辞”，就是刘勰在《文心雕龙》中作了详细论述的文学性语言。刘勰深刻地指出，这种语言的一个重要特征就是不仅允许“夸饰”的存在，而且非有“夸饰”不可。他说：“自天地以降，豫入声貌，文辞所被，夸饰恒存。”刘勰的“壮辞可以喻其真”一语，敏锐地看出了文学性语言是一种充满情感与想像的语言，它需要夸张与美饰，不受实际存在的事物的束缚。刘勰从文学史上引用了许多生动的例子很好地说明了文学性语言是“因夸以成状，沿饰而得奇”的。所以，他指出对文学性的语言的理解，必须如孟子所说的那样“不以文害辞，不以辞害意。”也就是不把文学性语言看作是对实在的某一事物的指称，而从它的比喻夸饰中去领会了解它的实际的含义。由于“夸饰”是为了“喻其真”（亦即刘勰在《情采》中所说“要约而写真”），因此刘勰又指出“夸饰”不能脱离真实。“夸过其理，则名实

① 维特根斯坦：《逻辑哲学论》，张申府译，北京大学出版社 1988 年版，第 88 页。

两乖。”正确的做法是“使夸而有节,饰而不诬”。这种说法看来平常,但就它主张“夸饰”是为了“喻其真”,以“夸饰”为特征的文学语言也应有其真实性这一点来说,比西方结构主义文学理论根本否认文学语言有其指称、意义的说法要高明。因为,如果我们愿意面对文学史的事实的话,根本上无意义、无指称的作品实际是不存在的。问题只在于如何恰当地理解文学语言的意义、指称。此外,刘勰以“夸饰”为文学语言的根本特征,因此他又提出“情采”的概念,认为“情采”是文学语言的特征。文学语言之所以是一种有“情采”的语言,正因为它是一种“夸饰”的语言,即充满着情感的自由抒发和想像的自由活动的语言。

在《神思》中,刘勰还提出了“意翻空而易奇,言征实而难巧”的说法。在这里,他在上述“精言”、“夸饰”之“言”外,又提出了“征实”之“言”的问题。这个“征实”之“言”指的是如实而准确地指陈各种事实、道理的“言”。虽不能简单地说它就是现代所说的科学语言,但无疑又有接近于科学语言的意思在内。刘勰所论及的各种文体中,如《史传》《论说》《议对》《书记》都是需要“征实”的。也正是在这些篇中,他讲到了“征实”之“言”的特点。在《史传》中,他提出“析理居正”的思想,认为“若任情失正,文其殆哉!”这就是要求史书的记载必须符合事实。在《论说》中,他提出“言不持正,论如其已”,“唯君子能通天下之志,安可以曲论哉!”这也就是《征圣》中所说“正言所以为辩”,源于《易传》“当名辩物,正言断辞”(《系辞下》),即要求议论应符合事实,不作歪曲事实的论断。在《议对》中,他提出“理不谬摇其枝,字不妄舒其藻”。《书记》中又说:“意少一字则义阙,句长一言则辞妨,并有司之实务,而浮藻之所忽也。”这都是要求把“征实”之“言”与“夸饰”之言加以区别,做到准确、周密、无误。刘勰的这些说法,表明在中国古代思想家,特别是文学理论家中,他是一个难得的、很有“征实”精神的人。这既同他的自然主义哲学思想,也同他具有相当高的理论思辨能力有关。此外,刘勰说“征实之言难巧”,还深刻地看出了我们在日常生活中所用的“言”大都以“征实”为目的(虽然不可能那么严格),要把它转化为非“征实”的文学化的语言是颇为困难的。这种转化是文学创作中的一大问题。结构主义文学理论所谓“语言的陌生化”就包含着从“征实”之“言”到以“夸饰”为特征的文学语言的转化。

“精言”、“夸饰”之“言”、“征实”之“言”，三者各不相同，但区别又不是绝对的。特别是在中国古代，三者还未充分地分化和独立，经常互相交错在一起。“精言”中可以有“夸饰”，“夸饰”中亦可有“精言”；“夸饰”非不能见容于“征实”，“征实”中亦可有“夸饰”。“精言”虽高，不能全离“征实”；“征实”虽下，时亦杂有“精言”。如《周易》在刘勰看来无疑属于“精言”，但他又指出其中的“文言”是“圣人之妙思”，富于精巧的“丽辞”（《丽辞》）。实际上，与先秦诸子的著作相比，《周易》的文章并不算很好。就“征实”来说，中国很少纯粹“征实”的著作，但就是这一类著作（如《考工记》）也是要尽可能注意语言的文彩的。“言之无文，行而不远”，是中国古代文人共有的信条。然而，在一贯笼统地讲“文”的情况下，刘勰却区别和分析了上述三种不同的言，这不能说不是他的卓见。

（四）总论刘勰的哲学

以上我们分析了刘勰哲学的基本思想，现在可以总起来说一说他的哲学的最主要的特征、实质、贡献和构成。

第一，刘勰吸取了道家的“自然之道”的思想，用它来解释《易传》的哲学，这是刘勰的自然主义哲学的最主要的特征。

第二，自两汉到齐梁，《周易》在汉代主要是被作为一本讲宇宙论的著作来看待的，其哲学的方面未受到充分重视；魏晋高度重视《周易》的哲学意义，但却把它当作是建立玄学的思想资料来看待，许多解释脱离了《周易》本有的思想，而被玄学化了。所以，从魏晋到齐梁，可以说只有刘勰对《周易》的哲学作出了符合于《周易》基本精神的解释。就是同后来宋代理学家对《周易》的解释相比，刘勰的解释虽不及宋代理学家那么系统、深入，但却更符合《周易》的基本精神。因此，在两汉以来对《周易》的研究中，刘勰占有不应被忽视的地位。如再以他把《周易》的哲学系统应用于文艺的研究来看，其成就之大，更可以说是前无古人，后无来者。

第三，刘勰哲学的构成，如以图解的方式表达出来，包含着以下几个系统：

(1)道──→天文──→人文──→明道

这是一个总括的系统，未涉及作为“人文”的文章的产生。如就文章的产生看，又可得出以下系统：

(2)道──→天文──→人(天地之心)──→卦象──→言辞──→文章──→明道

在这一系统中，“心”与“言”又各自包含一个从属的系统：

　　　　　　天地之心──→作为万物之灵的人之心
(3) 心──→道　　心──→哲理认识之心
　　　　　　文　　心──→文艺创造之心

　　　　　　精　　言──→哲理之文
(4) 言──→夸饰之言──→文学之文
　　　　　　征实之言──→纪实之文

二、人格精神

刘勰的哲学是自然主义的，但它不仅一点也不否认，而且极为重视人的崇高地位和重要作用。就刘勰祖述的《周易》来说，它认为人通过效法天地，就能够像天地那样发挥自己的作用，同天地一样伟大，“与天地合其德，与日月合其明，与四时合其序，与鬼神合其吉凶，先天而天弗违，后天而奉天时”(《周易·乾卦·文言》)。就刘勰来说，他既继承了《周易》的思想，同时他的人“为天地之心”的说法，十分明确地主张人是自然的产物，但又超出自然万物之上①。《周易》和刘勰对人的崇高地位的这种强调，和儒家历来认为人应具有的伦理道德的崇高精神分不开。对儒家来说，人的伟大首先是表现在伦理道德精神的伟大。

---

① 附带说一下，前已引刘勰《序志》中关于人超出万物的说法，既同《周易》有关，似又受到董仲舒影响。

所谓“德配天地”是儒家的基本思想。而伦理道德是要通过个体的意志行为去实现的,并且会碰到种种艰难险阻,因此伦理道德精神的伟大又表现在为伦理道德的实现而奋斗的人格精神的伟大。《周易》反复赞美歌颂的,也是刘勰在《文心雕龙》中极为推崇的“刚健”,就是一种崇高的人格精神。所以,不论《周易》或是刘勰的哲学,既是自然主义的,同时又洋溢着一种崇高的人格精神。这是了解刘勰哲学的一个不可忽视的重要方面。

(一)人格精神与人格主义

由于中国儒家思想极为强调和伦理道德不可分的人格精神,因此它和西方的人格主义(Personalism)有接近、类似之处,但又不能等同。

以从鲍恩(Berden Parker Bowne)至沃克迈斯特(William Henry Werkmeister)等人为代表的人格主义有两个显著的基本共同点:第一是主张凡是实在的东西就是有人格的东西,人格是一切实在的模式,整个世界都只因与人格相关才具有意义;第二是主张人格是一道德实体,它的价值和尊严是至高无上的。就第一点而言,中国儒家虽然认为天地(自然界)具有伦理道德的品格(如董仲舒的理论),或显现、启示、确证了人的伦理道德原则(如《易传》的理论),但它并不认为人格的模式就是实在的模式。相反,天地(自然界)作为实在的东西,自有其本身的模式,只不过这种模式是和人的伦理道德的品格、原则相通、一致的。虽然朱熹把儒家所说的伦理道德客体化而成为产生天地万物的本体——“理”,但这个“理”并不是个体人格,而是高于个体人格,为个体人格所力求要达到的绝对普遍的东西。同时,这个“理”也不是人格主义所说高于个体人格的上帝的无限人格。它虽然与个体人格的实现密切相关,但本身并不具有人格的意义。所以,从“理”产生天地万物并不等于人格是一切实在的模式。而且,这个“理”仍然要表现于天地万物之中,才有其存在的现实的意义与价值。和朱熹不同,王阳明把儒家所说的伦理道德变为存在于主体心中的本体,但这个伦理道德仍然是既存在于主体心中,又具有超越每一主体的绝对普遍意义的东西。因此,它和主体人格的实现直接相联,但又不等于是主体的人格本身。虽然除了这存在于主体心中的绝对普遍的伦理道德之外,外部世界均不具有客观的实在性,但仍然不能说那被看作是唯一真实的,存在于主体心中的伦理道德是上帝的无限人格的表现。所以,通观中国儒家的主要理论都不把人格主义所说的个体人格或上帝的无限人格看作是一切实在的模式。中国儒家所讲的伦理道德和个体人格的实现不能分离,但它始终被看作是一种其存在具有不以任何个体为转移的绝对普遍意义的东西,同时又从来不被看作是某种超越于个体之上的无限者、造物主的人格的表现。这既是由于在中国儒家哲学中,个体的存在始终不能脱离须为群体所共同遵循的绝对普遍的伦理道德原则,又是由于中国儒家没有上帝、造物主的观念。

就上述人格主义的另一主张来看,人格主义把道德看作是人格的实体,认为这种以道德为实体的人格具有无上的价值和尊严,这倒是与中国儒家对人格精神的推崇十分相合。但是,基于宗族血缘关系的儒家伦理道德尚没有人格主义那种个体人格自由的观念。这是它的一个严重弱点,也是它与人格主义的一个根本区别。但是,充分地肯定着个体与群体的统一(即使它是虚幻的统一)的天然合理性和绝对必要性,并把这种统一的实现看作是个体人格的实现的最后目的,这又是中国儒家人格精神的重大优点。

(二)中国儒家人格精神的两大基本派别

中国儒家一致推崇伦理道德人格精神,但在理论上存在着不同的解释。要而言之,这种不同的解释,可以划分为先秦时期以孟子为代表和以荀子为代表的两大派别。后世的种种思想,虽然情况甚为复杂,但基本上是这两大派别的继续和发展。

以孟子为代表的一派,认为人的伦理道德是先天具有的,本来就存在于每一个人心中。因此,虽然天地的运行即是伦理道德原则的表现,但达到伦理道德的最直接而切近的途径不在去认识外部的天,而在充分唤起每一个人心中本来就有的伦理道德意识和情感。所以,孟子的主张是由内而外,由"知性"(道德本性)而"知天","知性"就能"知天",最后上下与天地同流。这一派在人格精神的实现上,虽然并不否认躬行实践，但认为更根本、更重要的是内向的反思、自省、体验，发现和扩充本来就存在于人性中的仁义道德。

以荀子为代表的一派，认为人生下来就只有由自然赋予的本性，这本性并无道德属性，是恶而非善，德性是后天教育学习的结果，不是天然具有的东西。此外，荀子认为天是没有什么政治伦理道德意义的自然现象，所以荀子是不求"知天"的。明显受到荀子重要影响的《易传》，赋予了天以伦理道德的意义，但这个天又仍然被看作是自然的、无意识的天。它向人显示了伦理道德的种种原则，一切伦理道德原则都充分表现在天的生成变化中。因此，人达到伦理道德的根本途径是在思想行为上努力效法天，做到"与天地合其德"（见《乾卦·文言传》）。，这是荀子由外而内的路线的发展，不同于孟子由内而外、"知性"即"知天"的路线。在人格精神的修养完成上，这一派强调的不是内向的反思、自省、体验，而是外向的学习、实践、行动。

较之于由荀子一派，孟子一派在后世得到了很大发展，理论上远比荀子一派完密得多。孟子一派在人格精神的内在修养和完善这个方面，确实思考、发掘出了许多重要的思想，这在宋明理学中表现得很清楚。但这一派又经常忽视了人所生活的广大的对象世界，最后把人的存在归结为由一种内在的道德精神所决定的东西。虽然朱熹很为强调"格物致知"，但他最后所要达到的目的并不在"物"本身，而在那个产生了"物"的绝对普遍的"理"，即最高的道德原理。以荀子为发端的一派是面向广大的对象世界的，它把人的存在放置在人对自然的利用、占有的基础之上，主张"富有之谓大业，日新之谓盛德"，推崇"君子"像天的运行那样"自强不息"的行动。这是中国哲学中很为宝贵的思想，但由于种种原因（这里不详谈），在后世没有得到充分的发展。不过，这一派的思想也有它的局限性，那就是对人作为主体的内在的精神性存在一面往往重视不够，从而流为一种肤浅的、外在的功利论。

（三）刘勰的人格精神

刘勰所追求、推崇的人格精神显然和《易传》的思想直接联系，但又蕴含着刘勰特有的理解和体验，不能简单地与《易传》等同。

刘勰充分地继承了《易传》那种通天下之志，成天下之大业，与天地合其德，与日月合其明的积极有为的精神。这首先鲜明地表现在《原道》中。刘勰说：

> 爰自风姓，暨于孔氏，玄圣创典，素王述训，莫不原道心以敷章，研神理而设教，取象乎河洛，问数乎蓍龟，观天文以极变，察人文以成化；然后能经纬区宇，弥纶彝宪，发挥事业，彪炳辞义。

这虽然是讲的文章问题，但归宿点却在“经纬区宇，弥纶彝宪，发挥事业，彪炳辞义”，有一种远远不局限于一般所说文章、文学的闳大气魄和精神，在刘勰生活的齐梁时代可以说绝无仅有。刘勰又赞颂孔子“独秀前哲，熔钧《六经》，必金声而玉振；雕琢情性，组织辞令，木铎起而千里应，席珍流而万世响，写天地之辉光，晓生民之耳目矣”。这同样是在讲文章问题，但归宿点却在“木铎起而千里应，席珍流而万世响，写天地之辉光，晓生民之耳目”。这仍然是《易传》中那种“推而行之”，“举而措天下之民”，以成就天下大业的精神的表现。（引文见《系辞上》）我们知道，刘勰曾自称过了“而立”之年后梦见孔子，醒而极赞孔子之伟大，“自生人以来，未有如夫子者也”（《序志》）。值得注意的是，刘勰所赞颂的孔子，或他心目中的孔子，是最好地体现了《易传》精神的孔子（刘勰仍以为解释《易经》的《十翼》是孔子之作）。这个孔子，同孟子一派心目中的孔子是有不能忽视的区别的。

《易传》讲“形而上”的“道”，但目的仍是为了“形而下”的“器”，为了行动，为了天下的大业。《系辞下》说：“精义入神，以致用也。”又说：“备物致用，立成器以为天下利，莫大乎圣人。”整个《易传》都充满着诉之行动的“致用”精神。刘勰也很明确地抓住了这种精神。他说：“夫《易》惟谈天，入神致用。”（《宗经》）这是对《易》的精神的简明而深刻的概括。

基于《易传》的精神，刘勰有一种他所说的做一个“梓材之士”的理想。在《程器》中，刘勰说：“盖士之登庸，以成用为务。”士既要“学文”，又要“达于政事”；既要“好文”，又要“练武”。

> 君子藏器，待时而动，发挥事业，固宜蓄素以弸中，散采以彪外，楩柟其质，豫章其干，摛文必在纬军国，负重必在任栋梁，穷则独善以垂文，达则奉时以骋绩，若此文人，应梓材之士矣。

这是刘勰的人格理想，同时也密切地关系到他的人格精神。特别是“楩柟其质，豫章其干”一语，表现了一种坚定的抱负和努力。这种理想和精神，其基本特征是外向的、致用的、实践的，不是内向的、冥想的、玄虚的。

然而，处在齐梁时期，出身低下的刘勰要实现这种“梓材之士”的理想，当然是很困难的。但他仍然执著于这种理想而不后退，由此激发出刘勰在《文心雕龙》一书中多次论述了的一种刚正的人格精神。刘勰在《宗经》中谈到了“文能宗经，体有六义”时，其中的第四义是“义贞（或作直）而不回”。这是就做文章而言的，但恰好又简明地概括了刘勰的人格精神。这种“义贞而不回”的精神，显然同《易传》所说“刚健而不陷，其义不困穷矣”（需卦彖辞）有关。但是，通篇处处赞扬“刚健”的《易传》，既有十分可贵的进取精神，同时它所强调的又仍然是君子要深研政治人事吉凶的种种微妙变化，以便待时而动，行与时偕，而缺乏一种对君子行道必然会遇到的各种恶势力的抗争精神。刘勰则不同，他的“义贞而不回”的思想具有一种相当强烈的抗争精神。就在我们上引《程器》中，刘勰一方面提出了他的“梓材之士”的理想，另一方面又指出：“盖人禀五材，修短殊用，自非上哲，难以求备。然将相以位隆特达，文士以职卑多诮，此江河之所以腾涌，涓流之所以寸折也。名之扬抑，既其然矣；位之通塞，亦有以焉。”刘勰还具体指出，孔子的弟子子夏爱子胜于孝亲，“竹林七贤”之一的王戎接受贿赂被有司纠察，而“子夏无亏于名儒，濬（或作浚）冲不尘乎竹林，名崇而讥减也”。刘勰充分肯定了对人不能求全责备，但同时又有力地指出许多有德行才能的文人，由于地位低下而深受讥诮，无法表见于世、位至显达，这个在中国封建社会中普遍存在的事实，表现了刘勰的不平和愤慨。在《史传》中，刘勰又指出某些史传的作者因“世情利害”而论人，“勋荣之家，虽庸夫而尽饰;迍败之士,虽令德而嗤埋,吹霜煦露,寒暑笔端”。这正是他在《程器》中指出的“将相以位隆特达,文士以职卑多诮”的具体表现。刘勰以尖锐的词句直截了当地揭露了这种卑鄙现象,虽然末了仅说了一句“可为叹息者也”,但在他揭露这种现象的措词中已明显可见刘勰的不平与抗争。在《檄移》中,刘勰赞美陈琳的《为袁绍檄豫州》一文(见《文选》)“壮有骨鲠”,“抗辞书衅,皦然露骨”,“敢直指曹公(即曹操——引者)之锋”。这明显是因为此文具有刘勰所说“义贞而不回”的精神,同时也可看出刘勰对不畏权势,大胆抗争的文章是持赞美态度的。在《奏启》中,刘勰所赞美的这种精神更是得到了鲜明强烈的表现。《奏启》是臣子上呈皇帝以议政事(包括弹劾)的文章,而刘勰主张“言贵直”,热烈赞扬“汉置中丞,总司按劾;故位在鸷击,砥砺其气,必使笔端振风,简上凝霜者也”。刘勰一方面反对漫骂攻讦,吹毛求疵的种种做法;另一方面又主张“辟礼门以悬规,标义路以植矩,然后逾垣者折肱,捷径者灭趾”,“使理有典型,辞有风轨,总法家之式,秉儒家之文,不畏强御,气流墨中,无踪诡随,声动简外,乃称绝席之雄,直方之举耳”。这些说法洋溢着一种嫉恶如仇,不畏强暴,勇猛抗争的感情。在《议对》中,刘勰又认为臣子对皇帝所提出的问题的回答必须以事实为根据,主张“断理必刚,摛辞无懦”。这同样是“义贞而不回”的精神的表现。

《周易·乾卦·文言》说:“大哉乾乎!刚健中正,纯粹精也。”从以上对刘勰人格精神的种种表现的叙述可以看出,用“刚健中正”来说明刘勰人格精神的实质是很为恰当的。但较之《周易》所言的“刚健中正”,刘勰更有一种抗争精神。这种精神,就其思想渊源来说,可能受到孟子所赞扬的“富贵不能淫,贫贱不能移,威武不能屈”(《孟子·滕文公下》)的“大丈夫”精神影响,还可能受到道家以及玄学的批判精神影响。我在《中国美学史》第2卷中曾指出,尊儒的刘勰之所以称赞“嵇康师心以遣论,阮籍使气以命诗”,大约是因为他和嵇、阮作品中那种批判的精神发生了共鸣的缘故。当然,嵇、阮的文章写得好,也是重要原因。

《周易》“刚健中正”的精神和中国古代思想中所具有的批判抗争

精神的结合，这就是刘勰的人格精神。总起来看，它有这样的一些特征：第一，重事实，尚直言，务实求真；第二，不畏强暴，敢于抗争，同时又坚持儒者正道，珍视人的尊严，反对诬枉深诮；第三，面向自然和现实人生，以成就天下大业为己任。这三点都是刘勰人格精神中宝贵的、合理的东西。

但是，从另一方面看，刘勰的人格精神也有其局限性。这主要表现在下述两点上。第一，从荀学——《易传》这一思想路线而来的刘勰的人格精神也有着荀学——《易传》所具有的优点和缺点。关于这种优点和缺点，我在《中国美学史》第1卷中将荀子美学与孔孟美学加以比较时已作了说明。① 现在，在原来的基础上，进一步作些说明。这里问题的关键是荀学——《易传》一派和孟子一派对主体人格的实现的不同看法。如前已指出，孟子一派是由内而外，由"知性"而"知天"，因此它有轻视，甚至脱离外部世界的缺点。但是，正因为"知性"是"知天"的根本，"知天"决定于"知性"，所以又突出地表现了主体人格不为外部自然所限制、规定的道德精神的崇高性。就荀学——《易传》一派来说，荀学不讲孟子式的"知性"，它强调的是要人不断地坚持学习和接受贤人君子、良好社会环境的教育熏陶。荀学强调人的道德品质是环境和教育的产物，无疑有其很为合理之处，但同时又大为削弱了孟子所高扬的主体人格的那种独立性、崇高性。荀学也不言孟子式的"知天"，而只讲"戡天"。它强调人对自然的征服支配的力量，确实很重视主体在自然面前的能动作用。但这种征服支配又只止于物质财富的创造，仍停留在实际功利需要的满足上，因而又缺乏孟子那种在人格精神上与整个宇宙合一的崇高。《易传》由荀学而来（至少在一些根本性的哲学观点和思想倾向上是如此），因而其优缺点也与荀学有相似之处。《易传》主张人要效法天，并且认为通过法天可以达到"与天地合其德，与日月合其明"的境界。这当然也是一种人格精神的崇高境界，但在这里主体人格的实现最终仍是决定于法天的。《易传》所讲的"刚健"精神很可宝贵，但其基础也在于法天。因此，在《易传》，主体人格精神

① 见该书第333～336页。

的实现虽然表现为一种自强不息、积极进取的行动，但仍然缺乏孟子那种不为自然所限制、规定的主体人格道德精神的崇高。《易传》所说“与天地合其德，与日月合其明”同孟子所说的那种“上下与天地同流”、“万物皆备于我”的境界比较起来，后者看来虽然虚幻不切实际，但却更能充分有力地体现主体人格道德精神的崇高。此外，《易传》明确地说过：“崇高莫大乎富贵；备物致用，立成器以为天下利，莫大乎圣人。”(《系辞上》)这也清楚地表明，和荀学一样，《易传》所追求的人格精神的实现带有浓厚的功利论色彩，因而难于上升到更高、更广大的境界。推崇荀学——《易传》思想的刘勰，他的作一个“梓材之士”的理想十分符合荀学——《易传》要求，但也十分清楚地表现了它和荀学——《易传》所共有的优点和缺点。包括刘勰对“将相以位隆特达，文士以职卑多诮”所表现的不平和愤慨也是如此。这同孟子以“君子有三乐”(见《孟子·尽心上》)无限自豪，“说大人则藐之”(《尽心下》)，以“如欲平治天下，当今之世，舍我其谁”(《公孙丑下》)自许比较起来，在境界上无疑要低得多。但是，必须看到刘勰不是一个目光短浅的人，而是一个堪称博学而眼界开阔的人，因此他并不以狭隘的眼光和标准去看历史上的各种人物，而能对包括嵇康、阮籍在内不少具有卓越的人格精神的人物作出恰当而深刻的评价。此外，他的“通变”的思想，他对文章的壮丽、奇伟、飞动之美的一再赞扬，都表明刘勰有一种不受他的“梓材之士”的理想所束缚的宏大气魄。

第二，刘勰人格精神中有着一种为《易传》所缺乏的批判抗争精神，这是刘勰人格精神的一个很为重要的方面。但是，刘勰的这种批判抗争的精神又显然是局限在为维护和实现儒家正道而抗争这样一个范围之内的。因此，这种批判抗争的精神，不论同老子、庄子或嵇康、阮籍相比，在历史的和哲学的深度与高度上，在主体人格精神所达到的境界上，都有明显的局限性。这个问题很为清楚，不再多说。

具有一种鲜明强烈的人格精神，是刘勰《文心雕龙》一书的一个十分显著的特点。这种人格精神深深地渗入到了刘勰文学、美学思想之中，并使刘勰独创地提出和阐明了和他推崇的“刚健”的人格精神相适应的一个重要美学范畴——“风骨”，同时也大大地发展了荀学——

《易传》这一系统的美学思想。刘勰的美学,既同他的自然主义的哲学思想直接相联,同时又渗透着一种强烈刚正的人格精神,两者是有机地统一在一起的。关于这个问题,将在本书“美学思想”章中详论。

三、思维模式

刘勰对佛学的文献和理论甚有研究,是齐梁一位著名的佛学家。而佛学较之中国的儒道两家及其各家,都有远为精细的理论思辨,不是像孟子所说的那样“大而化之”,重“立其大者”,而不注意“小者”。从《文心雕龙》看,刘勰对魏晋玄学家的论著都作了很高的评价,表明他对魏晋玄学理论思辨的意义与价值也有很深的理解。这显然又同刘勰对佛学甚有研究,以及自东晋以来玄学与佛学日趋合流这样一种情况分不开。当时研究玄学的人,多少都懂得佛学;反过来说,研究佛学的人也不能不知玄学。此外,刘勰对中国自先秦以来诸子百家的论说也十分熟悉和很有研究。这一切使刘勰成为一个很有思维能力,而且自觉注意到思维问题的思想家。这当然又和刘勰力图“弥纶群言”,总结、综合先秦以来的文学理论,建立他自己的文学理论体系,并给文学以一种最高的哲学解释分不开。要做到这一点,没有理论思维是不行的。因此,我们看到《文心雕龙》全书多次谈到了与理论思维有关的重要问题,并且显然形成了刘勰自己的思维模式。其所以称之为模式,是因为它已成为刘勰分析解决各种具体问题的基本方式。这也是刘勰哲学一个不应忽视的方面。研究一下这些模式,对吸取我国古代理论思维的成果,是有一定的意义的。

一、折衷法

“折衷”是刘勰的第一个思维模式。刘勰在《序志》中说:“夫铨序一文为易,弥纶群言为难,虽复轻采毛发,深极骨髓,或有曲意密源,似近而远,辞所不载,亦不胜数矣。及其品列成文,有同乎旧谈者,非雷同也,势自不可异也。有异乎前论者,非苟异也,理自不可同也。同之与异,不屑古今,擘肌分理,惟务折衷。”这是刘勰对他的折衷法的很为清楚的说明。

刘勰所讲的“折衷”决非我们现在一般所说的“调和折衷”。调和折衷是把各种不同的,甚至根本对立的观点外在地罗列、拼凑、结合到一起,而不管这些观点是否真的可以结合到一起,当然也不管这些观点的实质性的差异以及它们之间的联系究竟是怎样的。这种方法,有时看似博学,其实是一种最平庸、最没有创造精神的方法。刘勰则不然,他指出他是努力要“弥纶群言”的,但他的“弥纶”不是对已有的观点作一种外在的拼凑结合。他的看法和前人有同也有异,而不论同异都是他经过自己的思考认为不得不然的,既非盲目附和,也非故意要标新立异。而且刘勰还特别指出,不论是对待古人或今人的观点,他都是这样做的。刘勰所说的“折衷”实际是要在批判地考察古人今人的种种看法的基础之上,求得一种他认为是最为全面、合理、公正的看法。

刘勰的这种“折衷”法,其源实出于荀子。荀子在《解蔽》中说:“凡人之患,蔽于一曲,而暗于大理。”例如,“私有所积,唯恐闻其恶也。倚其所私以观异术,唯恐闻其美也”,结果是“蔽于一曲而失正求”。所以荀子指出:“欲为蔽,恶为蔽,始为蔽,终为蔽,远为蔽,近为蔽,博为蔽,浅为蔽,古为蔽,今为蔽。凡万物异则莫不相为蔽,此心术之公患也。”为了去除这种公患,解蔽塞之祸,荀子认为“圣人”的做法是“无欲、无恶、无始、无终、无近、无远、无博、无浅、无古、无今、兼陈万物而中悬衡焉。是故众异不得相蔽以乱其伦也”。这即是去除一切由蔽塞而产生的偏见,对事物作出一种全面而公正的判断,也就是刘勰所说“同之与异,不屑古今,擘肌分理,唯务折衷”之意。“折衷”即“解蔽”,去除各种理论的偏颇而作出全面公正的论断。如荀子曾指出先秦诸子的理论有见于此,无见于彼,都是需要加以解除的偏见,也就是“蔽”。刘勰深刻地领会了他称之为“巨儒”的荀子的“解蔽”说,努力做到荀子所说“兼陈万物而中悬衡焉”。而且看来他比荀子更能客观公正地对待各种不同的理论,不像荀子的《非十二子》那么咄咄逼人,几乎完全打倒了在荀子之外的其他理论。荀子说:“倚其所私以观异术,唯恐闻其美也。”又说:“夫道者,体常而尽变,一隅不足以举之。”(均见《解蔽》)但荀子并未真正做到,而刘勰在绝大多数情况下是做到了的。试看刘勰的

《诸子》、《论说》等篇，他对与他不同的各家各派的观点都有所肯定，有的还作了很高的评价。真正是不“倚其所私以观异术，唯恐闻其美也”，也真正是充分地认定“道”“体常而尽变，一隅不足以举之”。尊儒的刘勰在对待儒家之外其他各家的思想上，没有一般儒家常有的偏狭性，而有一种不为儒家思想所束缚的客观性、公正性。我以为这同刘勰深研过佛学，思想更为开阔有关，也同齐梁时期思想仍较活跃，注重学术论辩（如关于“神灭”与否的论辩）有关。

刘勰的“折衷”来自荀子的“解蔽”，但又不只是为了解除各种理论的偏颇，更重要的是为了创造出刘勰自己的理论。从这方面看，刘勰的“折衷”就是批判地考察前人的各种理论，看看哪些是可取的，应当与之“同”的，哪些是不可取的，应当与之“异”的，然后把各种理论加以熔铸，以创造出自己的理论。刘勰在评论屈原的作品时曾说过：“虽取镕《经》旨，亦自铸伟辞。”（《辨骚》）这句话用来说明刘勰在理论上的创造力，也是非常适合的。《文心雕龙》全书种种理论的提出表明刘勰是一个善于“折衷”的，也是一个很有创造性的思想家。我在《中国美学史》第 2 卷中曾经指出，刘勰的思想“由各种成分构成，好像是一种复杂的合金”（第 655 页）。这正是他善于“折衷”亦即创造的结果。以下举出本书第 1 章中已作了分析的刘勰在两大重要理论问题上的创造作为例子，以说明刘勰的“折衷”法的具体应用。

第一个例子是刘勰关于“道”的理论。刘勰所讲之“道”即是《易传》之“道”，但他又没有停留在《易传》的论述上，而从道家、玄学那里引入了“自然之道”。这种引入又不是简单照搬，实行一种外在的拼凑结合。因为道家、玄学的“自然之道”是提倡“无为”的，同《易传》的“有为”的思想不能相容。刘勰如何把两者加以融合呢？他的做法是只取道家、玄学的“自然之道”认为天地的生成变化是自然而然的思想，抛弃它主张“无为”的思想。用刘勰论他的“折衷”法的语言来说，前者（即主张天地的生成变化是自然而然的）他与“自然之道”“同”，后者（即主张“无为”）他与“自然之道”“异”。这样，刘勰就实现了“自然之道”和《易传》之“道”的“折衷”、融合。而由于从道家、玄学那里引入了可以纳入《易传》之“道”的重要思想，这就使得刘勰的“道”的理论比《易传》原有的理论丰富、深化了。在学术史、科学史上，由于引入了某一为原有理论所无或有而不明确、不完善的观念，因而使原有理论发生了重要变化，这种情况是常常可以见到的。

第二个例子是刘勰的"心生而言立，言立而文明"这一理论的提出。它显然同历史上已有的下述五种理论有关。(1)《礼记》的人为天地之心说；(2)《左传》的立言不朽说；(3)《乐记》的乐生于人心说；(4)扬雄《法言》的言为心声说；(5)《易传》的系辞以明文（指卦象）说。但不论其中任何一种说法，都没有把"心"、"言"、"文"联系起来而说明它们之间的相互关系。刘勰在前人的思想的基础上作了一个"折衷"，创造性地提出了他自己的理论。在学术史、科学史上，将若干种已有的理论加以综合而形成新的理论，这种情况也是常常可以见到的。刘勰是善于"折衷"的能手，也就是既掌握了十分丰富的思想资料，又善于使之融合交会的创造性的思想家。这是在今天仍能给我们以重要启发的。

刘勰的"折衷"法还有一个重要方面，那就是"兼解以俱通"。刘勰说：

> 奇正虽反，必兼解以俱通；刚柔虽殊，必随时而适用。若爱典而恶华，则兼解之理偏，似夏人争弓矢，执一不可以独射也。若雅郑而共篇，则总一之势离，是楚人鬻矛誉楯，两难得而俱售也。(《定势》)

所谓"兼解以俱通"，就是不把各种对立的主张观点看作是非此即彼，互不相容的，而看作是各自均有其存在的理由（"兼解"），可以共存而不悖的（"俱通"）。在《文心雕龙》全书中，刘勰对他所谈到的一系列相反的概念，如刚与柔、奇与正、文与质、华与实、典雅与新奇、远奥与显附、繁缛与精约、壮丽与轻靡等，都是用"兼解以俱通"的模式去处理的。在《论说》中，刘勰在谈到魏晋玄学关于"有"与"无"的论辩时还曾指出："滞有者全系于形用，贵无者专守于寂寥，徒锐偏解，莫诣正理。动极神源，其般若之绝境乎。"这也是说在"有"与"无"的问题上，既不能只讲“有”，以“有”去排斥“无”，也不能只讲“无”，以“无”去排斥“有”，同样应该“兼解以俱通”。刘勰认为佛学的般若学就是这样解决有无问题的，所以比玄学更深微。这里刘勰所说般若学关于有无问题的理论，大约是指僧肇专门讨论有无问题，并对玄学各派均作了批判的著名文章《不真空论》。对这篇文章的思想应如何评价且不论，但它确实是企图对“有”与“无”的问题作一种“兼解以俱通”的解决的。

对刘勰反对“偏解”，要求“兼解以俱通”的思想，一些论者认为是中国古代辩证法的对立统一观念的表现。就刘勰不把对立的双方看作是绝对互不相容的这一点来说，这种看法有一定道理。但细审刘勰的原意，他所注意的主要不是对立双方如何“统一”的问题，而是强调对立双方是可以而且应当共存的。与其说刘勰讲的“兼解以俱通”是对立统一论，不如说是对立共存论。所以，刘勰的这种思想虽然也是辩证的，但主要不是来自中国古代道家的辩证法，而是来自我们前已引述的荀子的这个思想：“夫道者，体常而尽变，一隅不足以举之。”（《解蔽》）“兼解以俱通”主张对立的双方可以而且应当共存，就是要使人们对于事物的理解不致足于一隅，变成一种狭隘的“偏解”。刘勰在《知音》中谈到人们对文学作品的评论各持己见、互不相让时说：“各执一隅之解，欲拟万端之变，所谓‘东向而望，不见西墙’也。”这明显是上述荀子“道”“一隅不足以举之”的思想。汉代重“自然”的《淮南子》一书也曾反复强调了这一思想（引文略）。高扬“自然之道”，并仿《淮南子》以《原道》作为《文心雕龙》开篇的刘勰，当然也完全可能受到《淮南子》思想的影响。现在看来，刘勰的“兼解以俱通”的思想的可贵之点就在于它反对思想的偏执，主张各种相反的观点各有其价值，应当让它们共存，而不应执著于其中的一种观点去反对、否定与之相反的观点。刘勰认为只有这样才能有一种大的气魄和格局。“若乃龌龊于偏解，矜激乎一致，此庭间之回骤，岂万里之逸步哉！”（《通变》）刘勰在齐梁时代能有这样的见解和胸襟，不能不说是十分之难得的。他的“兼解与俱通”的思想，如用现代语言来表达其意思，我想可以称之为“多元共存论”。通观《文心雕龙》全书，刘勰在文章的风格、鉴赏的趣味、作家的个性、时代的风尚等问题上，都是主张多元共存的。但这只是就为了便于理解刘勰“兼解与俱通”这一思想的实际内容而言的,决不是说刘勰早已达到现代所说的多元共存的思想水平。相反,对于刘勰说来,多元共存是要以“征圣”、“宗经”为前提、为根本的。所以,刘勰在我们上引的《定势》中说:“若雅郑而共篇,则总一之势离,是楚人鬻矛誉楯,两难得而俱售也。”“雅”与“郑”是相反的,按照刘勰的“兼解与俱通”的说法,它们也应当是可以共存的,而刘勰却认为无法共存。这正是刘勰儒家思想局限性十分明白的表现。①

总起来说,刘勰“折衷”法的宗旨在于“弥纶群言”,对历史上的各种理论加以分析,决定去取,然后作出新的综合,创造出自己的理论。要这样做,当然就必须承认各种不同的,甚至对立的理论均各有其合理性,否则就无从“折衷”,即加以新的综合,而只能陷于“偏解”了。所以,“兼解与俱通”是刘勰“折衷”法的一个不可缺少的前提,也是他的“折衷”法的一个重要方面。如前所述,刘勰的“折衷”法表现了他是一个创造性的思想家,并且能够相当客观公正地去对待各种不同的思想,有一种反对偏执的可贵气魄。但这又是同刘勰强调“征圣”、“宗经”的思想难以相容的。刘勰“折衷”法难以克服的内在矛盾就在于此。在本书第四大部分中我们将会看到,由于这一矛盾,使得刘勰的美学思想也陷入了他所说的“楚人鬻矛誉楯,两难得而俱售也”的境地。

(二)正本法

刘勰的“折衷”法不是那种平庸无思想的折衷调和,而是对已有各种理论的批判的分析、改造和综合。因此,它必须有一种进行“折衷”的根本的指导思想。此外,为了把各种理论综合成为一个有条理的,而不是杂乱无章的体系,同样需有一个根本的指导思想。所以,刘勰在“折衷”法之外又提出了“正本”法。

① 从另一方面看,这也不足为怪。思想史的事实告诉我们,任何一个大思想家的思想不论如何具有包容性、多元性,总有某种思想是他主张的居于主导地位的思想。他是从这种思想出发去采取、熔铸其他各种思想的,而不可能对其他各种思想持一种一视同仁、不加褒贬的态度。——作者校注

刘勰在《宗经》中提出了“正末归本”,在《章句》中指出“振本而末从,知一而万毕矣”。在《总术》中又说“务先大体,鉴必穷源。乘一总万,举要治繁”。所谓“本”,是“一”,是“要”,而“末”则是“万”,是“繁”。这也就是说,“本”是一种事物或一种理论中最根本的东西,其他的东西不论如何纷繁复杂,都是由这个“本”产生出来的。因此,文章的写作,理论的阐述都必须抓住这个“本”,才能构成一个有条理的系统。刘勰又把这称之为“附会之术”。他说:

> 附辞会义,务总纲领,驱万涂于同归,贞百虑于一致,使众理虽繁而无倒置之乖,群言虽多,而无棼丝之乱,扶阳而出条,顺阴而藏迹,首尾周密,表里一体,此附会之术也。夫画者谨发而易貌,射者仪毫而失墙,锐细精巧,必疏体统。(《附会》)

对于刘勰的“正本”法和與之相关的“附会之术”,首先值得注意的是他强调了“振本”、“务先大体”的重要性。这是任何一种较完善的叙述方法或理论的结构都必需注意的重要问题。试看古今有重大价值的理论著作,都有一种基本的理论观点贯穿其间,作者的种种思想往往能够归结为一个基本的命题而一言以蔽之。这正是思想高度成熟的表现,也就是能“振本”的表现。相反,西方现代不少哲学、美学著作,分析看来是再细致不过的了,但可惜很忽视“本”的问题,甚至认为这是个无意义的问题,只一味地“锐精细巧”,结果是杂乱、繁琐不得要领,有时使人不堪卒读。其次,刘勰的“正本”和“附会之术”,看来有中国古代前科学的系统论意味。它要求一种理论必须是一个首尾连贯、周密统一的结构,系统中的每一件东西都应放在它应有的位置上,而没有任何倒置错乱之处。这种思想既和我们下面将要讲到的王弼的思想相关,也同《易传》认为天地万物“至动而不乱”,把自然界看成是一个合规律的运动的系统相关。此外,从现代的观点看来,刘勰所说的“本”和西方现代科学哲学所讲的理论的“硬核”有近似处,而“末”则略似由“硬核”而生的“硬核”的“保护带”。刘勰以树的根本和枝叶的关系来比喻一种理论的根本观点和由此观点产生的其他思想之间的关系,西方现代科学哲学则以“硬核”与“保护带”的关系作比方。两者不能等同,但无疑又有类似之点。把古人现代化是不对的,但否认现代的某些思想在古人那里也会有某种素朴的萌芽状态的表现,这也是不对的。

但是,刘勰所谓“正本”和对“本”与“末”的关系的处理,不仅是一个方法论问题,而且是一个同中国古代哲学本体论直接相关的问题。这个问题在魏晋玄学中受到了很大的重视,由王弼给以了最为集中的论证。在王弼看来,“道”是生成一切现象的本体,它具有不受任何个别事物限定的,无限的可能性。本体虽然不能脱离现象,但现象终究是一种个别的、有限的东西,因此必须扬弃现象以达到那无限的本体,而不能停留和执著于现象。正因为这样,王弼认为《老子》一书几乎可以归结为一句话:“崇本息末。”(《老子指略》)此外,王弼又从《老子》一书的理论结构及对世界万物的认识指出“本”的重要性,认为老子之书“言不远宗,事不失主;文虽五千,贯之者一”;掌握了“本”就能“无幽而不识”,“每事为意,则虽辩而愈惑”(引文见同上书)。在论及对《周易》一书研究时,王弼又说:“自统而寻之,物虽众,则知可以执一御也;由本以观之,义虽博,则知可以一名举也。”(《周易略例》)和王弼相比,刘勰对王弼那种推崇本体,认为现象自身无绝对价值的看法是不同意的,他在《论说》中评论到玄学时明确指出了“贵无者专守于寂寥”是“徒锐偏解,莫诣正理”的表现。刘勰认为“文”是“道之文”,即“道”为本体,“文”为现象,“道”是“本”,“文”是“末”,但刘勰一点也不轻视“文”,不轻视感性的自然界。他讲“道”是为了说明“文”,肯定“文”的重要价值。在文学理论上,他要文学家“正末归本”也不是否定“文”,而正是为了使“文”成为具有重要价值的“道之文”。但是,在应用“本”“末”关系的理论来说明对事物的认识、理论的构成和文章的写作上,刘勰显然又吸取了王弼的思想。这也是上述刘勰的“折衷”法的表现。刘勰对待各种思想都是这样,既看到各种思想中他认为合理可取的东西,同时又保持自己的独立性,贯彻自己特有的看法。

刘勰的“正本”法有其不应忽视的理论意义,但由于他所说的“本”,在抽象的层次上是他讲的“道”,就具体的层次说却是他认为对“道”作了最好的阐明的“圣人”的言论和古代儒家的经典。因此,“正本”也就是“征圣”、“宗经”,“还宗经诰”(《通变》)。这最为突出地表现了刘勰“正本”法的儒家思想的局限性,而不可能像他的“折衷”法以及下面即将讲到的“索源”法那样取得显著丰硕的成果。

(三)索源法

刘勰所讲的“正本”是与“索源”相联的。为了“正本”,即找到事物的根本,就需要“索源”。刘勰在《序志》中说:“振叶以寻根,观澜而索源。”在《知音》中又说:“沿波讨源,虽幽必显。”前已引述的《总术》中也说:“务先大体,鉴必穷源。”和“正本”法一样,刘勰的“索源”法也直接受到王弼的影响。王弼在《老子指略》中说:“夫欲定物之本者,则虽近而必自远以证其始。夫欲明物之所由者,则虽显而必自幽以叙其本。”又说:“察近而不及流统之源者,莫不诞其言以为虚焉。”刘勰的说法和王弼的说法的类似之处是十分明显的。

然而,善于“折衷”的刘勰又不全同于王弼。在王弼,是把一切事物的根源都追溯到他所说的“道”,亦即作为天地本根的“无”,把万物看作是作为“无”的“道”的表现。在刘勰,“道”是以他所理解的“自然之道”加以解释的《易传》之“道”。这个“道”并非王弼所说的“无”,它是以混沌未分的元气为其始基(“太极”)的,由之产生了天地万物。因此,刘勰的“索源”是要具体地找出事物产生的根源及其实际的过程,而决不是要去达到王弼所说的那个“无”。就文学而言,刘勰的“索源”法就是要说明一切文学作品都是源于《经》的。但每一具体的文学体裁又各有其产生发展的过程,所以都需要一一地“索源”。虽然刘勰的“索源”最终还是为“正本”即“还宗经诰”服务的,但其意义又已远远超出其目的。因为在这样的“索源”中包含了对文学发展的种种具体的历史考察。所以,从现代的观点来看,刘勰的“索源”法本质上就是一种历史的方法。

刘勰对这种方法的运用十分成功,取得了很大的成果。通观《文心雕龙》全书,几乎对每一个问题的阐明都要追溯其历史的根源。他关于各种文学体裁的论述,从《辨骚》到《书记》,总计二十一篇,每篇都周密而又简明地评述了每一文学体裁产生发展的历史。《时序》和《才略》又不为不同的文学体裁所拘束，而对文学的历史发展作了一种整体的评述。前者是密切地联系到时代的变化来评述的，以说明“文变染乎世情，兴废系乎时序，原始以要终，虽百世可知也”（《时序》）。后者是以时代先后为序，纵论各个时代的重要作家的成败得失。两篇均洋洋洒洒，一气呵成，而且充满各种中肯、深刻、独到的见解。用刘勰在《诔碑》中讲过的一句话来说，堪称是“清词转而不穷，巧义出而卓立”。一部《文心雕龙》，既是一部文学理论，同时也可看作是一部卓有创见的文学史，两者是密切联系在一起的。这是刘勰运用他的“索源”法所结出的丰硕果实，也是他自幼长期苦学，知识极为渊博的产物。直至今天，仍然令人赞叹。刘勰在文学史研究方面所取得的成就，是一个需要专门加以研究的课题。这里略而不谈。

司马迁在《报任少卿书》中说过：“究天人之际，通古今之变，成一家之言。”富于历史感是中国古代思想家的一大特点，也是一大优点。自先秦以来，古今问题历来是一个不断被讨论的问题。从考索历史起源的角度去求得对各种问题的解决，也是许多思想家常用的方法。虽然，这种历史的方法也常常显示了中国传统的保守性，但就注重历史的探讨这一点来说，仍然有其不能否认的重要价值。而且，从荀学到《易传》这一思想路线来看，它提出了“通变”的观念，鲜明地肯定了历史是处于不断的变化之中的。刘勰的《文心雕龙》把“通变”的观念运用于文学，并对“通变”的观念作了极大的强调和重要的说明。在本书第一大部分中已论及，这里不再重复。刘勰的“索源”法，通体贯穿着他的“通变”观念，把历史看作是不断发展变化的。

就现代的科学方法来说，历史的方法是一个十分重要的方法。我们现在所见的各种事物都是漫长的历史运动的产物，但在它们的上面，历史的过程已消失了，看不到了。因此，我们要对这些事物求得一种合理的解释，就需要去追溯它在历史上产生形成的过程。相反，如果我们把事物不看成是历史的产物，而以为它们一出现就像我们现在所看到的样子，或者以为它根本同历史无关，那就难以对它作出合理的解释。从这点来看，刘勰的“索源”法，即他在古代条件下所运用的历史的方法，对我们仍然是有重要启示的。

但是,刘勰的“索源”法最终又是为了“正本”,即证明儒家正道是永恒的、不能背弃的,这就使他的历史的方法受到严重的局限,变成了教人回归到古代的“圣人”和儒家经典中去。虽然刘勰决不是一个复古主义者,因为他十分明确地肯定了“新变”、“日新”、“趋时”的必要性。但他不能脱出儒家思想去讲“新变”,这是被历史条件所限定了的一个重大弱点。尽管他对儒家思想的强调,包括对“宗经”的强调,从救正齐梁文学内容空虚单薄的弊病来说,无疑是有某种积极作用的。

“折衷”、“正本”、“索源”,是刘勰思维的三种基本模式,三者又是互相联系着的。除此之外,刘勰还多次讲到了“析理”的问题。《文心雕龙》全书表明,刘勰是有一套他的“析理”法的。这个问题,牵涉到中国先秦古代的逻辑,佛学、玄学的思维逻辑问题,也牵涉到对《文心雕龙》一书(至少是其中的一些篇章)进行语言逻辑分析的问题。由于我对语言逻辑分析的问题所知极少,这里只好从略。但我甚望能有关于这一专题的研究出现。

四、美学思想

刘勰的美学是和他的哲学直接联系在一起的。由于刘勰的哲学具有鲜明强烈的自然主义精神,因此刘勰的美学也通体渗透着自然主义。这在中国美学史上可以说绝无仅有,因为我们再也找不到任何一种美学如刘勰的美学这样,处处从自然出发去解决美学的问题。①

(一)自然主义的美论

刘勰《文心雕龙》很少使用“美”这个词。但刘勰所说的“文”,在绝大多数情况下也就意味着美,“文”即是“美”。如我们已讲过的,刘勰在《原道》中对“天文”的种种描绘,诸如“龙凤藻绘”、“虎豹炳蔚”、“云霞雕色”、“草木贲华”、“林籁结响”、“泉石激韵”,都有一种非人工

① 这种说法现在看来不够准确。但在理论的哲学高度,论述的系统性、周密性上,刘勰的《文心雕龙》可称后无来者。——作者校注

所能为的美,并且被看作是人工所为的艺术美难以比拟的。在这里,“文”即是“美”一目了然。在《情采》中,刘勰又说:“立文之道,其理有三:一曰形文,五色是也;二曰声文,五音是也;三曰情文,五性是也。五色杂而成黼黻,五音比而成《韶夏》,五情发而为辞章,神理之数也。”这里所说的“文”同样也指的是美,并且不只指文学的美,还包含了绘画、音乐的美。总之,在刘勰的思想里,“文”既可用以指自然界的美,也可用以指人所创造的文学艺术的美。

“文”含有美之意,起于儒家,至《易传》又更加强调了“文”这个概念,而且也含有美的意思在内。刘勰很少单言“美”,而以“文”为“美”,既是因为他是从《易传》出发来讲美的,也是因为他十分重视美诉之于人的感官的鲜明性、生动性。《原道》中对“天文”的描绘清楚地说明了这一点。就是对于并非诉之视觉的文学,刘勰也十分强调必须有一种如诉之视觉的“采”。他极为明确而肯定地说:“圣贤书辞,总称文章,非采而何!”(《情采》)所以,刘勰不但讲“文”,而且还很重视“采”这一概念,认为“文”是必须有“采”的。而“采”这一概念,当然也是指美,并且比“文”这一概念更加突出了美诉之感官的特征。“采”可通于“彩”,既可指色彩,也可指人的“风采”。刘勰很少使用“美”这个词,而用“文”、“采”来代替它,恰好说明刘勰对美所具有的感性特征的高度重视,同时也避免了中国古代语言中“美”这个词常易于与“善”混同而产生的问题。所以,很少使用“美”这个词,看起来也没有专门讨论“美”的问题的《文心雕龙》,在中国美学史上却是最重视“美”的问题,并作了许多重要探讨的一部书。在它之前,我们没有看到这样的书;在它之后,也不再有了。

在《文心雕龙》里包含着一个很为完整丰富的,自然主义的美的理论。现将其要点分述如下。

第一,自然界的美是自然而然地生成的,非人为的。如“云霞雕色”,并非“画工”所为;“草木贲华”,不关“锦匠”的技艺。“林籁结响,调如竽瑟;泉石激韵,和若球锽”,当然也非乐工所为。总之,“形立则章成,声发则文生矣”,大自然的“形”和“声”的生成中就有“章”,有“文”,亦即有美。从哲学上看,这是《易传·系辞上》所说“天下至赜而不可恶也”、“天下至动而不可乱也”的思想在美学上的创造性的发挥。自然界的生成变化本身就有其合规律性和合目的性，因而看起来有类似于人的艺术创造，甚至比人的艺术创造更巧妙的美。但这种合规律性和合目的性的表现又并非来自一个有意识的人格神，它纯粹是一种自然而然的现象。这样一种对美的根源与本质的认识，贯穿在刘勰的全部美学思想之中。这是一种十分彻底的自然主义的美学观，它明快地肯定了美的产生是以自然界为其根基、源泉的。

第二，艺术（包括文学，下同）的最初的产生也是从自然而来，是一种自然而然的现象。如本书第一章已作过详细分析的“心生而言立，言立而文明，自然之道也。”（《原道》）

第三，艺术作品的美及其规律是来自自然的。如刘勰所说“形文”即以绘画为主的造型艺术的美、“声文”即音乐艺术的美、“情文”即文学的美，三者均出于自然，所以说“五色杂而成黼黻，五音比而成《韶夏》，五情发而为文章，神理之数也。”这里的“神理”之“神”，从刘勰的来自《易传》的哲学思想来看，并非指有意识的人格神，而是《易传》所说“阴阳不测之谓神”的“神”，“神也者，妙万物而为言者也”的“神”。它指的是自然界的一种神妙而难于把握的变化。它和人事政治有重要关系，但它本身又仍是自然界的变化，不是来自有意识的人格神。所以，刘勰说“形文”、“声文”、“情文”的产生是“神理之数也”，亦即说是由自然界神妙变化的法则所决定的①。如文学作品中骈文的排比对偶（“丽辞”）的法则及其具有的美，也是由自然而来的。刘勰说：“造化赋形，支体必双；神理为用，事不孤立。夫心生文辞，运裁百虑，高下相须，自然成对。”（《丽辞》）

第四，一切成功的、美的艺术作品都是合乎自然，体现了自然的美的。如各类体裁的文章的写作均须“即体成势”，“如机发矢直，涧曲湍回”，有“自然之趣”，“圆者规体，其势也自转；方者矩形，其势也自安。文章体势，如斯而已”（《体性》）。文章的真正的美，不在“雕削取巧”，

---

① 此处之“神理之数”与《易传》所说“参伍以变，错综其数，通其变，遂成天下之文；极其数遂定天下之象”有关。

而在"自然会妙,譬卉木之耀英华;润色取美,譬缯帛之染朱丝"(《隐秀》)。杰出的作家的作品,其美妙在于能与自然的美并驾齐驱。如"气含风雨之润","笔吐星汉之华"(《诏策》),"屈平联藻于日月,宋玉交彩于风云"(《时序》)。

第五,一切艺术家的创造,既同"学"有关,但更重要的是"才",而"才"是从自然而来的。如蔡邕写的《陈太丘碑文》和《郭有道碑》,"其叙事也该而要,其缀采也雅而泽;清词转而不穷,巧义出而卓立;察其为才,自然而至矣"(《诔碑》)。又如贾谊,司马相如等大作家的成功,都因有来自"自然之恒资"(《体性》)。处处从自然出发来看美与艺术的刘勰一点也不忽视艺术家创造的才能和能动性,而给以了高度的重视。但是,在说明这才能和能动性产生的根源时,刘勰仍是归之于自然的。不但才能的产生不能脱离艺术家自然的禀赋,而且创造的成功最终也在合乎自然,能与自然相媲美。

刘勰从自然来讲美与艺术,既和《易传》、道家、玄学的思想相关,也显然受到西晋发展起来的对天地万物的美的赞颂和描绘的影响。特别是成公绥及其《天地赋》对刘勰的影响更是明白可见。关于这一问题,我在《中国美学史》第2卷中已作了相当详细的说明(见该书第684~686页),兹不再赘述。此外,自刘宋以来,宗炳的《画山水序》和王微的《叙画》,虽然美学观点与刘勰的思想并不相同,但也都充分地肯定了自然本身包含有生动丰富的美。但是,不论成公绥还是宗炳、王微,都远未形成像刘勰这样明确、完整、丰富的自然主义美学。他们在美学上有某些比刘勰较深刻的观点,但总的而言,难与刘勰相比。

刘勰从自然来看美与艺术,但他的看法又与道家、玄学的看法有不能混同的重要区别。道家推崇自然无为,因此它也推崇一种不假人工雕凿的自然的美。但它所推崇的这种美,又是以"素朴"为其特色的。刘勰则不同。他一方面主张艺术的美要有"自然之趣","自然会妙",并且还明确反对"雕削取巧",也曾说过"衣锦褧衣,恶文太章;贲象穷白,贵乎反本"这样的话(见《情采》),但刘勰所追求的并不是道家的那种"素朴"之美,而是一种繁富、辉煌、华丽的美。他在《序志》中说:"古来文章,以雕缛成体。"这句话最为简明地说出了刘勰的美的趣味和理想。他所追求的如“雕龙”般的美,明显与道家追求的“素朴”之美不同。所以,刘勰讲自然之美,并不是排斥繁富、辉煌、华丽的美,而只是要求这种美应是合乎自然的,而非人工雕凿的。也就是说,刘勰企图把自然之美和他追求的繁富、辉煌、华丽的美结合起来。和玄学相比,玄学家也讲自然之美,但他所追求的是一种超越形色音声的永恒绝对的美。如阮籍说:“形之可见,非色之美;音之可闻,非声之善。”“是以微妙无形,寂寞无听,然后乃可以睹窈窕而淑清。”(《清思赋》)显然,大讲“形文”、“声文”即“五色”、“五音”之美的刘勰是与玄学家很不相同的。他不但不轻视形色音声之美,而且一再地强调这种美。高度重视诉之感官的自然界的形色音声的美,始终不脱离感性的自然界去讲美,这是刘勰美学的一个带根本性的特色。它的思想的历史的渊源出自荀子。和孔子、孟子不同,荀子充分肯定了对形色音声之美的追求是一切人所具有的自然的欲求,问题只在这种追求必须符合儒家礼法。所以,在儒家美学中,荀子突出地强调了人对感性世界的美的追求的必然性、合理性。但荀子对这种美并未从理论上作出多少说明,他讲得最多的是美与艺术的教化作用问题。刘勰也很强调这个问题,但他讲得更多,也更为重视的却是自然的形色音声的美。刘勰虽然标榜“征圣”、“宗经”,但他的美学所关注的主要方面并不是儒家的教化,而是美的问题。这是刘勰美学的重要贡献。

刘勰从自然来讲美,他的美学是十分彻底的自然主义美学,但刘勰并没有西方古希腊美学那种认为艺术是对自然的“摹仿”的观念。相反,在刘勰的美学中,联结艺术与自然的环节不是“摹仿”,而是由自然产生的人的“心”、“情性”的表现。这“情性”来源于自然,是由自然的对象所唤起的。因此,说艺术要合于自然,不是说艺术要“摹仿”自然,而是说它对“情性”的表现应合于自然生成变化的神妙的规律,像自然(“天文”)那样地美丽。其所以如此,是由于中国的自然主义哲学,特别是刘勰所祖述的《易传》的自然主义哲学把自然看作与人的存在处于和谐统一之中,并且赋予了自然以一种伦理道德情感的意义,高度重视自然与人的内心生活、情感状态的关系。自然主要不是被作为外在的认识对象来看待的,而是作为与人的内心生活、情感状态紧密相联的对象来看待的。因此,即使艺术具体地描绘着某一对象,那也不是为了"摹仿"这一对象,而是为了表现和这一对象相关的某种感情。中国古代的自然主义美学不是"摹仿说"的美学,而是以表现源于自然,由自然所引起的情感为其特征的美学。当然,这不是说西方的"摹仿说"根本排斥情感的表现,而是说它首先强调的是对外部自然的一种认识性的摹仿,情感的唤起是这种认识性的摹仿的产物。这在亚里士多德的《诗学》中讲得很清楚。反过来说,中国古代自然主义美学所讲的情感的表现也决非与认识无关。它包含着深刻的理性认识,但这认识主要是一种和人的存在紧密相联的伦理道德的认识,而非一般所说科学意义上的认识。即使它涉及了科学的认识,最终也仍然要被归结到伦理道德上来,而伦理道德在中国的思想里又是与情感不能分离的。所以,中国古代自然主义美学虽然十分强调艺术与自然的关系,但它一开始就排斥着那种对自然的单纯认识性的摹仿。因为在它看来,各种自然现象都包含着和主体的伦理道德情感相关的重要意义,而且只有作为这种意义的呈现,自然现象才具有审美的和作为艺术对象的价值。关于艺术的本质问题,刘勰提出了一个重要的艺术哲学的模式,我们即将在下面加以讨论。

从现在看来,刘勰的自然主义的美的理论基本上还停留在古代素朴的经验观察的水平上。因为它并没有进一步去分析美何以是从自然产生的,自然何以能具有同人类相关的美的意义。但是,刘勰明确而无可置疑地肯定自然是美的发生的根源,一切美的事物都合乎自然生成变化的法则或规律,这在今天仍有其不能否认的意义。因为人本是自然的一部分,整个人类的生存一刻也不能脱离自然。尽管美的产生是一个复杂的问题,美的规律和自然规律也不能简单等同,但一切人类称之为美的东西,终归不能是与人类生存发展的自然规律相敌对的东西。深入地研究外部自然界以及作为主体的人自身的自然生命的存在和发展同美的产生和发展的关系,消除美与艺术同自然之间的分裂和敌对,促进两者内在有机的、动态而非静态的统一的发展,我以为是当代自然主义美学的重要任务。① 在这方面,刘勰的美学仍能给我们以重要的启示。这一点,在我们以下对刘勰美学的论述中,还可以进一步清楚地看到。

(二)艺术哲学的模式

刘勰根据《易传》的宇宙论的哲学模式提出了他的一个艺术哲学的模式。他说:"情理设位,文采行乎其中。刚柔以立本,变通以趋时。"(《镕裁》)这个模式简明、完整、深刻地概括了刘勰的艺术哲学,在中国美学史上也具有重要的理论意义。但历来未得到充分的注意和应有的分析、估价。

只要把刘勰的这个艺术哲学的模式和《易传》宇宙论的哲学模式一加对比,两者的关系是十分清楚的。《易传》说:"天地设位而易行乎其中矣。"刘勰则从艺术创造出发,提出"情理设位,文采行乎其中"的看法。在这里,"情"相当于"天","理"相当于"地","文采行乎其中"则相当于"易行乎其中"。《易传》又说:"刚柔者,立本者也;变通者,趋时者也。"刘勰也把它搬了过来,纳入他的艺术哲学的模式,提出"刚柔以立本,变通以趋时"。这一切是不是一种毫无意义的简单比附呢?无疑,它是一种比附,但又不是简单的套用,而是刘勰具体深入地研究了艺术得出的结论,具有不能忽视的重要意义。

刘勰所说的"情理设位",把"情"比为"天","理"比为"地",十分明确地肯定了"情"与"理"是产生艺术作品的两个最根本的要素。正如天地间的万物是由天地阴阳的交互作用而产生的一样,"文采"亦即艺术的美也是由"情"与"理"的交互作用而产生的。刘勰在《情采》中说过:"情者,文之经;辞者,理之纬。经定而后纬成,理定而后辞畅,此立文之本源也。"这正是对"情理设位,文采行乎其中"的说明。刘勰的

① 在现代,杜威美学对自然主义美学的发展作出了最大的贡献。但可惜在他之后未得到充分的重视、研究和发展。种种虽然能给我们以某种形而上的启示,但脱离自然的、空幻玄虚的论调甚嚣尘上,代替了对人与自然的关系的切实深入的研究。

看来是比附的说法，把“情”与“理”和艺术的关系提到了一种根本性的重要地位，视之为产生艺术作品的两大基元，并把艺术看作是“情”、“理”交融的产物。这深刻地展示了中国古代艺术哲学的根本思想，是刘勰之前没有人如此之明确地说过的。

《易传》说“天地设位而易行乎其中矣”，刘勰以“文采行乎其中”来比附“易行乎其中”，看来好像很为牵强，实际上刘勰也自有他的道理。就《易传》而言，“易行乎其中”是指生生不息的万物在天地中运动变化着，这种运动变化是天地、阴阳二气交感而生的运动变化的表现。而刘勰所说“文采行乎其中”的“文采”，在他看来也正是“气”的产物，并且也是生生不息地在变化着的。就艺术作品的美的构成法则来说，它是和“气”密切相关的。如音律“本于人声”，“声含宫商，肇自血气”（《音律》）；对偶源于“造化”①，“造化赋形，支体必双”（《丽辞》）。就艺术作品的创造来说“精理为文，秀气成采”（《征圣》）。“采”是人所禀“五行之秀气”的表现。“采”不能离“情”，“情”又不能离“气”。“情与气偕，辞共体并。”（《风骨》）每一文学家的创作都是“肇自血气”的，“气以实志，志以定言，吐纳英华，莫非情性”（《体性》）。在评论到各个作家时，刘勰又经常以“气”去说明他们的作品的“采”。这样的例子不胜枚举。此外，这由“气”而生的“采”，刘勰认为是处在不断变化之中的，所以他提出要“日新其采”（《封禅》）。由此可见，刘勰以“文采行乎其中”比附《易传》的“易行乎其中”，并非毫无根据的字面上的比附，而是同他对“文采”与“气”的关系的认识联系在一起的。刘勰认为“文采”源于“气”，并且是不断变化的，实际上包含着对艺术的美与自然生命的运动变化，以及与艺术家的生命、气质、个性的关系的认识。这在中国古代美学中同样是一个很重要的问题。

至此，我们可以看到，“情理设位，文采行乎其中”，其真实的含义是说：就如天地阴阳的交互作用产生了生生不息的运动变化着的万物一样，“情”与“理”的交互作用产生了同样是生生不息的运动变化着的“文采”（艺术作品的美）。由于万物的变化不能出于天地的范围，所以

① “造化”一词出自《庄子》，其意为阴阳二气陶铸出万物。

《易传》说“易行乎其中”;同样,由于“文采”的变化不能出于“情”、“理”的范围,所以刘勰说“文采行乎其中”。然而,不论《易传》所讲的天地及万物的变化,或刘勰所讲“情”、“理”及“文采”的变化都是以阴阳二气为本的,而且其变化是随时而异,没有止境的,因此刘勰又据《易传》提出“刚柔以立本,变通以趋时”。这包含了刘勰对作家不同的气质以及作品的不同的美的说明,也包含了刘勰对艺术美的发展的说明。就前者来说,刘勰认为作家“才有庸儁,气有刚柔”,“风趣刚柔,宁或改其气”(《体性》)。“刚柔”有不同的“风趣”,表现在作品上也就有不同的美。刘勰并不否认阴柔一类的美,但他更重视阳刚的美,这表现在他对“风骨”的提倡上(详后)。就对艺术美发展的看法来说,“变通以趋时”是刘勰的根本思想,他在《通变》篇中专门作了集中的说明。本书第一章中已经涉及,这里略而不谈。

刘勰根据《易传》宇宙论的哲学模式而提出的艺术哲学的模式,概括了他自己的美学思想的各个最基本的方面。由于这个模式是根据《易传》宇宙论的哲学模式而提出的,所以它看起来也是一个艺术宇宙或艺术世界的哲学模式。这个艺术世界是以“气”为其根基的,上面是“情”,下面是“理”,中间则是由“情”与“理”交融而生的变化不息的“文采”。刘勰这一构想的提出,充分说明他对《易传》的思想和对文学艺术的理论作过极为认真深入的思考,同时也说明被看作是一个文学理论家的刘勰是很不满足于仅仅做一个文学理论家的。

(三)文学作品的构成与人体

不满足于仅仅做一个文学理论家的刘勰总是力图要把他对文学的看法提到一种具有哲学水平的高度。他对文学作品的结构层次的分析也充分地表现了这一点。

刘勰在《附会》中说:“夫才童学文,宜正体制,必以情志为神明,事义为骨髓,辞采为肌肤,宫商为声气,然后品藻玄黄,摛振金玉,献可替否,以裁厥中,斯缀思之恒数也。”这虽则是为“才童学文”而提出的,其实包含了在刘勰之前所未见的对文学作品的结构层次的分析,并且把它和人体的构成联系起来了。下面,我们就来逐一地分析一下刘勰所提出的几个层次，最后再把它和英伽登(Roman Ingarden)对文学作品的层次分析作一简单的比较。

刘勰把文学作品的构成区分为"情志"、"事义"、"辞采"、"宫商"四个方面，每一方面又都是与人体的构成相对应的。这四个方面构成为一个系列，可以从正向和逆向两个角度去观察。两个方向的观察，都可见出一种递进的层次的意义。现在，先把它作为构成文学作品的几个方面来加以考察。

第一，"以情志为神明"

儒家很早就提出了"诗言志"的思想。这个"志"应是孔子所说"志于道"之"志"。虽然它也和个人的情感意志相关，但基本上是一种严肃的理性的东西。《乐记》开始强调了"情"，但同时也讲到了"反情以和其志"，把"情"和"志"联系起来了。这在后来的《毛诗序》中得到了发挥。《乐记》所讲的"情"从荀子而来，它指的是人生而具有的感性的好恶欲求，所以《乐记》才提出了要"反情以和其志"。由此正可见出，"情志"合为一个概念，是感性与理性的统一体，也就是刘勰所说情与理的统一。但刘勰不说"情理"而说"情志"，一方面是因为文学作品是作为创作主体的文学家的思想感情的表现，称为"情志"当然更为恰当；另一方面是因为刘勰所说文学作品构成的第二方面即"事义"，明显正是直接和"理"相关的。因此，刘勰所说的"情志"虽也包含着理性的东西，决不是仅指人的自然的好恶欲望，但"情"的成分应是更重要的。通观《文心雕龙》全书，明显可见刘勰重"情"的倾向。他是以"情"作为统领文学创造的根本的东西来看待的，虽然"情"还需符合儒家正道。这种重"情"的倾向，既和魏晋以来重"情"的思想有关，也和刘勰的思想来源于荀学——《易传》这一系统，而荀学在儒家中最重视人的情感欲望的满足有关。刘勰把"情志"在文学作品构成中的地位比之为人的"神明"，这说明"情志"具有极大的重要性。这一点，刘勰在《情采》中作了十分明白的论述。"神明"一词是魏晋人物品藻中经常应用的一个重要概念。它不仅指人的精神智慧，而且"神明"如何还同人的精神所达到的境界的高下有关。如《世说新语·巧艺》中，庾道季批评戴达所画人像"神明太俗"即是例证。这更可见出作为一篇作品的“神明”所在的“情志”的重要性。

第二，“以事义为骨髓”

这里的“事”指的是事实，也就是刘勰所说“事信而不诞”之“事”；“义”指的是儒家在人事政治伦理的活动和行为中必须坚守的根本原则，也就是刘勰所说“义贞而不回”的“义”（引文均见《宗经》）。“事义”显然同认识、政治伦理道德的原则直接相联，和刘勰所讲的“理”和“学”密切相关，是属于理性、意志方面的东西。刘勰把“事义”比为人的“骨髓”，也就是认为“事义”对于文学作品起着一种支撑作用，使之具有坚实刚正的骨骼。这实际上就是要求作品应有一种坚强的理性的力量。“骨”这个词在魏晋人物品藻中也是常被应用的，一般是用以形容人格道德的力量。如《世说新语·赏誉》中说，王右军称赞“陈伯玄块垒有正骨”。文学作品如只有“情志”而缺乏“事义”，在刘勰看来就会“任情失正，文其殆哉！”（《史传》）刘勰强调“事义”无疑是为了维护儒家正道，但同时也表现了刘勰尊重事实和坚守高尚道德信念的人格精神，并且表现了他对文学的理性力量的充分重视。这是有重要意义的。

第三，“以辞采为肌肤”

“辞采”指文学语言在描绘事物、表现感情中所显示出来的美。刘勰把“辞”和“采”联系起来，并很重视“采”的问题，表明他很为强调文学语言所唤起的，宛如彩绘般生动鲜明的形象的美。刘勰把“辞采”比为“肌肤”，说明相对于“情志”、“事义”来说，它是外部的，直接诉之于人们的感性的东西。但这并不意味着刘勰认为“辞采”是不重要的，相反，他极其重视“辞采”的美的价值。这是《文心雕龙》全书一个十分鲜明的特点，也是刘勰美学思想的重要价值所在。在《夸饰》以及《诠赋》、《比兴》等篇中，刘勰很好地阐述了文学语言的美。在《丽辞》、《章句》、《练字》中，刘勰又具体地探讨了文学语言以至字形的规范、结构、变化的美。《原道》的一个重要目的，也是为了从哲学上来论证文学语言的美的价值，以提高它的地位。就是在《征圣》、《宗经》中，刘勰也显然十分重视文学语言的美。在他对各种应用性文章的写作的论述中，着眼点也仍在文学语言的美，实际上把这些文体的写作当作文学的创造来看待的。刘勰"以辞采为肌肤",而"肌肤"之美也是考究"姿容"之美的魏晋人物品藻十分注意的一个方面,有关的记载不少。如玄学家何晏面色很白,时人以为是搽了粉的缘故,甚至用使他流汗的办法来验证虚实。在艺术上,东汉末年主张书法"肇于自然"的大书法家蔡邕曾讲到"藏头护尾,力在字中,下笔用力,肌肤之丽"(见《九势》),把"肌肤"与书法之美相联。从《文心雕龙》中的《练字》来看,刘勰对书法艺术也有甚深的了解。现题为僧祐所作,但很可能出自刘勰之手的《梵汉译经音义同异记》一文(见《全梁文》卷71),也讲了有关书法的重要见解。刘勰在《练字》中所说"声画昭精,墨采腾奋"一语,细究起来,似也同上引蔡邕的说法有相通处。

第四,"以宫商为声气"

这里的"宫商"指的就是文学语言的声律。齐梁时期,沈约等人对声律问题的探讨,有关声律的基本理论的建立及其在文学创作上的应用,是对汉语言文学美的认识的一大贡献。所谓"宫商"就是汉语言文学的音乐性的美,刘勰在《声律》中专门讨论了它,并且特别强调了它与音乐的关系,这是沈约等人未充分论及的。刘勰把"宫商"比为人的"声气",当然是由于音律本于人声。但除此之外,"声气"之美也是魏晋人物品藻中十分注意的问题。当时玄学论辩的高下,不但要看词藻、思理如何,还要看"声气"即语言的发声是否动听优美。如《世说新语·文学》注引邓粲《晋纪》说:"遐(裴遐)以辩论为业,善叙名理,辞气清畅,泠然若琴瑟。闻其言者,知与不知,无不叹服。"

刘勰把文学作品的构成的每一方面都与人相比,并非一种简单化的比附,而是有着长远的历史渊源和重要的理论意义的。据《荀子·非相》,古代即已有相法,到两汉获得了很大的发展,王充、王符均详细论述了相法问题。相法认为从人的形体、容色、言语(声气)、行动可以看出人的富贵贫贱、吉凶寿夭,以至操行清浊、个性才能等等。这种自古相传的相法在魏刘邵《人物志》中被应用于政治性的人物品藻。之后政治性的人物品藻又转化为审美性的,进而又与艺术的鉴赏、创造结合起来,使得和人体相关的各种概念,如"神"、"形"、"骨"、"声气"(言语)等逐渐具有了美学意义,于无形中成了应用于说明艺术美的范畴①。刘勰将文学作品的各个构成要素与人相比拟正是这种情况下的产物。以后历代用人及人体来比拟艺术的做法经常可见,如苏轼、康有为都曾用人及人体来比拟书法构成的诸要素。②

以上是说这种比拟发生的历史过程。就理论上说,这种比拟之所以有其合理性,在中国美学史上长期流传下来,成为中国美学的一个重要特色,最根本的原因是由于美在根本上是对人的生命的自由的肯定,是人的生命的自由的感性显现。因此,在艺术的美和人的生命的美之间存在着一种内在的相互对应的关系,构成艺术美的诸要素同时也就是构成生命的美的诸要素。一件美的艺术作品看起来就像是生命的美的呈现③。在中国,自古以来在"天人合一"观念的影响之下,人与自然的关系和人的自然生命的问题受到了很大重视,人在宇宙中被看作是密切地依存于自然,但又高于自然的存在物。因此,从自然和人的自然生命出发去观察美的思想得到了很大的发展,从而将艺术的美和人及人体相比拟的做法也得到了很大的发展。这种做法的优越和深刻之处,在于它抓住了艺术美与生命的内在联系。但经常停留在一种素朴直观的水平上,则是它的缺陷。

刘勰对文学作品的构成的诸方面的说明,是一个连续的系列。如前所说,对这个系列可以正向和逆向两方面去加以理解和说明。这样的一种理解和说明,本来也就包含在刘勰的思想之中。

从正向来看,"情志"——→"事义"——→"辞采"——→"宫商"这一过程,是从文学作品的创造来看的,是一由内而外的过程,亦即将文学家心中的"情志"体现出来的过程。刘勰说:"夫情动而言形,理发而文见,盖沿隐以至显,因内而符外者也。"(《体性》)这即是对上述由内而

---

① 参见《中国美学史》第2卷,中国社会科学出版社1987年版,第3章。

② 苏轼说:"书必有神、气、骨、血、肉,五者阙一,不能成书也。"(《东坡题跋》)康有为说:"书若人然,须备筋、骨、血、肉,血浓骨老,筋藏肉莹,加之姿态奇逸,可谓美矣。"(《康艺舟双楫·余论第十九》)

③ 关于这个问题,美国杰出的美学家苏珊·朗格(Susanne K. Langer)曾作了重要的阐发。见她的《艺术问题》等书。

外的过程的说明。从逆向来看,“宫商”——→“辞采”——→“事义”——→“情志”这一过程,是从文学作品的欣赏来看的,是一由外而内的过程,亦即欣赏者对文学家的作品所表现的“情志”的把握过程。刘勰说:“夫缀文者情动而辞发,观文者披文以入情,沿波讨源,虽幽必显。”(《知音》)这即是对上述由外而内的过程的说明。这两个过程,一个由“幽”以至“显”,一个由“显”以至“幽”。而后一过程,从文学作品的构成来看,也就是西方现代美学和文学理论中所讨论的作品的结构层次问题。

(四)与英伽登理论的比较

英伽登在其《文学的艺术作品》一书中把文学作品的构成区分为四个层次:“(1)字音和建立在字音基础上的高一级的语音构造;(2)不同等级的意义单元;(3)由多种图式化观相、观相连续体和观相系列构成的层次;(4)由再现的客体及其各种变化构成的层次。”①英伽登的这种区分更为简明地说,就是:语音——→意义——→图式——→被再现的客体。这样一种区分,显然受到西方现代语言学和语言分析哲学的影响,特别重视语音、意义、图式诸问题。在结构主义与“新批评”的文学理论中更是如此。这样一种主要是借助于语言学(其中最重要的又是索绪尔的语言学)和语言分析哲学所进行的层次分析,其优长之处在于可以达到一种相当细密的实证的分析,但经常又流于繁琐和有过多的科学主义气味,而忽视了情感心理及由之产生的审美特性在文学作品构成中的重要意义。如本书第一部分中已谈到的,中国自古以来也很重视“言”的问题,但它强调的是语言对情感的表达的功能,而不是西方现代特别重视的“意义”问题。因此,中国自古以来就突出了语言的文学性,而经常将“言”与“文”相联。刘勰在《文心雕龙》中明确把“夸饰”之言即文学语言同“精言”即哲学的形而上的语言以及“征实”之言即记实语言作了区分。刘勰对文学作品的层次的看法是同他对文学和

① 蒋孔阳主编:《二十世纪西方美学名著选》下册,复旦大学出版社 1988 年版,第 258 页。

文学语言的看法分不开的。他不是如英伽登那样把文学作品与它的意义和被再现的客体相联，而是同主体的“情志”的美的表现相联。因此，文学作品构成的最后一个，也是最深的层次是表现于作品中的主体的“情志”，而不是英伽登所说的被再现的客体。一切层次均为“情志”所统领，最终是为了“情志”的美的表现。正因为这样，每一层次都与审美属性相关联，是达到“情志”的美的表现所不可缺少的。

刘勰把文学作品的结构层次划分为：“宫商”——→“辞采”——→“事义”——→“情志”，和英伽登的划分一样，刚好也是四个层次，但两者的区别颇大。“宫商”相当于英伽登所说以字音为基础的语音构造。刘勰的说法是包含了英伽登所说的这个意思的，因为刘勰也认为“宫商”不能脱离字音和语音。他说：“言语者，文章关键，神明枢机，吐纳律吕，唇吻而已。”(《声律》)但刘勰强调的不是语音构造问题，而是由这构造的规范化而产生的音乐性的美。与此同时，刘勰对于语音也不是如英伽登那样，着重从语言学的观点去观察，从而把“意义”确立为文学作品结构的第二层次。刘勰所说的第二层次是“辞采”，即美的文学语言。近似于英伽登所说的“意义”这一层次，即“事义”，刘勰把它放在“辞采”之后。而所谓“事义”又决不等同于英伽登从语言学来看的“意义”，因为如前已指出，它包含着主体的人格精神和理性的力量在内，是构成文学的美的一个重要层次，和一般语言所具有的“意义”并不相同。英伽登列为第三层次的“图式化观相”，就其作为具有审美属性的“图式”而言，则是包含在刘勰所说的“辞采”之中的。刘勰在《诠赋》中论到“赋”的“辞采”时说：“写物图貌，蔚似雕画。”在《比兴》中，又讲到“象义”、“写物以附意”、“环譬以寄讽”。这实际也就相当于英伽登所谓“图式化观相”。刘勰把“情志”作为最后一个层次，英伽登则以被再现的客体作为最后一个层次。这仍然是西方自古希腊以来把艺术与对客体的认识相联系的看法的表现，而不同于中国古代以艺术为情感的表现，把认识包融在情感之中的看法。此外，英伽登还认为艺术具有形而上学的性质，这是他的一个重要观点。从这个方面看，中国古代美学很早就认为艺术与“道”分不开，亦即具有形而上的性质。刘勰更是高度重视这种形而上的性质。他的《原道》正是为了确立文学的形而上的意义与价值而写的。他认为“文”是“道之文”，十分明确地肯定了“文”具有形而上的性质。但是，包括刘勰美学在内的中国古代美学对艺术的形而上学性质的理解和西方有很大的不同。兹不详论。

刘勰对文学作品的层次结构的认识当然还具有素朴直观的性质，没有英伽登那种细密的理论分析。但它为我们提供了一种不同于西方现代对文学作品层次分析的看法，具有重要的理论意义。不能以为西方现代对文学作品的层次分析就是唯一的、不可动摇的天经地义，中国古代美学也有自己的分析。而且，从现代的观点看来，这种分析仍有其不能否认的价值，不是英伽登或其他人的分析所能代替的。

（五）《易传》的“刚健”观念在美学上的确立

在本书第一部分和第二部分中已经指出，“刚健”是《易传》的一个十分重要的观念，同时也是刘勰人格精神的根本性的东西。在《易传》中，“刚健”是“天”的最伟大的属性，从而也是“君子”的最伟大的人格。而且，“刚健”经常与“文明”、“辉光”相联，已含有美的意义。为了研究的方便，现将《周易》论及“刚健”的话摘录如下：

> 《乾·文言》：大哉乾乎！刚健中正，纯粹精也。
>
> 《乾·象辞》：天行健，君子以自强不息。
>
> 《需·彖辞》：险在前也，刚健而不陷，其义不困穷也。
>
> 《同人·彖辞》：文明以健，中正而应，君子正也。唯君子为能通天下之志。
>
> 《大有·彖辞》：其德刚健而文明，应乎天而时行，是以元亨。
>
> 《无妄·彖辞》：动而健，刚中而应，大亨以正，天之命也。
>
> 《大畜·彖辞》：刚健笃实辉光，日新其德。刚上而尚贤，能止健，大正也。

“刚健”是“元亨”的表现，而“元者，善之长也。亨者，嘉之会也”（《乾·文言》）。“嘉”有美意，因此“刚健”作为“元亨”的表现，意味着最高的善和最完全的美。“文明以健”或“刚健而文明”，原意指代表“乾”亦即

“刚健”的爻☰与代表“离”亦即“明”的爻☲组合为一卦，因此有既“刚健”，又光明、光辉之意。而“明”或“光明”在《周易》中曾多次被提到，它与日月的普照，“道”的光大，天下的大治相联，显然也包含有美意。但《周易》尚未明确地从审美的意义上解释“刚健”和“文明以健”。而刘勰则第一次把它和文学创作联系起来，并且把“刚健”的观念和魏晋人物品藻中已经使用的“风骨”的观念结合起来，使《周易》所推崇的“刚健”这一重要观念在美学上得到了深刻的阐明，体现为“风骨”这个在中国美学史上产生了重要影响的美学范畴。这是刘勰在美学上的一个重大贡献。

刘勰把“风”与“骨”比喻为鸟的双翼，认为它在文学创作中有极大的重要性。“能鉴斯要，可以定文，兹术或违，无务繁采。”(《风骨》，下引此文者不再注明)“风骨”本是魏晋用以品藻人物的概念，如《世说新语·赏誉》注引《晋安帝纪》说：“羲之风骨清举也。”至齐，沈约撰《宋书·武帝纪》中也讲到桓玄说刘裕“风骨不恒，盖人杰也”。在人物品藻中，“风”指人的气质、风度、风采，“骨”指人的骨体，但同时也常用以指人格的刚正不阿。刘勰结合文学创作，对“风骨”作出了新的解释，并且引入《周易》中“文明以健”和“刚健既实，辉光乃新”的说法来称赞文章“风骨”的高度成就。

刘勰所说的“风”有两个不能分离的含义：第一是指情感。他说：“怊怅述情，必始乎风。”又说：“深乎风者，述情必显。”第二是指“气”，而“气”是直接与“情”相联的。“情与气偕”，有“情”即有与之相伴随的“气”。反过来说，有“气”亦即意味着有“情”。这个“气”从曹丕《典论》所说“文以气为主”而来，它首先是指和作家天赋相关的气质、个性，其次也指当这种气质、个性表现于文章时所显示出来的气势、力量。“骨”的含义要复杂一些。要理解它，首先要看到“骨”与刘勰所说“事义”相关。在《风骨》中，刘勰讲到文章有“骨”或无“骨”的表现时，举例说：“昔潘勖锡魏，思摹经典，群才韬笔，乃其骨髓峻也。”在《附会》中，刘勰又明确说过：“事义为骨髓。”可知“骨”或“骨髓”与“事义”不能分离。① 正因为这样,文章的有“骨”无“骨”同“事义”的表现分不开。这是理解“骨”的含义的关键所在。当然,我们也知道刘勰在《体性》中还说过“辞为肌肤,志实骨髓”的话,将“志”与“骨髓”相联。但在刘勰的思想中,“志”是绝对不可能脱离“事义”的。再从《文心雕龙》全书涉及“骨”的种种论述看,刘勰将“骨”或“骨髓”与“事义”相联的看法至为明显。《体性》中“志为骨髓”的说法,不过是从作家才性的角度来强调作为“事义”的“骨髓”的表现与作家主观的气质、个性的密切联系,不能看作是对《附会》中“事义为骨髓”这一说法的否定。下面我们可以看到,刘勰所说的“骨”或“骨髓”亦即“事义”的表现,是直接同作家的“志”相关的,它同时也是作家的“志”的表现。

由于“骨”是作家对“事义”的表现,所以刘勰说:“结言端直,则文骨成焉。”这里的“端直”正是对“事义”的表现而言的。“事”要求“信而不诞”,“义”要求“贞(一作直)而不回”(见《宗经》),所以“结言”就必须“端直”,即正直不隐,刚正不阿。也就是刘勰所说“植义纯正”(《杂文》),“析理居正”(《史传》),表现出一种直面事实,坚持信守儒家政治伦理原则而无所畏惧的精神。所以,刘勰又主张“植义扬辞,务在刚健”,盛赞“陈琳之檄荆州,壮有骨鲠”,“抗辞书衅,皦然露骨矣”(《檄移》)。在弘扬大义上,刘勰认为应做到“义吐光芒,辞成廉锷,则为伟矣。”(《封禅》)由此可见,“骨”既是作家对“事义”的表现,同时也是作家自身崇高的人格精神的表现。而这种崇高的人格精神在刘勰看来就是《周易》所说的“刚健”精神,它是构成文章的伟美的最重要的因素。此外,“事义”的阐扬要求有精练、严密、有力的文辞,所以刘勰又说:“练于骨者,析辞必精”;“若瘠义肥辞,繁杂失统,则无骨之征也。”这也就是刘勰所赞扬的“义明而辞净”(《杂文》),“辞刚而义辨”(《檄移》),主张“义贵圆通,辞忌枝碎”(《论说》),反对“繁华损枝,膏腴害骨”(《诠赋》),认为“腴辞弗翦,颇累文骨”(《议对》)。实际上,就是要求对“事义”的表现应有一种高度清晰、精确、简练的论证的力量。这

① 据《素问·脉要精微论》:“骨者髓之府。”因此,刘勰单言“骨”,或言“骨髓”,两者含义均同。

是魏晋玄学论辩及齐梁时佛学上的论难之风对文章写作的影响的表现。西晋葛洪在《抱朴子·辞义》中已经指出:"属家之笔,亦各有病。其深者,则患乎譬烦言冗,申诫广喻,欲弃而惜,不觉或烦也。其浅者,则患乎妍而无据,证援不给,皮肤鲜泽而骨鲠回弱也。"从现在看来,刘勰所说的"骨"包含着上述两重相互联系的意思:第一是指从对"事义"的表现中显示出来的,作家在道义上、人格精神上的崇高伟大;第二是指对"事义"的阐扬所具有的论证的力量。

刘勰认为"风"与"骨"是不能分离的,他以人体作比喻,指出"辞之待骨,如体之树骸;情之含风,犹形之包气"。这里,"骨"显然是内在的东西,而"风"虽是包含在"形"中的"气",即人的生命、精神、情感,但又是表现于外的东西。无"骨",人体即不能坚强地站立起来;无"风",人体即是无生命、情感的死物。而"骨",如上所述,是作家的人格精神和思维论辩的力量的表现,两者虽也不能脱离情感,但显然是主体内在的理性的力量的表现;"风"则不同,它是以"气"为动力的,是主体的情感向外的抒发和表现。刘勰着重强调了它与文学的感染力的重要关系。"《诗》总六义,风冠其首,斯乃化感之本源,志气之符契也。""意气骏爽,则文风清焉。"不论"风"或"骨",刘勰认为都须是有"力"的,他十分重视"风骨之力"。"骨髓峻","风力遒","骨劲而气猛",是刘勰所极为推许赞扬的。"风"之力,即主体的情感向外表现的气势与力量;"骨"之力,即主体的理性内在的、凝聚的、坚毅深沉的力量。因此,所谓"风骨"也就是主体向外表现的情感的力量和内在的、凝聚的、坚强的理性的力量两者的相互渗透和统一。没有前者,文章将失去其"化感"的强大力量;没有后者,情感的表现将成为一种虚浮不实的东西,不可能产生真正强大的"化感"的力量。由此又可看出,在刘勰关于"风骨"的理论中,包含着对审美与艺术创造中情感与理性的关系的深刻认识。和西方现代美学的许多看法不同,刘勰不是用情感去排斥理性,也不用理性来排斥情感,而是要求情感应包含着内在的、深刻的理性,理性应表现为具有强大感染力的情感。这种看法,在今天仍有值得注意的重要的理论意义。即令是现代的作品,如果它是成功的,仔细分析起来,也是有"风"有"骨"的,只不过今人对"风"(外在的情感)和

"骨"（内在的理性）的具体的理解已和刘勰很不相同。相反，现代绝大多数不成功的作品，恰恰就在缺少"骨"，没有"骨"。

刘勰的"风骨"论，还有一个"风骨"与"采"的关系问题。这里的"采"指的就是文学语言的"辞采"，即文学语言的美。刘勰认为，不论"风"或"骨"都要通过"辞采"而表现出来，"风骨乏采"或"采乏风骨"都是不可取的。前者如鹰隼，虽然"翰飞戾天，骨劲而气猛"，但却没有美丽的羽毛文采；后者如山雉，虽然羽毛美丽，但却"肌丰而力沈"，不能奋飞。刘勰的理想是如"鸣凤"，"藻耀而高翔"，既有光辉美丽的羽毛，又有强劲高举的骨力。刘勰的这些说法，表现了他对文彩之美的高度重视和我们在上面已讲到的以"辞采为肌肤"的思想。从刘勰对文学作品的构成的认识来看，他所说的"风骨"涵盖和统一了他所说的"情志"与"事义"这两个方面，而这两个方面又是须以"辞采为肌肤"的。不过，比较起来，刘勰仍认为"风骨"是比"采"更为重要的东西。他说："若丰藻克赡，风骨不飞，则振采失鲜，负声无力。"不论看来有如何美丽丰富的辞藻，没有"风骨"总是不成功的。这是一个十分正确的看法。

中华民族历来推崇一种积极进取、奋发向上，体现了生命的坚强伟大的力之美。这既和中国古代哲学对自然生命的重视分不开，也同儒家所倡导的伟大的人格精神分不开。这样一种审美理想，最初是由《周易》的"刚健"观念集中地表现出来，而刘勰则把它具体地落实到了美学上，提出了"风骨"这一重要的美学范畴。正因为这样，"风骨"这一美学范畴在后世产生了极为深远的影响，至今仍是中华民族对于艺术的审美理想的一个极为重要的方面，也是中国艺术的一个十分重要的特色。如何创造出新时代的，能够体现中华民族伟大"风骨"的作品，有待于当代中国艺术家不懈的努力。

（六）"神思"、"体性"与"情采"

"神思"、"体性"与"情采"，是刘勰在"风骨"之外提出的几个有重要美学意义的概念。虽然就理论的独创性及影响来说不及"风骨"，但仍是值得注意并加以分析的。

“神思”一般被认为相当于现在所说的艺术创造中的想象。这大致不差,但中国古代美学对艺术想象的认识与西方近现代美学对艺术想像的看法是很不相同的。刘勰的“神思”的思想显然来源于道家,特别是庄子。它强调了主体的想象不受时空束缚的能动性和自由性,同西方偏重于从对象的认识去讲想象,或以为艺术的想像是一种纯主观的“幻觉”或“白日梦”不同。它认为想象既是充分地能动的、自由的,又是由“物”所引起的,不能脱离耳目所感知的“物”。但刘勰不像庄子那样强调内心的直觉,提出“神思”是以“志气统其关键”,“辞令管其枢机”的,明显具有儒家的色彩。不过,刘勰又决不认为艺术的想象是可以机械地加以规定的,他强调了艺术想象难于言说的自发性、机遇性,并用《易传》的思想“至精而后阐其妙,至变而后通其数”来加以说明。很重“情”的刘勰还突出了情感在艺术想象中的重要作用。他的“登山则情满于山,观海则意溢于海”的说法,简明而精练地说出了情感在艺术想象中的重要作用。

刘勰所说的“体性”包含着作家作品的思想风格是作家内在的气质、个性、情感的表现的意思。这种气质、个性、情感是由作家的“才”和“学”两个方面决定的。但刘勰更为强调的是“才”,而且他认为这“才”“肇自血气”,是“自然之恒资”,同作家的禀赋分不开,表现了刘勰的自然主义哲学思想。在论及“学”的问题时,他显然受到荀子重视后天的环境、习惯的思想的影响,但他又主张“因性以练才”,仍把“才”放在重要的位置。刘勰“体性”论的主要价值在于它比前人更为明确深入地论述了主体在创作中的重要作用,提出“各师成心,其异如面”的思想,并且没有保留地肯定天才的重要性。刘勰的这些思想和魏晋玄学中关于“才性”问题的讨论有密切的关系。

刘勰的“情采”论把“情”看作是文学的根本(虽然它决不能脱离“理”),并且认为“情”的表现必须是有“采”亦即有美的。刘勰以文学为“情采”即是以文学为情感在一种美的语言形式中的表现,和西方现代美学中以艺术为情感的形式的说法有近似之处。在“情”与“采”两者之中,刘勰又认为“情”是更重要的,并且要求情感的真实无伪,主张

"为情而造文",反对"为文而造情"。他说:"为情者要约而写真,为文者淫丽而烦滥。"又说:"联辞结采,将欲明理;采滥辞诡,则心理愈翳。""繁采寡情,味之必厌。"这看来虽然是一些很平常的道理,并且明显受到儒家反淫丽的正统观念的影响,但仍有其不可否认的合理性。时至今日,"繁采寡情"的作品还经常可见。以为艺术的形式可以脱离它表现的情感而孤立存在的理论也屡见不鲜。虽然这一类理论看来很玄妙,但终究经不起艺术史的事实的检验。实际上,主张此种理论的艺术家所创造的艺术形式也仍然表现着一定的情感,并非全无情感的空壳。

(七)鉴赏判断

刘勰的《文心雕龙》包含大量有关文学史和文学的鉴赏、批评的内容,因此它也涉及了对文学的鉴赏判断问题。这种鉴赏判断,自魏晋以来,随着人物品藻的发展而获得了很大的发展,经常能以极为简练隽永的言辞,高度概括地说出某一文学家、艺术家作品的审美特征。这在刘勰对历代文学家的评论中可以找到许多很好的实例。如对嵇康、阮籍的评论:"嵇康师心以遣论,阮籍使气以命诗"(《才略》),"嵇志清峻,阮旨遥深"(《明诗》),可谓一语中的,千载不易之定论。

刘勰在《知音》中还专门论述了文学批评问题,但与西方一般所说的文学批评很不相同。刘勰是从"知音"出发论及文学批评的,他说:"知音其难哉!音实难知,知实难逢,逢其知音,千载其一乎!"这种以"知音"论文学批评的看法,不同于西方科学式的、社会学的或印象主义的批评,它高度重视批评家不同寻常的鉴赏的天才与识力,把批评建立在批评家卓越的鉴赏天才与识力上,认为真能称得上"知音"的批评家是千载难逢的。这里既包含着自古以来许许多多文学家因不能得到"知音"而发出的浩叹,同时也鲜明地表现了在中国古代杰出的批评家占有崇高的位置。

刘勰认为妨害着"知音",使文学家不能得到"知音"的有三种情况:"贵古贱今"、"崇己抑人"和"信伪迷真"。刘勰虽然认为批评有赖于批评家卓越的鉴赏天才与识力,但真正的"知音"对作品的审美判断却必须是客观公正的。刘勰指出，对于文学作品，人们会从自己的偏好出发而作出各种不同的判断，并且只肯定那些符合于自己的偏好的作品，而排斥与之相反的作品。他说："夫篇章杂沓，质文交加，知多偏好，人莫圆该。慷慨者逆声而击节，酝藉者见密而高蹈，浮慧者观绮而跃心，爱奇者闻诡而惊听。会己则嗟讽，异我则沮弃，各执一隅之解，欲拟万端之变，所谓'东向而望，不见西墙'也。"这是对人们从自己的偏好出发各自对作品作出不同判断的生动描绘。刘勰忽视"偏好"在审美和批评中所起的作用是不恰当的，但他要求批评家对各种不同的作品应取客观的态度，"无私于轻重，不偏于憎爱"，这是合理的。刘勰有一种我们已经论述过的"折衷"的思想，表现在文学批评上，即是要求承认各种不同风格的，甚至风格刚好相反的作品都有其存在的价值，均应给以应有的肯定。如刘勰在《体性》中提出的"典雅"、"远奥"、"精约"、"显附"、"繁缛"、"壮丽"、"新奇"、"轻靡"等"八体"，即文学作品的八种不同风格的美，虽然"雅与奇反，奥与显殊，繁与约舛，壮与轻乖"，但八者都有其存在的价值，这样才能穷尽文章各种不同风格，使"文辞根叶，苑囿其中"。这种见解，在现在看来也仍是正确的。虽然文章不同风格的划分经常有很大的相对性，刘勰所说的"八体"不可能穷尽所有的风格。

怎样才能使批评具有不为偏爱所蔽的客观性，刘勰提出"凡操千曲而后晓声，观千剑而后识器，故圆照之象，务先博观"。这也有不可忽视的道理。一个见识狭隘的批评家很难对作品作出公正客观的判断。此外，刘勰还提出"六观"，即"一观位体，二观置辞，三观通变，四观奇正，五观事义，六观宫商"作为批评的方法，但主要是一种技术性的操作法，也没有太多新意，这里不作详细讨论。比较起来，更为重要的是刘勰所说"披文以入情"，由"显"而至"幽"，以把握作者之"心"的方法。这是立足于鉴赏，探索作品深层内容的方法，也是做到能"知音"的方法。但刘勰又指出"俗鉴之迷者，深废浅售，此庄周所以笑《折杨》，宋玉所以伤《白雪》也"，再次感叹文章得"知音"之难。

(八)《文心雕龙》全书的结构和刘勰美学理论的结构问题

刘勰美学的理论结构，是《文心雕龙》研究中常常讨论到的一个重要问题。人们希望找出贯穿这部书的根本的美学思想或文学思想，以便把它作为一个有机的整体来加以理解。但直至目前，虽然也有人提出了某些有启发性的见解，而问题似乎还远未得到解决。

我以为问题的解决首先应注意刘勰的整个哲学思想，然后再探求他的美学思想，因为后者是与前者不可分地联结着的。除此之外，还应注意刘勰当时对于“文学”的理解。

我在本书第一部分中已经指出，“道”与“文”的关系问题是刘勰哲学的根本问题。这个“文”包含了一般所说的文学、文章，但决不仅指文学、文章，而是指《易传》所说的“天文”、“人文”，即在一种极广泛的意义上理解的文化现象。因此我曾指出，刘勰的哲学可以看作是一种由《易传》而来的文化哲学。通过《原道》对这一问题的解决，刘勰确立了他美学的两个根本前提，第一，高度肯定了“天文”、“人文”所具有的美的价值，并且肯定了它们都是在宇宙、天地万物(自然界)的生成变化中自然而然地产生的，即都是“自然之道”的产物。第二，确立了刘勰对一般所说的文学、文章的起源及其实质、功能的看法。这种看法又可归结为以下几点:(1)肯定了作为有意识的人(“有心之器”)所创造的文学、文章同样是“自然之道”的产物，并且和无意识的自然现象(“天文”)一样具有很高的美的意义和价值。(2)肯定了作为文学、文章的“人文”之美是来源于“天文”的。(3)提出了“道沿圣以垂文，圣因文以明道”的观点。以上三点，第一、二点确立了刘勰对文学、文章之美及其与自然的关系的看法，连同他对“天文”之美的看法，形成了我们在本章已论述了的刘勰的自然主义的美论，并贯穿在他对于文学、文章的看法中。第三点则确立了刘勰认为文学、文章的创造必须“征圣”、“宗经”的看法。因为文章产生于“圣人”对“道”(《易传》所说的阴阳变化之“道”)所垂示的“文”(具有和人事政治相关的重大意义的“天文”以及依据“天文”而制作的卦象)的解释，目的在于“明道”；而这种解释显然也就是"圣人"所作的经典,因此文章的写作必须"征圣"、"宗经"。这是刘勰对于文章、文学的一个根本性的看法。由此可见,"征圣"、"宗经"是刘勰从"原道"所得出的结论。但这又决不是要排斥文章的美。因为根据刘勰对"天文"、"人文"的自然主义的美论,"圣人"用以"明道"的文章同样是十分之美的。"圣人"是用如"天文"般美丽的形式去"明道"的,这就是所谓"光采玄圣,炳耀仁孝","写天地之辉光,晓生民之耳目"(均见《原道》)。

这样,我们看到"原道"、"征圣"、"宗经"是刘勰对于文学的看法的根本理论前提。但是,为了贯彻"征圣"、"宗经"的宗旨,又必须"正纬"和"辨骚"。因为在汉代,"纬"也被看作由"道"所垂示之"文",具有"经"的意义;而"骚"则显然又和儒家尊为"经"的《诗》有抵触。通过"正纬"和"辨骚",刘勰进一步论证了他的"征圣"、"宗经"的宗旨的合理性、必要性。从他看来,也就是澄清了"纬"、"骚"和"圣人"的经典的混淆。但刘勰又并未完全否定"纬"、"骚"对于文章的美的意义,特别是对"骚"在文章的美上所取得成就作了很高的评价。由于"正纬"、"辨骚"是为了"征圣"、"宗经",因此我们可以说"原道"、"征圣"、"宗经"加上"正纬"、"辨骚",包含了《文心雕龙》全书的根本指导思想,构成了它的基本的理论基础。正因为这样,刘勰自己也说它是"文之枢纽"(《序志》)。就《文心雕龙》全书来看,这可以看作是全书的第一部分,即基本理论部分。它已经包含了重要的美学问题的解决,但还不是单纯的美学,而主要是哲学和政治伦理学。

在解决了用以观察文学的基本理论思想之后,刘勰可以着手来讨论文学本身的问题了。但是,刘勰对"文学"的理解不但与后世的看法不同,而且与梁时萧统(501~531年)即"昭明太子"的看法也不同。萧统所编集的《文选》的序清楚地说明,他已开始从审美的观点去看古来所说的"文章"、"文学",把"文章"、"文学"同经、史、子的著作区分开来了。而这在古代,是不加区别地统称为"文章"、"文学"的。在萧统看来,与经、史、子著作不同的"文章"、"文学",其特点是"辑综辞采","错比文华","事出于沉思,义归乎翰藻"(见《文选序》)。这已十分接近于后世对纯粹意义上的“文章”、“文学”的理解。刘勰则不同，他尚未作出这样的区分。他所说的“文章”、“文学”是把萧统已排除在外的经、史、子著作以至各种政治性、应用性的文章写作都包含在内的。和萧统相比，这自然显得刘勰的看法还是颇为保守的。但是，从另一方面看，中国自古以来文章的写作，包含经、史、子著作以及各种政治性、应用性文章的写作都十分注意语言文辞的美。所以，刘勰说“五经”“含文”（见《宗经》），从讲求文学语言的美这一点来说，无疑是正确的。刘勰仍然保持着古来对“文章”、“文学”的广义的看法，同时又高度重视“文章”、“文学”的美，这使他对自古以来各种文章的美作了一次极为广泛深入的考察，而不局限在一般所说“纯文学”的范围之内。这有着不可忽视的重要意义，是刘勰的一大贡献。因为这样一种考察，实际就是对中国古代全部典籍的语言文字作了一次审美的考察，对于认识中国古代典籍在审美上的价值，以及一般所说“纯文学”的发展，都是很重要的。因为所谓“纯文学”最初也经常是带有实用性、政治性的（这一点，刘勰在《祝盟》中有颇为深刻的理解）。由于刘勰把自古以来各种典籍、文章的写作都包含在他所说的“文学”、“文章”之内，因此刘勰要讨论文章的写作问题，首先就要研究、确定古来各种不同文章的类别及其各自具有的特点。这种研究构成了《文心雕龙》一书的第二部分，即文章的体裁论或文体论。它包含现存《文心雕龙》从《明诗》到《书记》等共二十章。此外，上述属于第一部分的《辨骚》也有可属于第二部分的内容，因为“骚”也是一种文体。作为《文心雕龙》的第二部分的文体论，在全书中占有很大的篇幅。如上所述，这一部分的意义是不可忽视的。它也贯穿着刘勰的美学思想，但重点仍在对各种文体的发生、形成、演变及其特点的论述。

在既确立了观察文学的基本指导思想，又逐一地分析了各种文体之后，刘勰才开始了对包含一切文体在内的文章写作技巧的探讨，也就是对刘勰所说的文章之“术”的探讨。刘勰在《总术》中指出，文章的写作是有“术”的，“术有恒数”，即有它的不能违背的法则。“才之能通，必资晓术。”如“弃术任心”，有时或可成功，但只是一种侥幸的巧遇，并不能保证以后还能成功。刘勰的《总术》很清楚地论述了研究文章之“术”的重要性。而对“术”的研究,正是构成《文心雕龙》一书的第三个重要部分。这一部分可称之为文术论,它包含从《神思》到《程器》共二十四章。刘勰的美学思想主要是表现在他的文术论之中。

综上所述,我们可以把《文心雕龙》全书的结构概括为以下三个部分:

第一部分:全书总论,包含《原道》、《征圣》、《宗经》、《正纬》、《辨骚》。

第二部分:文体论,包含《明诗》、《乐府》、《诠赋》、《颂赞》、《祝盟》、《铭箴》、《诔碑》、《哀吊》、《杂文》、《谐隐》、《史传》、《诸子》、《论说》、《诏策》、《檄移》、《封禅》、《章表》、《奏启》、《议对》、《书记》。

第三部分:文术论,包含《神思》、《体性》、《风骨》、《通变》、《定势》、《情采》、《镕裁》、《声律》、《章句》、《丽辞》、《比兴》、《夸饰》、《事类》、《练字》、《隐秀》、《指瑕》、《养气》、《附会》、《总术》、《时序》、《物色》、《才略》、《知音》、《程器》。

这三个部分,从总论到文体论再到文术论,如上所说,是互相联系的。对这三个部分不应孤立地去研究,而应当把它们统一起来研究。下面,我们将侧重从文术论探讨一下刘勰美学的理论结构。

通观刘勰的文术论,其中最为概括地说出了刘勰的根本思想的是《镕裁》中的这几句话:“情理设位,文采行乎其中。刚柔以立本,变通以趋时。”前面我们已经指出,这是刘勰艺术哲学的模式,它基本上概括了刘勰关于文学创造的根本观点,以及这些观点之间的内在联系。这里,从把握刘勰美学的理论结构来看,需要对这个模式作一些更具体的分析。通过这种分析,我们就能把刘勰美学的几个基本方面及其相互联系揭示出来,比较全面地把握刘勰整个美学思想的结构。

首先,要看到刘勰高度重视文章辞采的美,而这种美的产生是同他所说“情理定位”分不开的。因此,对“情理定位”的具体分析是了解刘勰对文学美创造的看法的关键。这里,重要的是前已引述过的《情采》中的这段话:“夫铅黛所以饰容,而盼倩生于淑姿;文采所以饰言,而辨丽本于情性。故情者，文之经，辞者，理之纬；经正而后纬成，理定而后辞畅，此立文之本源也。"

在这段话里，刘勰很清楚地说他所讲的是"立文之本源"，也就是他所讲的文术论的本源。但不少研究者都忽视了这一点，因而不能掌握刘勰文术论中的美学思想的根本，常常陷入并不符合刘勰思想的种种猜测之中，顶多只能抓住他的思想的某一侧面，而不能对他的全部思想作一种综合的、有机的理解。从这段话可以看出，刘勰所说"情理定位"，就在以"情"为"文之经"，"理"为"辞之纬"，"经正而后纬成，理定而后辞畅"，这样才会有成功的文辞，使"文采行乎其中"，即行于情理之中。"文"所要表达的"情"只有通过"辞"才能表达。"万趣会文，不离辞情。"(《镕裁》)然而"文"所要表达之"情"，是符合儒家正道之"情"，不是"任情失正"(《史传》)之"情"。因此，"辞"必须符合于"理"。这就是说，"辞"既是作为"文之经"的"情"的表达，同时又是"理"的"纬"。而表达"情"的"辞"要成为"理之纬"，关键又在作为"文之经"的"情"必须是"正"的，即符合儒家正道的。经正纬成，理定辞畅，经纬交错，情理相合，于是成文。可以下图示之：

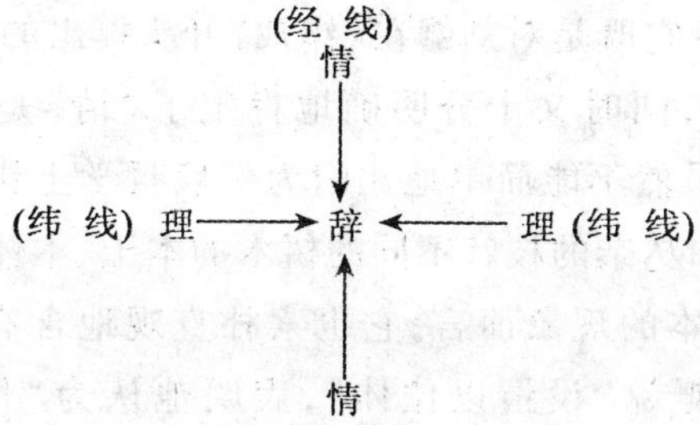

这里，纬线上由"理"指向"辞"的箭头表示理定辞畅；经线上由"情"指向"辞"的箭头表示经正纬成。"辞"处于经线、纬线交叉点上，同时受到来自"情"与"理"的作用。它既是表达"情"的，又是符合"理"的，反过来说也是一样。总之，它始终是行乎情理之中，而不在情理之外。

刘勰的这种思想,我们已指出过是对中国古代美学所主张的情理交融的思想的阐明。但是,在刘勰看来,“情”虽然决不能脱离“理”,更重要的却又是“情”。所以,刘勰认为“情”是“经”,而“理”是“纬”。在《镕裁》中,刘勰更为清楚而明白地给了“情”以重要的地位,并且把和他的整个文术论相关的美学思想的几个基本方面说出来了。刘勰说:“凡思绪初发,辞采苦杂,心非权衡,势必轻重。是以草创鸿笔,先标三准:履端于始,则设情以位体;举正于中,则酌事以取类;归余于终,则撮辞以举要。”这个“三准”说自然是刘勰所讲的文术的一个重要法门,但其意义又不止于此。它实际上最为简明地指出了刘勰文术论的美学思想的根本和理论结构。

首先,重要的是“设情以位体”。这个“体”不同于刘勰在《定势》中所说“因情以立体”之“体”,即不是指文章的体裁,而是指文章的根本内容,和文章的“纲领”是否“昭畅”相关的本体。所以刘勰说“立本有体”,又说“规范本体谓之镕,剪截浮词谓之裁”。《镕裁》所要解决的问题是如何去掉重出的、多余的浮词,使文章的根本内容明晰畅达地显示出来,并具有“首尾圆合”的“条贯统序”,而避免丛杂枝蔓。所以,这里的“设情以位体”的“体”不能解释为文章的体裁。刘勰这一说法的极大重要性,在于它既是对刘勰在《镕裁》开头提出的“情理设位”的进一步的具体说明,同时又十分明确地肯定了“情”是文章的“本体”。“本体”这个词,虽然不能简单地比附为一般哲学上讲的“本体”,而是以树木为喻,指和丛杂的枝叶不同的树木的本干、本体。但相对于外在的、杂多的、非根本的现象而言,它也素朴直观地含有哲学上所说“本体”的意味。刘勰说“设情以位体”,表明他认为“情理定位”之“定位”,首先是设定“情”以为文章之“本体”。这和他在《情采》中以“情”为“文之经”,认为“经正而后纬成”的看法显然是一致的。也和《文心雕龙》全书处处强调“情”的根本的重要性,认为“情”先于“辞”,文章是“辞”对“情”的表现的看法相一致。然而,如《情采》中所说,“情”是要通过合乎“理”的“辞”表现出来的,所以刘勰在讲了“设情以位体”之后,接着又说“酌事以取类”。这个“酌事以取类”直接关系到“理”,

就是要使作为“本体”的“情”的表达符合于“理”。刘勰在《事类》中说:“明理引乎成辞,征义举乎人事,乃圣贤之鸿谟,经籍之通矩也。”这是对“酌事以取类”的清楚说明。在“酌事以取类”之后,刘勰又讲到“撮辞以举要”,这也就是《情采》中所说“辞者,理之纬”,“理定而后辞畅”的意思。虽然,刘勰是从文章的“镕裁”的角度来讲的,所以特别强调了“举要”,但“撮辞”的问题当然不仅是“举要”而已,还包含文采的美的讲求,即刘勰所说“舒华布实”,雕斵“美材”。这样,所谓“三准”,即“设情以位体”、“酌事以取类”、“撮辞以举要”,也就是对刘勰所说“情理设位,文采行乎其中”的具体说明,包含了“设情”、“酌事”、“撮辞”三个相互联系的方面。这也正是刘勰文术论的三个基本方面。如果我们再把它和刘勰在《宗经》提出的“六义”加以对照,就更能清楚地看出这一点。

刘勰在《宗经》中指出:“文能宗经,体有六义。”由于“宗经”在刘勰思想中占有重要地位,因此他由“宗经”而提出的“文”的“六义”也具有贯穿全书,特别是文术论的重要意义。而其中“一则情深而不诡,二则风清而不杂”,即是“设情”的问题;“三则事信而不诞,四则义贞而不回”,即是“酌事”的问题;“五则体约而不芜,六则文丽而不淫”,即是“撮辞”的问题。刘勰所谓“三准”与“六义”是相互对应的。

通观《文心雕龙》全书属于文术论的各篇,均可基本上按刘勰所说“情理设位,文采行乎其中。刚柔以立本,变通以趋时”这一模式加以归类。其中“情理设位,文采行乎其中”即包含分别和以上所说“设情”、“酌事”、“撮辞”三个方面相关的篇章。“刚柔以立本”包含那些着重讲了刚柔问题的篇章。这些篇章用刚柔的观念来说明作家的不同的才性和作品的不同的美。“变通以趋时”包括那些着重讨论文章的变化及其与“时”的关系的篇章。但由于不少篇章所论及的内容并不是单一的,而同时涉及了几个方面,因此在归类上可以重出,即分属不同的类。例如《风骨》章即同时涉及了“设情”、“酌事”、“撮辞”、“刚柔”等方面。据上述看法,《文心雕龙》第三部分文术论各章可以图示之如下:

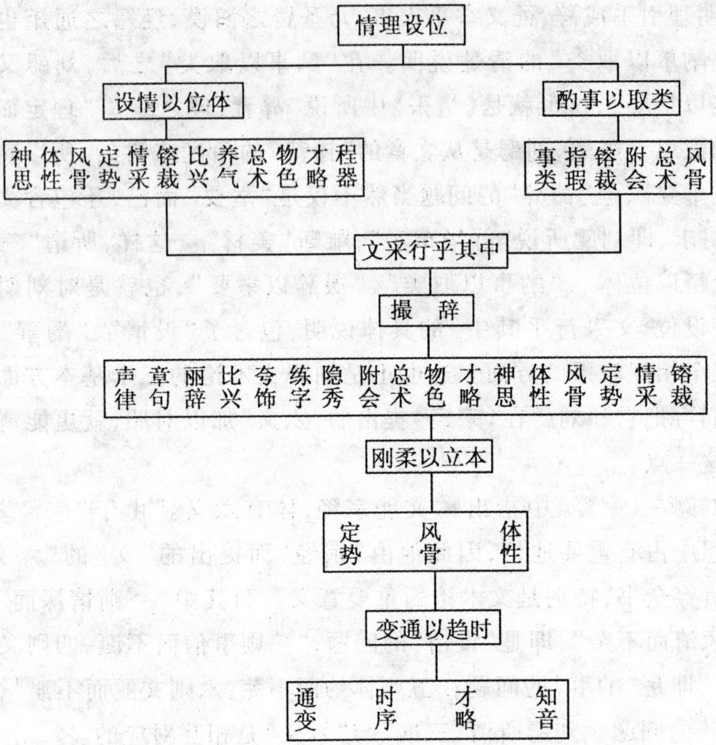

在分析了刘勰文术论中的美学思想之后，我们看到《文心雕龙》全书的美学思想可以区分为三个相互联系的层次：第一个层次是我们在前面已经讲过的自然主义的美论，这是刘勰美学思想的根本基础，直接和他的自然主义哲学相联。第二个层次也是我们在前面已讲过的，由《易传》的宇宙论而来的艺术哲学的模式，它是刘勰对文学创造的看法的哲学概括。第三个层次是刘勰在整个文术论中对上述艺术哲学模式的具体展开，它包含以上所说“设情”、“酌事”、“撮辞”，以及“刚柔”、“通变”等方面。应当说，在中国古代的条件下，刘勰美学思想的理论结构是相当严密而完整的。

我们在上面已经讨论过的刘勰美学思想的诸问题，如文学作品的结构层次问题、“风骨”问题、作品的鉴赏问题、“神思”、“体性”与“情采”问题,均可纳入刘勰美学思想的理论结构之中。如文学作品的四个层次结构,即“情志”、“事义”、“辞采”、“宫商”,实际也就是“设情”、“酌事”、“撮辞”三者的统一的表现。“情志”与“设情”相关,“事义”與“酌事”相联,“辞采”、“宫商”则显然就是“撮辞”的问题。“风骨”问题在《文心雕龙》一书中占有十分特殊而重要的地位。刘勰所说“风骨”与“辞采”的统一,实际也就是“设情”、“酌事”、“撮辞”三者的完美统一,同时也是《宗经》中提出的“六义”的完美体现。所以,“风骨”与“采”的统一,是刘勰在文学创造上所提出的最高理想。“神思”、“体性”、“情采”问题是对“设情以位体”的深刻阐明,同时也包含了“撮辞”方面的问题。作品的鉴赏判断,亦即“知音”问题,既和刘勰所说“通变”问题密切相关,同时他提出的“六观”标准,实际也就是对“设情”、“酌事”、“撮辞”的要求在鉴赏问题上的表现。

(九)刘勰美学的现代意义

关于这个问题,在前面不少地方已经涉及。现在再较为集中地考察一下,并对前面未能详论的某些问题作若干补充。

美与自然的关系和艺术(包括文学)与情感的关系,是刘勰美学中的两大问题。在前一问题上,刘勰主张美(包括艺术的美)是在宇宙万物(自然界)的生成变化中产生的,并且具有非人为的、自然而然的特征。这种看法,虽然不能说始自刘勰,但从来没有任何人说得像他这样地集中、明确,也从来没有任何人像他这样明确而热烈地肯定自然所具有的美,并加以十分成功的描绘和歌颂。毫无疑问,刘勰是中国古代自然主义美学的最杰出的代表人物。

刘勰极为明确地肯定美是自然的产物,这一看法的重要意义在于指出了美的产生不能脱离自然。如前已指出,不论美有着怎样的特点,由于美之为美总是相对于人而言的,而人的存在一刻也不能脱离自然,因此美的产生也不能脱离自然。离开了自然,就没有人的存在,从而也不可能有美的存在。但这又不是说,美是在与人根本无关的情况下,由自然本身所产生出来的一种万古不变的自然属性。这是一些所谓“唯物论者”的幻想，他们甚至声称在人类还没有出现的情况下，自然界已经产生了美。总之，他们竭力要把自然界的美和人的存在分离开来，认为自然界的美是由自然界本身所决定的，与人没有任何关系。这虽然也可称之为一种自然主义的美学，但却是西方17、18世纪的一种机械唯物论的美学，还有个别自称为“马克思主义”的美学也主张这样一种看法。中国古代的自然主义美学虽然主张美产生于自然，但决不认为自然的美是与人无关的。这一点下面再谈。在事实上，美既非与人无关的自然界本身的产物，也非主体的意识加给自然界的东西。它是在人类漫长的实践过程中，人的生存和自然界之间所发生的现实联系的产物。在这里，杜威所说立足于人与自然的交互作用的“经验自然主义”无疑有很值得注意的合理的东西。但是，要认识在人类漫长的实践过程中，人的生存和自然所发生的联系，以及从这种联系中如何产生了美，仅靠哲学的思辨是不行的，还必须努力将自然科学引入美学，通过自然科学去对人与自然的关系进行实证的研究。这样一种研究，将使美学脱出单纯的哲理思辨，而获得丰富具体的内容，并把当代自然主义的美学真正建立在科学的基础之上。但是，长期以来，除了研究审美心理学的美学家还多少注意到自然科学之外，美学与自然科学始终处于一种疏远状态。如果说现代的哲学已越来越注意到自然科学，那么美学则仍然对自然科学采取冷淡的态度。这种状况亟待加以改变。事实上，在自然科学中，特别是在那些研究人的生命的存在和发展的自然科学中，已经积累了等待着美学家去加以利用的大量材料。这些材料，大大有助于美学家实证地说明美与自然之间所存在的真实的联系。

刘勰认为美产生于自然，但自然何以会产生出美，刘勰没有专门加以分析论证。他只是将美的产生归之于“道”或自然的“神理之数”。尽管这看起来是很不充分的，但其中又包含着不可忽视的思想。“道”或“神理之数”之所以会产出美，是因为这个“道”既同天地万物（自然界）合规律而合目的的微妙变化相关，同时又通过这种微妙变化而显示出和人事政治伦理道德相关的种种重大的意义。这也就是我们已经指出过的，在由《易传》而来的，刘勰关于“道”的思想中，“自然之道”与社会政治伦理之“道”是合一而不可分的。正因为“自然之道”的变化和生成万物同时又具有和社会政治伦理相关的重要意义，因此天地万物及其生成变化也就不是一种和人无关的自然现象，而能诉之于人的伦理道德情感，以它的生动微妙的形态引起人的审美的喜悦。所以，刘勰虽然认为美是自然所产生的，但他决没有认为美是一种同人类的生存无关的自然现象。相反，他是处处联系着人去了解自然的美的。刘勰说："道沿圣以垂文，圣因文以明道。"（《原道》）这"文"就包含了自然现象的美在内，但又决不是一种单纯的自然现象，而同时是与人事政治伦理道德相关的重大意义的显示。从自然去说明美的产生，但又不把美看作是和人类的生存无关的纯自然现象，这就是中国古代自然主义美学的卓越之处。

从以上可以看出，中国古代自然主义美学之所以认为自然对人具有美的意义，一方面同对自然变化的微妙性的赞美分不开，另一方面又同自然被认为具有和社会政治伦理道德相关的意义分不开，而且后者还是更为根本和重要的方面。和西方自古希腊以来对自然的看法相比，中国古代的自然主义美学十分强调自然与人的伦理道德情感的关系，这是它的一大特点。相反，西方则强调自然与科学认识、实用功利、生活享受的关系。有时自然也被赋予一种崇高伟大的意义，但又是同对创造了自然的上帝的伟大的赞颂结合在一起的。例如，古希腊的毕达哥拉斯（Pythagoras）从宇宙中发现了"和谐"，把它视为美，并把"和谐"归结为"数"，这显然是同人对自然的科学认识联系在一起的，是对大自然的变化的合规律性的赞美。中国古代美学也讲"和"，《周易》也十分强调"数"，但却始终是同政治伦理道德结合在一起的。对于《周易》，"数"固然也显示了"天下至动而不可乱"，也可说显示了宇宙的和谐，但更为重要的却是显示社会政治伦理道德和人事的吉凶祸福、国家的兴衰，等等。欧洲中世纪对自然的赞美同对创造自然的上帝的伟大的赞美分不开，而在中国，则始终未形成造物主的观念。对自然的赞美，是由于自然具有仁义道德的属性，并长养万物以供给人。这是儒家的基本观念。同时，自然虽受到赞美，但人又被看作是远高于自然万物的，是"天地之心"。在这里，自然决不是一种外在于人、凌驾于人之上的东西。西方中世纪过去之后，反神学的人文主义的兴起改变了人们对自然的观念。这时，把自然看作是科学认识、实用功利、生活享受对象的思想大大地发展起来。当然，中国古代也认为自然的美能给人以享受、愉悦，如刘勰所描绘的“泉石激韵”的美就是这样。但这种享受、愉悦又仍然是和人的道德精神的修养分不开的，决非单纯的感官享乐。

人对自然的关系，大致可划分为宗教哲学的、科学认识的、实用功利的、伦理道德的、审美艺术的五种。这五种关系虽有区别，但又经常是互相交错的。在中国儒家思想中，突出地发展了对于自然的一种伦理道德感情，即把自然看作是具有某种伦理道德意义的。同时，这种伦理道德感情，又经常与对自然的哲学把握和审美观密切结合在一起。这一点在《易传》中表现得最为鲜明。而祖述《易传》的刘勰的《原道》对自然的描绘，也显然兼具伦理道德的、哲学的、审美的三层意义。其中，刘勰又极大地强调了审美的意义。如前已指出，这是刘勰的重大贡献。因为儒家往往重善轻美，把美变为伦理道德的附庸。刘勰没有，也不可能否认美与伦理道德的关系，但他特别重视的却是美的价值。

中国儒家从伦理、哲学、审美三层意义的统一去看自然，这在今天也仍然十分值得注意。因为西方的思想往往把自然看作是外在的科学认识对象、实用功利对象，或给人以享受的对象，而很少能从伦理的、哲学的高度去看自然，也很少能将对自然的审美观照同伦理、哲学相结合。其结果是大为降低了自然对于人在精神上所具有的丰富深刻的意义，而使之成为一种单纯的认识对象，或感官享乐的对象。当然，西方还常将自然与上帝相联，看作是隐含着某种来自上帝的神秘意义的对象。前者对自然的感知常常是较为肤浅、外在的（例如印象派的某些风景画），后者虽能给人以某种深邃的崇高感，但往往又使自然成为凌驾于人之上的存在物。在科学技术的高度发展反而导致了人与自然在精神上、情感上日益疏远的今天，刘勰美学中那种热烈赞颂自然的美，同时又赋予它以一种超越感官享乐的伦理、哲学意义的思想，是有着可供思索、借鉴的价值的。当然，中国哲学历来轻视对自然的科学认识，以及儒家常常牵强地把自然加以伦理化，忽视自然与个体生命感性欲求的满足的关系等等，这又是我们应当批判地加以剔除的。

刘勰美学的又一个根本观点，是主张文学起于人的情感的表现。

他把文学称之为“情文”，认为“五情(疑应作性)发而为文章”(《情采》)，再也清楚不过地说明了这一点。虽然，这种看法也非始于刘勰，但从来没有任何人像他这样在理论上作了如此明确的说明和论证。他写的《情采》篇既吸收了前人的思想，同时又是他独立的理论贡献。此外，刘勰在《宗经》中提出的“六义”说，第一义就是“情深而不诡”，把“情”摆在首要的地位。前面我们已作了不少分析的《镕裁》篇，也包含有对于“情”的重要说明。

刘勰和儒家一样，认为“情”是源于“性”的，所以他说：“情文，五性是也。”(《情采》)“五性”即仁义礼智信。刘勰依据汉代以来《白虎通义》、王充《论衡》、刘邵《人物志》中已有的看法，认为人的“五性”来自人所禀的“五才”(金木水火土)，所以他说人是“禀性五才”的(《序志》)，又说“人为五行之秀”(《原道》)。人禀“五才”所以有“五性”，有“五性”即有“情”，而文章即是人天然禀有的，与“五性”相联的“情”自内而外的表现的产物。刘勰用人禀“五才”说明“五性”的来源，这显然同他所坚持的自然主义哲学分不开。但刘勰始终是立足于“情”来讲文学的创造的，他并不认为文学是人对自然的“摹仿”，尽管他也充分承认“情”的发生同人对外物的感受有关。如前已指出，这是一个重要的观点。因为它抓住了文学与外部世界相联系的最本质的中介即作为主体的人的情感，而超越了“摹仿”论或“反映”论。①

更为值得注意的是，刘勰在《镕裁》中所说“设情以位体”，已经隐约地包含了以“情”为文学的本体的意思，而且他也用了“本体”这个词(“规范本体谓之镕”)，还讲到了“立本有体”。如前已指出，不能简单地把刘勰所说的“本体”等同于哲学上所说的“本体”。但从刘勰《文心雕龙》全书很为重视魏晋玄学所强调的“本末”问题，以及他始终把

① 我在拙著《艺术哲学》中曾从反映论来讲艺术。我现在并不认为我的讲法全都不对，但就以“反映”这一概念统领全书而言，确实又仍然存在着相当简单化的毛病。我想将来再详论这一问题。(这是我在写作《刘勰》时的想法，当时以为有可能找到一个比“反映”更恰当的概念来说明艺术与现实的关系，后来的研究证明这是不可能的。至今我仍然坚持《艺术哲学》一书的根本观点。——作者校注)

"情"看作是文学创造的根本等方面来看,刘勰虽未在纯粹哲学的意义上明确指出情感是文学的本体,但他的实际的意思,如以哲学的语言加以表达,也正是以情感为文学的本体,可以称之为情感本体论。这是刘勰美学中一个很为重要的,可以通向现代的思想。

刘勰的情感本体论和他以同伦理之"道"相合一的"自然之道"作为"文"(包括"天文"、"人文",自然也包括作为文章的"文")的本体并不是互不相关的,或不能统一的。相反,由于"自然之道"本身就包含着社会政治伦理之"道",因此这个"自然之道"的表现也就具有了伦理道德的意义,从而能诉之于人们的情感。"自然之道"的表现本身就具有情感意义,但刘勰又只以"自然之道"作为他的整个美学的哲学前提,而未直接以"自然之道"解释具体的文学作品内在本质。在刘勰看来,这个内在本质是源于"自然之道"的情感。这样,刘勰就找到了从"自然之道"到文学作品创造的最重要的中介,即情感。同时,他既把情感的产生放置在"自然之道"的基础之上,因此他又为情感作了一种自然主义的哲学论证,把文学问题的解决提高到了哲学的水平。我们可以说,在刘勰的思想里,"自然之道"是一切"文"的本体,而当这一本体具现于文学时,它即显示为主体的情感本体,而不是单纯的自然本体了。虽然这一情感本体仍以"自然之道"为其本源、基础,但又已是一种存在于个别主体心中的本体,并且是精神性的东西。

刘勰认为"情文"根源于"五性",但必须注意到刘勰并不把文学看作儒家所说仁义礼智信五种道德观念的图解。从《文心雕龙》全书有关"情性"这一概念的论述来看,刘勰所说的"情性"是把主体的个性、气质、偏好也包含在内的。这在《体性》篇中表现得很清楚。所以,在刘勰那里,"五性"只是"情"不应违背的根基,"情"不能脱离"五性",但"情"所涉及的范围比"五性"要广泛得多。而且,刘勰认为"情"的表现必须有美丽的"采",这和某些儒家之徒忽视文学的美的价值,以文学为道德说教的工具根本不同。

"情"既不能脱离"性",因此也不能脱离"理",即儒家仁义道德之"理"。所以,刘勰既以情感为文学的本体,同时又反对"任情失正"(《史传》),要求"情"须符合于"理"。如前已指出,刘勰的"情理定位,文采行乎其中”的说法肯定了“情”与“理”是文学创造的两大基元，正如“天”与“地”是万物产生的两大基元一样。刘勰一方面说“设情以位体”（《镕裁》），另一方面又说“设模以位理”（《情采》）。总之，“情”与“理”都应“定位”，放在它们应在的位置上。但如上所说，刘勰又认为“情”是更根本的东西。“任情失正”，固然会导致“文其殆哉”的后果，但如没有“情”，那就根本不会有“文”。而且，刘勰所说的“理”是同“事义”相联的。他所强调的是符合于事实和具有一种刚正不阿的人格精神，而非对儒家伦理道德概念的图解说教。

刘勰强调“情”而又不脱离“理”，这在现代同样是值得注意的。虽然刘勰所说之“理”具有明显的儒家观念，从而也具有束缚、压制人的个性发展的消极有害的一面，但他所强调的那种道德上的崇高精神，以及认为在文学创造中“情”不应脱离“理”，仍然有其明显的合理性。尽管在西方现代美学中，否认理性在艺术创造中的作用的理论十分流行，这种理论对认识艺术创造的特征确也有其不应否认的贡献，但艺术终究不可能是一种完全非理性、反理性的情感发泄。即使是那些以艺术为非理性、反理性的情感发泄的作品，如果它们真有某种值得肯定的价值，也还是因为其中包含有某种较为深刻的理性内容，例如对人生痛苦的某种较为深刻的体验。完全没有任何理性内容的艺术作品，只能是一种纯生物性的冲动的表现。我们虽然不能像儒家那样狭隘地要求艺术须为“教化”服务（这是刘勰也谈到了的，但不是他的思想的主要方面），并以是否合乎道德为唯一的标准去衡量艺术的价值，但又不能说艺术就应当是非道德、反道德的。为了人类的进步发展，艺术在今天也仍然负有提高人类道德水平的崇高任务。但我们所说的道德，当然是现代社会应有的道德。

从现代的观点来分析刘勰的美学，使之对现代的美学和文艺的发展起到某种作用，我认为是长期以来《文心雕龙》研究中一个十分薄弱的环节。限于笔者的学力，以上所说都是很粗浅的。但我甚望有识者能冲破年深月久的保守陈旧的研究方法的阻力，在这方面取得长足的进展。

(十)刘勰美学的内在矛盾

刘勰的美学存在着明显的、巨大的矛盾。一方面,他高度重视文章的美,并且认为"古来文章,以雕缛成体"(《序志》),要求文章应有一种"缛采"即繁富、辉煌、绮丽的美(见《情采》),赞赏楚骚"惊采绝艳,难与并能"(《辨骚》),还主张"连珠七辞,则从事于巧艳"(《定势》),明确反对有"质"而无"文"(见《情采》),"爱典而恶华"(《定势》),甚至搬出被认为是否定美的老子来,宣称"老子疾伪,故称'美言不信';而五千精妙,则非弃美矣"(《情采》)。另一方面,刘勰又倡导"征圣"、"宗经",认为文章的写作必须以儒家经典为宗,美不能违背儒家正道,明确反对儒家历来所深恶的、被认为是淫丽的"郑音",主张"雅郑"不能"共篇"(《定势》)。在刘勰看来,他所竭力主张的文章的"雕缛成体"的美,以至"巧艳"的美,是完全能与儒家的经典和儒家的正道相统一的。实际上,儒家虽然也反对有"质"无"文",主张"文质彬彬",并不排斥、否定文章的美,但在儒家的思想中,"文"对于"质"始终处在从属的、次要的地位。有"文"固然是好的,但只要有"质",即使"文"不足,甚至没有"文",也只不过是一种有待弥补的缺憾而已。相反,离开"质"去追求"文",一味醉心于"文",那就背离了儒家正道,是不能容许的严重过错。所以,儒家对于"文"亦即美的追求是有限度的,它始终要把美控制在从属于儒家伦理道德的范围之内,或使之与儒家伦理道德理想的实现合而为一(这在宋明理学中表现得最为清楚),而决不允许美取得独立于儒家伦理道德的地位。事实上,自先秦以来,儒家美学不过是儒家伦理学的一种引申,是完全从属于儒家伦理学的。在审美的要求上,儒家也一贯排斥刘勰所说的"缛采"的美,特别是艳丽、绮丽、巧艳之类的美,认为它有害于人心,不利于儒家正道的实现。而刘勰却认为他所说的"缛采"之美完全能与儒家的正道相统一,这是一种由特定的历史原因所造成的错觉(详下)。

刘勰美学的内在矛盾还表现在他竭力鼓吹"通变",认为"文辞气力,通变则久","通变无方,数必酌于新声;故能骋无穷之路,饮不竭之源"(《通变》),主张"日新其采",超越前人(见《封禅》)。很明显,刘勰认为文章的美是永远没有穷尽地变化着的，后人可以而且应当有新变，创造出不同于前人的新的美。这是刘勰"通变"论的重要价值所在。但与此同时，刘勰又认为创新必须"宗经"，主张"练青濯绛，必归蓝茜，矫讹翻浅，还宗经诰"，反对"竞今疎古"(《通变》)，因此，有的论者认为刘勰是通过新变去达到复古。实际上，刘勰并不是要复古，而只是说新变不能脱离古，亦即他所说"望今制奇，参古定法"(《通变》)。文章要新、要奇，但又不能脱离儒家经典去创新，这就是刘勰真实的思想。而这种思想，显然包含着难于克服的矛盾。刘勰认为两者完全可以统一，同样是由历史的原因所造成的错觉。

总括起来说，刘勰美学的内在矛盾即是他所醉心的"情采"和他所热烈鼓吹的"通变"同他所提倡的"征圣"、"宗经"之间的矛盾。刘勰认为两者之间并无矛盾，并且处处要求要把两者统一起来，这是由下述原因所决定的。在齐梁时期，儒学的影响较过去有明显增长，史书记载齐梁两代的君主差不多都发出了推尊儒家的诏令，并且也采取了不少措施。① 但与此同时，这时的文章又日趋于艳丽，并且得到了统治者如萧纲等人的热烈肯定和大力提倡。刘勰也受到当时风尚的影响，他对于这时的文章重视辞藻的美丽，力求新变是持肯定态度的。但他站在儒家的立场上，又深感当时文章的内容浅薄，徒有华丽的辞藻，因此提出"征圣"、"宗经"，企图达到他所说的"矫讹翻浅"的目的(见《通变》)与此同时，刘勰这种主张的提出，当然也是希望其时既已表示推尊儒家，又在提倡艳丽文风的统治者能把儒家思想同对文章的艳丽之美的追求统一起来。但这实际上不过是刚三十多岁，地位低下的"寒儒"刘勰的天真幻想。其时大力提倡艳丽文风的人，以后来的萧纲为代表，是反对"宗经"的。文章的写作对他们来说只是一种爱好、消遣，目的只在得到一种精神的怡娱，因此被高度重视的是"篇什之美"，而不是文章对宣扬儒家正道的作用(见萧纲的《与湘东王书》)。相反，以裴子野

① 如梁武帝于天监八年五月下《叙录寒儒诏》，其中说："朕思阐治纲，每敦儒术。""其有能通一经始末无倦者，策实之后，选官可量加收录。虽复牛监羊肆，寒品后门，并随才试吏，无有遗隔。"

为代表的一派则痛心疾首地反对当时艳丽的文风,否定文章的美的价值,以文章为有害的雕虫小技(见裴子野的《雕虫论》)。这两派的对立,本质上是我们前述儒家美学中包含的美与善(儒家伦理道德)的矛盾,美不可能脱离善而获得独立地位的表现。统治者经常是摇摆、运动于这两极之中:当他们醉心于美、追求美时,他们往往就脱离了善,堕入空虚浅薄的,甚至是淫荡的境地;相反,当他们强调善的重要性时,他们又走向了对美的否定甚或敌视。这种矛盾是历史本身所造成的矛盾,当然不是刘勰所能解决的。

刘勰企图解决他所不能解决的矛盾,结果就使他的《文心雕龙》陷入他在《定势》中所说"两难得而俱售"的处境。从萧纲一派来说,刘勰高度重视文章的美和主张新变是能得到赞同的,但他的"宗经"理论却是根本不能接受的。从裴子野一派来说,刘勰"征圣"、"宗经"的理论会得到赞同,但他高度重视、肯定文章的美的价值却绝对不能同意。这样,在梁代文坛上对立着的这两大派都不可能对刘勰的《文心雕龙》作出完全赞许的、肯定的评价。史称刘勰的《文心雕龙》写成后,"未为时流所称",原因大约就在于此。沈约肯定了此书,是因为沈约和上述对立的两大派别相比,采取了一种中间的立场,而且也由于刘勰的思想与沈约的思想有不少近似之处。① 但虽经沈约的论定,此书在梁代也并未产生明显可见的重要影响,在陈、隋亦然。到了隋末唐初,梁、陈艳丽的文风开始遭到清算,而《文心雕龙》对文章的艳丽是取肯定态度的,因此不可能被重视。但他的"风骨"论,由于具有唐代统治者所提倡的刚健进取的精神,因而产生了很大影响。但倡"风骨"论的陈子昂没有一语提到刘勰。这不仅是因为刘勰地位低下,还因为刘勰整个的美学思想倾向同他的"风骨"论之间有难以统一的矛盾。从种种迹象可以想见,《文心雕龙》一书在唐代是被不少人重视、阅读了的,但仍未产生显著影响。到了宋、元,情况也基本相同。《文心雕龙》受到明显重视是在明清,特别是清代。但这又是因为明清古文、八股文的写作兴起,

① 关于刘勰的思想与沈约的思想之间的关系,值得加以专门的研究。此从略。

而《文心雕龙》正好也是一本详论文章作法的书。当时的人是从文章作法这一角度去看《文心雕龙》的,所以也很少有人能认识它的真正的价值。对《文心雕龙》受到前所未见的高度重视和对它的内容进行多方面的深入研究,是从20世纪初年开始的。这又是由于西方思想输入中国,新文学的兴起,上述那种使《文心雕龙》"两难得而俱售"的原因根本不成其为问题了。文学的美的价值第一次取得了独立的地位,西方文艺理论、美学思想的输入又为《文心雕龙》的研究提供了理论和方法的依据,于是人们开始看出它所包含的丰富而深刻的思想,感到极大的惊异并产生了浓厚的兴趣。

《文心雕龙》问世之后,在漫长的历史岁月里遭到了冷落。这并不是由于它没有价值,而是人们还不能了解或不能充分了解它的价值。这价值就在《文心雕龙》既鲜明地标榜、推尊儒家的思想,同时却又空前地高扬文学的美的价值,客观上是在打破儒家历来重善轻美的思想,给了美以极高的地位。自先秦到齐梁,在一切明确尊儒的,以儒家思想来论文艺的著作中,可以说只有《文心雕龙》绝大部分是美学,小部分是伦理学。而其他的著作,则大半是伦理学,小半是美学。所以,上述《文心雕龙》所包含的内在矛盾,既是它长期遭受冷落的原因,同时也是它至今仍具有不可磨灭的重要价值的原因。《文心雕龙》可以说在千载之后才找到了"知音",但我们今天对它的价值的理解当然是同刘勰自己的理解并不完全相同的。

五、佛学思想

刘勰是齐梁时一位著名的佛学家,史称"长于佛理"。但可惜留存至今的,刘勰直接论及佛学的文章只有《灭惑论》一篇。此外则是一些较间接的资料,而且也很少。所以,我们只能据极有限的资料,对刘勰的佛学思想作一点简略的评述。

(一)研究刘勰佛学思想的资料

刘勰的《灭惑论》载今本《弘明集》第八卷。关于此文的写作时间有两说:一说写于《文心雕龙》之前:一说在其后,待考。

除《灭惑论》之外,现存刘勰《梁建安王造剡山石城寺石像碑》一文,也可帮助我们略窥刘勰对佛学的理解。还有由僧祐主持编定的各种佛经和佛学论著的序记,其中可能杂有刘勰之作。这些序记,严可均所辑《全梁文》第71卷加以收录,共计三十七篇。从文义与措辞来看,我以为《梵汉译经音义同异记》一文最有可能出自刘勰手笔。其余《续撰失译杂经录》、《钞经录》、《出三藏记集序》、《齐太宰竟陵文宣王法集序》,均有可能为刘勰所作。甚至《弘明集序》,文风也与刘勰相类。这里不来一一考证。但就在这些文章里,内容大多涉及对佛教文献的说明,直接论及佛学问题的很少。其他很难推想是否出自刘勰之手的文章,情况也大致相同。但这些文章即使非刘勰所作,以刘勰和僧祐的密切关系和他对僧祐的推崇,其中所显露的对佛学的看法,应是可以作为了解刘勰佛学思想的参考的。

僧祐死后,刘勰曾作有碑文,可惜早已亡佚。不过,在《梁建安王造剡山石城寺石像碑》一文中,还可看到僧祐尚在时刘勰对他的评论。刘勰说:"定林上寺祐律师德炽释门,名盖净众,虚心宏道,忘己济物。""贞鉴特达,研虑精深。"而在《小乘迷学竺法度造异仪记》一文中,我们看到僧祐是竭力弘扬大乘佛学的。文中说:"自正化东流,大乘日曜,英哲顶受,遍遇服膺,而使迷伪之人专行偏教,莫或振止,何其甚哉!昔慧导拘滞,疑惑《大品》,昙乐偏执,非拨《法华》,罔天下之明,信己情之谬,关中大众,固已指为无间矣。至如彭城僧渊,诽谤涅槃,舌根销烂,现表厥殃。大乘难诬,亦可验也。"由此可见,当时佛教中大乘小乘之争甚为剧烈,而僧祐是南方大乘佛教的维护者和传播者。从刘勰《灭惑论》看,他和僧祐一样是弘扬大乘的(详下)。当然,我们知道僧祐以深研律学而闻名于梁时,律学属小乘,但这并不妨碍僧祐弘扬大乘。因为在他看来,小乘只是"初教",最后的目的还在涅槃。他说:"自正法稍远,受学乖互。外域诸国,或偏执小乘。最后涅槃,显明佛性,而犹执初教,可谓胶柱鼓瑟者也。"(见前引《小乘迷学竺法度造异仪记》)

二、刘勰佛学思想的特征

现在所能看到的,最直接地表现了刘勰佛学思想的《灭惑论》,古来不少论者均以为是为驳斥顾欢的《三破论》而作。所谓《三破论》,是一种攻击佛教的理论,"三破"指"入国破国,入家破家,入身破身"。它表现了佛教传入中国后和中国传统的文化、社会制度、风俗习惯之间所产生的尖锐矛盾。从刘勰《灭惑论》及释僧顺《释三破论》所引《三破论》原文来看,此文的思想无疑与顾欢有关,但不可能为顾欢所作。据《南齐书》卷54《顾欢传》,欢"八岁诵《孝经》、《诗》、《论》,及长笃志好学",又"从豫章雷次宗谘玄儒"。永明元年(483年)被征为太学博士,不就。由此可见,顾欢是当时一位博通经典,很有名声的人物。而从刘勰及僧顺所引《三破论》原文来看,文字粗鄙,形同谩骂攻讦,且常有基本常识错误,表现了作者的无知。诚如刘勰所说,"义证庸近,辞体鄙拙",只能看作是"委巷陋说"(《灭惑论》,下引此文者不再注明)。这样的文章,不可能出于足当太学博士之任的顾欢之手。更为重要的是,顾欢作有《夷夏论》(见《南齐书》、《南史·顾欢传》及《弘明集》卷7),其中从华夷之别批评了佛教,指出佛教与中华风俗、人情、制度不合,措辞有颇为激烈的地方。但他并未根本否定佛教的理论,而承认佛教的理论也有其优长之处。他在把佛教与道教作比较时说:"佛教文而博,道教质而精。精非粗人所信,博非精人所能。佛言华而引,道言实而抑。抑则明者独进,引则昧者竞前。佛经繁而显,道经简而幽。幽则妙门难见,显则正路易遵。此二法之辨也。圣匠无心,方圆有体,器既殊用,教亦异施。佛是破恶之方,道是兴善之术。兴善则自然为高,破恶则勇猛为贵。佛迹光大,宜以化物。道迹密微,利用为己。优劣之分,大略在兹。"这些看法,虽偏向道教,但也有相当深刻的见地,表现了晚年信道教的顾欢终究是一位学者,并未简单地骂倒、否定佛学。此外,顾欢之文还有一个重要论点,即认为"道"与"俗"应当分开。"道"指根本的理论,"俗"指社会的风俗、习惯、行为。他认为佛教就"道"而言是可取的,与中华之"道"并不相违,问题在于就"俗"而言,与中华之"俗""大乖"。顾欢主要也是立足于这一点来批评佛教。而所谓《三破论》则仅抓住顾欢思想中的这个方面来大做文章，并以一种粗鄙无知的论述完全否定佛教。《三破论》的作者究竟为谁，现在已难以考索了。《弘明集》卷8僧顺《释三破论》题下注云："本论，道士假张融作。"由此看来，《三破论》是一匿名的道士假张融之名而写的。

弄清《三破论》及其与顾欢思想的关系，对于了解刘勰《灭惑论》的思想是重要的。刘勰的文章为破《三破论》而作，当然在认为佛教与中华风俗不能相容，以及抬高道教，贬低以至否定佛教这些问题上，他是既反对《三破论》，也反对顾欢的观点的。但在认为就"道"而言，佛教与中华之"道"并非根本相违，以及佛教有其优长之点这些看法上，刘勰与顾欢的看法又有某些相近处。这只要将《夷夏论》与《灭惑论》一加对比即可看出。但顾欢晚年是相信道教的，刘勰则只对道家有所肯定，对道教是持完全否定的态度的。这当然同齐梁时佛、道二教的剧烈斗争分不开。

《灭惑论》为驳《三破论》而作，所以刘勰用了不少篇幅去论述、反驳《三破论》认为佛教与儒家提倡的孝道、礼义根本不能相容，以及佛教的推行会导致"国空民穷"、"国灭人绝"等观点。这些问题的辩论，在当时无疑有很为重大的意义。而且，由刘勰这样一个在佛学界很有名声，又深通中国儒、道两家思想的人出来论述这些问题，回答《三破论》，是很为适合的。但从我们今天看来，《灭惑论》的重要价值并不在此。我们所要着重考察的是刘勰在论述佛教与道教、道家、儒家的异同时所表现出来的佛学、哲学思想。

在佛教与道教的问题上，刘勰说："夫佛法练神，道教练形。形器必终，碍于一垣之里；神识无穷，再抚于六合之外。明者资于无穷，教以胜慧；暗者恋其必终，诳以仙术。"这是刘勰对于佛学的一个带根本性的重要看法。它直接牵涉到宗教上、哲学上所讨论的生死解脱这个重大问题，也牵涉到对佛学的根本评价问题。

在刘勰看来，佛法的根本在于修练"神"，而道教则不过是修练"形"。"神"是无限的，它可以超越实存的有限世界而得永生；"形"则是有限的、必终的，不能超越实存的有限世界。佛法以追求精神的无限为本，所以教人以获得精神解脱和永生的智慧。道教害怕形体不能长存,所以教人以求长生的仙术。刘勰正确指出长生不可能,所以他认为仙术是一种欺骗。刘勰对道教"举号太上,而法穷下愚"的欺骗性作了许多尖锐的揭露。虽然他对道教的认识与评价是不全面的,也不可能是全面的,但他深刻地指出了佛教优于道教的根本所在。这根本就在佛教不以形体的长生为理想,也不以求得一种所谓"仙家"的生活或世俗的荣华富贵为理想,而要追求精神的解脱和永生,达到对人的存在的终极意义与价值的体验和确证。而且这种体验和确证,又非单纯个人的解脱,而是同普渡众生,使人类出离一切苦难分不开的。在所有一切宗教中,佛教包含了一整套最为深刻的人生哲学,它的探求和思辨所达到的形而上的深度为其他任何宗教所不及。就这一点说,刘勰嘲笑道教的理论,认为"玄妙上清"根本不能同"涅槃大品"相比,是有其合理根据的。佛教所要达到的人生解脱的境界也远比道教为高。虽然道教有一套用以解决生活中的问题和困难的方术,其中还包含着和自然科学相关的某些合理的东西,但始终缺乏形而上的深度和高度。由于道教很为关心世俗生活中一些具体问题的解决,看来它比佛教更现实,实际上却不如佛教现实。因为它只看到一个个具体问题的解决,又只虚悬着一个并非人人所能实行的成仙的理想,脱离了佛教始终紧紧地注视着的现实人生中的种种苦难。这些苦难,包括精神的苦难,不是仅靠道教的方术所能解决的。因此,道教的影响和传播的程度,总的来说远在佛教之下。佛教之所以在历史上产生了很大的影响,在今天也仍有不小的影响,首先是因为它直面人生的苦难,在广大的范围内抓住了人生存在着种种苦难这个无法否认的事实;其次是因为它看到这种苦难的解脱不只是实际生活中种种具体问题如何解决的问题,还有一个人在精神上的矛盾和痛苦如何解决,人的存在的终极意义与价值如何得到确证的问题。这后一问题是超越了个体有限的存在,超越了个体的哪怕是人间最好的感性欲求的满足的。它是与人类而俱存的永恒的问题。当刘勰说佛法是以"练神"为本,使人获得精神的解脱和永生的智慧时,他虽然不可能如我们现在这样清楚地意识到佛学的本质,但他确实抓住了佛学最根本的东西。

刘勰认为应当如何来解决他所说的"练神"问题呢?这在佛学中

有种种复杂的理论，而刘勰是采取大乘佛学空宗的理论的。他先是嘲笑道教炼丹服药的无意义，提出“极于饵药，慧业始于观禅。禅练真识，故精妙而泥洹(按:即涅槃)可冀；药驻伪器，故精思而翻腾无期”。此外，刘勰又更为明确地指出：“大乘圆极，穷理尽妙。故明二谛以遣有，辨三空以标无，四等弘其盛心，六度振其苦业。”这是对大乘空宗解脱法的一个口诀式的简要说明。虽然刘勰在《灭惑论》中未对大乘空宗的思想提出独特的见解，但由之我们可以确知刘勰在佛学上是站在大乘空宗立场的。

自魏晋以来，大乘佛学空宗在中国产生了很大的影响。其所以如此，是由下述一些原因决定的。在分析这些原因时，我们可以看出刘勰对佛学以及佛学与儒学的关系的看法都和大乘佛学空宗分不开。

第一，大乘佛学空宗不像小乘佛学那样只强调个人的解脱，而极大地突出了普渡众生，致力于众生解放的思想，并以此为佛学最崇高的事业。这种思想同儒家的“仁爱”、“泛爱众”的思想是能够相通的。正是基于这一点，刘勰认为“至道宗极，理归乎一；妙法真境，本固无二”，“梵言菩提，汉语曰道”，“孔释教殊而道契”，“其弥纶神化，陶铸群生无异也”。刘勰举出佛学主张“拔愚以四禅为始，进慧以十地为阶；总龙鬼而均诱，涵蠢动而等慈”为证。这也正是大乘佛学空宗的思想。

第二，大乘佛学空宗主张三界皆空，世界的“自性”本来就是空，但它并不以寂灭为理想，而是要通过认识世界本来空，消除一切虚妄的执着，以求得精神的自由解脱和永生。这又是可以和玄学对绝对自由的人格本体问题的探讨相通的。僧肇在《不真空论》中论述了这一问题。如本书已指出的，刘勰在《文心雕龙·论说》中批评了玄学“贵无者专守于寂寥”，并赞扬了般若学的看法。这同样和大乘佛学空宗分不开。

第三，由于大乘空宗，不以寂灭为务，所以它有一种出世而不离世的精神，重视现实人生，早期并不提倡出家，而重视在家，认为在家也同样可以学佛。这也是能为既重视精神道德修养，又不离现实人生的儒家所接受的。刘勰在《灭惑论》中也涉及了这个问题。他指出“入道居俗，事缘因果”，“未闻世界，普同出家”。这就是说，佛教教人学佛法，但并不要求人人必须出家。①

第四,大乘佛学空宗所提出的主要修行方法,即刘勰所说"六度振其苦业",包含着可与儒家相通的刻苦进取的精神。所谓"六度"是:(1)布施;(2)持戒;(3)忍辱;(4)精进;(5)禅定;(6)智慧,其中特别是布施、忍辱、精进三度,明显可与儒家相通。

刘勰认为佛学与儒学在根本上是一致的,但"感有精粗,故教分道俗",即以佛学为精而儒学为粗。对于不同于道教的道家老子的理论,刘勰作了明确的肯定,但也视之为粗。他说:"寻柱史嘉遁,实惟大贤,著书论道,贵在无为,理静归一,化本虚柔。然而三世弗纪,慧业靡闻。斯乃导俗之良书,非出世之妙经也。"刘勰所说的这种精粗之分,在一定的意义上是有道理的。儒道两家的理论的确都讲得比较笼统,它经常是从直观体验和日常感性经验得来的一些格言式的命题,缺乏像佛学那样细密的分析论证。因此,当佛学在隋唐时期得到了很大的发展和传播,各派佛学理论被系统地介绍到中国,这时儒家也感到了要战胜佛学就不能没有更系统深入的理论。所以,从唐代李翱等人开始即注意到了吸取佛学的理论,使儒学发生了重要变化。但是,佛学与儒学虽有可以相通之处,却终究是两种有根本区别的理论体系。儒学最高理想始终是"内圣外王",而非佛学的涅槃解脱。在"内圣外王"的实践上,特别是在对实际事务的处理上,儒学也发展出了自己的一整套理论。其形态虽不如佛学那样划分细密,但却比佛学有更大的实用性和灵活性。就这一点来说,它又是"精"的,不是"粗"的。而号称细密的佛学,在不少情况下流于繁琐。此外,"精"和"粗"还可以有另一种意义上的理解,即儒学只能解决世俗的事务问题,而不能解决出世的问题,即精神最终的超越和解脱问题。刘勰以儒学、道家为"粗",主要是在这个意义上说的。从这个方面看,儒学与道家也确有其无法最终加以解决的问题。虽然儒家以实现仁义,道家以自然无为为最高理想,但它们都无法解决个体在现实人生中所遭遇到的各种苦难、挫折和不平。

---

① 这里可以为刘勰入定林寺依僧祐而居后何以长期不变服出家找到一个重要的说明。

儒家所推崇的志士仁人在历史上横遭打击的事实屡见不鲜，道家所推崇的自然无为则经常是一种闭眼不看现实的自我麻痹。究竟每一现实个体生存的意义与价值如何才能得到确证，仍然是一个尚未解决的问题。大乘佛学的涅槃理论提出了对这一问题的解决法，虽然也带有虚幻的性质，但又包含着对人生问题大胆的、追根至极的深刻思考，并且能给人以某种精神上的启示和慰安。当然，它也会使亿万生灵陷入涅槃的冥想而失去改善自身现实处境的行动的力量，这就是佛教的麻醉作用。但它也会使人心获得某种净化，而且在一定条件下，还能成为激发人类去与邪恶作斗争的力量。事实上，宗教曾在许多具有历史进步性的斗争中起过自己的特殊作用。

由于佛学包含了个体如何对待人生道路上所遭遇的苦难、挫折和不平以及如何使自身存在的意义与价值获得确证这一问题的解决，因此佛教传入中国之后，在儒家伦理陷入了极大危机的魏晋南北朝时期得到了广泛传播，产生了巨大影响。不少儒家之徒对佛学发生了兴趣，并以之作为在儒学之外的一种信仰或人生哲学，用它来消解在实行儒学的道路上所遭遇到的种种痛苦和不平。刘勰即是这一类人物中很为突出的一个。他一方面尊崇儒学，另一方面不仅把佛学作为一种信仰，而且还入寺依沙门而居，成了佛学界的一位著名人物。此外，还有数量较少的一些文人干脆从儒学转入佛学。如东晋著名佛学家慧远由儒而道，由道而佛，就是一个典型的例子。

仅从刘勰的《灭惑论》来看，他对佛学未提出什么独创的看法。包含他的佛法以“练神”为本这一有重要意义的看法，也是东晋以来不少人讲过了的。但就对刘勰思想的研究而论，他在佛学方面的基本思想仍值得加以充分重视。这些思想远不如他在儒学方面所发挥的思想那么丰富和具有独创性，但刘勰之所以能对儒学作出独创的发挥，并构成了自己的一个理论体系，无疑又和他研究过佛学，思想比一般的儒者更为开阔，理论思维更为严密有很大关系。如本书第三部分中讲到的刘勰的“折衷”、“正本”、“索源”的思维方式，既和儒家、玄学的思想有关，也同东晋以来对佛经的研究整理有关。由于当时传入的佛经包含了各种各样派别的著作、观点，需要把这些著作、观点作一种系统的整理，判别不同经典的意义与地位及其相互联系，于是产生了中国特有的“判教”。在“判教”中，明显包含了刘勰所说“折衷”、“正本”、“索源”等方法的使用。而刘勰又正是一个多次参与了佛经整理、编定的重要人物，所以他对这些方法的应用有深切了解是很自然的。佛学对刘勰的思想有重要影响，但这种影响不是直接的、表面的，更不是以佛学的观点去取代刘勰尊崇的儒学的观点。这是一种内在的、精神实质上的影响。从这个方面看，刘勰所说“六度振其苦业”的“六度”中的“精进”思想，也完全可能影响到我们已经论述过的，刘勰那种刚健进取、不畏强暴的人格精神。

刘勰事迹考证及生平年表

引　　言

由于史书记载的缺略，刘勰生平中许多问题是不清楚的，这就需要进行考证。刘勰生平的年表也只有在考证的基础上才能写成。但年表又只宜简明地记述刘勰的活动，不宜杂入种种为年表所难以容纳的考证。而且，由于对一些问题的考证还只是一种可能的推测，不宜写入年表之中，因此只靠年表难以具体深入地了解刘勰的生平。所以，我采取了把考证与年表结合起来的方法，先作考证，再写年表。考证是必需有材料、事实根据的，胡适先生曾说过的“拿事实来”，至今仍完全正确。由于材料、事实的缺乏，刘勰生平中的一些问题也许将永远是不清楚的。在材料、事实缺乏的情况下，硬要把它弄清，说得很确定，就会陷入牵强、任意的推测和断言，反不如存疑为好。但目前对刘勰生平的考证，已知材料的充分利用和分析还不够，过去未注意到的材料尚待发掘，所以仍是有许多工作可做的。

这个考证和年表，是在本书写成后五个月，由韦政通先生提议加写的。我要感谢韦先生对我的推动，使我下决心把我过去对刘勰生平所作过的一些考证（大部分已写入《中国美学史》第2卷第17章）重新加以思考,并把它系统化。结果是有了一些新的进展,使我原先对刘勰生平的认识变得更周密、更深入了。个别问题的看法已和《中国美学史》第2卷所写的有些不同,我想无需改动原书,即以这个年表及考证作为补正。

在写作过程中,我参考了范文澜的《文心雕龙注》、杨明照的《文心雕龙校注拾遗》、王元化的《文心雕龙创作论》、刘汝霖的《东晋南北朝学术编年》等书,吸取了已有的研究成果,同时也提出了我自己的一些不同看法,增加了对一些新问题的考证。遗憾的是由于个人条件的限制,台湾及海外学者所写关于刘勰生平的考证,我全未看到,否则将会获得种种丰富的启发,吸收种种重要的见解,把这个考证和年表弄得更好一些。

考　证

(一)刘勰的家世及其对刘勰的影响

一般而言,人们的思想、性格免不了会受到家庭的影响,包括从遗传而来的影响。在极为重视家世、出身、门风的中国古代社会,这种影响更是显著,不可忽视。对刘勰的家世作一番考察,无疑会有助于深入了解刘勰的生平、思想、个性。特别是由于史书留下了关于刘勰家世的大量材料,所以这种考察就更有必要了。

《宋书》、《南齐书》对刘勰家世中重要人物的情况均有很多详细的记载。后出的《南史》更把这些分散的记载集中到刘穆之一传中,一并加以记述,等于是对刘氏家族的情况作了一个相当完整的介绍。杨明照《梁书刘勰传笺注》(见《文心雕龙校注拾遗》)根据这些材料及其他有关材料,编制了刘氏一族的世系表(见下页)。此表搜罗甚为完备,但刘穆之尚生有一女,适济阳蔡祐,似应加以说明。

关于刘氏属于士族还是庶族的问题,杨明照上书及王元化《文心雕龙创作论》中《刘勰身世与士庶区别问题》一文均作了考证,认为属于庶族。我同意此说。但据刘穆之传言穆之生活贫困而论定其属于庶

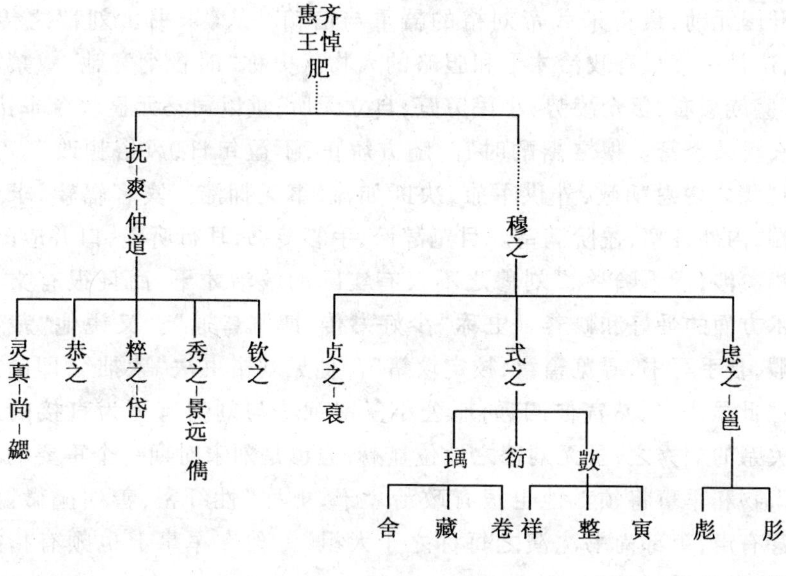

族,这理由欠充分。因为东晋末年以来,魏晋门阀世族的统治急剧崩溃,其后人生活陷入贫困者不少。如王微出身东晋显赫的王氏家族,但他在与弟僧绰书中亦自言"家本贫馁,至于恶布蔬食,设使盗跖居此,亦不能两展其足,妄意珍藏也,"(见《宋书·王微传》),可见贫贱与否还不是士庶之分的根本标志,重要的是考察其世系和思想特征。《宋书·刘穆之传》虽言穆之为"齐悼惠王肥后",但对到穆之一代世系的情况却一语未提。王元化指出《南史·刘穆之传》删去此语,如《南史》之改齐高帝萧道成世系,盖因其不实之故。我认为这推论是有道理的。再从史书所载刘氏子弟的一些情况来看,可以说"俗不可耐"(如刘邕嗜痂成癖之类),全无魏晋世族子弟之"雅致"。就刘勰而论,王元化指出《文心雕龙》一书鲜明地表现出庶族寒士的思想感情,我以为也是正确的。如果再把刘勰的生平思想和《文心雕龙》与刘勰同时代、出身士族的钟嵘的生平思想及钟所著《诗品》作一比较,刘勰属于庶族更为明显可见,兹不详论。我更为有兴趣的是想探讨刘氏家族对于刘勰思想、个性的影响。

自宋以来,刘氏一门中最为显赫的人物当然是刘穆之。他是刘宋的开国元勋,最得宋武帝刘裕的器重与信赖。从《宋书·刘穆之传》看,这是一个很有政治才干和胆略的人物。史称“时晋纲宽弛,威禁不行,盛族豪右,负众凌势,小民穷蹙,自立无所;重以司马元显政令乖错,桓玄科条繁密。穆之斟酌时宜,随方矫正,不盈旬日,风俗顿改”。又说:“穆之内总朝政,外供军旅,决断如流,事无拥滞。宾客辐辏,求诉百端,内外咨禀,盈阶满室。目览辞讼,手答笺书,耳行听受,口并应酬,不相参涉,皆悉赡举。”刘穆之不仅有实际的政治才干,而且很有文艺学术方面的爱好和修养。史称“少好书传,博览皆通”。又说他“裁有闲暇,自手写书,寻览篇章,校定坟籍”。他见刘裕书法“素拙”,即向刘说:“此虽小事,然宣彼四远,愿公小复留意。”与刘勰有更为直接的血缘关系的刘秀之,虽无刘穆之地位显赫,但也是刘宋时期一个重要的政治人物和军事将领。他也很有政治才干,史称“性纤密,善纠擿微隐,政甚有声,吏部尚书沈演之每称之于太祖”。他在军事上也颇有指挥才能,行动果断,屡立战功。

史传所载刘穆之、刘秀之的经历、事功,很自然地使我们想起刘勰在《文心雕龙·程器》中所提出的“梓材之士”的理想。他主张士人“摛文必在纬军国,负重必在任栋梁”,反对“丈夫学文而不达于政事”,以及“好文而不习武”或“习武而不晓文”。在刘宋时,刘穆之、刘秀之正是刘勰所说的“梓材之士”,既学文而又达于政事,既好文而又习武,不同于刘勰在《文心雕龙·议对》中所批评的那种“或练治而寡文,或工文而疎治”的人物。看来刘勰提出“梓材之士”的理想,不只是从书本上得来的一般儒家的见解,而且同刘勰的家世及刘勰对其先祖事迹的了解认识有关。考沈约著《宋书》于齐永明十年(492 年)行世,博览群书的刘勰定会看到。这使他不仅从先人的传闻中,而且从史书记载中详细了解自己的家世及先祖的业绩,无疑会对其思想产生重要影响。

除刘穆之、刘秀之之外,史书对刘氏一门中的另一个人物,和刘勰属于同辈的刘祥(刘穆之之曾孙)也作了详细记载(见《南齐书》卷36)。其中说刘祥“少好文,性刚疎,轻言肆行,不避高下”。他敢于在朝中当面嘲弄“以腰扇鄣日”的权贵司徒褚渊,说“作如此举止,羞面见人,扇鄣何益”。在被渊斥为“寒士不逊”之后,又公然反讥说:“不能杀袁刘,安得免寒士。”直斥如渊等人身居高位而无能。他在和仆射王奂之子一起行走时,又指着路上的驴说:“驴！汝好为之,如汝人才,皆已令仆。”讥刺当时得到重用的人物其实不过是一些蠢驴。他还曾“撰宋书,讥斥禅代”。又“著连珠十五首以寄其怀”。由于对了解刘勰思想、个性颇有参考价值,兹全文录之于下:

盖闻兴教之道,无尚必同;拯俗之方,理祛祛弊。故揖让之礼行乎尧舜之朝,干戈之功盛于殷周之世,清风以长物成春,素霜以凋严戒节。

盖闻鼓鼙怀音,待扬桴以振向;天地涵灵,资昏明以垂位。是以俊乂之臣借汤武而隆,英达之君假伊周而治。

盖闻悬饥在岁,式羡藜藿之饱;重炎灼体,不念狐白之温。故才以偶俗为劭,道以调俗为尊。

盖闻习数之功,假物可寻;探索之明,循时则缺。故班匠日往,绳墨之伎不衰;大道常存,机神之智永绝。

盖闻理定于心,不期俗赏;情贯于时,无悲世辱。故芬芳各性,不待汨渚之哀;明白为宝,无假荆南之哭。

盖闻百仞之台,不挺凌霜之木;盈尺之泉,时降夜光之宝。故理有大而乖权,物有微而至道。

盖闻忠臣赴节,不必在朝:列士匡时,义存则干。故包胥垂涕,不荷肉食之谋;王歜投身,不主庙堂之算。

盖闻智出乎身,理无或困;声系于物,才有必穷。故坠波之羽,不能净浪;盈岫之木,无以辍风。

盖闻良宝遇拙,则奇文不显;达士逢谗,则英才减耀。故坠叶垂荫,明月为之隔辉;堂宇留光,兰灯有时不照。

盖闻迹慕近方,必势遗于远大;情系驱驰,固理忘于肥遁。是以临川之士,时结羡网之悲;负肆之氓,不抱屠龙之叹。

盖闻数之所隔,虽近则难;情之所符,虽远则易。是以陟叹流霜,时获感天之诚;泣血从刑,而无悟主之智。

盖闻妙尽于识，神远则遗；功接于人，情微则著。故钟鼓在堂，万夫倾耳；大道居身，有时不遇。

盖闻列草深岫，不改先冬之悴；植松涧底，无夺后凋之荣。故展禽三黜，而无下愚之誉；千秋一时，而无上智之声。

盖闻希世之宝，违时则贱；伟俗之器，无圣必沦。故鸣玉黜于楚岫，章甫响于越人。

盖闻听绝于聪，非绝响所达；神闭于明，非盈光所烛。故破山之雷，不发聋矢之耳；朗夜之辉，不开矇叟之目。

有人将刘祥所著《连珠》启于上，御史中丞查办，结果除著《连珠》被称为影射攻击圣上之外，又罗织了其他一大篇罪状。狱吏审讯祥，祥对加给他的罪状，"事事自申"，一一加以反驳。中有"事无仿佛，空见罗谤"主语，还涉及了和大臣王俭有关的事。但祥的申辩是徒然的，最后被判流放广州，不久死去，时年35岁，约当齐建元(494年)之末。

刘祥在齐建元中还活着，且很为人知。刘勰对他的这个堂兄弟的情况，特别是写《连珠》和因之而获罪致死的情况，不会一无所知。看来刘祥是一个很有抗争精神的人物。他对朝士的嘲讽和他所写的《连珠》，极为大胆尖锐地揭露了统治者用人的不当，权贵们的无能和世事的不平，刚烈之慨溢于言表。刘勰在《文心雕龙·程器》中说过："盖人禀五材，修短殊用，自非上哲，难以求备。然将相以位隆特达，文士以职卑多诮，此江河所以腾涌，涓流所以寸折者也。"《史传》中又说："……记编同时，时同多诡，虽定哀微辞，而世情利害。勋荣之家，虽庸夫而尽饰；迍败之士，虽令德而嗤埋，吹霜煦露，寒暑笔端，此又同时之枉，可为叹息者也。"这些话，参之以上述刘祥思想和生平遭遇，看来也非泛泛而谈，应与刘勰对刘祥事迹的了解有关，亦即包含了他从刘祥的遭遇所产生的感慨和不平在内。刘祥正是刘勰所说"将相以位隆特达，文士以职卑多诮"的一个典型例证。这"多诮"，表现在刘祥被加上的那一大篇从政治到私人生活的种种罪状上。至于刘勰所说"勋荣之家，虽庸夫而尽饰"，这正是刘祥所深恶的，他不惜把这些"庸夫"比之为驴。而"吹霜煦露，寒暑笔端"，不也正包含了刘祥在申辩中所说的"事无仿佛,空见罗谤"吗?一般而言,人们对自己的亲族的不幸遭遇大都是感同身受的。刘祥的遭遇不会对刘勰毫无影响。

一个家族,在思想、性格上常常会有某种相似的特点,即维特根斯坦(Ludwig Wittgenstein)所谓"家族相似"。考史传对刘氏一门人物的记载,显然可见一个特点,那就是刚强。从《宋书·刘穆之传》可以清楚地看出,刘穆之是一个有豪迈之气的、处事果敢刚决的人物,其中子刘式之,孙刘瑀,亦然。史称"瑀为御史中丞,甚得志。弹萧惠康云:非才非望,非德非勋。弹王僧达云:荫藉高华,人品冗末。朝士莫不畏其笔端"。死后"谥曰刚"。刘秀之,史称其"有志操。十许岁时,与诸儿戏于前渚,忽有大蛇来势甚猛,莫不颠沛惊呼,秀之独不动,众异焉"。又说:"秀之野率无风彩,而心力坚正。"至于上述的刘祥,"性刚疎,轻言肆行,不避高下",更是十分突出,并以此致死。从《文心雕龙》一书来看,刘勰也鲜明地具有一种不畏强暴的刚正的人格精神,他对文学上"风骨"的大力提倡和推崇,与此直接相关。如前所说,他的思想和刘祥有类似之处。他主张臣子的奏启须有"不畏强御,气流墨中,无纵诡随"的精神,"必使笔端振风,简上凝霜"(见《文心雕龙·奏启》),这显然又和其父辈,曾为御史中丞,"朝士莫不畏其笔端"的刘瑀的作风十分类似。而且,刘勰完全可能直接受到了刘瑀的影响。史书对刘氏一门人物的记载,为维特根斯坦所谓"家族相似"提供了一个很有趣的例证,可以作为个案来研究的。我们了解了刘氏家族,对刘勰也就会有更深切的了解。

从刘勰的家世还可清楚地看出以下几点:第一,刘氏虽然不属于士族,但宋初即有了显赫的地位,在政治影响上决不低于一些属于士族的家族(如上面谈到的王微一族)。第二,在刘宋,刘氏家族的代表人物刘穆之、刘秀之很好地体现了儒家积极入世、建功立业的思想,是当时确有实际作为的人物,不同于没有实际才干的门阀世族的子弟。第三,刘氏家族,包括刘祥在内,是崇信儒家思想的(这在刘祥所著《连珠》15首中有鲜明的表现),但又不属于那种治经学的儒学世家,而十分重视事功,并且有一种不为儒学所囿的抗争精神(这同样鲜明表现在刘祥的《连珠》15首中)。第四,刘氏家族既重事功,有从政、从军的才干,同时又有喜好文艺学术的传统。其中,刘穆之自然是其子弟学习的楷模。史称“好文学”的刘祥,他的《连珠》15首甚有文采,颇有陆机的风味。第五,刘勰本人一生的经历并不复杂,但他出身在一个有丰富而复杂的政治经历和重大建树的家族,继承了这个家族无疑会引以为荣的传统中的优秀的东西(包含重视文学),加上他个人的“笃志好学”(《梁书·刘勰传》),这就使他的思想能够上升到至今仍为我们所赞佩的高度,并且具有从实际生活体验得来的深切内容,不同于一般思想狭隘,知识贫乏,仅知搬弄章句的儒生。在考察了刘勰的家世及其对刘勰的影响之后,我们可以说刘勰之为刘勰,他之所以能写出《文心雕龙》,是同他的家世对他的影响密不可分的。不了解刘勰的家世,很难真正了解刘勰。

(二)刘勰早年的活动

《梁书·刘勰传》说:“勰早孤,笃志好学。家贫不婚娶,依沙门僧祐,与之居处,积十余年,遂博通经论。因区别部类,录而序之。今定林经藏,勰所定也。”这是刘勰本传对他的早年活动的记述,其中有三个需要加以考证的问题:一是刘勰何以不婚娶;二是刘勰为何入定林寺;三是刘勰参与整理、著录佛经的情况。现分述如下。

杨明照《梁书刘勰传笺注》认为,刘勰早年不婚娶是出于信佛,并举史书所载周续之等人的情况以证之。又说刘勰入定林寺,后又终身未娶,更可证明其不娶乃由于信佛。结论是:“舍人之不婚娶者……一言以蔽之,曰信佛。”

我认为此论不确。

第一,从《文心雕龙·序志》可以十分清楚地看出,刘勰自幼即怀有儒家理想。他说:“予生七龄,乃梦彩云若锦,则攀而采之。”考西晋时,文人作赋颂云者甚多。此种歌颂一般有二义:一是以彩云为祥瑞之象征,通过歌颂彩云而歌颂朝政的清明、国家的安宁;二是赞美文章之繁盛美丽,亦即赞美盛世文治的业绩(参见《中国美学史》第2卷第17章)。刘勰在《文心雕龙·原道》中,以“云霞雕色”比喻文采之美;在《诸子》又说:“君子之处世,疾名德之不章。唯英才特达,则炳曜垂文,腾其姓氏,悬诸日月焉。”由此可见,刘勰七岁“梦彩云如锦,则攀而采之”,显然是以“英才”自许,希望日后以文学垂名于世,同时也可包含在仕途上飞黄腾达,青云直上,光宗耀祖之意。就前面我们已考察过的刘勰的家世来看,他在幼年时代即怀有儒家的这种理想,是十分自然的。紧接着讲到七岁梦彩云之后,刘勰又说“齿在逾立”,梦见“执丹漆之礼器,随仲尼而南行”,醒后欣喜之极,盛赞孔子之伟大。中国古代风俗,男婚约在18岁的样子。我们很难设想,七岁即热烈地怀有儒家理想的刘勰,至十七八岁将近可以婚娶的年龄,却忽然信起佛来了,而且信到了拒绝婚娶的程度。也很难设想,他在过了30岁后,本来信佛达到拒不婚娶的程度,却忽然又热烈地信仰儒家,以致夜梦孔子,而不是梦释迦。这样一种思想信仰的急剧变化,是不符合一般情理的,而且也无史料可以证实真有此种变化。因此,我认为从刘勰幼年至30岁之间思想的发展来看,他的不婚娶非出于信佛,这是可以断言的。以僧祐幼年即立意信佛,拒不婚娶来作比,推论刘勰也是如此,显然很不恰当。

第二,古代士大夫不婚娶有种种原因,并非都由于信佛或信道,不可一概而论。如杨著中也提及的何点,青年时代拒婚,非由于信佛或信道,而是因其父“有风疾,无故害妻,坐法死。点年十一岁,几至灭性。及长,感家祸,欲绝婚宦”。其祖尚之“强为之娶”,“点涕泣求执本志,遂得罢容”(《梁书》卷51《何点传》)。此外,还有十分信佛,但仍婚娶,并未出家的。如刘宋时的宗炳,曾入庐山事慧远,著《明佛论》,其信佛之程度决不下于刘勰,但他是婚娶了的,后来也未出家,且与其妻罗氏感情甚笃。史称“妻罗氏亦有高情,与炳协趣。罗氏没,炳哀之过甚”(《宋书》卷93《宗炳传》)。

第三,古代士大夫青年时代不娶,老而又娶或始终不娶,亦有种种不同的应加分析的原因,不能一概认为至老始终不娶必是出于信佛。如刘勰青年时代不娶,至老亦不娶是出于信佛,那么他在入定林寺后就应变服出家了。但刘勰却不变服出家,直至晚年死前才出家(其原因详另考)。又有引刘勰《灭惑论》所言“妻者爱累,发者形饰;爱累伤神,形饰乖道。所以澄神灭爱,修道弃饰,理出常均,教必翻俗”,以证刘勰不婚娶是出于信佛。但如按此言,刘勰入定林寺更应立即变服出家了,可是他却长期不变服出家。这只能用刘勰虽然信佛，但却又不愿抛弃儒家信仰，成为僧人来加以说明。实际上，刘勰在《灭惑论》中也已作了说明，那就是认为信佛不一定非出家不可。他说："夫栖形禀识，理定前业；入道居俗，事系因果。是以释迦出世，化洽天人，御国统家，并证道迹。未闻世界，普同出家，良由缘感不二，故名教有二，搢绅沙门，所以殊也。"刘勰既信佛而长期不变服出家，正因为他还坚持着儒家"御国统家"的理想，愿做信佛的搢绅而不愿入沙门。刘勰走上仕途之后也仍不婚娶，同样不是出于信佛，而是别有复杂的原因。这原因就在刘勰的入仕与梁武帝舍道宏佛这一历史背景分不开，他是作为梁王室所推重的名僧僧祐的重要助手、佛教典籍专家、佛教界知名人士而走上仕途的。虽然刘勰在佛经之外又博通儒家经典和有显著的文学成就，也是重要原因，但只是第二位的原因（详另考）。因此，如刘勰于入仕之后婚娶，那他就会失却作为僧祐的助手和佛教界知名人士这一重要身份，成为普通的俗士，而危及他的政治地位。这就是刘勰始终不娶的苦衷所在（参见后文）。

第四，如刘勰真是由于信佛而不婚娶，那么这在有名望的士大夫中，就是一种很特殊的行为，史家是不会不加以说明的（如杨著所引周续之等传即如此）。而刘勰本传一语未说，亦可证刘勰之不婚娶非出于信佛。

那么，刘勰不婚娶的原因究竟何在呢？他在青年时代之后仍不婚娶的原因已如上述。就青年时代而论，则是由于如刘勰本传所说的"笃志好学"和"家贫"。这两者又是互相联系的。

中外历史上，因"笃志好学"而对婚姻采取冷淡态度，甚或不娶的例子还有一些。德国的大哲学家康德就是一个。就刘勰生活的齐梁时代而言，杨著也提及的刘瓛，是当时影响很大的专治经学的儒者，也可说是齐代最有名的大学者。他年四十余未有婚对，从其本传（见《南齐书》卷39）来看，正是出于不问俗务，不以个人生活安乐与否为意，而完全专心致志于儒学研究的缘故。虽然他为其有病的祖母尽孝也是一个原因，但还不是根本的原因。而且尽孝以及因尽孝而致四十余未婚，这本身也是他不仅把儒学的研究，而且把儒学的实行放在最高地位的表现。后来虽然又婚娶,但明显是出于外力的推动。且娶后因一件对其母有所不恭的小事,立即出妻。刘勰与刘瓛的思想并不相同,他不是像后者那样死板拘滞的儒者,但笃志好学而又家贫,完全可能成为他不婚娶的原因。下面我们即将讲到,刘勰入定林寺正是由于他家贫而又笃志好学的缘故。既然刘勰为了求得一个能专心致力于学习研究的环境、条件而决定入定林寺居住,那么婚娶的问题自然是无从谈起的了。这一点是不难理解的。

但是,我也不否认刘勰不婚娶完全可能受到佛教思想的影响。但这影响只是使他更加把婚娶与否的问题不放在心上,而不是说刘勰的不婚娶是出于信佛。如上所说,如果是出于信佛,那么刘勰应该一入寺就变服出家了。

下面,再来较为具体地考察一下刘勰何以要入定林寺的问题。

首先,不能否认刘勰入定林寺和他对佛教的思想信仰,或至少是对佛教取赞同的态度有关。如果刘勰是排斥、反对佛教的,那他就决不会入定林寺依僧祐而居。其次,在齐梁时期,身为儒者而研究佛学的人还有不少。佛学作为一种思想、理论、学问,进入了儒者的研究活动中,这是齐梁学术的一个重要变化。如很为著名的儒者何胤,"师事沛国刘瓛受《易》及《礼记》、《毛诗》,又入钟山定林寺听内典,其业皆通"(《梁书》卷51《何点传附胤传》)。刘勰入定林寺依名僧僧祐而居,后来做到了博通经论,成了佛教典籍的专家,为佛经的整理研究作出了贡献,这说明刘勰入定林寺是抱有了解、研究佛学的目的的。

但是,以上所说,仍不能充分解释刘勰何以非入定林寺不可。即使刘勰在思想上认同甚至信仰佛教,又有研究佛学的兴趣和意图,但他既然仍坚持儒者的思想立场,不愿出家为僧,就完全可以居家事佛,也可以如何胤那样,入定林寺听讲,以研究佛学。而刘勰却没有采取这种做法,原因仍在他早孤,家贫,而又笃志好学。这只要看看齐梁时和刘勰有类似处境的一些文人的情况就会明白。这样的文人在当时还有不少。仅从《梁书·儒林传》和《文学传》来看,如:

司马筠:"孤贫好学。"

卞华:“幼孤贫好学。”

孔子祛:“少孤贫好学,耕耘樵采,常怀书自随,投闲则诵读,勤苦自励,遂通经术,尤明古文尚书。”

袁峻:“峻早孤,笃志好学。家贫无书,每从人假借,必皆抄写自课。日五十纸,纸数不登,则不休息。”

刘峻:“峻好学,家贫寄人庑下,自课读书,常燎麻炬,从夕达旦。时或昏睡,爇其发,既觉,复读,终夜不辍。”

臧严:“孤贫勤学,行止书卷不离于手。”

就刘勰的情况来看,其母死后,孤身一人。他既笃志好学,入定林寺既可从根本上解决生计问题,不用再为生计操心,又可在寺院中获得一个良好的学习环境。特别是他是依僧祐而居,从事佛经的整理研究,在生活和学习的条件上更有充分保证。较之于上述的孔子祛、袁峻、刘峻等人,处境当然要好很多。但刘勰的入寺和由入寺而最后走上入仕的道路,也使他付出了很大的代价,造成了他一生的不可解决的悲剧(详另考)。

有一种说法认为刘勰的入寺是为了避租役。刘勰既然属于庶族,又家贫,这种情况当然也是很有可能的。但从我们上述刘勰入寺的动因及其在入寺后的种种表现看,他的入寺决不仅仅是为了避租役。把避租役看作刘勰入寺的根本原因,这是一种简单化的看法,忽视了刘勰其人的复杂性,把他和一般为避租役而入寺的老百姓等量齐观了。

总起来看,刘勰的入寺既是由于他对佛教、佛学确有好感、兴趣,但更重要的却是由于早孤、家贫,而又笃志好学。此外,不可忽视刘勰入寺是依名僧僧祐而居,以僧祐的助手的身份活动于寺院之中的。否则刘勰是否决定入寺,亦未可知。而僧祐何时认识刘勰,并表示器重,选择他作为自己的助手,这都难于考索了。刘勰入寺后,无疑度过了长期苦学的岁月,这从《文心雕龙》对“学”的重要性的反复论述可以推知。入寺使刘勰获得了能够“傲岸泉石,咀嚼文义”(见《文心雕龙·序志》)的条件,写成了《文心雕龙》。中国古代的寺院,特别是一些名僧所居的著名寺院,直接或间接地为中国文化的发展作出了贡献。刘勰

《文心雕龙》的写成也是一例。

关于刘勰入定林寺的时间，范文澜推定为20岁左右，僧祐于齐永明（始于公元483年）中入吴传法之后。这个推定是合理的。要确知更为具体的时间，由于已知的史料的欠缺，有待于继续考证。

末了，再来考察一下刘勰入寺后参与佛经整理研究的情况。齐梁时期，由于佛教各个派别的经典的输入和翻译的数量剧增，有时还出现了某些伪造的佛经，因此佛经的整理研究就成了一项重要工作。要使人掌握浩如烟海的佛教典籍，没有较系统的分类、整理、研究、介绍是不行的。

《梁书·刘勰传》明确肯定地指出，定林寺经藏是由刘勰所定的，他对浩繁的经论作了"区别部类，录而序之"的工作。又据《高僧传》卷十一《僧祐传》："初，祐集经藏既成，使人抄撰要事，为《三藏记》、《法苑记》、《世界记》、《释迦谱》及《宏明集》等，皆行于世。"又说僧祐于定林、建初两寺"造立经藏，搜校卷轴"。无疑，刘勰定定林寺经藏的工作是在僧祐主持下进行的，但实际的完成者则是刘勰，所以《梁书》明言为勰所定，不系之于僧祐名下。事实上，就现存题为僧祐所撰《出三藏记》来看，明显是运用中国经学、史学、目录学的方法来整理佛经的。而刘勰对于经学甚有素养，且当为僧祐所不及。现题为僧祐所写各种序记，早有人指出杂有刘勰之作。试看其中一些篇章的思想、措辞，确与刘勰思想文笔类似。逐一详考，应作为一个专题来研究，这里从略。僧祐在《法杂集记铭目录序》中还曾言及"山寺碑铭众僧行记，文自彼制，而造自鄙衷"。但恐不只见于此目录的碑铭行记，其他题为僧祐所著的文章，亦有为刘勰所制者在。且祐之说法，显然不妥。因为某些文章之作，即使出自祐的动议，并由他提供了内容、材料，但要写成文章，仍须有作者的理解、构思、阐发、论证，因而其中也就会包含有作者自己的体验、见解。从僧祐来说，就不能笼统地讲是"造自鄙衷"。但刘勰在僧祐手下参与佛经整理研究，既是出于对佛学的好感、兴趣，很大程度上也是为了生存，因此代僧祐著文，对刘勰来说也是理所当然的了。刘勰在佛经整理研究上所作的贡献，当时就已为僧祐之名所掩，至今当然更难知其详。

(三)刘勰与佛教的关系

在以上考证中,已涉及了刘勰与佛教的关系。这是和理解刘勰生平思想密切相关的十分重要的问题。下面试再作一些考证。

上面已经说过,从刘勰的家世和他自述的幼年至青年的思想发展来看,刘勰是笃信儒家思想的。他在30岁后所作的《文心雕龙》同样清楚地证明了这一点。但笃信儒家的刘勰又写出了《灭惑论》、《梁建王造剡山石城寺石像碑》这样一些热烈宣扬佛教的著作。这还只是留存至今的两篇,其他已迭亡了的当然更多。以后一文来说,其中讲了许多佛显灵的怪异的事,如言“及岩窟既通,律师(指僧祐)重履,方精成像躯,妙应尺度;时寺僧慧逞,梦黑衣大神,翼从风雨,立于龛侧,商略分数。是夜将旦,大风果起,拔木十围,压坏匠屋,师役数十,安然无伤。此乃诘朝,而律师已至。灵应之奇,类皆如此”。又说:“及身相克成,莹拭已定,当胸万字(即卍字),信宿隆起,色似飞丹,圆如植璧。感通之妙,孰可思议?”我们知道,刘勰在《文心雕龙·正纬》中,曾历数东汉谶纬之伪,并说“伎数之士,附以诡术,或说阴阳,或序灾异,若鸟鸣似语,虫叶成字”,“乖道谬典,亦已甚矣。是以桓谭疾其虚伪,尹敏戏其浮假,张衡发其僻谬,荀悦发其诡诞。四贤博练,论之精矣”。然而,刘勰在上述碑文中所说“当胸万字,信宿隆起”之类的“灵应之奇”,“感通之妙”,较之他所批判的谶纬,其“诡诞”似更过之。究竟如何来解释这种矛盾的现象呢?

过去我曾指出,齐梁时期许多儒者均信佛,认为佛儒在根本目的上是一致的,可以并行不悖,刘勰亦然。我现在仍认为这是对的,但仅指出这一点,还不能具体地说明笃信儒学的刘勰何以又会信佛,他的思想的演变过程究竟是怎样的。限于史料,对此尚难作出清楚确定的说明。但如着眼于较宽广的历史背景和细究刘勰一生的思想经历,仍可作出一个大致的说明。

中国儒家士大夫自古以来就存在着入世与出世的矛盾。当在实行儒家理想的道路上碰到种种艰难困苦和挫折打击时,往往就会产生出世的意念。连孔子也曾有过“道不行,乘桴浮于海”(《论语·公冶长》)的慨叹。性情刚烈、气魄很大的孟子也曾说过"穷则独善其身,达则兼善天下"(《孟子·尽心上》),留下了"独善"的退路。先秦而后,历代儒者在产生出世的意念时,经常从道家及后来的佛学中去找寻精神的慰藉和解脱(魏晋玄学实质上是道家思想的一种变态)。东晋以来,玄学与佛学合流。晋末而后,玄学影响日衰,佛学大盛,不少士大夫纷纷到佛学中求取解脱(如谢灵运、颜延之、宗炳等),少数人则率性舍儒事佛,出家为僧(如慧远等)。刘勰生于宋泰始元年(465 年)之后(详另考),其时佛学在士人中影响已很普遍,佛儒、佛道之争成为士人所关心的重要问题。前者如何承天与颜延之等人之争,后者如顾欢与袁粲等人之争。至齐,儒学影响有明显增长,但又出现了竟陵王子良为首的佛教中心,佛教影响也大增。自宋入齐,时刘勰 17 岁左右。我们可以想见,刘勰的青少年时代处在儒学与佛学的双重影响之下。但从刘勰的家世来看,除其父、祖的情况不明之外,余均无信佛的记载。相反,刘勰祖父之兄刘秀之为何承天所赏识,以女妻之(见《宋书》刘秀之传),而何承天正是宋时坚持儒学,反对佛教的重要代表人物。如上文考索刘勰家世时已指出,刘勰的笃信儒学与其家世的影响不能分离。刘勰七岁梦彩云若锦,攀而采之,年逾三十又梦孔子,均与此有关。但后来刘勰决定入定林寺依僧祐而居,虽非出于信佛出家的要求,却必定已经受到佛学影响。如果他仍是像何承天那样坚决反佛的儒者,那是决不可能入定林寺去依僧祐而居的。

但是,刘勰怎样接受了佛学的影响,至目前我还未发现有关材料可资说明。不过,如上所述,自宋以来,不少士人均从佛学中去求得对人生痛苦遭遇的慰藉和解脱,如《宋书·宗炳传》载:"妻罗氏亦有高情,与炳协趣。罗氏没,炳哀之过甚。既而辍哭寻理,悲情顿释。谓沙门释慧坚曰:死生之分,未易可达,三复至教,方能遣哀。"刘勰入定林寺之前,父早孤,母又死,家境陷于极大的贫困之中。在佛教盛行的情况下,刘勰此时从佛学中获得某种精神上的慰藉、解脱,我认为应是完全可能的。再考刘勰所著《灭惑论》,其论及佛教与孝的关系时说:

夫孝理至极,道俗同贯,虽内外迹殊,而神用一揆。若命缀俗因,本修教于儒礼;运禀道果,固弘孝于梵业。是以咨亲出家,法华明其义:听而后学,维摩标其例。岂忘本哉!有由然也。彼皆照悟神理,而鉴烛入世,过驷马于格言,逝川伤于上哲。故知瞬息尽养,无济幽灵;学道拔亲,则冥苦永灭。

此种对于孝的看法,或当与刘勰在母死居丧之后决心入定林寺有关。虽然勰入寺后并未变服出家,但既已依僧人而居,并直接参与佛教的活动,亦可言"弘孝于梵业","学道拔亲,则冥苦永灭"矣。

但以上所说,还不是刘勰受佛教影响的深层原因。深层原因仍是上述存在于士大夫心灵中的入世与出世的矛盾,这在刘勰所著《文心雕龙》中同样可以看到。

刘勰的入寺,可以说实际上皈依了佛教,但刘勰却又不放弃儒者的理想,不愿变服出家,这更加深了他思想中佛与儒、入世与出世的矛盾。《文心雕龙》之作应看作是这种矛盾发展的产物。刘勰写作此书时,他入寺已有十二三年左右。此书充分证明,在这样漫长的时间里,刘勰仍坚持着儒家理想。刘勰既已入寺,在当时的情况下看来,他要如其先祖那样走上仕途,建功立业,是不可能的了。用他在《文心雕龙·程器》中所言做"梓材之士"的理想来说,"达则奉时以骋绩"已不可能,剩下的只有"穷则独善以垂文"。《文心雕龙》就是为实现这一理想而作的,这在《序志》中说得十分清楚。这本书最充分地展示了刘勰积极入世的儒家思想,并且具有一种在儒者中很少见的抗争、批判精神。全书"本乎道,师乎圣,体乎经",儒家的调子很为高昂。《序志》之作,先言欲以著文而不朽之意,次言七岁梦彩云若锦,攀而采之,接着又讲年逾三十梦孔子,决意著《文心雕龙》,以光大孔子之学,调子也很高昂,但在文末却说:"茫茫往代,既沈予闻,眇眇来世,倘尘彼观也。"对自己已写成的著作能否传之于世发出了悲凉的慨叹。紧接着又在"赞"中说:"生也有涯,无涯惟智。逐物实难,凭性良易。傲岸泉石,咀嚼文义。文果载心,余心有寄。"基调仍是悲凉的。其中特别值得注意的是"逐物实难,凭性良易"一语。它显然包含了刘勰对人世艰难的慨叹(此于《史传》、《程器》、《知音》诸篇中均可见之,兹不具引),以及由此慨叹而来的舍“逐物”，取“凭性”的思想。所谓“凭性”，自然是指下文“傲岸泉石，咀嚼文义”，即卑视、超越世俗的追求，潜心于自己所喜爱的著述之意，但是，联系到“逐物实难”，此语又非仅为《文心雕龙》之作而发，含有更为宽广的意义。那就是主张“凭性”而行，摆脱由“逐物”而带来的种种痛苦。这种思想源自庄子，即《庄子·缮性》教人不要“丧己于物，失性于俗”之意，但同时亦可通于佛学。因为全部佛学可以说都是为了要解决由“逐物”而来的痛苦。魏晋玄学关于有无问题的论辩，一个重要的目的也在于此。而刘勰在这个问题上的看法，是站在以僧肇为代表的佛学般若学一边的。《文心雕龙·论说》在讲到玄学关于有无问题的论辩时，一方面肯定了玄学论辩的精微，另一方面又说："然滞有者全系于形用，贵无者专守于寂寥，徒锐偏解，莫诣正理。动极神源，其般若之绝境乎?”考僧肇《不真空论》专门分析了玄学关于有无的论辩，主张“虽无而非无，无者不绝虚；虽有而非有，有者非真有”（见《全晋文》卷164），认为只有采取这种看法才能求得真正的解脱。刘勰对般若学的此种看法大加赞美，认为“动极神源”，那么他在《序志》所说“逐物实难，凭性良易”之说，就不只具有庄学的意义，而同时具有佛学的意义。就佛学般若学来说，藉“凭性”而摆脱“逐物实难”引起的人生痛苦，就是要把“物”看作既是有，又是无，亦即僧肇所说“即物之自虚”，把实存的世界同时看作是一个空幻的存在，这样就可不为任何物所束缚，“所遇而顺适，无滞而不通”（引文均见憎肇《不真空论》），达到彻底的自由、解脱了。总上所述可以看出，《文心雕龙》虽鲜明强烈地表现了刘勰积极入世的儒家思想，但同时也表现了儒者由于入世的艰难所引起的出世的意念。对于刘勰来说，这又不仅是道家意义上的“傲岸泉石”的意念，而且是通向佛学的。

刘勰自幼的艰辛经历，儒者所具有的入世与出世的矛盾，把刘勰推向了佛学，甚至成了佛教界的一员，但他却又始终不愿抛弃儒学，如历史上的慧远那样出家为僧，这就是刘勰一生在思想和处境上的矛盾所在。刘勰的入定林寺，成为佛教界的一员，如用他在《灭惑论》所说的“因果”来解释，实出于不得已。他既在入寺约13年后依然坚持着儒学，那么他在佛教界的种种活动，包括撰写佛教碑铭的活动，既同他的确信仰佛学有关,同时也是刘勰在依靠寺院为生的情况下不能不进行的活动(当然,碑铭的写作又同刘勰对文章的爱好有关)。因此,包括我们以上所说的《梁建安王造剡山石城寺石像碑》在内,刘勰是不能不按照佛教的教义和要求来写作的。即使其中的一些内容、思想与他的《文心雕龙》中的思想相冲突,也只能按照佛教的教义和要求来写。从刘勰自幼的经历和思想的变化来看,我认为说刘勰是佛学的信仰者,只能在一种有限的意义上来讲,即他赞同佛教的根本宗旨,认为它与儒学的根本宗旨是一致的(见《灭惑论》),而决非说刘勰放弃了儒学,完全献身于佛学。从刘勰在《文心雕龙》中所表现出来的那种高度的思维能力来看,他如潜心于佛学理论的研究,那是一定会取得重要成就的。但刘勰显然没有认真地进行这种理论研究工作,他所做的工作,一是整理佛经,二是撰写佛教碑铭。看来刘勰对佛教的态度是这样的:一是赞同佛教的根本宗旨,二是把佛教作为一种文化现象来加以观察、研究。除对佛经文献的整理外,后者表现在题为僧祐作,实际极可能是刘勰所作的《梵汉译经音义同异记》以及上述石像碑铭中。前一文论述了梵语与汉语、梵文书法与汉文书法的不同,译经的方法,已译出的一些经典的成败得失等问题,后者生动地描绘、赞美了佛教艺术的创造。刘勰虽跻身于佛教界,但他不是一个僧人,也不是一个专门从事佛学理论研究的人,而是一个为寺院整理佛经、撰写佛教碑铭,并以此为生的文化人。我想这就是刘勰在当时佛教界实际所处的地位。《佛祖统纪》等书在讲到刘勰时也说:“刘勰者,名士也。”

但是,随着刘勰在梁代初年走上仕途,他本人和佛教的关系,他思想中的儒佛矛盾也发生了变化,和前期有了重大的不同。在前期,刘勰从事佛教活动不带什么政治色彩,寺院生活同他作为儒者入仕的愿望、理想是不相容的。而在梁初,他正是凭藉着他与僧祐的密切关系和他在佛教界的地位而成了狂热地事佛的梁王朝的官吏。他作为佛教界一员的地位与他的入仕不但不再是互相冲突的,而且恰恰是极为有利的。因此,佛教活动对于刘勰来说就同时具有了政治的意义,带上了很明显的政治色彩。如他上表梁武帝建议二郊农社之祭祀改用蔬果,是宗教性质的问题,但同时也是政治性的。刘勰上表后被迁升为步兵校尉。

又如他在上表之前所写的剡山石像碑铭,包含了大量歌颂梁王朝的话。如:"暨我大梁受历,道铸域中,集玉衡而齐七政,协金轮而教十善,地位天成,礼被乐洽。瞻行衢而交让,巡比屋其可封;慈化穆以风动,慧教焕以景烛,般若炽于香城,表刹严于净土。希有之瑞,旦夕鳞集,难值之宝,岁时辐凑。"此外还有不少,兹不全引。碑中讲了那么多比刘勰在《文心雕龙·正纬》中所批判的谶纬更为荒诞的"灵应之奇","感通之妙",显然也是为了歌颂梁王朝。而这又明显和此像是由梁武帝敕建,并为梁武帝高度重视有关(当然,它也确是梁代佛教建筑和佛教艺术的一项伟大工程)。

由于刘勰入仕之后,他所从事的佛教活动已经政治化,和他在仕途上的迁升统一起来了,因此刘勰思想中的佛儒矛盾至少暂时得到解决,也不再具有前期那种和对人生痛苦的体验相联的深刻思想意义了。以上述石像碑来说,通篇以歌颂梁王朝、梁武帝为宗旨,完全说不上有什么深刻的思想。但刘勰既然是以一个佛教界的重要人士的身份而入仕梁王朝的,这又极大地限制了他在仕途上的发展,并酿成了他晚年的悲剧性的结局(详另考)。

(四)刘勰感梦孔子、《文心雕龙》的写作时间及刘勰生年问题

关于《文心雕龙》写作时间的考察,《时序》中有一段关键性的话:

> 暨皇齐驭宝,运集休明。太祖以圣武膺箓,世祖以睿文纂业,文帝以贰离含章,高宗以上哲兴运,并文明自天,缉熙景祚。今圣历方兴,文思光被,海岳降神,才英秀发。驭飞龙于天衢,驾骐骥于万里,经典礼章,跨周轹汉,唐虞之文,其鼎盛乎！鸿风懿采,短笔敢陈;扬言赞时,请寄明哲。

清刘毓崧《通义堂文集·书文心雕龙后》据此考得《文心雕龙》应写成于齐永泰元年八月之后,中兴二年四月之前。此论甚确,已得到多数人之承认。刘汝霖《东晋南北朝学术编年》认为"今圣历方兴"一语乃指梁代,故将《文心雕龙》成书系于梁天监元年,不确。盖因刘勰既云"暨

皇齐驭宝”，则其下所述，必在齐代之范围。如“今圣历方兴”乃指梁而言，则上文不能言“皇齐驭宝”。虽然梁武帝亦属萧氏，但当了皇帝与未当皇帝大不相同。萧衍既即帝位，改国号曰梁，则此时刘勰著书涉及齐代，即不得再称“皇齐”。这是古来文人著书的通例，难以否认的。除非刘勰入梁后不承认梁朝，仍以齐朝的遗民自命。但如以齐朝遗民自命，就又不会以“今圣历方兴”这样的措辞来指梁朝。

据《文心雕龙·序志》，刘勰是当“齿在逾立”，感梦孔子，醒后极赞孔子之伟大，思有以“敷赞圣旨”，乃始著《文心雕龙》的。今《文心雕龙》既写于永泰元年八月后，则刘勰之感梦孔子当在此年八月之前或之后。究竟在何时，这当然只有刘勰本人知道了。但如我们承认人们做梦总与生活中发生的事有某种联系，那么值得注意的是齐明帝（亦即高宗）曾在永泰元年三月下了一道复孔子祭秩诏。全文如下：

> 仲尼明圣在躬，允光上哲。弘厥雅道，大训生民。师范百王，轨仪千载。立人斯仰，忠孝攸出。玄功潜被，至德弥阐。虽反袂遐旷，而祧荐靡阙。时祭旧品，秩比诸侯。顷岁以来，祀典陵替。俎豆寂寥，牲奠莫举。岂所以克昭盛烈，永隆风教者哉！可式循旧典，详复祭秩，使牢饩备礼，钦飨兼申。（《南齐书·明帝纪》）

这个诏书极热烈地赞颂了孔子，而且是为恢复对孔子的祭秩而下，目的是为了教人追思纪念孔子，弘扬儒道。也可能在下诏之后，曾举行了祭孔的活动（史无明文记载）。在这种情况下，我们可以推想，自幼笃信儒学，入定林寺后又始终不愿变服出家，思想上仍坚持着儒学的刘勰，其感梦孔子，可能与明帝下诏颂扬孔子和恢复祭孔的活动有关。特别是祭孔这一点，自然更可能引发梦到孔子。当然，这纯属推想。但刘勰感梦孔子既在永泰元年八月之前或之后，而此年三月又有齐明帝下诏颂孔和祭孔之事，则两者之间完全可能存在着某种联系。前引刘勰在《时序》中对齐代的叙述，有“高宗以上哲兴运”一语，看来并非泛泛言之，而是实有所指。其中“上哲”应即明帝诏书所言“仲尼明圣在躬，允光上哲”之“上哲”，指孔子。说“高宗以上哲兴运”，意即明帝以孔子之道兴运。再考明帝曾于建武四年正月下兴学诏,修国学;又于建武元年十月和次年十月两次下崇俭诏,倡礼让之风。在永明之后,他确是一个较为重视儒学的君主,非后来的东昏和和帝可比。刘勰言"高宗以上哲兴运"是有根据的,并可由此推想明帝下复孔子祭秩诏一事,给刘勰留下了极深刻的印象。他感梦孔子和醒后极赞孔子之伟大,可能与此诏对孔子之热烈赞颂有关。而且此诏看来还可能给了刘勰决定著《文心雕龙》以很大影响。因为刘勰决意著《文心雕龙》,是感梦之后,极赞孔子之伟大,为了"敷赞圣旨"而作的,这正是明帝下诏的宗旨所在。诏中赞颂孔子"弘厥雅道,大训生民",又言恢复对孔子的祭祀,是为了"克昭盛烈,永隆风教"。这当然就要如刘勰所言,致力于"敷赞圣旨",弘扬儒道了。所以,刘勰之著《文心雕龙》,无疑与他一贯笃信儒学而又极为喜好文学有关,但就他终于下定决心写这部书,"搦笔和墨,乃始论文"而言,明帝下诏一事可能起了十分重要的鼓舞、推动作用。

刘勰是当"齿在逾立",感梦孔子之后而决心著《文心雕龙》的。因此,考得《文心雕龙》写作的时间,即可据以推定刘勰之生年。如上所说,按刘毓崧考证,《文心雕龙》作于齐永泰元年八月之后,这是可靠的。但仍只是一个大的时限,即《文心雕龙》之作不可能在此之前,而只能在此之后。具体而论,究竟始于何时,或将是永远难于确指的了。但如以上所言刘勰感梦孔子而著《文心雕龙》与齐明帝于永泰元年三月下复孔子祭秩诏有联系的话,则不会离下诏的时间太远或很远。这样也就可以推想,在永泰元年八月后刘勰已开始写作《文心雕龙》,即其开始写作不会迟于永泰元年。此外,刘勰在《序志》中是先说他七岁梦彩云若锦,攀而采之,紧接着就说到"齿在逾立"感梦孔子,从行文语气上看,所谓"逾立"不会是过去了很久,而是过去不久,甚或刚刚过去,因此,这个"逾立"之年,我以为推定为 31 岁的样子较合理。如以永泰元年刘勰为 31 岁,则其生年当在宋泰始三年,即公元 467 年。

(五)刘勰《灭惑论》写成的时间

《灭惑论》是留存至今的,除《文心雕龙》之外,刘勰的另一篇,也是仅存的一篇理论著作。据《梁书·刘勰传》,刘勰有文集行于世,但《隋书·经籍志》已不见著录，想是隋时即已亡佚。刘勰所写的碑铭至今仅存一篇，但我们还可知道另外几篇的目录。而理论方面的著作，则除《文心雕龙》与《灭惑论》之外，一篇也不知道。关于刘勰所写的碑铭，日本学者兴膳宏《文心雕龙与出三藏记集》一文言之甚详，兹不再考，仅于年表中标出。现在需要考索一下的是《灭惑论》写成的时间问题。这问题有两说：一说成于齐；一说成于梁。我主张成于齐。

为了查明《灭惑论》写成的时间，首先需要查明《灭惑论》所驳斥的《三破论》行世的时间。而要弄清这个问题，又需弄清《三破论》的作者为谁。

关于《三破论》的作者，一称齐顾欢作，见宋释德珪《北山录注解随函》；一称"道士假张融作"，见《弘明集》卷8释僧顺《释三破论》题下注，但未指明"道士"为谁。

本书第四部分已指出，《三破论》的思想与顾欢《夷夏论》有甚为明显的联系，但《三破论》非顾欢所作。现存史传有关顾欢的记述也找不到可证《三破论》为顾欢所作的材料、线索。我推想《三破论》被认为由顾欢所作有两个原因：第一，《三破论》反佛的根本观点确从《夷夏论》演变而来；第二，《夷夏论》有"佛是破恶之方"之说，顾欢答袁粲驳《夷夏论》亦称"今华风既变，恶同戎狄，佛来破之，良有以也"。且顾欢又曾著有《三名论》（言才性四本，与佛道之争无关）。著《三破论》者大约袭取顾欢所提出之"破"的观念，又将"破"解释为佛教破国、破家、破身，并仿效顾欢《三名论》以为题，名曰《三破论》。总之，《三破论》之出与顾欢及其《夷夏论》有不可分离的关系，开始完全可能就是假顾欢之名以行世。但上述《弘明集》卷8中又有《三破论》乃"道士假张融作"之说，杨明照《文心雕龙校注拾遗》又认为此"道士"即是顾欢。顾假张融之名以作《三破论》，是"借重融名，无非为己张目，以售其说耳"（见上书第804页）。此说大误，并将问题弄得至为混乱不清了。考《南齐书》顾欢传及张融传，顾死后"武帝诏诸子撰欢《文议》三十卷"，可知顾必死在齐武帝永明元年之后，至迟也在永明十一年之前。而张融之卒，史称在建武四年。可见顾至少是在张死之前四年死去的，决不可能假张之名而作《三破论》，《弘明集》所言"道士假张融作"之"道士”也决不可能是顾欢。而且把《三破论》之作挂到张融名下,这也是一种对张融其人无知的做法。考张融曾参加过由顾欢《夷夏论》所引起的佛道之争,但在这场争论中他是主张佛道之本源相通的,持所谓“通源论”,既不同意以佛反道,也不同意以道反佛,和顾欢“虽同二法,而意党道教”明显不同(见《南齐书》顾欢传及张融传)。而《三破论》是最坚决地以道反佛的,与张融思想不同,把它挂到张融名下是找错了地方。其所以出现这样的错误,自然是由于当时造《三破论》或宣传《三破论》者的无知。刘勰《灭惑论》说《三破论》“义证庸近,辞体鄙拙”,此言甚是。托名张融,也正是其作者平庸鄙拙的表现。

《三破论》既非顾欢作,也非顾欢托张融之名而作,那么它究竟是谁人所作呢?从刘勰《灭惑论》可以看出,这在刘勰著《灭惑论》时已经是一个弄不清的问题了。刘勰《文心雕龙·史传》告诉我们,他是一个极重视史传的真实无伪的人。而且以刘勰之博学,不可能轻信《三破论》为顾欢或张融作。所以,刘勰在《灭惑论》中只提了一句“或造《三破论》者,义证庸近,辞体鄙拙”,未指实《三破论》为谁所作。当然,这也可以解释为刘勰知其作者,但由于某种原因而隐其名,或不屑提其名。即使如此,也可证刘勰不以《三破论》为顾欢或张融作。因为此两人均为宋齐时极重要的著名学者,张融更以能文著称,他们的文章是决不能斥之为“义证庸近,辞体鄙拙”的。看来《三破论》的作者是一个谜,我在本书第五部分中已指出,他大约是一个匿名的、知识很浅薄的道士。

《三破论》之作者问题既如上述,那么《三破论》之出约在何时呢?这是关系到《灭惑论》写作时间的又一个重要问题。

《三破论》之出是直接与顾欢《夷夏论》所引起的佛道之争相联的,且其思想与《夷夏论》有明白的联系。据《南齐书·顾欢传》、《夷夏论》出,“宋司徒袁粲托为道人通公驳之”。又据《宋书·袁粲传》,袁于宋泰始元年领司徒,元徽二年转司徒左长史,至宋顺帝即位迁中书监,司徒侍中如故,宋升明元年卒。由此可知,袁驳《夷夏论》当在其领司徒之后,即宋泰始元年之后,升明元年之前。据此,顾欢《夷夏论》之作,至迟亦应在升明元年之前。刘汝霖《东晋南北朝学术编年》将《夷夏论》之作系于宋元徽二年。但因袁领司徒后继续任司徒之时间甚长，其于何时驳《夷夏论》之时间又难考索，故将《夷夏论》之作系于元徽二年，仍缺确证。但不论如何，《夷夏论》作于宋后期是无疑的，其引起争论也是在宋后期。《三破论》之出既与《夷夏论》及其引起的佛道之争紧密相联，则其出世和流行，当已在齐代。又据《三破论》乃"道士假张融作"之说，张融卒于齐建武四年，如在其死前假张融之名，则《三破论》之出应在建武四年之前，否则即在张融死后，即建武四年后。这样，我们可以肯定，《三破论》之出，就大的时限看，当在齐初至建武年间。又因《弘明集》将《三破论》之出与假张融之名相联系，所以更有可能是在建武年间。这时刘勰入定林寺已八九年的样子。由于《三破论》之攻击佛教大量涉及了儒家礼教问题，认为佛教破坏了儒家礼教的根本，因之由既笃信儒学又认同佛教，对两者均作过深入研究的刘勰出而著《灭惑论》，驳《三破论》，这从情理上推想起来是很自然的。

王元化在《灭惑论与刘勰前后期思想变化》一文（见《文心雕龙创作论》）中，据碛砂藏本《弘明集》中《灭惑论》一文题名为"东莞刘记室勰"，以证《灭惑论》作于梁时。问题在于这完全可能是后人追题，因此尚非确证。王文又据荀济上书梁武帝反佛，并曾提及《三破论》无人能破之，以证梁时有人利用《三破论》反佛，故刘勰承梁武帝之意，著《灭惑论》以驳之。此说尚需商榷。

考今见于《广弘明集》卷 7 荀济之上书并未提及《三破论》。即令曾提及，荀济上书之性质仍是站在儒家立场来反对佛教，不同于《三破论》站在道教的立场反对佛教。前者是儒佛之争，后者则是道佛之争，是宋代由顾欢《夷夏论》而引起的佛道之争的直接继续。《三破论》虽也谴责佛教破坏了儒家礼教，但其立场是道教的，根本目的在论证道教之正确，打击佛教。荀济上书则不同，它的出发点与归宿点均是儒家。如全文末尾云："夫《易》者，君臣夫妇父子三纲六纪也。今释氏君不君，乃至子不子，纲纪紊乱矣。"而《灭惑论》虽也涉及儒佛关系问题，但从开篇到末尾，主旨均在反驳道教，认为道教是虚假而下流的，根本不足以同佛教相比，并列举种种和道教相关的事，力斥其"伤政萌乱"，至于极点。最后说道教之攻击佛教，是"以粗笑精，以伪谤真，是瞽对离朱，曰我明也”。由此可见，《灭惑论》之驳《三破论》，纯属佛道之争，和荀济上书反佛的儒佛之争无关，其内容也绝非针对荀济之上书而发。且荀济上书反佛，在性质上已非儒与佛的理论之争。它处处联系到现实政治，把反佛问题变成了一个政治问题。在这种情况下，是不可能如梁武帝对待范缜的《神灭论》那样，允许进行讨论的。因此，即令荀济提到过《三破论》，此时也不可能进行有关《三破论》的论辩。考《北史·荀济传》，荀济上书后，“武帝将诛之，遂奔魏”。荀济上书一事，也就此了结。另外，荀济上书，其时约在太清元年（参见刘汝霖《东晋南北朝学术编年》，第 423 ~ 426 页）。即使按一些人的说法刘勰卒于大同四年，此时刘勰也已死去八年。所以，刘勰著《灭惑论》和荀济上表一事是不可能发生什么关联的。

任何一种理论上的争论的发生，均有其特定的历史条件。从这方面看，《灭惑论》也不可能作于梁代。因为此论所涉的是佛道之争，至梁已不再是人们所关注的问题。梁武帝舍道事佛之后，佛教力量大增，且大力提倡佛教的梁武帝既很重视儒学，也并未竭力排斥道教，基本上是采取三教同源的看法，实行一种宽大的政策。所以《广弘明集》卷 11 载法琳《对傅奕废佛僧事》一文说：“暨梁武之世，三教连衡，五乘并骛。”正因为如此，自宋至齐由《夷夏论》及其后的《三破论》所引起的佛道之争已趋消歇。在梁，我们知道陶弘景是道教最重要的代表人物，而他对梁王朝是取充分合作态度的，梁武帝对之也礼遇甚高，两人常互相通信。既然入梁后宋齐时很为尖锐的佛道之争再不是什么重要问题，史传中亦未见有关此问题再次掀起争论的记载，则刘勰《灭惑论》写于齐而非写于梁，应是很明白的了。杨明照《文心雕龙校注拾遗》认为僧祐《出三藏记集》撰于齐，而卷 12 所录《弘明集》子目中已列入《灭惑论》，此亦可证《灭惑论》成于齐。如前已指出，其时约在建武年间，因此《灭惑论》之作早于《文心雕龙》。就刘勰的思想发展来看，从《灭惑论》到《文心雕龙》是前进的；而入梁之后，从《文心雕龙》到《梁建安王造剡山石城寺石像碑》，则是后退的了（参见考证三）。

（六）刘勰与沈约

沈约是与刘勰的一生发生了重要关系的一个人物。《文心雕龙》写成后，未为时流所称，刘勰决心取定于沈约，得到了沈约的高度评价。刘勰决心取定于沈约，这当然首先因为沈约是当时文坛泰斗和极有影响的人物，并且有乐于奖掖后进的名声。但除此之外，刘勰决心取定于沈约，并终于得到了沈约的嘉许，可能还有如下一些原因：

第一，刘勰对文学的看法深受沈约之影响。这不仅表现在声律问题上，还表现在对文学的根本性的看法上。沈约《宋书·谢灵运传论》中说：

> 民禀天地之灵，含五常之德。刚柔迭用，喜愠分情。夫志动于中，则歌咏外发；六义所因，四始攸系；升降讴谣，纷披风什。虽虞夏以前，遗文不睹，禀气怀灵，理或无异。然则歌咏所兴，宜自生民始也。

只要同《文心雕龙》稍加比较，即可看出用人为天地之灵，禀五材之性来解释文学，强调"情"和"气"，在文学中引入"刚柔"观念等等，刘勰均与沈约相近、相同。沈约既重视文辞的美丽，在评刘杳之作品时曾明确说过"丽辞之益，其事弘多"（见《梁书·刘杳传》），同时又不否认文学与儒家之道的联系，在上引传论中主张诗是"六义所因，四始攸系"。这种看法，既不同于裴子野《雕虫论》的看法，也不同于萧纲《与湘东王书》的看法。而刘勰所采取的也正是这种看法，虽然他对儒家之道的强调比沈约要更为强烈。此外，就在上引传论中，沈约评论历代文学时所提出的"文以情变"、"以情纬文，以文被质"的看法，以及批评晋代玄风影响下的文学"托意玄珠，遒丽之辞，无闻焉耳"等等，更是明显地影响到刘勰。

第二，在齐梁时士人中不断在讨论的儒佛问题上，沈约主张两者可以并行不悖，孔子、释迦均为圣人，"内圣外圣，义均理一"（见《均圣论》）。在这个问题上，刘勰《灭惑论》中的看法也与沈约相近、相同。

第三，沈约是《宋书》的作者，《宋书》详细记述了刘勰先祖刘穆之、刘秀之事迹，并对之作了很高的评价。如评刘穆之云："高祖一朝创义，事属横流。改乱章，布平道，尊主卑臣之义定于马棰之间；威令一施，内外从禁，以建武永平之风，变太元隆安之俗，此盖文宣公（按：即刘穆之）之为也。为一代宗臣，配飨清庙，岂徒然哉！"又评刘秀之，赞其"推锋万里"，"锋战有独克出硖之师"（以上见《宋书·刘穆之传》及刘秀之、顾琛、顾觊之传后评语）。沈约虽然不一定就知道刘勰为刘穆之、刘秀之的后代，但在刘勰则无疑知沈约乃《宋书》作者。因此，刘将其书取定于沈约，很可能怀有一种特殊的感情。

沈约对刘勰的书的评价是："深得文理。"这是一个简捷而又中肯、准确、深刻的评价。史称沈约大重此书，"常陈诸几案"，恐不只是摆摆样子，而且作为当时文学泰斗的沈约也不需要用刘勰的书来摆样子。真正的原因，一是由于此书深刻阐发了沈约所主张的文学思想；二是由于此书可说是当时关于文学的一部小型的百科全书，它是可供不时翻阅参考的。

关于刘勰将其书取定于沈约的时间，刘毓崧据《梁书·刘勰传》中"约时贵盛"一语，考定在和帝之时。我以为甚确，兹不再论。

（七）刘勰的入仕

刘勰的《文心雕龙》得到沈约的高度赞誉，以及刘勰在文学方面的特出成就，包括以写佛教碑铭而闻名京师，都是后来刘勰入仕的重要条件，但并不是最重要、最根本的条件。刘勰出身地位低下，在入仕前不过是依靠寺院生活的一个文人。他要走上仕途，就必须具备某种条件，使他能和梁王朝发生联系，并受到重视。

这个条件，在梁天监初年出现了。这就是梁武帝决心舍道事佛，奉佛教为国教，率公卿百官事佛，并多次舍身，对各大寺院的名僧倍加优礼。刘勰所追随的僧祐，是当时极著名的律学大师，也受到了梁王室很大的礼遇。《高僧传》卷11《僧祐传》载："今上深相礼遇，凡僧事硕疑，皆敕就审决。年衰脚疾，听乘舆入内殿，为六宫受戒，其见重如此。开善智藏法音慧廓，皆崇其德素，请事师礼。梁临川王宏、南平王伟、仪同陈郡袁昂、永康定公主、贵嫔丁氏，并崇其戒范，尽师资之敬。”僧祐地位这种空前的大变化，当然会使他的重要助手，并已以整理佛经、撰写佛教碑铭、著《文心雕龙》而闻名京师的刘勰，有了接近梁王室的重要人物，并为梁王室所重视的条件。没有这个条件，已入定林寺依僧祐而居的刘勰，有可能会在《文心雕龙》之外又写出其他著作，但要走上仕途，那是很困难的，甚至是不可能的。

《梁书·刘勰传》称，刘勰于“天监初，起家奉朝请”。考梁武帝于天监元年即位后即决心断酒肉，吃斋（见《弘明集》卷29上，《净业赋并序》），天监三年四月八日下诏舍道事佛，声称“弟子比经迷荒，耽事老子，历叶相承，染此邪法。习因善散，弃迷知反，今舍旧翳，归凭正觉。愿使未来生世，童男出家，广弘经教，化度含识，同共成佛”。同年四月十一日，又敕称“门下大经中说道有九十六种，唯佛一道是于正道。其余九十五种，名为邪道。朕舍邪外以事正内诸佛如来，若有公卿能入此誓者，各可发菩提心。老子周公孔子虽是如来弟子，而化迹既邪，止是世间之善，不能革凡成圣。其公卿百官侯王宗姓，宜反伪就真，舍邪入正”（以上均见《集古今佛道论衡》卷甲）。刘勰得奉朝令请召，当在天监三年前后，即梁武帝舍道事佛，大肆宣扬佛教的高潮之中。只有在这种情况下，刘勰才可能因僧祐受到梁王室的殊遇而连带受到重视，进入奉朝会请召的行列。这是刘勰入仕之始。史又称刘勰奉朝请后，中军临川王引兼记室。考临川王宏进号中军将军，在天监三年正月（见《梁书·武帝纪》），则刘勰任宏之记室当在天监三年正月后。但这仍只是一大的时限，究竟三年正月后何时任记室尚不可考。因之，刘勰之奉朝请，可在天监三年之前，亦可在此年之内。很确定的时间虽已难知，但约在天监二三年，则应是没有疑问的。

刘勰入仕梁王朝，与梁武帝的事佛，僧祐的大受礼遇分不开。他是以僧祐的重要助手、博通佛教典籍的专家、佛教界的知名人士和文学家的身份走上仕途的。但起重要的决定作用的因素又是他与僧祐的密切关系。种种很特殊的条件促成了刘勰的入仕，这是他当年入定林寺时所不能设想的。但是，刘勰的入仕既与他同僧祐的关系和他在佛教界的地位分不开，这就极大地限制了他在仕途上的发展。直至晚年变服出家之前,刘勰始终处于一种不僧不俗的地位。一方面,他入定林寺后未变服出家,不是僧人;另一方面,他之能入仕,在根本上又是靠着他与僧祐的密切关系和他在佛教界的地位、影响。如果他脱离佛教界,像普通世俗的官吏那样去生活、行动,那么他在梁王朝的地位就会发生动摇。为了保持和巩固自己的地位,他不能不保持自己和僧祐以及整个佛教界的密切关系,并且不能不把他的活动限制在这种关系所容许的范围内。即就文学创作而言,刘勰无疑有多方面的文学才能,但作为一个依僧祐而居的佛教界的人物,他只能写佛教碑铭,而不能作词赋或其他非宗教性质的文学作品。如果说他在居于定林寺期间,还能在整理佛经之外写下《文心雕龙》,那么在入仕之后,他作为佛教界人士这一特殊身份就更加突出,所受的限制也就更多了。因为归根到底,刘勰是以这一特殊身份参与梁王朝的政治活动的。他之受到重视,不是由于他的出身门第,或由于他入仕前在政治活动方面有何特殊建树,甚至也不是由于他在文学上有何特别才能,而是由于他与僧祐的密切关系,他在佛教界的地位、影响。我认为这是刘勰的幸运之处,但也正是他的悲哀之处。刘勰晚年的启求出家,与此有密切关系(详后考)。

(八)刘勰与昭明太子

昭明太子萧统,是与刘勰一生发生了重要关系的又一个人物。萧统生于齐中兴元年七月,比刘勰小三十多岁。天监元年十一月被立为皇太子,天监五年五月出居东宫。刘勰约在天监十一年后得任东宫通事舍人,史称"昭明太子好文学,深爱接之"。

昭明对刘勰深表"爱接",这是由于昭明既好文学,又崇佛教,而刘勰在这两方面均有很深修养。就文学方面而言,刘勰所著,曾得到沈约高度评价的《文心雕龙》,昭明当不会不知道。我在《中国美学史》第2卷中已经指出,萧统、萧纲、萧绎的文学观均有受到刘勰《文心雕龙》影响的迹象。其中最为清楚的一点是:他们都从《易传》天文、人文的观点出发来讲文学,并以此来论证文学的美的价值。这正是《文心雕龙·原道》的一个重要思想。当然,"三萧"的文学观也和刘勰的观点有明显的不同。此外,梁元帝所著《金楼子》,或有袭取《文心雕龙》之处。

在梁,昭明太子在世时的东宫,可说是当时的文学中心。史称昭明“引纳才学之士,赏爱无倦。恒自讨论篇籍,或与学士商榷古今,闲则继以文章著述,率以为常。时东宫有书三万卷,名才并集,文学之盛,晋宋以来,未之有也”(《梁书·昭明太子传》)。然而,史传有关东宫文学活动之记载,从未涉及刘勰。《梁书·刘孝绰传》中言:“昭明太子好士爱文,孝绰与陈郡殷芸、吴郡陆倕、琅邪王筠、彭城到洽等同见宾礼。”此亦未叙及刘勰。这当然是因为刘勰虽深通文理,但如前所言,他是以佛教界人士的身份跻身于梁王朝之中的,在根本上不同于刘孝绰等文士,不能参加种种吟风弄月、伤春悲秋的诗赋之作。因为在佛教看来,这都是不应作的“绮语”,有违佛家戒律。不论刘勰内心对此是怎样看的,作为佛教界的人士、僧祐的重要助手,他不可能违反这一戒律。所以,在涉及文学的活动方面,刘勰在与昭明的接触中,大约不外是讨论文理,或与佛教有关的文学问题。或许也有可能参与过《文选》的编辑。

昭明在萧氏三兄弟中,大约是佛教观念甚深的一个。史称“太子亦崇信三宝,遍览众经。乃于宫内别立慧义殿,专为法集之所,招引名僧,谈论不绝。太子自立三缔法身义,并有新意”(《梁书·昭明太子传》)。由于刘勰博通佛教经论,昭明所进行的此类活动,作为东宫通事舍人的刘勰,当是参与了的。但史传在有关其时佛教活动的记述中,亦未见涉及刘勰。我以为这是由于刘勰虽博通经论,但在佛学理论的研究上,并无引人注目的特殊创造。而且,如前考已指出,刘勰并无进行此种研究的强烈要求。

(九)刘勰的出家及卒年

在有关刘勰生平的考证中,刘勰的出家及卒年是一个最难解决的问题。这不仅因为史传无明文记载,而且在正史的其他记载中,也找不到可供推定刘勰出家及卒年的史料线索。因此,目前有关这个问题的种种说法,看来都全属推想,差别只在哪一种推想较为合理罢了。

《梁书·刘勰传》关于刘勰的出家及死去是这样记述的:“有敕与慧震沙门于定林寺撰经。证功毕,遂启求出家,先燔鬓发以自誓,敕许之。乃于寺变服,改名慧地。未期而卒。”而上文叙述刘入梁后之事,至约天监十七年八月后刘勰上表陈二郊农社之祭祀宜政用蔬果,迁步兵校尉,兼舍人如故止。因之,我认为要解决刘勰出家及卒年问题,需特别注意这一点,即刘勰迁步兵校尉后,何以又被派往定林寺撰经,证功毕何以又要用“先燔鬓发以自誓”这种很为特别的方式向梁武帝表明心迹,自动启求出家?因为按照刘勰在《文心雕龙·程器》中所说“穷则独善以垂文,达则奉时以骋绩”的“梓材之士”的理想,他在迁步兵校尉后,应是具备了“达则奉时以骋绩”的良好条件了,何以在此之后却要自动地坚决启求出家?而且,史称刘勰曾“出为太末令,政有清绩”,说明刘勰是有从政才能的。那么在迁步兵校尉后,应更加可以发挥其政治才能,何以非自动启求出家不可呢?我以为,如能对此问题作出某种说明,则刘勰出家及死去的年代是大致可以作出较为合理的推定的。

然而,正是在这个问题上,缺乏史料足资说明。但我觉得可以这样推想:在刘勰迁步兵校尉后,由于发生了什么特殊的变故,刘勰在政治上受到排挤,被派往定林寺撰经,证功毕又不可能再回东宫任职,乃愤而启求出家。因为刘勰只要在政治上被梁武帝抛弃,那么他作为一个长期在佛教界有重要影响的人物,既不可能脱离他原来所在的定林寺去做一个普通的俗士,也难于以一个未出家的人的身份像过去那样继续依僧祐而居(因僧祐已于天监十七年五月死去),剩下的就只有出家一途了。尽管刘勰的出家同他的佛教的思想有关,但就刘勰自入定林寺到入梁王朝做官后一贯的思想表现来看,如果他在迁步兵校尉后在政治上并未受到打击,以致仕途无望,他是不会自动启求出家的。假使我的这种推论能成立,那么问题的关键就是要找寻在何时和何种情况下,刘勰在政治上遭到了打击,为梁武帝所抛弃。

求之正史,几乎连蛛丝马迹也找不到。但在有关佛教历史的几种著作中,却发现了可资研究的线索。刘汝霖《东晋南北朝学术编年》已述及,杨明照《梁书刘勰传笺注》又进一步把它集中起来。兹照录如下:

宋释祖琇《隆兴佛教编年通论》卷八："大同元年，慧约法师垂诫门人，言讫合掌而逝。……（大同）三年四月，昭明太子薨。……名士刘勰者，雅为太子所重。撰《文心雕龙》五十篇。……累官通事舍人。表求出家，先燔须自誓。帝嘉之，赐法名惠地。"

释志磐《佛祖统纪》卷三十七："（大同）三年，昭明太子统薨。……（大同）四年，通事舍人刘勰，雅为太子所重。……是年，表求出家，赐名慧地。"

释本觉《释氏通鉴》卷五："辛亥三（即中大通三年）。四月，昭明太子统卒。丙辰二（即大同二年）。刘勰……表求出家……帝嘉之，赐法名慧地。"

元释念常《佛祖历代通载》卷九："辛亥（即中大通三年）。是年四月，昭明太子薨。刘勰者，名士也。……表求出家……帝嘉之，赐法名惠地。"

释觉岸《释氏稽古略》卷二："辛亥。中大通三年四月，太子统卒。……丙辰。大同二年，梁通事舍人刘勰表求出家，帝嘉之，赐僧法名慧地。"

这些记述，某些年代的误记下面再说。最值得注意是都一致认为刘勰卒于昭明之后，把刘勰之卒与昭明之卒相联系，并很确定地指出了刘勰的卒年。这里自然有一个问题，何以《梁书》及其他史书未明言刘勰死于何时，而上述诸书却说得如此肯定，有什么根据可言？可靠吗？我认为一般而言，随意捏造的可能性是不大的。此五书既然讲的是佛教的历史，而刘勰又同梁时的佛教有极大的关系，那么当会有来自佛教历史材料的根据。著官家正史的史家或不知，或知而未述，而佛门却知其事，这不是没有可能的。因之，我仍认为对佛史记载的可信性，既不宜轻易否定，但又须加以核查。

按照我在上面对刘勰自动启求出家的原因的认识，我认为佛史记载中把刘勰的出家及死去与昭明之死联系起来，正可以了解刘勰出家的原因和死年。兹试论之如下。

据《梁书·刘杳传》,"昭明太子薨,新宫建,旧人例无停者,敕特留杳焉"。可见,昭明死后,即有一个如何处理原在东宫任职的官员的问题。就见于《梁书》的记载看,有几种处理方式:一是外调出京,委以他任。如何思澄,"昭明太子薨,出为黟县令"(《梁书》何传)。二是罢去原在东宫之官属,但仍留宫内,委以其他官职。如殷钧,"昭明太子薨,官属罢。又领右游击,除国子祭酒,常侍如故"。陆襄亦然。"太子薨,官属罢。妃蔡氏别居金华宫,以襄为中散大夫,领步兵校尉、金华宫家令"(《梁书》殷傅及陆传)。三是留下,如上述的刘杳,这是极个别的情况,要经皇帝特许。刘勰不属于上述三种情况中的任何一种。虽然刘勰当年在临川王宏记室任上时曾"出为太末令",而且"政有清绩",但在昭明死后,他既未如上述何思澄那样出为县令,又未被委以他职或仍留任。而且,值得注意的是,梁武帝特许留任的刘杳,已于大通元年被任为步兵校尉兼东宫通事舍人,昭明死时仍在任中(见《梁书·刘杳传》)。刘勰原也任步兵校尉兼东宫通事舍人,梁武帝特许刘杳留任,实即意味着排除刘勰,至少也是意味着武帝给了刘杳以远超过刘勰的重视。从上述种种情况推想,武帝于昭明死后敕刘勰与沙门慧震往定林寺撰经,实是处理刘勰的一种方法。然而,就刘勰自己而言,被派往定林寺撰经还并不意味着撰经毕后不再委以新职。但撰经毕后,却未见委以新职,因之刘勰决心出家,并采取"先燔鬓发以自誓"这种方式向武帝表明心迹,启求出家。敕许之,即得到梁武帝同意,刘勰即于寺变服出家,改名慧地。据上引佛家史书记载,还有"帝嘉之,赐法名慧地"等语。《梁书·刘勰传》虽未如此说,但从"敕许之。乃于寺变服,改名慧地"来看,似亦可说改名乃未由武帝所改。总之,武帝对刘勰出家的嘉许,并赐法名,似可说明武帝在昭明死后,虽已决定不再任用刘勰,但却不明言,采取派其撰经的方式使之离开东宫,撰经毕亦不言另有任用,使刘勰只有自行启求出家一条路可走,其用心亦良苦矣。所谓"嘉许之",其故或当在此。而刘勰在入定林寺后长期不出家,在此时自行启求出家,实宣告他自青少年时代即梦想着的儒家入仕的理想最后完全破灭。因之,我推想刘勰以"先燔鬓发以自誓"这种特别的方式启求出家,是含有某种愤慨和对自身命运的悲剧感的。特别是刘氏一门多有刚烈的个性(见考证一),这种情况更是可能的。

从武帝敕刘勰往定林寺撰经到刘勰启求出家和死去的时间来看,我以为前引释志磐《佛祖统纪》的说法较合理。不过它把昭明卒年误为大同三年,接下去说刘勰于大同四年启求出家。因此,大同三年应改为中大通三年,相应地大同四年亦应改为中大通四年。这样,可以作出此种判断:中大通三年四月昭明死后,武帝敕刘勰往定林寺撰经。次年撰经毕,刘勰启求出家,出家后不到一年即死去,享年约65岁。

杨明照《梁书刘勰传笺注》据佛史记载及入《梁书·文学传》下的各个人物的排列次序,考定刘勰卒于大同四年或五年。但这有几个问题:首先,《梁书·文学传》下各个人物的排列次序并不是严格按卒年先后排列的。这已有人指出,兹不再赘。其次,前引《佛祖统纪》作大同四年出家(此亦即卒年,因出家不满一年即卒),而上文说大同三年昭明卒,既将昭明卒年更正为中大通三年,则下文大同四年亦应更正为中大通四年。这样,大同四年卒之说在佛证中即不存在了。最后,如作大同四年或五年卒,那么武帝敕刘勰撰经在何时呢?如在昭明卒年,则至大同四年启求出家,撰经之时共历六七年之久。如非极浩繁之经典,当不需如此之长的时日。如确为极浩繁之经典,应有相当之重要性,想史书或佛记会言其为何种经典。而今不言,想非需七八年方能撰成之经典。不过,我虽不赞同杨说,我在上面所持的说法,基本上亦只是推想。对于刘勰卒年较有根据的考定,我在《中国美学史》第2卷第17章中已经指出,重要的是详查有关梁代佛教的史料,考得武帝派刘勰与慧震往定林寺撰经之时间以至具体情况。但限于我目前的条件,这工作还无法进行。也许虽进行了,仍不能查到,那么对刘勰的卒年,也就只能满足于一种较合理的推想了。但是,在考证上,我们总是希望能得到确切的年代的。所以,我仍期待着博学的学者终于能作出新的、有确证的论断。

年　表

约宋泰始三年丁未(公元467年)

• 刘勰生。父尚，曾任越骑校尉。祖灵真，宋司空秀之弟。
• 刘氏一族原为东莞莒(今山东莒县)人。晋室南渡后，晋明帝于京口(今江苏镇江)侨置东莞郡，以后宋齐诸代相沿未改，故刘勰父祖世居京口。

宋元徽二年甲寅(公元474年)，约7岁

• 据《文心雕龙·序志》："予生七龄，乃梦彩云若锦，则攀而采之。"

齐永明五年丁卯(公元487年)，约20岁

• 父已早死，笃志好学，家贫不婚娶。母死后，于此年前后入定林寺依名僧僧祐而居，共十余年，遂博通经论。
• 在僧祐主持下，参与佛经之整理、研究、分类、著录、编集，贡献甚大。史称："今定林寺经藏，勰所定也。"
• 在依僧祐而居期间，又从事佛教碑铭之写作，并以此闻名于京师。史称："勰为文长于佛理，京师寺塔及名僧碑志，必请勰制文。"

齐永明六年戊辰(公元488年)，约21岁

• 仍居定林寺。
• 沈约上《宋书》。《宋书》对刘勰先祖刘穆之、刘秀之事迹记载甚详，并言及刘勰家世中其他人物。《宋书》行世，为刘勰所读，当会对其思想产生影响。(详考证一)

齐永明七年戊子至永明九年辛未(公元489~491年)，约22~24岁

• 仍居定林寺。

齐永明十年壬申(公元492年)，约25岁

• 仍居定林寺。
• 释超辩卒于寺，僧祐为造墓碑所，刘勰撰碑铭。碑文已佚。
• 裴子野撰《宋略》，中含被题为《雕虫论》一文，对齐梁文学思想有重要影响。

齐永明十一年癸酉(公元493年)，约26岁

• 仍居定林寺。
• 陆厥、沈约论四声，对齐梁文学产生重大影响。

齐廷兴元年甲戌(公元494年),约27岁

- 仍居定林寺。
- 僧柔卒。僧祐为造碑墓所,刘勰撰碑铭。碑文已佚。

齐建武二年乙亥至建武四年丁丑(公元495~497年),约28~30岁

- 仍居定林寺。
- 约在此数年间或稍后,作《灭惑论》以驳《三破论》。(详考证五)
- 钟嵘出任南康王萧子琳侍郎。

齐永泰元年戊寅(公元498年),约31岁

- 仍居定林寺。
- 三月,齐明帝下复孔子祭秩诏,热烈赞颂孔子,令恢复祭孔,以"克昭盛烈,永隆风教"。
- 据《文心雕龙·序志》:"齿在逾立,则尝夜梦执丹漆之礼器,随仲尼而南行。旦而寤,乃怡然而喜,大哉圣人之难见也,乃小子之垂梦欤!自生人以来,未有如夫子者也。"为"敷赞圣旨",决意著《文心雕龙》。"于是搦笔和墨,乃始论文"。其时当在此年八月后。(详考证四)

齐永元元年己卯(公元499年),约32岁

- 仍居定林寺。
- 写《文心雕龙》。

齐永元二年庚辰(公元500年),约33岁

- 仍居定林寺。
- 写《文心雕龙》。

齐中兴元年辛巳(公元501年),约34岁

- 仍居定林寺。
- 写《文心雕龙》。
- 十月,昭明太子萧统生。

齐中兴二年壬午(公元502年)四月前,约35岁

- 仍居定林寺。
- 《文心雕龙》已成。自开始写作至完成,前后将及四年。《文心雕龙·序志》所言"傲岸泉石,咀嚼文义",实为此一时期生活之

写照。

- 持《文心雕龙》取定于沈约，获约之高度赞誉。史称《文心雕龙》"既成，未为时流所称。勰自重其文，欲取定于沈约。时约贵盛，无由自达。乃负其书候约出，干之于车前，状若货鬻者。约便命取读，大重之，谓为深得文理，常陈诸几案"。

梁天监元年壬午至天监三年甲申（公元502~504年），约35~37岁

- 元年四月，梁武帝萧衍即位。十一月立萧统为皇太子。
- 二年十月，晋安王纲生。
- 三年四月八日，梁武帝下诏舍道事佛。十一日，又敕公卿百官事佛。
- 约当天监二三年间，刘勰奉朝会请召。
- 天监三年四月后，被中军临川王宏引兼记室。
- 同年，钟嵘被衡阳王简引为宁朔记室。

梁天监四年乙酉（公元505年），约38岁

- 在临川王宏记室任中。

梁天监五年丙戌（公元506年），约39岁

- 在临川王宏记室任中。
- 五月，昭明太子出居东宫。

梁天监六年丁亥（公元507年），约40岁

- 在临川王宏记室任中。

梁天监七年戊子（公元508年），约41岁

- 在临川王宏记室任中。
- 八月，湘东王绎生。
- 十一月，梁武帝以佛教典籍浩繁，命僧智、僧晃、刘勰等13人同集上定林寺，抄一切经论，以类相从，为《众经要抄》。
- 同年，范缜著《神灭论》。

梁天监八年己丑（公元509年），约42岁

- 四月，《众经要抄》成，凡88卷。
- 四月后，迁车骑仓曹参军。又出为太末（今浙江衢县）令，史称"政有清绩"。

梁天监九年庚寅（公元 510 年），约 43 岁

- 在太末令任上。

梁天监十年辛卯（公元 511 年），约 44 岁

- 在太末令任上。

梁天监十一年壬辰（公元 512 年），约 45 岁

- 出任仁威南康王绩记室，兼东宫通事舍人。史称："昭明太子好文学，深爱接之。"（详考证八）

梁天监十二年癸巳（公元 513 年），约 46 岁

- 仍在仁威南康王绩记室兼东宫通事舍人任中。
- 二月十二日，梁武帝敕僧祐督造之剡溪大石佛开凿。该石佛"坐躯高五丈，立形十丈，龛前架三层台，又造门阁殿堂，并立众基业，以充分供养"（《高僧传》卷 13《释僧护传》）。此石佛诚为中国佛教艺术史上之重大创造。
- 沈约卒。

梁天监十三年甲午至天监十四年乙未（公元 514～515 年），约 47～48 岁

- 仍在仁威南康王绩记室兼东宫通事舍人任中。

梁天监十五年丙申（公元 516 年），约 49 岁

- 仍在仁威南康王绩记室兼东宫通事舍人任中。
- 三月十五日，剡溪石佛妆画完毕。约在此之后至天监十七年（公元 518 年）三月之前，作《建安王造剡山石城寺石像碑》。碑文尚存。全文见宋孔延之《会稽缀英总集》卷 10。由碑中对剡山自然风貌及石像之描绘推测，在僧祐督造石像之过程中，刘勰可能曾随僧祐前往该地。

梁天监十六年丁酉（公元 517 年），约 50 岁

- 仍在仁威南康王绩记室兼东宫通事舍人任中。
- 四月及十月，梁武帝因主张实行佛教不杀生之教义，先后下诏令宗庙祭祀不用牺牲，改用蔬果。同年十月开始施行。但二郊农社之祭祀仍未改。

梁天监十七年戊戌（公元 518 年），约 51 岁

- 五月二十六日，僧祐卒。弟子正度立碑颂德，刘勰撰碑铭。碑文已佚。
- 约八月后，上表梁武帝，提议二郊农社之祭祀，宜与宗庙相同，改用蔬果。诏付尚书议，依所言施行。
- 上表后，迁步兵校尉，兼东宫通事舍人如故。
- 同年，钟嵘迁西中郎晋安王纲记室，著《诗品》。顷之，卒官。

梁天监十八年己亥（公元519年），约50岁[按：自此年后至刘勰被敕往定林寺撰经之前，史对刘勰在梁室之官职及活动无记载，故仅列与其生平有关之事件。]

- 释慧皎著《高僧传》成。

梁普通七年丙午（公元526年），约59岁

- 四月，临川王宏卒。

梁大通元年丁未（公元527年），约60岁

- 刘杳迁步兵校尉，兼东宫通事舍人。

梁中大通元年己酉（公元529年），约62岁

- 闰六月，南康王绩卒。

梁中大通二年庚戌（公元530年），约63岁

- 裴子野卒。

梁中大通三年辛亥（公元531年），约64岁

- 四月，昭明太子卒。
- 五月，梁武帝下诏立晋安王纲为皇太子。
- 七月，临轩策拜，修缮东宫。
- 新宫建，旧人例无停者。有敕与沙门慧震于定林寺撰经。（详考证九）

梁中大通四年壬子（公元532年），约65岁

- 撰经毕，遂启求出家。先燔鬓发以自誓，敕许之。乃于寺变服，改名慧地。未及一年，卒。（详考证九）

后　记

这本小书是在傅伟勋兄的推动、激励之下写成的。自从我读了他评介《中国美学史》第1卷的长文——《审美意识的再生》之后，我就直感地觉得他是一位学术上很有见地的益友。及至我们两次会见，又读了他赠我的《哲学与宗教》1～3集（台北东大图书公司出版），更使我们的友谊迅速地加深了。我钦佩他为学术而献身的坦诚坚毅的精神（这在他的《哲学探求的荆棘之路》一文中有感人的叙述），学贯中西的多方面的成就，对伟大中华文化的热爱，以及不囿于古人，为中华文化的现代诠释而努力的激情。近年来，他对"中国文化"和"文化中国"的倡导，我以为也很有现实的和历史的意义。

这本书的写作，是以《中国美学史》第2卷中论刘勰《文心雕龙》的专章为基础的，但又不是简单的改写，而是一本新著。因为本书是把刘勰作为一个哲学家来加以考察的，而且就是对于他的美学思想的论述，也比《中国美学史》第2卷中的论述有了深化和发展。我历来有一个脾气，就是很不愿重复已写过的东西，总觉得写起本索然无味，提不起写作的热情。所以，当伟勋兄约我写这书时，我就决心抛开我原来所写的，重新再写，务求有些新意。但究竟做得如何，就要请读者和伟勋兄多加指正了。

我在写作的过程中，深深感到刘勰在我国齐梁时期，不但是一位文学理论家，同时也是当时为数极少、不可多得的一位很有思维深度和广度的哲学家。他在中国哲学史上的地位是应予以充分肯定的。我力求要立足于现代来阐释他的思想，但正是在这样做的时候，我深感自已对西方现代哲学的了解很不够。我历来认为，对西方现代哲学缺乏足够的了解和研究，中国古代哲学的研究是难以取得真有重要价值的成果的，因此，我也很同意伟勋兄所说的"创造的诠释学"。但对西方现代哲学的了解不足，极大地限制了我。这在我目前也无可如何了，只好从我的实际水平出发来试着提出一些粗浅的看法。因为我感到多年来对刘勰《文心雕龙》的研究虽然成绩可观，但从现代的观点去加以诠释，却是做得很不够的。而且，由于种种原因，在这方面所作的一些努力、尝试，往往会受到冷遇，甚至嘲笑。也许本书也仍难逃此命运，但我还是想来试它一试。就我自己而言，我自觉对刘勰思想的诠释，是建立在我对他的思想的本来含义的了解之上的。而且，我还认为弄清刘勰思想本来的含义，包含对他提出的各种概念作出解释，虽然确实需要花力气，下功夫，但不见得就那么难，真正难的还是对他的思想作出现代的诠释。因为这不是仅靠把《文心雕龙》读得烂熟所能奏效的，还需要多方面的素养，开阔的视野，哲学上的深思熟虑和创造的精神。这样一种诠释，就不只是告诉人们刘勰曾经说了些什么，还要告诉人们他的思想在历史上和在今天所具有的意义，在人类整个思想发展行程中所占的地位，对我们今天还可能具有的价值，等等。因此，这样一种诠释也就变成了诠释者的一种创造性的思维，一种藉助于历史而发展新的理论的努力，而决不只是讲刘勰这么说、那么说了。但这还只是我所悬的一种理想，本书是远远没有达到此种水平的。在目前，只能以"虽不能至，心向往之"来聊以自解。

末了，需要说明一下的是，我至今未能读到台湾学者研究《文心雕龙》的众多著作，所以在参考书目中只好缺而不列。好几年前，我曾托一位英国朋友姜苦乐(J. Clark)先生弄到了徐复观先生所著《中国艺术精神》一书，读后使我感到徐先生在中国哲学和美学的研究上是卓有成就的。从这书后面所附的书目上，我知道他还有论石涛《画语录》的著作。《画语录》是一部我很喜欢的书，青年时代就曾作过一些研究。另外，我又从别的文章得知，他的《中国文学论集》还收有论《文心雕龙》的著作，但都未得一睹。在写这书之前，未能读到徐先生及其他学者论《文心雕龙》的著作，在我心里总觉是一大缺憾。但这在目前也是无可如何的了。

刘纲纪
1988 年 12 月 9 日

主要参考书目

《梁书》,武英殿本。

《全梁文》,严可均辑:《全上古三代秦汉三国六朝文》,中华书局1958年影印本。

《诸子集成》,中华书局1954年重印本。

范文澜:《文心雕龙注》,人民文学出版社1962年版。

杨明照:《文心雕龙校注拾遗》,上海古籍出版社1982年版。

王利器:《文心雕龙校证》,上海古籍出版社1980年版。

周振甫:《文心雕龙注释》,人民文学出版社1983年版。

王元化:《文心雕龙创作论》,上海古籍出版社1984年版。

李泽厚、刘纲纪:《中国美学史》第1卷,中国社会科学出版社1984年版。

李泽厚、刘纲纪:《中国美学史》第2卷,中国社会科学出版社1987年版。

方立天:《中国佛教与传统文化》,上海人民出版社1988年版。

唐代华严宗与美学

唐代华严宗的先驱是杜顺(557~640年)、智俨(602~668年),其实际的创立者则是法藏(643 ~712年)。华严宗大盛于武则天时代,前后流行了170余年之久,是唐代佛学诸宗派中一个十分显赫的宗派。

与其他宗派相比,华严宗不像唯识宗那样致力于对佛学的根本思想"万法唯心"作一种抽象思辨的哲学论证,也不像天台宗和禅宗那样重视修行的方法,而是要向佛教的信仰者证明、描述佛的世界是一个无限庄严华美的世界。因此,华严宗带有很浓厚的艺术、美学色彩。产生于印度的《华严经》本来就充满了各种美丽的神话,在它移入中国之后,又与中国本土的哲学和审美意识结合起来,很好地适应了从盛唐到中唐那个极富于美的理想与追求的时代。就唐代的佛教宗派来看,盛唐精神可以说是集中地反映在华严宗的思想中。华严宗是宗教,但又是一种曦光流彩、声光并作、卷舒自在、美丽诱人的宗教,并且较之于在它之前的天台宗、唯识宗,是充分地世俗化了的宗教。法藏对佛经的讲解、阐释也比天台宗、唯识宗通俗很多,而且常带感情。

华严宗同其他教派一样,也讲"空",但它强调的是"空不绝有":

> 终日有而常空,空不绝有;终日空而常有,有不碍空。然不碍有之空,能融万象;不绝有之空,能成一切。是万象宛然,彼此无碍也。(《华严经义海百门》)

对于被佛教称之为"空"的各种"色",华严宗虽也认定其为"空",但不仅不加排斥,而且认为在说经中是要广为运用的:

> 夫以无限大悲,周象生界,施化万品,仪式难量。今就通别,各开十例,通而论之。或以音声,或现妙色,或以奇香,或以上味,或以妙触,或以法境,或内六根,或四威仪,或弟子人物,或一切所作,皆堪摄物。(《华严经旨归》)

在成佛的境界上,华严宗又反对以"住于寂灭"为成佛境界:

> 证佛地者,谓尘空无我无相是也。……然证入之此地,不可一向住于寂灭。一切诸佛,法不应尔。当示教利喜,学佛方便,学佛智慧。具于此地义处思之。(《华严经义海百门》)

这显然是因为华严宗认为人间一切世事"毕竟空","然毕竟空,空时不碍尘法宛然"(同上)。因此,成佛就不是"一向住于寂灭",而是虽"空"又"尘法宛然"。华严宗讲"空",但处处反对将"空"理解为空无所有的"寂灭",而非常重视虽被视为"幻有"或"幻相",但却充满声、色、香、味,生动美丽的感性世界。法藏曾以宫殿上的金狮子为喻,向武则天讲解华严宗的佛法,他虽然声称"狮子不有",但接着又说狮子"约色以明,不碍幻有"(《金狮子章》)。实际上,在法藏看来,世界虽为"幻有",但却是像金狮子那样美丽的"幻有",决非无声、色、香、味,一切归于"寂灭"的状态。华严宗教人要懂得世界是"幻有",但却不教人舍弃这个"幻有"。一方面,懂得世界是"幻有",即可以在精神上免去一切烦恼、痛苦;另一方面,又不舍弃这个"幻有",即可求得尘世的一切欢乐与幸福。这就是华严宗很能适应世俗佛教徒心理要求的地方,也是它最能体现唐代佛教是为人世祈福的佛教,是乐观、光明的佛教的地方。

华严宗认为世界万物为"一真法界"所生。这个"一真法界"是佛性、佛心的体现,又相当于西方哲学所谓的"绝对理念"。但这一理念却非柏拉图式的静止不动、贫乏无内容的自我同一;相反,它是无限的杂多的和谐统一。华严宗称之为"圆融无碍"或"圆通无碍"。华严宗的思想虽然看来甚为纷繁,其最大特色,也是它的思想的核心,就是论证世界是“圆融无碍”的。“圆融无碍”乃“一真法界”的根本特性，佛的境界即是“圆融无碍”的境界：

> 夫以法界圆通，缘无一契。谓上九门所现之法，总合为一大缘起法，随有一处，即有一切无碍圆融，无尽自在。（《华严经旨归》）圆通无碍者，谓此佛身，即理即事，即一即多，即依即正，即人即法，即此即彼，即情即非情，即深即浅，即广即狭，即因即果，即三身即十身，同一无碍自在法界，难可称说。（同上）
>
> 夫法界缘起，无碍容持，如帝该罗，若无珠交涉，圆融自在，无尽难名。（《法界缘起章》）

华严宗还提出了著名的“十玄门”思想，即“同时俱足相应门”、“一多相容不同门”、“诸法相即自在门”、“因陀罗网境界门”、“微细相容安立门”、“秘密隐显俱成门”、“诸藏纯杂俱德门”、“十世隔法异成门”、“唯心回转善成门”、“托事显法生解门”。这个“十玄门”，贯穿其中的根本思想也不外是“圆融无碍”。在华严宗看来，没有任何互相对立的双方是不能互摄互融，俱存而无碍的。论者常谓华严宗取消了世界的矛盾斗争，这有一定的道理。但华严宗未取消对立的诸要素双方的差别，它的“圆融无碍”的思想是以承认此种差别的存在为前提的。华严宗当然认识不到世界的矛盾斗争，但它在一种宗教的思想形态里，极大地强调了对立的诸要素是可以达于和谐统一的，无限杂多的东西能构成为一个和谐统一的整体。我们不必也不可能要求一种宗教的思想去讲马克思主义哲学的矛盾斗争理论，这里重要的是华严宗在一种宗教的幻想里强调了宇宙万物确实存在的和谐统一这个侧面。取消矛盾斗争当然是十分错误的，但如果认为宇宙万物永远是处在一种互相排斥、斗争的分裂状态之中，同样是完全荒谬的。

华严宗的“圆融无碍”思想来自印度佛学，但华严宗之所以高度重视这一思想，不厌其烦地反复加以论述，又是同中国传统思想密切相关的。中国儒家很早就提出了“和”、“中和”的思想，至《周易》又提出“乾道变化，各正性命，保合大和，乃利贞”的思想。华严宗在讲“圆融无碍”时,不提儒家的“和”的思想,但它的某些讲法却与儒家思想有明显的类似之处。如《周易》认为“天下之至赜而不可恶也”,“天下之至动而不可乱也”(《系辞上》),即认为至为杂多、不断运动的天地万物是合规律而和谐的;而法藏在其名著《金狮子章》中也声称“繁兴大用,起必全真;万象纯然,参而不杂”,两者的类似之处甚为明显。华严宗反复讲“一切即一”,“一即一切”,这与《周易》所说“天下之动,贞夫一者也”(《系辞下》),也有类似之处。当然,华严宗的思想决不能与《周易》的思想相等同,两者的差异是很大的。但我们仍可以说,唐代华严宗通过对从印度而来的华严经思想的创造性阐释,以一种佛教的思想形态表现了中国传统的“和”的思想。对于这一点,法藏思想的重要传人澄观,在贞元十五年(799)为唐德宗李适讲经时曾作了很明白的说明:

> 贞元十五年,诏受镇国大师号,进天下大僧录。四月,帝诞节,敕有司备仪辇迎教授和尚入内殿,阐扬大经。师升座曰:“大哉真界,万法资始,包空有而绝相,入言象而无迹。我佛得之,妙践真觉,廓尽尘习,融身刹以相含,流声光而遐烛。我皇得之,灵鉴虚极,保合大和,圣文掩于百王,淳风扇于万国。《华严经》者,即穷斯旨趣,尽其源流,故恢廓宏远,包罗冲邃,不可得而思议矣。失其旨也,徒修因于旷劫;得其门也,等诸佛于一朝。谛观一尘,法界在掌,理深智远,识昧辞单,尘黩圣聪,退座而已。”帝时默湛海印,朗然大觉。顾谓群臣曰:“朕之师,言雅而简,辞典而富,扇真风于第一义天,能以圣法清凉朕心。”(《法界宗五祖略记·四祖清凉国师传》)

华严宗兴盛时期,正当唐王朝仍处于兴盛时期。这时,以佛教的“圆融无碍”的思想来补充儒家的“和”、“大和”的思想,将它提升为佛国的美丽境界,是很符合于当时统治者和社会的心理希求的。历来佛教常讲人世的种种烦恼、痛苦,而华严宗却极少涉及这个方面。它全力以赴地要证明佛的世界和虽为“幻有”的人间世界是一个“圆融无碍”,

无限完善、美好的世界。“圆融无碍”是“一真法界”的根本特性,是佛的境界,也是一个绝对完美、和谐的境界。虽然华严宗未明确地将它与美的问题联系起来,但实际上“圆融无碍”即是华严宗思想中最高的美。如果说欧洲中世纪美学以创造世界的上帝的“完善”来说明世界的美,那么华严宗则可以说是用“一真法界”、佛性的“圆融无碍”来说明世界的美。如前所说,它是与中国哲学、美学中“和”的思想相联的。但华严宗对“圆融无碍”的种种阐发,涉及了一与多、主与伴、理与事、隐与显、远与近、狭与广、虚与实、静与动、舒与卷……诸问题,大为丰富了中国美学对各种对立要素的统一(即和谐之美)的认识,并且很为明显地影响到唐代的文艺与美学。

唐代皎然论诗,标举“诗家之中道”,一般论者均将它与禅宗联系起来。其实,皎然诗论不只与禅宗有关,也与华严宗有很大的关系。但自宋代严羽以禅论诗(特别是唐诗)之后,多数人只看到禅宗与唐代文艺,特别是盛唐文艺与美学的关系,而忽视了华严宗的重大影响。皎然所谓“诗家之中道”,最后仍是将各种对立要素统一,以求得华严宗所说的“圆融无碍”的境界。唐代佛学的天台宗、唯识宗、禅宗均讲“中道”(即佛学中一种主张保持对立面的并存与统一的理论),但只有华严宗将“中道”观念扩展、提升为囊括万象,使无限的杂多归于和谐统一的“圆融无碍”的境界。无“中道”说不可能有华严宗所说的“圆融无碍”,但“圆融无碍”之意义、范围又已远超出“中道”说,并较之于“中道”说更能与美学相通。从唐代文艺来看,华严宗所说的“圆融无碍”以及“卷舒自在”(此语见法藏《华严经义海百门》),可以说是唐代文艺的一个重要特征。严羽说“盛唐诸人”的诗如“羚羊挂角,无迹可求。故其妙处透彻玲珑,不可凑泊”(《沧浪诗话·诗辨》)。这是用禅宗语言来形容的,其实严羽所说的“妙处”正是华严宗所言“圆融无碍”、“卷舒自在”的表现,舍此即不会有他所说的“妙处”。而且,以华严宗所说“圆融无碍”、“卷舒自在”来形容唐代文艺,特别是盛唐文艺的特点,较之于以禅宗的语言来说明,是更为贴切、深刻的。当然,严羽用禅宗语言说明,是为了强调“兴趣”、“妙悟”,以反对宋人“以文字为诗,以才学为诗,以议论为诗”(同上书)。从这个方面看,严羽的说法也是深刻的。但如从说明唐代文艺，特别是盛唐文艺的特点来看，则禅宗的语言远不如华严宗的说法更可取。虽然唐代文艺所受的思想影响是多方面的，其风格也是多样的，但“圆融无碍”、“卷舒自在”又确实是唐代文艺的韵味、风神的一个重要方面。它不同于汉代文艺以质朴的气势取胜，也不同于魏晋文艺在玄学影响下追求超世间的玄远，而且没有后来在宋代文艺中可见的世俗气、脂粉气、小家子的富贵气。它华贵而雍容，飘逸而沉着，清新而热烈，的确有一种无障无碍，流转如意，自在自得的美。这在唐代的诗、文、书、画、雕塑、工艺中均有其鲜明的表现。在唐之前没有这种美，在唐之后也再不能看到了。这是一种散发着青春的乐观、自信的气息，但又纯真、深沉而毫不流于浅薄卖弄的美①。虽然华严宗是一种宗教理论，但它却通过宗教意识而很为鲜明地显示了唐代审美理想的这个重要特征。

华严宗不仅认为佛的境界是一种“圆融无碍”的境界，而且它还把这种境界描绘为一个交光互影，充满光与色的，深深无尽的境界。这就是所谓“因陀罗网境界”。华严宗的先驱者杜顺首先详细描绘了这种境界：

> 境界者，即法明多法互入，犹如帝网天珠，重重无尽之境界也。……然帝释天珠网者，即号因陀罗网也。然此帝网，皆以宝成，以宝明彻，递相影现，涉入重重，于一珠中同时顿现，随一即尔，竟无去来也。今且向西南边取一珠验之，即此一珠能顿现一切珠影，此一珠既尔，余一一皆然。既一一珠一时顿现一切珠，既尔余一一亦然。如是重重无有边际，即此重重无边际珠影，皆在一珠中炳然显现，余皆不妨。此若于一珠中坐著时，即坐著十方重重一切珠也。何以故？一珠中有一切珠，故一切珠中有一珠时，亦即坐一切珠也，一切反此。准以思之。既于一珠中入一切珠，而竟不出此一珠，于一切珠入一珠，而竟不起此一珠。（《华严五教止观》）

① 参见李泽厚《美的历程·盛唐之音》。

杜顺之后，智俨、法藏的解释均与此相同。但法藏为了使人了解“因陀罗网境界”之意，曾设计“取鉴十面，八方安排，上下各一，相去一丈余，面面相对，中安一佛像，然一炬以照之，互影交光，学者因晓刹海涉入无尽之义”（《宋赞宁高僧传三集·法藏传》）。此外，法藏在解说“因陀罗网境界”时，特别强调的是此境界的无穷无尽，他引《华严经》以明此境界为“如来深境界”（《修华严奥旨妄尽还原观》），有一次在说明此境界之深时，竟一下连用11个“无尽”（《华严一乘教义分齐章》第四）。华严宗所说的这个“因陀罗网境界”很明显是一种形象的譬喻，目的是为了说明华严宗所主张的“一即一切”、“一切即一”的思想。一珠中映现一切珠，就是“一即一切”；一切珠中均映现出每一珠，就是“一切即一”。对于华严宗这种思想的分析、评价不在我们这里所研究的范围之内。从美学的角度看，重要的是“因陀罗网境界”所具有的与文艺、审美相关的意义。

的确，华严宗所构想的“因陀罗网境界”是一种很美丽诱人的境界，它集中地表现出在唐代佛教诸宗派中，华严宗是一个很富于艺术与美学色彩的宗派。与上述“圆融无碍”一样，“因陀罗网境界”也在一种宗教思想的形态中，很为准确而集中地反映了唐代文艺的审美追求。我们当然不能说唐代文艺就是有意识地要去表现华严宗所说的“因陀罗网境界”，但它确实又有与此种境界十分类似、一致的地方。首先是很为喜爱、追求一种如“因陀罗网境界”般“互影交光”、光华绚丽的美。其次，它很为喜爱、追求一种同样如“因陀罗网境界”般层层无尽的美。前者十分明显地表现在唐代的绘画、诗歌以至各种有高度艺术价值的手工艺术品的制作中。鲁迅在论到中国画时说：“在唐，可取佛画的灿烂。”①唐代佛画色彩的灿烂远超前代，焕发着美丽动人的光彩。不仅佛画如此，世俗的人物画如《拈花士女图》之类，也同样有着光艳而不流于俗气的色彩。唐画的色彩，较之晋顾恺之的浅着色更为浓重鲜明，较之强调很少几种色彩的对比效果的汉画的色彩更为丰富而多变化，

① 《论“旧形式的采用”》，见《鲁迅全集》第6卷，人民文学出版社1981年版，第23页。

确有“互影交光”之妙。唐玄宗时代李思训首创大着色的青绿山水,其情调气氛很受道教神仙思想的影响,但它对“金碧辉煌”的效果的强调与追求,也近似于“因陀罗网境界”所显示的美。唐代的金银器,常见的“唐三彩”的制作,也同样给人以“互影交光”,灿烂光华的美感,为其他任何时代的工艺品所难及。唐代许多诗人对光色之美的感受与描绘也超越前代。即使在不直接描写色彩的情况下,也能给我们一种色彩缤纷、光影流动的感受。王维、李白、杜甫的诗作中,均可举出许多适例。深受佛教影响的王维最善描写光色之美,但李、杜也同样擅长此道。杜甫描绘山川景物、生活景象、寄寓情怀的许多作品,如《秋兴八首》,或如泼墨重彩的山水画,或如传为展子虔所作的充满春日阳光的欢快的《游春图》。杜甫描写盛唐生活的作品,如《丽人行》之类,更可见唐时崇尚的珠光宝气之美,但又不是俗艳的。

从追求层层无尽的境界来看,如前所说,这是华严宗反复申言的:

……一即摄一切,成其无尽复无尽。以其无尽故,相即复相入,此约用以说。……若就隐映相应,互相显发,重重复重重,成其无尽者,即是因陀罗门摄。(智俨《华严一乘十玄门》)

又此华叶一一尘中,各有无边诸世界海,世界海中,复有微尘,此微尘内,复有世界,如是重重,不可穷尽。非是心思识量境界,如帝释殿,天珠网复,珠即明彻,互相影现,所现之影,还能现影,如是重重,不可穷尽。(法藏《华严经旨归》)

这都是宗教的理论、譬喻,非针对文艺而发。但这种要求境界要重重无尽的思想,却明显给了唐代的文艺与美学以重要影响。如皎然论诗称“缘境不尽曰情”(《诗式》),司空图论诗推崇“象外之象,景外之景”(《与极浦书》),“近而不浮,远而不尽”(《与李生论诗书》),均与华严宗所言“因陀罗网境界”相近、相通。当然,我们知道,梁钟嵘《诗品》论诗已有“味之者无极”的说法,但很难因此说皎然、司空图论诗仅仅是承钟嵘之说而来的。钟嵘尚未明确提出“境”或“境界”之说,而皎然、司空图论诗却是密切与“境”或“境界”相联的。他们又将诗“境”与

“无尽”联系起来,从唐代整个思想文化的背景看,当是受到极为兴盛、显赫的华严宗思想的影响。再从唐代诗歌的许多十分成功的绝句来看,所写的景物虽是细小的,但其“境界”正是“无尽”的。这是唐代诗歌的一大特色、一大成就。宋严羽《沧浪诗话》用禅宗的语言称赞盛唐诗歌,最后归结到“言有尽而意无穷”,其实最重视“无穷”、“无尽”的“境界”者不是禅宗,而是华严宗。严羽所说“言有尽而意无穷”,如以华严宗的语言来说,就是法藏常引用的《华严经》中的话:“狭境界即广境界。”“狭”并不排斥“广”,“有尽”并不排斥“无尽”。“狭”可包容“广”,“有尽”可包容“无尽”。这正是华严宗反复申说的思想。从较高的哲学层次来看,华严宗的这种思想又是与中国哲学、美学不轻视、否定有限,而坚持在有限中达到无限的思想相通、一致的。

对于与美学有密切联系的“心”与“境”的关系问题,华严宗也有重要的论述。法藏所说“六观”中的前三观讲的正是“心”与“境”的关系问题:

> 言六观者,一者,摄境归心真空观。谓三界所有法,唯是一心造,心外更无一法可得,故曰归心。谓一切分别,但由自心,曾无心外境,能与心为缘。何以故?由心不起,外境本空。……以此方知由心现境,由境现心,心不至境,境不入心,常作此观,智慧甚深,故曰摄境归心真空观也。二者,从心现境妙有观。即事不滞于理,随事成差。谓前门中摄相归体,今此门中依体起用,其修万行,庄严极土。又,前门中摄相归体,显出法身,今此门中依体起用,修成极身,故曰从心现境妙有观也。三者,心境秘密圆融观。言心者,谓无碍心,诸佛证之以成法身。境者,谓无碍境,诸佛证之以成净土。谓如来极身,及所依净土,圆融无碍,或身现刹土。……谓前两观,各述一边,今此双融,会通心境,故曰心境秘密圆融观也。(《修华严奥旨妄尽还原观》)

这都是纯粹的宗教理论。但如去除其宗教唯心主义的前提和成佛的解说,从艺术创造的观点去看,那么所谓“摄境归心”、“从心现境”、“心境圆融”就大有值得注意的意义。“摄境归心”非是以“心”取消“境”的存在,达到“真空”,而是将“境”摄之于“心”,化为艺术家审美的感受、体验。“从心现境”非是“修成极身”,而是把艺术家从外境的作用得来的审美的感受、体验化为艺术的境界。“心境圆融”非是“身现刹土”,进入佛境,而是艺术家的“心”与外境及由对外境感受得来的艺境两者的融通合一。此时的“心”确为“无碍心”,“境”确为“无碍境”,但不是在成佛得解脱的意义上说的,而是在达到了审美的自由境界的意义上说的。从别的方面我们还可以看到,唐代美学经常是这样从艺术创造的问题出发去借取、解释佛学的理论,以丰富、深化中国美学的。如司空图认为“思与境偕,乃诗家之所尚者”(《与王驾评诗书》),与上述法藏所言“心境圆融”、“会通心境”有明显的类似、相通处。但一个是就佛教修行而言的,另一个却是就艺术创造而言的。

(原载《东方丛刊》1992 年第 2 辑)

略论唐代佛学与王维诗歌

一

在中国美学与文艺理论中,“文”与“道”、“艺”与“道”向来不能分离。清人刘熙载说得最为直截了当:“艺者,道之形也。”(《艺概》)正因为这样,中国文学不停留在文学的层面上,它总是蕴含着某种义理。从义理来探究中国文学,有其不可忽视的重要性,并且是过去遭到忽视或研究不多,尚待深入研究的重大课题。

中国义理千头万绪,就其根本而言,不外儒、道、佛三大家。在唐诗中,杜甫、李白、王维分别体现了这三大家的义理,并取得了最高的艺术成就。

李白被称为“诗仙”。这不应只从他的诗具有一种挥斥八极的气概和飘逸无羁的风格来看,更根本的是因为它体现了道家(主要是庄子)及源于道家的游仙思想。李诗独有的风格特征是由此而来的,并且只有由此方能得到深刻的说明。

杜甫被称为“诗圣”。这不应只理解为他的诗集前代之大成,为后世之楷模,还要看到杜诗在艺术上最为成功地体现了儒家思想。在这意义上,杜甫也可称作“诗圣”。

李为“诗仙”,杜为“诗圣”,王维则可称为“诗佛”。王维的朋友苑咸早就指出,王维是“当代诗匠,又精禅理”①。后世由禅论王诗者甚多,清人王世祯说:“譬之释氏,王是佛语。”(见刘大勤《诗友诗传续

① 赵殿成:《王右丞集笺注》卷10。

录》)又说:“王、裴辋川绝句,字字入禅。”(王士祯《蚕尾续文》)但称王维为“诗佛”,不只因为他以禅入诗,表现禅理,更重要的是因为他在中国诗史上最为成功地创造出了在儒、道之外的另一种审美境界,即佛家的审美境界。

李为“诗仙”,杜为“诗圣”,王为“诗佛”,各以其不朽之作体现了儒、道、佛三家义理的最高审美境界,形成三足鼎立之势,互映生辉,光照千古。王维在中国诗史上的地位,应当由此确立。古人论诗,大都推尊李、杜,对王诗的价值认识不足。即令极欣赏王诗者,也未能从审美境界的创造上,将王诗提到足以和李、杜并列的地位。这是因为历代思想家大都将佛置于儒、道之后,甚或视为邪道。

二

唐代佛学对文艺与美学产生了极深刻的影响,有力地推动了中国文艺与美学的发展,使之进入了一个新的历史时期。只讲儒、道,忽视佛学,即不能理解中国文艺与美学在唐代所发生的重大变化及其所取得的新成就。

不少文章和著作在论及唐代佛学对唐代文艺的影响时,一般只注意到禅宗(指南派禅宗,下同),而忽视了其他宗派的影响。我在《唐代华严宗与美学》一文中已经指出,唐代华严宗是一种很富艺术意味的佛学宗派,它对盛唐美学精神的形成产生了重大影响。在唐代佛学诸宗派中,对文艺与美学发生了最为直接而重要的影响的宗派是华严宗与禅宗,而不仅仅是禅宗。盛唐美学精神是以华严宗为主导的,到了中晚唐,禅宗才上升至主导地位。至宋,禅宗影响又进一步扩大,但与华严宗相联的美学精神却消失于无形了。就唐代而论,应以华严说盛唐,以禅说中晚唐,并注意两者的联系与转变。王维生活于盛唐,但经历了天宝之乱,所以又具有由盛唐转入中唐的特点,是一个关键性的人物。

王维所受佛教宗派的影响,主要有三:净土宗、华严宗、禅宗。王维吃斋念佛,妻死不再娶,这正是净土宗思想和修行方法的表现。此外他还为描绘净土变的佛画写过序,表示赞美。但从佛学义理来看,对王维影响最深的,先是华严宗,后为禅宗(南派)。王维在29岁左右拜长安大荐福寺华严宗禅师道光为师,“十年座下,俯伏受教”(参见王集《大荐福寺大德道光禅师塔铭》及《荐福寺光师房花药诗序》两文,考证从略)。此后,约在40岁时,于南阳会见慧能最重要的弟子即在北方弘扬南派禅宗最有力的人物神会,讨论南禅北禅的差别问题,后又接受神会之请,写作《能禅师碑》。这是唐代著名文人第一次为南派禅宗的真正创立者慧能写碑,文中还特别提及和表扬了神会,并说神会认为王维“知道,以颂见托”,请他写碑。这表明王维在南北禅的争论中站到了南派一边,接受了南派禅宗思想(以上参见王集《能禅师碑》及《荷泽神会禅师语录》,考证从略)。总的而论,王维在佛学义理上,由华严而南禅,两者有前期和后期之分,但又是兼容的,这对他的诗歌创作有很大影响(详后)。

唐代佛学对文艺的影响表现在两个方面:一是在诗中宣扬、表现佛学的思想境界;二是借佛学的思想来解释诗的创造,建立美学与文艺的理论。这两个方面既可互相联系,彼此一致,也可不相关涉,分头发展。注意对不同情况进行具体分析,对说明唐代佛学对文艺、美学的影响甚为重要。

唐代诗人中,最早自觉而鲜明地以诗来宣扬、表现佛学思想的,是贞观中居于天台山国清寺的僧人寒山、拾得。他们的诗有通俗的优点(这对后来唐诗中以白居易为代表的趋于通俗的写法产生了一定影响),某些诗也还比较生动,并有一些相当大胆、尖刻的愤世疾俗之言。但总的而论,他们的目的是要以诗来说佛理,为佛教作通俗宣传,再加之“气宇不宏而见闻不广”①,所以不免浅俗无味。此外,他们还只是以诗来宣传佛教,没有借佛家义理来解释诗的创造,建立诗论,仅只在少数几首诗中讲了一点对诗的看法,没有多大理论价值。

王维也以诗来宣扬、表现佛教的思想,但已远远超越寒山、拾得。王维诗中有少数几首以诗来说佛理的诗(如《胡居士卧病遗米因赠》等),但无论是对佛理了解的深度还是诗的技巧的应用,都是寒山、拾

① 范希林:《对床夜话》卷5。

得无法相比的。除这几首诗之外,王维大量的诗不是以诗说佛理,而是通过对人生、社会、自然的丰富生动的审美感受的描绘,抒写出他对佛理的深刻体验,真正把佛理化为诗境,并找到了与之契合无间,具有高度艺术性的形式,作出了前无古人的创造。王维也曾发表过个别有关文艺理论的很为精辟的看法,但他并不是一个对探究文艺理论有很大兴趣的人。尽管如此,作为一个在将佛理化为诗境上取得了极高成就的诗人,他的创作又恰好为后来者以佛理探究诗的理论奠定了非常重要的基础。文艺理论的发展不能脱离创作的发展,没有王维诗歌的杰出成就,就不可能有后来皎然、司空图以佛理探讨诗歌理论所取得的重要成就。

皎然的诗论大讲他的先祖谢灵运得"空王之助",在诗歌上达到了极高的水准,其重要意义并不在对谢灵运的评价问题,而在明确地将佛学引入了诗论,借佛学来探讨和建立诗论。这是中国美学发展史上的一个重大转折。它使从梁代刘勰到唐代陈子昂所建立起来的,以儒家思想为基础的"风骨论"转变为主要以禅宗(南派占主导)为基础的"意境论"。"意境"一词,古人或今人都可以对它作出各种不同的解释。但就历史的事实来看,真正的"意境论"是与"风骨论"不同的,主要以禅宗为基础而建立起来的"意境论",它产生于唐代佛学化了的诗学。皎然强烈批评卢藏用过高地评价陈子昂,反对一味推崇"汉魏风骨",就是中国美学从"风骨论"向"意境论"转变的表现。"风骨论"强调儒家人格、义理和情感的表现,理性成分很重;"意境论"则强调诗人对形象的直觉,及与直觉相联的诗人内心情趣意绪的表现,与西方克罗齐(Benedetto Croce)的理论有类似之处。它使中国美学有了重大的变化与发展,其理论的实质与意义应另行加以阐发,此从略。需要指出的是,皎然建立他的诗论,主要不是依靠对他所称颂的谢灵运诗歌的研究,而是对王维及与之风格相近的唐代诗人的研究。

晚唐司空图的诗论没有皎然诗论那么系统,但他第一个最为明确地推崇王维的诗歌,并且对王维的艺术精神有极为深刻的理解。他在《与李生论诗书》、《与王驾评诗书》、《与极浦书》中所提出的"韵外之致"、"味外之旨"、"思与境偕"、"象外之象,景外之景"等说法,比皎然的看来甚为详尽的诗论，更精练而深刻地概括了王维所创造的佛学的诗境的特征。《二十四诗品》一向被认为是司空图所作，近来有人提出是明人伪作，但还存在不少疑问，尚待慎重加以考索。即令确为伪作，此书也是对王维所创造的佛学的诗境的极好阐发。

宋代严羽"以禅喻诗"，但他并不信禅，也不重视诗对禅理的表现。他只是要借禅理来说明他对诗所应有的艺术特征的理解，所以他又认为他以禅为喻所得出的说法适用于他最为推崇的盛唐所有的大诗人。但在盛唐诗人中，他最推崇的并不是王维，而是李、杜。严羽在唐代之后，继续发展了唐代与禅宗相联的诗学与美学，有其重要的贡献。但他对唐代佛学和与之相关的唐代诗学缺乏真正深入的了解。如果他有深入的了解的话，那么为了说明他所推崇的盛唐诗风，最贴切的还不是他从禅宗借用的语言，而是华严宗常用的语言，如"曦光流采"、"舒卷自在"、"重重无尽"、"圆融无碍"等。但这样去要求严羽是没有意义的，因为他以禅喻诗，推尊盛唐，只是为了克服宋诗所存在的"以文字为诗，以才学为诗，以议论为诗"的弊端。再加上华严宗语言最能贴切说明的盛唐诗风已不可能再见于宋代，因此这种说明是不可能进入严羽的视野的。

清代的王士祯不但肯定严羽以禅喻诗的合理性，而且大力推崇王维诗歌，对王诗的特色有颇为深刻的见解。然而，他也和严羽一样，认为由禅得来的诗的见解，不只适用于王维，而且可以适用于所有写出了成功的诗作的诗人，不论他们的诗是否与禅的思想境界有关。这种看法，忽视了王维所创造的佛学的诗境与李、杜等人不同的贡献，当然也认识不到在诗境的创造上，王是可以和李、杜并列而三的。

三

由于中国美学认为"艺者，道之形也"，因此中国文艺所达到的审美境界，既不脱离"形而下"的"器"，同时又有一种"形而上"的超越性。这是中国文艺不同于西方文艺的一大特征（参见拙作《东方美学的历史背景与哲学根基》①,此不详论)。

这种超越性,从儒、道、佛三家美学来看,各有不同。儒家的超越,是通过"仁"的实现达到人与我、人与自然的高度统一,亦即达到《易传》所说的"大和"境界。道家所说的超越,是通过"心斋"、"坐忘",去除对一切利害得失的考虑,与自然无为的"道"合一,达到一种纯任自然、超越功利的绝对自由的境界。但在佛家看来,儒、道都把自然和社会看作是外部实有的存在,因此也就无从消除对是非得失的种种考虑,仍然会有痛苦,不是真正的超越。只有如佛家所说,把外部世界的一切事物看作既是"有",又是由"心"所生的,如"镜花水月"般的"影象"、"幻象",泯灭真实与虚幻的差别,不加思议,方能达到彻底的解脱与自由。如仅就心灵的解脱而论,佛家的超越可说是一种最高的超越,以至宋代理学家程伊川也说庄子比不上佛家,"佛说直有高妙处,庄周气象大都浅近"②。

佛家的这种超越法看到了人世生活的有限性。一切是非得失的追求,那怕是丰功伟绩的建立,都会成为过去,都要消失,最后归于"空",归于"寂灭",所以本质上都不过是一种虚幻的存在。这种思想既有其消极有害的方面,同时又可使人不执著于有限的得失成败,不把本是有限的事物看作是至高无上、不可超越的绝对、永恒,而涵养一种超越有限的宽阔自由的心境。

这样一种心境或审美的境界在文艺上的达到,最重要的就是成功地呈现出一种绝言绝虑的"空"、"静"之境。慧能说:"若于一切处而不住相,彼相中不生爱憎,亦无取舍,不念利益成坏等事,安闲恬静,虚融淡泊,此名一相三昧。"(《坛经》)这是在讲禅宗思想,同时也可看作是在讲佛家在审美上所要达到的最高境界,其根本特色就是"安闲恬静,虚融淡泊"。宋代苏轼在《送参寥师》一诗中说:"欲令诗语妙,无厌空且静。静故了群动,空故纳万境。"这也很能得佛家审美境界的精髓。而在古今诗人中,王维正是最善于表现这种"空且静"的境界的。这样

① 《文艺研究》1989年第1期。

② 《二程语录》卷17。

的好诗在王维的诗中甚多。作为一个实例,这里只将王维的《鸟鸣涧》一诗与苏轼的词《卜算子·缺月挂疏桐》作一比较。王诗说:“人闲桂花落,夜静春山空。月出惊山鸟,时鸣春涧中。”此诗与苏词都写了夜静中被月惊起的鸟,写了月夜自然景色之美。但王诗真正达到了“空且静”,使我们被诗呈现出来的美丽境界所吸引,进入一种万念俱息的超越性的感受,人世的一切纷争烦恼都显得是渺小而不值一顾的了。苏轼虽然很懂得“不厌空且静”的道理,但他的这首词却难以和王诗相比。词中描写那有如“幽人”而被月亮惊起的孤鸿飞来飞去,但却“拣尽寒枝不肯栖”。整个而言,虽然也很有禅意,但表达的还是文人不得志的牢骚,远没有达到前引慧能语所说“不生爱憎,亦无取舍,不念利益成坏等事”的“安闲恬静,虚融淡泊”的境界,在审美超越的高度上,当然也就不及王诗。如果我们再把王诗中其他许多都达到了“空且静”的境界的作品与李、杜的诗相比,虽然我们也欣赏李、杜的许多杰作,但却难于给我们以王诗所特有的那种高度的审美超越的感受了。其中也有写到“静”的不少好诗,但却不“空”,缺少王诗“空且静”的无尽意味。

对“空且静”的追求是佛学审美境界的重大特色,但主要是与禅宗相联的。华严宗虽然也与禅宗一样认为世界是由“心”所生的空幻的存在,但它很为强调“空不绝有”,认为世界虽如幻影,但仍然充满光、色、香、味,是非常生动美丽的。所以,王维在为华严宗禅师道光的《药花诗》所写的序中讲到“以众花为佛事”,说道光很会种花,所种的花“群艳耀目,众香同风”。禅宗则不同,它认为那如幻影般的世界是冷寂凄清的,在思想上不取华严宗所赞颂的光艳美丽。所以,王维在《能禅师碑》中讲到“林是旃檀,更无杂树;花惟薝蔔,不嗅余香”。这与华严宗“以众花为佛事”,显然大异其趣。王维由于如前已指出,兼有华严宗与禅宗思想,所以在他的诗中,既有“泉声咽危石,日色冷青松”(《过香积寺》)这样明显带有禅宗冷寂凄清之感的诗句,也有更多的诗,在“空且静”中仍然显出清新明丽的色相和生机。这是王维所创造的佛家审美境界的一个重要特色,表明他究竟是受过华严宗长期影响的盛唐诗人,不像中晚唐不少表现禅境的诗人那样,一味追求冷寂凄清的意味。

苏轼说:“味摩诘之诗,诗中有画;观摩诘之画,画中有诗。”①这成为历代不断被引用的名言,但尚有可商讨及进一步阐发的地方。王维的许多诗句看起来就是一个非常生动巧妙的画面,这当然和他既是诗人又是画家有关。但用诗句描绘出一个画面和用纸墨、颜色描绘出一个画面是不同的。历代不乏既能画又能诗的文人,但他们写的诗却达不到王维“诗中有画”的水平。相反,许多诗人,包括李、杜在内,根本不能画,但他们的某些诗句也能构成一个很好的画面。可见,诗与画虽可互相影响,但又不同。王维“诗中有画”,除了他能画之外,与他对刘勰《文心雕龙·诠赋》所说“写物图貌,蔚似雕画”的赋及前代善写景物的诗人的描绘技巧的学习分不开。但他之所以描绘得如此成功,如司空图所说的“近而不浮,远而不尽”,有“象外之象,景外之景”,这又与佛学对他的影响与启示分不开。华严宗认为,世界虽为“空”,但又“万象宛然”。而且,“心如工画师”。如“妄尽心澄,万象齐观”,就如“海水澄清,无象不显”。此外,华严宗所说之“象”,还具有前已说过的“曦光流采”、“舒卷自在”、“重重无尽”、“圆融无碍”的特点。从王维诗高度重视景物的描绘及他的描绘的特点来看,与华严宗上述种种说法有明显相合之处。这种描绘,既与王维对赋及前代诗人的描绘技巧的学习相关,又因深受佛学影响而不同于赋和前代诗人的描绘。它具有了王维自己的全新的特色,融入了佛家对形象的直觉与观照,成为一种既十分真切、又具有高度审美超越性的描绘,不同于一般但求细致逼真的“形似之言”了。景物的描绘与佛境的体现完全合一。因此,王维“诗中有画”的“画”,是具有佛学意味的画(就其中晚期的多数作品而言),不同于一般的画。

(本文是为1996年在台湾大学举行的“中国文学的多层面探讨国际学术会议”提交的论文,原载同年由台湾大学中国文学系出版的论文集,收入本书时略有改动)

---

① 《东坡题跋》下,《书摩诘蓝田烟雨图》。

倪瓒的美学思想

在“元四大家”中，只有黄公望专门写了一篇论山水画的著作《山水诀》。其余三家，即王蒙、倪瓒、吴镇没有专门著作，仅在诗文、画跋中偶尔论及绘画。其中，又以倪瓒的言论为最多，影响也最大，并远远超过黄公望的《山水诀》，在中国美学史上占有不可忽视的重要地位。其所以如此，是因为《山水诀》主要是讲山水画的技巧问题的，而倪瓒的看来是片段、零碎的言论，却包含了融合儒、道、禅三家美学的重要思想，鲜明地体现了中国后期封建社会美学发展的趋向。

倪瓒美学思想的特征

我在 1983 年所写的、后收入拙作《美学与哲学》的《中国古典美学概观》一文中曾指出：“自宋代以来，中国美学的发展，明显地呈现出一种儒、道、禅三家合流的趋势。元代的倪云林曾说过一句很有意思的话：‘据于儒，依于老，逃于禅。’这恰好可以用来概括宋代以来中国美学发展的大致情况。”

倪瓒的话，见于《良常张先生像赞》：

> 诵诗读书，佩先师之格言。登山临水，得旷士之乐全。非仕非隐，其几其天。云不雨而常润，玉虽工而匪镌。其据于儒，依于老，逃于禅者欤？

类似的说法又见于《立菴像赞》，但措词有所不同：

> 貌寝而骨立,色皾而肉腴,斯遁世之士,列仙之臞,随时以守其分,纵独以乐其迁。寓乎外,或颓然净名方丈之室,或悠然庄周冥漠之区;及其探乎中,则身处仁,行蹈义,师慕乎圣哲而弗殊。玄冠野服,萧散迂徐,是殆所谓逃于禅,游于老,而据于儒者乎?(以上引文均见《清闷阁集》卷9,收《常州先哲遗书》,光绪乙未刻本。下引倪瓒诗文均据此书,只注明卷数)进去

倪瓒的说法很为贴切地说出了元代天下大乱,混迹于渔夫野叟,漂泊于五湖三泖之间许多文人儒者(大部分是出身素族的"布衣")的思想感情和心理状态。他们原先的家庭秉承宋代理学传统,因此他们自幼就受着儒学的教育,是笃信儒学的。但随着宋朝的灭亡,先是外族的入侵与统治,之后又是大规模的、此起彼伏的农民起义,使这些文人儒者的地位急剧下降,并在战乱中四处流亡求生。攻读诗书,"学而优则仕"的理想破灭了,于是只好到道家和禅宗思想中去寻求精神慰藉,但多数人又仍然执著于儒家理想不愿放弃。因此,一方面在内心里依旧坚守着儒家仁义之道,另一方面在生活上又是"黄冠野服,萧散迂徐","或颓然净名方丈之室,或悠然庄周冥漠之区"。儒、道、禅三家思想兼而有之,互通无碍,是元代许多文人思想的特征。只不过就不同的人来说,三者的比例分量、主次关系有所不同罢了。例如,黄公望是当时道教(全真教,即新道教)中的重要人物,道家思想在他的思想中占有重要地位。道教虽不同于道家,但又是以道家思想为其理论基础的。元代道教即全真教大为流行,不少文人都信全真教。这在很大程度上是为了谋生的需要。就思想而论,多数人所重视和倾心的仍是道家的思想,不是世俗所信仰的道教本身。

从倪瓒的诗中可以十分清楚地看出,他是儒、道、禅三家思想都有,而又以儒家思想为主导的。这是全面理解倪瓒美学思想和他的绘画的关键。他在《良常张先生像赞》中所说"据于儒,依于老,逃于禅",完全适合于他自己。但这又与他在《立菴像赞》中所说"逃于禅,游于老,而据于儒"有所不同,因为后者是以禅为先、为主导的。大致而论,自唐末五代禅宗大为流行以来,我们可以看到两种不同类型的画家,一种是

以禅为主而吸收道、儒的,另一种是以儒为主而吸收道、禅的。前者多为画僧(至明末清初的八大山人、石涛也是如此),后者多为一般所说的文人画家。但这只是就大致的情况而论,也有身为画僧而儒家思想甚为浓厚的(如清代的渐江),或身为文人画家而禅宗思想很为突出的(如明末的董其昌)。

以下,我们就从儒、道、禅三个方面来分析一下倪瓒的美学思想,然后再综合起来作一些说明。

“据于儒”

倪瓒在自叙生平的《述怀》(卷2)一诗中说:

> 嗟余幼失怙,教养自大兄。厉志务为学,守义思居贞。闭户读书史,出门求友生。

由此可见,倪瓒自幼即笃志于儒学。他后来虽然又习道参禅,但终其一生均坚持儒家思想,没有成为道士或僧人。在他的诗中,有许多直接肯定、称颂儒家思想的诗。如《和拙逸先生闲居赋》(卷2)、《两义士行》(卷4)称颂儒家“养吾浩然之气”和重义的思想,《姚节妇诗》(卷4)赞美姚妇的节烈,死得所安。但说得最集中,又很能代表倪瓒儒家思想的是《赠陆有恒》一诗(卷2):

> 学行美德业,孝弟为本根。朝益以暮习,夏清而冬温。无逸勤稼穑,幹蛊持户门。勿为习俗流,必念古义敦。谨身尚节俭,从善报兰荪。尧舜虽有子,朱均乃淫昏。瞽鲧何顽凶,子也大圣尊。莲固生淤泥,木可为牺樽。简编虫蟫出,各有至理存。惟人异禽兽,暴弃湮其源。惟学必由本,根深见枝蕃。于何绣鞶悦,外饰奚足论。安宅正路间,尔居行尔辕。斯道迩且易,至乐不可谖。

这是一个出身素族的布衣之士所具有的典型的儒家思想。但在元代那个动乱黑暗的时代，倪瓒仍真诚地坚持着这种思想，不免被人指为“迂”了。

倪瓒是著名的大画家，也是元代一个颇有名气的诗人。他的儒家思想很明显地表现在他对诗的看法上。在《拙逸斋诗稿序》(卷10)中，他说：

> 三百五篇诗删治出乎圣人之手，后人虽不闻丝竹咏歌之音，焕乎六义四始之有成说，后人得以因辞以求其志。至其风雅之变，发乎情亦未尝不止于礼义也。《诗》既久而变为骚、为五言、为七言杂体，去古益以远矣。其于六义之旨，固在也。屈子之于骚，观其过于忠君爱国之诚，其辞缱绻恻怛，有不能自已者，岂偶然哉！五言若陶靖节、韦苏州之冲淡和平，得性情之正。杜少陵之因事兴怀，忠义激烈，是皆得三百篇之遗意也。……周正道甫生当明时，侨寓吴下，求友从师，不惮千里。其学本之以忠信孝友而滋之以诗书六艺。……词若浅易，而寄兴深远。虽志浮识浅之士，读之莫不有恻怛羞恶是非之心，仁义油然而作也。夫子曰：“诗可以兴，可以观，可以群，可以怨。”又曰：“《诗》三百篇，一言以蔽之，曰思无邪。”若夫闻之者善足训，不善足以省。今之为诗者虽异乎古之诗，言苟合义，闻者有以感发而兴起，与古人何间焉。

这是十分正统的儒家美学。但就在此文的开头，倪瓒提出“诗必有谓而不徒作吟咏，得乎性情之正，斯为善矣。然忌矜持，不勉而自中，不为沿袭盗剽之言，尤恶夫艰深而意浅近也”。文中又反对“流连光景，岁锻月炼而为缛丽夸大之词”，称许“不为缛丽之词，不为镂刻之工，词若浅易而寄兴深远”。这是一个重要的观点。虽然前人早已说过，但倪瓒作了进一步的发挥，并且不只体现于他所作的诗，而且还十分成功地体现于他所作的画。后世盛赞倪瓒的画有难以企及的“天真幽淡”的风格、情味，其中的“天真”正是来自倪瓒强烈主张文艺对情感的表现应是高度真挚自然而毫无虚假与做作的，同时又要“寄兴深远”，不是浮浅的。倪瓒的这种思想，既来自儒家美学所说的“发乎情”、“修辞立其诚”,同时又与道家庄子“法天贵真”的思想结合起来了。

倪瓒在《秋水轩诗序》(卷10)讲到“风雅之音虽已久亡,而感发怨慕之情,比兴美刺之义则无时而不在也”。但真正成功的诗,应当是“读之悠然深远,有舒平和畅之气。虽触事感怀,不为迫切愤激之语。如风行波生,焕然成文,蓬然起于太空,寂然而遂止,自成天籁之音,可为尚矣”。在《樵海诗集小引》(卷10)中,他又讲到“古人有言,诗贵眼前句,又曰诗忌矜持”,主张“一言一字皆任其真而不乖其守”,认为“无病而呻吟,矫饰而无节,又诗人之大病”。这些说法都仍然明显坚持着儒家美学,但同时又已通于道家美学。因为倪瓒的反“矜持”,反“无病而呻吟”,主张“任其真而不乖其守”,以“自成天籁之音”为诗的最高理想,都可与庄子美学崇尚自然、“法天贵真”的思想相通、一致。下面我们还要专门论述倪瓒的道家思想,但从这里已可看出,倪瓒的美学思想确实是“据于儒,依于老”的。“老”实泛指道家,又与元代流行的道教相关,但无疑应包含庄子在内。特别是就文艺、美学而论,如我在拙作《中国美学史》第1卷中指出过的,庄比老更为重要。

以上所说是倪瓒对于诗的看法,但也完全可以适用于他的绘画理论与创作。极大地发展了诗和书法与绘画的关系,是元代绘画的一大特点,也是一大贡献。画家而兼诗人的倪瓒实际是把画当作“无声诗”来看待的。他在《写松江山色并诗赠俊秀才》一诗(卷4)中说:“三月五日天气清,为尔咏出无声诗。”在《画竹赠申彦学》(卷7)中又说:“写出无声断肠句,鹧鸪啼处竹苍苍。”倪瓒论诗完全可以通于他的论画。在绘画上,他同样是反矜持、尚自然的。他的一位朋友张外史,“素不善画,醉墨戏写张洞奇石,颇一种逸韵”,倪瓒看后“走笔为赋”说:“书画不论工与拙,颜公米帖岂图传。君看外史写奇石,醉墨依稀似米颠。”(卷6)这就是倪瓒论诗时所说全无“矜持”,“不勉而中”的意思,也就是《庄子·达生》中讲到“梓庆削木为鐻”时所说要不怀“庆赏爵禄”、“非誉巧拙”,纯任自然,方能有神妙作品产生的意思。

倪瓒论诗秉承儒家思想,推崇儒家以仁义为本的“诗教”,但在他所处的那个动乱艰难的时代,这又只是他仍然坚持着的一种理想,在实际上是极难实现的。正因为这样,他一方面不放弃儒家“诗教”,赞美有功教化的诗，另一方面又在《谢仲野诗序》（卷 10）中推崇“冲淡萧散”、“幽深闲远”之作：

> 诗亡而为骚，至汉为五言，吟咏得性情之正者，其惟渊明乎？韦、柳冲淡萧散，皆得陶之旨趣，下此则王摩诘矣。何则？富丽穷苦之词易工，幽深闲远之语难造，至若李、杜、韩、苏，固已烜赫焜煌，出入今古，踰前而绝后。校其情性有正始之遗风，则间然矣。延陵谢君仲野，居乱世而有怡愉之色，隐居教授以乐其志。家无瓶粟，歌诗不为愁苦无聊之言，染翰吐词，必以陶、韦为准则。已酉春，携所赋诗百首示余于空谷无足音之地。余为讽咏永日，饭瓦釜之粥糜，曝茅檐之初日，怡然不知有甲兵之尘，形骸之累也。余疑仲野为有道者非欤？其得于义熙者多矣。

这与前引《拙逸斋诗稿序》中的看法比较起来，似乎是大异其旨了。实际上，这仍是同一个倪瓒思想的不同侧面。前引文中也曾讲到“陶靖节、韦苏州之冲淡和平，得性情之正”，此文虽倡“冲淡萧散”、“幽深闲远”，并很明确地推尊“正始之遗风”即魏晋玄学的境界，但也仍然赞赏儒者“安贫乐道”的精神。不过，儒家“诗教”之说却不讲了。这是有其很深的苦衷的，因为在《拙逸斋诗稿序》中倪瓒已说过：“兵兴三十余年，生民之涂炭，士君子之流离困苦，有不可胜言者。循至正十五年丁酉，高邮张氏来据吴，人心惶惶，日以困悴。”在这种情况下，倪瓒赞赏有玄学意境的诗，而且说“讽咏永日”，“怡然不知有甲兵之尘，形骸之累也”，是不难理解的。由此我们又可看到，“据于儒”的倪瓒，不仅“依于老”，而且还要“逃于禅”了。“禅”虽不同于玄学，但在追求“幽深闲远”上是可相通、一致的。倪瓒的禅宗思想与道家、玄学有明显的联系，这点下面再谈。

上述倪瓒对诗的看法也同样可以通于他的画。倪瓒在《答张仲藻书》（卷 10）中提出：“仆之所谓画者，不过逸笔草草，不求形似，聊以自娱耳。”这“自娱”，也就是如他所说读谢仲野诗“怡然不知有甲兵之尘，形骸之累”的意思，并且也是由“据于儒，依于老”再进一步“逃于禅”的表现。明董其昌说“以画为寄,以画为乐”,“寄乐于画,自黄公望始开此门庭耳”(《画旨》)。实际上,仅就元代而论,倪瓒更可以说是明确地主张“寄乐于画”。他在《题画赠九成》一诗(卷1)的序中说:“欧阳公每云笔砚精良,人生一乐。书画同理,余亦云焉。”倪瓒在对诗的看法上,一方面很坚持儒家“诗教”说,另一方面又认为诗有怡愉情性,使人超脱世事形骸之累的作用。而在对绘画的看法上,他又只讲画有可以“自娱”的作用,没有像古之曹植以至唐代张彦远那样大讲画的“成人伦,助教化”作用。这当然又是因为在倪瓒生活的时代,连诗的教化作用也很难实现,更不必说画了。他的以画“自娱”说,或者如董其昌所言“寄乐于画”,有的论者以为忽视了绘画的重大社会作用。其实,它有着冲破儒家伦理教化束缚,充分发挥绘画的审美功能,并使之与个体情感的自由抒发联系起来的积极意义,对元以后绘画的发展产生了很大的影响。而且,如果不把绘画的重大社会作用仅仅理解为儒家所言教化作用,那么倪瓒所说怡愉人的情性同样是绘画的一种不可轻视的社会作用。但倪瓒究竟又是“据于儒”的,所以他虽不讲绘画有教化作用,但就是在讲到画竹时,也还是以竹作为“穷则独善其身”的儒者道德精神的象征来看待。他在《写墨竹赠顾友善》一诗(卷2)中称顾为“澡身洁行读书史,思友天下之善士”的“隐君子”,并以画竹来写他的人格,诗中说“绿竹猗猗蔚材美,独立不惧群不倚。长吟挥毫为君起,写其形模惟肖似,谅哉直清可以比”。

“依于老”

倪瓒自幼习儒,终其一生都是一个儒者。但从他的诗来看,32岁时,他又于其友玄中真师在无锡所立玄文馆中“研道”,并写了《玄文馆读书》一诗(卷1),叙述了他“研道”的所得与体验。这种体验,从诗中所说“脱屣荣利区”,“潜心观道妙”,“怀澄神自怡,意惬理无遗。谁云黄唐远,泊然天地初”,“愿从逍遥游”等语,以及该诗序中所说“游心澹泊”,“形忘道接,悠然自得”来看,实际是对道家,特别是庄子所追求的人生境界的体验,无一语及于道教的教义、理论。除此诗外,倪瓒又曾写了《赠康素子》一诗(卷4)。《四部丛刊》本《倪云林先生诗集》题为《康素子杂言一首》,相当集中地讲到了他对道教、道家的看法:

道德五千言,玄之而又玄。谷神不死曰玄牝,用之不动以绵绵。太原道士康素子,口讲此书手画指。犹龙之后有蒙庄,迥薄宇宙有根柢。胡蝶栩栩观物化,濠鱼洋洋乐何似。壶丘弟子御风游,游而有待曷足恃。尻轮神马鸿濛外,恍惚杳冥随所止。化人之居邻太清,十二重楼临五城。千劫谓如一食顷,不起于座空飞行。王乔鹤上吹玉笙,食枣东海安期生。云车霓軿到平地,渴饮悬河又为倾。大茅登云二弟迎,紫虚引和传玉经。杨曦以受许长史,玉斧清映道初成。贞白子微如日炯,千岩万壑春冥冥。葛玄祭炼匡庐顶,渊雷一声眠鹤醒。道陵章奏阳平治,子孙绳绳祖武继。重阳晚出金未裔,全真尔名钦世世。仰瞻在昔老庄列,近比肝胆远胡越。要知道不出智勇,疾似秋空鹰一撇。素乎素乎,尔邻乎道德而不孤。凡夫皆具仙真体,一扇仁风病即苏。

此诗相当详细地讲述了道教神仙故事及道教传授的历史,并且明确称许了元代的新道教——全真教,说明倪瓒的确对道教作过一番研究。但通观全诗,倪瓒所特别倾心的仍是庄周"胡蝶栩栩观物化,濠鱼洋洋乐何似。壶丘弟子御风游,游而有待曷足恃"的自由逍遥境界。诗中在讲述道教的历史之后,又说"仰瞻在昔老庄列,近比肝胆远胡越",明确指出道教与道家有关但又不能混同。由倪瓒对庄周赞赏的叙述来看,倪瓒更为重视的不是道教,而是道家。诗末又讲到"要知道不出智勇","凡夫皆具仙真体,一扇仁风病即苏",这又回到了儒家所倡导的智、仁、勇三德,认为只有儒学方能救世,表现了倪瓒虽"依于老",但又"据于儒"的基本立场。通观倪瓒全部诗文,他虽"依于老",但不见有主张学习道教炼丹成仙求长生的文字,他本人也不曾从事炼丹之类的活动。既然"凡夫皆具仙真体,一扇仁风病即苏",又何需炼丹求成仙呢?在实质上,倪瓒的"依于老"是依于庄子摆脱人世纷扰,逍遥无为的自由境界,以求得精神的解脱。同时,他的"依于老"又是不离"据于儒”的。

从美学上看,庄子对倪瓒的重大影响,就是我们在上面已经说过的反“矜持”,主张“不勉而自中”,亦即庄子所说的任自然,“法天贵真”。但是,倪瓒是“据于儒”的,因此他又不取庄子特有的那种大胆反抗批判的精神和“与天地并生,与万物为一”的闳大气魄与力量,主张诗应有“舒平和畅之气”,“不为迫切愤激之语”。我们可以说倪瓒是基于儒者平和仁爱之心去吸取庄子“法天贵真”的思想,这很不同于也深受庄子影响的李白,缺乏李白那种来自庄子的桀骜不驯的气慨。但倪瓒把儒者的平和仁爱之心与庄子的“法天贵真”的思想很好地结合起来了,这又正是他的一大贡献。这点下面还要论及。

庄子思想及美学对倪瓒的影响又一重要表现,是十分重视庄子所说的“玄解”,但这又是与倪瓒的禅宗思想结合在一起的,不单纯是庄子的思想。下面我们就来分析一下倪瓒的禅宗思想。

“逃于禅”

倪瓒至迟是从 32 岁开始学道、“研道”,50 岁之后又参禅。他在《送盛高霞》一诗(卷 4)中说:“嗟余百岁强过半,欲借玄窗静学禅。”

倪瓒诗中言及他的禅宗思想的作品不少,现略举数首如下:

> 佛生七佛后,乃知青出蓝。寒月留孤光,世人结指谈。嗟余堕狙网,朝暮逐四三。悲叹明镜尘,何由息禅龛。(《次柯博士壁题韵》,卷 2)
>
> 此身已悟幻泡影,净性元如日月明。衣里系珠非外得,波间有筏要人登。狂驰尚无安心法,玄解宁为缚律僧。曲几蒲团无病恼,松萝垂户绿鬅鬙。(《寓实性源禅房,为写竹梢,因赋三首》,卷 5)
>
> 顺逆推移莫爱嗔,白云终不染缁尘。世情如火心如水,屋里须教有主人。(《江渚茅屋杂兴四首》,卷 8)

以上各诗非常明确地说出了倪瓒深受禅宗思想影响,但最能见出这种影响的实质的，仍要数《义兴异梦篇》一诗（卷1）：

辛卯之岁，寅月壬戌。我寝未兴，户阖于室。爰梦鬼物，黯淡惨慓。或禽而角，或兽而豝。夔足骏奔，豕形人立。往来离合，飞搏跳掷。纷攘千态，怪技百出。予兹泊然，抱冲守一。廓如太虚，云敛无迹。晨鸡既鸣，冠栉斯毕。步庭而咏，已化奚恤。春风惟振，亮月在席。凋瘁何损，荣华匪益。独以圆悟，境无顺逆。愚夫说梦，转堕迷惑。滔滔天下，病者良极。傒我大雄，振此群溺。

诗中描写了倪瓒于梦中见到各种"黯淡惨慓"的"鬼物"，"往来离合，飞搏跳掷。纷攘千态，怪技百出"，可谓群魔乱舞。这实际是倪瓒所生活的那个艰难黑暗时代，各种恶势力和为他所憎恶的人物在他心中的反映。但倪瓒"抱冲守一"，不为这些鬼物所动所惧，鬼物终自敛迹消去，梦醒天明后仍是"春风惟振，亮月在席"。接着又讲到佛家所言"独以圆悟，境无顺逆"之理。这也就是禅宗四祖大医禅师所说："境缘无好丑，好丑起于心。心若不强名，妄情从何起？"（《五灯会元》卷2）也是对元代禅宗有很大影响的黄檗禅师所说"但令心空境自空，但令理寂事自寂"之意（《传法心要》）。但倪瓒又是"据于儒"的，他之信禅宗，是要以禅宗的"净性"、"空心"之说来抗御他生活的那个魔怪乱舞的世界，以求得心灵的解脱，并不真要入空门，做禅僧。他的另一诗《人我二首》（卷8）很清楚地说出了《义兴异梦篇》的思想：

醉中了了梦中醒，好语狂言不用听。莫起黑风飘鬼国，长教明月照中庭。

这里的"长教明月照中庭"或前引诗所说"春风惟振，亮月在席"，都是要借助禅宗思想，在心灵上战胜各种妖魔鬼怪，保持儒者所言的一种平和怡然的心境，非以成佛为指归。前引诗末尾说"傒我大雄，振此群溺"，表现了欲以佛家救世的思想。但历来儒者之接受佛家思想，均以为它是可与儒家仁爱相辅而行的，倪瓒亦然。他在《蟏蛸》一诗（卷2）

中曾讲到天常有“灾异”，人民难存活，但“人君修德灾可弭”。所以诗中又说：“方今滔滔天下垫，锋镝四起群豪杰。孰能拯乱以为治，嗜仁而不虐。吁嗟斯民命矣夫，荼毒残伤亦何辜”。这和倪瓒所言“傒我大雄，振此群溺”，是并行不悖的。倪瓒以儒者的仁爱之心来吸取禅宗思想，同时也以禅宗来求得精神的解脱，抒发人生感慨。这是倪瓒禅宗思想的实质特征。在基本的思想上，他仍立足于儒家，而不像其他某些文人那样沉溺于禅宗。这也就是说，倪瓒是“逃于禅”，而非弃儒以从禅。

但从美学上看，禅宗思想对倪瓒的影响是很大的。这首先表现在倪瓒以和禅宗有密切关系的“玄解”的思想来解释绘画。他在前引《寓实性源禅房，为写竹梢，因赋三首》中说：“狂驰尚无安心法，玄解宁为缚律僧。”在《至正已己五月三日过开元精舍》一诗（卷2）中又说：“初心了玄解，自不为律缚。”可见倪瓒是主张“玄解”而“不为律缚”的，这正是禅宗（南宗）的思想。“玄解”在倪瓒美学思想中占有重要地位，在说明他以“玄解”来解释绘画之前，先要对“玄解”一词作一点考证。

《庄子·养生主》中说过：“古者谓是帝之县解。”此处的“县”即是“悬”，又可通于“玄”。但按庄文，此“县”不能释为玄妙之“玄”，仍是作悬挂解的“县”。尽管如此，主张“玄解”亦即一种玄妙难以言传的领悟、理解，正是出自道家。《老子》提出“玄之又玄，众妙之门”，将“玄”与“妙”相联。《庄子》说庖丁解牛，“以神遇而不以目视，官知止而神欲行”（《养生主》），“工倕旋而盖规矩，指与物化而不以心稽”（《达生》），以及“道不可言”（《知北游》），“得意而忘言”（《外物》），等等，都是“玄解”的表现。但“玄解”一词最初见于何书，待考。也许魏晋南朝的佛学、玄学著作中已见。刘勰《文心雕龙·神思》使用了这个词。文中讲到文学的创作过程时说：“使玄解之宰，寻声律而定墨；独照之匠，窥意象而运斤。”此处“运斤”的典故出自《庄子·徐无鬼》。如前所说，“玄解”的思想《庄子》也已有之，而且很可能刘勰就是据前引《庄子·养生主》中“古者谓是帝之县解”一语而使用“玄解”一词的。但刘勰又精通佛理，他将“玄解”与下文的“独照”相对，“独照”明显是来自佛学的用语，“玄解”也自含有佛学的意义。实际上，魏晋南朝佛学大受玄学影响，而玄学又是由道家发展而来的。至唐，禅宗的产生，我曾在别的文章中说过，是印度佛学“心生万法”的思想同中国道家（特别是庄子）思想的结合、融会。由于玄学与道家有密切关系，晋代玄学也早已渗入佛学之中，因此禅宗当然也与玄学的思想有密切联系。由唐至宋、元，禅宗诸宗派常用“玄”的观念来说明禅宗的思想、境界。这里不一一罗列，只讲一下其中最重“玄”的著名禅师玄觉的思想。他在《禅宗永嘉集·优毕叉颂第六》中讲到“观心十门”时，以“妙契玄源”为第十门。要“妙契玄源”，自然需要有“玄解”。在讲到第一门即“言其法尔”时又说：“境智冥合，解脱之机随应；非纵非横，圆伊之道玄会。”这里的“玄会”从学禅者说，也就是“玄解”。倪瓒说“初心了玄解，自不为律缚”，又曾说“独以圆悟，境无顺逆”，从禅宗的思想看来，此“圆悟”、“玄解”正是玄觉禅师所说“境智冥合，解脱之机随应；非纵非横，圆伊之道玄会”。正因为能得“玄会”亦即“玄解”，“境智冥合”，“非纵非横”，纵横无碍，所以才“自不为律缚”。如大珠禅师所说：“解道者行住坐卧，无非是道；悟法者纵横自在，无非是法。”（《大珠禅师语录》卷下）

明白了“玄解”一词的来源与含义，我们就可以进一步来讨论倪瓒如何把它应用于绘画了。我们知道，元画直接从宋画发展而来，宋画又是很重形似的。虽然苏东坡已提出“论画以形似，见与儿童邻”（《书鄢陵王主簿所画折枝二首》），但他仍十分强调画不可违背事物的“常形”、“常理”（《净因院画记》）。倪瓒对苏东坡很为推崇，但同时又对他的“常形”、“常理”之说提出了不同的看法。倪瓒在《画竹》一诗（卷2）中说：

> ……坡晓画法难为语，常形常理要玄解。品藻固已英灵聚，少陵歌诗雄百代。知画晓书真谩与，坡深书画诗更妙。味永甘香试耽咀，嗟余生后爱诗画，所恨遨游不及汝。
>
> ……

这里明显有认为东坡之书画不及其诗的意思，并且还有东坡虽晓画，但没有说清的意思。因此，倪瓒明确提出了“常形常理要玄解”。这是宋画发展为元画，也是倪瓒在绘画上的重大创造的关键所在。

怎样叫"常形常理要玄解"呢？倪瓒在《为方厓画山就题》一诗(卷2)中说：

> 摩诘画山时，见山不见画。松雪自缠络，飞鸟亦闲暇。我初学挥染，见物皆画似。郊行及城游，物物归画笥。为问方厓师，孰假孰为真。墨池挹涓滴，寓我无边春。

如日本学者中村茂夫在他的《中国画论的展开》一书中所指出，这里的"郊行及城游，物物归画笥"和"墨池挹涓滴，寓我无边春"也与东坡诗文有关。前者见于东坡《石氏画苑记》："吾行都邑田野，所见人物，皆吾画笥也"；后者见于上引东坡诗"谁言一点红，解寄无边春"。倪瓒活用了东坡的诗文，但在意思上却正好与东坡有重大不同。他不取"见物皆画似"，"物物归画笥"，即不同意东坡那样地强调对物的"常形"、"常理"的正确描绘，而要如他说像王维画山那样"见山不见画"。所谓"见山不见画"，又并非毕肖地描画山的意思，而正是与"见物皆画似"不同，使人只见到山中的松雪缠络，连飞鸟也有闲暇之意，而不是只看到一张与真山肖似的画。所以倪瓒说："为问方厓师，孰假孰为真。"方厓是一位禅师，倪的好友，也能画。这里提出"孰假孰为真"的问题正是以禅宗的"玄解"来解释绘画，也就是对倪瓒所说"常形常理要玄解"的说明。从此种"玄解"的观点来看，"见物皆画似"恰好是"假"，只有画出"飞鸟亦闲暇"的意味才是"真"。禅宗说法，常以画来比方。如袁州仰山行伟禅师说："直饶丹青处士，笔头上画出青山绿水，夹竹桃花，只是相似模样。设使石匠锥头钻出群羊走兽，也只是相似模样。若是真模样，任是处士石匠，无你下手处。"(《五灯会元》)潭州开福道临禅师也说："春雨晴，春山青，白云三片四片，黄鸟一声两声。千眼大悲看不足，王维虽巧画难成。"(同上书)这简直就是在否定绘画，认为绘画顶多只能画出事物的"相似模样"，"真模样"是画不出来的。那么，什么是"真模样"呢？就是禅宗反复申言，但又难以言传或不可言传的对世界、人生空幻的内心体验，也就是禅宗所说"空寂"、"玄寂"之"道"。"道"不可名状、描摹，只能直觉、体验。但上述行伟禅师在说了事物的

“真模样”不可描摹之后,又说了“道不在声色,而不离声色”。既然“道不在声色,而不离声色”,那么“道”也就应该有经由“声色”的描绘而加以表现的可能。倪瓒即认为是可以表现的,画山而画出飞鸟的闲暇之意,这就借“声色”而显示了禅宗的心境,是“真”。反之,“见物皆画似”,那就是行伟禅师所说“只是相似模样”,不是“真模样”,因此也就是“假”。倪瓒对绘画的“玄解”的真意即在于此。

更进一步说,倪瓒还认为画中山水是画家超越人世扰攘的心境的表现,是心中所现的一种幻境。至正十年十月二十三日,倪瓒应荆溪重居寺主之邀在该寺住了四个月。离去前为该寺作画,画后“因画说偈”,写了一诗(卷1)说:

> 我行域中,求理胜最。遗其爱憎,出乎内外。去来住止,夫岂有碍。依叶或宿,御风亦迈。云行水流,游戏自在。乃幻岩居,现于室内。照胸中山,历历不昧。如波底月,光烛盼睐。如镜中灯,是火非诒。根尘未净,自相翳晦。耳目所移,有若盲聩。心想之微,蚁穴堤坏。辗然一笑,了此幻界。

这是倪瓒对绘画的“玄解”更为清楚的说明。山水画既是心中幻境的表现,则拘于“常形常理”,“见物皆画似”就是不可取的了。但此种幻境的表现,恰好又是生命的自由解脱的表现,并非生命的死灭。所以在上引《为方厓画山就题》诗中,倪瓒又说:“墨池挹涓滴,寓我无边春。”如前所说,这与东坡题画诗“谁言一点红,解寄无边春”有类似处。但东坡所题之画为彩色花卉画,所以说到“一点红”,而倪瓒所画为水墨山水画,所以说“墨池挹涓滴”。不仅如此,东坡所题画虽然如他所说“疏澹含精匀”,比赵昌所画更佳,但无禅意,所以“解寄无边春”的“无边春”是指有无尽的自然的生意,即具有诗中所说“天工与清新”。而倪瓒所说“寓我无边春”,则是指寄寓着禅宗所言人生的自由解脱,无挂无碍之意,也是上面引述过的《义兴异梦篇》中所说“春风惟振,亮月在席”之意。此外,东坡诗中所说“论画以形似,见与儿童邻”,就全诗看,是要求画须有“天工与清新”之意,并非完全看轻“形似”。这“天工与清新”实即东坡在《净因院画记》讲到文与可画竹时所说“条达遂茂”,“合于天造,厌于人意”之意,与对“常形”、“常理”的讲求分不开。而倪瓒诗提出画与物孰为真孰为假的问题,以“见物皆画似”为假,则不只是能否达到“天工与清新”的问题,而是能否表现上述行伟禅师所说事物的“真模样”,即禅的心境与体验的问题。所以,总起来看,倪瓒《为方厓画山就题》一诗可以说是针对上述东坡题画诗以及他的《净因院画记》中的思想而写的,也是对倪瓒《画竹》一诗中所说“坡晓画法难为语,常形常理要玄解”一语的说明。

这一说明明确将禅宗“玄解”的思想引入绘画,是从宋到元中国绘画的一个重大变化,也是禅宗美学应用于绘画的一个重要发展。倪瓒在《跋画竹》所说“余之竹聊以写胸中逸气”,不计其形似与否,以及在《答张仲藻书》中所说“仆之所谓画者,不过逸笔草草,不求形似,聊以自娱耳”这些广为后世所乐道的名言,也只有联系到上述倪瓒“玄解”的思想来看,才能得到深入的、实质性的说明。虽然东坡的思想也深受禅宗影响,他关于诗的看法明显表现了这一点(见《送参寥禅师》一诗),但将禅宗的“玄解”引入绘画,使绘画的理论与创作发生了一个重大变化,可以说是始于倪瓒的。当然,我们还知道宋代的黄山谷与米友仁也已经讲到过禅与画的关系,但相当空泛、一般,不像倪瓒这样明确而深刻地提出“常形常理要玄解”的思想,直接触及绘画的根本理论问题,因此也远没有产生如倪瓒的思想这样广泛重大的影响。

“写胸中逸气”

虽然在魏晋已将“逸”的观念与文艺相联系,唐宋画论也已提出了“逸品”的思想,但从未有人明确说过绘画的目的在“写胸中逸气”。而且,对“逸气”的了解,倪瓒与前人既有联系,又有很大的不同。

究竟什么是倪瓒所说的“逸气”呢?不是别的,就是倪瓒“据于儒,依于老,逃于禅”的人生体验与境界。倪瓒在《金粟道人小像赞》(卷9)中说过:

……逍遥户庭，名闻京师。忽自逸于尘氛之外，驾扁舟于五湖，性印朗月，身同太虚，非欲会玄觉于一致，而贯通于儒者耶？

这里所说的“自逸于尘氛之外，驾扁舟于五湖，性印朗月，身同太虚”，就是倪瓒所理解的“逸气”。它明显是与禅宗思想相联的，是一种“玄觉”。此“玄觉”同时也就是对人生的“玄解”。但这种禅宗的思想，在倪瓒那里又完全可以通于道家的“逍遥”和倪瓒在论诗时特别称赏过的魏晋“正始之音”的“玄远”，并且还要“贯通于儒”，不是与儒不能相容的。这就是倪瓒“逸气”说的重大特征所在。反观前人的看法，往往将“逸气”理解为与儒家思想不同的道家、玄学、禅宗思想的表现，而倪瓒则既从道家、玄学、禅宗来讲“逸气”，同时又认为这种“逸气”完全可与儒家思想贯通一致。这正是自宋以来，儒、道、禅三家思想日趋合流一致在绘画方面的最为典型的表现。

我们可以说倪瓒把儒、道（以及与道家密切相关的玄学）、禅三家的思想、美学有机地、十分自然地结合起来了，由此创造出了他所特有的绘画的新境界、新风格。这种境界、风格的独创性和特殊感人之处，就是它既有道家、玄学、禅宗对人生的深沉感慨，同时又不走向虚无、狂怪、放诞、颓丧，而仍然保持着儒家的“舒平和畅之气”，满怀对家国、乡土、故人的眷恋之情。倪瓒有一则《跋画》（卷9）说：

至正辛丑十二月二十四日，德常明公自吴城将还嘉定，道出甫里，掖柁相就语。俯仰十霜，恍若隔世，为留信宿，“夜阑更秉烛，相对如梦寐”者，大似为仆发也。明日，凝雪作寒，户无来迹，独与明公逍遥渚际，隔江遥望天平、灵岩诸山，在荒烟远霭中浓纤出没，依约如画。渚上疏林枯柳，似我容发萧萧可怜。生不满百，其所以异于草木者独情好耳！年逾五十觉生死忙，能不为之抚旧事而纵远情乎？明公复命画江滨寂寞之意，并书相与乖离感慨之情。德常今为嘉定二府，于民有惠政，即昔日良常山人也。朱阳馆主萧闲仙卿倪瓒言。

这则画跋，我认为最能使我们理解倪画的特殊意境。观倪画，大多写“江滨寂寞之意”，远山“在荒烟远霭中浓纤出没”，“疏林枯柳，似我容发萧萧可怜”。这种“寂寞之意”，人生感喟的艺术表现，在中国画史上，倪瓒可称前无古人，也差不多可说后无来者。而此种“寂寞之意”，又非纯粹的荒漠、死寂，仍有生意，有对人生的爱恋存于其间。我在拙作《艺术哲学》一书中曾指出石涛敏锐地看到了倪画有“一段空灵清润之气”，即有一种生命感，并非全然“枯索寒俭”，寂然无生气。其所以如此，又是因为倪瓒既“依于老，逃于禅”，同时又是“据于儒”的，有一颗儒者的真挚平和仁爱之心。这很明显地表现在他写给友人故旧或感事追怀的许多诗中。

如果我们把倪瓒与“元四大家”中其他三家即黄公望、王蒙、吴镇作一比较，虽然可以说其他三家的画也有“逸气”，但却与倪瓒之作有重要的不同。大致而论，其他三家很受元代与道教相联的道家思想影响，基本上是以神仙似的思想境界去看待、描绘山水的。他们也有儒家、禅宗思想，但不占重要地位。不能否认，他们各有倪瓒不能代替的重要成就，特别是在绘画技巧的发展、创造上。但相对而言，他们的作品缺乏包含在倪瓒作品的“寂寞之意”中那种对人生意义、归宿的深刻思索与体验，在哲理性的深邃上较倪瓒有所不及。

至明末清初，由于董其昌的大力提倡，倪瓒的“写胸中逸气”之说大受欢迎，差不多成为画家的口头禅。与倪相比，董的禅宗思想更浓，但他的画却未能达到倪瓒从“寂寞之意”中所透露出来的那种深刻的人生体验。他画得比倪更秀润，但有时不免于甜妍，且有些怪异（在山水的结构、树木的造型上），不如倪的率真、平淡、天然。与八大山人相比，八大山人的山水明显吸取了董其昌画法，但更受倪、黄影响，差不多可以说是倪、黄山水的变体。但倪画的那种高度含蓄自然及“舒平和畅”的韵味减弱了，而显出一种孤傲与近于狂放的情调。与石涛相比，石涛山水也受倪、黄影响，但不限于倪、黄，而且倪、黄不是主要的。石涛广泛吸取古代诸家而又不为所拘，作出了很大的创造。但禅宗思想在石涛思想中是主要的，且颇近于“狂禅”一派，大胆构想，尽情挥洒，痛快淋漓，当然与倪画的平淡天然、“舒平和畅”大异其趣。虽然石涛也有少数接近于倪画的作品，如《细雨虬松图轴》即是很成功的一张。但仍予人以奇峭怪异之感，不及倪画的平淡天然、“舒平和畅”。与渐江相比，渐江一生宗法倪瓒，在清代绘画中可说是倪的苦心孤诣的传人。但如我在拙文《渐江与云林》中论述过的，渐江虽归依禅宗出家为僧，实际上有很浓的儒家思想，而且不如倪的儒家思想那么平和，有一种刚正的精神。因此，他的画也有一种刚劲严正的韵味，不像倪画那么平淡天然，“舒平和畅”了。这是他优于倪画处，也是不及倪画处。再与清初“四王”，特别是其中的王时敏、王原祁相比，“四王”也是推尊倪、黄的。但他们与上述诸家不同，特别着重发展倪画的“舒平和畅之气”，大力向儒家中正和平的理想靠拢。这是与清代康熙提倡“清真雅正”的文化思想密切相关的。因此，“四王”虽也继承倪、黄，但较之于倪、黄，画中那种与“寂寞之意”相联，和道家、玄学、禅宗思想相关，对人生的感慨与深沉体验差不多完全看不到了，平淡天然也朝着雍容秀丽的方向发展。但不可否认，这也是中国绘画的一个发展。特别是在形式、技巧上，“四王”是有不少新创造的。

自明清以来，画家中即有宋画可学，元画难学，在元画中又以倪画为最难学，甚或无法学的说法。这是有一定道理的。因为倪瓒的思想及绘画是在元代那样一种特定历史条件下的产物，在后世很难再找到像倪瓒这样近于“迂”地笃信儒家仁爱，秉性温和，同时又因儒家仁爱之道不得实现而依老、逃禅，深致感慨，将据儒、依道、逃禅几乎是天衣无缝地结合平衡起来的画家。自明清以来，儒、道、禅三家思想合流的趋势仍在继续发展，但与此同时，三家思想的矛盾冲突又已日益显示出来，这和元代三家思想在很大程度上仍能共处一致已有不同。

倪瓒提出画是“写胸中逸气”的，在美学上十分明确地将主体的心境、情感、思绪的表现提到了首要地位。再结合到直接与此相关的“不求形似”来看，这在中国绘画的发展上是有划时代的意义的。我在拙作《周易美学》一书中曾讲到中国美学对艺术的根本看法，既不是古希腊的“模仿论”，也不是西方近现代的“表现论”，而是主客、心物交感的“交感论”。艺术作品则是这种交感所生的意象的物态化。在主客、心物的关系上，中国美学是坚持两者的和谐一致的，既不用主体、心去并吞客体、物,也不用客体、物来否定主体、心。但在实际上,主客、心物不是在任何情况下都能完全平衡一致的,因此就产生了两种倾向:一种偏向于使主体与客体、心与物相契合;另一种则偏向于使客体与主体、物与心相契合。王国维曾用“无我之境”与“有我之境”来概括这两种不同倾向。倪瓒的“写胸中逸气”的说法,即属于后一种倾向。但是,如果仅就“写胸中逸气”的说法来看,类似的说法在唐宋画论中也已可以找到。如宋欧阳修提出“古画画意不画形”①,而且特别推崇画“萧条淡泊”的“难画之意”,写“闲和严静,趣远之心”。② 但这样一种要求也可以通过上述第一种倾向即使主体与客体、心与物相契合而做到。在这种情况下,“画意不画形”是指不画无“意”之“形”,不是不要“形”或不重“形”。苏东坡提出“论画以形似,见与儿童邻”,但又主张不可忽视正确描绘“常形”、“常理”,也是如此。因之,宋画虽已很明显表现出重“意”亦即重主体的意绪、心境表现的倾向,但它在基本上仍是走着使主体与客体、心与物相契合的路线。它要表现“意”,但是通过使“意”与物相契合而实现的,亦即努力去描绘出一个与“意”相契合的物。这描绘在感觉上仍是甚为逼真或很为逼真的,但是一个处处与“意”相契合的物,不是仅仅逼真却不能表现“意”的物。这就是宋画的基本特点所在。试看留存至今的不少宋画,有的也有欧阳修所推崇的“萧条淡泊”之意,但在物的描绘上仍很逼真。只有米芾、米友仁、梁楷、马远、夏珪的一些作品与此不同,接近于上述使客体与主体、物与心相契合的路线,但尚未获得充分发展。至倪瓒,依据他对绘画的“玄解”,不仅提出“写胸中逸气”,同时还提出“不求形似”,认为“写胸中逸气”才是最根本、最重要的,并且在艺术实践上取得了很大的成就。于是,上述使客体与主体、物与心相契合的路线在理论及实践上均获得了很大的发展,并深刻影响到明清,开辟了中国绘画史上的一个新时代。

---

① 《欧阳文忠公文集》卷六《盘车图》。

② 《欧阳文忠公文集》卷130,《鉴画》。

“不求形似”

但是,对倪瓒所说的“不求形似”,还须进一步从理论上作出恰当的分析。

倪瓒提出“不求形似”是与“写胸中逸气”直接相联的,意为绘画应以“写胸中逸气”为根本目的,而不应以“求形似”为目的。倪瓒要求以“写胸中逸气”为根本去对待形的描绘问题,亦即形的描绘的艺术价值在于它是否能写出“胸中逸气”,而不在是否逼真地肖似于实物。但如前所说,中国哲学、美学历来坚持主体与客体、心与物的共存交感,不主张以主体、心去吞并消灭客体、物的存在。即使是禅宗认为“心生万法”,以“心”为“道”,但仍认为“道不在声色,而不离声色”。尽管物、“声色”被看成是由“心”所生的幻象,但“心”亦即“道”的存在仍不能脱离那被视为幻象的物、“声色”。因此,倪瓒所说“不求形似”,不是根本不要形的描绘的意思,也不是可以任意地去描绘形的意思,而是要使形的描绘完全成为“胸中逸气”的显现。如画“疏林枯柳”,就要写出“疏林枯柳,似我容发萧萧可怜”的意味,而非以逼真地描绘出眼前所见的某一疏林枯柳为目的。但这种意味既是由所见的疏林枯柳所感发的,因此也就不能没有对这疏林枯柳的某种与之相类、近似的描绘,而不能完全不顾疏林枯柳所具有的特征,任意地改变它。在这里,倪瓒所提倡的“不求形似”的元画与宋画的区别是:宋画力求要通过对疏林枯柳的尽可能有逼真感的描绘去传达出它在人心中唤起的情感意味。这种逼真是经过艺术家创造出来的逼真,不是无艺术的情感意味的单纯逼真。但宋画终究很为重视这种逼真,而元画则认为有否宋画所重视的逼真感是无关紧要的,重要的是对疏林枯柳的描绘能否充分表现人的内在心境、情感意味。即使这种描绘是不同于宋画精细刻画的“逸笔草草”的描绘,也同样是成功的艺术作品。所以,我们可以说宋画是要通过有逼真感(艺术的逼真感)的描绘去传达、寄寓某种情感意味,而元画则要超越这种逼真感的追求,更直接强烈地呈现人内心的某种情感意味。但由于这种呈现终究不能脱离唤起这种情感意味的物的特征,因此不能把倪瓒在《跋画竹》中所说即使他画的竹被人视为麻或芦也毫无关系理解为可以任意地改变物的基本特征。实际上,倪瓒的话是针对那种以"形似"为画的根本目的的思想而发的激烈的批评,不是可以根本不顾物的特征的意思。更进一步说,当物所具有的某些特征是同倪瓒所说"胸中逸气"的表达密切相关的时候,倪瓒也并不排斥对这些特征的捕捉和给以肖似的描绘。所以,他在我们前面已引述过的追求《写墨竹赠顾友善》一诗中说:"长吟挥毫为君起,写其形模惟肖似,谅哉直清可以比。"这与《跋画竹》中的说法并不矛盾。"写其形模惟肖似",是指肖似于可以用来比拟、显示顾友善的人格道德,为竹所具有的"直清"这一特征,而非完全如实逼真地描绘所见的竹。

表面看来,倪瓒所倡导的"不求形似"的元画的创造似乎比宋人重逼真的精细刻画要容易很多,实际并非如此。历史上有人说元画是秉承宋法而稍加疏散,这有一定的道理,但又是不深刻的。的确,"不求形似"的元画是在很重精细逼真的宋画的深厚基础上产生出来的,但又不是稍加疏散而已,而是一种重大的、不易的新创造。它向画家提出了两个艰巨的任务。

第一,既要"不求形似",又非根本不顾对象的基本特征,并且要使形的描绘处处成为"胸中逸气"的表现,这就必须对对象的特征有细致的观察与体验,善于敏锐地抓住、强化那些最能呈现"胸中逸气"的即使是很细微的特征,弱化、删略那些次要的、无关紧要的特征。这决不是只对对象有一个浮面粗浅的印象,大笔一挥就能做到的。倪瓒在说到他学画的过程时说:"我初学挥染,见物皆画似。郊行及城游,物物归画笥。""见物皆画似"虽不是绘画的根本目的,但倪瓒这种认真观察写生的功夫,却是做到"不求形似"所不可缺少的。黄公望也很重视这一点,至董其昌亦然。也正是为了在精细观察描写对象的基础上去做到"不求形似",倪瓒及"元四大家"中的其他三家都是极认真地研习了宋人绘画的,董其昌也说过他曾"与宋人血战"(《画旨》)。"不求形似"的元画之所以有重大创造,恰恰是建立在宋画对物象的精细观察与描绘的基础之上的。它是在这个基础之上,为了"写胸中逸气",进一步对对象加以提炼、概括、加工、组织的产物。其中凝结着元代画家的苦心探求,决非轻易可以做到。我们看倪瓒的画,同宋画相比,固然是“逸笔草草”了,实际上是经过精心的组织结构的,既显得随意天然,同时又高度严谨。只拿他的《六君子图》中的点苔来说,苔的多少、位置都几乎是不可增减移易的,恰到好处。历代都称赏倪瓒“惜墨如金”,这一方面固然是为了取得与禅意相联的“幽淡”或“若疏若淡”的艺术效果,极少用或不轻用浓墨;另一方面也表现了倪瓒的高度严谨,笔不妄下。这种高度严谨的作风,至清代师法倪瓒的渐江的作品中也仍然保持着,但有时不如倪瓒那样地天然与精微。此外,与宋画相比,元画的“不求形似”如果不是建立在对对象精细的观察、体验、提炼、加工、组织的基础之上,那就一无可取;相反,宋画追求的细密描绘对象,只要认真努力,至少也还可以获得一个“肖似”的赞语。这也就是前人说元画比宋画难学的原因。

第二,为了“写胸中逸气”,元画比前代远为明确、自觉、充分地强调了画家人品、书法与绘画的关系,朝着超越宋画的逼真描绘,创造类似于英国美学家克莱夫·贝尔所说“有意味的形式”大大前进了一步。倪瓒在《题曹云西画松石》(卷2)中说:“摇毫动笔长风起,叶藏戈法枝如籀。”在《题柯敬仲竹》(卷2)中又说:“检韵萧萧人品系,篆籀浑浑书法俱。”虽然认为人品与画品相联,书法与画法相通的思想前人早已提出,但在绘画实践中的体现,是到了元代才进入一个大有发展的新时期。这时,人品与“写胸中逸气”直接结合起来,被提到了十分重要的位置,成为画家们充分自觉的追求。而且,这时不再局限于从儒家思想去理解人品,大量渗入道家与禅宗思想,因而人品也和对人生艰辛的体验与感慨的某种深刻意蕴结合起来了。这在倪瓒的作品中表现最为突出。在书法与画法的关系上,过去虽然早已有人看到了两者的联系,但书法的用笔在根本上是服从于对象的描绘的,其本身所具有的表达情感、心境的意味尚隐而不显。至倪瓒提出“写胸中逸气”,“不求形似”之后,情况发生了重大变化。这时,书法的用笔不只服从于描绘对象的需要,它本身所具有的表达情感意味的功能受到了极大的重视。用笔一方面是为了描绘对象,另一方面书法表现情感的功能被凸显出来,有力地加强了作品所要表现的某种情调、气氛。这是中西绘画在线的使用上的一个重要的不同。虽然西方现代绘画也很重线本身的“表现性”,但仍与中国画的线以及点的书法趣味很不一样。除线的应用讲求书法趣味之外,元画还很重视对象的形式结构的组织、处理。虽然中国画一向就很重视形式结构,但在元画之前主要是从属于对象的具体精细的描绘。在元画中,由于把“写胸中逸气”放到首位,因此对形式结构的强调即开始大步向着表达某种内在心境的方向发展,不同程度地具有了抽象化、形式化、符号化的意味。中国书法对形式结构的抽象处理和纯形式美的追求极为明显地影响到绘画。这种倾向,到明清董其昌、八大山人、王原祁、石涛诸人的作品中又有了新的发展。但由于中国美学的交感论不论如何强调主体、心的方面,却又始终不主张用主体、心去并吞消灭客体、物,因此这种倾向不可能发展到如西方现代绘画中的抽象主义那样,把对物的形象的描绘完全取消。

就书法而论,倪瓒书法师法魏代的钟繇,又深研汉隶,得两者之严谨的法度,同时又将魏晋书法的萧散之意与汉隶的古朴之风结合起来了。他又用魏晋楷书和汉人隶书的笔法作画,同时参之以魏晋行草笔意,在严谨中显出一种高度平淡天然的意趣。在不少情况下,倪瓒喜用侧笔,但仍以中锋为主。而且他的侧笔大不同于宋米芾书法以侧笔取得雄奇、奔放、痛快的效果,而是处处注意求得一种“若疏若淡”的蕴藉的韵味。他寓侧于中,是为了使笔法有一种灵动的变化和简约含蓄地去描写对象,与米芾的侧笔是大异其趣的。

从中国美学史上看,倪瓒的美学是陶潜、王维、皎然、司空图、苏轼这一系统的美学在元代的发展。虽然在思想的闳大、开阔、深入方面,倪瓒有不及前人之处,但他又取得了前人所不能代替的特殊成就。这种特殊成就集中表现在他将基于儒家仁爱的“中和”与道家的“法天贵真”、禅宗的“玄寂”十分成功地结合起来,创造出了一种不同于前人的“天真幽淡”的美的境界。这种境界的基调是儒家所崇尚的“中和”之美,但一方面由于吸取了道家的“法天贵真”而显得十分率真、自然;另一方面又由于吸取了禅宗的“玄寂”而产生出一种与人生感慨相联的清冷、悠远的韵味。这是与上述陶潜等人不同,而为倪瓒所特有的。在陶潜等人那里,也有儒、道、玄、禅思想的结合,但都不是基于儒家的

“中和”而形成的结合。大致而论，在陶潜那里，道家思想是主要的，因之他所追求的平淡天然基本上属于道家美学的范畴，而不像倪瓒这样紧密地与儒家的“中和”相联，又有玄、禅的强烈色彩。在王维、司空图那里，佛学禅宗的思想是主要的，所以经常呈现出一种很鲜明的禅境，不像倪瓒只是将禅境渗入到儒家“中和”的境界中去，不脱离儒家“中和”而追求禅境。在苏轼那里，儒、道、禅三家思想既互相联系，又互相冲突。儒家理想的失落，一方面表现为道家的愤激豪放；另一方面又表现为禅宗的感伤虚无。不是像倪瓒这样，在吸取道、禅两家时，仍然保持着儒家“中和”的心境。倪瓒所达到的这种特殊的美的境界适应了元至明清许多文人画家的要求，因而发生了很大的影响。但在不同的画家那里，这种影响是各不相同的。其所以如此，在根本上又是决定于接受倪瓒影响的这些画家自己的思想状态，特别是儒、道、禅三家在他们思想中所占的地位以及三者相互之间的关系。

（原载《文艺研究》1993 年第 6 期）

中国哲学与中国艺术文化中的境界

中国哲学是中国美学的基础，但中国哲学与中国美学又是相互交融统一的，所以中国艺术历来要求“艺”和“道”的统一。这个道是从广义讲的，既可以是道家的道，也可以是儒家的道，佛学的道。如宗白华先生曾经说过的，道需要艺赋予形式，艺需要以道作为灵魂。因此，中国艺术不追求对外物进行逼真的描绘，而是通过对有限事物的描绘去表达对无限的精神追求。这种追求形成了中国艺术文化特有的境界，分析起来，约有六种。

第一种是儒家境界。儒家把美看作是善的最完满的体现，所以美也就是最高的善。孔子的“仁”这一范畴，有束缚个性发展的弱点，但它把善看作是人与人的相互依存的社会性的表现，在艺术上要求抒发或表现人与人之间相互依存的社会感情，以“和”为“善”与“美”的最高理想，这一点是很可贵的。这同现代西方艺术强调表现个人感孤独的以及个体与社会的分裂对抗很不一样。这种境界讲究“情志”与“风骨”（“汉魏风骨”基本是儒家思想的表现），倾注着对社会、个人的感化的力量。

第二种是道家境界。道家境界的最大特点是以“自然无为”为美。《庄子》里讲“静而与阴同德，动而与阳同波”，“乘云气，驭日月，而游于四海之外”，“与天地并生，与万物为一”，追求与大自然无限统一的永恒境界，表现出打破儒家礼法束缚，超脱世俗功利的观念，充满一种浪漫主义的精神。最早表现这种境界的艺术作品是《楚辞》里面的《远游》，唐代李白的相当一部分作品也体现了这样一种艺术境界，最典型的是《庐山谣》、《将进酒》，但已经渗入了道教的神仙思想。道家境界的作品追求“自然无为”的“无法之法”，表现为狂放不羁，而儒家境界的作品则重视讲求法度,“不以规矩不能成方圆”,表现为“文质彬彬”,“温柔敦厚”。儒家境界和道家境界是中国美学、中国艺术中最基本的两种境界。前者侧重于从人与社会的统一中去找美,强调美与人的社会性的深刻联系;后者侧重于从人与自然的统一中去找美,强调美的超功利的性质。两者既有差异、对立,又能相互补充。

第三种是“楚骚”的境界。这是一种儒道结合、以儒为主的境界。代表作是屈原的《离骚》、《九歌》及其他一些作品。屈原本人既有以天下为己任、积极从政的思想,又有(在遭迫害后)愤世嫉俗、遨游宇宙的思想。但主流还是儒家思想,有一种坚持善与恶、美与丑的斗争,为理想而九死不悔的进取精神。这在艺术上便形成“发愤以抒情”的特征,渗透着一种反抗批判的感情。汉朝司马迁认为历史上有价值的作品都是“抒愤懑”的产物,唐朝的韩愈说“物不得其平则鸣”,都与屈原有关。这种精神直露锋芒,不同于儒家怨而不怒的境界。它和道家也不同,不是只讲同自然统一,而且主张积极入世。可以说,楚骚境界吸取了儒、道的优点,但综合之后又削弱了儒道各自具有的优点,即:既不及儒家对现实认识得那么深刻,也不及道家对现实的批判那么强烈。

第四种是玄学境界。玄学是一种援儒释道、以道为主的思想。玄学从道家那里借来“无”的概念,把它当成一种绝对自由的本体。玄学的艺术境界既不像儒家那样追求仁义道德,也不像道家那样追求同外在自然的合一,而是追求个体内在精神的绝对自由。玄学的艺术境界非常讲求“韵”。所谓“韵”,就是表现人的言谈举止和艺术作品中的一种高度自然含蓄而又超脱深远,极富才情智慧的“风神”。王羲之的书法是这种境界的典型代表。顾恺之绘画的“春蚕吐丝”、“行云流水”的手法,陶渊明作诗的天然平淡的风格,都表现了玄学的艺术境界。平淡自然中有一种对人生的超脱境界的体验。玄学境界中有道家的东西,但玄学境界毕竟不同于道家境界,前者强调内在的平淡天然、精神上的玄远超脱,而后者则强调气势与力量,追求同外在宏大的宇宙合一。

第五种是禅宗的境界。禅宗是中唐之后兴起的中国式佛教,是被中国已经形成的文化结构改造过的佛教。它认为佛在每个人心里,心外无佛,强调自性。它在很大程度上是一种采取了宗教形式的人生哲学。禅宗第一次把自我提到很高的位置。《五灯会元》中记载一和尚问师傅什么最大，师答：不称天，不称地，唯我独尊。这种思想（唯心地）发展了中国人的自我意识，肯定了自我的价值，后来又同艺术上主张独创的思想联系到一起。禅宗认为，人只要一旦觉悟到外部世界的一切都只是人心中所生的幻象，不再执著于有与无的区分，这样就能超脱世间的得失、是非、荣辱、寿夭，获得自由解脱，同时也就进入了美的境界。道家的超脱是与道合一，禅宗的超脱则引进了佛教的东西，认为只有回到内心，才有真正的解脱。因此，禅宗的艺术境界讲究"意"。中国艺术写意的倾向基本上与禅宗联系在一起。它在直觉状态中体验人生自由的境界，有一种凄清、冷寂、萧条、淡漠、微茫、惨淡的感觉，充满对人生的孤独感。这是消极的一面，但它又同现代西方那种反理性的绝对悲观主义不一样，在凄清孤独中又表现出对人生的执著、热爱与追求。王维晚期的诗是这种境界的代表，倪云林的画也体现了这一境界。宋代的苏轼、黄庭坚、米友仁、严羽都深受禅宗影响。

第六种是明中叶后出现的，已有近代人文主义观念萌芽的境界。可以概括为三个字：真、情、趣。这种境界开始突破了封建主义的束缚，带有个性解放的色彩。李贽是主张这种境界的代表。他同儒家唱反调，认为在人的性情之外没有什么礼义，性情的自然表露本身就是合乎礼义的，也就是善的和美的。因此，他主张文艺要真。道学是假的，道学搞的文艺也是假的，所以文艺要"咄咄逼真"。这之后，跟上来的有汤显祖、袁宏道、袁枚、曹雪芹等。汤显祖强调"情至则生可以死，死可以生"，袁宏道强调"世人所难得者唯趣"，认为一个人仁义道德懂得愈多，就愈没有趣味。明代中叶后至清代雍、乾时期的这种艺术境界，打开了一个新时代，大放异彩，应很好研究。

以上所讲六种境界不是截然分开的，有的作品，几种境界兼备。中唐后，儒、道、禅三种境界合流，怎么合？"据于儒，依于道，逃于禅。"（倪云林语）中国知识分子很少不受儒家影响的，因此儒是根基、基础；儒家那套不好实行，遭到了打击，就依靠道家思想去求得精神上的安慰；道家讲与大自然合一实际上很难做到，最后就"逃于禅"，从内心中去求解脱。《红楼梦》就是一部极其成功地描写了儒、道、禅三家境界的杰作，但其中又已跃动着近代人文主义个性解放的强烈脉搏。

（穆纪光据作者在敦煌美学讲习班上的讲话整理。题目是编者加的）

（原载《国内哲学动态》1981 年第 7 期）

境 界 说

很久以来,我认为与中国哲学、美学直接相联的境界说值得细加研究。本文拟对此作一些概略的说明。

一、关于境界问题的历史回顾

在中国文字中,"境"这个词原指国家或一国内部的州县各自占有的地域、疆界。大致上从庄子开始,将这个词的含义加以引申,用以指人的不同的精神状态。就像自然地域可以分疆划界一样,人的精神世界或与人的精神状态相联的人的生存状态也可以分为不同的境界。《庄子·逍遥游》说:"……举世而誉之而不加劝,举世而非之而不加沮,定乎内外之分,辩乎荣辱之境,斯已矣。"这里的"荣辱之境"与"内外之分"相对,"境"亦为区分之意,但同时又已将"荣辱"与"境"相联,视之为人生两种不同的境界了。此后,在汉代的历史文献中,我们也可找到对"境"字的这种用法的一些例子。如《淮南子·原道训》说:"夫心者,五藏之主也。所以制使四支,流行血气,驰骋于是非之境,而出入于百事之门户者也。"值得注意的是,这里还把"境"与"心"联系起来了。

虽然上述"境"字的用例在先秦至两汉典籍中都可以找到一些,但"境"及"境界"作为常用的概念,并直接与文艺问题联系起来,这是和东汉末年以来佛教的传入及发展分不开的。在佛学中,"境"及"境界"是十分重要的概念。《俱合诵疏》说:"心之所游履攀援者,故称为境。"这是佛学对"境"的定义,但实际上不只指"心"所及的对象、处所,还包含由"心"所指使的五官所及的对象。如印度佛学有部宗将五官所及的对象分为"五境":色境、声境、香境、味境、触境。法相宗(亦即唯识宗)又依"心"对外物的"识"的不同,而区分出"独影境"、"性境"、"带质境"等不同的"境"。印度佛学还认为"心"为"内","境"为"外",一切"境"都是由"心"所生的虚妄不实的东西。这一点,在唐代由玄奘系统输入的唯识宗中论之最详。玄奘弟子窥基在《成唯识论述记》中说:"一切唯识","唯有识无心外境"。"境"是"唯心所现,故随心观众相显现"。"外境无,故唯有一心"。"自心为境"。这虽然是彻底的唯心论,但它明确提出了"心"与"境"的关系问题,对中国哲学与美学产生了很大影响。此外,印度佛学把成佛看作是进入一种最高的精神解脱的境界。《成唯识论》说:"觉通如来,尽佛境界。"这使"境界"一词具有了一种和人生哲学以至本体论相联的重大意义,从而又影响到美学。

自魏晋佛学大兴以来,"境"或"境界"一词就流行开来,并具有完全精神上的意义,开始影响到美学。从东晋至南朝,佛学中关于"形"与"神"的理论对绘画理论产生了直接的影响。东晋顾恺之的"以形写神"、"传神"的理论,刘宋时代宗炳的《画山水序》的"畅神"的理论,都与佛学直接相关①。所谓"传神"、"畅神",也就是与佛学相关的一种审美与艺术的最高境界,同时又经常是与魏晋玄学思想结合在一起的。

到了唐代,除玄奘所倡导的唯识宗之外,法藏所阐扬的华严宗,慧能所创立的禅宗,给了文艺与美学更为深刻的影响,终于促使诗歌理论中出现了意境说或境界说,从而又影响到其他文艺部门(特别是绘画与书法),使中国美学的境界说得以确立。

从华严宗来看,它非常重视"境界"以及"心"与"境"的关系问题。如杜顺《华严五教止观》说:"境界者,即法明多法互入,犹如帝网天珠,重重无尽之境界也。"法藏《修华严奥旨妄尽还源观》讲了"六观",其中一至三观讲的都是"心"与"境"的关系。一观为"摄境归心真空观",二观为"从心现境妙有观",三观为"心境秘密园融观"(亦即"会通心境")。这都是讲的佛学,但都能应用于文艺,给文艺的理论以直接的启发。活动于华严宗极盛时期,并深受佛学影响的大诗人王昌龄,借助佛学的思想概念来论述诗歌创造,写下了《诗式》一书,首次十分明确

① 参见拙著《中国美学史》第2卷,第十三、十四章。

地将诗歌艺术与境界问题联系起来，并建立了相当系统的理论①。例如，他认为“诗有三境”，即“物境”、“情境”、“意境”。这种以“境”论诗，按“境”分类的理论，显然是从佛学而来的。又如他讲到诗的创作时说：“夫置意作诗，即须凝心，目击其物，便以心击之，深穿其境。如登高山绝顶，下临万象，如在掌中。”如用华严宗“六观”的语言表达，这也就是“摄境归心”了。在王昌龄之后，活动于中唐时期的画家张璪著《绘境》一书，以“境”论画，书已佚，只留下了“外师造化，中得心源”这句名言。这里，“造化”的概念出自庄子，“心源”的概念则是从佛学而来的。

唐代华严宗之后，最有影响的佛学宗派是禅宗。禅宗同样认为“境”是由“心”所生的虚幻不实的东西.但较之于华严宗，华严宗不因为“境”由“心”生而忽视“境”，反复申述“空不绝有”，“不绝有之空，能成一切”②；禅宗则不但把“心”提到至高无上的地位，而且主张既要“忘心”，又要“忘境”，方能达到彻底解脱。黄檗禅师说：“凡夫取境，道人取心，心境双忘，乃是真法。忘境犹易，忘心至难。”又说：“学道人直下无心，默契而已。”③中唐时代皎然著《诗式》，已很受禅宗影响。至刘禹锡及司空图，又在诗学上发挥禅宗“心境双忘”的思想，提出了“境生于象外”和“象外之象”的理论。此外，禅宗发展至临济宗，为了接引信徒，使之“心境双忘”，有所谓有时“夺人不夺境”，有时“夺境不夺人”，有时“人境俱夺”，有时“人境俱不夺”的方法④。这也影响到美学、文艺理论。如清布颜图《画学心法问答》说：“山水不出笔墨情景。情景者，境界也。古云境能夺人，又云笔能夺境，终不如笔境兼夺为上。”

境界说的建立与佛学的传入与发展有直接的重要的关系，但同时又必须看到，这种关系主要是表现在借助佛学的一些概念、范畴、思想

① 《诗式》有两种本子，《文镜秘府论》引录者我认为基本上是王昌龄所作。

② 见《华严经义百海门》。

③ 见《传法心要》。

④ 见《五灯会元》临济宗部分。

来阐明、发展中国古已有之的传统思想，而不是离开中国传统思想，代之以佛学。因此，要真正理解这些借佛学思想概念而表达出来的思想，仍须回到自先秦以来的中国传统思想。以“境界”这一概念来说，在先秦典籍中只能找到以“境”这一概念来表达人的某种精神状态的个别例子，但这绝不是说先秦哲学不重视人的精神境界。相反，它很重视这种境界，只不过没有用后世来自佛学的“境界”一词来加以表达。中国古代哲学很大程度上是一种人生哲学、道德哲学，非常重视精神道德的修养，因此也非常重视这种修养所达到的境界。佛学以“成佛”为最高境界，儒家则以“成圣”（成为“圣人”）为最高境界。就个人的修养说，孔子所说的“四十而不惑，五十而知天命，六十而耳顺，七十而从心所欲，不逾矩”①，就是依次递进的四种境界。孟子所说的“善”、“信”、“美”、“大”、“圣”、“神”②，也是依次递进的六种境界。到了宋明的儒家即宋明的理学家，更是十分重视境界问题。因为就思想的渊源而论，宋明理学是吸取佛学以阐扬、发展儒学的产物。从道家来说，由于它高度重视人与自然（天地）的合一，追求一种绝对自由的精神境界，因此它比儒家更为明确地意识到“境”的问题。《庄子》一书中对“神人”、“至人”、“真人”的生存状态的描述，实际也就是对道家所追求的精神境界的描述。正因为中国自古以来儒道两家都十分重视人的精神境界，所以后世从佛学借取的“境界”一词才得到了广泛的认同而流行起来。此外，和“境界”相关的“心”与“境”的关系问题，虽然也是从佛学而来的，但中国古代哲学早就提出了“心”与“物”、“我”与“物”的关系问题，因此“心”与“境”的关系问题不外就是以佛学的概念来表达“心”与“物”、“我”与“物”的关系问题。它比古代的表达要更为明确，探讨上也更为深入了，但就绝大多数思想家来说，又并未接受佛学“境”由“心”生的理论，仍然坚持外物或佛学所说的“外境”是在“心”之外的存在。不过，佛学“境”由“心”生的说法虽然是彻底的唯心主义，但从文艺创造来看，却又有着不能否认的合理的地方。因为文艺作

① 《论语 · 为政二》。

② 《孟子 · 尽心下》。

品中所显示出来的“境”，的确离不开文艺家“心”的创造。就对文艺创造的特殊性与复杂性的认识来说，这比由《乐记》所阐明，后来由刘勰《文心雕龙》所指出的“感物吟志”的说法向前推进了一步。但中国绝大多数文艺家、文艺理论家都认为文艺家“心”的作用的发挥离不开“心”对外物的感应。所以，“感应说”虽然发展到了“意境说”或“境界说”，但“感应说”中合理的东西仍然被继承下来了。就哲学的大的理论框架来看，中国古代美学始终不离以“天人合一”为前提的心物、主客的交感统一这个根本思想。这是中国古代美学的一大优点，但也存在着历史的局限（详后）。

在中国现代，1910 年，王国维《人间词话》提出“词以境界为上”，把“境界”作为根本性的中心概念来讨论词的创作与欣赏问题，产生了很大的影响，使“境界”问题成了中国现代美学、文艺理论以至哲学所关注的重要问题。其所以如此，不仅是因为王国维依据他对西方哲学、美学的研究，对中国传统思想中“境界”这个概念作了一种新的、很有深度和创见的阐发（但未形成充分系统的理论），更重要的是因为他把“境界”问题提到了中心位置，比过去历史上严羽标举“兴趣”，王士祯倡导“神韵”，袁宏道、袁枚鼓吹“性灵”，更能抓住中国哲学、美学的根本。自唐代王昌龄写作《诗式》以后，“境界”或“意境”概念不断流行开来，产生了很大的作用。但第一个把“境界”提到根本性的中心位置的是王国维，这是王国维的一大贡献，也是他在长时期中思考融会中西（主要是德国）哲学、美学所结出的果实。

王国维之后，不少人继续对“境界”问题进行了探讨。大致上按著作发表的先后排列，其中最值得注意的是宗白华、方东美、朱光潜、冯友兰的理论。① 宗白华的主要贡献是从中西哲学、美学、文艺的比较贯通中，从他作为一个诗人所拥有的丰富审美体验中，对中国艺术的意境（亦即境界）的构成、实质、特征，作了一种极精练而含义深广的阐明。由于他在表达方式上，把对哲学、美学的深刻思考与对人生、艺术的审美体验结合起来，打成一片（这明显受到中国传统和德国大诗人兼思

① 唐君毅也有相当系统的理论，需要研究。——作者校注

想家歌德的影响),因此我们今天要从理论上来透彻地分析他的思想,是一件颇不容易的事。但也正因为他采取这种表述方式,所以他写的文章虽然不多,但人多爱读,而且一再读后总觉还有不尽之意。如果较为简单地来说,宗白华的理论的主要特点,是把境界视为大自然的生命节奏与人内心的生命节奏的契合,有限与无限的直接统一。方东美是宗白华在中央大学执教时的同事、朋友,两人的思想有某些类似之处,但方东美主要是从纯哲学角度来讲境界问题。他认为"哲学思想起于境的认识",并依据他的哲学系统,主张将境界划分为"艺术境界"、"道德境界"、"宗教境界"三种①。朱光潜在1936年出版的《文艺心理学》中已涉及了境界问题,后来在1943年出版的《诗论》中又写了一个专章来讨论"诗的境界——情趣与意象",认为诗的境界是"意象与情趣的契合"。这是一篇很为系统地讨论诗的境界的文章,对王国维的观点有所肯定也有所批评。冯友兰在1946年出版的《新原人》一书中,从纯哲学角度对境界问题作了深入细密的探讨,提出了一套十分系统的理论。虽然其中很少涉及审美与艺术问题,但这样一种关于境界的系统理论,很值得美学与艺术的研究者参考。冯友兰认为人生的意义来自人们对宇宙人生的"觉解"(了解与自觉),不同的"觉解"产生不同的"境界","境界"的高低取决于"觉解"的多少。依据这种看法,他把"境界"由低至高划分为"自然境界"、"功利境界"、"道德境界"、"天地境界"四种②。总起来看,自王国维以来,中国现代哲学与美学对境界问题的研究取得了不可忽视的、多方面的成就,这是我们今天探讨境界问题时必须加以注意的。

以上,我们从古代到现代,对境界问题在历史上的提出及其演变发展情况作了一个大致的回顾。下面,我们将立足于现当代哲学与美学,来探讨一下这样几个问题:(1)什么是境界;(2)境界的划分;(3)审美、

① 《方东美新儒学论著辑要》,中国广播电视出版社1992年版,第41、579页。

② 《冯友兰新儒学论著辑要》,中国广播电视出版社1995年版,第388~406页。

艺术与境界的关系;(4)境界说在现当代哲学、美学中的意义。

二、什么是境界

在中国历史上,虽然各家各派对于什么是美有不同的看法,但都把美的达到看作是进入一种精神的境界或实现一种精神的境界。因此,美与艺术的问题是和境界问题不可分地结合在一起的,分析美与艺术的问题同时也就是分析审美与艺术的境界问题。后面我们还将论述中国美学的这一重要看法在现当代的意义与价值。正因为审美与艺术是一种精神境界的实现,所以在回答什么是审美与艺术的境界之前,必须先回答什么是境界、境界可以划分为怎样的一些形态等等问题。如不注意这些问题,孤立地去讲审美与艺术的境界,就很难达到比较深入与全面的认识。因此,本文虽然要着重分析审美与艺术的境界问题,但又不限于这一问题,而企图对境界问题作一全面的考察。这种考察能有助于当前社会主义精神文明的建设,并把它与中国的思想传统结合起来。因为精神文明建设是同人生境界的认识与提高密切相联的。

前面我们说过,在中国现代哲学中,冯友兰在《新原人》中建立了一种十分系统的境界说。下面,我将结合对冯先生理论的评论来回答一下什么是境界这个问题。

在我看来,境界是人生的意义与价值在人们生活中的呈现。例如,在我们和知心好友的交往中,当我们从种种事情上感受和体验到朋友们对待自己的那种亲密诚挚无私的感情,我们也就体验到了人生中一种极可宝贵的境界。又如,我国在奥运会得了金牌的运动员,在举行升旗仪式时体验到他的成功的艰辛,体验到那些曾帮助他取得了成功的人们精神的可贵,体验到由于成功和为国争光而产生的喜悦与自豪,这时他就会体验到一种庄严崇高的人生境界。冯友兰先生从人们对宇宙人生的意义的“觉解”来讲境界,我认为有深刻合理的地方。因为离开了人生的意义问题,就不会有什么境界。但是,他要求“觉解”必须达到不仅知其然而且知其所以然的程度,才能产生真正称得上是人生境界的境界,这种看法需要商榷。我认为境界作为一种对象,凡是人生的意义与价值向我们呈现出来的地方，不论呈现于自然或人的生活，都能使我们体验到一种境界。例如，儿童对宇宙人生的意义谈不上有什么自觉的、充分的“觉解”，但他们那种无忧无虑、天真活泼的生活也能使我们感受到一种美好的人生境界。我们显然不能如冯先生所说的那样，把它看作是属于“不知不识”的，比他所说的“功利境界”还要低一级的“自然境界”。当然，从有自觉意识的主体建立其人生境界来说，冯先生强调对宇宙人生的意义“觉解”的重要性无疑是正确的，因为它有助于打破那种全无“觉解”的混混沌沌的生活，提高对人生境界追求的自觉性。但构成人生境界的东西并不是冯先生所说的那样一种抽象的“觉解”，而是和人们从自己生活经历中得来的种种关于人生的感受、体验紧密结合在一起的，对人生崇高的意义与价值的理解。不论这种理解是否达到了如哲学家的认识那样清晰明确的水平，只要达到了这种理解，并表现于人们的生活中，就会产生出一种高尚的人生境界。例如，鲁迅在《一件小事》中所描写的人力车夫就是这样。因此，我认为冯先生说“愚夫愚妇，虽可以行道德底事，但其境界，则不必是道德境界”①，是不正确的。按照冯先生对“觉解”的要求，古往今来就只有哲学家或接近于哲学家的人才能有真正的人生境界，这就抹煞了哲学家之外的无数普通人也能达到很高的人生境界。即使是哲学家，如果他对宇宙人生意义的“觉解”只是抽象的理论概念，没有化为他从对人生的深刻体验得来的东西，并表现于他的生活中.那么他也尚未进入真正的人生境界。他的“觉解”可能很高，而他的人生境界却可能不高。因此，在人生境界的建立与提高上，哲学、伦理学有不能否认的重要作用，但必须同对人生的实际的了解与体验紧密地结合起来。

境界基于上述对人生的意义与价值的理解，但这种理解是从何而来的，由什么决定的呢？

无论任何时代，人都是生活在与自然和社会的关系之中。人与自然的关系和人与社会的关系，如果仔细分析起来，又包含种种不同方面的关系。因此，“一个人，他的生活包括了一个广阔范围的多样性活动

① 《冯友兰新儒学论著辑要》，中国广播电视出版社 1995 年版，第 398 页。

和对世界的实际关系，因此是过着一个多方面的生活”①。人们对人生的意义与价值的看法，是决定于他们与自然和社会所发生的关系，并表现在这些关系之中的。但这些关系又是由何决定的呢？由物质生产的发展决定。马克思说：“从物质生产的一定形式产生：第一，一定的社会结构；第二，人对自然的一定关系。人们的国家制度和人们的精神方式由这两者决定，因而人们的精神生产的性质也由这两者决定”②。这个马克思主义的基本原理并没有过时，也不像一些人所说的那样是简单化的。从我们目前所要探讨的境界问题来说，这一原理决不要求直接从物质生产去说明人们对人生的意义与价值的看法，它指出了两个重要的中介环节，那就是由物质生产所决定的人与自然和人与社会的关系，正是这两个关系直接决定着人们对人生的意义与价值的看法。举例来说，在我国古代宗法性的小农自然经济的条件下，人对自然有很大的依赖性，于是就产生了儒家“事天”、“奉天”的思想，从而又认为“事天”、“奉天”是“君子”必须去努力追求实现的一种很高的人生境界。在人与社会的关系方面，由于人们是在一种宗法血缘的关系中进行生产和从事各种活动的，因此提倡一种以宗法血缘的情感（最根本的是“孝悌”）为基础的“仁爱”又成为儒家非常重要的思想。对于每一个人来说，努力去实现这种“仁爱”，自然也就被看作是人生应当达到和必须达到的最高境界。从我们今天来看，我们每天都可感觉到社会生活、人们的价值观念正在发生深刻的变化。引起这种变化的根本性原因是什么呢？不是别的，就是我国经济从过去的计划经济向市场经济的重大转变。就世界范围来看，在即将到来的二十一世纪，新的高科技的应用、物质生产的变化，必定会引起人们的生活方式和价值观念的重大变化。这些本来是很清楚明白的事实，但千百年来对物质生产劳动的轻视、劳动的异化、少数统治阶级对自身利益的维护，产生了根深蒂固的种种唯心主义观念，使许多人对这个事实掉头不顾。当然，除此之外，马克思主义者对物质生产与人们的精神、意识之间的关系缺少具

① 马克思、恩格斯：《德意志意识形态》，人民出版社 1961 年版，第 286 页。

② 《马克思恩格斯全集》第 26 卷，人民出版社 1972 年版，第 296 页。

体深入的研究，停留在一般原则上，并且存在着不少简单化的了解，这也是一个重要原因。

在现实生活中，我们看到人们对人生的意义与价值的理解各不相同，从而对人生境界的理解也是各式各样的，有时甚至是根本相反，无法相通的。人与人之间的疏离与隔膜正是由此而来。冯友兰先生说："世界是同此世界，人生是同样的人生，但其对各个人的意义，则可有不同"①。这很自然地提出了一个问题：我们怎样来评价这些不同的理解呢？与此相关，又会生出另一个问题：人生境界的高下是由什么决定的？

人们的各种人生境界是人类历史发展过程的产物，因此对它的真正符合实际的评价只能是一种符合历史发展的评价，而不是超历史的、抽象的、主观任意的评价。要作出这样的评价，又不能不找到人类历史发展的客观规律，从而使评价具有客观的历史根据和尺度。这个根据和尺度是什么呢？就是上述由物质生产的发展所决定的人与自然和人与社会的关系的发展。立足这样一个根据和尺度，对那些符合于人与自然和人与社会的关系的前进发展，从而符合于人的本质的发展和提高的人生境界就应当予以肯定的评价；反之，则应当予以否定的评价。但由于历史的发展经常带有二重性，物质生产的发展和人的本质的发展又并不是经常成正比，而带有不平衡性，因此评价必须是有具体历史的分析的、辩证的，而不是简单化的、片面的。但是，即使作出了这样的评价，这种评价也不可能具有法官判案或实验科学中的是非裁决那样的效力。在我们看来是应予否定的人生境界，在产生它的社会基础还存在之前，是不会因为任何人的否定的评价而消失的；相反，在我们看来是应予肯定的人生境界，在它得以产生的社会基础还不够发展和强大之前，是很难取得多数人的认同的。但这又决不是说评价不可能发生任何作用，因为有历史洞察力的深刻的评价，能有力地指出各种不同的人生境界何以是应予肯定或应予否定的，从而把社会群众导向对应予肯定的人生境界的追求。

在我国当前的情况下，对社会上各式各样对人生的看法的分析评

① 《冯友兰新儒学论著辑要》，中国广播电视出版社 1995 年版，第 389 页。

价，必须紧紧抓住我国的经济是市场经济，但又是社会主义的市场经济这样一个基本的事实，并且看到这个社会主义市场经济还处在探索发展的初期。由于是市场经济，因此，首先要看到它是与封建主义的思想、小生产的狭隘观念以及和这两者相联的“左”的观念不能相容的。市场经济的发展必然要使这些观念无可挽救地归于瓦解，产生出新的人生观念，如追求个体独立自强的观念、民主法制观念、人格平等观念、尊重科学与知识的观念，等等。这是一个巨大的历史进步，但人们往往忽视了它，只看到市场经济带来的消极方面的东西。其次，要看到既然是市场经济，就会在一定程度上产生资本主义下的享乐腐化、极端个人主义、拜金主义等思想。而且，由于在市场经济条件下，人的生存的偶然性、不确定性、动荡性增加了，于是又会引起对人生的失落感、孤独感、虚无感。反映在思想上，就会产生皈依宗教、向上帝求救的思想，或鼓吹非理性主义、后现代主义等西方的思想。对于这种种问题的解决，从根本上说就是要认识我们的经济是市场经济，同时又是社会主义的市场经济，努力坚持社会主义方向与理想，并且不停留在言词上，使社会主义的优越性在经济生活和社会生活的诸方面充分显示出来。在思想上，则当然要倡导个体与群体的发展相统一，提倡在个人利益与集体、社会、国家、民族利益发生矛盾的情况下勇于牺牲个人利益的集体主义、爱国主义、社会主义的人生观念和人生境界。这样一种人生观念和人生境界的建立，无疑是一个长期复杂的社会系统工程，只能在千百万人民群众自身的社会实践过程中，在我们前述的对社会人生的实际体验中来不断地求得解决。在这个过程中，某种带有普遍性的高尚的社会风尚的形成与提倡具有十分重要的意义。如黑格尔早就敏锐地指出的，个体意识的发展与他所属的民族的伦常风俗的形成与发展分不开。千百万人民不是如冯友兰先生所说的那样，通过对宇宙人生的高深的“觉解”去建立自己的人生境界，而是在日常的社会交往中，在自己走过的人生道路中，在社会的伦常风俗中形成和确立自己的人生取向和人生境界。一个民族的高尚的人生境界的建立，是这个民族的高尚的精神文化和伦常风俗长期发展的产物。

讲到人生境界，一向有一个人生境界的大小高低问题。冯友兰先生依据他的哲学思想和哲学系统，把“天地境界”列为最高境界。但他所说的这个“天地境界”，明显带有抽象空想和神秘的性质，这里不来详谈了。至于他用他所理解的“觉解”的多少来划分境界的高低，这也是缺乏根据的，前面已经谈到。我认为人生境界的高低应从两个层次上来加以说明。一个层次是人生有各种不同的境界（这和人生境界的诸形态的划分相关，详后），每一境界中有高低的不同，这要从每一境界的构成的特殊性中去加以说明。例如，同属审美与艺术境界，其中有高有低，这要从审美与艺术境界的特殊性去说明。另一层次上的高低，是指所有各种不同形态的境界力求要达到的境界的高低。这个层次上的高低，是同一个民族整个的文化精神，它在某一时代所要追求的最高理想联系在一起的，取决于这种文化精神与理想的高低。但这种高低经常是相对的，是就某一特定的意义而言的。如整个希腊文化所达到的境界，在某些方面高于中国古代文化，在另一些方面又不及中国古代文化。在我们将同一民族的不同时代的文化加以比较时，情况也常常是这样。如我国唐代文化所达到的境界，整个而言高于宋代，但宋代文化也有其特殊的贡献，为唐代文化所不及。此外，所谓最高境界的达到，始终必须把它作为一个无限发展的历史过程来理解，没有什么达到了极点，后世再也无法超越的最高境界。如果说无法超越，也只是在前代所已达到的某种极高的境界，由于产生它的历史条件不复存在，因而再也无法重现这个意义上来说的。但过去的这种境界虽然无法重现，却可以产生出为这种境界所不能代替的新的境界，或者在一个更高的阶梯上把过去的这种境界呈现出来①。例如，中国文化的汉唐雄风，我认为完全能够在一种更高的形态上，在我国社会主义时代的发展中呈现出来。②

（原载《美学与艺术学研究》1997 年第 2 辑）

---

① 参见《马克思恩格斯全集》第 46 卷（上），人民出版社 1979 年版，第 49 ~ 50 页。

② 本文尚未写完。

宗白华对道家美学的阐发

宗白华说:"庄子是具有艺术天才的哲学家,对于艺术境界的阐发最为精妙。"①在中国"五四"以来老一辈的美学家中,最早明确而充分地肯定道家美学的价值,大概除宗白华外再无第二人。宗白华不仅充分肯定道家美学的价值,而且作了许多深刻的阐发。这不是一种偶然现象,而是同宗白华美学思想的形成、发展及其特征分不开的。

一

宗白华首先是一个诗人,他是从对诗的探索追寻而步入哲学与美学之境的。其所以如此,又是因为宗白华对诗的探索和他对人生的意义与价值的探索直接相联。在"五四"运动前后,中国青年一代迫切地希望找寻一种新的人生,确立自己人生的意义与价值。因此,人生观问题成为当时学术文化界所关注的重要问题。宗白华作为"五四"新文化运动充满激情的启蒙者之一,一方面在他的《流云小诗》中写出了他对人生的新感受、新体验;另一方面又开始从哲学、美学上来思考人生问题,写下了一系列讨论人生观问题的文章,如《说人生观》、《中国青年的奋斗生活与创造生活》、《青年烦闷的解救法》、《怎样使我们的生活丰富》、《新人生问题的我见》等。这时及后来他对康德、叔本华、柏格森等人的哲学以及唯物论与唯心论哲学的研究,特别是对歌德的思想与文艺的研究,最终也都是为了解决人生观问题。这个人生观问题

---

① 《中国艺术意境之诞生》,《宗白华全集》(以下简称《全集》)第 2 卷,安徽教育出版社 1994 年版,第 367 页,。

显然同文艺、美学问题,同"五四"前后蓬勃兴起的新文艺分不开。再加上宗白华在当时已是一个很有影响的新诗人,于是人生、文艺、美学、哲学在宗白华的思想中就很自然地打成了一片,并决定了宗白华美学思想的特征。

宗白华的美学是在"五四"前后产生的中国的启蒙主义美学。它深受德国伟大启蒙主义思想家、诗人歌德的哲学和美学思想影响,是歌德启蒙主义美学在中国条件下的一种发展。宗白华在论到歌德的思想时说:

> ……就欧洲文化的观点说,歌德确是代表文艺复兴以后,近代人的心灵生活及其内在的问题。近代人失去了希腊文化中人与宇宙的谐和,又失去了基督教对一超越上帝虔诚的信仰,人类精神上获得了解放,得着了自由;但也就同时失所依傍,彷徨,摸索,苦闷,追求,欲在生活本身的努力中寻得人生的意义与价值。歌德是这时代精神伟大的代表,他的主著《浮士德》,是人生全部的反映及其他问题的解决(现代哲学家斯宾格勒 Spengler 在他的名著《西方文化之衰落》中,名近代文化为浮士德文化)。歌德与其替身浮士德一生生活的内容,就是尽量体验这近代人生特殊的精神意义,了解其悲剧而努力以解决其问题,指出解救之道。①

如果说歌德的思想的目的是要解决西方近代以来人生意义与价值问题,那么宗白华的哲学、美学思想则是吸取歌德的思想,在它的启发下,来解决"五四"前后中国青年最为关心的人生意义与价值问题,以至整个中国文化的发展问题。但是,中西文化的差别是巨大的,要运用歌德的思想来解决这些问题,就不能不反观思考中国本土的文化。而在歌德的思想中,也本来就存在着可以和中国思想相通的某些思想。像欧洲18世纪不少启蒙主义者一样,歌德对中国古代文化怀有一种亲切的敬仰之情。宗白华在《歌德之人生启示》一文中也曾指出,歌德

---

① 《歌德之人生启示》,《全集》第2卷,第2页。

“老年时且由西方文明逃往东方，借中国印度波斯的幻美热情以重振他的少年心”①。宗白华还指出，歌德“是近代泛神论信仰的一个伟大的代表，他表现了西方文明的自强不息的精神，又同时具有东方乐天知命宁静致远的智慧”②。“他的每一首小诗都荡漾在一种浩瀚流动的气氛中，像宋元画中的山水。不过西方的心灵更倾向于活动而已。”③宗白华从青年时代开始就深受歌德思想的影响，他从歌德那里吸取了热爱大自然、热爱生命，为追求人生的意义与价值而行动创造，进取不息的思想；与此同时，他又深刻意识到了歌德的思想有可与中国古代思想相通的地方。这就打开了他从歌德通向中国古代思想的大门，使他站在歌德启蒙主义美学的高度上对中国古代美学作出了新的阐发，并且很自然地把他引向了道家，特别是庄子的美学，对庄子美学予以高度的评价。此外，宗白华的美学在表述的形式风格上也很受歌德和庄子的影响。它经常把对美与艺术的深刻的哲学思想和对人生与艺术的丰富体验结合在一起，采取一种类似于诗的警句格言的形式来表达美学思想，使人读后感到有说不尽也很难说尽的意味。这是一种饱含诗人对人生与艺术的丰富体验的美学，不同于黑格尔式的思辨的美学，但同时又决不是对审美经验的一种肤浅描述，而包含有形而上的深刻的哲学智慧。这样一种表述的形式风格，在“五四”以来中国现代的美学家中，为宗白华所特有。除他的同事、朋友方东美的哲学表述与他有某些类似之处外，再也找不出第二人。

宗白华由歌德的美学而进入中国古代美学，经历了一个发展的过程。在1921年发表的《看了罗丹雕刻以后》一文中，宗白华第一次集中地、充分地论述了他的美学观。他说：

> 我自己自幼的人生观和自然观是相信创造的活力是我们生命的根源，也是自然的内在的真实。你看那自然何等调和，何等完

① 《歌德之人生启示》，《全集》第2卷，第5页。

② 《歌德之人生启示》，《全集》第2卷，第1~2页。

③ 《歌德之人生启示》，《全集》第2卷，第18页。

满，何等神秘不可思议！你看那自然中何处不是生命，何处不是优美光明！这自然的全体不就是一个理性的数学、情绪的音乐、意志的波澜么？一言蔽之，我感到这宇宙的图画是个大优美精神的表现。但是年事长了，经验多了，同这个实际世界冲突久了，晓得这空间中有一种冷静的、无情的、对抗的物质，为我们自我表现、意志活动的阻碍，是不可动摇的事实。又晓得这人事中有许多悲惨的、冷酷的、愁闷的、龌龊的现状，也是不可动摇的事实。这个世界不是已经美满的世界，乃是向着美满方面战斗进化的世界。你试看那棵绿叶的小树，他从黑暗冷湿的土地里向着日光，向着空气，作无止境的战斗。终竟枝叶扶疏，摇荡于青天白云中，表现着不可言说的美。一切有机生命皆凭藉物质扶摇而入于精神的美。大自然中有一种不可思议的活力，推动无生界以入于有机界，从有机界以至于最高的生命、理性、情绪、感觉。这个活力是一切生命的源泉，也是一切“美”的源泉。①

宗白华的这样一种以自然为无比“调和”、“完满”的美的表现，以大自然中“一种不可思议的活力”为“一切‘美’的源泉”的美学观，是从何而来的呢？显然，它既与歌德热情赞美自然的神奇美丽的泛神论思想和启蒙主义美学相关（在写此文之前，宗白华已与田汉、郭沫若热烈地讨论过歌德的思想与文艺），同时又可通于中国古代庄子对大自然的赞美和以“自然无为”为最高的美。庄子的哲学，实际上也是中国古代条件下的一种泛神论。宗白华在大约写于 1928 ~ 1930 年的《形而上学（中西哲学之比较）》中明确地指出：“庄子又由天地之美，以达于道！泛神境！”②除通于庄子之外，宗白华上述的美学观，显然又可通于大量吸取了道家思想的《周易》的“天地之大德曰生”、“生生之谓易”的思想。歌德的泛神论的启蒙主义美学观、《庄子》和《周易》的哲学与美学，再加上宗白华很为欣赏的英国文艺批评家派脱（W. Pater，今译佩

① 《全集》第 1 卷，第 324 ~ 325 页。

② 《全集》第 1 卷，第 639 页。

特)所说"一切艺术都倾向音乐状态"的思想,构成了宗白华后来对他在《看了罗丹的雕刻之后》这篇文章中自述的美学观的进一步阐发。在此文中,宗白华说在看了罗丹的雕刻之后更为坚定了自己原先的美学观并加深了理解,这实际也是因为罗丹对自然与艺术的看法在很大程度上仍继承了包括歌德在内的启蒙主义美学的精神,特别是宗白华很为欣赏的"歌德热情主义唯动主义的泛神思想"①。他说:"罗丹认定'动'是宇宙的真相,惟有'动象'可以表示生命,表示精神,表示那自然背后所深藏的不可思议的东西。这是罗丹的世界观,这是罗丹的艺术观。"②

《看了罗丹的雕刻以后》一文,在宗白华美学思想的发展上具有很重要的意义。但在此文中,宗白华还没有从中西美学的比较上具体阐发自己的美学思想。这种阐发,在哲学上始于前面所讲的《形而上学(中西哲学之比较)》的写作(这是一篇未完成的手稿,包含了许多深刻的思想),在艺术上则始于1934年发表的《论中西画法的渊源与基础》一文。此后,宗白华又写了《中国艺术意境之诞生》、《艺术与中国社会》、《中国诗画中所表现的空间意识》等许多重要论文,对他自己的美学思想作了进一步的阐发,同时也阐发了道家的美学思想。

二

宗白华很为重视庄子关于"道"与"技"的思想。他说:"在他是'道',这形而上原理,和'艺',能够体合无间。'道'的生命进乎'技','技'的表现启示着'道'。"③宗白华引述了《庄子·养生主》中讲"道"与"技"的庖丁解牛的寓言,指出:

"道"的生命和"艺"的生命,游刃于于虚,莫不中音,合于桑林

① 《全集》第2卷,第21页。
② 《全集》第1卷,第328页。
③ 《全集》第2卷,第367页。

之舞,乃中经首之会。音乐的节奏是它们的本体。所以儒家哲学也说:"大乐与天地同和,大礼与天地同节。"《易》云:"天地氤氲,万物化醇。"这生生的节奏是中国艺术境界的最后源泉。石涛题画云:"天地氤氲秀结,四时朝暮垂垂,透过鸿濛之理,堪留百代之奇。"艺术家要在作品里把握到天地境界!①

庄子关于"道"与"技"的关系的思想,包含着多方面的深刻的意义。宗白华从庖丁解牛"合于桑林之舞,乃中经首之会"来解释,认为"技"体现了生命、音乐的节奏,从而体现了与"道"合一的"艺",这是一种很有独到之见的深刻的解释。因为一切美的确与生命、音乐的节奏相关,而人类最初就是从如庖丁解牛这样合规律而又高度熟练、自由的各种劳动活动中,体验到这种节奏。自古以来,中国人又把这种节奏与天地万物生命运动的节奏联系起来,认为美与和谐就在这种节奏的表现之中。因此,艺术家对某一事物的美的描写就具有了和整个大自然生命的和谐相通的意义,可以直达天地境界。这的确是中国古代美学的一大特点,不同于西方古希腊仅从事物数学的、几何学的比例中去找寻美与和谐。对于中国古代美学的这一根本性特点的阐明,是宗白华美学的一大贡献。宗白华说:

> 中国人感到宇宙全体是大生命的流行,其本身就是节奏与和谐。人类社会生活里的礼和乐,是反射着天地的节奏与和谐。一切艺术境界都根基于此。②

宗白华这一思想的得来,既受到歌德泛神论的启蒙主义美学的启发,同时又是他深入研究《庄子》、《周易》的哲学与美学的结果。他多次引述《庄子》以阐明这一思想:

---

① 《全集》第2卷,第368页。

② 《全集》第2卷,第416页。

活泼的庄子也说他“静而与阴同德，动而与阳同波”，他把他的精神生命体合于自然的旋律。①

中国人抚爱万物，与万物同其节奏：静而与阴同行，动而与阳同波（庄子语）。②

由此出发，宗白华又进一步探讨了大自然的生命节奏在中国艺术中的表现所造成的中国艺术不同于西方艺术的重大特点，借助于对道家关于虚实、时空的看法的分析而作出了深刻的阐明。

三

《庄子·天地》中有一段寓言，说黄帝游于赤水之北，登于昆仑之丘而南望，归而失其玄珠，使“知”、“离朱”、“喫诟”索之均不得，后使“象罔”索之乃得。宗白华很欣赏这段寓言，用它来说明艺术形象的特征。

从原文来看，这段寓言讲的是如何才能得到“道”（“玄珠”）的问题。用思虑（理智的思考），凭声色感官或言辨均无法达到“道”，只有绝思虑、离声色、去言辨方能得到。“象罔”指的就是这样一种能够得“道”的精神状态。但从《庄子》全书的整个思想来看，这种状态绝不是西方哲学所说的那种超感觉、非理性的状态，而是一种不离感觉而又超感觉、不离理性而又超理性的状态，如《庄子集释》释文所说，“象罔者，若有形，若无形，故曰眸而得之。即形求之不得，去形求之亦不得也”。这样一种状态，并不是针对审美与艺术而言的，但恰好又可同审美与艺术相通，深刻地抓住了审美与艺术的特征③。宗白华引吕惠卿注“象则非无，罔则非有，不皦不昧，此玄珠之所以得也”，并加以发挥说：

---

① 《全集》第2卷，第404页。

② 《全集》第2卷，第441页。

③ 参见拙作《中国美学史》第一卷，《庄子》章。

> 非无非有,不皦不昧,这正是艺术形象的象征作用。“象”是境相,“罔”是虚幻,艺术家创造虚幻的境相以象征宇宙人生的真际。真理闪耀于艺术形象里,玄珠的𫎆于象罔里。歌德说:“真理和神性一样,是永不肯让我们直接知识的。我们只能在反光、譬喻、象征里观照它。”又说:“在璀璨的反光里我们把握生命……”①

这是一个合理而深刻的发挥。“玄珠”喻“道”,亦即宇宙人生的最高真理。惟“象罔”可以得“道”,而“象罔”为“非有非无,不皦不昧”,既为“境相”,又为“虚幻”,即既不离感觉又超感觉,既不离理性又超理性,既不离言辨又超言辨,这正是艺术形象达到真理(“玄珠”)的特征所在。所以说“真理闪耀于艺术形象里”,也就是“玄珠的𫎆于象罔里”。宗白华又引述歌德,以艺术为真理的“反光、譬喻、象征”,“道”即是以“象罔”为“玄珠”(真理)的表现、象征,“玄珠”之光反射在“象罔”(艺术形象)里。这个“象征”,首先是在哲学的意义上说的,不限于指文艺创作上的手法、流派。整个而言,宗白华的美学很为重视文艺的“象征”作用。在《形而上学(中西哲学之比较)》一文中,宗白华还曾指出:“西洋:推理作用,概念世界。中国:感通作用,象征世界。”②

宗白华认为,“象罔”作为“玄珠”的表现、象征,既为“境相”,又为“虚幻”,于是又很自然地引向了艺术中的虚实问题。这是宗白华美学始终高度关注的问题。

宗白华引方士庶《天慵庵随笔》及恽南田《题洁庵图》,指出“山川草木,造化自然,此实境也。因心造境,以手运心,此虚境也。虚而为实,是在笔墨有无间,——故古人笔墨具此山苍树秀,水活石润,于天地之外,另构一种灵奇”(方士庶语)。它是艺术家“灵想之所独辟,总非人间所有。其意象在六合之表,荣落在四时之外。有如《庄子》、《列子》所说“将以尻轮神马,御冷风以游无穷。真所谓藐姑射之山。汾水

① 《全集》第2卷,第371页。

② 《全集》第1卷,第635页。

之阳,尘垢秕糠,淖约冰雪"(以上恽南田语)。所以,"艺术境界"的特征是"以宇宙人生的具体为对象,赏玩它的色相、秩序、节奏、和谐,借以窥见自我的最深心灵的反映;化实境而为虚景,创形象以为象征,使人类最高的心灵具体化、肉身化"①。以上是宗白华对虚实问题的较为集中的说明。它的主旨在于指出艺术境界是艺术家的心与"实境"相互作用而创造出来的"虚境",目的是以此来"象征人类最高的心灵",使人们能窥见它、体验它。这"虚境"的创造不能脱离"实境",但它又绝不是对"实境"的如实仿造,而是一个不同于"实境"的、独立永恒的美的世界。相对于自然、生活中的"实境",艺术是"虚境",是"象征",但艺术本身也有一个"虚"与"实"的问题。"艺术家创造的形象是实,引起我们的想像是虚"②。做到这一点的方法,宗白华用宋人范晞文《对床夜话》中的一句话来加以概括:"化景物为情思。"他说:"化景物为情思,这是对艺术中虚实结合的正确定义,以虚为虚,就是完全的虚无;以实为实,景物就是死的,不能动人;惟有以实为虚,化实为虚,就有无穷的意味,幽远的境界。"③宗白华以上这些说法、理论,都有很值得注意研究的意义。但构成他的理论的最具特色、最有独创性的看法,却是他从老、庄的思想来讲艺术的"虚"的问题,以及中国艺术中的时空意识问题。

四

宗白华说:"中国艺术意境的创成,既须得屈原的缠绵悱恻,又须得庄子的超旷空灵。"④这里所说的"庄子的超旷空灵"也就是和艺术意境相关的"虚"的问题,但又不是一般所说艺术作品应引起想像或"化景物为情思"的问题,而是具有形而上的哲学意义的问题。宗白华

① 《全集》第2卷,第360~361页。

② 《全集》第2卷,第454页。

③ 《全集》第3卷,第456页。

④ 《全集》第2卷,第367页。

在《论中西画法的渊源与基础》一文中已经指出：

> 中国画所表现的境界特征，可以说是根基于中国民族的基本哲学，即《易经》的宇宙观：阴阳二气化生万物，万物皆禀天地之气以生，一切物体可以说是"气积"（庄子：天，积气也）。这生生不已的阴阳二气织成一种有节奏的生命。中国画的主题"气韵生动"，就是"生命的节奏"或"有节奏的生命"。伏羲画八卦，即是以最简的线条结构表示宇宙万相的变化节奏。后来成为中国山水花鸟画的基本境界的老、庄思想及禅宗思想也不外乎于静观寂照中，求返于自己深心的心灵节奏，以体合宇宙内部的生命节奏。①

从这里来看，"虚"的问题即"庄子的超旷空灵"，显然与宇宙的生命运动及空间、时间问题密切相关。由于产生万物的阴阳二气的运动变化所织成的"有节奏的生命"或"生命的节奏"是中国艺术所要追寻表现的东西，而"生命的节奏"不能脱离时间与空间，因此中国艺术有极强烈的宇宙空间和时间意识。即使画的是一花一木，也要把它放在无限的宇宙空间的背景之下，去显示由阴阳二气的运动变化所产生的"有节奏的生命"。因此，中国画的背景是留白的，有时还特意留下大片的空白，不像西方绘画那样去画出事物所在某一具体空间背景和光影的复杂变化。宗白华很为深刻地指出，这空白之处并非空无一物，它正是那产生万物的"生命节奏"的"天"、"气"、"道"的象征。宗白华说："庄子说：'虚室生白'，又说：'唯道集虚'，中国诗词文章里都着重这空中点染，抟虚成实的表现方法，使诗境、词境里面有空间，有荡漾，和中国画面具有同样的意境结构。"②宗白华又据《老子》而解释说：

> 画家所写的自然生命，集中在一片无边的虚白上。空中荡漾着"视之不见、听之不闻、抟之不得的道"，老子名之为"夷"、

① 《全集》第2卷，第109页。

② 《全集》第2卷，第373页。

"希"、"微"。在这一片虚白上幻现的一花一鸟、一树一石、一山一水,都负荷着无限的深意、无边的深情。①

这样一种空间,由于要在宇宙无限的空间背景上来显示万物生命运动变化的节奏,因此它又与时间分不开,不同于西方艺术中的空间。它"不是由几何、三角所构成的西洋的透视学的空间,而是阴阳明暗高下起伏所构成的节奏化了的空间"②。和西方不同,"我们的宇宙是时间率领着空间,因而成就了节奏化、音乐化了的'时空合一体'"③。这,又是与庄子、《周易》的思想分不开的:

> 我们的宇宙既是一阴一阳、一虚一实的生命节奏,所以它根本上是虚灵的时空合一体,是流荡着的生动气韵。哲人、诗人、画家,对于这个世界是"体尽无穷而游无朕"。"体尽无穷"是已经证入生命的无穷节奏,画面上表出一片无尽的律动,如空中的乐奏。"而游无朕",即是在中国画的底层的空白里表达着本体"道"(无朕境界)。庄子曰:"瞻彼阕(空处)者,虚室生白。"这个虚白不是几何学的空间间架,死的空间,所谓顽空,而是创化万物的永恒运行着的道。这"白"是"道"的吉祥之光(见《庄子》)④。

以上这些看法,真正是发前人所未发,非常准确而深刻地抓住了中国艺术中的空间意识的特征。

和上述看法相联系,宗白华还比较了中西对无限的追求的不同。他指出"移远就近,由近知远"是中国人的空间意识的特点。中国人不是像西方人那样,站在一个定点上去观察宇宙,而是游于无限的宇宙之中,上下流观,与宇宙合一,而又非一往不返。因此,"这不是西洋精神

---

① 《全集》第2卷,第374页。
② 《全集》第2卷,第427页。
③ 《全集》第2卷,第440页。
④ 《全集》第2卷,第441页。

的追求无穷,而是吸引无穷于自我之中!……深广无穷的宇宙来亲近我,扶持我,无庸我去争取那无穷的空间,像浮士德那样野心勃勃,彷徨不安"①。"中国人于有限中见到无限,又于无限中回归有限。"②对于中国人来说,在无限与有限之间,不存在一道不可跨越或很难跨越的鸿沟。这是中国人思想的优点,但与此同时,又带来了缺点,即缺乏西方的那种悲剧精神。"人性由剧烈的内心矛盾才能掘出的深度,往往被浓挚的和谐愿望所淹没。固然,中国人心灵里并不缺乏他雍穆和平大海似的幽深,然而,由心灵的冒险,不怕悲剧,以窥探宇宙人生的危岩雪岭,发而为莎士比亚的悲剧,贝多芬的乐曲,这却是西洋人生波澜壮阔的造诣!"③

由于重视时空意识与中国艺术的关系,宗白华对中国哲学中的时空意识,特别是道家的时空意识进行了探讨。在《中国古代的音乐寓言与音乐思想》一文中,他对自己探讨的结果,作了最为集中明确的表述:

> 老庄谈道,意境不同。老子主张"致虚极,守静笃,万物并作,吾以观其复"。他在狭小的空间里静观物的"归根","复命"。他在三十辐所共的一个毂的小空间里,在一个抟土而成的陶器的小空间里,在"凿户牖以为室"的小空间的天门开阖里观察到"道"。道就是在小空间里的出入往复,归极复合。所以他主张守其黑,知其白,不出户,知天下。……庄子却爱逍遥游。他要游于无穷,寓于无境。他的意境是广漠无边的大空间。在这大空间里作逍遥游是空间和时间的合一。④

同为道家,老与庄的区别向来是学术界所讨论的一个重要问题。

① 《全集》第2卷,第429~430页。
② 《全集》第2卷,第440页。
③ 《全集》第2卷,第417页。
④ 《全集》第3卷,第440页。

宗白华在这里指出的老、庄在空间意识上的区别,我认为是合乎实际的。我在拙作《中国美学史》第一卷庄子章中也曾指出,追求一种在空间以及时间上无限的美,是庄子美学的一个重要特色,对中国美学与艺术有很大的影响。如宗白华所说:“庄子的空间意识是‘深闳而肆’的,它就是无穷广大、无穷深远而伸展不止、流动不息的。这是和老子的‘至虚极,守静笃’正相反的。大诗人李白在他诗篇里发挥了庄子这个境界。中国许多画家的空间意识也表现着这个境界。”①

不过,这里还有两个问题,即同为道家,何以老、庄会有此种区别?老子的“至虚极,守静笃”在美学上是否也有它的意义?就第一个问题而论,我以为和老子原为史官,重视治国用兵,讲究谋略(不等于讲阴谋),反对“妄作”(“妄作凶”)、“轻敌”(“祸莫大于轻敌”),主张“慎始如终”,后发制人,永远立于不败之地有关。所谓“至虚极,守静笃”,以明察秋毫的眼光静观万物的变化,很大程度上是讲一个善于保国全身的大谋略家必须有的精神状态。所以,老子关注的不是无限的宇宙的变化,而是近在咫尺的日常人事的变化。庄子则不然,他虽然也言帝王之术,但又已把对个体生命的保存和自由的追求放在最高的地位了。这种自由的实现就是与天地合一,逍遥游于广大无尽的宇宙之中,于是老子所言种种与保国全身相关的细小周密的考虑,都成为琐屑不足道的了。老子对待世界的态度,基本上还是一种慎之又慎地计算得失成败的事功态度,至庄子则转变为一种超功利的、审美的态度。所以,道家美学是以庄子为代表的。但原先老子所说的“至虚极,守静笃”并没有被抛弃,而是被改造成一种达到不为外物所扰的超功利境界所需的精神状态(这在《庄子·天道》中讲得很清楚,兹不详论),并且与审美、艺术相关。如《达生》中讲到古代艺术大师“梓庆削木为鐻”之所以达到了极其神妙的程度,就因为他在创作之前“齐以静心”,做到了“不敢怀非誉巧拙”,直至“辄然忘吾有四肢形体”。此后,中国历代美学、文艺理论都常讲到“虚静”是成功地进行艺术创造所必需的重要条件。

① 《全集》第3卷,第282~283页。

五

前面我们说过，宗白华很欣赏佩特说过的“一切艺术都倾向于音乐状态”这句话。这是因为宗白华从生命的运动及其节奏来观察美与艺术，所以他十分注意音乐及音乐与其他各门艺术的关系。他在论及中国的书法、绘画时，也常常将它们和音乐联系起来考察。例如，在讲到中国书法时，他说：“中国的书法本是一种类似音乐或舞蹈的节奏艺术。……中国音乐衰落，而书法却代替了它成为一种表达最高意境与情操的民族艺术。三代以来，每一朝代有它的书体，表现那时代的生命情调与文化精神。”①更为扩大开来说，宗白华认为“一个充满音乐情趣的宇宙（时空合一体）是中国画家、诗人的艺术境界”②。

宗白华的上述看法有着重要的、深刻的意义。因为“乐”本来是中国艺术与美学所从出的源头，《乐记》所说“大乐与天地同和”是第一个最能显示中国艺术与美学精神的重要命题。但道家关于“乐”的思想则一向是受忽视的。拙著《中国美学史》第一卷也略去了对庄子音乐理论的探讨，我想将来在修订本中予以增补。宗白华的《中国古代音乐寓言与音乐思想》一文，全面地论述了包括庄子在内的音乐寓言与音乐思想，是一篇有重要价值的论文。宗白华说：“庄子用丰富、活泼、生动、微妙的寓言表白他的思想，有一段很重要的音乐寓言，我也要谈到。”③宗白华还讲到了研究中国古代音乐思想的重要性：

> 就像我们研究西洋哲学必须理解数学、几何学那样，研究中国古代哲学也要理解中国音乐思想。数学与音乐是中西古代哲学思维里的灵魂呀！（两汉哲学里的音乐思想和嵇康的《声无哀乐论》都极重要）数理的智慧与音乐的智慧构成哲学的智慧。……社会

① 《全集》第2卷，第143页。

② 《全集》第2卷，第434页。

③ 《全集》第3卷，第428页。

主义将为中国创造数学智慧与音乐智慧的新综合，替人类建立幸福的丰饶的生活和真正的文化。①

这样一种对“音乐的智慧”的重大意义的看法很值得我们细加研究。就像马克思认为古希腊艺术的“魅力”与精神能“在一个更高的阶梯上……再现出来”一样②，中国古代“大乐与天地同和”的理想也能在中国特色社会主义的发展中以一种新的形式实现出来。

宗白华讲到的《庄子》中关于音乐的寓言见于《天运》。它假托黄帝“张咸池之乐于洞庭之野”，极为生动地描写了听者对音乐境界的体验。虽然它的本意是在借此说明人对“道”的体验与把握的过程，但由于庄子所说的“道”同时就是最高的美之所在，因此这个寓言也就有了值得重视的美学意义。此外，庄子以音乐喻“道”，这本身就说明庄子之“道”与审美、艺术是相通的。如宗白华所指出，庄子“所说的‘道’，是动的，变化着的，像音乐那样”③。但庄子所描绘的“咸池之乐”，“和孔子所爱的大舜的韶乐有所不同”，不是“听了叫人‘心气和平’、‘清明在躬’”，而是“叫人‘惧’，‘怠’、‘惑’、‘愚’，以达于他所说的‘道’”④。宗白华指出，从艺术史上看，“浪漫主义是和‘惧’、‘怠’、‘惑’、‘愚’有密切的姻缘”，因此庄子这段寓言“是我们古代浪漫主义思想的代表作”，与孔子的古典主义的音乐思想不同⑤。“庄子爱好音乐，并且是弥漫着浪漫精神的音乐，这是战国时代楚文化的优秀传统，也是以后中国音乐文化里高度艺术性的源泉。”⑥这些看法是正确而深刻的，从总体上指出了庄子音乐思想所具有的不可忽视的美学意义和特征。

人们常说浪漫主义的特征是重视理想，其实最重视理想的是古典

---

① 《全集》第3卷，第433页。

② 《马克思恩格斯选集》新版第2卷，人民出版社1995年版，第29页。

③ 《全集》第3卷，第438页。

④ 《全集》第3卷，第438页。

⑤ 《全集》第3卷，第439页。

⑥ 《全集》第3卷，第440页。

主义,对此,黑格尔美学有很为深刻的认识。它认为“古典型”的艺术是“理念”与“形象”、内容与形式的最完满的统一,是真正完全合乎“理想”的美。而“浪漫型”的艺术,恰好是“古典型”艺术的“理想”的美因其内在矛盾而解体的结果,于是在艺术中,“灾难、死亡和空无的痛感,精神和肉体的痛苦作为一种重要的因素而出现了”①。“浪漫型”艺术的特征就是不回避这种灾难、死亡、空无、痛苦,通过对它的克服而重新达到统一和“精神的美”。但黑格尔又指出这是“浪漫型”艺术最后无法做到的,因此就宣告了艺术“消亡”而被哲学所取代。黑格尔所说的这种“浪漫型”艺术,既包含我们现在所说的浪漫主义的艺术,也包含19世纪以来的现实主义的艺术,因为两者都是“古典型”艺术的“理想”美破裂的产物。黑格尔对艺术与美的类型发展的论述,在神秘抽象思辨的说法中,包含了对人类艺术发展的历史过程的深刻理解,这里不能详论。现在我想要说的是:在中国古代美学与艺术的发展中,儒家美学是古典主义的理想、和谐的不倦的追求者,而道家美学(主要是庄子的美学)则是儒家所说的这种理想、和谐的批判者。它抛弃儒家古典主义美学理想化的思想,指出人生中存在着种种痛苦、虚伪、丑恶的现象。它要借助于“道”来克服它,达到一种与自然合一的精神的美。这也是“和”的实现,但其意义与儒家所说的“和”有重要的不同。所以,庄子在前述的音乐寓言中,不是像儒家那样大讲“和”是音乐的本性,而提出了“惧”、“怠”、“惑”、“愚”作为达到音乐之美的全过程。只有逐一地克服了“惧”、“怠”、“惑”,最后达到“愚”(即道家所说的“离形去智”、“大智若愚”,对人世的是非、荣辱、贵贱、寿夭的完全超越),方能领悟音乐的美。这正是打破古典主义的理想化和谐的浪漫主义美学的特征。西方19世纪末以来的所谓“现代派”艺术,按黑格尔美学的说法,也属于“浪漫型”艺术。在这一类艺术以及论证这一类艺术的哲学与美学中,庄子所说的“惧”、“怠”、“惑”占有十分重要的地位。如对“现代派”艺术产生了最深刻影响的海德格尔的哲学与美学,即包含有在西方现代条件下对“惧”、“怠”、“惑”的种种现象学的描述与分

① 黑格尔《美学》第2卷(中译本),第280页。

析。此外，我在拙作《中国美学史》第1卷庄子章中分析了庄子提出的“德有所长而形有所忘”的思想，指出庄子认为在奇丑的形象中也能表现出高度的精神美。这种不排斥丑，对丑的美学意义予以充分肯定的思想，也同样是浪漫主义美学的一个重要特征。总之，庄子美学确是与儒家古典主义美学不同的古代浪漫主义美学，它在不少方面可与现代的艺术与美学相通。但这当然不是说儒家古典主义的美学在现代就没有意义，也不能把道家的中国古代浪漫主义美学等同于黑格尔所说西方“浪漫型”艺术的美学。因为中国古代道家的浪漫主义美学最后仍然是以“和”为其归宿点的，没有陷入主客、心物二元对立不可解决的矛盾之中。这也是宗白华在对道家美学的评述中多次作了深刻阐明的。

宗白华对道家美学的种种深入的阐发，从一个方面说明了古老的道家思想在中国现代的思想中仍有其不能忽视的重要意义。随着中国不断走向现代化，道家思想的深刻内涵及其在现代的价值也将日益地凸现出来。由于宗白华美学思想包含着尚待深入研究的丰富复杂的内容，本文对宗白华在阐发道家美学上的贡献，只据我目前的理解与研究，作了一些介绍性的说明，希望能多少有助于对这一问题的探讨。

此文作于十年前，2003年7月21日校毕。

（原载《道家文化研究》第二十辑，三联书店2003年版）

略论徐复观美学思想

一、徐复观是一位在美学研究方面取得了重要成就的哲学家

在西方近现代哲学史上,哲学家兼为美学家,美学家同时也就是哲学家,这种一身而二任焉的情况很不少。在中国近现代哲学史上则不同,研究哲学的学者很少关注、研究艺术与美学问题。反过来说,专门研究美学的学者,虽然有他们的哲学思想,但也很少有人把自己的哲学思想系统地阐发出来。如果我们要去找一位专门研究哲学、同时又致力于艺术与美学问题的研究,并写下了系统的著作的学者,那就可以说只有徐复观一人了。

在中国近现代哲学史上,王国维是较早引进西方哲学与美学来研究阐明中国古代文艺与美学的学者,他可以说是中国近现代美学的奠基者。其后,蔡元培继续进行了这一工作,并产生了很大的影响,但他对中国古代文艺与美学关注与研究的程度不及王国维。蔡元培之后,有一批学者专门致力于艺术与美学问题的研究,其中成就卓著者,当推邓以蛰、宗白华、朱光潜三人。除他们三人之外,方东美在建构他自己的哲学体系时也涉及了审美与艺术问题,并发表了有启发性的重要见解。但这在他的整个哲学体系中,只处于次要地位,还没有充分地展开与论证。上述各位学者对艺术与美学问题的研究都与哲学有密切关系,并且都涉及了中国传统的哲学、艺术与美学理论,有的还对中国儒道禅三家的哲学与美学思想提出了很为深刻的见解(如宗白华)。但他们都主要是从解决他们所关心的艺术与美学问题的角度涉及中国传

统的哲学、艺术与美学理论,还没有直接从中国哲学史、思想史的角度来系统地观察研究中国传统的艺术与美学理论。徐复观则系统地进行了这一研究。他是作为一个中国哲学史家、思想史家来观察研究中国传统的艺术与美学理论的。这是他的美学思想的特点,也是他的特殊贡献之所在。

徐复观之所以在美学方面作出了自己的贡献,大致上有下述几个原因:第一,他在青年时代就很喜欢中国诗文,还曾一度关注"五四"新文学,读过鲁迅及其他人的一些作品。在他转向艺术与美学问题的研究之前,又曾花了很多功夫来了解与研究中国画。第二,他的哲学十分重视价值问题的研究,而审美与艺术问题显然是考察价值问题不可忽视的重要方面。对价值问题的思考与研究把他推向了审美与艺术问题的研究。第三,他系统地思考与研究了中国古代的人性论,这种研究同艺术与美学问题的关系也是十分重要而密切的,很自然地为他对艺术与美学问题的研究奠定了一个坚实的基础。

二、徐复观对美学的主要贡献

徐复观从中国哲学史、中国古代人性论的角度系统分析了儒道两家的美学思想。他正确地指出了儒家所说的"礼乐"与中国艺术和美学发展的密切关系,提出"礼"是"人类行为的艺术化、规范化的统一物",并分析了"礼"与"乐"的内在联系,孔子的"仁美统一"、"美善统一"的思想内涵及其重要价值。他通过对道家哲学特别是庄子哲学的分析,阐明了"老庄思想当下所成就的人生,实际是艺术地人生;而中国的纯艺术精神,实系由此一思想所导出"。"庄子之所谓道,其本质是艺术性的"。"庄子所把握的心,正是艺术精神的主体"。所有上述分析,特别是对庄子思想的艺术精神的分析很有创见,对中国美学史的研究具有重要价值。

徐复观把他对儒道两家美学的分析应用于对历代中国文艺理论、特别是对中国画论的分析,提出了不少新颖的、有哲学深度与启发性的看法。

徐复观在许多方面论证了中国古代艺术与美学传统不可磨灭的伟大的地方，对西方现代艺术所存在的问题与弱点提出了不少中肯的批评。

徐复观在研究阐发中国古代艺术与美学精神的同时提出了他自己对美学问题的不少重要看法，但这些看法尚未以充分系统的形式表述出来，有待于今天的研究者去加以归纳、整理和阐释。

三、徐复观美学思想存在的若干问题

徐复观给了道家（庄子）美学以比儒家美学更高的评价，这是很有见地的，但因此又相对地忽视了儒家美学的重要性，对儒家美学的分析阐释不足。此外，不论是对道家或儒家美学的分析，都还有若干尚待完善的地方。

由于十分重视道家（庄子）美学，徐复观在分析历代文艺与美学时，有一种忽视儒家美学的重要影响、儒家美学与道家美学的相互渗透，从而将中国历史上多样的美学思想归结为庄子美学的倾向。这种单线式的分析，不免脱离了中国美学发展的多样性与复杂性。就先秦而言，他忽视了与《诗经》不同的、由《楚辞》所体现的楚骚这一美学系统及其在后世的影响。就先秦之后而言，他忽视了庄学的艺术精神与玄学的艺术精神之间的差别，往往把两者看作是一个东西。他把佛学禅宗对中国艺术的影响也归结为其中所包含的“与庄学在同一层次”的思想的影响，否认佛学禅宗有不同于庄学的艺术精神。笔者认为，中国古代美学实际上有六大系统。除儒、道这两个根本性的系统之外，尚有楚骚、玄学、佛学禅宗以及明中叶后以李贽、汤显祖、袁宏道等为代表的自然人性论美学系统。这最后一个系统，已具有近代人文主义的色彩，开始出现了突破过去儒、道、禅等思想系统的动向。此外，先秦时期的楚骚美学已是儒、道融合的产物。至魏晋，儒、道、玄、佛往往是相互渗透的。至唐，特别是中唐以后，这种情况更为明显。

徐复观对历代文艺与美学的分析，既提出了不少有创意的新见，同时也包含了不少尚待进一步商榷的问题。

徐复观对西方现代艺术存在的问题，常有尖锐而中肯的批评，但也有偏颇的地方，给人以全盘否定的印象。

尽管有上述问题与不足，徐复观仍不愧是中国现代一位在美学研究方面取得了重要成就的哲学家。有人抓住他的论述中存在的某些问题大做文做章，以此来否定他在整体上作出的重要贡献，这种做法是不对的。

（原载《徐复观与中国文化》，湖北人民出版社 1997 年版）

德国美学在中国的传播与影响

绪　言

历史悠久的中国美学,是在19世纪末20世纪初,从古代形态转变为近代形态。这个转变,开始于对德国康德、席勒、叔本华、尼采等人的美学思想的输入、介绍与研究。

我们可以说,德国美学对中国美学从古代形态到近代形态的转变产生了决定性的影响。自此以后,德国美学对中国现代美学的影响始终处在重要地位,超过了英、法、意、美诸国美学的影响。虽然朱光潜(1897~1986年)在20世纪30年代到40年代大力介绍了意大利克罗齐(Benedetto Croce)的美学,也产生了不小的影响,但克罗齐是一个新黑格尔主义者,他的美学也与黑格尔有深刻的联系。而且,朱光潜从20世纪50年代开始致力于黑格尔美学的介绍、研究,取得了很大的成就。他早期的美学思想也很受尼采的影响。至于马克思的美学对中国现代美学的强大影响,那更是十分明显。从20世纪70年代到80年代,李泽厚对康德哲学与美学的研究,其他一些人对尼采、海德格尔、加达默尔等人的美学的介绍研究,又大为增强了德国美学对中国现代美学的影响。

但是,有成就的中国学者是立足于中国美学自身的传统来介绍、研究德国美学的,不是简单地照搬。德国美学对中国美学产生影响的过程,表现为中德美学相互交融的过程。这种交融表明,中德思想文化有一种内在的亲和力。这是很值得研究的。今天,中德思想文化继续深入地交流,也将会结出丰硕的果实,并增进中德人民的友好。

下面，我将从19世纪末20世纪初开始，对德国美学在中国的传播与影响，作一个概略的回顾与介绍。

一、王国维对德国美学的介绍与研究

王国维（1877～1927年）是第一个向中国介绍德国美学，并应用它来解释中国古代文艺、美学的学者。他是使中国美学从古代形态转向近现代形态的先驱，也是中国近代以来第一个真正意义上的美学家。

19世纪末叶，中国以严复、康有为、梁启超为代表的一些先进分子，为求中国富强，开始认真反思中国几千年来封建的思想制度，主张向西方学习，有限度地引入西方的科学民主思想。王国维是在这一历史潮流中产生的一个很特异的、矛盾的人物。王国维也有希望中国富强的思想，但他主要不是从社会政治角度，而是从解决“人生问题”、探求学术理论的角度来学习、介绍、研究西方思想。他对康有为、梁启超以至孙中山所进行的政治活动能否真正改变中国的现状持冷淡、怀疑的态度，后期甚至对西方的社会政治思想能否真正解决西方的问题也提出了疑问。由于他不是从如何解决中国现实的社会政治问题出发来学习西方思想，而是从如何解决人生所遭遇的痛苦这样一种抽象哲学的角度来学习西方思想，思考种种问题，因此，从政治上看他比康、梁等人要消极很多，从哲学上看他却比康、梁以及严复等人更为深刻，更能理解西方思想的精神实质。他晚年对已崩溃的清王朝表现出来的感恩之情，以及他的自杀，主要应从一向重视“人生问题”的王国维个人的生活遭遇来加以解释，并不意味着他对他所努力介绍研究的西方思想的根本否定。

王国维于30岁开始为解决“人生问题”而研究西方哲学，1903年春天读了康德的《纯粹理性批判》，对康德非常敬仰，比之为“天空的太阳”。这在一个一向崇拜孔夫子的国度，不能不说是一种巨大深刻的变化，但王国维实际上更喜爱的是叔本华的思想。此外，他还研究、介绍了席勒、尼采的思想，对西方古希腊以来的哲学思想也有不少涉猎与了解。

王国维从德国美学中吸取的最重要的思想，是由康德确立，又经席勒、叔本华分别加以发挥的审美与功利无关的思想。王国维认为，美的对象与一切功利欲望不发生关系，审美与艺术的目的在于使人从追求功利欲望满足而产生的无穷痛苦中获得暂时的解脱与安慰。王国维还依据康德的非功利思想，强烈主张艺术以及哲学的研究应以其本身为目的，而不能成为政治与道德的工具、仆从。这包含着对中国几千年封建专制主义的批判，是近代以来中国人最早对艺术、学术的独立与自由发出的呼声。但王国维没有注意到，艺术、哲学要完全地脱离政治、道德，实际是不可能的。特别是在王国维的时代，黄遵宪、梁启超等人通过"诗界革命"、"新小说"来为中国的富强呐喊，既有为王国维所不满的狭隘功利性，亦有其不能否认的历史合理性。不过，王国维虽然主张艺术是非功利的，因而是"无用"的，但又认为可以有"大用"，那就是能够陶冶人的情感，使人进入高尚的境界。因此，在人所具有的各种"嗜好"中，他认为文艺是"最高尚的嗜好"，并主张发展这种"嗜好"，以取代其他有害的"嗜好"（如吸鸦片）。由此可见，王国维主张非功利的美学并未完全脱离为人生的目的。

虽然中国古代道家庄子美学中已包含了审美与艺术是超功利的思想（参见拙著《中国美学史》第1卷），但还不可能作出像康德美学这样明确、系统、周密的说明论证。而且，在中国历史上，儒家美学认为文艺必须为封建的道德与政治服务的思想始终占据主导地位，庄子的超功利思想只是文人们在实行儒家思想遭到挫折或失败后用以慰藉心灵的东西。因此，王国维引进康德、叔本华的非功利思想，这对改变中国人对文艺与道德、政治的关系的传统看法，是有重要影响的。文艺的审美的价值，以及文艺的独立性问题被鲜明地提出来了。但是，中国庄子的超功利思想与康德、叔本华的非功利思想又是有区别的。前者认为超功利就是现实人生痛苦的彻底解脱和自由的真正实现，后者则只把非功利看作是审美的一个重要特性，主要是从美感特征的分析来看的（康德），或只把非功利的审美看作是人生痛苦的一种暂时的解脱与安慰（叔本华）。王国维对于这种区别，似乎还没有清楚地认识到。

用叔本华的美学、悲剧理论来解释中国的《红楼梦》，是王国维引进德国美学的又一个重要方面。王国维热烈赞颂《红楼梦》是中国文学中绝无仅有的一部真正悲剧性的伟大作品，并且批评中国人向来不喜欢看到彻底的悲剧结局，总要力图把悲剧结局变为一种圆满的、理想的结局。这个批评是正确而深刻的。在中国古代美学中，确实缺乏充分发展的悲剧意识，悲剧只被看作是必然要得到克服的、达到圆满理想结局的一个中介环节，而不是最终结果。任何悲剧在中国人看来最终都是可拯救和必须加以拯救的，没有无法拯救的悲剧。这既表现了中国人的历史乐观主义，但同时又会导致对现实的粉饰，堕入廉价的幻想，漠视以至掩盖现实中存在的悲剧，在悲剧到来时缺乏承受打击的心理能力，因此也缺乏冒险精神。从这个方面看，王国维对叔本华悲剧理论的引入是有重要意义的，不能简单地归结为宣扬悲观主义。今天，随着中国的走向现代化，个体生存的悲剧意识必然会增长，如何吸取西方悲剧美学，结合中国传统，以建立中国当代悲剧美学，已成为一个重要任务。而在西方悲剧美学中，德国的悲剧美学是最为系统而深刻的，很值得深入地加以研究。

王国维引入了叔本华的悲剧美学，但他又没有处处追随叔本华的思想。这集中表现在王国维对人生痛苦如何求得解脱的看法上。依据叔本华的看法，审美与艺术只能给人以暂时的解脱，只有实行禁欲主义、灭绝生命意志才能求得根本的、彻底的解脱，所以叔本华十分推崇印度佛教的禁欲主义思想。王国维则不然，他认为叔本华的说法缺乏“理论的根据”，对宗教的禁欲能否获得真正的解脱明确提出了怀疑、否定的看法，声称“释迦、基督自身之解脱与否，亦尚在不可知之数也”。他又把解脱分为两种，一种是“非常之人”的解脱，属于“超自然的”、“神秘的”、“宗教的”；另一种是“通常之人”的解脱，属于“自然的”、“人类的”、“艺术的”。王国维主张、赞成后一种解脱法，而不取前一种解脱法。虽然后一种解脱还只是暂时的解脱，王国维认为是可行的。前一种解脱虽然是彻底的解脱，王国维认为是做不到的，至少也是普通人难以做到的。王国维很明确地指出了叔本华所说的那种彻底解脱实际上是不可能的，人生永远无法脱离痛苦。这看起来似乎比叔本华更悲观，其实不然。因为即使人生永远无法脱离痛苦，但也要保持生存，时时寄情于艺术，而无需像叔本华主张的那样灭绝生命意志，直至以绝食自杀去求取实际是做不到的彻底解脱了。王国维与叔本华的这个重大分歧，是与中国传统思想密切相关的。自古以来，中国的哲学与美学，不论儒家或道家，都充分地肯定生命，把生命放在很重要的地位。它顶多只主张寡欲，从来不主张禁欲，很明确地反对毁损生命。印度佛学禁欲主义和毁损生命的思想传入中国后，也一再地受到抵制与批评。唐代的华严宗和中国式的佛学——禅宗，对生命都采取了很明朗的肯定态度，不主张以毁损生命为解脱。王国维虽然接受了叔本华的悲剧思想，但在解脱问题上仍然坚持着中国的思想，拒绝了叔本华的思想。

王国维对德国美学的吸取的又一个重要方面，是应用康德、叔本华的美学来解释中国美学所说的“意境”或“境界”。在中国历史上，“意境”概念较早是由唐代王昌龄所著《诗格》阐明的(《诗格》一向被不少人视为伪托之作，我认为是王昌龄所作，但经过后人篡改)。所谓“意境”是诗人所要表现的某种情感和诗人所深切感受到的、与这种情感相联的某种景象(包含自然界和社会生活中的景象)的交融统一，也就是“情”与“景”的交融统一。这历来是中国诗词创作的两大基本要素。王国维依据康德、叔本华的美学，指出“景”是对“自然及人生事实”的“描写”，“情”则是诗人“对此种事实之精神的态度”，前者为“客观的”、“知识的”，后者为“主观的”、“感情的”，所以文学“不外知识与感情交代之结果而已”。以此为根据，王国维又提出诗人的创作有重主观的“以我观物”和重客观的“以物观物”之分。前者为“主观之诗人”、“理想家”，其作品之“境界”为“有我之境”；后者为“客观之诗人”、“写实家”，其作品之“境界”为“无我之境”。此外，王国维还提出“有境界”的根本标志是“能写真景物、真感情”，也就是他所说的“自然”。王国维所有这一类看法的主要价值，在于第一次从西方引入了“主观”与“客观”、“知识”与“情感”这些概念，用它来解释中国本有的美学思想，因而能给人以新的启发，为人们提供了思考、研究中国美学的一种新的视角和理论。至于中西美学在解决主观与客观、知识与情感的关系上究竟有何根本的不同，中国人所说的“意境”或“境界”的特殊本质究竟何在，王国维还没有作出正面的、深入的回答。与古人相比,他对“意境”的分析看起来很为新颖,但实质上并没有太多新的思想。对中国近代美学的影响,也不如他对康德、叔本华的非功利理论以及悲剧理论的介绍的影响更深、更大。在对王国维的研究中,他的“意境”理论往往被作了过高的估价。

王国维还接受了康德认为艺术是天才的创造、美只与形式有关的理论以及康德对美与崇高的区分,并应用它来解释中国的艺术与美学。王国维的这一类解释也有若干启发性和意义。如对天才的肯定与推崇,有打破封建专制主义束缚,提高艺术的地位的意义。对形式在审美与艺术中的地位的强调,有矫正儒家美学在不少情况下重善的内容、轻美的形式的偏颇的意义。引入美(优美)与崇高(宏壮),对解释中国艺术的美当然也是有意义的。但总的而论,王国维对康德的这些思想的理解还相当肤浅,概念上有含混不清的地方,也没有多少他自己独特的深刻的见解。他关于所谓“古雅”的美即艺术的形式美的论述较有特色,但基本上是中国古代关于“神品”与“能品”的区分的一种新说法,而又没有古代的区分那么明确、深刻,“古雅”这个词的应用也并不十分恰当。从本质上看,王国维所谓有“古雅”之美的艺术作品,即中国古代所说通过艺术家后天的努力而在技巧、形式上取得了难能可贵的成就的“能品”。中国古代所说的“神品”,则正是康德以及王国维所说不能仅靠后天努力所得的技巧熟练而创造出来的天才的作品。

总的来看,王国维在引进德国美学上作出了重大贡献。但由于历史的局限,他对德国美学还缺乏充分深入的理解,对中西美学的异同这个根本性的问题也没有充分自觉地思考研究过。由于王国维引进了德国美学,使古老的中国美学的面貌开始发生了变化。但包括王国维在内的中国近代的思想家要真正达到康德、席勒以至叔本华思想的高度,并认识中西思想的异同,把两者恰当地融合起来,这决不是一件容易的事。我们在充分肯定王国维的历史功绩的同时,也要看到他的历史局限性。

参考文献:

王国维著:《叔本华之哲学及教育学说》、《红楼梦评论》、《叔本华与尼采》、《论哲学家及美术家之天职》、《人间嗜好之研究》、《汗德像赞》(汗德,即康德)、《古雅之在美学上之位置》、《文学小言》、《屈子文学之精神》、《人间词话》、《宋元戏曲考》,以上见《海宁王静安先生遗书》14、15、43。

二、蔡元培对德国美学的介绍与研究

在王国维之后,蔡元培继续对德国美学进行了介绍。

蔡元培(1868~1940年)比王国维大九岁,他们是同时代人,都立志献身学术,高度重视美学研究,但又各自走着很不相同的道路。蔡元培深受中国儒家仁爱和积极入世思想的影响,并力求要把它与西方启蒙主义自由、平等、博爱的思想结合起来。因此,在蔡元培的思想中,完全没有王国维那种以对个体生存思考为核心的浓厚的悲观主义色彩,而富于中国儒家和西方启蒙主义所共有的、面向人类社会的历史乐观主义和理想的精神。在与西方思想的关系上,蔡元培吸取了启蒙主义的思想(这在德国康德、席勒、黑格尔的哲学与美学中都有鲜明的表现),王国维则恰好吸取了标志着启蒙主义思想危机和开始走向后启蒙时代的叔本华思想。

蔡元培在青少年时代很顺利地接受了系统、全面的儒家思想教育,27岁成为翰林院编修(即清朝皇家学院院士)。但在翰林院时期,蔡元培就已表示同情、支持康有为、梁启超变法维新的改良主义。戊戌变法失败之后,他又逐渐转入了以孙中山为代表的革命阵营,并提倡"教育救国"。他认为"要有良好的社会,必先有良好的个人,要有良好的个人,就要先有良好的教育"。他对美学、审美教育的高度重视,就是建立在如何为社会教育出"良好的个人"这一思想基础之上的。这种重视个人教育的思想,也正是西方启蒙主义思想家共有的思想。而对审美教育的高度重视,又正是集中体现在德国席勒的美学思想中。孙中山领导的辛亥革命成功后,蔡元培出任教育总长,1917年起又出任北京大学校长,倾全力实现他的"教育救国"思想,并大力倡导美育。终其一生,蔡元培是一个真挚的爱国主义者、民主主义者,竭诚为社会服务的卓越教育家、学者,在社会文化领域有广泛重大影响的活动家。

王国维在1904年前后于上海阅读研究康德、叔本华的著作,蔡元培则在1907年亲赴德国莱比锡大学学习。1912年又曾再度赴德考察。他在德学习期间,"讲堂上常听美学、学术史、文学史的课,于环境上又受音乐、美术的熏习,不知不觉地渐集中心力于美学方面。尤因冯德(Wundt,E. 德国著名心理学家、哲学家,1832年生,1875年任莱比锡大学哲学教授,1889年任莱比锡大学校长,1920年去世——引者按)讲哲学史,提出康德的美学见解,最注意于美的超越性与普遍性。就康德原书,详细研读,益见美学关系的重要"①。由于蔡元培亲身赴德国学习美学,因此他对德国美学的了解比王国维要全面、系统、具体得多。虽然王国维对德国美学的介绍早于蔡元培,但真正将美学作为一门学问系统地介绍到中国,并在大学中开设美学这门课程,这是从蔡元培开始的。

1916年,蔡元培写了《康德美学述》一文。此文现在还只能看到上半部分,下半部分尚未发现。这上半部分以中国人易解的方式简明而忠实地介绍了康德《判断力批判》上卷中关于美的三个契机的分析,不同于王国维的那种相当粗略的介绍,可以说是中国人所写的第一篇如实系统地介绍康德美学的文章。

1917年4月8日,蔡元培发表了讲演《以美育代宗教说》,演说词刊登在同年8月出版的《新青年》3卷6号上。1919年,他又写了《文化运动不要忘了美育》一文,发表在12月1日的《晨报副刊》上。他把美育提到很高的地位,并使美育成为中国"五四"新文化运动的一个重要方面,极大地推动了中国学者对美学的研究。

1920年10月30日,蔡元培写了《美学的进化》一文。这篇并不很长的文章,写得相当精练,是中国人所写的第一篇高水平地论述西方美学史的文章,特别是对德国美学作了全面的论述。蔡元培从美学在古代的萌芽讲起,并指出:"中国的《乐记》、《考工记》、《梓人篇》等,已经有极精的理论。后来如《文心雕龙》,各种诗话,各种评论书画古董的

① 高平叔著:《蔡元培年谱》,中华书局1980年版。

书，都与美学有关，但没有人能综合各方面的理论有系统的组织起来，所以至今还没有建设美学。"这些论断完全正确，并且表明蔡元培既积极地学习西方的美学，同时又一点也不轻视中国人本有的美学。在略述从古希腊的柏拉图、亚里士多德到17、18世纪英国呵末（Hume，今通译休谟）、褒尔克（Burke，今通译柏克）的美学之后，蔡元培指出1750年德国鲍格登（Alexander Baumgarten，今译鲍姆加登）《美学》（Ästhetik）一书的出版对美学成为一门专门的学问的重要意义，称之为"美学第一新纪元"。接着他十分简练地介绍了康德三大《批判》的关系及美学，指出自康德《判断力批判》一书出版之后，"美学遂于哲学中占重要地位，哲学的美学由此成立"。在论述了康德之后，蔡元培指出文学家希洛（Schiller，今通译席勒）发展了康德的理论，并略述了隋林（Schelling，今通译谢林）、黑格尔、叔本华的美学。对于叔本华的美学，蔡元培只作了简略的、客观的介绍，一点也没有表现出像王国维那样地特别倾心。在讲完叔本华之后，蔡元培介绍了海伯脱（Herbat）、齐末曼（Kimmermann）的形式派美学和克尔门（Kirchmann）的感情论美学，并以哈脱门（Hartmann）为"哲学的美学"的"集大成"者。接着，蔡元培指出，从鲍姆加登到哈脱门的美学，都是采用演绎法的"哲学的美学"，1871年费希耐（Gustav Theodor Fechner）的《实验美学》（Zur experimentalen Ästhetik）一书的出版才标志着与"哲学的美学"不同的、采用归纳法的"科学的美学"的产生。蔡元培对此作了很高的评价，称之为"美学上第二新纪元"，并列举了费希耐之后从事实验美学研究的一些重要代表人物，而特别肯定其中在1908年出版了《现代美学绪论》的摩曼（Meumann）。此外，还提到了康德派的科恩（Cohn），黑格尔派的维绥（Vischer，今通译费希尔），注重感情移入主义的栗丕斯（Th. Lipps，今通译里普士）、富开尔（Volkelt）等人，认为这些人"也多采用科学方法，但立足点仍在哲学"。蔡元培既不忽视"哲学的美学"，又对"科学的美学"的发展寄予很大的希望。而他所说的"科学的美学"，从他的这篇文章及其他写于同一时期的相关文章（如《美术的进化》、《美学的研究法》）来看，既指应用实验心理学的美感研究，也指应用人类学、民族学、文化学的艺术研究。从中国近代思想的发展来看，蔡元培对"科学的美学”的重视，可能受到推崇归纳法的严复的影响。

蔡元培认为在美学的研究上，哲学的研究方法与科学的研究方法都不可缺少，这是正确的，并对后来中国学者对美学的研究产生了一定的影响。1936 年出版的朱光潜的《文艺心理学》，在附录中相当详细地介绍了近代实验美学。但就蔡元培本人来看，他更为重视的是应用人类学、民族学、文化学来研究艺术。他在《美学的进化》一文之前写成的《美术的进化》一文，就是他本人在这方面的研究所取得的成果。蔡元培不止一次提到的德国学者格罗绥（Grosse，或译格罗塞）以及瑞典的希恒（Hirn，或译希耳恩）等人在对艺术的起源与发展的研究上都有不可忽视的重大成就。蔡元培的《美术的进化》一文显然是吸取、综合这些成就而写成的。虽然今天看来过于简单，但终究是中国学者论述艺术起源与发展的第一篇文章。大约就是在蔡元培的影响之下，蔡慕晖从英文转译了格罗塞的名著《艺术的起源》一书，于 1937 年出版。到了 20 世纪 80 年代，在中国美学及艺术理论研究者中，不少人对艺术起源的研究产生了很大兴趣。但直到现在，蔡元培当年所提到的不少德国学者在这个问题上所取得的许多重要成果，仍有待于我们深入地研究与吸取。

1921 年秋，蔡元培开始在北京大学讲授美学课，并着手撰写《美学通论》一书。这是中国学者试图写出一部系统论述美学的专著的第一次尝试，但可惜只写了《美学的趋向》和《美学的对象》两章。现在看来，这两章基本上是对《美学的进化》以及《美学的研究方法》两文已讲到的内容从理论上作了更为系统详细的分析与发挥。

以上所说，是 1912 年蔡元培从莱比锡大学留学回中国后，对西方美学特别是对德国美学所作的引进与介绍的工作。有些人常轻视这种工作，以为不过是介绍而已。实际上，没有这种介绍的工作，中国美学就不可能从古代的形态走向近现代的形态，不可能在现代的条件下获得发展。不愿切实了解西方的美学，以为只消自己灵机一动，就可以提出一鸣惊人的新理论，这是一种无知的幻想。从 1916 年蔡元培写成《康德美学述》到现在，时间已过去了 78 年。我们对西方美学的引进与介绍虽然有了不少发展，但仍然很不够，还需要继续认真进行这一工作。此外，要把这种引进介绍的工作做好，即做到系统、全面、准确，并能联系到中国美学的发展，介绍者就必须对西方美学有深入的了解与研究，这决不是一件易事。蔡元培所进行的，正是这种高水平的介绍工作。和王国维所作的介绍比较起来，大为前进了一步。中国人主要是通过蔡元培而非王国维的介绍，才比较系统全面地知道了什么叫"美学"，并且开始自己动手来研究。

但蔡元培的贡献，当然又不只是介绍而已。他的"美育代宗教说"的提出，集中表现了他在美学上的创造性见解。因为这一说法的提出，是以蔡元培自己对美学的整个理解为基础的，决不仅仅只是对教育学的一种看法而已。这一看法的提出，既包含了蔡元培在长时期中研究康德、席勒等人的美学的心得，同时又加入了中国的思想，它实际是中德美学交融的产物。

"美育代宗教说"的提出，首先是建立在蔡元培对康德关于美的分析的理解之上的。蔡元培特别强调康德认为美有"超越性"与"普遍性"的思想。所谓"超越性"，就是指美的超功利或无功利性（Ohne alles Interesse）。由于美与功利无关，因此美就是人人都可以欣赏而获得愉快的，完全没有排他的、自私的占有性，这也就是美的"普遍性"。在康德那里，这本来只是康德对审美判断不同于逻辑、道德判断的一种抽象形式的分析，蔡元培则进一步加以发挥，提出由于美具有"超越性"与"普遍性"，因此通过审美就能陶冶人的感情，培养出没有人我之见和损人利己的念头，能够不计利害、舍己为群的高尚的人，直至成为如孟子所说"富贵不能淫，贫贱不能移，威武不能屈"的人，有"杀身以成仁"的勇敢。蔡元培又用孟子所说"浩然之气"具有"至大至刚"的特性的说法来解释康德美学所讲的"崇高"，称之为"刚大之美"。他所说的"大"，相当于康德所说"数学的崇高"（Mathematisch-Erhaben），"刚"则相当于"力学的崇高"（Dynamisch-Erhaben）。当主体面对崇高时，意识到自身能战胜"大"与"刚"，以至感觉到自身"即此至大至刚之本体，于是乎有无量之快感焉"。由蔡元培以上的这些论述可以清楚地看出，他把康德关于美与崇高的思想和中国儒家美学主张通过审美与艺术培养高尚人格的思想结合起来了，并且明显地体现了儒家主张美善合一、最高的道德境界即最高的审美境界的思想。但在蔡元培的思想中,他对美与善的理解又已与儒家不同,而和来自西方启蒙主义的自由、平等、搏爱的思想结合起来了。蔡元培阐述康德美学而又使之与中国传统的儒家思想相结合,这之所以是可能的,既因为对中国儒家"仁爱"的思想确实可能作出一种启蒙主义的解释,也因为康德的思想富于启蒙主义精神,而且他的美学又与伦理学密切相联,并主张"美是道德的象征"(das Schöne ist das Symbol des Sittlichguten)。总的而论,蔡元培既是从中国人的思想来理解、阐发康德美学的,同时又比王国维的看法更接近康德美学。王国维虽然也很重视讲审美与艺术的非功利性,并认为审美与艺术是人生"最高尚的嗜好",但他依据叔本华的思想,把非功利的审美与艺术的根本价值看作是使人从人生痛苦中获得暂时的解脱与安慰,不像蔡元培这样,把它与培养一个积极入世的、具有极高道德人格的人直接联系起来。此外,在蔡元培看来,审美与艺术对于使人达到道德上的善具有十分重要的意义,而王国维则认为艺术要得到发展就必须独立于道德,不能充当道德的手段与工具。蔡元培与王国维的这种不同,从他们与西方思想的关系来看,是启蒙主义思想与启蒙主义之后的思想的不同。从他们与中国传统思想的关系来看,蔡元培竭力要对中国传统思想作一种启蒙主义的解释,使之与启蒙主义统一起来,因此蔡元培虽然也批判了中国传统思想的封建性,但却不如王国维那样尖锐、激烈,更重视阐发与保存传统思想中合理的东西。尽管如此,从社会政治的角度来看,蔡元培又是一个远比王国维更为积极有为的民主主义者与人道主义者,而王国维则始终不能从他的悲观主义思想中解脱出来,这是王国维思想深刻的地方,也是他的缺陷与不足。

蔡元培的"美育代宗教说"的提出,还与他对哲学、美学上现象(Erscheinug)与本体(Substanz)的关系问题的解决有关。康德认为审美的愉快是一种没有功利目的,合于自然必然性但又不受必然性所规定的"自由的愉快"(freie Wohlgefallen)。将美的特征与"自由"相联,是康德美学的一个极为重要的观点。康德之后,席勒又集中地阐述与发展了这一观点。蔡元培高度肯定与重视这一观点。但康德认为这种

“自由”仅仅存在于与本体不同的现象世界。对此,蔡元培很明确地提出了他自己的看法。他指出“现象世界”为相对的,受因果规律的制约,与时间、空间有不可分离的关系;“实体世界”(亦即本体世界——引者按)为绝对的,超越因果律的制约,无时间、空间之可言。这是西方哲学与宗教对“现象世界”与“实体世界”的区别的看法,以“实体世界”为摆脱因果律及时空关系制约的绝对自由的世界。但蔡元培认为在这两个世界之间并无西方康德及其他哲学家、宗教家所说的那种不可逾越的鸿沟。他说:“现象实体,仅一世界之两面,非截然互相冲突之两世界。吾人之感觉,既托于现象世界,则所谓实体者,即在现象中,而非必灭乙而后生甲。”因此,蔡元培反对西方哲学、宗教轻视、否定“现象世界”,将它与“实体世界”截然对立起来的看法。他认为阻碍人们进入“实体世界”的东西,不外是人我之间为求幸福而在利益上发生的争夺,及由此而产生的强弱、贫富的差别。如果消除了这种争夺,“现象世界”就会与“实体世界”相吻合,人人都可有自由幸福了。以“超越性”和“普遍性”为特征的审美与艺术活动正是消除人我的争夺,使人们都成为无私的、舍己为群的人的有效方法。因此,通过美育就可以使人虽居于“现象世界”,同时又进入了哲学家、宗教家所说的绝对自由的“实体世界”,“现象世界”与“实体世界”不再对立而完全合一。这样,蔡元培就为他的“美育代宗教说”作出了一种哲学与美学的论证。这个论证的重要之点,在于蔡元培既吸取了康德、席勒认为审美能使人达到“自由”的观点,同时又改变了康德认为这种“自由”只存在于“现象世界”的看法,而主张“现象”与“实体”(本体)并非相互隔绝的两个世界。这样一种主张,又恰好是中国哲学、美学历来所坚持的主张,即认为无形的“道”(本体)与有形的万物(现象)、“形而上”的“道”与“形而下”的“器”是彼此合一,互通无碍的。这是中国哲学区别于西方哲学的一个根本之点。所以,蔡元培的美学虽然遵循康德美学,但同时又已加入了中国人特有的思想。

蔡元培的“美育代宗教说”还牵涉到他对宗教的看法。蔡元培认为,智育、德育、体育、美育在人类历史上原先都包含在宗教之中,宗教囊括了教育的一切方面。但随着社会的发展,特别是科学以及道德的进步，原来包含在宗教中的智育、德育、体育都很难再起作用，甚而成为有害的了。剩下来的就只有美育一项，但由于宗教带有强制性、保守性与排他性（各个教派相互排斥），这就束缚了美育，使它不能自由发展，也不符合美所具有的“超越性”与“普遍性”。因此，不能继续借宗教以行美育，而应当以美育取代宗教。这是蔡元培对他的“美育代宗教说”的又一个方面的论证。这个论证的重要性并不在于美育是否真的能够取代宗教（实际上这是不可能的），而在于“美育代宗教说”所表现出来的蔡元培思想的特色。首先，从与西方思想的关系来看，蔡元培对宗教的批判，很明显受到15世纪意大利文艺复兴时期的人文主义以及后来17、18世纪的启蒙主义（特别是法国的启蒙主义）对宗教的批判的影响。它高扬科学的作用和人的独立的道德意识，反对宗教的盲从、迷信与愚昧，这是有进步意义的。就蔡元培生活的时代来说，这也是与中国“五四”新文化运动大力提倡科学和推尊人的个性相一致的。但是，这种批判不可能真正战胜宗教，而且宗教在人类思想文化上所具有的价值也是无法简单地加以否定的。其次，更为重要的是，中国自古以来宗教就不发达，许多思想家对是否有“神”的存在采取无所谓的态度，或者在不同程度上明确否定“神”的存在。在中国人的思想中，与远古的氏族血缘相联的伦理道德关系远远高于宗教，个体与社会、人与自然又被看作是天然应当统一的，两者之间决没有什么不可超越的鸿沟。因此，中国不像西方那样，把宗教的境界看作是人生终极的、最高的境界，而把与最高的善合一的审美境界看是作终极的、最高的境界。蔡元培的“美育代宗教说”的一个重要意义，就在于它十分鲜明地体现了中国人的这种思想。再从蔡元培所推崇的康德的思想来看，由于康德深受启蒙主义思想的影响，因此“神”、“上帝”在康德哲学中所占的地位并不很高。康德反对宗教仪式和迷信，他不认为宗教是道德的基础，相反，宗教应当转化为道德，“上帝”则只是达到“至善”所必须的前提与公设。在美学中，康德认为“美是道德的象征”，几乎不谈美与艺术和宗教的关系。康德的这些思想与把道德放在首位的中国传统思想，有能够相通的地方。因此，遵循康德美学的蔡元培也比较容易通过对康德美学的阐述与发挥得出他的“美育代宗教说”。今天，中国在现代化的过程中,宗教会有一定程度的发展。但要取得像在西方那样高的地位,我认为是很难的,近于不可能。有人认为宗教不发达是中国人的思想的一大缺点,因而主张在中国大力发展宗教,这是脱离实际的。在中国,以和最高的善合一的审美境界为人生终极的最高境界这一传统思想仍然会保存下来。美育虽然不可能像蔡元培所说的那样取代宗教,但它将在中国现代文明的建设中发挥不可或缺的重要作用。今天,在中国的许多高等学校中均开设了美学课,全国及许多省份成立了会员众多的美学学会,美学著作出版的数量相当可观,社会上的青年人对美学也有颇为浓厚的兴趣。这在西方国家中是罕见的。

参考文献:

蔡元培著:《对于教育方针之意见》、《美学观念》、《康德美学述》、《以美育代宗教说》、《文化运动不要忘了美育》、《美术的起源》、《美术的进化》、《美学的进化》、《美学的研究法》、《美术与科学的关系》、《美学讲稿》、《美学的趋向》、《美学的对象》、《美感》、《真善美》、《贝多文》(即 Betoven,今通译贝多芬)、《以美育代宗教》,以上均见高平叔编《蔡元培美育论集》,湖南教育出版社 1987 年版。

三、吕澄、范寿康对里普士美学的介绍与研究

蔡元培在介绍德国美学时,已经较为详细地讲到了里普士(Theodor Lipps,1851～1914 年)的移情论(Einfühlung)美学,并且指出艺术创造与美的欣赏的移情活动对增进人我之间的同情与理解有重要作用。到了 20 世纪 20 年代,吕澄、范寿康开始对里普士的移情论美学作了更为详细系统的介绍。20 世纪 30 年代出版的朱光潜的《文艺心理学》在分析美感经验时,也对里普士的移情论作了相当详细的评述(见该书第三章)。20 世纪 60 年代出版的朱光潜的《西方美学史》,也有专章讨论里普士及其他人的移情理论。70 年代,马采又写了长篇论文《释"移感"》、《论美——从移感说观点看审美评价的意义》。由此可见,从 20 世纪 20 年代开始,里普士的移情论美学在中国产生了很大的

影响。

中国学者之所以对里普士的移情论美学产生了很大的兴趣，是有其特殊原因的。首先，中国人对审美与艺术创造的看法，如我在《周易美学》一书中所指出的，不是西方古希腊的“模仿论”，也不是西方近代以来的“表现论”，而是心与物、主体与客体的“交感论”。美的欣赏与艺术创造，被看作是主体的情感与外物相互交感的产物。在讲到艺术家的创造时，主张“登山则情满于山，观海则意溢于海”（刘勰语），对外物的一切描写同时就是主体情感的表现，两者不是相互分离的，而必须融为一体。中国美学的这种“交感论”显然与里普士的移情理论有很容易相通的地方。从审美的心理来看，在中国美学所主张的“交感”之中，就包含了里普士所说的“移情”，无“移情”即不可能产生“交感”。但中国古代美学尚未对“移情”现象作出系统的分析，因此里普士的移情论美学就引起了中国学者特别的关注。其次，中国美学一向把艺术作品的创造和艺术家的“人品”亦即艺术家人格的高下联系到一起，认为只有“人品”很高的艺术家才能创造出高度成功的作品。里普士的移情论美学也有类似的看法，他认为美与丑的判断、作品价值的高下，都与艺术家人格的高下不可分离。这当然也很能引起中国学者的同感。

较早系统介绍里普士美学的是吕澄。他本来是一个研究佛学的学者，但早年即对美学产生了浓厚的兴趣，这大约与蔡元培鼓吹以美育代宗教有关。吕澄早年曾任上海中华美育会主办的《美育》月刊编辑，又先后写了几本关于美学的小册子，如《美学概论》、《晚近美学说和美学原理》、《现代美学思潮》、《美学浅说》等，大都是依据日本学者介绍西方美学的著作而编写的。吕澄对西方美学的介绍主要集中于德国美学，其中又对里普士移情论美学表现出很大的兴趣。他曾在上海美术学校、专科师范学校讲授美学，所讲的就是里普士美学。后来他把他的讲稿整理成为《美学概论》一书，于1923年由商务印书馆出版，并被定为师范学校使用的美学教材。他在书中称许里普士“就美感事实能彻底探求，圆融立说”，在对美学的作用的看法上，也以“Lipps之说最为精当”。他说自己“偏好”里普士的美学，并且认为里普士强调审美与人格的密切关系，对于矫正艺术界“浮薄、鄙陋”的弊病有积极意义。此书除“绪说——美学之对象及方法”外，共分为“美的价值”、“美的形式原理”、“美的感情移入”、“美之种类”、“美的观照及艺术”等五章，可以看作里普士美学的一个简要提纲。

在吕澄之后，有范寿康所著另一本《美学概论》于1927年出版。这本书也是介绍里普士美学的，但比吕的介绍详细很多。虽然直到现在，里普士本人的美学著作仍未译成中文出版（只有一些片段的翻译），但由于有了吕、范二人所著的两本书，从20世纪20年代开始，中国人对里普士的美学总算有了一个大致的了解。

对里普士美学的介绍，还有一个应当说明一下的意义，那就是推动了中国对审美心理学的研究。中国古代美学一向十分重视审美心理问题，并且提出了许多深刻的见解，这是与中国古代美学以心物交感来说明审美与艺术创造分不开的。但由于历史的局限，中国古代还不可能有近现代的心理学，因此也不可能有以心理学为基础的审美心理学。如蔡元培早就指出过的那样，里普士的美学既未完全脱离哲学，同时又大量应用心理学来研究美感问题。因此，里普士美学被介绍到中国，可以说是第一次使中国人比较具体地了解了西方的审美心理学。

参考文献：

吕澄著：《美学概论》，商务印书馆1923年版；《晚近美学说和美学原理》，《教育》杂志社1925年版；《现代美学思潮》，《万有文库》之一，商务印书馆1931年版；《美学浅说》，《万有文库》之一，商务印书馆1931年版；

范寿康著：《美学概论》，商务印书馆1927年版。

四、宗白华、郭沫若对歌德的介绍与研究

在20世纪20年代，一方面有吕澄、范寿康对里普士美学的介绍；另一方面从20世纪20年代到30年代初，很值得注意的是还有宗白华、郭沫若对歌德（Johann Wolfgang von Goethe，1749～1832年）的介

绍。这种介绍看来与美学没有直接的联系,但歌德不仅是德国的大文学家,而且是对德国哲学与美学产生了深刻影响的大思想家,因此对歌德的介绍同样与德国美学有关,并且在中德文化交流史上具有不可忽视的重要意义。

宗白华(1897～1982 年)是中国五四时期的著名诗人,又是著名的美学家、哲学家。他于 1920～1925 年留学德国,先后在法兰克福大学和柏林大学研习哲学和美学,回国后历任东南大学、中央大学、南京大学、北京大学教授。他深受德国哲学、美学、文艺的影响,特别喜爱和推崇歌德的文学与思想。他在回忆自己的青年时代时,曾讲到康德、叔本华、歌德在他的"精神人格上留下了不可磨灭的印痕。'拿叔本华的眼睛看世界,拿歌德的精神做人'是我那时的口号"。在中国"五四"以来的学者中,他是为数不多的、最能深刻了解德国哲学与美学精神的学者之一。对中国古代美学的精神,他也有罕见的、深刻的了解。他本人的美学思想,在主要的方面,正是德国美学与中国美学的一种内在、深刻交融的产物。

郭沫若(1892～1978 年),中国著名的文学家、历史学家、思想家、社会活动家。他于 1916 年赴日本留学,在日本留学期间深受歌德、席勒的影响,推崇德国近代启蒙运动的思想与文学,并且在这种影响下开始了他的诗歌创作。他的诗歌得到了同样推崇歌德的宗白华的热烈赞赏,并在宗白华主持的《时事新报》的《学灯》副刊上连续发表。两人因此而成为朋友,通信讨论诗歌以及歌德的思想与创作,共同致力于对歌德的介绍与研究。郭沫若先后翻译了歌德的《少年维特之烦恼》及《浮士德》,并写了不少有关歌德以及德国思想文化的文章。宗白华也写了不少文章,并主编了《歌德之认识》一书,于 1932 年由南京钟山局出版。他们两人对歌德的介绍,在中国文学界、思想界产生了重要影响。如果我们说中国人主要是通过宗白华、郭沫若的介绍而认识歌德的,这话并不夸大。

宗白华对歌德思想的评述,集中表现在他的《歌德之人生启示》一文中。此外,《歌德的《少年维特之烦恼》》及其他一些涉及歌德的文章也值得注意。宗白华认为歌德"表现了西方文明自强不息的精神,又同时具有东方乐天知命，宁静致远的智慧”。这个论断很为准确，并且正是歌德能为中国人喜爱，并在中国产生了重要影响的根本原因。这里所说的“西方文明自强不息的精神”，指的是表现在歌德身上的对生命价值、人生意义的乐观、明朗、热烈的肯定，以及他那执著的、一往无前的追求。这确实是伟大的启蒙主义者歌德身上很可宝贵的东西，宗白华对此予以充满激情的赞颂。这种赞颂实际上含有两方面的意义：一方面，这种“自强不息的精神”在中国古代的思想传统中，特别是在《周易》的思想中也鲜明地存在着，因此它能引起中国人的共鸣，宗白华后来在专门论及中国美学的文章中，就曾用来自孟子的“充实”这一概念来说明歌德的生活与思想；另一方面，歌德的这种精神又有着宗白华所指出的“反抗一切传统政治的束缚”，“反抗一切社会人为的礼法，而热烈崇拜生命的自然流露”，这正好与中国“五四”新文化运动反抗封建主义，要求个性解放相吻合。所以，宗白华对歌德的这种精神的赞颂与提倡，既可与中国的思想传统联结起来，以激励中国人自立自强的精神，又可唤起中国人勇猛冲决封建主义的罗网，以求个性的解放。此外，宗白华说歌德还“具有东方乐天知命，宁静致远的智慧”，这表现在歌德无比热爱、赞美大自然，在他经历生活的风暴的同时，又常常希冀着与大自然合为一体，从自然中获得精神的宁静、超脱与慰安。这确实是很富于东方味的，显然可与中国儒、道两家都同样主张的与自然合一的思想（尽管两家的主张在出发点和归宿上是不同的）相通。

宗白华对歌德思想的评述，还有一个值得注意的论断，那就是指出歌德“对流动不居的生命，与圆满谐和的形式，有同样强烈的感情”。歌德是生命的力量与不息的运动的热烈赞美者，但他又没有在生命问题上走入非理性主义的冲动，而深信自然是合规律、有理性的，因此生命的冲动也不应当是非理性的，需要取得一种与自然相统一的圆满和谐的形式。这一思想也显然能与中国哲学、美学相通，所以宗白华后来在论述他自己的美学思想时，曾指出“宇宙是无尽的生命、丰富的动力，但它同时也是严整的秩序、圆满的和谐”。“美是丰富的生命在和谐的形式中”。

宗白华对歌德的评述能够敏锐地抓住歌德思想的重大特征和能与

中国思想相通的地方,但同时也看出了难以与中国思想相容的地方,这就是中国思想缺乏在歌德思想中也有重要表现的"悲壮的"或悲剧的精神。宗白华指出,在中国艺术里,这种精神"得不到充分的发挥,且往往被拒绝和闪躲","被浓挚的和谐愿望所淹没",所以,在表现"悲剧精神"方面,中国艺术的"造诣"不及西方。这个论断是正确的。

郭沫若对歌德思想的评述,主要表现在《论中德文化书——致宗白华兄》、《〈少年维特之烦恼〉序引》、《论诗三札》等文中。他的看法与宗白华的看法在根本上是一致的,但有些问题讲得比宗白华更明确、机智,或更注意对中国文化的消极方面的批判。不过,在结合中国的哲学、美学,对歌德的思想作一种独立的、深入的发挥方面,郭沫若又不及宗白华。他最为关注的不是哲学、美学上的理论问题,而是中国现代文学、思想的发展及与之相关的现实社会政治问题。

在《论诗三札》的第二札(致宗白华)中,郭沫若对歌德表现了热烈的赞颂。他将歌德与中国的孔子并列,认为他属于历史上那种不是在单方面,而是在多方面发展了自己的天才人物。"他有他的哲学,有他的伦理,有他的教育学,他是德国文化史上一大支柱,他是近代文艺的先河。"郭沫若又据德国学者的说法,把歌德誉为"人中的至人"(menschlichste aller Menschen)。但他对歌德的赞美,最后是着眼于中国的现实。他说:"我想歌德的著作,我们宜尽量地多多介绍、研究,因为他处的时代——'狂飚时代'——同我们的时代很相近!人们应该接受他的经验的地方很多!"

在《〈少年维特之烦恼〉序引》中,郭沫若讲了他能与他所译的歌德此书中的思想共鸣的思想。这就是:第一,主情主义;第二,泛神论思想;第三,对于自然的赞美;第四,对于原始生活的景仰;第五,对于小儿的尊崇。这五点是对歌德思想的相当简明扼要的概括,而且每一点都可找到与中国思想相通的地方。

在《论中德文化书》中,郭沫若讲到他对德国学者十分关心中国文化甚感欣慰,同时又指出"德国自18世纪以来,经诸大哲学家、诸大艺术家、诸大科学家的努力,它对人类文化是有贡献的"。但他对欧战后德国有的学者推崇中国人的"静观"思想不以为然。他认为"德国的文化可算是希腊思想的嫡传"，而"中国的固有精神与希腊思想则同为入世的"，"注重现实，注重实践"，不同于印度与希伯来的出世思想。中国道家的思想也非全然寂静无为，道家主张的"静"是"活静"而非"死静"，希腊精神中的"静"也是如此。郭沫若希望中国人要发挥动的、积极入世的精神"向真理猛进"，德国人不要"因受困厄而悲观"，不要因"欧洲大战后疲倦极了，来渴慕东方'静观'的思想"。此文虽未明确提到歌德，但它所赞扬的正是歌德的那种肯定人生、积极入世的精神，并且认为这种精神是中德两国文化所共有的。

歌德在中德文化，包括哲学与美学的交流史上占有特殊重要的地位。因为从歌德的思想与生活中，最能见出中德文化可以相通的地方。我认为中德文化有一种内在亲和力，这一点最能从歌德的思想中清楚地看到。这也是宗白华、郭沫若何以热烈地赞颂歌德的原因。歌德的思想又深刻地影响到他的同时代人和后来的思想，如恩格斯所说："歌德只是直接地——在某种意义上当然是'预言式地'——陈述的事物，在德国现代哲学中都得到了发展和论证。"①这当然又使中德文化的亲和力继续下来。郭沫若在《论中德文化书》中讲到德国不少学者"对于我国的文化那么倾心，也怕是他们在我们的镜子中照出了自己的面孔"。这句话也同样可以用来解释中国学者对德国文化的"倾心"，包括宗白华、郭沫若对歌德的"倾心"。

参考文献：

宗白华著：《论诗致郭沫若田汉的信》、《歌德之人生启示》、《歌德的〈少年维特之烦恼〉》、《我和诗》、《哲学与艺术》、《论文艺的空灵与充实》、《艺术与中国社会》，以上均见林同华编：《美学与意境》，人民出版社 1987 年版。

郭沫若著：《论中德文化书——致宗白华》、《〈少年维特之烦恼〉序引》、《论诗三札》，以上均见《沫若文集》卷 10，人民文学出版社 1959 年版。

① 《马克思恩格斯全集》第 1 卷，人民出版社 1956 年版，第 652 页。

五、马采、朱光潜对黑格尔美学的介绍与研究

虽然王国维、蔡元培都已简略地讲到黑格尔的美学，后来吕澄所编写的介绍西方美学的小册子中又再次讲到，但自20世纪20年代到30年代初却不见有哪一个中国学者集中地系统介绍与研究黑格尔美学。和受到热烈关注的康德、歌德、席勒、叔本华、尼采、里普士等人比较起来，黑格尔显然被冷落了。这大约同黑格尔庞大复杂的体系不易理解有关，也同表面看去难以见出黑格尔美学与中国古代美学有何相通之点有关。对于这时的中国学者来说，黑格尔美学显得是难解、神秘和陌生的。直至1935年，我们才看到《国立中山大学文学院专刊》第2期发表了马采所著的一篇系统评述黑格尔美学的文章:《黑格尔美学辩证法》。其所以如此，大约又因为20世纪30年代以来，包括马克思主义者在内的中国哲学界对黑格尔哲学开始重视与研究。黑格尔的美学同他的哲学有非常直接而密切的关系，对黑格尔哲学的研究很自然地会涉及他的美学，同时又有助于了解他的美学。

马采生于1904年，1921年赴日留学，1927年考入京都帝国大学文学部哲学科，专攻美学与哲学。1931年毕业，获文学硕士学位，又考入东京帝国大学文学院，继续研究美学和美术史。1933年毕业回国，历任中山大学、广州市立和省立美术专科学校、北京大学教授。现任中山大学教授，已退休。他是中国“五四”以后，较早专门研究美学的著名学者之一。由于他在日留学期间的美学导师大部分是留学德国的，他本人对德国美学也有浓厚兴趣，因此他对德国美学有很为全面系统的了解。他根据1933~1942年间长期讲授美学的讲义而写成的《美学断章》，在讲述美学史的部分，对德国近现代美学作了全面系统的介绍、评述。去掉其中讲述古希腊、中世纪及英、法、俄等国美学的部分来看，也就是中国学者所写的简明的德国美学史。此外，马采对里普士的美学也有很大的兴趣。他的写于1948年的《论美》，是他研究里普士美学的重要成果。1981年和1983年，他又先后发表了《从移感观点看审美评价的意义》及《黑格尔后的西方经验主义美学》两文。

马采的《黑格尔美学辩证法》,依据格洛克纳(H. Glockner)所编《黑格尔全集》中的《美学讲演录》(Vorlesungen über die Aesthetik),首次系统而明晰地介绍、评述了黑格尔美学的主要内容。全文分为"序论"与"本论"两大部分。"序论"澄清了一些人对美学的种种误解,肯定了美学存在的价值,论证了在艺术的精神与哲学精神交替的现代,对于艺术加以哲学反省的必要性,并从哲学上说明各时代及各流派艺术的精神内容,以强调美学的重要性。"本论"分为"艺术美的理念或理想"、"理想朝着艺术美的特殊形式的发展"、"各种艺术的体系"三个部分,是对黑格尔美学的三个基本部分的很精确的陈述。

1942 年,马采出席了在昆明召开的中国哲学学会第四次年会,宣读了论文《论艺术理念的发展》,以后又作为附录收入 1948 年出版的《论美》。此文是马采对黑格尔美学的一种独立的发挥。他认为各种各样的艺术作品是"艺术理念的实现",这种实现有"理念"内部的意志的作用,并与主体的生命紧密相联。"理念的核心必常是生命的实现","生命便是理念的实现"。而生命在每一瞬间都有新的东西,它绝不重复、停滞、倒退,"只是生生不息地向前发展奔放"。生命既有不可重复的个别性,同时又有统一性。马采由此来说明艺术美的产生、风格、鉴赏与创作诸问题,并强调"创作与鉴赏正是艺术理念不可分割的两个方面","鉴赏便是创作,创作便是鉴赏"。马采的这些看法,是以黑格尔美学为基点的,同时又吸取、融入了叔本华、里普士以及法国柏格森的美学。其中对生命的强调,对创作与鉴赏的不可分离的联系的说明,又显然与高度重视生命和富于辩证观念的中国古代美学传统分不开。黑格尔美学在论及自然美时也曾深刻地论述了美与生命的联系,但整个而论,生命问题在黑格尔美学中不占重要的地位。

中国介绍与研究黑格尔美学的另一个重要学者是著名美学家朱光潜(1897~1986 年)。他于 1925 年出国留学,先后肄业于英国爱丁堡大学、伦敦大学、法国巴黎大学、德国斯塔拉斯堡大学,获文学硕士、博士学位。1933 年回国,历任北京大学、四川大学、武汉大学教授。1946 年再任北京大学教授,直至去世。1980 年出席全国第一届美学会议,当选为在这次会上成立的中华全国美学学会会长。

朱光潜对意大利克罗齐的美学作了长期深入的研究,同时又广泛吸取英、法、德诸国的美学思想,并与中国传统的美学相融合,形成了他自己的美学思想,产生了很大的影响。对克罗齐美学的研究是朱光潜形成他的美学思想的基点,但德国美学对他也有重要影响。他在1933年用英文写成的博士论文《悲剧心理学》即很受德国的悲剧美学,特别是尼采美学的影响。1982年,他在为这篇论文的中译本所写的序中说:"一般读者都认为我是克罗齐式的唯心主义信徒,现在我自己才认识到我实在是尼采式的唯心主义信徒。在我心灵里植根的倒不是克罗齐的《美学原理》中的直觉说,而是尼采的《悲剧的诞生》中的酒神精神和日神精神。"朱光潜阐述他的美学思想的代表作《文艺心理学》一书,也包含了对德国里普士等人的美学的大量评述,并且专门介绍了德国的实验美学。

1949年之后,朱光潜逐渐转向了马克思主义。在对马克思主义美学的认真深入的研究中,他感到马克思主义美学与黑格尔美学之间有着内在的、深刻的联系,于是决心动手翻译并从马克思主义的观点来研究黑格尔的《美学》。1959年,黑格尔《美学》中译本第一卷出版。之后,由于朱光潜忙于其他工作,特别是由于"文革"浩劫,此书的翻译被搁置了十多年,直至1981年才全部译成出版。黑格尔《美学》中译本的出版,无疑是中国美学界的一件大事。它对推动德国美学及马克思主义美学的研究起了重要作用。朱光潜在书中写了不少重要的译注,又写了长篇译后记,阐述了他对黑格尔美学的看法。

在《译后记》中,朱光潜依据马克思、恩格斯关于黑格尔及其《美学》的论述,分析了黑格尔美学的贡献与局限。他特别强调了在黑格尔美学中已包含了马克思主义的"在改造自然中实现自我,环境的'人化'和人的'对象化';实践观点的萌芽",并肯定了黑格尔美学富于历史感和辩证法的精神,指出"马克思主义文艺理论中有许多观点都可以溯源到黑格尔的《美学》"。特别是其中的"实践观点的萌芽",对理解马克思主义美学有非常重要的意义,因为"这种实践观点必然要导致美学领域里的彻底革命"。朱光潜的这些看法是正确而深刻的。但由于种种原因,此文对黑格尔美学的贡献与局限的分析还有不够深入而略显简单的的地方，对康德美学的贡献也有所忽视，估计过低。尽管如此，朱光潜在写作此文时对黑格尔美学作出了积极的、正面的评价，这已经是难能可贵的了。

在中国，虽然1935年马采已对黑格尔美学作了系统的介绍，但对黑格尔美学的充分重视与深入研究是和对马克思主义美学的研究分不开的。因为马克思主义美学确实与黑格尔美学有极为重要的、深刻的联系，不了解黑格尔美学就很难真正了解马克思主义美学；反过来说，不深入研究马克思主义美学也难于完全了解黑格尔美学。在两者之间，存在着相互作用。从黑格尔美学与中国古代美学的关系来看，好像距离遥远，难以相通，实际上，黑格尔美学从世界历史的本体（“理念”）出发来观察美与艺术，这和中国人从“道”来观察美与艺术，有某种类似、相通之处。黑格尔美学的巨大的历史感和辩证精神，它对象征、古典、浪漫三种艺术类型及与之相关的各门艺术的分析，也能给中国古代美学与艺术史的研究带来丰富深刻的启示。但直到目前为止，对黑格尔美学的充分深入的研究，还是一个有待继续努力完成的任务。

参考文献：

马采著：《黑格尔美学辩证法——艺术的理念，其历史的发展与感觉的展开》、《论艺术理念的发展》、《黑格尔以后的西方经验主义美学》、《美学断章》，以上均见《哲学与美学文集》，中山大学出版社1994年版。

朱光潜著：《黑格尔〈美学〉译后记》（见《美学》第3卷下册，人民文学出版社1981年版）、《西方美学史》下卷第十五章（人民文学出版社1964年版）、《悲剧心理学》（见《朱光潜全集》第2卷，安徽教育出版社1987年版）。

六、马克思主义美学在中国的传播与影响

在中国，最早向中国人介绍马克思的是梁启超。他在1902年所写的一篇文章中将马克思与尼采并列为德国最有势力的两大思想代表。

他说："今之德国有最占势力之两大思想，一曰麦喀士（即马克思——引者按）之社会主义，一曰尼至埃（即尼采——引者按）之个人主义，麦喀士谓今日社会之弊在多数之弱者为少数之强者所压服，尼至埃谓今日社会之弊在少数之优者为多数之劣者所牵制。"①

在五四运动前后几年间，马克思主义在中国获得了迅速的传播，但人们所注意的主要是马克思的社会政治思想。1928 年，以郭沫若为代表的"创造社"成立后，开始了对马克思主义的文艺、美学观点的介绍，反映了当时对中国社会现状深为不满的一批激进青年的思想。1930 年，"左翼作家联盟"成立后，在鲁迅、瞿秋白的积极参与下，以更大的规模推动了对马克思主义文艺、美学观点的介绍。但这时的介绍，主要集中于恩格斯在给哈克奈斯（Harkness）等人的几封信中提出的现实主义思想，重点在解决文艺与现实生活、阶级斗争的关系问题。围绕着这一问题，又大量介绍了俄国马克思主义者普列哈诺夫（plekhanov）、卢那察尔斯基（Lunacharsky）以及俄国民主主义者别林斯基（Belinsky）、车尔尼雪夫斯基（Chernyshevsky）等人的文艺、美学观点。对美学理论上一些重要的根本性问题，如美与艺术的本质、美感的特征等很少涉及，对马克思本人的美学思想的介绍与研究也很少。从"左联"直到后来的延安时代，对马克思主义文艺、美学观点的介绍，其主要目的在确立文艺是现实社会生活的反映和文艺与人民群众的阶级斗争不可分离这样两个根本观点。这是与当时中国革命斗争的迫切需要直接联系在一起的。1944 年，周扬所编的《马克思主义与文艺》一书的出版，可以看作是这种介绍的一个总结。但在 1937 年，周扬已写了《艺术与人生——车尔芮舍夫斯基的《艺术与现实之美学关系》》一文，介绍车尔尼雪夫斯基的美学。同年，又写了《我们需要新美学——对于梁实秋和朱光潜两先生关于"文学的美"的一个看法和感想》一文。1942 年，再次写了《唯物主义的美学——介绍车尔尼雪夫斯基的美学》一文，发表于延安的《解放日报》。同年，周扬翻译的车尔尼雪夫斯基的《艺术与现实的美学关系》一书，以《生活与美学》为书名由延安新华书店出

① 《新民丛报》第 18 期。

版，书后附录了马克思、恩格斯、列宁对车尔尼雪夫斯基的评论，又将1942年所写介绍车尔尼雪夫斯基美学的一文略加修改，题为《关于车尔尼雪夫斯基和他的美学》，作为“译后记”。周扬的上述文章的发表以及车尔尼雪夫斯基著作的翻译出版，说明中国的马克思主义者在解决文艺与现实生活、人民群众、阶级斗争的关系这一根本问题之外，进一步正面地思考“新美学”的建立问题了。

这种“新美学”，在周扬看来，当然应是马克思主义的。但马克思、恩格斯都未曾直接详细地论述过历来的美学所讲的美的本质、美感诸问题。30年代曾大量介绍过普列哈诺夫、卢那察尔斯基的美学，后者的专门美学著作《实证美学基础》也已有了中译本。他们两人都比马克思、恩格斯更多地直接讨论了美与美感的问题，但他们的和美学相关的哲学思想又都曾受到了列宁的严厉批评，至少在马克思主义者中间是有很大争议的。而周扬所介绍的车尔尼雪夫斯基的美学虽然还不是马克思主义的，但确实是马克思主义之前的美学思想中最接近于马克思主义的，而且车尔尼雪夫斯基的思想、人格还曾得到了马克思、恩格斯、列宁的高度评价。车尔尼雪夫斯基的美学又热烈而充分地肯定美与艺术和生活的不可分的联系，并予以美学的论证，反驳了与之相反的唯心主义美学理论，这又恰好能与30年代以来中国马克思主义者在文艺、美学上最为关注的问题联系起来。我认为正是上述这些原因，使得周扬选择了介绍原本是非马克思主义的车尔尼雪夫斯基的美学来帮助建设他所说的“新美学”。这一选择和周扬为此而做的工作的确也产生了广泛和重要的影响。不仅他所译的《生活与美学》一书成为后来研究美学的中国的马克思主义者的必读著作，而且他自1937年开始对车尔尼雪夫斯基美学的介绍也显然对毛泽东的文艺、美学思想的提出产生了影响（详下）。此外，车尔尼雪夫斯基认为“只有德国的美学才配称作美学，”①。因此在周扬所译的他的著作中包含了对康德、谢林、黑格尔、费希尔（Fischer）的美学理论的评述、批判，涵盖了德国美学所

① 车尔尼雪夫斯基著，缪灵珠译：《当代美学概念批判》，见《美学论文选》，人民文学出版社1957年版，第35页。

讨论的“美”(das Schöne)、“崇高”(das Erchabane)、“滑稽”(das Komische)、“丑”(das Hässliche)、悲剧(das Tragik)诸问题。在《当代美学概念批判》等文中，车尔尼雪夫斯基又更为广泛地评述了德国美学以及古希腊罗马、英国的美学。这对于中国的马克思主义者了解西方美学，无疑也起了比我们已经讲过的吕澂等人所著的小册子更为重要的作用。这种了解，对于建设周扬所说的“新美学”，是绝对不可缺少的。但自“五四”以来，企图从马克思主义观点来研究美学的人们，大部分都很轻视西方美学。他们对西方美学的了解程度不及我们已讲到的蔡元培、朱光潜及其他一些人。

1942 年，毛泽东发表了《在延安文艺座谈会上的讲话》。这个讲话的直接目的是为了确定当时解放区革命文艺的方针，同时也是对 30 年代以来左翼文艺运动所争论的种种问题的总结，并且涉及了马克思主义美学的一些重要问题，对后来马克思主义美学的研究产生了很大的影响。其中，最值得注意的是毛泽东对艺术创造的源泉和艺术美与生活美的关系的看法。

毛泽东在这个问题上的看法，显然是从马克思主义出发，对车尔尼雪夫斯基和黑格尔的美学作了一个批判的改造与综合。车尔尼雪夫斯基认为，生活中存在着无比丰富生动的美，艺术的美只能是生活中的美的“再现”，而且这种“再现”无论怎样也赶不上生活中的美那样丰富生动，所以艺术的美和生活的美相比，只能是对生活的美的一种“苍白的复制”。为此，车尔尼雪夫斯基反复批判了黑格尔美学认为美是“理想”的表现，真正的美就是艺术美的看法。毛泽东一方面指出，人类社会生活是一切种类的文学艺术的唯一源泉，它是“最生动、最丰富、最基本的东西”，“使一切艺术相形见绌”，这显然吸取了车尔尼雪夫斯基强调生活美的本原性与丰富性的合理观点；另一方面，毛泽东又指出，生活与文学艺术作品，“虽然两者都是美，但是文艺作品中反映出来的生活却可以而且应该比普通的实际生活更高，更强烈，更有集中性，更典型，更理想，因此就更带普遍性”，这就在肯定生活是文艺的唯一源泉的前提下，批判吸取了黑格尔美学认为艺术美是“理想”的表现的观点，纠正了车尔尼雪夫斯基认为艺术只能是生活的“苍白的复制”的看法。毛泽东对生活美与艺术美的关系问题作了唯物的,同时又是辩证的解决,并且是与中国古代美学一向主张艺术美既与现实(自然和社会)有关,但又高于现实的看法相一致的。中国古代美学也很重视“理想”的表现,如孔子很早就提出了“尽善尽美”的思想,虽然中国美学对“理想”的理解与黑格尔美学的理解不能等同。毛泽东不同意车尔尼雪夫斯基认为艺术只能是生活的“苍白的复制”的看法,吸取黑格尔的“理想”观念来解释艺术的美,这并不是偶然的。不过,毛泽东对美的本质是什么、艺术美创造中的各种更为具体的问题,都尚未作出正面的说明。

毛泽东在说明文学艺术的源泉问题时还指出:“作为观念形态的文艺作品,都是一定的社会生活在人类头脑中的反映的产物。”这显然是马克思主义哲学的反映论在文艺问题上的应用,在马克思、恩格斯、列宁论及文艺问题的言论中也已经包含了这个思想,但毛泽东对这个思想作了直接而明确的表述。这在艺术哲学上是有重要意义的,因为艺术哲学不能回避艺术创造的源泉、艺术与现实生活的关系这个根本性的问题。马克思主义美学对这个问题的看法,从过去到现在,不断遭到许多人的激烈反对。这种反对,如果是针对那种对“反映”作一种简单机械的、完全忽视艺术的特征与复杂性的解释而发的,那当然有其合理性;如果是企图从根本上否定“反映”这一概念,那就会碰到不少难以解决的问题。即使我们主张艺术的源泉不是社会生活而是“精神”(主体的情感、意志、直觉、非理性的冲动或某种脱离人、先于人而存在的“理念”),但我们仍然无法逃避这个问题,即这种“精神”是从何而来的?在回答这个问题时,只要我们愿意面对事实,那就会通过事实的分析而发现这“精神”产生的根源最终仍是在一定的社会生活之中。我认为马克思主义美学所提出的“艺术是社会生活的反映”这一命题并不是很容易推翻的,因为艺术史上有大量的事实支持着这一命题。因此,我认为恰当的做法也许不是从根本上否定这一命题,而是要对这一命题中的“反映”这一概念作深入具体的、符合于艺术创造实际的研究与解释(我在《艺术哲学》一书中对此提出了一些初步的解释)。在这种研究中,还应当广泛吸取西方现代美学研究所取得的一切合理的东西。这是有待于马克思主义美学的研究者去完成的一个重要任务,并且同当代马克思主义哲学对“反映”这一概念的研究与解释密切相联。此外,从中国古代美学的传统来看,中国古代美学虽然还没有“反映”这一概念,也不从“反映”的观点,而是从心物“交感”的角度来观察艺术,但“交感”中可以包含“反映”,马克思主义所说的“反映”也不能离开心与物的“交感”。中国美学历来十分重视艺术与社会生活的联系,如唐代大诗人杜甫的作品由于广泛真实地反映了他所经历的唐代社会生活而被誉为“诗史’,就是一个鲜明的例证。中国古代美学与马克思主义美学有重大的区别,但我认为两者又有可以相通的地方。

毛泽东的《在延安文艺座谈会上的讲话》还指出:“在现在世界上,一切文化或文学艺术都是属于一定的阶级,属于一定的政治路线的。为艺术的艺术,超阶级的艺术,和政治并行或互相独立的艺术,实际上是不存在的。”这也是与马克思主义美学相关的一个重要问题,至今包括美国在内的西方的马克思主义研究者也常在讨论这个问题。毛泽东非常鲜明强烈地主张文艺对一定的阶级及政治路线的从属性,有其不能否认的正确方面。特别是在阶级斗争尖锐的历史时期,这一点表现得很为清楚。但是,艺术与阶级、政治路线的关系又是复杂的,艺术并不是在任何情况下都必然直接地从属于某一阶级的政治任务、政治需要,艺术的社会功能及其所涉及的范围也比政治领域要宽广得多。在对立的阶级之间,它们的艺术也不见得在任何情况下都是绝对地相互排斥的。毛泽东在解放区每天都面临激烈的阶级斗争的情况下提出上述观点,无疑有历史的合理性,并且鼓舞、推动了不少革命的艺术家创作出了许多成功的作品。但超出解放区面临的特定环境来观察,毛泽东的论断就有狭隘的地方。此外,他的这一看法还忽视了艺术的发展与经济基础的重要关系。从马克思主义的观点看来,经济是决定艺术发展的终极原因。毛泽东一生对中国革命有巨大贡献,但他有时为了强调某一观点而把这一观点推到了极端,这在他的晚年更是常常可以看到。尽管如此,毛泽东认为艺术与阶级、政治有密切联系,在适当的范围与意义上仍是正确的。他反复阐明革命的文艺必须为广大的人民群众服务,当然更是正确的。20 世纪 70 年代,邓小平把毛泽东所说文艺从属于政治并为政治服务的说法改变为文艺为人民服务、为社会主义服务，这比毛泽东的说法更准确。它也包含了政治，但不局限于政治。从中国古代美学的传统来看，毛泽东的说法与中国古代儒家美学一贯主张文艺必须为社会政治教化服务的说法既不能等同，但又存在着某种联系。这种说法与我们已讲到的王国维反对以文艺为道德、政治的工具，恰好成为一个强烈的对比。但问题的解决并不是要否认文艺与阶级、政治的关系，而是要充分看到这种关系的复杂性以及文艺不同于政治的特殊性。在说明文艺与阶级的关系时，又要看到文艺是与一定阶级的整个的利益、要求、愿望、理想相关，而不是仅仅与政治相关，并且还要看到各个不同阶级之间的文艺的相互影响，以及在特定历史条件下，属于某一阶级的文艺还能具有不局限于这一阶级的普遍意义。

马克思主义美学在中国的传播与发展，至目前为止，大致上经历了四个阶段：第一阶段是20世纪20年代末至30年代“创造社”与“左联”对马克思主义美学的输入、介绍与讨论。第二阶段是20世纪40年代毛泽东《在延安文艺座谈会上的讲话》的发表，周扬所编的《马克思主义与文艺》一书的出版以及他对车尔尼雪夫斯基美学的介绍与评论。以上我们论述了这两个阶段，随之而来的还有两个阶段，一个是从1949年开始至60年代的第三阶段，另一个是从70年代至现在的第四阶段。

1949年以后，前苏联学者所写的关于文艺理论、美学的文章、小册子、著作大量被翻译介绍到中国。这一方面有助于中国人了解马克思主义美学；另一方面也带来了不少教条主义的、简单化的观念。但中国真有成就与影响的学者，是根据自己独立的研究来了解马克思主义美学的，决不是前苏联美学的简单的追随者。

20世纪50年代，中国开展了一场批判唯心主义的运动，朱光潜的美学成了被批判的对象。由于自身的经历与思考而决心转向马克思主义的朱光潜，一方面公开承认自己过去的美学思想是唯心主义的，并作了检讨；另一方面又并不处处同意他的批判者对美学中一系列问题的看法。长期专门研究过美学，并对西方美学史上各种理论有广泛深入了解的朱光潜,深知美学上许多问题的复杂性,看到了应用马克思主义来解释美学上的问题并不如他的一些批判者所设想的那么简单,因此,他连续写了不少文章来阐明他的看法,与他的批判者展开了争论。他的这种做法得到了周扬的支持。由于当时已提出"百家争鸣"的方针,而且执行得较好,这就使得对先光潜过去的美学思想的批判没有成为一场单纯基于意识形态的政治讨伐,而转变为持续至60年代的一场关于美学问题的学术大讨论,并取得了重要的成果。

参加这场讨论的人很多,发表的文章在百篇以上。讨论最初主要是在朱光潜与蔡仪之间进行的。以后年轻的李泽厚又加入进来,形成了三派比较有代表性的看法。这场讨论一开始就是以美的本质问题,特别是美的客观性问题为中心而展开的,因此具有很浓厚的哲学色彩。它的主要意义在于对美的本质问题作了一次深入的哲学探讨,使各种不同观点之间的对立得到充分的展开,使人们清楚地看出解决这一问题的不同途径,以及各种不同解决方法所存在的问题,并且最后引出了美的本质问题应当从马克思主义所讲的人类社会实践对客观现实世界的改造去加以探讨这一极为重要的看法。和前苏联美学界的"社会派"与"自然派"的争论比较起来,中国美学界对美的本质问题的讨论更具有哲学的高度与深度,并且较少受到僵化的教条主义观念的影响。

蔡仪(1906～1992年)早年曾从事小说与诗的创作,1929年留学日本,1937年回国后参加文化界的抗日救亡活动。1943年出版《新艺术论》,1947年出版《新美学》,这是他试图在唯物主义基础上建立一个美学体系的尝试。蔡仪是在20世纪30年代"左联"对马克思主义文艺理论的介绍影响下开始从事文艺理论、美学研究的。但他的理论产生较大影响是在1949年之后,特别是在与朱光潜论争之后。他从50年代开始在中国社会科学院文学研究所专门从事美学研究,任研究员,直至去世。

蔡仪在与朱光潜的论争中重申和进一步发挥了他在《新美学》中提出的观点,认为美在于物而不在于心,美是物客观具有的典型性,即物的个别性充分表现了它的种类一般性。依据这个观点,蔡仪猛烈地抨击朱光潜美学,认为是十足反动的唯心主义。朱光潜对此作出了回答，他一方面指出蔡仪的思想是忽视、否定了人的主观能动作用的直观机械的唯物主义，不是马克思主义的唯物主义，并且指出他所说的“美是典型”不能真正解释美，因为许多具有典型性的东西并不一定美；另一方面，朱光潜又正面提出了他对于美的看法，认为美虽然与物的存在相关，但物要经过人的意识形态的作用才能成为美，所以美是主观与客观的统一，不是与主观不发生关系的的东西。朱光潜认为他的这一观点是符合马克思主义的唯物主义的，因为他既主张美的产生不能脱离主观的作用，同时又主张美须以外物的存在为条件，而且作用于外物的意识形态又是由马克思主义所说的社会存在决定的，不是主观自生的。

李泽厚，1930 年生，1954 年毕业于北京大学哲学系，以后长期在中国社会科学院哲学研究所工作，任研究员。他的研究范围甚为广泛，除美学之外，还研究中国思想史、西方哲学以及他所说的“纯哲学”，美学实际上只是作为他研究哲学、思想史的一个方面来看待。他的研究重视宏观的、根本性问题的探讨，很具原创性与启发性，表现出思想家的气度。他在 1956 年发表《论美感、美和艺术》一文，提出美具有“客观性和社会性”的看法，并由此出发，对朱光潜与蔡仪的观点同时展开了批评。他依据对“客观性”的理解批评朱光潜，指出他虽然主张美的产生须有外物作为条件并确认主观的意识形态是社会存在的反映，但他既然认为美只是主观的意识形态作用于外物的结果，那么美就只是主体精神活动的产物，不是现实的客观存在。李泽厚又依据对“社会性”的理解批评蔡仪，指出客观现实的美是社会性的存在，不能单纯从物的自然属性中去找寻美的根源，也不能把美看作是物的某种亘古不变的种类一般性在物的个别性上的充分表现，否则就有可能陷入柏拉图的客观唯心主义。

李泽厚对朱光潜、蔡仪的批评是正确的，有充分的马克思主义的根据。但在整个讨论中，朱光潜始终坚持美和美感的产生不能脱离主观方面的作用，这一看法仍有其重要的合理性，推动了问题的深入探讨，冲击了年深月久的机械唯物主义观念。李泽厚虽然正确肯定了美具有客观性与社会性，但朱、蔡及其他一些人都指出具有客观性与社会性的东西不一定就美。讨论发展到 20 世纪 60 年代，李泽厚与朱光潜虽然仍有分歧,但一致强调要以马克思的《1844年经济学—哲学手稿》、《关于费尔巴哈的提纲》为指导,从马克思的实践观点来解决美的本质问题。朱光潜对此作了许多很有见解的论述,李泽厚则在他的重要论文《美学三题议》中集中阐述了他的看法。他认为应当遵循"人类社会生活的本质是实践的"这一马克思主义根本观点,"从主体实践对客观现实的能动关系中,实即从'真'与'善'的相互作用和统一中,来看'美'的诞生"。在他看来,"真"是具有不依存于意识、意志的客观必然性的现实世界,"善"是人类作用于现实世界的感性物质力量,亦即有意识有目的实践活动。实践作用于"真",因符合"真"而获得实现,这就是"善"获得了实现,同时也就是"理想"的实现。这实现即是"美"。人从这实现里看到了自己本质力量的对象化,看到自己的实践、理想被肯定,于是必然引起美感愉快。因此,李泽厚认为,"'美'是'真'与'善'的统一",它同时也就是"主客观的统一"。但这统一仍然是感性现实的物质存在,不是仅由精神活动产生的、主观的东西。不论是从李泽厚本人的观点还是从这次美学讨论的发展来看,李泽厚明确提出"美是诞生在人的实践与现实的相互作用和统一中",这是一个有重要意义的观点,我认为是符合马克思主义的思想的。但是,李泽厚将实践与"善"看作是一个东西,还值得商讨。此外,李泽厚在《美学三题议》中还引入了"自由"的概念来说明美,这也是很有意义的。他提出"就内容言,美是现实以自由形式对实践的肯定;就形式言,美是现实肯定实践的自由形式"。但他对"自由"与实践的关系,审美意义上的"自由"的含义,尚未作出分析与说明。

除上述朱、蔡、李的观点之外,在美学讨论中还有高尔太提出美感决定美,美是纯粹由主观决定的说法。虽然缺乏理论上的论证,但因为直言不讳和代表了一些人的想法,因此也产生了影响。

从1961年到1965年,在周扬的关心与领导和王朝闻的主持下,中国编写了供高等学校文科使用的教材《美学概论》的初稿。包括李泽厚、叶秀山、杨辛、朱狄、刘纲纪等在内的一批年轻的美学研究者十分认真和积极努力地参加了编写工作。在编写中,曾参考了当时苏联出版的美学教科书,但此书又决没有简单仿效苏联的教科书。它是中国学者通过自己的独立研究集体写成的第一部系统论述马克思主义美学的教科书，总结与深化了中国20世纪50年代以来美学讨论所取得的成果，在理论分析的深度上优于前苏联的教科书，并且有鲜明的中国特色。此书在原来参加编写工作的曹景元、刘纲纪、刘宁的参与下，于20世纪80年代初修改、定稿出版，对在中国传播与发展马克思主义美学产生了重要影响，是一部有历史意义和较长远的理论价值的著作。

自1965年下半年开始，"文革"浩劫的袭来，使美学在十年之久的时间里成为研究的禁区，"四人帮"中原先大谈美学的姚文元也绝口不再讲美学了。但在"文革"结束之后，美学很快获得了复苏。而且，参加美学研究的人数，美学著作出版的数量，美学在社会上受到关注的程度，都比过去有了空前提高，出现了"美学热"。这既和美学在中国传统文化中历来占有重要地位分不开，同时又表现了中国人民在经历了"四人帮"长期禁锢与统治之后，对于一种合理、幸福、美好生活的渴望与向往。

从20世纪50年代末开始的以美的本质问题为中心的美学讨论一直持续到60年代，最后因"文革"的到来而中断了。但问题本身依然存在，如何解决这一问题仍然有待于探讨。因此，在"文革"后，这一问题又被重新提起，这时原先朱、蔡、李之间的争论已成过去，尽管分歧仍然存在，但包括朱、李在内的多数人对继续原先的争论不再有兴趣，而认为应当从马克思的《1844年经济学—哲学手稿》的研究中来求得对美的本质问题的解决。关于美的本质问题的争论转变为关于如何理解《1844年经济学—哲学手稿》一书中的美学思想的争论。报刊上发表了不少文章，并专门举行了关于《1844年经济学—哲学手稿》的多次讨论会，有的讨论会还出版了论文集，这对于推动中国马克思主义美学的研究起了不可忽视的重要作用。因为马克思主义美学的根本思想的确主要是包含在马克思的《1844年经济学—哲学手稿》一书中，但又尚待作深入的研究与阐发。上一阶段的美学讨论虽然已涉及了这个问题，但还没有充分地展开。

朱光潜、李泽厚都写了有关《1844年经济学—哲学手稿》的文章，他们原先的对立与争论早已成为过去，都共同来关注《1844年经济学

—哲学手稿》的研究。1979 年,李泽厚的《批判哲学的批判——康德述评》一书出版,其中在评述康德美学时,讨论了马克思《1844 年经济学—哲学手稿》中的美学思想。关于李泽厚这本著作在美学方面的意义,我想在后面再加以专门的分析。1980 年,朱光潜为了深入研究《1844 年经济学—哲学手稿》,重译了《1844 年经济学—哲学手稿》一书与美学相关的重要部分,并写了《马克思的〈经济学—哲学手稿〉中的美学问题》一文,同时发表在李泽厚主编的《美学》第 2 辑上。蔡仪也受到讨论焦点转移到《1844 年经济学—哲学手稿》上来的影响,先后发表了有关《1844 年经济学—哲学手稿》的几篇文章,并通过评论《手稿》来论证他自己的美学观点,继续展开对朱光潜、李泽厚及其他一些人的批判。1979 年,蔡仪在《美学论丛》上发表了《马克思究竟怎样论美》一文,认为马克思所说的"美的规律"就是蔡仪所说的"典型的规律",马克思也和蔡仪一样主张"美就是典型"。因此,蔡仪断言苏联和中国美学界主张从实践观点来理解马克思美学思想的看法是"修正主义"的表现,"借马克思主义的名字以宣传资产阶级唯心主义美学观点"。此后,蔡仪在他所写的另外两篇关于《1844 年经济学—哲学手稿》的文章中,又一一讲述了《1844 年经济学—哲学手稿》一书在理论上存在的种种错误,并认为《1844 年经济学—哲学手稿》的哲学思想中还有"主观唯心主义的理论"。在马克思主义者对《1844 年经济学—哲学手稿》的研究中,这样一种否定性的看法可以说是前所未见,同时也充分表明蔡仪对马克思主义的理解与马克思本人的看法的差别是很大的。

蔡仪的看法引起了我本人及其他一些人的反对。这里需要先略述一下我个人对马克思主义美学研究的经过。自 20 世纪 50 年代后期以来,我感到要真正搞清楚马克思主义的美学,就必须深入研究德国古典美学。美学与哲学是紧密相联的,德国古典美学又是德国古典哲学的一个不可分离的重要组成部分。马克思主义的哲学既然是从批判继承德国古典哲学而来的,那么它在美学方面的思想也就必然与德国古典美学有内在的联系。因此,我个人在美学研究上经历了一个从马克思出发,上溯到黑格尔、席勒、康德以至温克尔曼(Johann Winkelmann)、莱辛(Gotthold Ephraim Lessing),又再从他们回复到马克思的过程。这个过程在60年代初基本完成。我所得出的基本结论是:从人的自由的实现来观察美的本质问题,把美看作是人的自由在主体的感性存在中的表现,这是德国古典美学划时代的重大贡献。马克思继承了这一思想,但他是从他所创立的历史唯物主义来解释人的自由及其感性表现的。他认为人的自由根源于人的劳动、物质生产实践与动物活动的根本区别,并且最终是为物质生产的发展所制约的。人的劳动首先是为了维持人的肉体生存而进行的活动,但同时又是一种有意识、有目的活动,因而是一种创造性的、自由自觉的活动,这规定了人类的劳动决不仅仅是满足肉体生存需要的手段,它同时是人的自由的表现,并且是以追求超出肉体生存需要的、人的个性才能全面自由发展为最终目的的。这就是马克思所说的"自由王国"的含义,它渊源于德国古典美学。在马克思看来,美在根本上是由劳动创造出来的,是人的自由在人的劳动及人类整个生活的实践创造过程和结果上的感性表现,或者说是基于劳动、实践的人的自然的对象化、感性的现实化。这也是马克思所说的"自然的人化"的最重要的意义。我认为马克思的这些思想对于解决美的本质、功利与美的关系、真善美的关系、美的历史发展等问题,都有着十分重大的意义,它将引起美学的巨大深刻的变革。在50年代末至60年代的美学讨论中,我很赞同前面已讲到的李泽厚在《美学三题议》中提出的"美是诞生在人的实践与现实的相互作用和统一中"这一观点,认为是当时的美学讨论所取得的一个重要成果。对于李泽厚在此文中开始将自由与美的本质问题联系起来,我也深表赞同。但我又感到李泽厚的论述比较空泛,没有充分注意到从人类的劳动、实践的本质出发来阐明自由的产生,并对审美意义上的自由的含义予以规定。另外,我还很难同意他将马克思主义所讲的实践与"善"相等同。我认为实践比"善"更根本,人类生活中的善恶问题是由实践产生出来的,实践是"善"的根基、源泉。这一点,马克思、恩格斯在论功利、道德问题时都曾作过很为清楚的说明。基于以上的看法,我在1962年参加《美学概论》一书的编写后,曾提出过从马克思主义所理解的自由来论述美的本质,但未被采纳。不过,该书是集体创作,由李泽厚负责写作的

"论美的本质"的部分我曾参加过修改,所以其中也反映了我的一些看法,如对劳动创造的重要意义的强调,以及不把"善"看作是实践。"文革"的袭来,使我无法再将我对马克思主义美学的看法写成文章发表。"文革"后,蔡仪的《马克思究竟怎样论美》一文发表,并对从实践观点来研究马克思的美学加以激烈的批判,使我觉得应当是把我的看法写出的时候了。因此,我写了《关于马克思论美》①一文与蔡仪进行讨论,简要论述了我对马克思美学的理解。此后,我又在《美学对话》(1983年)、《艺术哲学》(1986年)、《美学与哲学》(1986年)等书中更为系统、详细地论述了我对美与艺术的本质等一系列根本性问题的看法。我的看法得到了不少研究者的肯定评价,在从70年代末开始的对马克思《1844年经济学—哲学手稿》的讨论中,也许可以算是一种产生了较大影响的看法。

关于马克思《1844年经济学—哲学手稿》的讨论,到了1985年前后即告一段落。在此之前和之后,为了适应学校美学教学的需要,不少美学研究者致力于编写马克思主义美学的教科书,先后出版了由杨辛、甘霖所著的《美学原理》等一批美学教科书,对美学教学的开展起了良好作用,对某些问题的论述也有进展。我本人也为全国自学考试编写了《美学概论考试大纲》,于1988年出版。这个大纲实际是我对自己所理解的马克思主义美学作了一次全面系统的纲要性的论述。1989年,李泽厚出版了《美学四讲》,这也是李泽厚对他的美学思想所作的一次最为系统的论述,贯彻了他的从"人类学本体论"来阐述马克思主义美学的思想,具有重要的学术价值。80年代可以说出现了一个纷纷编写美学教科书或撰写系统的专著的热潮。但随着西方现代美学著作大量迅速地输入中国,在相当一部分人又产生了近乎崇拜地、如饥似渴地接受西方现代美学的倾向,马克思主义美学被看作是简单化的、过时的东西了。至90年代,这种情况稍有改变,但直到目前为止,马克思主义美学仍然面临着西方现代美学的挑战。如何迎接这一挑战,建设既是马克思主义的,又具有充分现代性的理论形态的美学,这就是马克思

① 《哲学研究》1980年第10期。

主义美学研究者在今后必须去努力完成的根本任务。

参考文献：

周扬著:《艺术与人生—车尔芮雪夫斯基的《艺术与现实之美学关系》》、《我们需要新的美学》、《关于车尔尼雪夫斯基和他的美学》、《《马克思主义与文艺》序言》,以上见《周扬文集》第1卷,人民文学出版社1984年版。

车尔尼雪夫斯基著,周扬译:《生活与美学》,人民文学出版社1957年版。

毛泽东著:《在延安文艺座谈会上的讲话》,见《毛泽东选集》,人民出版社1964年版。

朱光潜著:《美学批判文集》,作家出版社1958年版。《朱光潜美学文学论文选集》,湖南人民出版社1980年版。

蔡仪著:《唯心主义美学批判集》,人民文学出版社1958年版。《蔡仪美学论文选》,湖南人民出版社1982年版。

李泽厚著:《李泽厚哲学美学论文选》,湖南人民出版社1985年版。

刘纲纪著:《艺术哲学》,湖北人民出版社1986年版。《美学与哲学》,湖北人民出版社1986年版。

穆纪光主编:《中国当代美学家》,河北教育出版社1989年版。

七、20世纪70～80年代李泽厚对康德美学的研究

我们已经说过,自20世纪初开始,康德美学对中国美学发生了巨大影响。这在王国维、蔡元培,特别是蔡元培的美学中表现得十分清楚。宗白华的美学虽然主要是受到歌德影响,但由于歌德的思想本来就与康德有密切联系,因此宗白华对于康德也很关注。1919年3月,宗白华在“少年中国学会”(这是在德国启蒙思想影响下成立的一个爱国的、进步的学术团体,宗白华为筹备者之一,毛泽东也曾参加过这个团体)发表了《略述康德唯心主义哲学大意》的学术讲演,并刊登在《少

年中国学会会务报告》第1期上。同年5月,宗白华又在北京《晨报副刊》上先后发表《康德唯心哲学大意》和《康德空间唯心说》两文,这大约是中国学者较早评述康德哲学的文章。10月,宗白华在《学灯》上发表长文《欧洲哲学的派别》,将康德哲学列为重要的一派加以讨论。他主张哲学的研究应先从对经验现象的认识开始,然后再进入本体论,最后再从本体返回到经验现象。这种看法显然受到康德思想的影响。1920年,宗白华赴德国法兰克福大学哲学系学习,1921年又转到柏林大学就读,导师是德国著名美学家、艺术学家波尔什曼(Dessoiz Bölshman)和哲学家里尔(Riehl)。在德期间,他曾有撰写《康德哲学》、《美学》两书的计划,但后来没有实现(以上参见林同华编《宗白华生平著述年谱》)。直到1960年,宗白华才写了《康德美学原理评述》一文,发表在《新建设》第5期上。这是一篇依据作者对德国哲学与美学的长期研究写成的论文,很有学术价值。但在应用马克思主义来评论康德美学这个方面,难于避免当时流行的对马克思主义的简单化理解的影响。1964年,宗白华翻译的康德的《判断力批判》上卷由商务印书馆出版。中国人讲了多年的康德美学原著的中译本终于出现了,这对中国人研究康德美学起了重要的作用。

在王国维、蔡元培、宗白华之后,李泽厚是又一个致力于康德哲学、美学的研究,并取得了有广泛影响的重要成就的学者。他对康德美学的思考,大致上是从1962年写作《美学三题议》一文前后开始的。他在此文中提出美是真与善的统一,是"自由的形式",显然已受到康德以至卡西尔(Cassirer)美学的影响。1979年,他出版了《批判哲学的批判——康德述评》一书,此后一直至80年代,对康德哲学、美学的研究与阐发始终是李泽厚所关注的中心,他的《康德哲学与建立主体性论纲》(1980年)、《关于主体性的补充说明》(1983年)、《〈答问录〉的准备提纲》(1989年)等文,以及1989年出版的《美学四讲》一书,都贯穿着他对康德哲学、美学的研究与阐发。

李泽厚对康德哲学、美学研究的特点,非常鲜明地表现在相互密切联系的两个方面:首先,他立足于马克思主义哲学的实践观点来剖析康德的哲学、美学。这种实践观点去除了过去流行的一些不正确的理解,而回到了马克思的根本思想上。因此,通过李泽厚的剖析,使我们对康德哲学、美学所提出的一系列重大问题的真正的实质与意义,以及那困扰着康德的种种难题应如何解决,有了清晰而深入的理解。号称抽象难懂的庞大的康德思想体系终于显示出了它的真正的实质,这在康德思想的研究上无疑是一个重大的进展。它很好地证实了马克思所说过的一句话:"社会生活在本质上是实践的,凡是把理论导致神秘主义方面去的神秘的东西,都能在人的实践中以及对这个实践的理解中得到合理的解决。"另一方面,李泽厚对康德哲学、美学的研究又不仅仅是为了理解康德哲学、美学本身,而是要通过这种研究来阐发他对当代马克思主义哲学、美学的看法,并广泛涉及了对西方当代各种思潮的评论。用他的话来说,他是"以马克思为基础,重新提出康德的问题,然后再向前走"。他所要提出和继续向前走的问题,归结到一点,就是人的主体性的建构问题,他所说的主体性包含作为总体的人类和作为个体的个人这样两个方面。他认为重视个体、自然、感性是康德思想的重要优点,到了黑格尔,则将个体、自然、感性淹没在了"绝对理念"的发展之中,因此,他提出他所要贯彻的哲学路线不是康德——→黑格尔——→马克思,而是康德——→席勒——→马克思。这一路线所要达到的重要目的,是在马克思所讲的实践的基础上来建构主体的文化心理结构。他反复地指出以物质生产为核心的人类实践是人的存在的前提、根基,"是根本的起决定作用的方面"。李泽厚对这一点的坚持与强调,使他在根本上区别于各种非马克思主义的思潮。但他所特别关注的问题,是以物质生产实践为基础,由实践的"内化"而来的主体文化心理结构的建构。这种心理结构包含真、善、美三个方面。在谈到美时,他仍然坚持他在《美学三题议》中提出的主张,即美是真与善的统一,是"自由的形式",但他通过研究与阐发康德的思想,进一步论证与发展了他的这个根本观点,并称之为"人类学本体论的美学"。这个美学的核心是以实践为基础的"自然的人化"(包含外部自然和人自身的自然感官的人化),美则是"自然的人化"的历史成果。他认为康德美学的"一个重要贡献",就是"把审美愉快和动物性的官能愉快和概念性的理智认识区别开来"。但康德还不能认识他所说的审美的愉快或判断力是以人类实践为基础的"自然的人化"的产物。"在这里,人类(历史总体)的积淀为个体的,理性的积淀为感性的,社会的积淀为自然的"。和《美学三题议》中的说法相比,虽然没有对美是真善的统一,"自由的形式"作更进一步和更为具体的论述,但大大突出了个体、感性、自然的地位,并且从美感角度解决了人类与个体、感性与理性、社会与自然的关系问题,指出美感的特征即在于属于人类的、理性的、社会的东西"积淀"在个体的、感性的、自然的东西之中。这种"积淀"的发展过程也就是以人类实践为基础的"自然的人化"的发展过程。这些看法,虽然还有需要进一步具体化、精密化的地方,但无疑是对美感的一种深刻的、有创见的解释。

在我看来,李泽厚指出康德重视个体、感性、自然,较之于黑格尔将个体、感性、自然淹没在"绝对理念"之中要优越,这有其合理、深刻的地方。对纠正不少人在论述马克思主义时几乎完全取消了个体、感性、自然的地位,也有积极的、重要的意义。但是,黑格尔仍然是从康德到马克思的一个不可缺少的重要环节。马克思在形成自己的思想的过程中,明显受到费尔巴哈(Ludwig Feuerbach)和黑格尔两人的影响。费尔巴哈摒弃了黑格尔抽象神秘的思辨,重新高扬了自18世纪法国唯物主义以来,自然、感性、个体幸福在哲学中的地位。在这一点上,确如李泽厚所说,费尔巴哈在黑格尔之后承接了康德重视自然、感性、个体的思想(但哲学的基础显然不同)。马克思接受了费尔巴哈的思想,他所提出的"自然的人化"的思想在相当程度上也受到了费尔巴哈的启发。但是,马克思又没有停留在费尔巴哈的水平上,没有像费尔巴哈那样简单地抛弃黑格尔。他吸取与改造了黑格尔思想中合理的东西,这不仅仅是指人们常说的黑格尔的辩证法,更重要的是黑格尔关于劳动、人的对象化的思想,即列宁曾指出过的,存在于黑格尔思想中的"历史唯物主义的萌芽"。马克思的实践观点就是由批判继承黑格尔关于劳动、人的对象化的思想而来的,这在马克思的《1844年经济学—哲学手稿》中表现得十分清楚。马克思一方面批判吸取了费尔巴哈高度肯定自然、感性、个体的思想;另一方面又批判吸取了黑格尔关于劳动、人的对象化的思想,形成了马克思的实践观点,并指出实践是人的感性、自然、个体生命存在的根基，这样才形成了马克思的思想。因此，虽然在重视个体、感性、自然这一点上，马克思的思想与康德的思想有不能否认的联系，李泽厚所说“以马克思为基础，重新提出康德的问题”，也有重要的意义，但马克思对问题的解决之所以不同于康德，正是因为他批判改造黑格尔而形成了实践的观点。此外，黑格尔虽然把个体、感性、自然淹没到了神秘的“绝对理念”的自我发展之中，以至把人的一切活动看作是使“绝对理念”得以实现的工具，但黑格尔并没有根本否认人是个体感性存在。他只是企图通过“绝对理念”的发展来说明个体发展的历史必然性，并最后在“绝对理念”的完成中来解决个体的发展所面对的主观与客观、理想与现实的矛盾，以克服康德哲学总是把主观的目的、理想停留在观念中或单纯的“应该”上的毛病。这是黑格尔对康德哲学深为不满而屡次提出了批评的地方。此外，黑格尔所说的“绝对理念”的发展，如马克思、恩格斯指出的，本质上是对人类历史发展的一种神秘的思辨的表达，其形式是唯心神秘的，内容却是现实的。从美学的角度看，康德、黑格尔都是基于人的自由来解决美的本质问题，但康德是从主体审美心理特征的形式分析来揭示美与人的自由的联系，黑格尔则是从人类的历史发展（它被神秘化为“绝对理念”的发展）、人的劳动（在黑格尔那里还只是精神的活动）、人的对象化（在黑格尔那里表现为主体扬弃对象以确证自身的唯心辩证法）来揭示这种联系。他把美定义为“理念的感性显现”，这里的“理念”是指“绝对理念”，即主体与客体的一切矛盾的最终解决。因此，美作为“理念的感性显现”实即是人的最高的自由在人的感性存在中的显现。在黑格尔看来，它不是康德所说的主体心理活动的结果，不是一种仅仅停留在主体观念中的东西，而是“绝对理念”发展所取得的、已具有客观现实性的东西（在黑格尔唯心主义意义上理解的客观现实性）。如果予以马克思主义的解释，则就是以实践为基础的人类历史发展所取得的客观现实的东西，而所谓美感，则不外是黑格尔所说人从他所创造的外部世界中直观他自己的自由。这个由黑格尔在《精神现象学》和《美学》中多次阐明了的观点，很明显地为马克思的《1844 年经济学—哲学手稿》所继承。从主体的审美的特征来看，如李泽厚所指出，康德作了很简要而精细的分析,因而产生了很大的影响。但如果要问这些特征从何而来,何以会产生这些特征,以及这些特征在不同历史时代的具体发展,那么黑格尔的理解就比康德深刻很多。因此,我认为从德国古典美学来研究马克思的美学,虽然完全可以侧重于从康德或从黑格尔来研究,但较理想的做法或许是兼顾康德与黑格尔,把两者统一起来。西方哲学界一般认为这是无法统一或很难统一的,肯定其中的一个就要否定另一个。但从马克思主义的观点来看,我认为是可以统一而且应当统一的。这种统一,就是既重视主体及其审美心理特征的分析,又重视主体及其审美心理特征是如何从人类历史发展的总体的实践中产生和发展起来的。在后一方面,黑格尔美学至今仍有其重要的价值。黑格尔确实深刻地意识到了美的产生的历史根基。离开了这个方面就难以具体历史地说明"自然的人化"和美的本质。

从本体论的观点来看,我认为马克思主义哲学是在世界的"本原"是什么的意义上来理解本体的,本体即"本原",而非传统哲学所说产生出世界万物的某种实体性或观念性的存在物。这"本原"亦即本体是什么?从包括自然界和人类社会两者在内的世界来说,就是运动着的自然物质。因为人类社会虽不同于自然界,但它是从自然界发展而来的,并且一刻也离不开自然界。可是,如果仅就人类社会而论,就不能说它的"本原"亦即本体也是自然物质。人类社会产生于人在物质生产实践中对自然的改造,这是人类历史的发源地。因此,在人类社会的范围内,"本原"亦即本体就是人类改造自然的物质生产实践。李泽厚的"人类学本体论"反复强调实践的基础性、决定性的地位,我认为是十分正确的,但如果更明确地说,人类生存的本体究竟是什么呢?我认为是实践。实践具有本体论的地位,因此我提出实践本体论的观点(见我的《实践本体论》及《马克思主义哲学的本体论》两文)。依据这样一种看法,真的认识、善的追求与达到、美的出现与产生,都基于实践。虽然列宁在《哲学笔记》中曾将善理解为实践,但那是对黑格尔哲学关于善的理解的含义的一种解释。从本原上说,善与不善是由实践产生出来的,没有实践即无所谓善与不善。善不就是实践,因此也不是本体。以善为实践,善因符合于真而获得实现,成为美,这会碰到一个问题,即在作为主体的文化心理结构的真、善、美三者之间,善就是基础性、决定性的东西,不需要以实践作为真、善、美的基础。实际上,善不能脱离实践,但善不就是实践,而是实践所追求实现的,具有人类社会普遍性的利益、目的。真的认识与善的实现都可以带来人的自由的实现,但这是一种超越个体的好恶、个性的人类普遍理性的自由,不是审美意义上的自由。因为真之为真、善之为善,是不以个体的个性、好恶为转移的,相对于个体的个性、好恶而言,带有外在的强制性。只有当真的认识、善的实现既符合于人类普遍必然的理性要求,同时又是个体的爱好要求、个性才能的自由发展的表现,善的实现才是审美意义上的自由的实现,从而才成为美。这就是审美意义上的自由与单纯由真的认识、善的实现所取得的自由的根本区别所在。更为具体一些说,这种自由有三个特征:(1)它超越了功利目的追求,即使在功利目的实现中,所注意的也不是目的的实现带来的功利价值,而是对从目的的实现中表现出来的人的创造的自由的愉快观赏;(2)它既符合客观规律,但又摆脱了规律的束缚,表现为一种高度自由的活动;(3)它既符合于社会所提出的普遍必然的伦理道德要求,同时又是对个体自身的个性才能的自由发展的充分肯定。康德对审美诸特征的看来是抽象形式的分析之所以是深刻的,就因为很为准确地把握了上述审美意义上的自由的诸特征在主体意识、心理活动上的表现。就美感而论,它之所以是属于人类、理性、社会的东西积淀在个体、感性、自然中的产物,也应从上述审美意义上的自由的诸特征去予以解释。

以上是我在80年代所写的文章、著作中提出的一些与李泽厚的“人类学本体论的美学”既有共同点又有不同点的看法。这些看法也与我对康德美学的理解相关,但我更为重视的是黑格尔的美学。在我的研究中,我是借助于马克思,通过对黑格尔美学的批判的理解去理解康德美学的。所以,我虽然也很重视康德美学,并高度评价李泽厚对康德美学的研究,但我的研究路线又恰好是他所不赞同的康德——→席勒——→黑格尔——→马克思。我感到黑格尔虽然确实不如康德那样把个体、感性、自然摆在重要位置,但批判地理解黑格尔是批判地理解康德的一个不可缺少的重要方面。康德的优点与黑格尔的优点的整合是我所关心的问题。虽然今天西方哲学界由于高扬个体、感性、自然(如李泽厚已指出的,这有其深刻的合理性)而十分厌恶黑格尔,但人的个体、感性、自然的发展终究无法脱离人类历史总体的必然发展,因此黑格尔的思想也就会保持着它的无法否定的价值。马克思已经对黑格尔的思想作了批判的扬弃,但这种批判主要是一种根本原则上的批判。黑格尔哲学及美学所包含的许多具体丰富的内容,仍有待于作出进一步的细致的分析研究,以吸取其中一切合理的东西。这对深化、丰富、发展马克思主义哲学及美学本身,也将会产生重要的作用。善于抓住经验中具有普遍性的现象,作出细密的分析与界定,这是康德思想的重要特征与优点。但脱离人类的具体历史发展,不问这种种抽象形式的规定是如何从人类具体的历史发展中产生出来的,它何以会具有普遍必然性,这又是康德哲学与美学的巨大弱点。与康德美学不同,如果说康德的美学是一种抽象形式分析的美学,那么黑格尔的美学则是一种具体历史的美学,包含着丰富深广的内容。在马克思主义的基础上整合康德与黑格尔,就是要把康德所作出的那些合理的、深刻的、抽象的形式规定变为从人类的具体历史发展中得出的东西,因而变为能对其所以然作出充分解释,具有丰富具体内容的东西,而不再是一种单纯"先验的"的规定和停留于空洞的愿望与主观的"应该"。

参考文献:

李泽厚著:《批判哲学的批判——康德述评》,人民出版社 1979 年第 1 版,1984 年修订再版。《康德哲学与建立主体性论纲》、《关于主体性的补充说明》,以上见《李泽厚哲学美学文选》,湖南人民出版社 1985 年版。《关于主体性的第三个提纲》、《哲学答问录》、《〈答问录〉的准备提纲》,以上见《我的哲学提纲》,台北风云时代出版公司 1990 年版。

八、20 世纪 80 至 90 年代中国对德国美学的介绍与研究

从 20 世纪 80 年代至 90 年代,中国对德国美学的介绍与研究可以分为两个方面:一方面是再次关注与研究德国古典美学以及尼采的美

学;另一个方面是热心介绍与研究尼采之后的海德格尔、卡西尔、伽达默尔、沃林格尔等人的美学。

首先要提到的是德国古典美学的一些重要著作相继翻译出版。1979年,朱光潜译的莱辛的《拉奥孔》出版。1981年,张黎译的莱辛的另一著作《汉堡剧评》出版。1978年,朱光潜译的爱克尔曼的《歌德谈话录》出版,1980年又再版。1984年,徐恒醇译的席勒的《美育书简》出版。在此之前,著名文学家冯至曾在60年代发表了此书译文的片段。1985年,他与范大灿合译的全书出版。这些译著都附有译者所写的前言或后记,对所译的著作作了切实的、有价值的评述。

在对德国古典美学的研究方面,1980年出版的、著名美学家蒋孔阳所著《德国古典美学》一书,从马克思主义的观点对德国古典美学作了集中系统的、严谨细密的阐述,是一本有重要学术价值的研究德国古典美学的专著。著名西方哲学史家、美学家汝信在1963年出版的《西方美学史论丛》及1983年出版的该书的《续编》中,从马克思主义出发对德国古典美学的本质及其历史发展作了周密深入的分析,是德国古典美学研究取得的又一重要成果。1986年出版的,薛华所著《黑格尔与艺术难题》一书,论述了黑格尔对艺术的历史发展的看法,特别是黑格尔关于艺术的终结与解体的思想,以及这一思想在西方现代美学中引起的反响与争论。其中,专门论述了海德格尔、伽达默尔的美学及其与黑格尔的关系。这是一本篇幅虽然不大,但很有深度与分量的著作。也是在1986年,还有分别由朱立元与陈望衡等所著,都题名为《黑格尔美学论稿》的两书出版。这是中国学者所写的论黑格尔美学的有价值的专著。关于席勒,这一时期也出现了一些专门研究席勒美学的文章与著作。1987年,毛崇杰所著《席勒的人本主义美学》一书出版。自席勒美学输入中国以来,这要算是中国人写的第一部研究席勒美学的专著。但由于作者对马克思主义的理解存在不少简单化的地方,此书对席勒美学的贡献估价不高,分析、判断也流于简单化,对席勒美学大部分采取否定态度。1993年,张玉能所著《审美王国探秘》一书出版,这是又一部研究席勒美学的专著,我为此书写了序言,认为这是一部通过从德语原文研究席勒全部美学著作而写成的,有相当高的学术价值的专著，对于读者如实具体地了解席勒美学很有帮助。此外，此书对马克思的美学与席勒美学的关系作了较好的阐述，弥补了过去的研究忽视马克思美学与席勒美学的联系的缺点。

关于尼采的美学，王国维已开始介绍。以后，鲁迅、郭沫若在他们活动的早期都曾介绍、推崇过尼采，但目的是要借尼采的精神来反抗中国封建主义思想对中国人民个性的压制，并不是完全赞同尼采的“超人哲学”。在中国的文化传统中，即使是“圣人”，也还只是人民的导师，并且负有关怀大众的崇高使命，不是尼采式的高踞于庸众之上的“超人”。自 1985 年左右开始，中国的一部分文艺家和文艺理论、美学的研究者又对尼采产生了兴趣。这既同不少人要求冲破封建思想的影响和“左”的思想束缚有关，也同极少数人走向“全盘西化”和主张接受西方非理性主义思想有关（刘晓波可以作为代表）。1986 年，周国平所译《悲剧的诞生——尼采美学文选》出版，这是中国人所编译的第一部相当完备的尼采美学文选。此外，报刊上还发表了一些有关尼采美学的文章。其中，周国平是专门研究尼采的一位青年学者，他的文章有较高的学术水准。在文艺方面，尼采的思想也产生了一些影响，表现为赞颂原始的生命冲动和生命力。这在著名的电影《红高粱》中也可以看到。

关于对尼采之后的德国美学的介绍与研究，首先应提到海德格尔。1987 年，陈嘉映、王庆节合译的海德格尔的《存在与时间》出版。这虽然不是海德格尔的美学著作，但与他的美学有重要关系，1990 年，彭富春从英文译出的海德格尔的《诗·语言·思》出版。本书收集了海德格尔在美学方面的代表作，英译者在他所写的“导言”中否认书中所收的文章谈的是美学，实际上还是美学，但是海德格尔式的美学。在输入海德格尔著作的同时，中国学术界对海德格尔的哲学与美学表现出很大的兴趣，发表了不少研究文章。其中，薛华的《海德格尔对黑格尔论点的思考》（见《黑格尔与艺术难题》一书）、叶秀山的《海德格尔在“思想”道路上》（见叶著 1988 年出版的《思·史·诗》一书），是很有学术价值的重要文章。此外，1991 年出版的青年学者余虹所著《思与诗的对话——海德格尔诗学引论》，也是一部系统分析海德格尔诗学的有价值的著作。1993年出版的，由我主编的《现代西方美学》一书，也有专章分析海德格尔。海德格尔的美学引起了中国研究者的很大的兴趣，最重要的是他对于人的“存在”(Dasein)的追问、思考。在中国社会走向现代化，发生广泛深刻变化的过程中，这种对“存在”的思考的兴趣将会在相当长的时期保持下去。再加上海德格尔的哲学与美学有可与中国传统的哲学与美学相通之处，因此我认为海德格尔对中国当代哲学与美学的发展将会继续产生影响。

除海德格尔之外，卡西尔(Ernst Cassirer)是另一个受到较大关注的德国哲学家、美学家。1985年，卡西尔的影响很大的著作《人论》由甘扬翻译出版。1988年，卡西尔的另一重要著作《语言与神话》由于晓等翻译出版。关于卡西尔美学的研究，也陆续发表了一些论文。叶秀山所写的《艺术·神话·历史——卡西尔的《人论》》(见《思·史·诗》一书)是一篇有重要学术价值的文章。我所主编的《现代西方美学》一书也给了卡西尔的美学以重要的位置，专章加以分析评述。中国研究者在美学上对卡西尔发生了兴趣，主要是由于他从一个独特的角度即“符号”(das Symbol)的角度来考察艺术、语言与文化。这是中国的美学研究者过去所忽视了的，它为艺术的研究提供了一个新的视角。

在讲了卡西尔之后，该轮到伽达默尔了。1987年，王才勇所译的伽达默尔的重要著作《真理与方法》一书出版。1992年又出版了洪汉鼎的更好的译本。1991年，张志扬、邓晓芒等所译《美的现实性》一书出版，其中收集了伽达默尔的几篇重要美学论文。伽达默尔著作的输入又为中国的美学研究者提供了一个考察美与艺术的新视界，即解释学的视角。关于伽达默尔的解释学的美学的研究也已发表了一些论文，其中薛华所写《加达美尔的艺术解释》一文(见《黑格尔与艺术难题》一书)很有价值。此外，我所主编的《现代西方美学》一书也对迦达默尔的解释学的美学作了系统的分析评述。

除上述诸人之外，20世纪80年代被介绍到中国的还有重要的美学家沃林格。1987年，王才勇所译的沃林格的代表作《抽象与移情》出版。此书历来被看作是抽象主义绘画的美学宣言，它主要与造型艺术相关,但同时也涉及一般的美学问题。在中国,由于"左"的思想的影响,抽象主义绘画在一个很长的时期内是遭到否定的。虽然从未明令禁止,但大多数画家都认为不应当画抽象主义绘画,有极少数画家还因为背地里作抽象主义绘画而遭到严厉的批判。我在1979年出版的《书法美学简论》一书中曾讲到了中国书法艺术中的"抽象"问题,肯定了"抽象"的存在与价值,但对抽象主义美学仍采取否定态度。1980年,我在《美术》杂志发表《略谈"抽象"》一文,明确提出不能简单否定抽象主义绘画,抽象主义绘画在中国当代绘画中也应当占有它的位置。大致上从20世纪80年代开始,抽象主义绘画解禁,不少画家表现出强烈的兴趣,甚至预言抽象主义绘画将成为中国当代绘画的主流。沃林格的《抽象与移情》一书的出版,对绘画、雕塑、原始艺术以及中国书法中的"抽象"问题的探讨产生了影响。围绕着"抽象"问题发表了许多文章。但多数文章是从创作中的具体问题来谈,上升到美学高度的不多。从美学上来探讨"抽象"问题,并直接评论了沃林格的思想和提出了深刻的见解的,大约要推李泽厚的《美学四讲》。我的《艺术哲学》一书也专门探讨了"抽象"的问题。"抽象"问题之所以受到高度重视,是因为在中国美学与造型艺术的传统中,特别是在中国书法艺术中本来就很明显地包含有抽象的成分、要素。我在《略谈"抽象"》一文中曾指出中国绘画(特别是文人的写意画)既有抽象,又不完全脱离具象。中国书法较之绘画当然更是抽象的,但同时又仍然具有相当浓厚的具象意味。从根本上说,中国绘画、书法的抽象是对宇宙生命运动变化的力量、节奏、韵律的抽象,不同于沃林格所讲的从西方古希腊发展而来的几何式抽象。此外,在中国艺术的抽象中,抽象与移情是完全统一在一起的,不像沃林格所说的那样是彼此对立的两极。

从20世纪80年代开始,中国已注意到介绍西方马克思主义的美学,其中也包含了对德国著名的哲学家马尔库塞的美学思想的介绍。1989年出版了李小兵从英文翻译的马尔库塞的美学著作《审美之维》。译者在序言中对马尔库塞的美学思想作了较好的述评。

20世纪80年代到90年代中国对德国美学的介绍与研究,很迅速地从德国古典美学扩展到德国现代美学。从主要的方面看,这对拓宽中国对美学研究的视野起了积极的作用。但中国对德国现代美学的研究,总的来说还处在开始阶段,有待于进一步作出多方面的努力。

参考文献:

蒋孔阳著:《德国古典美学》,商务印书馆1980年版。

汝信著:《西方美学史论丛》,上海人民出版社1980年版。《西方美学史论丛续编》,上海人民出版社1983年版。

薛华著:《黑格尔与艺术难题——一段问题史》,中国社会科学出版社1986版。

朱立元著:《黑格尔美学论稿》,复旦大学出版社1986年版。

陈望衡等著:《黑格尔美学论稿》,贵州人民出版社1986年版。

毛崇杰著:《席勒的人本主义美学》,湖南教育出版社1987年版。

张玉能著:《审美王国探秘》,长江文艺出版社1993年版。

周国平著:《〈悲剧的诞生——尼采美学文选〉译序》,三联书店1986年版。

叶秀山著:《思·史·诗——现象学和存在哲学研究》,人民出版社1988年版。

余虹著:《思与诗的对话——海德格尔诗学引论》,中国社会科学出版社1991年版。

刘纲纪主编:《现代西方美学》,湖北人民出版社1993年版。

结　语

从以上概略的介绍中可以看出,德国美学对中国现代美学的影响是巨大的。特别是康德、黑格尔、马克思的美学,有着持续、强大的影响。至20世纪80年代,海德格尔的影响又显著地增长了。

德国美学对中国现代美学的这种巨大影响的发生,同德国美学在西方美学中占有最重要的地位这种情况有关。当中国人开始从西方输入美学时,他们当然不能不注意到德国的美学。但这还不是最重要的原因。如果仅仅是这个原因,就不能说明何以德国美学并没有对英国、俄国及其他许多国家美学产生如像在中国这样持续强烈的影响。因此,我认为更重要的原因是由于在德国美学与中国自古以来的美学之间,存在着一种内在的亲和力,其所以如此,又同中德两国文化的发展、德国文化在欧洲文化中具有的特殊性这样一些范围更广泛的问题有关。这里,我不想来考察这些涉及范围很广的问题,只想就德国美学与中国美学之间所存在的一些明显的共同性作一个简单的说明。

第一,德国美学与中国美学基本上都是一种本体论的美学。

德国从鲍姆加登开始,就将美学确立为哲学的一个有机组成部分。德国大多数哲学家在建立他们的哲学体系的同时都建立了他们的美学,把美学视为从他们根本的哲学思想必然产生出来的一个部分。因此,他们大都是从哲学本体论的高度来考察美与艺术问题,把美与艺术看作最终是宇宙、历史的本体的显现。虽然康德美学受到了英国经验主义美学的强烈影响,但同样没有脱离本体论问题。康德实际上是以自由为人类存在的本体,由此来解决伦理学与美学的问题和两者的相互关系的,这也正是康德美学比英国经验主义美学深刻的地方。到了黑格尔,则建立了一个典型的本体论美学的宏大体系,并对后来的德国美学产生了深远影响。黑格尔之后,费希勒等人的"实验美学"有了不小的发展,但基本上还是实验心理学的一个分支,并没有在美学中取得主导的地位。直到当代的伽达默尔,也仍然把他自己的美学称之为"本体论的美学"。从中国来看,中国古代还没有像古希腊哲学那样明确系统的本体论,但已经产生和形成了深刻的本体观念。儒家和道家对于"道"有不同的理解,但都把"道"看作是产生和决定世界万物变化运动的本根。在这个意义上的"道",也就是世界的本体。道家本体论的形成先于儒家,并且比儒家思想更有抽象思辨的特色,所以黑格尔对道家甚为欣赏。儒家本体论的明确形成较晚,直到《周易》一书出现才完全得以确立。儒、道两家都把美、艺术看作是"道"的表现,虽然他们对"道"的理解并不相同。道家所说的美是一种超越了功利和规律束缚的无限自由的境界,而这种境界又正是人与"道"合一的表现。日常生活中单纯的生产技艺活动,如果熟练到既符合规律,又超出了规律的束缚,完全随心所欲,进入"道"的境地,看起来也会像舞蹈、音乐的表演那样的美。儒家明确提出了“文”与“道”不能分离。“文”这个词，在广义上指自然和社会中一切和人类精神文化相关、具有美的价值的东西，狭义上则专指美的文学艺术作品。儒家认为“文”是“道”的表现，它根源于“道”，而且必须表现“道”。天地万物亦即自然界的“文”——美是天地之“道”的产物和表现，人所创造的“文”——文学艺术作品的美则是人类社会之“道”的产物和表现，但两者又是完全相通一致的。这个根本的思想，最早由齐、梁时代著名的文学理论批评家刘勰在他的《文心雕龙》（这个书名意味着论述文学家的艺术心灵如何创造出具有辉煌华丽之美的作品）一书的第一篇——《原道》（探求“道”的本质）中作了相当系统的论证，可以说是依据《周易》而建立起来的儒家的美的本体论。由于中国古代美学历来不脱离“道”——本体去讲美与艺术，始终把美与艺术看作是“道”的表现，因此在对美与艺术的思考方式上，和德国美学有相通之处。

第二，德国美学与中国美学都有一种高度重视自然，并从人与自然的统一中去理解美的思想。

这一点，我们在讲到歌德美学对中国美学的影响时已经说过。席勒对“素朴的”诗与“感伤的”的诗的很为深刻的论述也包含了这样的思想，并且明显影响到黑格尔。黑格尔看来把自然变成了“绝对理念”发展的一个阶段，但自然在黑格尔美学中也并不是无足轻重的。就自然界与美的关系来说，黑格尔实际上把美理解为在“理念”的辩证发展中，人扬弃了自然，使自然成为人的“作品”和人的自我实现的产物。黑格尔把人在同外部世界的关系中保持了人自身的独立自足性的时代看作是最有利于美与艺术发展的时代，把人与外部世界分裂的“散文气味”的时代看作是不利于美与艺术的发展，甚至会引起艺术解体的时代。这是继承席勒思想而来的，同样表现了黑格尔从人与自然的统一中去观察美与艺术的思想，只不过这常常被他对“绝对理念”发展的抽象神秘的论述所掩盖与冲淡了。马克思的“自然的人化”的思想的提出，既受到费尔巴哈的影响，抛弃了黑格尔把自然看作不过是“绝对理念”的外化的思想，充分确认自然是感性的物质存在，是人的生存的根基，人首先是自然存在物；同时又吸取与改造了黑格尔认为人能够通过他的活动(包含劳动)扬弃外在自然,使自然成为人的“作品”的思想。没有后者,就不会有“自然的人化”。从中国美学来看,中国自古以来就素朴而深刻地认定人不能脱离自然(天地),美只能存在于人与自然的和谐统一中,艺术的美是这种统一的表现。不论儒家与道家都高度重视“天地”之美,并从人与自然的和谐统一去解释这种美,尽管他们的解释又是有重要差别的(这里不详谈)。因此,德国美学中强调人与自然统一的思想,马克思的“自然的人化”的思想,都能为中国人所理解与接受。

第三,德国美学与中国美学都很重视美与“完善”、“理想”的关系。

在德国美学中,鲍姆加登很早就明确指出美学研究感性认识的完善,而感性认识的完善也就是美。温克尔曼认为“克服自然”,追求“理想的美”,是古希腊艺术的法则和最高成就。康德虽然认为鉴赏判断与“完满性的概念”无关,但在讲到与“自由美”即纯形式的美不同的“附庸美”时,他认为后者必须以“完满性的理想”为前提、根据。黑格尔对他所说的古典型艺术的高度推崇,也很明显是对一种高度符合理想的美的推崇。在中国古代美学中,虽然对于什么是完善、理想的理解与德国美学并不完全相同,但同样追求着一种尽可能完善、理想的美。孔子提出“尽善”、“尽美”的要求,庄子以处处符合自然、不能作任何人为的增减为美,都包含着以完善、理想为最高的美的思想,并深刻影响到后来中国的美学与艺术。

第四,德国美学与中国美学都有一种根本性的看法,即认为审美与艺术创造活动是一种无规律而合规律、无目的而合目的的高度自由的活动。

康德美学提出审美与艺术创造活动具有无规律而合规律、无目的而合目的的特征。这包含着对审美意义上的自由的十分深刻的理解。中国古代美学没有也不可能像康德那样明确地提出和系统地分析论证这一特征,但在道家美学中已包含了对这一特征的深刻理解。道家以一种超越功利与规律的束缚的无限自由的状态为美,这种美正好具有无规律而合规律、无目的而合目的特征(参阅我所著《中国美学史》第1卷庄子章)。清代中国的大画家石涛在回答艺术创造是否有法则可循的问题时说:“无法而法,乃为至法”(没有法则而又有法则,这就是最高的法则)。这是从道家美学而来的思想,显然与康德的思想类似、相通。席勒把“技艺”看作是通向美的一个重要环节,也与道家认为“技”进入了“道”就能成为美的思想类似。德国美学与中国美学都对审美上的自由的特征达到了甚为一致的深刻理解,超过了其他国家的美学。

第五,在德国美学与中国美学中都可以看到一种思想,即高度重视通过审美与艺术来培育有高尚道德的人。在康德的思想中,道德占有很高的地位。康德企图把道德提升至宗教,主张一种道德的宗教、宗教的道德,这与中国儒家思想很有相通之处。在美学上,康德认为“美是道德的象征”,热烈赞颂道德的崇高。在讲到对自然界的美的欣赏时,康德也特别指出了它能促进健全的道德情感的培养。发挥康德美学的席勒,认为审美是使自然的人变为有道德的人的重要途径。这都与中国古代美学一向十分重视通过审美与艺术的感化陶冶来唤起和培育人的高尚道德感情很为相合。黑格尔虽然不像康德、席勒那样直接地强调审美、艺术与道德的关系,但他在论及艺术时,多次指出成功的作品要把道德表现为个体不受任何外在强制、完全发自内心的行为,并以此去感染读者和观众。德国美学家对审美、艺术与道德的关系虽然有各种不同看法,但总的来看,重视审美、艺术对道德情感的培育作用,是德国美学的一个重要特点。

第六,德国美学与中国美学都很重视审美与艺术创造活动中主体与对象的交感,主体情感的唤起和向对象的投入。关于这个问题,我们在讲到里普士移情论美学在中国的传播与影响时已经说过,这里从略。

第七,在德国美学与中国美学中,都存在着一种历史感,即将美与艺术的发展与历史相联系,从历史的起源与发展来看美与艺术的发展,并在历史的视野中去观察艺术的作用与目的。

这种历史感,当然是最为集中表现在黑格尔美学中,但在黑格尔之前,席勒已开始克服康德美学脱离人类历史的弱点,从历史的观点来考察美与艺术的发展了。黑格尔对席勒美学的评价很高,并深受席勒思想的影响。他把席勒从历史的观点来论美与艺术的思想加以吸收、改造，纳入他的以“绝对理念”的辩证发展为基础的历史观之中，把各种艺术的发展看作是一个前后相继，有其内在必然性的历史过程。黑格尔的这种历史的观点也影响到后来的许多人，包括德国的格罗塞等人对艺术起源的研究，都直接间接受到黑格尔的影响。从中国古代美学来看，它虽然还不可能有黑格尔那样系统的、经过严密论证的历史观，但它也把美与艺术的发展看作是从久远的古代开始的历史过程，一个处在历史的变化中的过程。汉代的《毛诗序》（由孔子所删定、毛宏所传授的中国古代诗歌总集的序）论诗，就包含有历史的观点。齐、梁时代刘勰《文心雕龙》中的《时序》一章，就是专论文学与时代变化的关系的，认为文学受着这种变化的深刻影响。宋代至明、清时期对唐代诗歌的研究，划分为初唐、盛唐、中唐、晚唐，分别研究这四个时期诗歌的不同美学特点与相互关系，这也是中国美学的历史感的表现。此外，德国美学与中国美学都常常把美与艺术和人类发展的某种理想状态联系起来，认为美与艺术对达到和实现这种理想状态具有重要作用。

德国美学与中国古代美学有相当明显的共同点，当然也有不同点，就是在具有共同点的地方，也常常同中有异，这是由德中两国社会各自历史发展中的种种复杂情况决定的。关于中德美学的不同之点，我想在别的时候再来加以探讨。

由于中德美学既有差异，又有相当明显的共同点，因此中德美学的交流十分有利于双方各自认识自己的美学，吸收对方的思想来加深对自己的美学的理解，并丰富、发展自己的美学。从美学在当代的发展来看，中德美学的交流也完全有可能为当代美学的发展提供某些有启发性的思想。此外，美学在一个民族的文化精神中占有重要地位。因此，中德美学的交流对加深中德人民之间的理解与友谊，是会起到有益的作用的。

一九九四年三月十六日，于武汉大学写毕

附记：本文承武汉大学外语学院副教授田荆林女士译为德文，在中文本的打印过程中又得到我的研究生邹元江先生的协助，特此致谢。

1994.4.6

（此文德译本，1996 年 7 月由德国特里尔大学出版，本书按作者中文打印本第一次全文收入）

德国文化之旅

我在青年时代就喜爱和推崇德国文化,特别是德国哲学与美学。这和我个人的爱好、气质有关,同时也受到我的老师宗白华先生的影响。但我只是从书本上来了解德国文化的,脑子里从未出现过到德国去的念头。我羡慕宗先生青年时代留学德国,但我知道对我这一代人来说,至少对于我来说,是绝对不可能的,所以也就从不去想它。为了了解、研究德国文化,大学时期还曾一度发愤学习德语。但由于种种客观原因,加上自己缺乏坚持不懈的意志力而中断了。岁月蹉跎,一中断就是几十年,如今我已是62岁。

但足以自慰的是,1994年5月至6月,我得到了德国特里尔大学校长哈斯勒 J. Hasler 教授的邀请,以客座教授身份前往该校汉学系讲学,终于踏上诞生了莱布尼兹、康德、歌德、黑格尔、马克思、海德格尔的国土。虽然在德国逗留的时间不长,所到的地方很少,但此行增加了我对德国文化的实际体验与理解,留下了难忘的美好印象。

略谈中德文化交流

我是怀着亲身实地了解德国文化的兴奋心情到德国去的,同时也想为促进中德文化的交流来尽我的一点微薄的力量。我讲学的题目原定为“中德美学比较”,后来感到这个题目太大,在时间上来不及,改为“德国美学在中国的传播与影响”,集中从一个较具体的侧面来考察中德文化的交流,并写了6万多字的讲稿带去。现在,这讲稿即将在特里尔大学以德语出版,这是我感到十分荣幸和高兴的。

在这个讲稿中,我从王国维开始,论述了德国美学在中国的传播与影响,一直讲到90年代。我感到在哲学及与之密切相关的美学方面,德国对中国的影响超过了西方其他国家。回顾历史,在康梁变法中,由严复介绍输入的英国达尔文、斯宾塞的进化论曾一度产生了很大的影响。但这种进化论很少涉及深层的哲学问题,至20世纪初其影响明显减弱而成为历史的陈迹。这时王国维对德国哲学的介绍输入取而代之,之后又有其他人对马克思哲学的介绍输入,于是使德国哲学对中国的影响大大增强。"五四"期间及其后,美国的杜威和英国的罗素来华讲学,美国的实用主义及英国的逻辑实证主义对中国也产生了相当的影响,但都不足以和德国哲学相比。例如康德哲学,自王国维及蔡元培介绍输入之后,其影响连绵不绝。王国维本人曾写过一篇《汗德(即康德)像赞》,将康德在思想史上的贡献比之为天上的太阳、鸟中的丹凤,其地位几乎与中国人心目中的孔子不相上下。当代新儒家著名学者牟宗三认为"中西融通之桥梁乃在康德",其他一些年轻的美学研究者对康德的研究也产生了不小的影响。仅从美学方面看,不能设想中国20世纪以来与古代美学不同的现代形态的美学的建立能脱离对德国康德、席勒、黑格尔、叔本华、马克思、尼采、里普士等人的美学的输入介绍。我认为在中德文化之间存在着一种"内在的亲和力",这是很值得加以深入研究的。

从历史上看,就中西文化的交流而论,中德文化的交流可以说源远流长。早在17、18世纪西方启蒙主义时代,莱布尼兹、歌德就对中国思想文化作了高度的评价。他们不受"西方中心论"的影响,坦诚而热情地肯定中国古老的思想文化的贡献,这是令人钦佩的。莱布尼兹通过一些在中国的传教士来努力了解中国思想文化,对中国哲学,特别是《周易》有很高的评价。他说:"中国是一个大国,它在版图上不次于文明的欧洲,并且在人数上和国家的治理上远胜于文明的欧洲。在中国,在某种意义上,有一个极其令人赞佩的道德,再加上有一个哲学学说,或者有一个自然神论,因其古老而受到尊敬。……我们这些后来者,刚刚脱离野蛮状态就想谴责一种古老的学说,理由只是因为这种学说似乎首先和我们普通的经院哲学概念不相符合,这真是狂妄之极!"(《致德雷蒙先生的信论中国哲学》,庞景仁译)莱布尼兹对中国哲学的了解并不完全准确，但他很为敏锐而正确地抓住了中国哲学的一个重要特征，即对“普遍理性”的推崇。我以为这也是中德文化之间之所以有一种“内在的亲和力”的一个重要原因。在莱布尼兹之后，歌德对中国思想文化、艺术有一种十分亲切而深刻的理解。他曾从法文译本读了中国的一部传奇——《风月好逑传》，爱克曼问他读后是否觉得奇怪，他回答说：“并不像人们所猜想的那么奇怪。中国人在思想、行为和情感方面几乎和我们一样，使我们很快感到他们是我们的同类人……他们还有一个特点，人和大自然是生活在一起的。”爱克曼又问：“这部中国传奇在中国算不算最好的作品呢？”歌德说：“绝对不是，中国人有成千上万这类作品，而且在我们远祖还生活在野森林的时代就有这类作品了。”（爱克曼：《歌德谈话录》，朱光潜译）歌德的美学观点有不少与中国古代美学很为接近类似的地方。他可以说是德国思想家、文学家中最能与中国的文艺、美学发生共鸣的人物。所以，宗白华、郭沫若从30年代开始热情地致力于介绍、研究歌德，决不是偶然的。歌德之后，20世纪以来，大哲学家海德格尔对老子哲学的高度重视与推崇，戏剧家布莱希特对中国戏曲打破“四堵墙”、应用象征手法和风格化的表演体系的充分肯定，都说明了中德文化中确有某种深层的、可以相通的东西。但同样也对中国现代哲学、美学产生了重大影响的黑格尔却对中国思想文化评价甚低，而不同于上述诸人。他在《哲学史讲演录》中从两个方面批评了中国哲学：一是认为它缺乏黑格尔所醉心的“思辨性”，离他所要建立的“范畴王国”很远；二是认为在中国哲学中，个体还没有达到独立自由。这两方面的批评都有其合理深刻的地方，后一点我在下面还要涉及。黑格尔明显不及莱布尼兹、歌德，他有“西方中心主义”思想和相当强的德国优越感，因而看不到中国思想文化的贡献及其能够与德国思想文化的相通之处。尽管如此，黑格尔终究是西方第一个在哲学史中较为详细地讲述中国哲学的大哲学家，他也没有绝对地完全否定中国思想文化。而且，他本人的哲学在中国所产生的重大影响也证明了中德文化确有可以相通之处。此外，在推进和解决中西文化的交流融合这一重大课题时，我们不要只乐于听西方学者对中国思想文化的肯定的赞语，对那些有根据、有深度的批评意见也要有能够容纳的雅量,并认真地加以分析。因为取得了辉煌成就的中国古代思想文化,也有它的不可避免的历史局限性和必须加以克服的弱点。自莱布尼兹以来,德国一系列大思想家、文艺家对中国思想文化的看法,不论是肯定的观点或批评的意见,都有很值得重视的价值,至今仍能给我们以重要的启示。

在特里尔

在特里尔期间,我受到了阿尔特豪斯(H. P. Althaus,著名德国语言学家、业余歌唱家)、卜松山(K. H. Pohl,汉学系主任)、乔伟(德籍华人学者)三位教授和他们夫人的充满热诚友谊的接待,还得到了汉学系同仁的种种帮助。特里尔大学的汉学系是一个不大的系,教员不多,但他们都喜爱中国文化,进行着很认真忠实的研究,并努力从各个方面向德国学生传授中国文化。系主任 K. H. Pohl 取了一个颇有中国诗情画意的中文名字:卜松山。我带去送他的一张山水画,略取石涛画法,画出一个在山崖、松石、泉声中的隐者,暗含了"卜松山"之意。他曾写了一本研究郑板桥的专著,在材料的丰富和论述的系统上,堪称是出自国外汉学家之手的难得的佳作。他还能以很富中国味的唱腔唱郑板桥的《道情》,可见对郑板桥一往情深。乔伟教授长期从事中国思想文化的教学与研究,为在德国传授、传播汉学作出了重要贡献。从他习汉学的学生众多,在德国汉学界,他真可说是"桃李满天下"了。阿尔特豪斯教授虽然不专门从事汉学研究,但他对中国文化有很大的兴趣,对中国有很友好的感情,曾发表论文《世纪更替前后德国文学中的中国饮酒诗》,并在特里尔大学主办的"东亚讲座"上发表有关中国的讲演。这个讲座定期举行,邀请有相关研究的教授主讲,听者踊跃,对中国问题表现出很大的兴趣。中德文化交流在历史上本来就有坚实的基础,随着中德友好的发展,中德文化交流的前景是很广阔、美好的。从中国方面说,我们会从这种交流中学到许多对我们有益的东西。包括我个人从事的哲学、美学研究的领域在内,德国思想文化中还有许多尚待我们去作深入细致研究的宝贵的东西。

在上述几位教授的热情安排下,我参观了特里尔的风景名胜古迹。特里尔是一个有古老历史的城市,古罗马时代的遗迹相当之多,很著名的就是位于市内的“黑城”。这座古罗马的石造建筑使我体验到古罗马坚毅刚强的精神对德国文化的巨大影响,和德国文艺与美学中的“崇高”观念有十分密切的联系。我归国后,应在德国时阿尔特豪斯教授之约作《书画小集》,其中就参取德国表现主义画家的风格,画了一张“黑城”,并题上了这样几句话:“Portra Nigra(即“黑城”),古罗马坚毅精神之象征也,至今仍有不可摧撼之势。”这是我几次观赏“黑城”的实感纪录。这种由古罗马的朗吉弩斯(213~273年)在《论崇高》中作了生动阐述的“崇高”,很重视理智对情感的控制。朗吉弩斯说:“如果没有理智的控制而任其为自己的盲目、轻率的冲动所操纵,那就会像一只没有了压舱石而飘流不定的船那样陷入危险。”(钱学熙译文)古罗马的“崇高”在移入德国之后,又与德国哲学、宗教结合起来,极大地加强了一种高度严肃的理性精神,而且其表现形式十分质朴,极少有虚假的卖弄和故意的渲染。这是德国式“崇高”的基本特征。我感到这种特征在德国普通民房的建筑上也有所表现。德国民房建筑极为强调直线的应用,在直线交叉的地方又都成锐角或方正的直角,通体含有一种严峻的“崇高”意味。从中国美学的观点看来,德国式的“崇高”与中国人对“刚健”、“笃实”、“阳刚之美”的追求很为类似,但又不同。不同之处在于中国的“阳刚之美”基本上是一种壮丽之美,而且很重视“刚”与“柔”的结合、协调,极少有德国式“崇高”的那种强烈的威压感和宗教意味。为了实际地体验这种“崇高”境界,我在卜松山教授的陪同下,在特里尔最大的教堂参加了一次礼拜。这是一种处在超越人的无限全能的力量威压之下的境界,但同时却又能在人心中唤起一种强烈的意志力和尊严感。它缺乏中国美学所说的“飘逸”、“逍遥”、“无为”、“空灵”,但在能唤起一种面对现实,一往无前的意志力这一点上,又是很值得中国人借鉴、学习的。

特里尔是马克思的故乡,马克思出生在这儿,并在这儿读完了中学。特里尔市内的“马克思故居”在战后修复得很好。我怀着激动的心情参观了“马克思故居”。这是一所当街的房子,楼上楼下有大约八九个布置得很好的陈列室，展示了马克思的生平，其中也陈列着马克思著作的几个中文译本，但可惜没有马克思家中和他本人用过的遗物。留言薄上有不少从中国去的参观者的留言，绝大多数都表现了对马克思和马克思主义的崇敬。有一条很有意思的留言说："老马！我们来看您了。"中国能走到今天，踏上了富强之路，是和中国人对马克思主义的学习、应用与发展分不开的。在建设邓小平创立的有中国特色的社会主义的历史过程中，马克思主义在中国将会有新的重大的发展。马克思的思想是他所处的时代整个欧洲思想发展的产物，但同时又是德国思想发展的直接产物。因此，要真正了解马克思的思想，离不开对德国思想文化的深入研究。

有一次在特里尔游览的时候，我和邀我前往的阿尔特豪斯教授的夫人约安娜·阿尔特豪斯 Jonanna Althaus 博士讨论了德国哲学问题。我佩服德国哲学的深刻性，并提出它何以会如此深刻。约安娜·阿尔特豪斯博士很简捷明快地回答说："这是因为德国经历了很多苦难。"我感到这个回答很好。的确，从德国历史上的"30 年战争"到希特勒发动的战争，德国人经历了多少激烈的战乱、动荡、折磨，对人的生存境遇有多少复杂的体验！然而，直接继承了古希腊罗马，特别是古罗马坚毅的理性精神的德国民族并未走向悲观无为，仍然坚持着刚强地生活下去，从而激发了德国哲学家对世界和人生意义与价值的种种深刻的思考，汇成了蔚为大观的德国哲学。不少人认为理性主义是德国哲学的一大弱点，我则认为德国人正是依靠一种坚强的理性精神而生存下来的，并在哲学上作出了伟大创造。20 世纪以来，反理性主义在西方思想界成为时髦，黑格尔哲学备受鞭笞。现代社会把个体感性的存在推到了最高的位置，人不再是黑格尔哲学所说的"绝对理念"用以实现自身的工具了。这无疑是历史的一个重大转变与进步。但感性的个体如果脱离了理性，蔑视历史的必然性，那么世界就将成为一个人欲横流的混乱纷争的世界。德国哲学中的理性主义和与之有类似、相通之点的中国儒家理性主义的合理之处就在于此。

海德堡之行

在特里尔期间，承卜松山教授的推荐，我得到了海德堡大学东亚艺术史系主任雷德侯(Lothar Ledderose)教授的邀请，从特里尔大学前往该校讲学，讲题是《明清绘画的发展》。这不仅使我有了与德国研究东亚艺术史的学者交流的机会，而且能趁此一睹德国著名文化古城海德堡的风采。

雷德侯教授是研究中国宋代著名书画家米芾的专家，对中国书画史也有广泛的研究。在我的印象中，他是一个豪爽的人。我到后作了约两小时愉快的讲课和讨论，雷教授即请我和来听课的大部分学生到海德堡著名的大桥附近一家中国餐馆吃饭。在座的有三位自台湾负笈而来的学子，大家见面很感亲切。两岸的骨肉亲情是斩不断的。我在特里尔大学汉学系讲课时也有台湾学子去听。其中有一位和我住在同一栋宿舍，他主动与我结识，作了好几次交谈。我对他身有残疾而远赴特里尔大学哲学系攻读博士学位，很感钦佩。

在中国餐馆吃饭之后，雷教授的一位从北京来的博士生陪我去参观海德堡城中山上的古堡。在这儿，我再次体验了我在前边讲到的德国式的"崇高"。然而，印象最深刻的却是古堡中那个中世纪风味的啤酒大厅。那位博士生请我在厅里喝了一杯葡萄酒，我静静地坐了片刻，看着那显得笨重但又质朴有力的桌椅和大厅前端巨大无比的木制啤酒桶，不禁联想起康德在《判断力批判》中所讲的"数学的崇高"和"力学的崇高"。

海德堡大学是建于1368年的德国最古老的大学，德国许多著名的哲学家曾在这儿任教。如黑格尔在1816～1818年任教于该校，他的《美学》就是在海德堡大学任教时期开讲，后来由他的学生根据听课笔记整理出版的。现还在世的德国解释学哲学与美学的大师伽达默尔也曾在此任教，至今还是海德堡大学的荣誉教授。在与海德堡大学隔河的对岸山上有一条环山的路，由于海德堡大学著名的哲学教授们常常在这路上散步，因此取名为"哲学路"。这名称的取定固然与海德堡大学多有著名哲学家执教相关，但同时也可见出哲学在德国思想文化中是占有很高的地位的。

在到海德堡的第二天上午，我一人起身去探访这“哲学路”。在问了两位过路的德国人，得到他们友好的指引后，我穿过海德格尔曾讲到的有许多古老雕像的大桥，在桥的另一端附近拾级攀登到了“哲学路”。这是一条幽静的、相当宽而平坦的路，很普通，它之所以出名，完全是因为黑格尔等大哲学家曾在这儿散过步。我在路上缓缓地走着，心里想着德国古典哲学的历史是辉煌的，但今天西方当代的哲学呢？它将如何发展？还能再次达到另一个辉煌的高峰吗？约11点钟我下了山，回到旅馆。不久，雷教授的助理何伟德先生来车送我去火车站，于是匆匆告别了文化古城海德堡，回向特里尔，在途中又观览了莱茵河。

对中国文化的反思

在德期间，我差不多时时都在思索中德、中西文化的比较问题。而在作这种思索时，黑格尔在《哲学史讲演录》中对包括中国在内的东方思想文化的看法总是不断浮上心来。

黑格尔在谈到古希腊的艺术时说过：“如果和东方人想象中的华美壮丽弘大相比，和埃及的建筑、东方诸国的宏富相比，希腊人的清妙作品（美丽的神、雕像、庙宇）以及他们的严肃作品（制度与事迹），可能都像是一些渺小的儿童游戏。”①黑格尔虽然有“西方中心主义”思想，但他终究确认了东方艺术有古希腊艺术所难及的宏大气魄。就是后来欧洲的教堂、古堡，中国的故宫、天坛、长城与之比较起来，虽然缺乏那种威压性的崇高感，但其气概无疑要宏大得多。这是为什么呢？我以为从哲学上看，是因为中国人的思想认为在无限与有限之间不存在一条无法逾越的鸿沟，从有限即可直达无限。儒家认为主体道德精神的

① 黑格尔：《哲学史讲演录》中译本，第1卷，三联书店1956年版，第161页。

崇高能够达到“上下与天地同流”、“万物皆备于我”(孟子语)的境界,道家声称“天地与我并生,万物与我为一”(庄子语)。因此,中国式的“崇高”所追求的是主体与在时空上无限的宇宙、历史的本体合一的境界,其气概是很宏大的。这是中国思想文化的一个重大优点,它使中华民族能不为一时的成败得失所局限或困扰,而始终不息地朝着一种博大的、理想的境界前行。毛泽东青年时代就曾写下这样的诗句:“丈夫何事足萦怀,会将宇宙看稊米。”但是,很值得注意的是,黑格尔在肯定东方艺术的宏大气魄时又指出:在古代东方,个体还没有像古希腊人那样取得独立自由,因此东方的哲学、宗教认为“只有那唯一自在的本体(从中国哲学来说也就是“道”——引者)才是真实的”,个体“只有与这个本体合而为一,它才有真正的价值”。由于个体认为他自身的价值仅仅在于与宇宙、历史的本体合而为一,于是个体就失去了自身,他对于无限的追求,结果就只“得到一个渺茫的无限——东方式的崇高境界”①。的确,中国人认为从有限即可通于无限,而且确认无限高于有限,这是有其重要深刻的意义的。但与此同时,无限又压倒了有限,导致对个体有限的生存的漠视,认为个体的最大价值就在于去实现那无限的“道”或与“道”合一,至于个体自身的生存状况如何,这是完全微不足道、无关紧要的。于是,在儒家有所谓“安贫乐道”、“忧道不忧贫”的说法,道家有时甚至歌颂一种“无知无欲”的状态。历代哲学著作、文学作品对一种超越有限现实的无限境界的叙说描写,既有其不可否认的价值,但又不免带有不同程度的虚幻性,多少堕入了黑格尔所说的“渺茫的无限”。与中国不同,在西方的思想中,无限与有限之间常常被看作有一条难以超越的鸿沟,无限属于上帝、宗教的世界,有限属于尘世的、现实的世界,而且那无限的即属于上帝、宗教的世界是要到死后才能最终达到的。因此,在西方,对“崇高”追求表现为一种对超人的无限全能的力量的敬仰,而不是像中国那样表现为与无限的宇宙、历史的本体合一,其气概、格局自然要小得多。但除古罗马后期及中世纪外,这种敬仰并未完全导致对人的有限的尘世生活的否定。相反,它

① 《哲学史讲演录》中译本,第1卷,三联书店1956年版,第117页。

恰恰是为了给解决有限的尘世生活问题注入一种精神的力量。马克斯·韦伯说基督教新教的伦理精神促进了资本主义的发展，这是有道理的。我觉得和中国人比较起来，中国人认为通过有限即可达到无限，并不惜牺牲个体的有限的生存以达到无限；西方人则确认个体的尘世的生活只能是有限的，无限是在上帝、宗教的世界里。因此，西方人对无限的世界即上帝、宗教的世界只是在思想观念上景仰、企求，他全力关注的是有限的现实世界的问题，上帝、宗教的作用只在于能给他解决这些问题提供某种精神上的支持。我感到中国人不应放弃从有限达于无限的追求，但同时又应努力学习西方那种对有限的个体的生存状态高度重视、关注的精神。我的这些很为抽象的分析、想法，同我在德国的观察、体验有关。当我游览穆塞尔河、莱茵河的时候，有一种很深的感受。我赞赏它的美丽，但一方面觉得如与我们的烟波浩渺的长江相比，气魄是小多了；另一方面又觉得尽管如此，德国人却把这两条河治理得很好，使之成为产生财富的源泉和人们生活的舒适安乐的地方。我国对长江的治理是有重要成绩的，但还很不够。我多年未游览过长江，记得过去很多年前游览的时候，我赞叹它那宏大的气概，但却缺少我在面对穆塞尔河、莱茵河时那种强烈的在世感、人间感，而陷入以至失落在黑格尔所说的“渺茫的无限”之中。这种不同的感受萦绕在我的心头。令人高兴的是，今天的中国已把如何使亿万有血肉之躯的个体生存得更好的问题的解决提上了历史的日程，并取得了重大的成就。中国历史上那种推崇无限、轻视有限的思想遭到了强烈的冲击。但我们又要防止抛却无限，只要有限，从“忧道不忧贫”转为“忧贫不忧道”，失去对个体、民族、国家、人类生存的终极价值的关怀。

（原载《艺坛》1995 年第 2 期）

答《中华美学学会通讯》记者问

徐碧辉(以下简称徐):您是中国古典美学专家,在此我想首先就中国古典美学提几个问题。中国古典美学作为一种产生于农业社会的理论,它在今天的工业化和信息化社会中的依据是什么?换句话说,中国古典美学的基础是农业文明,那时人与自然的关系贴得很近,可以说人就是自然的一部分,而自然也是人的精神血脉的一部分。而现代社会的生活重心已转向了都市,都市文明到目前为止仍是使人脱离自然、疏远自然的一种文明,那么在整个社会基础已经变更的情况下,中国古典美学是否还有其现实的价值、还能作为一种现实性的理论发挥作用?或者,它是否仅仅只能作为一种思想范型而存在?请问您对此是怎么看的?

刘纲纪(以下简称刘):你这问题提得很好。不久前《哲学动态》采访我,也涉及到了这个问题。我想这个问题可以这样来看待:

中国古老的文化是在氏族社会基础上发展起来的。原始氏族社会时间很长,发展相当完善。进入奴隶社会后,氏族社会的观念和思维方式大量保存着。它的优势在于,人与自然、个体与群体之间有一种天然联系。这种联系使中国哲学与美学一开始就站在人与自然、个体与群体和谐统一这样一个制高点上,具有一种西方难以企及的宏伟气魄,表现在美学上就是强调和谐。儒道美学都强调和谐。而这种和谐,本质上是主体与时空上无限的、合规律而又合目的的宇宙、历史本体的合一,与古希腊美学讲的和谐不同。后者讲的和谐,是自然界的合规律性、秩序性的一种表现,是自然形式的和谐,其气概、格局比中国式的和谐要小得多。中国古典美学所讲的和谐是指人与自然、个体与群体之间的和谐、协调。前者表现为天人合一的观念,后者表现为仁爱观念,同时这两种和谐又是打成一片、不可分离的。

西方原始氏族社会持续时间大约不长,到古希腊时已基本上消除了氏族社会的影响。人与人的关系摆脱了氏族、宗法的血缘关系,变成了以法律为准则的公民关系。古希腊商品经济和科学的发达也打破了原始氏族社会中人与自然的那种天然发生的联系与和谐。因此,在人与自然、人与人的关系上,中国文化与西方文化表现出巨大的差别:如果说中国文化的出发点是还没有割断人与自然、个体与群体之间天然联系的脐带的人,那么,西方文化的出发点则是割断了这种脐带而独立了的人。这是西方文化优于中国文化的地方,但西方文化又长期陷入了人与自然、个体与群体尖锐对立的状态,以致引起了西方的精神危机。而中国文化则始终坚信人与自然、个体与群体是必须统一和能够统一的。这就是中国文化的巨大优越性所在。中国古典美学在当代的价值可以说主要就表现在这里。

徐:您的意思是说,中国古典美学在当代的价值仍在于它对人与自然、个体与群体关系和谐统一的强调。您好像特别重视人与自然、个体与群体的关系问题?

刘:是的。我认为人类存在的根本问题就是这两个问题。这也是马克思曾多次论述了的。任何一种文化都必须面临和解决这两个问题,而不同文化的特色,就根源于它是在怎样的自然环境和历史条件下来解决这两个问题的。事实上,这两个问题也是哲学的根本问题。所谓物质与精神、存在与意识的关系问题当然也是根本问题,但还只是解决这两个问题的理论前提,它必须进展到人与自然、个体与群体的关系问题,才能真正成为一种关涉和解决人类根本问题的有价值的学说。马克思的贡献在于他第一次明确提出了这两个问题并作了深刻阐述,在肯定自然界的优先地位的前提下,指出物质生产实践的发展是解决这两个问题的根本。

徐:您在发言(指在 1995 年 11 月 16 日深圳国际美学会议上的发言)中谈到,中国美学不能满足于人与自然、个体与群体之间廉价的虚幻的和谐,必须是在克服了两者的尖锐对立冲突与分裂之后才能达到真正的和谐。那么,您指的"虚幻的廉价的和谐"是什么? 为什么说是

“虚幻的和谐”？两者对立冲突的内容又是什么？

刘：我刚才谈到中国文化中人与自然、个体与群体之间的和谐统一，这是它的优点。但是，这种统一也是有严重缺陷的：其一，它是建立在小农自然经济基础上的统一。小农自然经济的狭隘性和封闭性使人与自然、个体与群体的关系不可能得到充分的展开。其二，个体是依附于群体的，还没有取得相对于群体应有的独立性。其三，群体意识还是建立在血缘和地域基础之上的意识，还没有产生超血缘、超地域的公民意识。这三个方面的缺陷使中国古代人与自然、个体与群体关系的和谐统一带有虚幻的理想性，是一种还没有展开其内在矛盾的统一，缺乏丰富深刻的内容，缺乏西方那种充分独立的个性和勇敢地面对现实矛盾的悲剧精神。西方的情形则相反。虽然它陷入了人与自然、个体与群体的矛盾冲突中，但它又使这种矛盾冲突得以充分展开，把人的种种内在的潜能、人性的高尚与卑劣、人的生存境遇的复杂性、人与自然和社会多方面的、丰富的联系都充分展现出来了。问题是它始终找不到两者统一的现实道路，两者之间存在着一道难以跨越的鸿沟，最后只能求助于上帝。

徐：您的意思是说，中国古典文化和西方文化各有其优势与劣势。那么具体说来，今天应该怎样做才能既继承中国古典文化的优秀传统，保持人与自然、个体与群体之间的和谐统一，同时又克服了其虚幻性，使之具有深刻的内容呢？

刘：这个问题非常复杂，我也还没有想清楚。这里只能简单谈两点看法。第一，在发展社会主义市场经济的基础上来重建中国古代文化追求的人与自然、个体与群体的统一。这里，市场经济的发展非常重要。只有市场经济的发展才能从根本上克服我们在上面所说古代的统一不可避免地具有的三大缺陷。但同时这种市场经济又必须是社会主义的，否则最终就会陷入西方那种无法解决的矛盾冲突之中。所以，建设有中国特色的社会主义，确实是中国当代和未来长时期中所面临的最艰巨而伟大的历史性课题。除此之外，我想不出还有其他什么道路可走。这个中国特色社会主义的基础已经奠定，在未来还会随着历史的发展而发展。它将不断总结历史经验，在马克思主义的基础上整合中西优秀思想，不断趋于完善。第二，从思想文化上看，我感到要在马克思主义基础上来解决中国当代所面临的启蒙与后启蒙重叠交叉的问题。所谓启蒙问题就是反对封建意识及与之相关的农民小生产的狭隘意识以及“左”的观念，建立与市场经济相适应的一整套思想价值观念。只有发展市场经济才能发展中国人的个性，使中国人的个性取得彻底独立，从封建的、农民小生产的、“左”的意识中解放出来，建立起尊重人的个性和权利的自由平等观念和民主法制观念。在这方面，西方启蒙主义思想仍然是有价值的、值得继承和借鉴的。其次，市场经济发展到一定程度便有一个后启蒙的问题。在西方，后启蒙思想是资本主义发展导致启蒙主义破产后的产物。它要解决的是个体的感性存在如何在一切都商品化、市场化的现实条件下实现和肯定自身的问题。在市场经济条件下，个体生存的偶然性增大了，个体的孤独感、失落感也增强了，人被异化为金钱，因而启蒙主义所宣扬的那个实现了普遍永恒的正义、幸福的“理性王国”遭到了嘲笑、批判。在中国当代，这两方面（启蒙与后启蒙）的问题都存在，而且是交织在一起的：一方面，理性、法制观念欠缺，往往连启蒙主义的思想水平也还没有达到；另一方面，市场经济的发展、扩大又使个体感性存在问题突出出来。机遇、偶然性、金钱、权势左右个体生存状况的力量大大增加，人感到难以掌握和决定自己的命运，一部分人对求救于“上帝”发生了很大的兴趣。这在文艺上也有不少反映。怎样来解决这个实质上是后启蒙的问题呢？在西方，这个问题的提出和寻求解决是在19世纪上半期。大致而言，有三种解决办法：一是圣西门的空想社会主义，二是从叔本华开始到尼采、基尔凯郭尔、海德格尔、萨特、加缪等人的非理性主义，三是马克思的社会主义、共产主义。解构主义与后现代主义则企图取消这一问题，要人放弃对生存的意义与价值的追求，屈从于资本主义异化的现实。我认为马克思、恩格斯在《共产党宣言》中所说的，“代替那存在着阶级和阶级对立的资产阶级旧社会的，将是这样一个联合体，在那里，每个人的自由发展是一切人的自由发展的条件”，就是马克思主义对如何解决后启蒙问题的最为简明的回答。其理论的根据是马克思的历史唯物论、从必然王国向自由王国飞跃的理论。至于马克思所说的这个

“联合体”如何实现,其具体的方法道路,不一定就是马克思原先所设想的那样,但马克思的理论是对后启蒙问题的解决的惟一有现实根据的正确回答。西方资本主义的生产力越是飞速地向前发展,实现马克思所说的“联合体”的条件就越是具备,资本主义最后将自己否定自己。在当今的中国,解决后启蒙问题的途径就是在实践中不断发展和完善有中国特色社会主义,别的都是空想。

徐:您的意思是否可以理解为:马克思主义仍是当前中国惟一正确的选择?然而,从社会心理上说,人们对于这种曾经被扭曲并强加于人的意识形态已有种拒斥心理,这个障碍应当如何克服呢?马克思主义理论与继承发扬中国优秀文化传统之间的关系又如何处理呢?

刘:这的确是一个很重要的问题。为了解决你所说的第一个问题,我认为首先要重新研究马克思主义,恢复马克思主义的本来面目,回到马克思本身的思想,去除过去在长时期中对它的种种曲解和误解。比如认为马克思主义就只是讲阶级斗争的理论,并且是残酷无情的;马克思主义只讲“物质”决定一切,否定个体、个性、生命、人的自由发展,等等。其次,马克思主义必须和现当代西方各个思想流派展开全面的对话,有理有据地回答它们对马克思主义的各种批评,研究解决它们提出的各种新问题,吸收改造它们的一切合理的东西来丰富发展自己,使自己具有和现当代思想的发展相适应的新的理论形态,并对自己的观点作出全面周密的论证。在一定意义上,哲学的力量就是论证的力量。一种简单武断、缺乏周密论证的思想是不可能产生广泛、长期的影响的。只要马克思主义对西方现当代思想流派真正作出了全面深入的批判总结,在此基础上形成了新的理论形态,那它就会在世界和中国发生巨大的影响,使世人刮目相看。也只有这样,马克思主义才是有生命力的,才能真正担当起指导中国现代化建设的任务。

对于中国的优秀传统文化,当然要继承发扬。但它必须有一个现代基础,而不能像一些国粹派的人那样搞。这个基础就是马克思主义。中国当代文化建设的框架与思路应该是在马克思主义基础上整合中西文化。“五四”时代已经讲过中西文化的整合问题。“五四”以来的许多学者都是学贯中西的。但如果没有一个比中西思想更高的理论基础,这种整合就不可能产生出比原有的中西思想更高的新的思想,产生出真正符合中国现代化建设所需要的理论,而只能是以西方的某一种或几种思想来解释中国传统的思想,虽然可以产生某些新意,但最后仍是在传统理论的框架内徘徊。此外,如前所说,中国自古以来的思想是追求人与自然、个体与群体统一的,这恰恰可以通向马克思主义。因此,以马克思主义为基础去批判地继承、发展传统思想,能够对马克思主义有所丰富和深化,产生出一种有中国特色的马克思主义,中国人能够较好地接受与理解的马克思主义。但与此同时,当然要避免用传统思想去同化马克思主义,造成对马克思主义的误解以至歪曲。

西方马克思主义有些合理的东西也可吸收。但西方马克思主义有一个巨大的弱点:它只是抓住西方现实生活中某个需要解决的尖锐问题,针对这个问题到马克思主义思想中去寻找它所需要的东西,而不是立足于对马克思主义进行如实的、全面的研究来解决它想要解决的问题。因此,它往往有断章取义、各取所需的毛病,有时还有不少明显的歪曲。

徐:刘先生,能否请您具体谈谈中国古典美学的现代价值?在各种西方思潮冲击下和事实上已经存在的中国美学(包括哲学和文化)传统中断的现实条件下,中国古典美学是否应该更新它自己?如何更新?

刘:中国古代艺术和美学在当代仍有巨大的价值和意义,因为人与自然、个体与群体的统一是任何时代都必须面对和解决的问题。庄子对个体精神自由的追求、对人与自然和谐关系的重视;孔子在个体与群体关系上对群体价值的强调和个体为群体而奉献的精神的提倡、对人与人之间的真诚关系的珍视;老子对人生智慧的发掘,这些到现在仍有意义。因为人不仅仅有物质需要,还有精神需要。当物质需求达到一定程度的满足、精神需要凸现出来的时候,这些学说的价值便显现出来了。我们要看得远一些,要站在人类历史发展的高度来展望历史,不要屈从于我们当前所看到的各种现象,以为世界将永远是我们目前所看到的这个样子。如果这样,学术理论的研究就没有什么意义了。

当然,中国古典美学作为产生于农业文明基础上的思想理论,必须在现代商品经济条件下得到发展和更新。但发展和更新,是立足于现实去探求中国古典美学中的那些丰富、合理、深刻的思想如何在现代条件下获得发展和更新，而不是割断历史，宣告这些思想已完全过时，不中用了。至于如何发展、更新，是一个在实践中不断探讨的过程。不论现代社会如何发展，人与自然、个体与群体的统一是否定不了的。没有这种统一，人类就不能存在，历史就要终结。当然，这个统一永远是为物质生产的发展程度所决定的，因而是相对的、历史具体的，没有什么终极的、一劳永逸地完成了的统一。在今天，我想至少要区分人的生存的两个空间。一个是商品交换的空间，但就是在这儿也必须有崇高的职业道德；另一个是超越商品交换的生存空间，在这儿人的生存的意义与价值应当高于商品交换的原则，美学的理想在这儿可以成为桂冠。不要把生存空间全部献给商品交换，留下另一个空间好不好？

徐：您在讲到中西美学和哲学时不断强调它们关于"自由"的思想。那么是否可以把自由理解为您的理论的核心内容？

刘：是的，自由是我的理论构架的核心内容。但我一向坚持马克思的看法，自由归根结底是基于人的实践活动与动物的活动的区别，并且是为物质生产实践、为人类对必然性的认识与支配决定的。我一直认为，美就是人在改造世界、创造生活的实践中取得的自由的感性表现，是人的生活的实践创造的产物。人从自己的实践创造活动及其产品上看到人的智慧、才能、力量的表现，看到人从自然和社会所取得的自由，这才产生了美感。人的生活就是人的实践创造的产物，是人自己的作品。每一个人以及每一个民族、国家的生活与历史，都是人的实践创造的作品，并且包含了人类生存所经历的种种艰难曲折、痛苦与欢乐、失望与希望。当你把人的生活作为人的这种作品去加以审视、观照的时候，它就成为审美与艺术的对象了。比如人们说"打了一个漂亮仗"。打仗有什么"漂亮"与"不漂亮"呢？说它"漂亮"就因为人们从战争中看到了人的勇敢、智慧、才能的表现，为一个崇高目的而献身的坚强意志与精神，看到了个体与群体、民族、国家、人类生存的那种不可分离的统一。所以，在文学家的笔下，就能写成不朽的作品。

当然，战争是一种功利性行为。但当你以超功利的眼光看待它，它就成了审美对象。超功利实际上是以功利为基础的；功利性对象也能成为审美的对象。因为人的功利要求的满足是人的自觉的实践活动的结果,它也能显示出人的创造的自由。所以,庄子讲"技之至者进乎道",柏拉图讲一个陶罐也可以有美,苏格拉底甚至讲一个粪筐只要做得好也可以有美。审美中的超功利状态就是对人在实践中取得的自由的观赏。这时,不是把对象仅仅作为满足功利需要的对象来看待,而是作为人的实践创造的自由的表现来看待。实际上,在真善美的问题上,真与善都带有强制性,真是一种客观必然的东西,人不得不服从;善是一种"绝对命令",人也必须遵循。只有美不带强制性,因为在这儿,个体感性的自由与真、善达到了完满的统一,不再互相对抗。因此,美是人类生存的最理想的状态,但美有各种不同的层次,并且永远是具体历史的。

具体说来,审美的自由包含三个内容:第一,这是一种超出了功利、物质需要满足的自由。它既以功利为基础,又超出了功利。第二,这是自由与必然的高度统一、无规律而合规律,规律与主体的自由创造完全合一。所谓"无法而法,乃为至法"。第三,这是个体与社会的高度统一。我对对象的肯定同时就是对他人的肯定;他人的幸福也就是我的幸福,反过来说也是一样。所以席勒说只有在审美的自由中人才能真正成为人,是有他的道理的。从马克思主义的观点看,这就是人类从必然王国向自由王国的飞跃。在这里,从审美的角度达到了马克思的共产主义理想,两者是内在地结合在一起的。

徐:自 80 年代中期以来,随着美学研究"方法热"的兴起,对美的形而上追问似已渐趋冷寂,人们更多从各个实证科学——如审美心理学、审美社会学、各门具体的艺术学科角度研究美学,而表现出对美的本体论研究的冷谈。但您上述研究思路显然还是属于本体论研究。请问您对此有何看法?

刘:的确,西方对美的本质等"形而上"的问题早已表现出了冷淡倾向。冷淡的原因有两方面,一是现实的丑陋和西方艺术的新发展,使人们对古希腊以来以和谐为美的理论感到幻灭,甚至认为是可笑的;二是受实证主义、分析哲学"拒斥形而上学"思想的影响,这种思想认为认识事物的本质是不可能的。对哲学美学的冷漠反映了西方思想的衰落。

然而，不能因为西方人不研究美的本质问题我们也就不研究了。我想，无论任何时候，什么是美、是艺术这样的问题是取消不了的。我们的任务是要对之作出符合时代变化与要求的、科学的回答，而不是简单武断地拒绝回答。你不回答，问题照样存在。研究美的本质问题的意义在于，它可以使我们从根本上把握美的规律和特征，使具体的美学问题的解决有深刻的理论依据。否则，很容易陷入狭隘的经验主义，停留在肤浅的现象上。

当然，从事哲学美学研究的人不必太多。更多的人还是应该多从事应用性的、实证的研究。就是从事哲学思辨研究的人也必须重视实证的研究，否则那个思辨的研究是悬在空中的，往往是靠不住的，而且许多重大问题无从得到真正的解决。如形式问题是美学中的重大问题，如何研究？我想最后要从马克思所讲的劳动是赋予对象以形式、创造形式的活动研究起。我认为形式规律最初来自劳动。这就需要进行细致的实证研究。

就我自己来说，我多年搞哲学，对美学的研究主要是从哲学角度进行的。我现在迫切感到需要多进行一些实证研究，这样才能使哲学思辨研究所得到的结果具体化和深化，更有说服力和更能应用于实际。

徐：能否具体谈谈您今后的计划？

刘：首先是作一些哲学研究，把马克思主义哲学搞清楚。只有搞清了马克思主义哲学，美学研究才能有科学的理论基础。在马克思主义哲学的本质问题上，我是主张实践本体论的。更准确地说，应称为社会实践本体论。近期内的目标就是争取对社会实践本体论作一些论证。然后，在此基础上，尝试整合中西美学，对现当代美学问题的解决提出一些看法。

徐：刘先生，想来您已经注意到，美学研究在沉寂多年之后，似乎又以审美文化为契机出现了复苏的征兆，围绕审美文化问题似乎又出现了新的一轮美学热潮。国家“八五”课题中惟一的美学课题就是审美文化方面的；“九五”计划依然如此。中华美学学会成立了一个审美文化委员会，并召开了几次专题讨论会。请问您对此有何评价？您是否同意审美文化将成为美学复兴与发展的新的生长点这一说法？

刘:审美文化问题是一个很有意义的问题。审美是文化的重要组成部分,与审美无关的文化是不存在的。由于当前中国文化的发展问题成为受关注的焦点,因此,审美文化是中国美学结合、介入现实的一条重要途径。有人说它的定义还没有搞清楚,但可以逐步搞清,不能说定义不清楚就不能研究。至于说到中国美学的生长点的问题,从根本上说还是应把基本理论、把中国与世界当代美学发展的问题与趋向搞清楚,这就不能局限于审美文化。这个新的生长点不是一下子就能搞出来的,但我想基本方向应是在马克思主义哲学基础上整合中西美学。审美文化研究可以推动美学发展,但不要把它的作用提得过高。它所要解决的问题主要是针对当代中国文化建设中碰到的一些问题,比如大众文化问题,提出一些看法与对策。因此,不能过高地估计审美文化研究的作用,还必须注意基本理论建设。

我感到一些搞审美文化理论的同志很受西方马克思主义者阿多诺等人的"文化批判"理论的影响。我认为这里有两点值得注意:第一,阿多诺的理论针对的是西方资本主义异化的现实,难免有些片面与偏激,对之要有分析、选择,把它照搬过来是不妥的。第二,要看到商品经济对推动中国文化建设的巨大历史作用。这是划时代的深刻变化,其意义不可低估。负面影响也要注意,不能听之任之。但历史的发展经常带有复杂的二重性,要有通观历史的眼光,不要只看到负面影响。当前,认为商品经济的发展造成了中国文化的大危机的悲观论调很多,我认为是一种短视的看法。

徐:您刚才谈到大众文化,有人对之完全肯定,也有人彻底否定它的积极意义。能否谈谈您的看法?

刘:以娱乐为目的的大众文化也是现代市场经济发展的必然产物,是一种正常现象,大众文化是人民大众生活中不可缺少的,是正当的。关键在于要对它进行积极的扶持和引导,使之朝着健康方向发展,而不是怀着嫉愤的心情盲目排斥它。当然,也不能一味放任它、追随它。

(原载《中华美学学会通讯》1995年第2期。原题为《中华美学学会副会长刘纲纪教授访谈录》,记者徐碧辉)